Europa
Europe
Evropa
Európa
Европа

REYKJAVÍK
Akureyri
Höfn
IS
FR
ATLANTIC
OCEAN
North Sea
Narvik
Mo i Rana
Trondheim
N
Bergen
OSLO
Stavanger
S
STOC
Göteborg
Frederikshavn
DK
KØBENHAVN
Esbjerg
Malmö
Ba
Wick
Glasgow
Edinburgh
Londonderry
Belfast
GBM
IRL
Limerick
DUBLIN
Cork
Holyhead
GB
Newcastle
Liverpool
Birmingham
LONDON
Plymouth
Folkestone
SHUTTLE EURO-TUNNEL
Calais
GBG
GBJ
GBA
AMSTERDAM
NL
BRUSSEL BRUXELLES
B
Dortmund
Köln
Hamburg
Hannover
Szczecin
BERLIN
D
Dresden
Brest
Le Havre
PARIS
LUXEMBOURG
L
Frankfurt
PRAHA
CZ
F
Dijon
München
Salzburg
WIEN
A
Clermont - Ferrand
Bordeaux
Lyon
BERN
CH
Genève
Zürich
FL
Milano
Verona
Trieste
SLO
LJUBLJANA
ZAGREB
Rijeka
HR
A Coruña
Bilbao
Porto
P
LISBOA
MADRID
E
Zaragoza
AND
Narbonne
Avignon
Marseille
Nice
MC
Génova
Bologna
RSM
Barcelona
Valencia
Palma
Bastia
Ajaccio
I
Pescara
ROMA
V
Ólbia
Cágliari
Split
Dubrovnik
Bari
Nápoli
Sevilla
Málaga
Gibraltar
GBZ
Tanger
MEDITERRAN
Casablanca
RABAT
Fès
Oujda
Oran
ALGER
Constantine
TUNIS
MA
DZ
TN
M
Marrakech
Agadir
Safaqis
Palermo
Messina
Reggio di C.
Siracusa

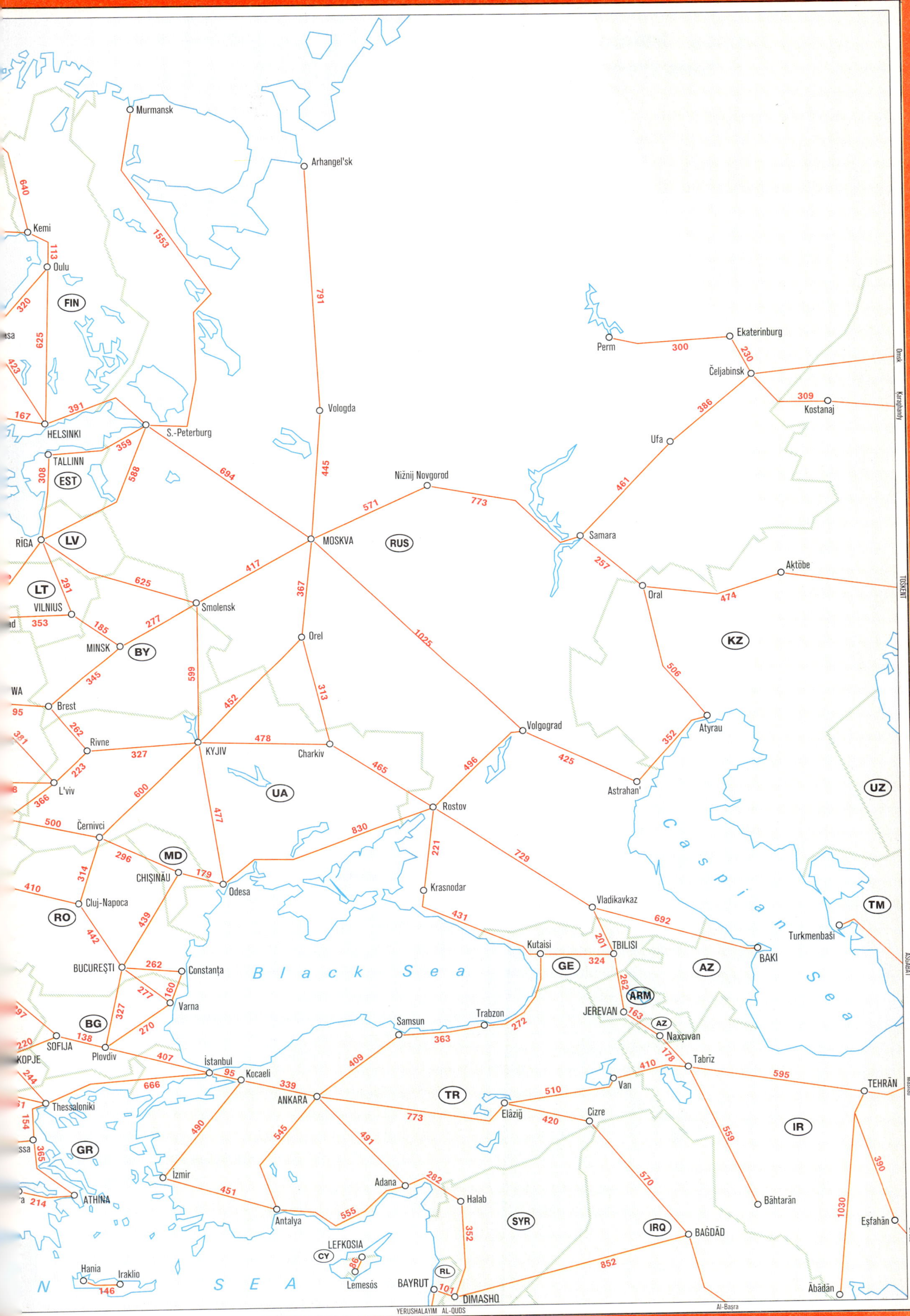
Murmansk
Arhangel'sk
Kemi
Oulu
FIN
HELSINKI
S.-Peterburg
TALLINN
EST
RIGA
LV
LT
VILNIUS
MINSK
BY
Smolensk
MOSKVA
RUS
Vologda
Nižnij Novgorod
Perm
Ekaterinburg
Čeljabinsk
Kostanaj
Ufa
Samara
Oral
Aktöbe
KZ
Orel
Brest
Rivne
L'viv
KYJIV
Charkiv
UA
Volgograd
Atyrau
Astrahan'
Rostov
Černivci
MD
CHIŞINĂU
Odesa
Cluj-Napoca
RO
BUCUREŞTI
Constanța
Varna
BG
SOFIJA
Plovdiv
SKOPJE
Thessaloniki
GR
ATHINA
Hania
Iraklio
Krasnodar
Vladikavkaz
Kutaisi
TBILISI
GE
JEREVAN
ARM
AZ
Naxçıvan
BAKI
Turkmenbaši
TM
UZ
Black Sea
Caspian Sea
Samsun
Trabzon
İstanbul
Kocaeli
ANKARA
TR
İzmir
Antalya
Adana
Halab
Elâziğ
Van
Cizre
Tabriz
TEHRĀN
IR
Bāhtarān
Eşfahān
Ābādān
SYR
IRQ
BAGDĀD
CY
LEFKOSIA
Lemesós
RL
BAYRUT
DIMASHQ
YERUSHALAYIM AL-QUDS
Al-Başra
Omsk
Karaghandy
TOŠKENT
AŠGABAT
Mashad
Šīrāz
SEA

Inhaltsverzeichnis · Contents · Sommaire · Inhoud
Indice · Índice · Inholdsfortegnelse · Innehållsförteckning
Spis treści · Obsah · Tartalomjegyzék · Оглавление

Entfernungskarte Europa Distance map of Europe Carte de distance de l'Europe Afstandenkaart van Europa Carta delle distanze in Europa Mapa de distanze europee	II-III	Afstandskort Europa Distanskarta för Europa Mapa odległości Europy Mapa vzdálenosti Evropy Europa távolsági térképe Карта расстояний Европы
Politische Gliederung Political structure Subdivision politique Politieke struktuur Carta politica Distribución política	V	Politisk inddeling Politisk indelning Podział polityczny Politické ohraničení Közigazgatási felosztás Политическое деление
Zeichenerklärung 1:2.000.000 Legend 1:2.000.000 Légende 1:2.000.000 Legenda 1:2.000.000 Segni convenzionali 1:2.000.000 Signos convencionales 1:2.000.000	VI	Tegnforklaring 1:2.000.000 Teckenförklaring 1:2.000.000 Objaśnienia znaków 1:2.000.000 Vysvětlivky 1:2.000.000 Jelmagyarázat 1:2.000.000 Условные обозначения 1:2.000.000
Kartenübersicht Key map Carte d'assemblage Overzichtskaart Quadro d'unione Mapa índice	1	Oversigtskort Kartöversikt Skorowidz arkuszy Přehled map Áttekintö térkép Общий вид карт
Karten 1:2.000.000 Maps 1:2.000.000 Cartes 1:2.000.000 Kaarten 1:2.000.000 Carte 1:2.000.000 Mapas 1:2.000.000	2-87	Kort 1:2.000.000 Kartor 1:2.000.000 Mapy 1:2.000.000 Mapy 1:2.000.000 Térképek 1:2.000.000 Карты 1:2.000.000
Autokennzeichen Registration letters Plaques d'immatriculation Autokentekens Targhe automobilistiche Matrículas	88	Autokendetegn Bilregistrereringsskyltar Znaki rejestracyjne Poznávací značka auta Autójelzések Опознавательные знаки автомобилей
Ortsnamenverzeichnis Index of place names Index des localités Plaatsnamenregister Elenco dei nomi di località Índice de poblaciones	89-138	Stednavnsfortegnelse Ortnamnsförteckning Skorowidz miejscowości Rejstřík sídel Helységnévjegyzék Список названий населенных пунктов
Citypläne 1:20.000 City maps 1:20.000 Plans de villes 1:20.000 Stadsplattegronden 1:20.000 Piante di città 1:20.000 Planos de ciudades 1:20.000	139-186	Byplaner 1:20.000 Stadskartor 1:20.000 Plany miast 1:20.000 Plány měst 1:20.000 Várostérképek 1:20.000 Планы городов 1:20.000

Politische Gliederung · Political structure · Subdivision politique
Politieke struktuur · Carta politica · Distribución política
Politisk inddeling · Politisk indelning · Podział polityczny
Politické ohraničení · Közigazgatási felosztás · Политическое деление

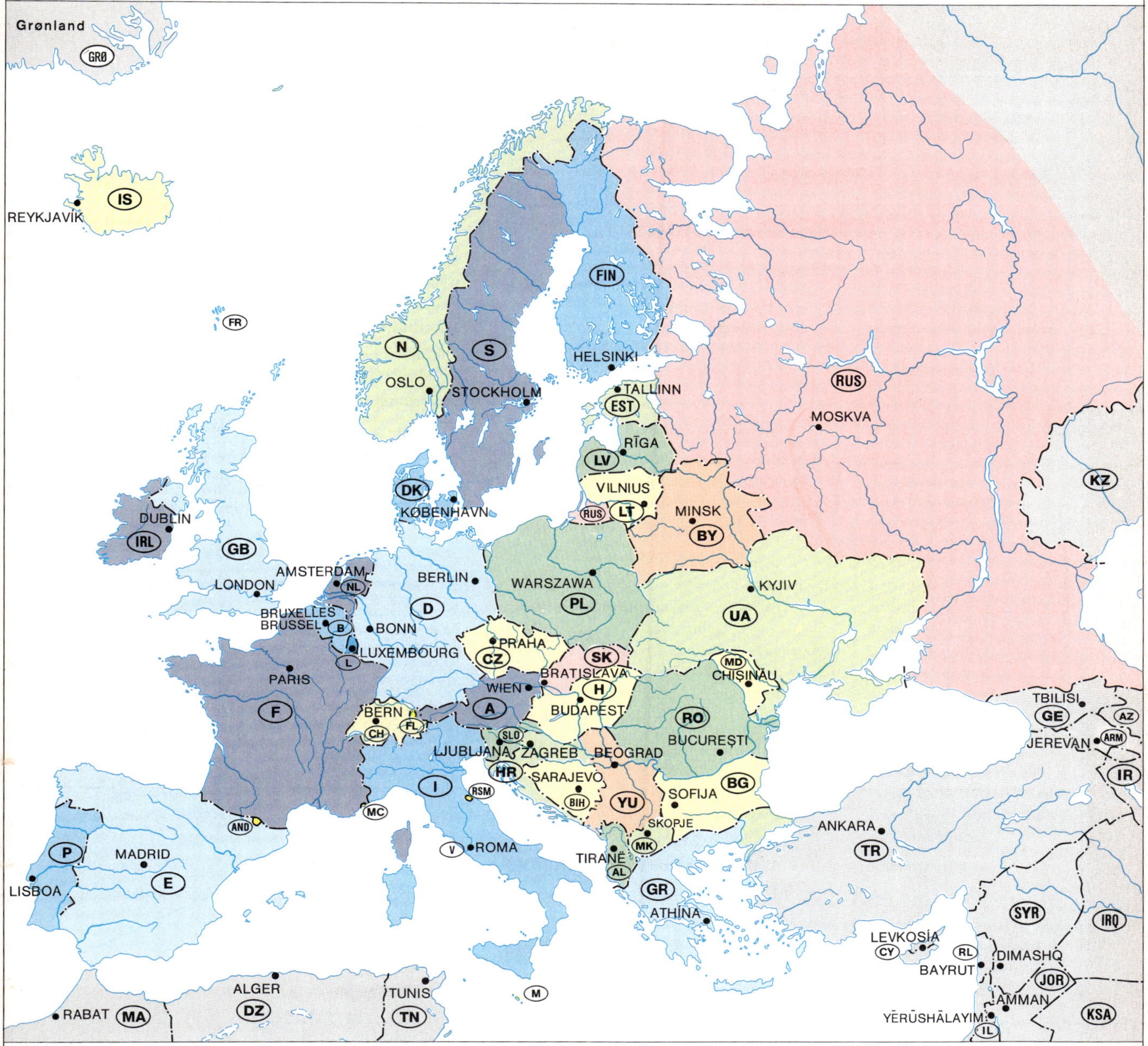

Grønland
GRØ
IS
REYKJAVÍK
FR
N
S
FIN
HELSINKI
OSLO
STOCKHOLM
TALLINN
EST
RUS
MOSKVA
RĪGA
LV
VILNIUS
RUS
LT
MINSK
BY
KZ
DK
KØBENHAVN
DUBLIN
IRL
GB
LONDON
AMSTERDAM
NL
BERLIN
WARSZAWA
PL
KYJIV
UA
BRUXELLES
BRUSSEL
B
BONN
D
LUXEMBOURG
L
PRAHA
CZ
SK
MD
CHIŞINĂU
PARIS
BRATISLAVA
WIEN
H
BUDAPEST
RO
F
BERN
CH
FL
A
SLO
LJUBLJANA
ZAGREB
BEOGRAD
BUCUREŞTI
HR
SARAJEVO
BIH
YU
SOFIJA
BG
RSM
I
MC
AND
SKOPJE
MK
P
MADRID
E
LISBOA
V
ROMA
TIRANË
AL
GR
ATHINA
TBILISI
GE
AZ
JEREVAN
ARM
IR
ANKARA
TR
SYR
IRQ
LEVKOSÍA
CY
RL
DIMASHQ
BAYRUT
JOR
AMMAN
YERŪSHĀLAYIM
IL
KSA
ALGER
DZ
TUNIS
TN
RABAT
MA
M

EU · UE		km²	(x1000)
(A)	Österreich	83 859	7 810
(B)	Belgique · België	30 518	10 020
(D)	Deutschland	356 854	81 340
(DK)	Danmark	43 093	5 160
(E)	España	504 750	38 870
(F)	France	543 965	56 615
(FIN)	Suomi · Finland	338 145	5 050
(GB)	United Kingdom	244 110	57 560
(GR)	Hellas	131 957	10 265
(I)	Italia	301 277	57 805
(IRL)	Éire Ireland	70 284	3 525
(L)	Luxembourg	2 586	390
(NL)	Nederland	41 473	15 240
(P)	Portugal	92 389	9 880
(S)	Sverige	449 964	8 710

EUROPA · EUROPE		km²	(x1000)
(AL)	Shqipëri	28 748	3 355
(AND)	Andorra	453	55
(BG)	Bălgarija	110 994	8 460
(BIH)	Bosna i Hercegovina	51 129	4 365
(BY)	Belarus'	207 600	10 345
(CH)	Schweiz · Suisse · Svizzera	41 284	7 065
(CZ)	Česká Republika	78 864	10 330
(EST)	Eesti	45 226	1 525
(FL)	Liechtenstein	160	30
(H)	Magyarország	93 030	10 290
(HR)	Hrvatska	56 538	4 780
(IS)	Ísland	102 819	260
(LT)	Lietuva	65 300	3 750
(LV)	Latvija	64 600	2 605
(M)	Malta	316	360
(MC)	Monaco	2	30

EUROPA · EUROPE		km²	(x1000)
(MD)	Moldova	33 700	4 350
(MK)	Makedonija	25 713	2 040
(N)	Norge	323 877	4 275
(PL)	Polska	312 685	38 420
(RO)	România	238 391	22 755
(RSM)	San Marino	61	24
(V)	Città del Vaticano	0,44	1
(SK)	Slovensko	49 035	5 340
(SLO)	Slovenija	20 255	2 000
(UA)	Ukrajina	603 700	52 160
(YU)	Jugoslavija	102 173	10 335

Nur europäischer Teil
European part only
Part européen seulement

		km²	(x1000)
(RUS)	Rossija	4 000 000	110 000
(TR)	Türkiye	23 764	6 020

Zeichenerklärung · Legend · Légende · Legenda
Segni convenzionali · Signos convencionales
Tegnforklaring · Teckenförklaring
Obaśnienie znaków · Vysvětlivky · Jelmagyarázat · Условные обозначения
1:2.000.000

D	GB		F	NL
Autobahn, mehrspurige Straße - in Bau	Highway, multilane div. road - under construction		Autoroute, route à plusieurs voies - en construction	Autosnelweg, weg met meer rijstroken - in aanleg
Fernverkehrsstraße - in Bau	Trunk road - under construction		Route à grande circulation - en construction	Weeg voor interlokaal verkeer - in aanleg
Hauptstraße	Principal highway		Route principale	Hoofdweg
Nebenstraße - Fahrweg, Piste	Secondary road - Practicable road, track		Route secondaire - Chemin carrossable, piste	Overige verharde wegen - Weg, piste
Straßennumerierung	Road numbering	331 35 E 5 A64 84	Numérotage des routes	Wegnummering
Entfernungen in Kilometer	Distances in kilometers	259 130 129	Distances en kilomètres	Afstand in kilometers
Höhe in Meter - Paß	Height in meters - Pass	1365	Altitude en mètres - Col	Hoogte in meter - Pas
Eisenbahn - Eisenbahnfähre	Railway - Railway ferry		Chemin de fer - Ferry-boat	Spoorweg - Spoorpont
Autofähre - Schiffahrtslinie	Car ferry - Shipping route		Bac autos - Ligne maritime	Autoveer - Scheepvaartlijn
Wichtiger internat. Flughafen - Flughafen	Major international airport - Airport		Aéroport important international - Aéroport	Belangrijke internationale luchth. - Luchthaven
Internationale Grenze - Provinzgrenze	International boundary - Province boundary		Frontière nationale - Limite de Province	Internationale grens - Provinciale grens
Unbestimmte Grenze	Undefined boundary		Frontière d'Etat non définie	Rijksgrens onbepaalt
Hauptstadt eines souveränen Staates	National capital	REYKJAVÍK	Capitale nationale	Hoofdstad van een souvereine staat
Sperrgebiet - Nationalpark	Restricted area - National park		Zone interdite - Parc national	Verboden gebied - Nationaal park
Besonders sehenswerter Ort - Sehensw. Ort	Place of particular interest -, of interest	BERN METZ	Localité pittoresque - Localité remarquable	Zeer bezienswaardige plaats - Beziensw. plaats
Besondere Sehenswürdigkeit	Object of particular interest	Delta Dunării	Curiosité intéressante	Bijzonder Bezienswaardighed
Sonstige Sehenswürdigkeit	Other object of interest		Autres curiosités	Overige bezienswaardigheden
Antikes Baudenkmal - Brunnen	Ancient monument - Well		Monuments antiques - Puits	Antiek monument - Bron

I	E		DK	S
Autostrada, strada a più corsie - in costruzione	Autopista, carretera de más carriles - en constr.		Motorvej, flersporet vej - under bygning	Motorväg, väg med flera körfält - under byggnad
Strada di grande comunicazione - in costruzione	Ruta de larga distancia - en construcción		Hovedvej - under bygning	Genomfartsled - under byggnad
Strada principale	Carretera principal		Anden vigtig vej	Huvudled
Strada secondaria - Strada carrozzabile, pista	Carretera secundaria - Camino vecinal, pista		Anden vej - Vej, bane	Lokal genomfartsväg - Väg, vildmarksled
Numerazione delle strade	Numeración de carreteras	331 35 E 5 A64 84	Vejnummer	Vägnumrering
Distanze in chilometri	Distancias en kilómetros	259 130 129	Afstand i kilometer	Avstånd i kilometer
Altitudine in metri - Passo	Altura en metros - Puerto de montaña	1365	Højde i meter - Pas	Höjd i meter - Pass
Ferrovia - Linea di navigazione	Ferrocarril - Transbordador de ferrocarriles		Jernbane - Jernbanefærge	Järnväg - Tågfärja
Trasporta auto - Traghetto ferroviario	Transportador de automóviles - Línea marítima		Bilfærge - Skibsrute	Bilfärja - Båtförbindelse
Aeroporto int. di particolare importanza - Aeroporto	Aeropuerto importante internacional - Aeropuerto		Vigtig international lufthavn - Lufthavn	Viktig int. större trafikflygpl. - Större trafikflygpl.
Confine internazionale - Confine di provincia	Frontera nacional - Frontera provincial		International grænse - Provinsgrænse	Internationell gräns - Provinsgräns
Confine di stato indefinito	Frontera indeterminada		Ubestemt grænse	Osäker gräns
Capitale di stato sovrano	Capital de un estado soberano	REYKJAVÍK	Suveræn stats hovedstad	Huvudstad i suverän stat
Zona vietata - Parco nazionale	Zona prohibida - Parque nacional		Afspærret omrade - Nationalpark	Spärrzon - Nationalpark
Località di grande interesse -, di notevole interesse	Población de especial interés - Población de interés	BERN METZ	Særlig seværdig by - Seværdig by	Mycket sevärd ort - Sevärd ort
Curiosità particolarmente interessante	Curiosidad de notable interés	Delta Dunării	Særlig seværdighed	Särskilt sevärdhet
Interesse turistico di altro tipo	Otras curiosidades		Anden seværdighed	Annan sevärdhet
Monumento antico - Pozzo	Yacimiento arqueológico - Fuente		Oldtidsmindesmærke - Brunnen	Antik byggnad - Brunn

PL	CZ		H	RUS
Autostrady, drogi wielopasowe - w budowie	Dálnice, víceproudá silnice - ve stavbě		Autópálya, többsávos autóút - épülő	Магистральные дороги, дороги с более линиями - строящиеся
Przelotowe drogi główne - w budowie	Hlavní dálková silnice - ve stavbě		Távolsági főútvonal - épülő	Дороги дальнего сообщения - строящиеся
Drogi główne	Hlavní silnice		Főútvonal	Основные дороги
Drogi drugorzędne - Drogi inne, szlaki	Vedlejší silnice - Cesta, vyježděná cesta		Mellékútvonal - Út, ösvény	Второстепенные дороги - Грузовые сообщения, тропы
Numeracja dróg przelotowych	Číslování silnic	331 35 E 5 A64 84	Útszámozás	Нумерация автодорог
Odległości w kilometrach	Vzdálenosti v kilometrech	259 130 129	Távolságok kilométerben	Расстояния в километрах
Wysokości w metrach - Przełęcze	Nadmořská výška v metrech - Průsmyk	1365	Magasság méterben - Hágó	Высоты в метрах - Перевалы
Linie kolejowe - Promy kolejowe	Železniční trať - Vlakový trajekt		Vasútvonal - Vasúti komp	Железные дороги - Железнодорожные паромы
Linie żeglugi promowej - Linie żeglugi pasażerskiej	Trajekt - Lodní přeprava		Autókomp -Hajóútvonal	Перевозы машин - Судоходные маршруты
Ważne międzynarodowe porty lotnicze - Lotniska	Důležitá mezinárodní letiště - Letiště		Fontos nemzetközi repülőtér - Nemzetközi repülőtér	Важные международные аэропорты - Аэропорты
Granice państw - Granice prowincji	Mezinárodní hranice - Provinční hranice		Nemzetközi határ - Vidékhatár	Международные границы - Границы провинций
Granice nieustalone - Granice stref czasowych	Neurčitá hranice - Hranice časového pásma		Bizonytalan határ	Неустановленные границы
Stolice państw niezależnych	Hlavní město suverenního státu	REYKJAVÍK	Önálló állam fővárosa	Столицы суверенних государств
Obszary zamknięte - Parki narodowe	Zakázaný prostor - Národní park		Tiltott terület - Nemzeti park	Запрешенные районы - Национальные парки
Miejscowości szczególnie interesujące -, interesujące	Turisticky pozoruhodná lokalita -, zajímavá lokalita	BERN METZ	Különlegesen látványos település - Látványos település	Особенно интересные - Достопримечательные места
Szczególnie interesujące obiekty	Zvláštní zajímavost	Delta Dunării	Különleges látnivaló	Объекты особого интереса
Inne interesujące obiekty	Jiná zajímavost		Egyéb látnivaló	Другие объекты интереса
Zabytki budownictwa antycznego - Studnie	Antická stavební památka - Vodní zdroj		Antik építmény - Kút	Старинные монументы - Колодецы

Kartenübersicht · Key map · Carte d'assemblage · Overzichtskaart
Quadro d'unione · Mapa índice · Oversigtskort · Kartöversikt
Skorowidz arkuszy · Klad listů · Àttekintö térkép · Общий вид карт
1:2.000.000

Nuuk
Longyear-byen
REYKJAVIK
36
Hammer-fest
Kiruna
Murmansk
Vorkuta
2
3
4
5
6
7
Trond-heim
Sunds-vall
Oulu
Arhangel'sk
Pečora
8
9
10
11
12
13
14
15
Serov
OSLO
STOCK-HOLM
HELSINKI
TALLINN
S.-Peterburg
Jaroslavl'
Kirov
Perm'
Tjumen'
Omsk
16
17
18
19
20
21
22
23
24
25
38
39
Belfast
Edin-burgh
Corcaigh
Liverpool
37
LONDON
KØBEN-HAVN
Hamburg
RIGA
VILNIUS
Gdansk
MINSK
MOSKVA
Nižnij Novgorod
Kazan'
Čeljabinsk
26
27
28
29
30
31
32
33
34
35
BRUSSEL
BERLIN
PARIS
WARSZAWA
Simbirsk
Samara
Saratov
Oral
Orsk
40
41
42
43
44
45
46
47
48
49
50
51
52
53
Nantes
Bordeaux
München
PRAHA
KYJIV
Doneck
Volgograd
Atyrau
BERN
WIEN
BUDA-PEST
Odesa
Astrahan'
54
55
56
57
58
59
60
61
62
63
64
65
66
67
A Coruña
MADRID
ANDORRA
Firenze
ZAGREB
BEOGRAD
BUCUREŞTI
Sevastopol'
Groznyj
LISBOA
Sevilla
Gibraltar
Tanger
Barcelona
Palma
Cagliari
ROMA
Napoli
Palermo
SOFIJA
SKOPJE
İstanbul
ANKARA
Samsun
TBILISI
BAKI
68
69
70
71
72
73
74
75
76
77
78
79
80
81
RABAT
ALGER
TUNIS
Volos
ATHINA
Iráklio
Antalya
Van
Halab
Al-Mauşil
82
83
84
85
86
87
AŞGABAT
TEHRĀN
TARĀBULUS
BEIRUT
DIMASHQ
BAGDĀD
YĔRŪSHĀLAYIM
AMMĀN
AL-KUWAIT
AL-QĀHIRAH
AD-DAUHA
Tamanghasset
Sabhā
AR-RIYĀḌ
Aswān
Ğidda
Bardaï
NIAMEY
Kano
AL-HARṬŪM
ĀSMERA
ṢAN'A'

1:2.000.000

0 10 20 30 40 50 km

0 10 20 30 40 50 statute miles

Bi
Bk
C
20
21
22
23
24
Bb
Bc
Bd
Be
Bf
Bg
Bh
Spitsbergen
Nordaustlandet
Kong Karls land
Edgeøya
Barentsøya
Olgastretet
Storfjorden
Erik Eriksenstretet
Nordaust-Svalbard nat-res
Prins Karls Forland
Longyearbyen
Barentsburg
Ny Ålesund
Kvitøya
Norwegian Sea
Vesterålen
Lofoten
Vestfjorden
Senja
Tromsø
Kvaløya
Ringvassøy
Andøya
Andenes
Langøya
Hinnøya
Austvågøy
Vestvågøy
Flakstadøya
Moskenesøya
Værøy
Røst
Harstad
Narvik
Svolvær
Sortland
Stokmarknes
Bodø
Fauske
Rognan
Mo i Rana
Saltfjellet
Svartisen
Arctic Circle
Kiruna
Abisko
Kebnekaise
Sarek nationalpark
Padjelanta
Stora Sjöfallet
Muddus nationalpark
Jokkmokk
Gällivare
Vadvetjåkka n.p.
Øvre Dividal nasjonalpark
Ånderdalen nasjonalpark
Saltfjellet-Svartisen nasjonalpark
Rago nasjonalpark
Pieljekaise nationalpark
Torneträsk
Norrbotten
Lappland
Troms
Nordland
Norge
Sverige
NORGE
Trondheim
SVERIGE
Arvidsjaur
9

Nordkapp
Knivskjelodden
Hjelmsøya
Skarsvåg
Ingøya
Gjesvær
Magerøya
Honningsvåg
E69
Tufjord
Havøysund
Rolvsøya
Cb
Cc
Cd
Ce
Cf
Cg
Ch
Ci
Ck
Da
Mehamn
Gamvik
Nordkinn-
halvøya
Sværholt-
klubben
Kjøllefjord
Berlevåg
Kongsfj.
Båtsfjord
Nordfjord
Kåfjord
Sværholt-
halvøya
Skjånes
Hopseidet
Raggon-
jargga
Porsanger-
halvøya
Snøfjord
Repvåg
Veidnes
Store
Tamsøya
Kalak
Duolbbadasgaissa
Stangenes-
tinden
Langnes
Laksefjorden
Tanafjorden
Langstrand
Sørøya
Breivikbotn
Hammerfest
Rypefjord
Kvaløya
Erdalsfjellet
Selkopp
Olderfjord
Ifjord
Rustefjelbma
Varanger-
halvøya
Skipskjølen
Vardø
Hasvik
Seiland
Kvalsund
Skaidi
Nordmanns-
fjordjøkelen
Saraby
Silda
Stjernøya
Hakk-
stabben
Sør
Tverrfjord
Øksfjord
Øksfjordjøkelen
Nyvoll
Indre
Billefjord
Børselv
Varangerbotn
Unjarga
(Nesseby)
Vestre
Jakobselv
Vadsø
Hurtigrute
Varangerfjorden
Tanabru
Polmak
Nuorgam
(Njuorggan)
Gras-
bakken
Bugøynes
Gaissane
Rastigaissa
Vetsikko
(Veahtøsaknjarga)
Alteidet
Stabbursdalen
nasjonalpark
Lakselv
Čuokkaraša
Alta
Helleristninger
Burfjord
Haldde
Sørstraumen
Lævvajokgiedde
Utsjoki
(Ohcejohka)
Patoniva
(Puoddopohki)
Bugøyfjord
Neiden
Røpelv
Kirkenes
Grense
Jakobselv
Skoganvarra
Bjørnevatn
Nuvvus
(Nuuvus)
Valjok
Näätämö
Kvænangsbotn
Jiešjavrre
Outakoski
(Vuovdakuoika)
Sevettijärvi
(Čeavetjávri)
Skanvik
Nikel
Kuorpukas
Murmansk
Finnmarksvidda
Karasjok
Kenttan
Skogfoss
Bæccegælhaldde
Masi
Šuošjavrre
Karigasniemi
Säytsjärvi
Bilto
Jiešjokka
Kaamasmukka
(Kabmasmohkki)
Huutoniemi
Partakko
Päärtih
Øvre
Pasvik
nas.-p.
Nyrud
Bidjovagge
Čaravarre
Gårva
Prirečnyj
Imofossen
Reisadalen
nasjonalpark
Lappoluobbal
Jorgastak
Koarvikodds
Kaamanen
Mieron
Köngäs
Mutusjärvi
Inarijärvi
Anarjávri
Nautsi
Janiskoski
Kautokeino
Karasjokka
Tirro
Virtaniemi
Nellimö
(Njellim)
Talvikjulja
Basse-
vuovdde
Gurbiš
Angeli
(Anneli)
Inari
(Anár)
Lavvoaivve
Øvre Anarjokka
nasjonalpark
Vaskojoki
Koppelo
Lotta
Ropi
(Roahppi)
Aiddejavrre
Fjellstue
Lemmenjoki
Menesjärvi
(Menisjävri)
Lemmenjoen
Hammastunturi
(Pänniordo)
Ivalo
(Avvil)
Törmänen
Viipustunturit
(Viibustuoddarak)
Palojärvi
Kalmankaltio
kans.puisto
Saariselkä
Raja-
Jooseppi
g. Lavnatundra
ROSSIJA
ROSSIJA
g. Ionn-N'jugoaje
Kaaresuvanto
(Karasavvon)
Maunu
Karesuando
Enontekiö
(Enodak)
Nunnanen
Njunnas
Lisma
Kuttura
(Kuhtur)
Urho Kekkosen
kansallispuisto
Sokosti
Jaurujoki
Nota
Idivuoma
Kuttainen
Peltovuoma
Palojoensuu
Ounastunturi
Tankavaara
Vuotso
Paittasjärvi
Pallas-ja Ounastunturin
kansallispuisto
Pallastunturi
Raattama
Pokka
Porttipahdan
tekojärvi
Lokan
tekojärvi
Kemihaara
D
Övre
Soppero
Lannavaara
Saatukkavaara
Yli-Muonio
Tepasto
Muodos-
lompolo
Muonio
Särkijärvi
Kiistala
Vajukosken
allas
Lokka
Tulppio
Kangosjärvi
Sirkka
Vesmajärvi
Ruuvaoja
Tuntsa
Lainio
Parkalompolo
Kitkiöjoki
Kittilä
Rajala
Petkula
SUOMI
Lappi
Tanhua
Vittangi
Oksajärvi
Kerántöjärvi
Kihlanki
Äkäslompolo
Ylläsjärvi
Tepsa
Martti
Sorsatunturi
Parakka
Kangos
Äkäsjokisuu
Kaukonen
Sodankylä
E75
Masugnsbyn
Junosuando
Aareavaara
Vaalajärvi
Savukoski
Käymäjärvi
Kolari
Kurtakko
Aska
E63
Saittarova
Syväjärvi
FINLAND
Anttis
Pajala
Ruokojärvi
Unari
Pelkosenniemi
Saija
Nilivaara
Tärendö
Lohiniva
Pyhäjärvi
Ahvenselkä
Kuolajärvi
Sieppijärvi
Pyhätunturi
Vuostimo
Kelloselkä
Ullatti
Kainulasjärvi
Tiainen
g. Rohmojva
Salla
Iso Pyhätunturi
Jarhois
Meltaus
Lahnajärvi
Korpilombolo
Aapua
Konttajärvi
Ampuma-alue
Skjutövn omr.
Kursu
Isokylä
Joutsijärvi
Etu-Aapua
Kemijärvi
Tonkopuro
Pello
Rantajärvi
Raanujärvi
Vikajärvi
Misi
Hautajärvi
Jock
Sinettä
Lansjärv
Juoksengi
Rovaniemi
Luusua
Maaninkavaara
Oulankan
kansallispuisto
Jänkisjärvi
Juoksenki
Ounasvaara
Oikarainen
Vanttauskoski
Kayla
Meltosjärvi
Pirttikoski
Jumisko
Kalix
Hirvas
Karjalaisenniemi
Vuottas
Vitberget
Övertorneå
Mellakoski
Niesikivalo
Tolva
Gyljen
Muurola
Juuma
Överkalix
Ylitornio
Piittisjärvi
Suolijärvi
Riisitunturin
kans. puisto
Ruka
Kivalot
Aavasaksa
Hedenäset
Simojärvi
Perä-Posio
Posio
Louhala
Hällforsen
Koivu
Luleå
Oulu
10
FINLAND
Kuusamo

Ci
Ck
Da
Db
Dc
Dd
De
Df
Dg
20
21
22
23
24
NORGE
FINLAND
Skjånes
Berlevåg
Hopsøidet
Raggon-
jargga
Langfjorden
Tana
Kongsøy-
fj.
Båtsfjord
Stangenes-
tinden
Duolbbadasgaissa
Nordfjord
Langnes
Varanger-
halvøya
Rustefjelbma
Skipskjølen
Finnmark
Vardø
Tanabru
Varangerbotn
Unjarga
(Nesseby)
Vestre
Jakobselv
Polmak
Gras-
bakken
Vadsø
Varangerfjorden
Hurtigrute
Bugøynes
Bugøyfjord
Ropelv
Grensel
Jakobselv
Näätämö
Neiden
Kirkenes
E 6
Bjørnevatn
Sevettijärvi
Skanvik
Skogfoss
Nikel'
Kuorpukas
Zapoljarnyj
Luostari
Pečenga
Linahamari
Pummanki
Vajdaguba
p-ov
Rybačij
d'Ejna
mys Cypnavolok
Motovskij zaliv
E105
A138
Nyrud
Nautsi
Janiskoski
Priečnyj
g. Kučintundra
Zap. Lica
Kilp'javr
Uraguba
Kol'skij zaliv
o. Kil'din
Zarubiha
o. Mal.
Olenij
m. Teriberskij
Poljarnyj
Severomorsk
MURMANSK
Teriberka
Dal'nije Zelency
o. Bol'. Olenij
Golitcino
Kola
Murmaši
Kil'dinstroj
Magnetity
M18
Talvikjulja
Lotta
Verhnetulomskoe
Vodohranilišče
Verhnetulomskij
Tuloma
Tumannyj
Rynda
o-va.
Sem' Os
g. Solnce
Teriberka
g. Lavnatundra
g. Ionn-N'jugoaje
Taľšem-
tundra
g. Volšepahk
Kica
Kola
Pulozero
Babozero
Čudzjavr
Jaurujoki
g. Čiltaľd
Nota
g. Elgoras
g. Jukspor
Olenogorsk
Lovozero
g. Balkon-Mylk
Kemihaara
Vuva
Monče-
ozero
Mončegorsk
g. Ebručorr
Malaja Čopča
Revda
Kolm'javr
Sejjar
g. Jumper Uajv
Tulppio
Girvas
oz. Količno
Imandra
Hibiny
Kirovsk
Umb-
ozero
Tuntsa
Kovdor
Ena
Upolokša
E105
Apatity
Zašeek
Sorsatunturi
g. K'umetundra
Zašeek
Afrikanda
Pitkul'
Oktjabr'skij
g. Kamennik
Poljarnye Zori
Nivskij
Kapustnoe
Krasnoščeľe
Niva
g. Baran'ja lolga
Kandalakša
Kuolajarvi
Alakurtti
Beloe
More
Kolvica
Vostočnoe
Munozero
g. Rohmojva
oz. Tolvant
Pustaja
Guba
Kanozero
Mal. Varzuga
Vuorijarvi
g. Tiurtojva
Zelenoborskij
Sen'gora
Boľšaja Varzuga
Kandalakšskaja guba
Porjaguba
Vjala
Vjalozero
Zarečensk
Kovda
Umba
Verh. Vjalozerskij
Tuutisjarvi
Oulanka
kansallispuisto
Velikij
Kuzreka
Sergozero
m. Turij
Juuma
Olenica
Varzuga
Zašeek
Tikšeozero
Hetolambina
Kašarancy
Louhala
g. Nuorunen
Pjaozero
Čupa
Keret'
Pežostrov
Arhangel'sk
Kuzomen'
Petrozavodosk
11
12
Murmanskoe
B
a
r

Di
Dk
Ea
Eb
Ec
Ed
Ee
Ef
Eg
Eh
Lagernoe
(Novaja Zemlja)
130
North Kanin
Bank
61
110
n t s S e a
Nar'jan-Mar
Nar'jan-Mar
98
125
95
144
88
89
66
210
52
77
m. Kanin Nos
Kanin Nos
K a n i n
204
g. Korytova
242
g. Mohovaja
m. Lajdennyj
o. Korga
o-va Kambal'nickie
Koški
Rybnaja
Mesna
K a m e n'
225
Šojna
Šojnskaja guba
Šojna
m. Mikulkin
Kija
m. Zapadnyj
Ludovatyj Nos
74
oz. Šuč'e
Kaninskij bereg
poluostrov Kanin
Čëšskaja
guba
Češa
Čiža
Čiža
m. Konušin
Jažma
m. Mihailovskij
Perepusk
Vižas
Oma
Vižas
Oma
Nes'
Nes'
Niž. Mgla
91
oz. Vižas
Konušinskij bereg
Sëmža
Sëmža
147
Vižas
o. Nokuev
Varzino
128
283
m. Svjatoj Nos
Svjatonosskij zaliv
p-ov Svjatoj Nos
Gremiha
Iokanga
Lyr'jok
303
Lumbovskij zaliv
o. Lumbovskij
Lumbovka
Lumbovka
Kačkovka
Kačkovskij zaliv
56
J
A
Kolmak
g. Manjuk
342
Lebjažja
Ačerjok
Orlovskij zaliv
m. Orlovskij
por. Kolmackij
Kanevka
Ponoj
Ponoj
o. Gorjainov
Purnač
302
Pjalka
o. Moržovec
59
oz. Bab'e
Sosnovka
Pulonga
Pjalica
Strelna
Čapoma
Sosnovka
o. Sosnovec
Terskij bereg
Pulonga
Pjalica
Arhangel'sk
115
m. Voronov
Mezenskaja guba
m. Abramov
Kojda
Kojda
Nižа
Majda
13
14

Ef
Eg
Eh
Ei
Ek
Fa
Fb
Fc
Fd
20
21
22
23
24
ostrov
Meždušarskij
m. Kostin Nos
p-ov Mučnoj
Nova
Murmansk
Murmansk
110
183
44
B a r e n t s S e
105
69
P e č o r s k
oz. Pesčanoe
Pesčanka
Gubistaja
g. Paarkov
Sarlopy
166
o. Kolguev
kosa Vost. Tonkie (Ploskie) Koški
Bugrino
kosa Zap. Tonkie (Ploskie) Koški
56
52
p-ov Russkij
Zavorot
Hodovariha
Kuzneckaja guba
m. Lajdennyj
o. Korga
o-va Kambal'nickie
Koški
Rybnaja
225
P o m o r s k i j p r o l i v
o. Sengejskij
Sengejskij proliv
Tobseda
oz. Pesčanoe
Kolokolkova guba
138
Pečorskaja guba
Korovinskaja guba
g. Tenja Seda
182
Sengejaha
Neruta
Jušino
m. Sv. Nos
Gornostal'ja guba
Indiskaja guba
m. Mikulkin
60
Velt'
T i m a n s k i j
M a l o z e m e l ' s k a j a
b e r e g
t u n d r a
Neneckaja grjada
oz. Golodnaja Guba
Andeg
Pečora
Kuja
R
m. Barmin Nos
Indiga
Vyučeskij
Indigskie ozëra
Indiga
Cemaja
Čajcynskij Kamen'
Sedujaha
Kamenka
Oksino
Narjan-Mar
Č ë š s k a j a
g u b a
Velikaja
Velikaja
m. Suvojnyj Nos
Volonga
Volonga
g. Pron'kina
256
oz. Urdjužskoe
31
Sojma
N e n e c k i j a v t o n o
Labožskoe
Pylemec
Kuja
Tošviska
g. Kovriga
303
Kotkino
Sula
Beluš'e
Egorovo
226
Sula
Leždug
Ërmica
Sula
Ščucja
Snopa
Nižnjaja Peša
Peša
Oma
Oma
Verhnjaja Peša
Snopa
Bezmoščica
Bol. Pula
Bol. Jangyta
Kosma
B o l'
Šapkina
Novyj Bor
R
Arctic Circle
Volokovaja
Volokovaja
Tobyš
Myla
Sozva
Tobyšskaja vozvyšennost'
Medvežka
Tarasovo
Rubiha
Krestovka
oz. Varš
Peša
oz. Kosminskoe
Okunev Nos
167
ROSSIJA
Respublik

14

Ff
Fg
Fh
Fi
Fk
Ga
Gb
Gc
Gd
Ge
emlja
m. Men'šikova
65
Rušanovo
proliv Karskie vorota
m. Bolvanskij Nos
Guba Dolgaja
135
171
o. Vajgač
200
270
m. Bol. Ljamčin Nos
Varnek
pr. Jugorskij Šar
Amderma
Jugorskij
Bol. Oju
Tab'ju
467
Talotajaha
po-ov
o. Matveev
more
o. Dolgij
g. Bol'šaja Padeja
428
Sopčaju
m. Bel'kovskij Nos
o. Bol. Zelenec
m.Medynskij Zavorot
Guljaevskie Koški
guba Perevoznaja
Karatajka
o. Pesjakov
Varandej
oz. Pil'nja
Hejjaha
ROSSIJA
Alekseevka
Čornaja
Pahančeskaja guba
70
Talotajaha
Hajpudyrskaja guba
Korotaiha
Naulijaha
212
Čornaja
205
a
Silovajaha
Vašutkiny ozera
d
Kolva
Čornaja
n
r
Urerjaha
More-Ju
t
u
Adz'va
J
A
S
S
I
Severnyj
Promyšlennyj
Vorgašor
Komsomol'skij
Mul'da
VORKUTA
226
a
oz. Oškoto
j
Šapkina
176
a
k
oz. Lajato
s
Harajaha
Horej-Ver
Hanovej
Vorkuta
Laja
yj
okrug
Kolvavis
Hosedaju
Bol. Rogovaja
a
Čum
e
m
e
Ust'-Vorkuta
Ošvor
211
Adz'va
Sivomaskinskij
Černyševa
Komi
spublika
Arctic Circle
Adz'vavom
Abez'
Petrun'
Usa
Jun'jaga
Lemva
Vojkarsyn'inskij massiv
191
grjada
Usa
Laja
Kolva
Pečora
Denisovka
Ščel'jabož
1137

15

Ad
Ae
Af
Ag
Ah
Ai
Ak
Ba
Bb
24
25
26
27
28
N o r w e g i a n
S e a
Halten-
96
banken
Sklinna-
120
banken
Frøya-
banken
154
200
418
526
330
160
Frohavet
Leka
Solsem
Vikna
Valøy
Rørvik
Foldefjorden
Jøa
Otterøya
Flatanger
Jøssund
Sjøåsen
Helleristn.
Sundet
Finnvollheia
Sprova
Malm
Harsvik
Stokksund
Follafoss
Åfjord
Lysøysund
Straumen
Fosna
Botngård
Husbysjøen
Ytterøy
Brekstad
Leksvik
Levang
Valset
Rissa
Vanvikan
Frosta
Morkaby
Skatval
Trondheimsfj.
Stjørdalshalsen
Hellesvik
Frøya
Titran
Flatval
Frøyfjorden
Fillan
Hitra
Fjellværøya
Sandstad
Veidholmen
Kvenvær
369
Hopen
Forsnes
Dyrnes
Smøla
Trondheimsleia
Selbekken
TRONDHEIM
Storoddan
Malvik
Hommelvik
Flornes
Meråker
Heimdal
Orkanger
Kyrksæterøra
Klæbu
Elistranda
Aure
Edøyfjorden
Ertvågøya
Fannrem
Melhus
Leira
Tømmervåg
Kristiansund
Tustna
905
Engjan
1040
Ruten
929
Reinsfjell
933
Selbu
Løkken
Meldal
Sør-
Hustadvika
Storbakken
Halsa
Rindal
Støren
Lauvun
Østby
Hustad
Averøya
Bud
Eide
Nordmøre
Tingvoll
Skei
1219
Singsås
Ålen
Gauldalen
Soknedal
Enodden
Elnesvågan
Gossa
1020
Kleive
Hjellset
1095
Steinshamn
Molde
Eidsvåg
Todal
1667
Snota
Rennebu
Berkåk
Trøndelag
Nordøyane
Midsund
Moldefj.
Sunndalsøra
Sunndalen
Innset
Forolshogna
1332
Austnes
Brattvåg
Vestnes
Møre
Isfjorden
Grøa
Driva
Oppdal
(600)
Roald
Alnes
Sjøholt
Åndalsnes
og
Ålesund
Tresfjord
Romsdalen
1621
Langevåg
Sykkylven
Stordal
Trolltindane
1795
N
O
R
G
E
Røros
Søryane
Kvalsvik
Hareid
1739
Marstein
Høggia
1633
1229
Os
Fosnavåg
Sandøy
Ulsteinvik
Vartdal
Stranda
Liabygd
1307
Slogen
Romsdal
Valldal
Rauma
1950
2286
Dovrefjell N.P.
Snøhetta
Narbuvoll
Stadhavet
Larsnes
Ørstavik
Sæbø
1597
Eidsdal
Pyttegga
1984
Bjorli
Lesjaskog
Dovrefjell
Hjerkinn
(1025)
Stadlandet
Leikanger
Fiskå
Volda
7 Systre
Eide
(624)
Lora
1604
Tron
1660
Tynset
Holøydal
Nord-
Vågsøy
Selje
Sunnmøre
Hellesylt
Geirangerfjorden
Lesja
Storhø
Folldal
Alvdal
Måløy
Sogn
Starheim
Hornindalsvatnet
Dalsnibba
(1038)
1926
Dombås
1713
(820)
Bremanger-
pollen
Nordfjorden
Grodås
Nordfjordeid
Otta
1833
Tverrfjelli
Dovre
Store
Sølnkletten
Barkald
Bremangerlandet
Kalvåg
(1139)
Pollfoss
Norberg
Rondane
Rondslottet
1827
Ålfotbreen
Oppstryn
2083
Ottadalen
Vågåmo
Svelgen
1632
Sandane
Utvik
(630)
Olden
Lom
Garmo
2178
N.P.
Hanestad
Øvre
Rendal
Norddal
Hyen
Jostedalsbreen
Breheimen
Bøverdal
Bøvra
Jotunheimen
Bjølstad
Otta
Atnbrua
Otnes
Sølen
Florø
Eikefjord
Sogn og Fjordane
2470
Glittertinden
1435
Åkrestrømmen
Bergen
Bergen
NORGE
16
Lillehammer
Hamar
E39
E136
E6
E15
E136
15
3
30
29
27
70
65
63
650
5
67
233
66
198
96
104
180
227
47
57
35
102
69

NORGE
SVERIGE
Bodø
Gällivare
Mora
Gävle
Luleå
Skellefteå
Umeå
Vaasa
Mo i Rana
Stokkvågen
Nesna
Hemnesberget
Bjerka
Korgen
Sandnessjøen
Alsten
Mosjøen
Elsfjord
NORDLAND
Trofors
Hattfjelldal
Børgefjell nas.- park
Namsskogan
Røyrvik
Grong
Snåsa
Nordli
Gäddede
Frostviksbränna
Jormlien
Stora Blåsjön
Hemavan
Tärnaby
Västansjö
Norra Storfjället
Södra Storfjället
Ammarnäs
Sorsele
Arjeplog
Arvidsjaur
Slagnäs
Storuman
Stensele
Gunnarn
Lycksele
Vilhelmina
Dorotea
Åsele
Västerbottens län
Fredrika
Bjurholm
Vännäs
Vindeln
Malå
Jörn
Glommersträsk
Norbottens län
Piteälven
Storforsen
Strömsund
Hoting
Backe
Junsele
Ramsele
Sollefteå
Kramfors
Härnösand
Örnsköldsvik
Husum
Ångermanland
Västernorrlands län
Jämtlands län
Östersund
Frösö
Krokom
Järpen
Åre
Brunflo
Bräcke
Svenstavik
Hackås
Sundsvall
Timrå
Njurunda
Ljusdal
Hudiksvall
Gävleborgs län
Hälsingland
Sveg
Funäsdalen
Tännäs
Härjedalen
Hede
Vemdalen
Rätansbyn
Ytterhogdal
Idre
Särna
Kopparbergs län
Rogen
Gulf of Bothnia
Medelpad
Strömsvattudal
Indalsälven
Ljungan
Ljusnan
Umeälven
Vindelälven
Skellefteälven

Gällivare
Pello
Rovaniemi
Norrbottens län
Västerbottens län
SVERIGE
Bottenviken
Perämeri
Gulf of Bothnia
Norra Kvarken
Merenkurkku
Västra Kvarken
Luleå
Kemi
Tornio
Haparanda
Oulu
(Uleåborg)
Hailuoto
(Karlö)
Raahe
(Brahestad)
Piteå
Skellefteå
Umeå
Kokkola
(Karleby)
Jakobstad
Pietarsaari
Vaasa
(Vasa)
Seinäjoki
Kristinestad
Kristiinankaupunki
Örnsköldsvik
Boden
Arvidsjaur
Lycksele
Jyväskylä
Jämsä
Parkano
Vaasan Lääni
Oulun Lääni
Keski-Suomen Lääni
Turun ja Porin Lääni
Hämeen Lääni
Sundsvall
Gävle
Pori
Tampere
Lahti
FINLAND

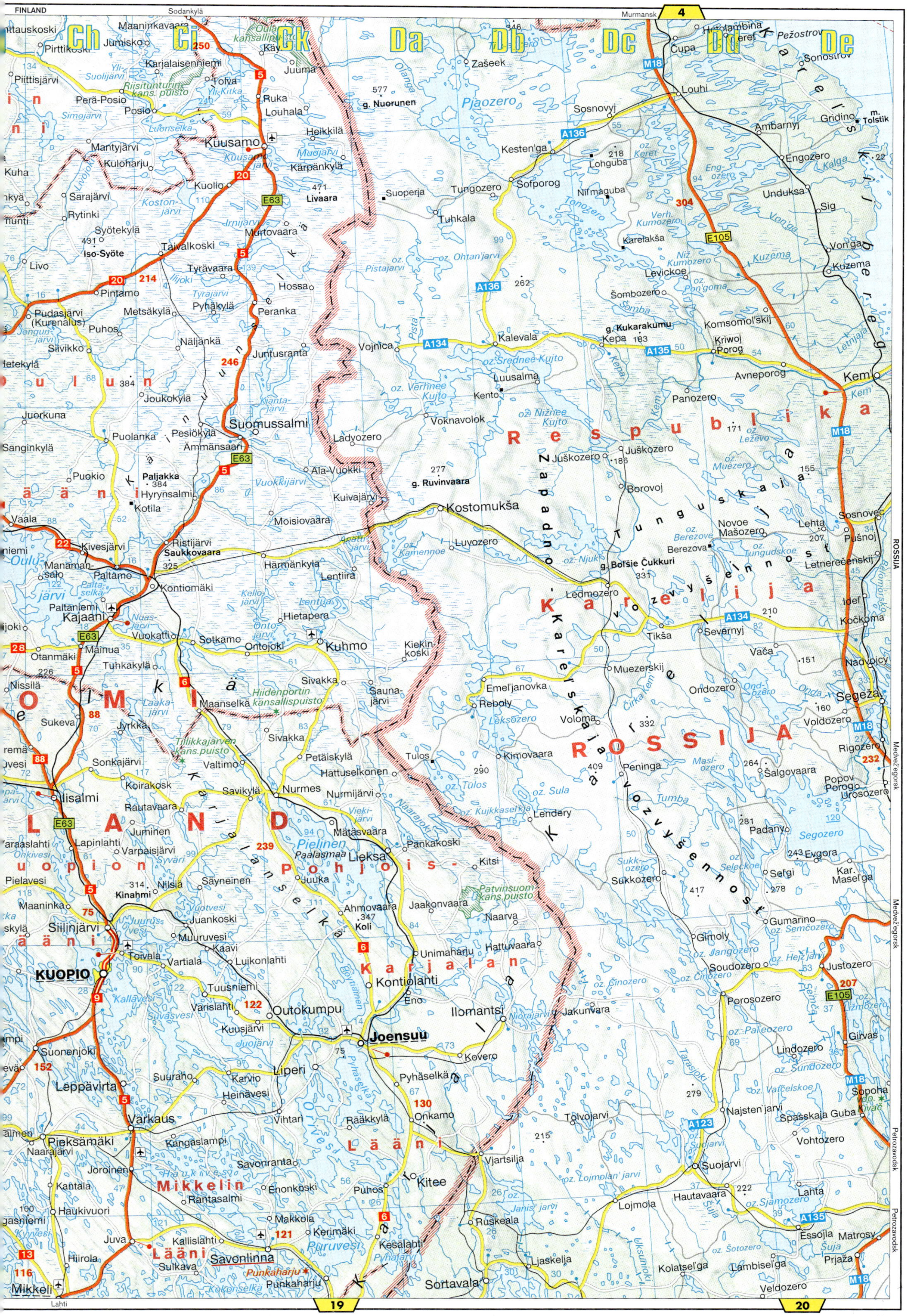
FINLAND
Sodankylä
Murmansk
4
Ch
Ci
Ck
Da
Db
Dc
Dd
De
Maaninkavaara
Jumisko
Kay
Juuma
Karjalaisenniemi
Tolva
Piittisjärvi
Perä-Posio
Posio
Ruka
Louhala
Kuusamo
Heikkilä
Mantyjärvi
Kuloharju
Kuha
Karpänkylä
Kuolio
Livaara
Sarajärvi
Rytinki
Syötekylä
Iso-Syöte
Murtovaara
Taivalkoski
Livo
Tyrävaara
Hossa
Pintamo
Pyhäkylä
Peranka
Metsäkylä
Pudasjärvi (Kurenalus)
Puhos
Siivikko
Näljänkä
Juntusranta
Joukokylä
Juorkuna
Puolanka
Pesiökylä
Suomussalmi
Ämmänsaari
Sanginkylä
Puokio
Paljakka
Hyrynsalmi
Kotila
Vaala
Ristijärvi
Saukkovaara
Kivesjärvi
Paltamo
Kontiomäki
Manamansalo
Paltaniemi
Kajaani
Vuokatti
Sotkamo
Ontojoki
Kuhmo
Otanmäki
Mainua
Tuhkakylä
Nissilä
Sukeva
Jyrkkä
Maanselkä
Hiidenportin kansallispuisto
Sivakka
Tiilikkajärven kans.puisto
Valtimo
Sonkajärvi
Koirakoski
Iisalmi
Savikylä
Nurmes
Nurmijärvi
Runtavaara
Juminen
Lapinlahti
Varpaisjärvi
Mätäsvaara
Pielinen
Paalasmaa
Lieksa
Pankakoski
Kitsi
Pielavesi
Kinahmi
Nilsiä
Säyneinen
Juuka
Maaninka
Juankoski
Ahmovaara
Koli
Jaakonvaara
Patvinsuon kans.puisto
Naarva
Siilinjärvi
Muuruvesi
Kaavi
Toivala
Vartiala
Luikonlahti
Unimaharju
Hattuvaara
KUOPIO
Tuusniemi
Kontiolahti
Eno
Varislahti
Outokumpu
Ilomantsi
Jakunvaara
Kuusjärvi
Joensuu
Suonenjoki
Kovero
Leppävirta
Suurahd
Karvio
Heinävesi
Liperi
Pyhäselkä
Onkamo
Varkaus
Vihtari
Rääkkylä
Pieksämäki
Naarajärvi
Kangaslampi
Savonranta
Joroinen
Kantala
Mikkelin
Rantasalmi
Enonkoski
Kitee
Vjartsilja
Haukivuori
Puhos
Makkola
Kerimäki
Kallislahti
Lääni
Juva
Hirvola
Sulkava
Savonlinna
Punkaharju
Kesälahti
Ruskeala
Mikkeli
Lahti
Sortavala
Ljaskelja
19
20
Zašeek
g. Nuorunen
Pjaozero
Sosnovyj
Kesten'ga
Lohguba
Sofporog
Tungozero
Suoperja
Tuhkala
Nilmaguba
Karelakša
Levickoe
Šombozero
g. Kukarakumu
Kepa
Kalevala
Vojnica
Luusalma
Kento
Voknavolok
Ladyozero
Ala-Vuokki
g. Ruvinvaara
Kuivajärvi
Kostomukša
Moisiovaara
Luvozero
Härmänkylä
Lentiira
Hietapera
Kiekinkoski
Emel'janovka
Reboly
Saunajärvi
Voloma
Kimovaara
Tulos
Hattuselkonen
Lendery
Louhi
Cupa
Pežostrov
Sonostrov
Ambarnyj
Gridino
Tolstik
Engozero
Unduksa
Sig
Von'ga
Kuzema
Komsomol'skij
Kriwoj
Porog
Avneporog
Kem
Panozero
Juškozero
Borovoj
Sosnovec
Lehta
Pušnoj
Novoe Mašozero
Berezova
g. Bol'šie Čukkuri
Letnerečenskij
Ledmozero
Tikša
Severnyj
Vača
Idel'
Kočkoma
Nadvoicy
Muezerskij
Ondozero
Segeža
Voldozero
Rigozero
Peninga
Šalgovaara
Popov Porog
Urosozero
Padany
Evgora
Sukkozero
Sel'gi
Kar. Masel'ga
Gimoly
Gumarino
Soudozero
Justozero
Porosozero
Girvas
Lindozero
Najsten'jarvi
Spasskaja Guba
Sopoha
Tolvojarvi
Vohtozero
Suojarvi
Hautavaara
Lahta
Lojmola
Essojla
Matrosy
Prjaža
Kolatsel'ga
Lambisel'ga
Veldozero
Respublika Karelija
ROSSIJA
Zapadno-Karel'skaja vozvyšennost'
Tunguskaja
Oulun lääni
Kuopion lääni
Pohjois-Karjalan lääni
Mikkelin lääni
RUSSIA
Medvež'egorsk
Petrozavodsk

4

Murmansk
Dd
De
Df
Dg
Dh
Di
Dk
Ea
24
25
26
27
28
29
Keret
Pežostrov
Kaškarancy
Varzuga
Kuzomen'
Sonostrov
Louhi
Kandalakša
Kandalakšskaja guba
Niž. Ondom-ozero
Verh. Ondom-ozero
Strel'na
Čapoma
Pjalica
Pulonga
Čavan'ga
Tetrino
Strel'na
Pjalica
Ambarnyj
Gridino
m. Tolstik
o-va Ivanovy Ludy
o. Olenij
Engozero
Kalga
Unduksa
Sig
Von'ga
Kuzema
Levickoe
Sombozero
Kuzema
Komsomol'skij
Kriwoj Porog
Avneporog
Panozero
Kem'
Rabočeostrovsk
Černeckij
Soloveckie o-va
Soloveckie
o. Anzerskij
o. Žižginskij
m. Uhtnavolok
Letnij Navolok
o. Bol'šaja Muksalma
m. Orlovskij
Letnjaja Zol.
Lopšen'ga
m. Krasnogorskij Rog
Pertominsk
Sjus'ma
Nenoksa
SEVERODVINSK
Solza
ARHANGELSK
Vas'kovo
Novodvinsk
Beloe more
Dvinskaja guba
o. Mud'jugskij
Podborka
Patrake
Tova
Niž. Zolotica
Verh. Zolotica
m. Kerec
g. Erga
Kozly
Zimnij Bereg
m. Incy
Respublika Karelija
Šuereckoe
Šuj-ostrov
Bol. Žužmuj
Mal. Žužmuj
Belomorsk
Pušlahta
Onežskij poluostrov
Letnij bereg
Una
Ljamca
Purnema
Nižmozero
m. Glubokij
Kjanda
Tamica
Onežskaja guba
Mjagostrov
Kondostrov
Hedostrov
Sosnovec
Letnerečenskij
Virma
Sumskij Posad
Koležma
Pomorskij bereg
Tunguskaja vozvyšennost'
Novoe Mašozero
Lehta
Berezova
Pušnoj
Ideľ
Kočkoma
Vača
Ondozero
Nadvojcy
Vorenža
Virandozero
Njuhča
Malen'ga
Unežma
Kuša
Maložujka
Nimen'ga
Vorzogory
Ponga
Pokrovskoe
Onega
Porog
Glazaniha
Mud'juga
Kodino
Beloe Ozero
Brusenica
Tundra
Lomovoe
Holmogorskaja
Arhangel'sk
Segeža
Voldozero
Polga
Rigozero
Šalgovaara
Popov Porog
Urosozero
Sigovec
Valdaj
Padany
Sumeriči
Segozero
Evgora
Vorožgora
Kolojgora
Kar. Masel'ga
Masel'gskaja
g. Sapočka
Kriaž Vetrenyj pojas
g. Olov
Uhta
Usť-Koža
Ancïferovskij Bor
Kovkula
Priluki
Posad
g. Siverka
Ulitino
Jarnema
Savinskij
Šardozero
Švakino
Obozerskij
Letneozerskij
Malinovka
Verhovskij
Emca
Mirnyj
Plesek
Oksovskij
Denislav'e
Fedovo
Kokovka
Konevo
Most
Stupino
Šalakuša
Lel'ma
Zaozer'e
Makarov Dvor
Medvež'egorsk
Pinduši
Ogorelyši
Sergievo
Tihvin Bor
Lobskoe
Justozero
Povenec
Proletarka
Šun'ga
Kažma
Girvas
Tolvuja
Kedrozero
Tambicy
Pjal'ma
Sopoha
Spasskaja Guba
Velikaja Guba
Tambicy
Kondopoga
Kiži Pogost
Bojaščina
Kulmuksa
Kurgenicy
Pesčanoe
Oktjabr'skaja
Kuganavolok
Vodla
Kubovo
Stešavskaja
Rjapusovskij Pogost
Pogost
Selehovskaja
Poča
Niž. Usťe
Calna
Šuja
Jalguba
Matrosy
Prjaža
PETROZAVODSK
Derevjannoe
Derevjanka
Pudož
Krivcy
Šal'skij
Ust'-Reka
Ileksinskaja
Usačevskaja
Onežskoe ozero
oz. Vodlozero
oz. Kenozero
oz. Undozero
oz. Monastyrskoe
Arhangel'skaja
Rossija
S.-Peterburg
A136
A135
A134
E105
M18
P5
P2
R1

20

5
6
21
22
Eb
Ec
Ed
Ee
Ef
Eg
Eh
Ei
Ek
Neneckij avtonomnyj okrug
Kosminskij Kamen'
ROSSIJA
Respublika Komi
morsko- jskoje- ato
el'skaja
SLJA
oblast'
Majda
Kojda
Niža
m. Abramov
Mezenskaja guba
Konušinskij bereg
Semža
Sëmža
Tarasovo
oz. Vižas
147
oz. Varš
Oma
oz. Kosminskoe
Megra
Dolgoščel'e
Okulovo
oz. Vyžleckoe
Kamenka
Mezen'
Byč'e
Moseevo
Jazevec
Safonovo
Peza
Aleški
Sojana
Lampožnja
Loban
Ust'-Njafta
Žerd'
Goršok
Kučema
Dorogorskoe
Kimža
Karepol'e
Pogorelec
182
228
Kepino
Sovpol'e
Azapol'e
Paluga
Juroma
Poltozero
Žiteli
Bol'šaja Nisogora
Pylema
Selišе
Veloščel'e
Smolenec
Paloščel'e
Kuloj
Lešukonskoe
Kojnas
Zasul'e
162
Rusoma
Čublas
226
Lebskoe
Vožgora
Pinega
Vonga
Čulasa
Petrova
Kokornaja
Olema
Ust'-Poča
Sojala
Trufanova
166
222
Lat'juga
Bereznik
Veškoma
Vysokaja
Nižnjaja
Kenica
Čakola
Čuprovo
Leunova
Kuzomen
Pirinem
Muftjuga
Poliťovo
Berezy
Verh. Palen'ga
144
Šilega
Mučkas
Ust'-Pinega
Glubokoe
Karpogory
218
Važgort
Krivoe
Melent'evo
Krasnoe
Nemnjuga
Šardonem'
250
Bol. Čurki
Černut'evo
Kazenščina
Syloga
Kuškopola
Verkola
Iba
Selib
Brin-Navolok
Kavra
Javzora
Kozdinga
El'kib
187
Pačiha
Novaja Lavela
Gorodeck
Ertoma
Razgort
Pukšen'ga
Šujga
Sul'ca
Njuhča
Vendinga
Koslan
Emeck
261
Kulozera
Blagoevo
Ust'-Vačerga
Začač'e
Lipovik
229
oz. Krasnyj Okun'
Loptjuga
191
228
236
37
Vapna
200
Mjakur'e
370
217
78
Kar'i
Čurozgora
Hetovo
Ust'-Vaen'ga
Podol'skaja
Ust'-Vyjskaja
130
Pjanda
154
217
223
Osinovo
102
Osjatkino
Bereznik
Šidrovo
Konecgor'e
Monastyr'
Ust'-Vaga
Čamovo
Pošegda
223
Sogra
Niz
Lambas
197
Borovina
Palova
Krasnaja
Azinozero
Jakovlevskaja
Mila
Klemušino
65
Zelenik
205
Rakovskaja
Ivlevskaja
Kondratovskaja
Splavnoj
205
266
Pesenec
Verh. Tojma
Igumhovskaja
oz. Lum
Zeleninskaja
Dvinskoj
Zaruba
Šipunovskaja
Uksora
Šenkursk
Lahoma
Bulatovskaja
Šelaša
Kupurinskaja
Nosovskaja
189
Rossoha
Cerevkovo
Kamennoe
Verh. Šilovo
Bol. Sludka
Šičuga
Litvinovo
Rovdino
Vologda
M8
Sev. Dvina
Vaga
Pinega
Mezen'
Vyja
Ura
Jula
Ežuga
Kuloj
Jugna
Vaen'ga
Nondrus
Niž. Tojma
Vaška
Erga
Uftjuga
Vyčegda
66

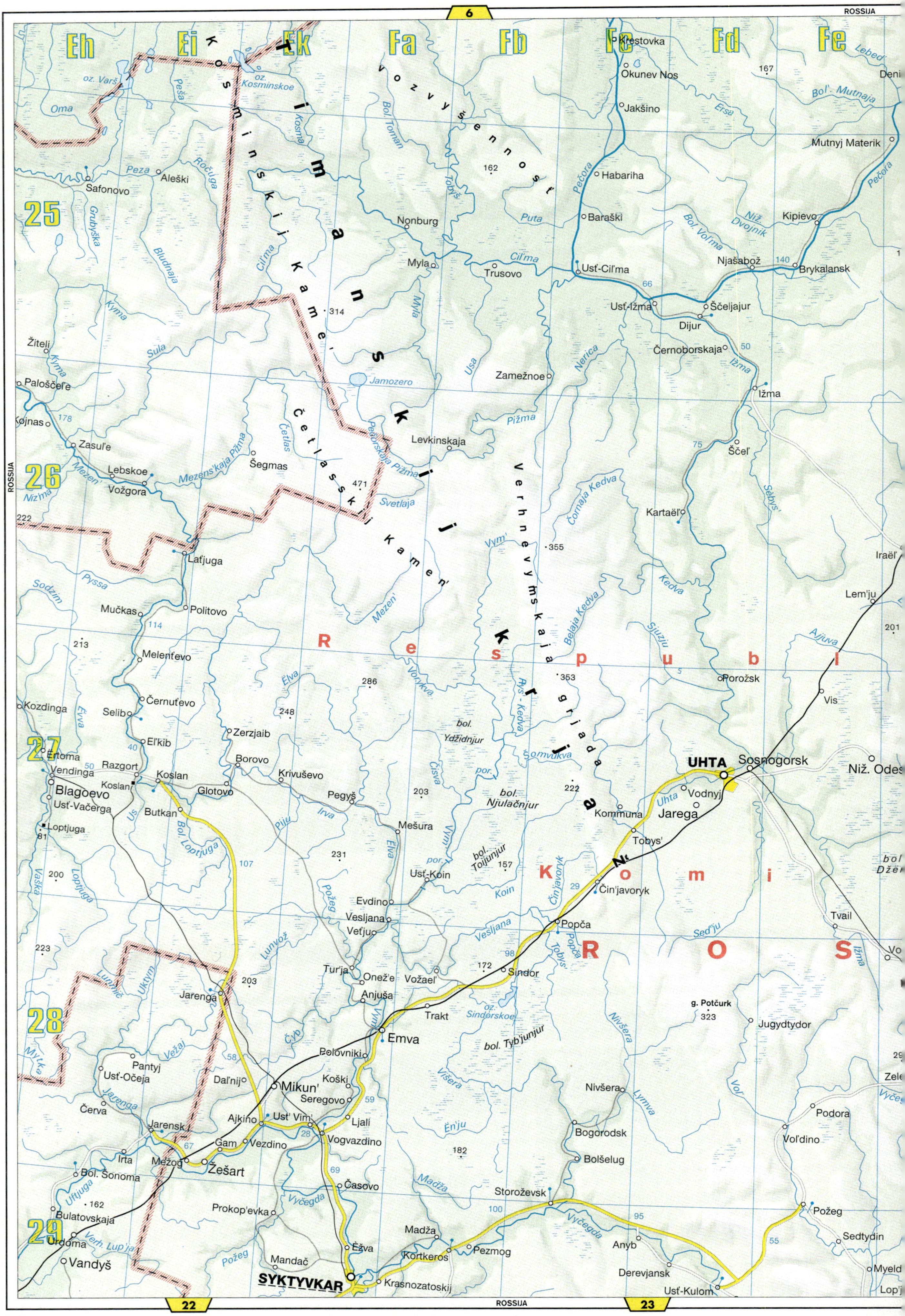

6
ROSSIJA
Eh
Ei
Ek
Fa
Fb
Fc
Fd
Fe
25
26
27
28
29
Timanskij krjaž
Kosminskij Kamen'
Četlasskij Kamen'
Vozvyšennost'
Verhnevymskaja grjada
Respublika Komi
ROSSIJA
oz. Varš
Oma
Peša
oz. Kosminskoe
Kosma
Bol. Toman
Krestovka
Okunev Nos
Jakšino
Deni
Lebed'
Bol'. Mutnaja
Ersa
Mutnyj Materik
Pečora
Habariha
Safonovo
Peza
Aleški
Ročuga
Grubyška
Bludnaja
Cil'ma
Nonburg
Tobyš
Puta
Baraški
Bol. Vol'ma
Niž. Dvojnik
Kipievo
Myla
Trusovo
Ust'-Cil'ma
Njašabož
Brykalansk
Ust'-Ižma
Ščeljajur
Dijur
Černoborskaja
Ižma
Kyma
Sula
Žiteli
Paloščel'e
Jamozero
Usa
Zamežnoe
Nerica
Kojnas
Zasul'e
Lebskoe
Vožgora
Nižma
Mezen'
Mezenskaja Pižma
Šegmas
Četlas
Pečorskaja Pižma
Svetlaja
Levkinskaja
Pižma
Ščel'
Čornaja Kedva
Kartaël'
Sebys'
Lat'juga
Pyssa
Sodzim
Vym'
Kedva
Iraël'
Mučkas
Politovo
Lem'ju
Meleneťevo
Belaja Kedva
Sjuzju
Ajjuva
Porožsk
Vis
Kozdinga
Černut'evo
Selib
El'kib
Zerzjaib
Élva
Vorykva
bol. Ydžidnjur
Ryr-Kedva
Ertoma
Vendinga
Razgort
Koslan
Blagoevo
Ust'-Vačerga
Loptjuga
Butkan
Glotovo
Borovo
Krivuševo
Pegyš
Irva
Pijju
Čisva
por.
bol. Njulačnjur
Somvukva
UHTA
Sosnogorsk
Niž. Odes
Uhta
Vodnyj
Jarega
Kommuna
Tobys'
Bol. Loptjuga
Vaška
Mešura
bol. Tol'junjur
Us
Požeg
Ust'-Koin
Koin
Činjavoryk
Čin'javoryk
Komi
bol Džer
Evdino
Vesljana
Vet'ju
Lunvož
Popča
Tobys'
Sed'ju
Tvail
Ižma
Uktym
Lunvož
Tur'ja
Onež'e
Vožael'
Sindor
Jarenga
Anjuša
Trakt
oz. Sinderskoe
g. Potčurk
Jugydtydor
Mytka
Vežaj
Vym'
Emva
bol. Tyb'junjur
Nivšera
Polovniki
Pantyj
Ust'-Očeja
Dal'nij
Mikun'
Koški
Višera
Nivšera
Lymva
Zele
Seregovo
Vol'
Vyčegda
Červa
Jarensk
Ajkino
Ust' Vim'
Ljali
Podora
Én'ju
Bogorodsk
Gam
Vezdino
Vogvazdino
Vol'dino
Irta
Mežog
Žešart
Bolšelug
Bol. Sonoma
Časovo
Madža
Uftjuga
Storoževsk
Bulatovskaja
Prokop'evka
Vyčegda
Požeg
Urdoma
Verh. Lup'ja
Madža
Sedtydin
Vandyš
Požeg
Mandač
Éžva
Kortkeros
Pezmog
Anyb
Derevjansk
Myeld
SYKTYVKAR
Krasnozatoskij
Ust'-Kulom
Lop'ju
22
23

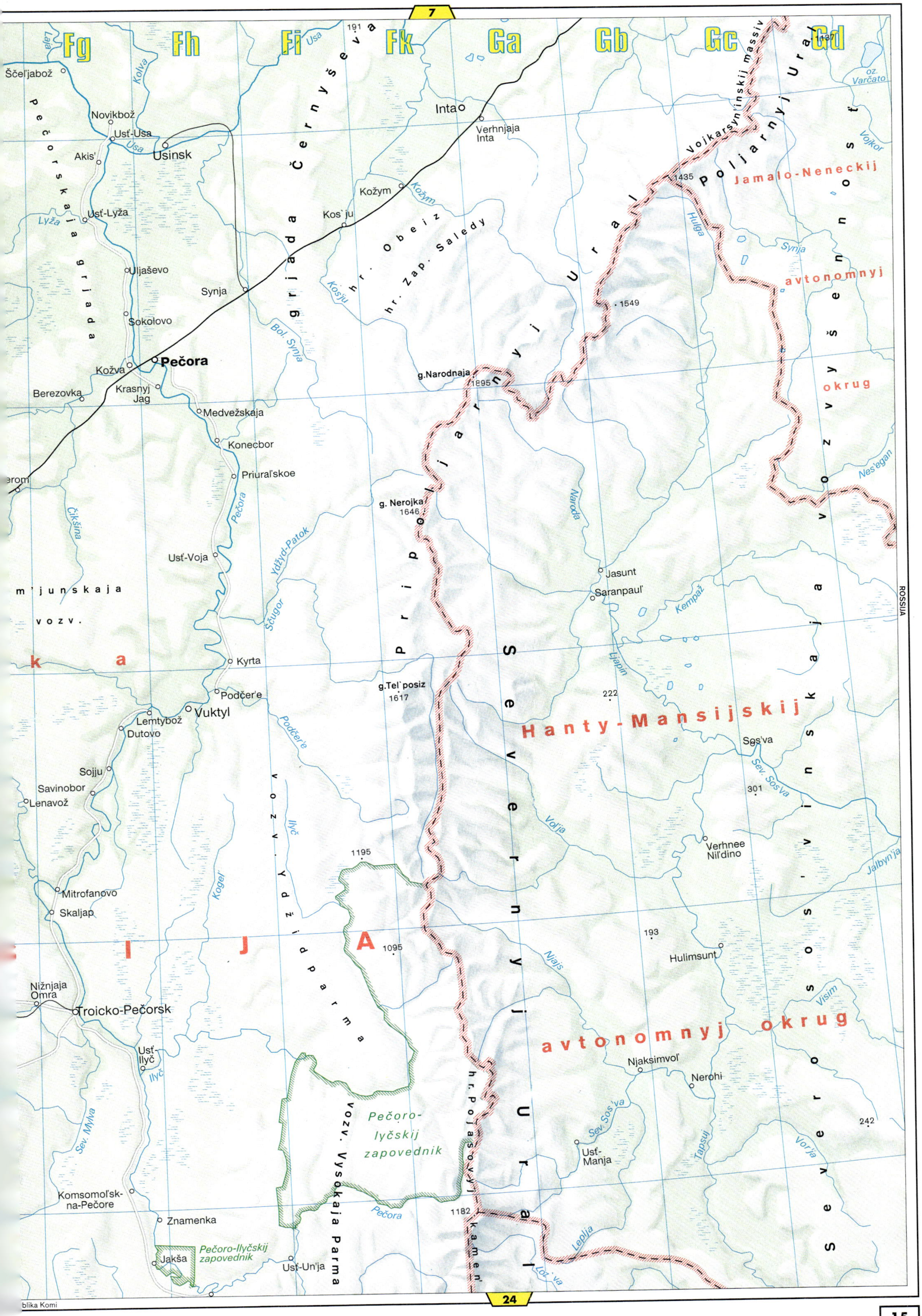
7
24
Fg
Fh
Fi
Fk
Ga
Gb
Gc
Gd
Ščeľjabož
Novikbož
Usť-Usa
Usinsk
Akis'
Usť-Lyža
Uljaševo
Sokolovo
Kožva
Pečora
Krasnyj Jag
Berezovka
Medvežskaja
Konecbor
Priuraľskoe
Usť-Voja
Kyrta
Podčer'e
Vuktyl
Lemtybož
Dutovo
Sojju
Savinobor
Lenavož
Mitrofanovo
Skaljap
Nižnjaja Omra
Troicko-Pečorsk
Usť-Ilyč
Komsomoľsk-na-Pečore
Znamenka
Jakša
Usť-Un'ja
Synja
Kos`ju
Kožym
Inta
Verhnjaja Inta
Jasunt
Saranpauľ
Verhnee Niľdino
Hulimsunt
Njaksimvoľ
Nerohi
Usť-Manja
Sosva
Pečorskaja grjada
Černyševa grjada
hr. Obeiz
hr. Zap. Saledy
Vojkarsynjinskij massiv
Poljarnyj Ural
Pripoljarnyj Ural
Severnyj Ural
g.Narodnaja
1895
g. Nerojka
1646
g.Tel`posiz
1617
1549
1435
1137
191
1195
1095
1182
222
301
193
242
Jamalo-Neneckij avtonomnyj okrug
Hanty-Mansijskij avtonomnyj okrug
Severo-Soswinskaja vozvyšennost'
Vozvyšennosť
mijunskaja vozv.
k a
I J A
vozv. Ydžidparma
vozv. Vysokaja Parma
hr. Pojasovyj kamen'
Pečoro-Ilyčskij zapovednik
Laja
Kolva
Usa
Lyža
Kožym
Kos'ju
Bol. Synja
Pečora
Čikšina
Ydžyd-Patok
Ščugor
Podčer'e
Ilyč
Kogel'
Sev. Mylva
Hulga
Synja
Vojkor
oz. Varčato
Nes'egan
Naroda
Kempaž
Ljapin
Sev. Sosva
Volja
Njais
Jalbyn'ja
Visim
Tapsuj
Vorja
Lepija
Loz`va
ROSSIJA
blika Komi

8
NORGE
Ålesund
Dombås
Røros
Sogn og Fjordane
Oppland
Hedmark
Hordaland
Buskerud
Telemark
Rogaland
Vest-Agder
Aust-Agder
Vestfold
Østfold
Akershus
NORGE
BERGEN
OSLO
Stavanger
Kristiansand
Lillehammer
Drammen
Fredrikstad
Sarpsborg
Haugesund
Arendal
Larvik
Skien
Porsgrunn
Tønsberg
Moss
Kongsberg
Notodden
Hønefoss
Hamar
Gjøvik
Lillestrøm
Asker
Egersund
Flekkefjord
Mandal
Lindesnes
Grimstad
Lillesand
Tvedestrand
Risør
Kragerø
Sandefjord
Horten
Halden
Florø
Førde
Sandnes
Stord
Odda
Voss
Vossavangen
Eidfjord
Geilo
Gol
Stølsheimen
Jotunheimen
Galdhøpiggen
Glittertinden
Hardangervidda nasjonalpark
Vøringfossen
Prekestol
Heddal stavkirke
Stavkirke
Gausta
Haukelifjell
Hardangerjøkulen
Sognefjorden
Oslofjorden
Gudbrandsdalen
Østerdalen
Hallingdal
Numedal
Setesdal
Skagerrak
North Sea
Norskerenna
DANMARK
Nordjylland
Vendsyssel
Skagen
Hirtshals
Hjørring
Frederikshavn
Sæby
Brønderslev
Nørresundby
Ålborg
Løkken
Læsø
Kattegat
Jammerbugten
GÖTEBORG
Strömstad
Tanumshede
Grebbestad
Fjällbacka
Hamburgsund
Bovallstrand
Kungshamn
Lysekil
Newcastle
Harwich
Føroyar
26
DANMARK

SVERIGE
9
Sveg
Sundsvall
Bc
Bd
Be
Bf
Bg
Bh
Bi
Kristinestad
Hornslandet
Hudiksvallsfjärden
Kopparbergs
Gävleborgs
län
Bollnäs
Söderhamn
Bottenhavet
Selkämeri
Orsa
Mora
Rättvik
Leksand
Falun
Borlänge
Gävle
Gävlebukten
Sandviken
Hofors
Dalarna
län
Malung
Avesta
Hedemora
Ludvika
Fagersta
Bergslagen
Sala
Västmanlands
län
Uppsala
UPPSALA
Uppsala län
Norrtälje
Västerås
Västmanland
Köping
Enköping
Märsta
Sigtuna
Täby
STOCKHOLM
Stockholms län
Södertälje
Eskilstuna
Strängnäs
Södermanland
Södermanlands län
Nyköping
Oxelösund
Nynäshamn
Örebro
Örebro län
Karlskoga
Karlstad
Värmlands län
Arvika
Säffle
Åmål
Kristinehamn
Närke
Kumla
Hallsberg
Askersund
Katrineholm
Flen
Norrköping
Linköping
Östergötlands län
Motala
Mjölby
Tranås
Vadstena
Skövde
Mariestad
Lidköping
Skara
Falköping
Trollhättan
Västra Götalands län
Vänern
Vättern
Alingsås
Borås
JÖNKÖPING
Huskvarna
Nässjö
Eksjö
Vetlanda
Jönköpings län
Värnamo
Västervik
Vimmerby
Oskarshamn
Kalmar län
Småland
Götaland
Gotland
Visby
Gotlands län
Bi
Bk
33
34
Fårö
Hoburgen
27
Malmö
Halmstad
Helsingborg
Växjö
Kalmar

BK
Ca
Cb
Cc
Cd
Ce
Cf
29
30
31
32
33
9
10
28
29
Vaasa
Oulu
Selkämeri
Åland
(Ahvenanmaa)
Geta
Saltvik
Storby
Eckerö
Kastelholm
Finby
Jomala
Mariehamn
(Maarianhamina)
Lumparland
Åland
(Ahvenanmaa)
Kökar
Kökarsfjärden
Kappelskär
Ålands Hav
Ahvenan-meri
Delet
Enklinge
Kumlinge
Skiftet Kihti
Houtskär
Korpo
Korppoo
Ahlainen
Pomarkku
Noormarkku
Pori
Kullaa
Karkijärvi
Kiikoinen
Kokemäenjoki
Vammala
Sääksjärvi
Rautavesi
Eurajoki
Peipohja
Keikyä
Rauma
Eura
Huittinen
Lappi
Unaja
Säkylä
Pyhäjärvi
Porin
ja
Pyhäranta
Hinnerjoki
Vampula
Virttaa
Laitila
Lääni
Uusikaupunki
Ylåne
Oripää
Loimaa
Karjalan kirkonkylä
Pöytyä
Mellilä
Lokalahti
Vehmaa
Mynämäki
Mietoinen
Karinainen
Aura
Koski
Taivassalo
Masku
Lieto
Marttila
Somero
Naantali
Merimasku
Iniön aukko
Raisio
TURKU
ÅBO
Paimio
Kuusjoki
Rymättylä
Kaarina
Sauvo
Salo
Kiikala
Åbo
Parainen
Pargas
Kisko
Kitula
Saukkola
Stortervolandet
Kimito
Kemiö
Strömma
Perniö
Lohja
Lohjanjärvi
Barskärs fjärden
Gullkrona fjärd
Dragsfjärd
Dalsbruk
Taalintehdas
Attu
Tenala
Tenhola
Karis
Karjaa
Kirkkonummi
Kyrkslätt
Sjundeå
Siuntio
Bromarv
Ekenäs
Tammisaari
Inkoo
Ingå
Skärgårdshavets nationalpark
Vidkärs fjärden
Jurmo
Saaristomeren kansallispuisto
Hangö
Hanko
Lappvik
Lappohja
Tammisaaren saariston kansallispuisto
Hangö västra fjärd
Hangon itäinen selkä
Porkkala
Porkala
Turun
Hämeenkyrö
Lavia
Mouhijärvi
Nokia
Ylöjärvi
Teisko
TAMPERE
Lempäälä
Viiala
Toijala
Urjala
Punkalaidun
Humppila
Hämeenlinna
Lautaporras
Forssa
Jokioinen
Vojakkala
Letku
Riihimäki
Loppi
Hyvinkää
Kärkölä
Karkkila
Vihti
Nurmijärvi
Järvenpää
Tuusula
VANTAA
VANDA
ESPOO
ESBO
HELSINKI
HELSINGFORS
Östersundom
Porvoo
Borgå
Mäntsälä
Kaskenkylä
Myrskylä
Orimattila
Hausjärvi
Lahti
Nastola
Vieruma
Tiirismaa
Lammi
Hauho
Valkeakoski
Pälkäne
Kalvola
Aulanko
Vanajanselkä
Hämeen
Lääni
Uudenmaan
Lääni
Kuhmoinen
Kuhmalahti
Längelmävesi
Orivesi
Länkipohja
Hirsilä
Päijänne
Padasjoki
Vääksy
Vesijärvi
Sysmä
Joutsa
Kukkia
Ruotsalainen
Kuohijärvi
Roine
SUOMI
FINLAND
Gulf of Finland
Naissaar s.
Prangli s.
Pärispea
Leesi
Loksa
Lahemaa Rahvuspark
Viitna
TALLINN
Maardu
Kuusalu
Kehra
Aegviidu
Aravete
Paldiski
Keila
Kose
Kohila
Tamsalu
Riguldi
Vormsi s.
Turba
Rapla
Järva-Jaani
Kärdla
Kalana
Kaleste
Hiiumaa s.
Käina
Sviibi
Rohuküla
Haapsalu
Risti
Märjamaa
Paide
Türi
Emmaste
Muhu s.
Suur väin
Soela väin
Matsalu Rkla
Lihula
Järvakandi
Vändra
Võhma
Põltsamaa
Leisi
Orissaare
Kuivastu
Virtsu
Pärnu-Jaagupi
Suure-Jaani
Kolga-Jaani
Võhma
Mustjala
Kõruse
Kihelkonna
Saaremaa s.
Kuressaare
Tehumardi
Kalli
Audru
Pärnu
Sindi
Pärnu Laht
Viljandi
Tõstamaa
Kihnu s.
Kihnu-Väin
Pärnu Laht
Kilingi-Nõmme
Mustla
Karksi-Nuia
Sakala kõrgustik
Liivi laht
Häädemeeste
Mõisaküla
Pikasilla
Tõrva
Säare
Kura kurk
Irbes Šaurums
Ruhnu s.
Ainaži
Rūjiena
Staicele
Ūdri
Salacgrīva
Aloja
Valka
Kolka
Slīteres rezervāts
Mazirbe
Rigas Jūras Licis
Drisliki
Matiši
Renceni
Strenči
Ovišu
Vede
Dundaga
Roja
Valmiera
Limbaži
Ventspils
Popo
Cegi
Valdemārpils
Mērsrags
Gaujas nac. parks
Smiltene
Leči
Piltene
Ugāle
Talsi
Engures ez.
Saulkrasti
Cēsis
Stalbe
Stende
Engure
Carnikava
Vangaži
Sigulda
Renda
Sabile
Kandava
Abava
Usmas ez.
Stockholm
Travemünde
Riga
LATVIJA
EESTI
Kastelholm

11
12
ROSSIJA
Murmansk
Kuopio
Mikkeli
Lääni
Anttola
Sulkava
Punkaharju
Lohilahti
Särkisalmi
Parikkala
Puumala
Simpele
Ristiina
Ruokolahti
Rintala
Kurkijoki
Sortavala
Lahdenpoh'ja
o. Valaam
Ljaskelja
Pitkjaranta
Kelatsel'ga
Uuksu
Salmi
Kinelahti
Vidlica
Veldozero
Verhnie Važiny
Kovera
Megrozero
Il'inskij
Olonec
Obža
Lodejnoe Pole
Ljugoviči
Nižnesvirskij Zapovednik
Paša
Časovenskoe
Sjas'stroj
Kos'kovo
Hvalovo
Nov. Selo
Ovino
Savitaipale
Imatra
Joutseno
Svetogorsk
Kuznečnoe
Priozërsk
Ladožskoe ozero
Valkolanmäki
Tuohikotti
Lappeenranta
Lauritsala
Selkäharju
Borodinskoe
Taavetti
Komsomol'skoe
Kamennogorsk
Vuoksa
Ylämaa
Kymen Lääni
Boľšoe Pole
Vyborg
Veščevo
Sapërnoe
Suhodol'skoe
Vaalimaa
Virojoki
Paijärvi
Hamina
Kotka
Sovetskij
Mičurinskoe
Zaporožskoe
Vaskelovo
Primorsk
Bjakovo
Pervomajskoe
Poljany
Roščino
Zelenogorsk
Matoksa
Toksovo
Mor'e
Ladožskoe Ozero
o. Bol. Berëzovyj
Pesocnoe
Repino
Sestroreck
Pargolovo
Rah'ja
Vsevoložsk
Novaja Ladoga
Kobona
Gogland o.
Moščnyj o.
o. Seskar
o. Kotlin
Lisij Nos
Lomonosov
Kronštadt
Šlissel'burg
Volhov
Bol. Tjuters, o.
Sosnovyj Bor
Petrodvorec
S.-PETERBURG
Kirovsk
Dubrovka
Nazija
Mga
Leningradskaja oblasť
Kurgolovo
Koporskaja guba
Lužskaja guba
Kopor'e
Ropša
Kr. Selo
KOLPINO
Čerencovo
Zadnevo
Lipnaja Gorka
Koskolovo
Kir'jamo
Puškin
Pavlovsk
Ul'janovka
Sapki
Ruguj
Usť-Luga
Kotly
Beguniсy
Kipen'
Gatčina
Tosno
Kiriši
Narva laht
Narva-Jõesuu
Volosovo
Kikerino
Vyrica
Kukuj
Budogošč
Horticy
Kohtla-Järve
Sillamäe
Ivangorod
Kingisepp
Moloskovicy
Siverskij
Vyra
Ljuban'
Jõhvi
Ahtme
Kiviõli
Viivikonna
Narva
Narvskoe vdhr.
Apraksin Bor
Čudovo
Glad'
Sar'ja
Neboľči
Tudu
Iisaku
Vasknarva
Slancy
Bol. Sabsk
Tesovo-Netyl'skij
Čolovo
Mšinskaja
Os'mino
Zamoš'e
Gryady
Bol. Zaborov'e
Malaja Višera
Avinurme
Kauksi
Lužica
Dobruči
Tolmačovo
Oredež
Paporotno
Peipsi
Čudskoe
Mar'inskо
Osija
Podberez'e
Gorneckoe
Vereb'e
Gdov
Luga
Bateckij
Raglicy
Krecevici
Alatskivi
Černevo
Ljady
Serebrjanskij
NOVGOROD
Novosel'cy
Borovenka
Novgorodskaja oblasť
Järv ozero
Varnja
Pljussa
Zovka
Zapolе
Proletarij
Viny
Borok
Evcaniči
Jammo
Lužskaja vozv.
Strugi Krasnye
Nikolaevo
Utorgoš
Šimsk
Korostyn'
oz. Il'men'
Krestcy
TARTU
Mehikoorma
Karilatsi
Gorodišče
Soľcy
Staraja Russa
Jažełbicy
Seredka
Novosel'e
Parfino
Pola
Lubnica
Lyčkovo
Põlva
Räpina
Pskovskoe ozero
Kanepi
Krupp
Capel'ka
Borovici
Morino
Volot
Ramuševo
Torošino
Jamkino
Podborov'e
ROSSIJA
Võru
Pečory
PSKOV
Lopatovo
Karamyševo
Porhov
Dno
Vyskod'
Visjučij Bor
Demjansk
Haanja õrgendik
Izborsk
Slavkoviči
Belebelka
Vekšino
Zaluč'e
Narezka
Vasil'evo
Palkino
Pskovskaja oblasť
Dedoviči
Poddore
Molvotic
Kačanovo
Valdajskaja
Ostrov
Sorokino
Cihačeva
Marevo
Svapušča
Lüksne
Zeltiņi
Linovo
Maršavicy
Vybor
Kuprava
Vilaka
Gulbene
Balvi
Aševo
Krasnyj Luč
Sopki
Holm
Slautino
Lopatino
oz. Seliger
oz. Vselug
Dugapils
Vicebck
30
Vologda
Moskva

11
12
31
Petrozavodsk
Moskva
ROSSIJA
S.-Peterburg
Dc
Dd
De
Df
Dg
Dh
Di
29
30
31
32
33
Ladožskoe ozero
Nižnesvirskij Zapovednik
Onežskoe ozero
Vepsovskaja vozvyšenost'
Leningradskaja oblast'
Tihvinskaja grjada
Novgorodskaja oblast'
Tverskaja oblast'
Valdajskaja vozv.
Beloozersko-Kirillovskie grjady
Andorskaja grjada
Ovinišeenskaja vozv.
Bežeckij verh
Vologodskaja oblast'
Jaroslavskaja oblast'
Rybinskoe vodohranilišče
Darvinskij zapovednik
oz. Belce
oz. Vedlozero
oz. Svjatozero
oz. Kovžskoe
oz. Lekšmozero
oz. Seliger
oz. Valdajskoe
oz. Piros
oz. Kaftino
oz. Velje
oz. Šlino
oz. Verestovo
oz. Talec
oz. Sig
oz. Azatskoe
Vyšenevolockoe vdhr.
Prjaža
Veldozero
Orus'jarvi
Salmi
Kinelahti
Vidlica
Kovera
Il'inskij
Olonec
Megrozero
Obža
Svir'stroj
Lodejnoe Pole
Ljugoviči
Paša
Alëhovščina
Časovenskoe
Novaja Ladoga
Sjas'stroj
Volhov
Hvalovo
Kos'kovo
Nov. Selo
Usadišče
Ovino
Kajvaksa
Tihvin
Velikij Dvor
Cerencovo
Zadnevo
Lipnaja Gorka
Ruguj
Kukuj
Budogošč'
Boksitogorsk
Pikalevo
Bočevo
Horticy
Nebolči
Sar'ja
Gagrino
Bol. Dvor
Somino
Žiloj Bor
Malaja Višera
Bol. Zaborov'e
Ljubytino
Hvojnaja
Migološči
Zarubino
Vereb'e
Okladnevo
Ustreka
Koboža
Borovenka
Kulotino
Borok
Okulovka
Volgino
Boroviči
Krutec
Krestcy
Evcaniči
Uglovka
Opečenskij Posad
Bor
Petrovo
Lesnoe
Dvorišči
Jažělbicy
Mihajlovskoe
Staryj Rjad
Krasuha
Lyčkovo
Lubnica
Valdaj
Bologoe
Msta
Udomlja
Ivanteevo
Starovo
Vypolzovo
Demjansk
Kuženkino
Krasnomajskij
Gorka
Nov. Skrebel'
Žilotkovo
Vyšnij Voloček
Firovo
Počinok
Garusovo
Ramen'e
Spirovo
Vydropužsk
Kalašnikov
Mikšino
Bol. Kiselenka
Tolmači
Trestna
Morkiny Gory
Svapušča
Ostaškov
Trestino
Esenoviči
Lopatino
Žilino
Kuvšinovo
Toržok
Lihoslavl'
Kušalino
Derevjannoe
Derevjanka
Šokša
Verhnie Važiny
Ladva
Pai
Rybreka
Tokari
Pid'ma
Podporož'e
Gomoroviči
Voznesen'e
Ošttinskij Pogost
Megorskij Pogost
Vinnicy
Jaroslaviči
Vonozero
Makarevskaja
Korbeniči
Pjaželka
Šugozero
Krasnobarskij
Požarišče
Plëso
Efimovskij
Zabor'e
Babaevo
Niz
Cagoda
Sazonovo
Čerenskoe
Koboža
Eskino
Mezga
Ustjužina
Zales'e
Pestovo
Barsaniha
Sandovo
Ladožskoe
Topalki
Berez'
Molokovo
Poreč'e
Sel'cy
Borok-Suležskij
Maksatiha
Knjažiha
Bežeck
Plotniki
Rameški
Kiverči
Goricy
Šal'skij
Pudož
Krivcy
Ust'-Reka
Ileksinskaja
Gakugsa
Antonovskaja
Karg
Oktjabr'skij
Andomskij Pogost
Janiševo
Nikiforovo
Ostrov
Evsinskaja
Vytegra
Devjatiny
Kuz'minskaja
Savino
Jakšino
Ignatovo
Annenskij Most
Gornručej
Mošnikovskaja
Mitino
Bonga
Ostrov
Bereg
Zubovo
Lipin Bor
Markovo
Timošino
Borok
Belozersk
Kosino
Niž. Mondoma
Ferapont
Borisovo-Sudskoe
Pjašnica
Lavrovo
Anufrievo
Kirillov
Georgievskoe
Vanda
Timohino
Bečevinka
Danilkovo
Nadporož'e
Annino
Velikoe
Frolovo
Kuz'minka
Pogorelka
Enjukovo
Eršovo
Siuč
Sysoevo
Kaduj
Suda
Šeksna
ČEREPOVEC
Dubrovo
Surkovo
Lentevo
Čaevo
Mjaksa
Žukovo
Harlamovskaja
Ves'egonsk
Ostrov
Boguslav'
Lubegošči
Romanovskoe
Kles'ma
Vasil'ki
Brejtovo
Lihačevo
Izmajlovo 2-e (Vtoroe)
Dubec
Ogark
Ul'janiha
Lackoe
Legkovo
Krasnyj Holm
Stanilovo
Lavrovo
Volga
Novyj Nekouz
Myškino
Sonkovo
Voskresenskoe
Bogorodskoe
Vasil'ki
Kesova Gora
Klimatino
Uglič
Savcyno
Kašin
Kaljazin
Nekljudovo
Il'insko
Klemen
Svir'
Ojat'
Kapša
Paša
Javos'ma
Lid'
Sjas'
Mda
Msta
Ratca
Kolp'
Suda
Sola
Cagodoša
Mologa
Andoga
Kema
Soda
Sojda
Uhta
Lekšma
Koloda
Andoma
Vozěga
Volčina
Medvedica
Nerl'
Cna
Poved'
Volga
Juhot
Korožečna
M18
M10
A130
A114
A115
A111
P5
P2
P1
P37
P36
P8
P85
P86
P84
P87
P104
E105
197
219
226
126
134
91

ROSSIJA
Novodvinsk
13
Dk
Ea
Eb
Ec
Ed
Ee
Ef
Isačevskaja
Makarov Dvor
Ohtoma
Tegrozero
Rovdino
Pas'va
Bereżnaja
Verh. Šilovo
Bol. Sludka
Krasnoborsk
Dereven'ka
Berezovka
Njandoma
Lazarevskaja
Timonino
Juhnevo
Priluki
Pervomajskij
Mirnyj
Šupariha
Priluki
Veža
Ust'-Šonoša
Podjuga
Solginskij
Kuloj
Vel'sk
Oktjabr'skij
Lojga
Kizema
Konoša
Peršinskaja
Sarbala
Ševelevskaja
Lodejka
Kuznecovo
Verhovaž'e
Naumovskaja
Okulovskaja
Korolevskaja
Poldarsa
Moiseevskaja
Studencovo
Igumnovskaja
Tarnogskij Gorodok
Njuksenica
Vožega
Kuz'minskaja
Kozlovo
Pičiha
Esinskaja
Seredskaja
Matveevskaja
Saraevo
Poloviščenskij
Kadnikovskij
Širega
Iljuhinskaja
Moseevo
Fedotovo
Kamčuga
Kičmengskij Gorodok
Šonga
Arzubiha
Mihajlovka
Harino
Tretnica
Boľšaja
Kozlina
Sjamža
Tot'ma
Harovsk
Evsjutino
Kr. Bor
Niz. Stanovaja
Podboloťe
Vahnevo
Kudrino
Semigorodnjaja
im. Babuškina
Zajmišče
Harovskaja grjada
Fominskoe
Usť-Pečengskoe
Knjaževo
Verhovino
Nikol'sk
Usťe
Vysokoe
Čekšino
Čučkovo
Korino
Miheevo
Uvarovica
Nikol'skoe
Verhovino-D'jakovo
Borisovo
Sokol
Kadnikov
Kubenskoe
Verh. Storona
Šujskoe
Ahikovo
Nikol'skoe
Permas
Moločnoe
VOLOGDA
Bol. Tokarevo
Kuzemino
Pankratovo
Urodovo
Petrjaevskij
D'jakonovo
Gavrilkovo
Soligalič
Čermenino
Gorevaja
Per'evo
Sudaj
Pyščug
Tykovo
Nikoliskoe
Min'kino
Grjazovec
Žilino
Afanas'evo
Kologriv
Vladyčnoe
Vohtoga
Čuhloma
Tataurovo
Georgievskoe
Verhnespasskoe
Ramen'e
Elegino
Baklanka
Zaem'e
Ivanovskoe
Palkino
Djukovo
Šuškodom
Nicolo-Berezovec
Semenovskoe
Zelencyno
Bušnevo
Parfen'evo
Knjaževo
Nikolo-Šanga
Buj
Šekšema
Šar'ja
Koza
Ahtropovo
Rossolovo
Galič
Manturovo
Beloe
Pročistoe
Ljubim
Dor
Neja
Samylovo
Kostoma
Palkino
Rožcestvenskoe
Ermakovo
Danilov
Pronino
Soltanovo
Fominskoe
Nikulino
Katunino
Velikoe Selo
Susanino
Zakobjakino
Slovinka
Igodovo
im. M.I. Kalinina
Unža
Voron'e
Skorlyvanovo
Kostjušino
Buhalovo
Spas
Makarev
Timošino
Belyševo
Tutaev
Sudislavl'
Ostrovskoe
Kadyj
Vjatskoe
Konstantinovskij
Dymnica
Grigor'evskoe
Skuljabiha
Gorčuha
Nikul'skoe
Nekrasovskoe
KOSTROMA
Kolsevo
Korovina
Tekun
Kamennoe
Ivaševo
JAROSLAVL'
Vedrovo
Solovatovo
Jurovo
Kurba
Tunošna
Krasnoe-na-Volge
Zavolžsk
Ploska
Varnavino
Nerehta
Volgorečensk
Krasnye Tkači
Sopša
Navoloki
KINEŠMA
Rodinka
Šemaniha
Ples
Privolžsk
Jur'evec
Il'insko-Zaborskoe
Postoj
Semibratovo
Staraja Vičuga
Kovrigino
Gavrilov-Jam
Furmanov
Vetlužskij
Krasnye Baki
Duljapino
Vičuga
Sokol'skoe
Kovernino
Anisimovo
Nikitino
Rostov
Piscovo
Kaminskij
Šilekša
Rodniki
Tekun
Moskva
Vladimir
32
33
RUSSIJA
Verhnevažskaja vozv.
Galičsko-Čuhlomskaja vozvyšennosť
Danilovskaja vozv.
Vologodskaja oblasť
Kostromskaja oblasť
Jaroslavskaja oblasť

13
ROSSIJA
Ee
Ef
Eg
Eh
Ei
Ek
Fa
29
30
31
32
33
Verh. Šilovo
Sev. Dvina
Bol. Sludka
Šičuga
189
Urdoma
Verh. Lup'ja
Vandyš
Mandač
Ežva
SYKTYVKAR
Krasnoz
Krasnoborsk
Dereven'ka
Litvinovo
Požeg
Obil
Ust'ja
Mirnyj
Berezovka
Avnjugskij
Vyčegda
Viled
Usovo
Sol'vyčegodsk
Haritonovo
Mal. Vizinga
Njuvčim
Gar'inskij
Sysola
Šipicyno
Korjažma
Kotlas
211
123
Forminskij
206
172
Lojga
Kizema
Samino
Kopsa
Mežador
Ib
Il'insko-Podomskoe
Vel. Ohta
Čible
Privodino
Verh. Erga
Lala
Vizinga
Krasavino
Mal. Sev. Dvina
Verhnelal'sk
Banjajag
Bol. Vizinga
Pan'el'
181
Hristoforovo
Kuratovo
Porša
160
Velikij Ustjug
Lehta
Poruб
Lodejka
Lal'sk
60
211
Gagšor
P24
Luza
Alešovo
187
Spasporub
Poldarsa
Peganovo
Jug
Zanul'e
Podz'
Griva
Vidz'ju
Kučmen'ga
Strel'na
100
Mihninskaja
Gar'
Luza
40
Kydz'vidz'
217
Dem'janovo
Egošinskaja
Kojgorodok
203
Podosinovec
R
O
S
Sidorovo
Polovičenskij
Jahren'ga
199
Ob"jačevo
233
Saraevo
P157
Pinjug
Pušma
26
Lep'ju
Kobra
Voktym
Kil'čenga
Ula
Nošul'
Tretnica
Šar'enga
Šonga
Niž. Enagsk
Al'mež
Aksent'evica
Kobra
Podbolot'e
Kičmengskij Gorodok
Veldor'ja
30
176
Kalepiiha
Verholuz'e
Vahnevo
60
278
Lovlja
Čurov
Oparino
Luza
Kr
Kudrino
Entala
196
38
P7
Bol. Kaskan
27
Mytec
Zajmišče
Kuzjug
Verhovino
Klenovaja
Vorčanka
Singor'e
Pertjugskij
Starověrčeskaja
Letka
199
210
Nikol'sk
Bol. Rečka
Molома
Nikol'skoe
Jug
28
Vysokaja
Verh. Vollmanga
241
Bezbožnik
Evstapovo
S
e
v
e
r
n
y
e
u
v
a
l
y
Šadrino
41
Permas
218
Muraši
Jakun'el'
55
Verhoramen'e
228
Petrjaevskij
Čeremošnica
Volmanga
Prokop'evka
Nagorsk
Pavino
Spasskoe
Krasnoe
49
Hlystalovo
Duб
Meža
Voč
Pyščug
Gorevaja
Solovečkoe
Vondanka
Jur'ja
Polom
Letka
Vohma
Znamenka
Lekma
Central'nyj
Nikoliskoe
Pyščyg
Bogovarovo
Bol. Suslovy
Kokino
23
Vohma
38
Šitovo
Georgievskoe
P157
Hmelevka
Aleksandrovskoe
Moloma
Velikaja
Šestakovo
Klim
Vetluga
205
Sov'e
27
Verhnespasskoe
205
Darovskoe
Soloveckoe
Belaja Holunica
K
i
r
o
v
s
k
a
j
a
162
Černovskoe
32
42
Bol. Šanga
Muryginо
Slobodskoj
Šadriči
45
P159
Vahruši
Knjaževo
Djukovo
Vyška
Kljukino
Makar'e
Orlov
Ljangasovo
KIROV
Kirovo-Čepeck
Nikolo-Šanga
Kruglyži
Čepca
Šekšema
47
Jur'evo
Vjatka
Novovjatsk
Prosnica
Šar'ja
Ponazyrevo
Novotroickoe
Vetluga
Striži
Zuevka
27
Leninskoe
197
Kotel'nič
Oriči
P169
Burmakino
Komariha
Mirnyj
175
Bystrica
Rožcestvenskoe
Sveča
Nižneivkino
Karinka
Neja
Sjuzjum
Koršik
Ivkina
Vožgaly
37
Sjava
Vysokaja
Katunino
Ežiha
Viškil'
Suvodi
Kumeny
Verh
im. M.I. Kalinina
86
Vol
Vahtan
Pižma
Verhošižem'e
Sredneivkino
Beljševo
Vetluga
Pižma
Kriuša
Šajgino
Vjatka
284
Bogorods
Suna
Vetluga
Novouspenskoe
Pišnur
92
Tataurovo
Škuljabiha
47
89
Tonšaevo
P159
o
b
l
a
s
t'
Bol. Karpuniha
192
Vasil'kovo
19
Korovlha
P157
55
Šahun'ja
Osminskoe
Arbaž
Prozorovo
Kyrčany
Kamennoe
Pižma
20
Vaja
Tuža
Sovetsk
Zykovo
Nolinsk
Varnavino
Černoe
Uren'
Nema
Ludjana
P169
Loban'
Tonkino
37
Nyr
Šešurga
Ust'a
94
Pižanka
Lebjaž'e
Šemaniha
Usta
67
Iž
Medvedok
Bol. Kokšaga
196
Muša
Nemda
Kiknur
Krestu
Dorošata
Vetlužskij
P159
Pakali
Jaransk
Jaran'
Pajgiševo
Marčata
Arkul'
Kamennnyj Perebor
Krasnye Baki
Šarangao
Nikuljata
Vjatka
Nemda
53
Juronga
Kugušerga
P165
Tekun
Roženсосo
169
Savaržakovo
Laž
Bajsa
Uržum
33
ROSSIJA

14
15
34
35
Fc
Fd
Fe
Ff
Fg
Fh
Fi
Derevjansk
Usť-Kulom
Don
Šer'jag
Lebjažsk
Lop'juvad
Usť-Nem
Nem
Kur'ja
Berezovka
Tulpan
Kolva
oz. Čusovskoe
Čusovskoe
Gadja
Korepino
P e r m s k a j a
Vižaj
Bol. Kikus
Berezovaja
o b l a s ť
Nybor
Mjasnaja
Konša
Lokčim
Kerčëm'ja
Jakovo
Prupt
Sev. Keľtma
r e s p u b l i k a
Lopydino
Niž. Voč'
Lep"ju
Voč'
Voč'
Dema
Gabovo
Juž. Keľtma
K o m i
Keros
Černorečenskij
Kupčik
Pil'va
Vil'gort
Bondjug
Timšer
Čerdyn'
Krasnovišersk
Rjabinino
Gudbor
Paleva
Sev. Kolčim
Komi-Permjackij
Čërnaja
Usť-Černaja
Vesljana
Davydovo
Lup'ja
Gajny
I J A
Uťva
Sumyč
Pjanteg
Višera
Jazva
Molmys
Sejva
Čurtan
Vesljana
Mys
Usť-Poryš
Putjaševo
Kamskij
Sergeevskij
avtonomnyj
Kosa
Kerčevskij
P e r m s k a j a
Tjul'kino
Sim
Kama
Poryš
Lolog
Jukseevo
Urolka
Kosa
263
236
Lesnoj
Pelym
Čurak
Urolka
Kondas
Kama
Gluhaja Vil'va
Jajva
Kad'
SOLIKAMSK
Suhaja
Lojno
Vorob'ëbo
Usť-Onolva
255
Sorokovaja
Oššepkovo
28
Čikman
Nyrmyč
Rudničnyj
Kym
Kočevo
Ožmegovo
Kosa
Usť-Zula
Usť-Pyš'ja
Usoľe
BEREZNIKI
280
Jum
Orel
Jajva
Érna
22
Poludennyj Kondas
Taman
Baranovka
Sjuzva
Jurla
Eloga
Melehina
P343
Kirs
Voloсnica
Lup'ja
okrug
Veľva
Jajva
30
Vsevolodo-Vil'va
Aleksandrovsk
41
Sev.-Kospašskij
Tukmačevo
Vogulka
Čus
Beloevo
Egva
Požva
Šahta
Pеščera
Kuna
Usť-Požva
Kizel
Biserovo
Centr.-Kospašskij
Šahtnyj
Kudymkar
Antipino
Majkor
Peskovka
Inva
Jus'va
Krohalevo
Ugleural'skij
Verh. In'va
Gubaha
Širokovskij
Černaja Holunica
Afanas'evo
Verh. Jus'va
Parma
Petrovcy
Čermoz
Ivanovskoe
Čermoz
Niž. Luh
Nagornskij
Belorečensk
Volokovye
Polom
25
Šumihinskij
Nerdva
Leninsk
Kos'va
Kun'ja
Us'va
Omutninsk
Zalazna
Verhokam'e
237
Sretenskoe
Sludka
Gremjačinsk
Obva
Kamskoe
Gordino
Il'inskij
Siva
Us'va
Belaja
Kiz'va
Obvinsk
Roždestvensk
Dobrjanka
57
Satino
Komariha
Skal'nyj
Vjatka
Vasiljata
Obva
Čusovoj
Siva
273
alenki
Sever
Kommunar
Polazna
Div'ja
Ljamino
Pudem
Ponino
Kolyč
Kama
Čusovaja
Kalino
Karsovaj
Karagaj
Grigor'evskaja
Verhnečusovskie Gorodki
Jar
GLAZOV
Sepyč
Zjukajka
Kuliga
Čajkovskaja
Lys'va
Voznesenskoe
Krasnokamsk
Overjata
P343
Lekma
Vereščagino
Nov. Ljady
32
Ežovo
Lys'va
Il'iča
Borodulino
53
89
Balezino
28
PERM'
Kanabeki
Uralskij
Tokari
Kez
Jukamenskoe
Udmurtskaja
P242
Novoil'inskij
Zabor'e
Lobanovo
Saja
Očer
34
Nytva
Čepca
Ubyť
P321
Kojanovo
Serga
Šakva
Ušur
Dubovo
50
Polom
Klenovo
85
Kama
Jugo
Kurašim
Barda
Oханsk
Jugo-Kamskij
Krasnogorskoe
Ostoženka
90
Berezovka
Debesy
Petropavlovsk
Kukuštan
Fakel
Loza
Zura
Bol. Sosnovka
P242
Kylasovo
Asovo
32
Igra
26
Siva
298
Bizjar
Kungur
Valamaz
P242
23
Ita
Babka
Kordon
Usť-Kišert'
Nov. Zjatcy
Beljaevka
35
Tylovaj
Černovskoe
Zjuzjuno
Kalino
19
Osincevo
Čutyr'
Byrma
Goldyrevskij
Star. Zjatcy
Zavodčik
Selty
Respublika
Častye
Osa
403
Orda
Suksun
P242
38
298
P321
Šarkan
Sosnovyj Bor
59
Agafonkovo
46
Nov. Multan
Lis'ja
Akšap
Jaškur-Bod'ja
Medjanka
Čur
Mostovaja
Krjukovo
P242
Iž
Uva
Ekaterinburg
Ohanskaja vozvyšennosť
Verhnekamskaja vozvyšennosť
Tulvinskaja vozvyšennosť
Sylvinskij krjaž
RUSSIA

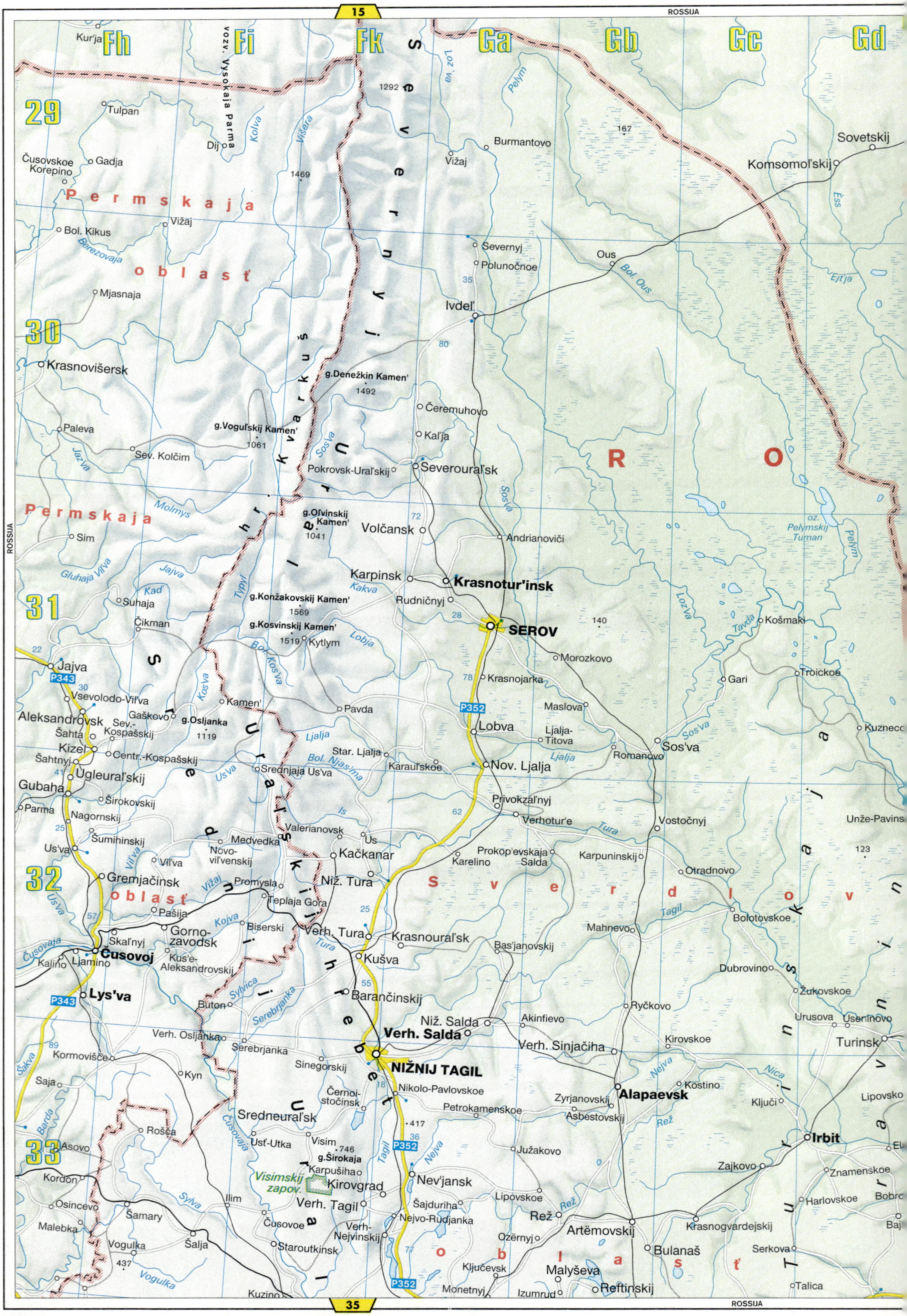
15
ROSSIJA
Fh
Fi
Fk
Ga
Gb
Gc
Gd
29
30
31
32
33
Kur'ja
vozv. Vysokaja Parma
Severnyj
Loz'va
Pelym
1292
Tulpan
Kolva
Višera
Dij
Burmantovo
167
Sovetskij
Komsomol'skij
Čusovskoe
Gadja
Korepino
1469
Vižaj
Ess
Permskaja
Vižaj
Bol. Kikus
Berezovaja
Severnyj
Polunočnoe
Ous
Bol. Ous
Ejtja
oblast'
35
Mjasnaja
Ivdel'
80
Krasnovišersk
g.Denežkin Kamen'
1492
Čeremuhovo
Paleva
g.Vogul'skij Kamen'
1061
Kal'ja
Sosva
Jaz'va
Sev. Kolčim
Pokrovsk-Ural'skij
Severoural'sk
R
O
Sosva
Permskaja
Molmys
g.Ol'vinskij Kamen'
1041
72
Volčansk
Andrianoviči
oz. Pelymskij Tuman
Pelym
ROSSIJA
Sim
Gluhaja Vil'va
Jajva
Karpinsk
Krasnotur'insk
Kad'
Kakva
Suhaja
g.Konžakovskij Kamen'
1569
Rudničnyj
Loz'va
Typyl
28
SEROV
140
Košmaki
Tavda
Čikman
g.Kosvinskij Kamen'
1519
Kytlym
Lobja
22
Jajva
Morozkovo
P343
30
78
Krasnojarka
Gari
Troickoe
Kosva
Vsevolodo-Vil'va
Kamen'
Pavda
P352
Maslova
Gaškovo
Aleksandrovsk
Sev.-Kospašskij
Šahta
g.Osljanka
1119
Lobva
Ljalja-Titova
Sos'va
Kuzneco
Ljalja
Sos'va
Kizel
Centr.-Kospašskij
Star. Ljalja
Karaul'skoe
Ljalja
Romanovo
Šahtnyj
Bol. Njas'ma
Nov. Ljalja
Srednjaja Us'va
Us'va
Ugleural'skij
Gubaha
Parma
Širokovskij
Is
Privokzal'nyj
62
Verhotur'e
Vostočnyj
Unže-Pavins
Nagornskij
Valerianovsk
Tura
25
Sumihinskij
Medvedka
Us
Us'va
Novo-vil'venskij
Kačkanar
Prokop'evskaja Salda
Karpuninskij
123
Vil'va
Vil'va
Karelino
Otradnovo
Gremjačinsk
Promysla
Niž. Tura
oblast'
Vižaj
Teplaja Gora
25
Pašija
57
Kojva
Biserski
Verh. Tura
Krasnoural'sk
Tagil
Bolotovskoe
Mahnevo
Gorno-zavodsk
Bas'janovskij
Usva
Skal'nyj
Tura
Čusovaja
Čusovoj
Kus'e-Aleksandrovskij
Kušva
Dubrovino
Kalino
Ljamino
55
Lys'va
Sylvica
Baranćinskij
Žukovskoe
P343
Serebrjanka
Ryčkovo
Buton
Niž. Salda
Akinfievo
Urusova
Useninovo
89
Verh. Osljanka
Verh. Salda
Verh. Sinjačiha
Kirovskoe
Turinsk
Šakva
Kormovišče
Serebrjanka
Sinegorskij
NIŽNIJ TAGIL
Nejva
Nica
Saja
Kyn
18
Nikolo-Pavlovskoe
Kostino
Alapaevsk
Černo-stočinsk
Petrokamenskoe
Zyrjanovskij
Asbestovskij
Ključi
Lipovsko
Barda
Rež
Sredneural'sk
417
Roščа
Asovo
Čusovaja
Ust'-Utka
Visim
746
36
Irbit
g.Širokaja
P352
Južakovo
Kordon
Visimskij zapov.
Karpušiha
Tagil
Nejva
Zajkovo
Znamenskoe
Kirovgrad
Nev'jansk
Osincevo
Sylva
Ilim
Verh. Tagil
Šajduriha
Lipovskoe
Rež
Harlovskoe
Samary
Malebka
Čusovoe
Verh-Nejvinskij
Nejvo-Rudjanka
Rež
Artëmovskij
Krasnogvardejskij
Vogulka
Šalja
Ozërnyj
437
Staroutkinsk
Bulanaš
Serkova
Vogulka
77
Ključevsk
Malyševa
P352
Reftinskij
Talica
Kuzino
Monetnyj
Izumrud
35
ROSSIJA
Severnyj Ural
Srednij Ural
Uralskij hrebet
hr. Uralskij
Sverdlovskaja oblast'
Turinskaja ravnina

Ge
Gf
Gg
Gh
Gi
Gk
Ha
S i b i r s k a j a
H a n t y - M a n s k i j
a v t. o k r u g
K o n d i n s k a j a
S I J A
r a v n i n a
n i z m e n n o s t
T j u m e n s k a j a
o b l a s t'
vozvyšennosť
Tobol'skij materik
vozv. Belogorskij materik
oz. Ajtor
Seul
Nazym
Sim'jaha
Ljamin
Njalinskoe
Zenkovo
Hanty-Mansijsk
Irtyš
Mal. Salym
Mulym'ja
97
oz. Endra
Kovenskaja
Tjuli
oz. Syrkovo
101
Šugur
Bol. Tap
Jukonda
Kama
oz. Ènstor
Cingaly
Uraj
Konda
Kondinskoe
Dem'janskoe
Dem'janka
ROSSIJA
oz. Leušinskij Tuman
Meždurečenskij
Katym
118
Uvat
Bol. Kun'jak
Kuma
Volčim'ja
Kuma
Kuminskij
oz. Andreevskoe
Noska
Turtas
Gornoslinkino
Bol. Turtas
Mal. Turtas
Tavda
Verchne-filatovo
Karabaška
Galkino
Dobrino
oz. Bol. Karas'e
Noska
Mendeleevo
Belojarka
Tobol'sk
Kuskurgul'
Lajma
Sumkino
Tavda
Gerasimovka
Saragulka
Azanka
Karelina
Dubrovnoe
Košuki
P404
63
Bol. Karagaj
Tobol
Toboltura
oz. Bol. Šiškarym
Vagaj
Turnaeva
Zirjakovo
Polino-Ašlyk
Bajkalovo
Bačelino
Tavda
oz. Kondan
Čeburga
40
Vagaj
Černoe
oz. Bol. Uvat
104
Niž. Tavda
Ievlevo
Agitka
Turinskaja Sloboda
Iska
Syčevo
Ašlyk
Ahmany
20
Bor
Šestovoe
Jarkovo
Ašlyk
Kordon
Lajmy
Tjunevo
Pokrovskoe
Karbany
Kamenka
TJUMEN'
Kaskara
106
P404
Tura
Tap
Novopetrovo
Malinovka
Jar
Sozonovo

16
Ae
Af
Ag
Ah
Ai
Ak
33
34
35
36
37
Torshavn
Göteborg
Bergen
Kristiansand
Newcastle
Harwich
Great Fisher
Bank
North
Sea
Deutsche
Bucht
DANMARK
NEDERLAND
Jammerbugten
Hjørring
Løkken
Brønderslev
Bulbjerg
Hanstholm
Thisted
Nørre Vorupør
Agger
Thyborøn
Harboøre
Bovbjerg
Lemvig
Struer
Holstebro
Skive
Viborg
Nordjylland
Ringkøbing
Søndervig
Hvide Sande
Herning
Silkeborg
Skjern
Nørre Nebel
Blåbjerg
Oksbøl
Varde
Blåvands Huk
Skallingen
Esbjerg
Fanø
Ribe
Mandø
Rømø
Havneby
List
Sylt
Westerland
Tønder
Vejle
Kolding
Haderslev
Sønderjylland
Åbenrå
Grindsted
Billund
Jelling
Niebüll
Flensburg
Föhr
Amrum
Pellworm
Husum
Schleswig
Nordfriesland
Nordfriesische Inseln
St. Peter-Ording
Tönning
Heide
Rendsburg
Büsum
Helgoland
Neumünster
Itzehoe
Cuxhaven
Brunsbüttel
Glückstadt
Elmshorn
Stade
Pinneberg
BREMERHAVEN
HAMBURG
Wilhelmshaven
Jever
Wangerooge
Spiekeroog
Langeoog
Baltrum
Norderney
Juist
Borkum
Ostfriesische Inseln
Ostfriesland
Norden
Emden
Aurich (O.)
Wittmund
Esens
Leer (O.)
Varel
OLDENBURG
Delmenhorst
BREMEN
Rotenburg (W.)
Verden
Syke
Nienburg (W.)
Diepholz
Vechta
Cloppenburg
Meppen
Lingen (E.)
Papenburg
Niedersachsen
Rottumerplaat
Schiermonnikoog
Ameland
Terschelling
Vlieland
Texel
Waddeneilanden
Den Helder
Harlingen
Leeuwarden
GRONINGEN
Delfzijl
Appingedam
Drachten
Sneek
Heerenveen
Assen
Emmen
Steenwijk
Meppel
Hoogeveen
Coevorden
Hardenberg
Zwolle
Kampen
Lelystad
Enkhuizen
Hoorn
Alkmaar
Purmerend
ZAANSTAD
Velsen
Haarlem
Amsterdam
Hilversum
Utrecht
Appeldorn
Enschede
Rheine
Osnabrück
Minden
Hannover
41
42

Frederikshavn
Sæby
Vesterø Havn
Læsø
Göteborg
Oslo
Bb
Bc
Bd
Be
Bf
Bg
Göteborg
SVERIGE
Jönköping
17
Jönköping
Eksjö
Oskarshamn
Veddige
Älvsered
Småland
Reftele
Bredaryd
Värnamo
Klavreström
Norrhult
Aseda
Grönskåra
Varberg
Ullared
Tvååker
Atran
Hyltebruk
Torup
Ryda-holm
Moheda
Lenhovda
Alghult
Kalmar län
Ålem
Borgholm
Växjö
Alvesta
Nybro
Kalmar
Falkenberg
Hallands län
Lidhult
Ljungby
Vislanda
Hovmantorp
Eriksmåla
Orrefors
Läckeby
Färjestaden
Kattegat
Getinge
Vrå
Kronobergs län
Anholt (Dan.)
Halmstad
Liatorp
Emmaboda
Vassmolösa
Påryd
Gårdby
Mörbylånga
Tylösand
Laholmsbukten
Trönninge
Strömsnäsbruk
Knared
Älmhult
Tingsryd
Vissefjärda
Torsås
Bergkvara
S. Möckleby
Hallands Väderö
Torekov
Båstad
Laholm
Markaryd
Våxtorp
Osby
Lönsboda
Olofström
Brömsebro
Lyckeby
Ottenby
Ölands södra udde
Fjellerup
Fornæs
Grenå
Kullen
Mölle
Skälderviken
Vejbystrand
Ängelholm
Skånes-Fagerhult
Hästveda
Örkelljunga
Blekinge län
Glimåkra
Broby
Karlskrona
Jämjö
Tirstrup
Ebeltoft
Hesselø
Höganäs
Munka-Ljungby
Klippan
Tyringe
Hässleholm
Vinslöv
Pukavik
Karlshamn
Ronneby
Sölvesborg
Bromölla
Nogersund
Aspö
Tjurkö
Sturkö
Torhamn
Utlängan
Öland
Helgenæs
Gilleleje
Frederiksborg
Helsingør
HELSINGBORG
Söderåsen
Perstorp
Sösdala
Skåne
Kristianstad
Hanö
SVERIGE
Gniben
Hundested
Hillerød
Röstånga
Svalöv
Höör
Tollarp
Åhus
Nordby
Samsø
Nykøbing S.
Frederiksværk
Hørsholm
Birkerød
Landskrona
Eslöv
Hörby
Degeberga
Hanöbukten
Helsinki, Riga, St. Peterburg
Sejerø
Sejerø Bugt
Vig
Frederikssund
Isefjord
Skibby
Öresund
Bjärred
Kävlinge
Löberöd
Linderödsåsen
Vestsjælland
Holbæk
Roskilde
København
Lund
Dalby
Skåne
Kivik
Lövestad
Kalundborg
Fyns Hoved
Hindsholm
Martofte
Jyderup
Sjælland
Haslev
Gørlev
KØBENHAVN
Amager
Lomma
Staffanstorp
MALMÖ
Sjöbo
Gärsnäs
Simrishamn
Tomelilla
Romeleåsen
Skillinge
Roskilde
Køge Bugt
Vellinge
Svedala
Skurup
Borrby
Sandhammaren
Christiansø (Dan.)
Kerteminde
ODENSE
Slagelse
Sorø
Ringsted
Køge
Skanör med Falsterbo
Höllviken
Trelleborg
Smygehamn
Abbekås
Ystad
Kåseberga
Bornholmsgattet
Hammershus
Sandvig
Allinge
Gudhjem
Bornholm (Dan.)
Svaneke
Rønne
Åkirkeby
Nexø
Korsør
Fuglebjerg
Hårlev
Store Heddinge
Stevns Klint
Rødvig
Nyborg
Ørbæk
Skælskør
Rønnede
Fakse
Næstved
Fakse Bugt
Kværndrup
Omø
Præstø
Baltic Sea
Smålandsfarvandet
Svendborg
Lohals
Udby
Møn
Borre
Møns Klint
Stege
Vordingborg
Storstrøm
Langeland
Spodsbjerg
Tårs
Nørre Alslev
Stubbekøbing
Bandholm
Sakskøbing
Falster
Nakskov
Søllested
Lolland
Maribo
Nykøbing F.
Gdańsk, Klaipėda
Rødby
Væggerløse
Rødbyhavn
Nysted
Rødsand
Kap Arkona
Altenkirchen
Gedser
Gedser Odde
N.P. Vorpomm. Boddenlandsch.
Vitte
Königsstuhl
Stubbenkammer
Sassnitz
Rügen
Fehmarnbelt
Puttgarden
Fehmarn
Darßer Ort
Hiddensee
Ummanz
Bergen (R.)
Binz
Pommersche Bucht
Zatoka Pomorska
Darß
Zingst
Putbus
Göhren
Ustronie Morskie
Heiligenh.
Mecklenburger Bucht
Wustrow
Barth
Garz
Greifswalder Oie
Kołobrzeg
KOSZALIN
Oldenburg (H.)
Ribnitz-Damgarten
Velgast
Stralsund
Greifswalder Bodden
Mrzeżyno
Dahme
Franzburg
Peenemünde
Ostseebad Zinnowitz
Niechorze
Karlino
Bungsbg.
Grömitz
Kühlungsborn
Warnemünde
ROSTOCK
Bad Sülze
Grimmen
Greifswald
Trzebiatów
Białogard
Malente
Neustadt i.H.
Tessin
Tribsees
Wolgast
Usedom
Bansin
Wolin
Kamień Pomorski
Eutin
Lübecker Bucht
Timmendorfer Str.
Bad Doberan
Neubukow
Loitz
Züssow
Ahlbeck
Międzyzdroje
Gryfice
Połczyn Zdrój
Travemünde
Klütz
Poel
Wismar
Mecklenburg-Vorpommern
Gnoien
Jarmen
Lassan
Świnoujście
Golczewo
Płoty
Świdwin
Dassow
Laage
Dargun
Demmin
Anklam
Usedom
Stettiner Haff
Wysoka Kamieńska
Resko
Łobez
Schönberg
Grevesmühlen
Neukloster
Bützow
Teterow
Malchin
Ueckermünde
Zalew Szczeciński
Nowe Warpno
Woj. zachodniopomorskie
Nowogard
Drawsko Pomorskie
LÜBECK
Rehna
Bad Kleinen
Brüel
Güstrow
Allentreptow
Torgelow
Police
Dobra
Węgorzyno
Złocieniec
Sternberg
Reuterst. Stavenhgn.
Friedland
Neubrandenburg
Pasewalk
Goleniów
Maszewo
Chociwel
Gadebusch
SCHWERIN
Waren (M.)
Strasburg
SZCZECIN
Stargard Szczeciński
Kalisz Pomorski
Mölln
Zarrentin
Crivitz
Goldberg
Helpter Bge.
Löcknitz
Schwarzenbek
Wittenburg
Parchim
Malchow
Müritz
Neustrelitz
Woldegk
Suchań
Boizenburg
Hagenow
Lübz
Plau
Röbel
Feldberg
Prenzlau
Gryfino
Jez. Miedwie
Recz
Lauenburg/E.
Bleckede
Lübtheen
Ludwigslust
Meyenburg
Mirow
Gartz (O.)
Gramzow
Choszczno
Lüneburg
Grabow
Putlitz
Fürstenberg (H.)
Lychen
Uckermark
Pyrzyce
Dahlenburg
Dömitz
Prignitz
Pritzwalk
Wittstock
Dosse
Rheinsberg
Templin
Schwedt
Banie
Krajnik Dolny
POLSKA
Bad Bevensen
Dannenberg (E.)
Schnackenburg
Perleberg
Gransee
Zehdenick
Angermünde
Myślibórz
Barlinek
Dobiegniew
Strzelce Krajeńskie
Uelzen
Lüchow
Bad Wilsnack
Kyritz
Neuruppin
Joachimsthal
Chojna
Drezdenko
DEUTSCHLAND
Wittenberge
Löwenberg (M.)
Eberswalde
Mieszkowice
GORZÓW Wlkp.
Salzwedel
Arendsee (A.)
Seehsn.
Neustadt (D.)
Havelberg
Fehrbellin
Liebenwalde
Bad Freienwalde
Oderbruch
Dębno
Wittingen
Osterburg (A.)
Oranienburg
Bernau b.B.
Witnica
Międzychód
Altmark
Bismark (A.)
Arneburg
Rhinow
BERLIN
Kostrzyn
Skwierzyna
Klötze
Stendal
Rathenow
Havel
Nauen
Hennigsdorf
Strausberg
Krzeszyce
Woj. lubuskie
Sulęcin
Międzyrzecz
Brome
Gardelegen
Tangermünde
Falkensee
Neuenhagen b.B.
Müncheberg
Seelow
Braunschweig
DEUTSCHLAND
Magdeburg
Magdeburg
Potsdam
43
Dresden
Frankfurt/O.
Zielona Góra
Słupsk
Piła
POLSKA
Piła
Wałcz
Poznań

17
18
Bf
Bg
Bh
Bi
Bk
Ca
35
36
37
38
Gotland
Öland
Baltic Sea
Zatoka Gdańska
Gdańskij zaliv
Kurššku zaliv
Travemünde, Kiel
Tallinn, S.-Peterburg
Riga, Helsinki
Oskarshamn
Kalmar
Nybro
Karlskrona
Borgholm
Färjestaden
Mörbylånga
Ottenby
Ölands södra udde
Hemse
Burgsvik
Hoburgen
Ljugarn
LIEPĀJA
Palanga
KLAIPĖDA
Nida
Pionerskij
Svetlogorsk
Zelenogradsk
KALININGRAD
Baltijsk
Gvardejsk
Bagrationovsk
Słowiński Park Narodowy
Łeba
Władysławowo
Ustka
SŁUPSK
Darłowo
KOSZALIN
Białogard
Lębork
Wejherowo
Reda
GDYNIA
Sopot
GDAŃSK
Kartuzy
Kościerzyna
Bytów
Miastko
Pruszcz Gdański
Tczew
Starogard Gdański
Malbork
ELBLĄG
Braniewo
Pasłęk
Morąg
Ostróda
OLSZTYN
Bartoszyce
Lidzbark Warmiński
Kwidzyn
Chojnice
Człuchów
Szczecinek
Tuchola
GRUDZIĄDZ
Świecie
Chełmno
BYDGOSZCZ
TORUŃ
Piła
Wałcz
Inowrocław
WŁOCŁAWEK
Gniezno
Płock
Ciechanów
Mława
Nidzica
Działdowo
Brodnica
Sierpc
Płońsk
Woj.pomorskie
Woj.zachodnio-pomorskie
Woj.warmińsko-mazurskie
Woj.kujawsko-pomorskie
Woj.wielkopolskie
Woj.mazowieckie
Kaliningradskaja
POLSKA
Jönköping
Malmö
Berlin
Szczecin
Poznań
Łódź
Warszawa
Frankreich/O.
44

18
19
45
46
Tallinn
Tartu
Pskov
LATVIJA
LIETUVA
BELARUS'
POLSKA
Lublin
Brest
Pskov
Moskva
Polack
Smolensk
Sluck
RIGA
Rigas Jūras Licis
Jūrmala
Tukums
Talsi
Ugāle
Stende
Renda
Sabiles
Kandava
Puceskrogs
Zemīte
Engure
Mērsrags
Valdemārpils
Cēsi
Cegi
Kurzemes
Galki
Jaunpils
Skrunda
Broceni
Saldus
Augstiene
Dobele
Auce
Tērvete
Jelgava
Olaine
Kalnciems
Baldone
Vecumnieki
Iecava
Ķekava
Ikšķile
Ogre
Lielvārde
Skrīveri
Koknese
Pļaviņas
Jaunjelgava
Sigulda
Carnikava
Vangaži
Nītaure
Suntaži
Ķeipene
Ērgļi
Madona
Cesvaine
Vecpiebalga
Jaungulbene
Gulbene
Jaunpiebalga
Lubāna
Barkava
Laudona
Aiviekste
Lubānas ez.
Balvi
Abrene
Pytalovo
Rugāji
Baltinava
Tilža
Kapini
Kārsava
Gološeva
Ludza
Rēzekne
Viļāni
Latgales augstiene
Rudzan
Līvāni
Preiļi
Malta
Jēkabpils
Birži
Viesīte
Jēkabpils
Bārbele
Skaistkalne
Bauska
Eleja
Ezere
Mažeikiai
Naujoji Akmenė
Akmenė
Viekšniai
Palnosiai
Žagarė
Skaistgirys
Joniškis
Venta
Seda
Gruzdžiai
Linkuva
Vaškai
Pasvalys
Pumpėnai
Biržai
Nereta
Akniste
Papilys
Juodupė
Ferma
Pandėlys
Širvintos
Vabalninkas
Rokiškis
Obeliai
Subate
Ilūkste
Bebrene
Jeraika
Aglona
Ezernieki
Dagda
Špogi
DAUGAVPILS
Krāslava
Druja
Braslav
Mëry
Novy Pahost
Opsa
Ėdy
Sarkavščyna
Kaz'jany
Vidzy
Turmantas
Visaginas
Zarasai
Dusetos
Svėdasai
Degučiai
Kupiškis
Subačius
Troškūnai
Anykščiai
Utena
Dūkštas
Ignalina
Kaltanėnai
Nac. park
Molėtai
Želva
Švenčionėliai
Švenčionys
Lyntupy
Pastavy
Svedasai
Palovica
Hlybokae
Varapaeva
Naroč
Vavkalata
Mjadzel
Svir
voz. Narač
Varnjany
Astravec
Smarhon'
Vilejka
Vilejskae vdsch.
Davginava
Kasciajeničy
Maladzečna
Kreva
Radaškovičy
Krasnae
Gal'šany
Župrany
Ašmjany
Zaslaŭe
Rakaŭ
MINSK
Valožyn
Juratiški
Ivjanec
Dzjaržynsk
Nalibaki
Stoŭbcy
Uzda
Karėličy
Navahrudak
Navahrudskae uzvyšša
Haradzeja
Haradzišča
Njasviž
Kapyl'
Staryca
Kleck
BARANAVIČY
Ljachavičy
Sinjavka
Hancavičy
Čudzin
Vjal. Čunavičy
Celjachany
Ljasnaja
Navasëlki
voz. Vyhanaščanskoe
Ivacėvičy
Kosava
Ruzany
Pružany
Bjaroza
Šarašova
voz. Čornae
Slonim
Zel'va
Vavkavysk
Vavkavyskoe vzvyšša
Porazava
Padarosk
Svislač
Berestavica
Pahraničny
Masty
Ros'
Dzjarečyn
Mavčadz'
Dzjatlava
Navaeľnja
Žaludok
Ščučyn
Astryna
Belica
Bjarozavka
Lida
Iv'e
Zabalac'
Sjaredne nëmanskaja nizina
Zidskaja ravnina
Hrodnenskaja voblasc
BELARUS'
Dieveniškės
Voranava
Eišiškės
Šalčininkai
Jašiūnai
Medininkai
VILNIUS
Lentvaris
Trakai
Rūdiškės
Vievis
Elektrėnai
Kaišiadorys
Maišiagala
Nemenčinė
Pabradė
Širvintos
Ukmergė
Kavarskas
Lančiūnava
Šeta
Kėdainiai
Ramygala
PANEVĖŽYS
Baisogala
Šeduva
Šiaulėnai
Radviliškis
Bubiai
ŠIAULIAI
Kuršėnai
Kužai
Pakruojis
Joniškėlis
Tryškiai
Telšiai
Plungė
Žemaičių aukštuma
Varniai
Užventis
Rietavas
Kelmė
Kaltinėnai
Tytuvėnai
Tauragė
Šilalė
Skaudvilė
Viduklė
Raseiniai
Tautušiai
Ariogala
Eržvilkas
Simkaičiai
Raudonė
Pagėgiai
Smalininkai
Jurbarkas
Vilkija
Babtai
Jonava
Šakiai
Kaunas
Garliava
Kauno Marios
Kazlų Rūda
Prienai
Birštonas
Jiezno
Aukštadvaris
Kudirkos Naumiestis
Vilkaviškis
Kybartai
Marijampolė
Kalvarija
Simnas
Alytus
Daugai
Valkininkai
Varėna
Merkinė
Marcinkonys
Druskininkai
Kapčiamiestis
Veisiejai
Seirijai
Lazdijai
Sejny
Suwałki
Olecko
Gołdap
Augustów
Ełk
Grajewo
Szczuczyn
Biała Piska
Orzysz
Giżycko
Węgorzewo
Banie Mazurskie
Gusev
Nesterov
Černjahovsk
Dobrovol'sk
Pobedino
Lunino
Ul'janovo
Krasnoznamensk
Neman
Sovetsk
Grishka būdis
Lipsk
HRODNA
Azëry
Dąbrowa Białostocka
Sztabin
Suchowola
Skidal'
Indura
Sokółka
Korycin
Monki
Jedwabne
Woj. podlaskie
Krynki
Bobrowniki
BIAŁYSTOK
Zabłudów
Sokoły
Zambrów
Łomża
Ostrów Mazowiecka
Czyżew-Osada
Brańsk
Bielsk Podlaski
Hajnówka
Białowieski P.N.
nacyjanal'ny park Belavežskaja pušča
Kleszczele
Kamjanjuki
Ciechanowiec
Sławiski
Kisielnica
Zambrów
Wigry
Jez. Wigry
Jez. Rajgrodzkie
Jez. Selment
Viștytis
Vištyčio ež.
Dusios ež.
Nemunas
Neris
Šventoji
Nevėžis
Dubysa
Jūra
Venta
Mūša
Lielupe
Daugava
Ogre
Sūsēja
Dubna
Rēznas ez.
Nemunas
Šešuvis
Instruč
Neman
Ščara
Ros'
Svislač
Narew
Biebrza
Jasel'da
Lan'
Viļja
Servač
Ašmjanka
Beržezina
Žeimena
Vilnia
Merkys
A1
A2
A4
A5
A6
A7
A8
A9
A10
A11
A12
A13
A116
E28
E67
E77
E85
E262
E272
E271
E30
M1
M6
M9
M12
P27
P6
A3
A232
A231
A237
A235
A101
101
104
105
122
129
130
132
141
142
146
149
185
199
206
212
231
234
250
278
296
346
121
128
102

LATVIJA
Pskov
19
Jaunpiebalga
Balvi
Viļaka
Abrene
Pytalovo
Ch
Ci
Ck
Da
Db
Dc
LATVIJA
Rugāji
Baltinava
Lubāna
Tilža
Kapini
Kārsava
Barkava
Goliševa
Rēzekne
Ludza
Latgales
Malta
Preiļi
augstiene
Aglona
Ezernieki
Dagda
Krāslava
Asveja
Stralki
Zadezže
Druja
Braslav
Pskovskaja
oblast'
Bežanickaja vozv.
Novgorodka
Puškinskie Gory
Novoržev
Asevo
Krasnyj Luč
Bežanicy
Remennikovo
Krasnogorodskoe
Opočka
Lapteevo
Kudever'
Loknja
Sopki
Holm
Juhovo
Podberez'e
Bologovo
Ploskošo
Slautino
Lopatin
Steklino
Peno
Svapušča
Požnja
Andreapol'
Toropec
Central'nolesnoj zapovednik
Rečane
Grjadcy
Bibirevo
Nasva
Ivanovo
VELIKIE LUKI
Kun'jao
Staraja Toropa
Zapadnaja Dvina
Nelidovo
Dubrovka
Pustoška
Maevo
Novosokol'niki
Sebež
Knjazevo
Pasiene
Zilupe
Ust'-Dolyssy
Nevel'
Mar'janovo
Juhavičy
Rasony
Verchnjadzvimsk
Borkavičy
Dretuń
Hurki
Zajkava
Ramni
Bol. Budnica
Curilovo
Usvjaty
Puhnovo
Usmyn
Il'ino
Fil'čen
Žarkovskij
Šintovo
Švity
Dzisna
Navapolack
Polack
Kaz'jany
Haradok
Sirocina
Veliž
Ozernyj
Baturin
Prečistoe
Suhovarin
Ėdy
Novy Pahost
Mery
Sarkavščyna
Kaz'jany
Lužki
Vetryna
Prazaroki
Obal
Šumilina
Ula
Suraž
Ruba
Janavičy
Ponizov'e
Demidov
Zabor'e
Pečeniči
Duhovšči
Varapaeva
Hlybokae
Plisa
Padsvile
Ušačy
VICEBCK
Astrovna
Skrydleva
Lezna
Divo
Žičicy
Petriščevo
Kamenka
Jarcev
Vitebskaja
voblasc'
Vilnius
Vavkalata
Mjadzel
Dokšycy
Berazino
Pyšna
Lepel'
Kamen
Bešankovičy
Bačejkava
Rudnja
Kardymovo
Čašniki
Sjanno
Bohušėvsk
Babinavičy
Golynki
Arhipovka
Ol'ša
SMOLENSK
Davginava
Kascjanevičy
Bjahoml'
Bjarezinski zapavednik
Novalukom'l
Arėchavsk
Asintorf
Krasnoe
Gusino
Lomejkov
Smaljany
Dubrovna
Krasnyj
Stegrimovo
Morygino
Il'ja
Pleščanicy
Majseevščyna
Halopeničy
Talačyn
ORŠA
Sava
Horki
Monastyrščina
Počinok
Krasnae
Radaškovičy
BARYSAV
Zembin
Krupki
Bobr
Kruglae
Šklov
Hislaviči
Rakav
Zaslav'e
Lagojsk
Žodzina
Smolevičy
Uchvala
Mahilevskaja
Kurmanava
Evdakimavičy
Rasna
Mscislav
Krapivenskaja
Uschodni
MINSK
Zjaleny Bor
Bjalyničy
Berazino
MAHILEŬ
Suchary
Petroviči
Roslavl'
Dzjaržynsk
Samachvalavičy
Smilavičy
Červen'
Asman-Kasaeva
Čavusy
Krivole
Vorga
Zvjančatka
Rudzensk
Pravdzinski
Maceevičy
Sidaravičy
Kryčav
Klimavičy
Uzda
Sack
Marina Horka
Hradzjanka
Čačevičy
Bychov
Čerykav
Rodnja
Chimsk
Minskaja
Asipovickae vdsch.
Svislač
Kličav
Slavharad
Staryca
Asypovičy
Krasnapolle
Kascjukovičy
Ljavki
Tatarka
Kiravsk
Syščycy
voblasc'
Sluck
Staryja Darohi
Hluša
BABRUJSK
Rahačav
Dovsk
Karma
Palesse
Suraž
Krasnaja Hora
Hlusk
Ljubanskae vdsh.
Žlobin
Čačėrsk
Salihorsk
Starobin
Ljuban'
Paryčy
Buda-Kašalëva
Zabalocce
Svjacilavičy
Petrova Buda
Klincy
BELARUS'
Akcjabrski
Strešino
Svetlahorsk
Uvaravičy
Kryvsk
Bal'šavik
Vetka
Starodub
Skavšyn
Mazyr
Homel'
46
47
34
35
36
37
38

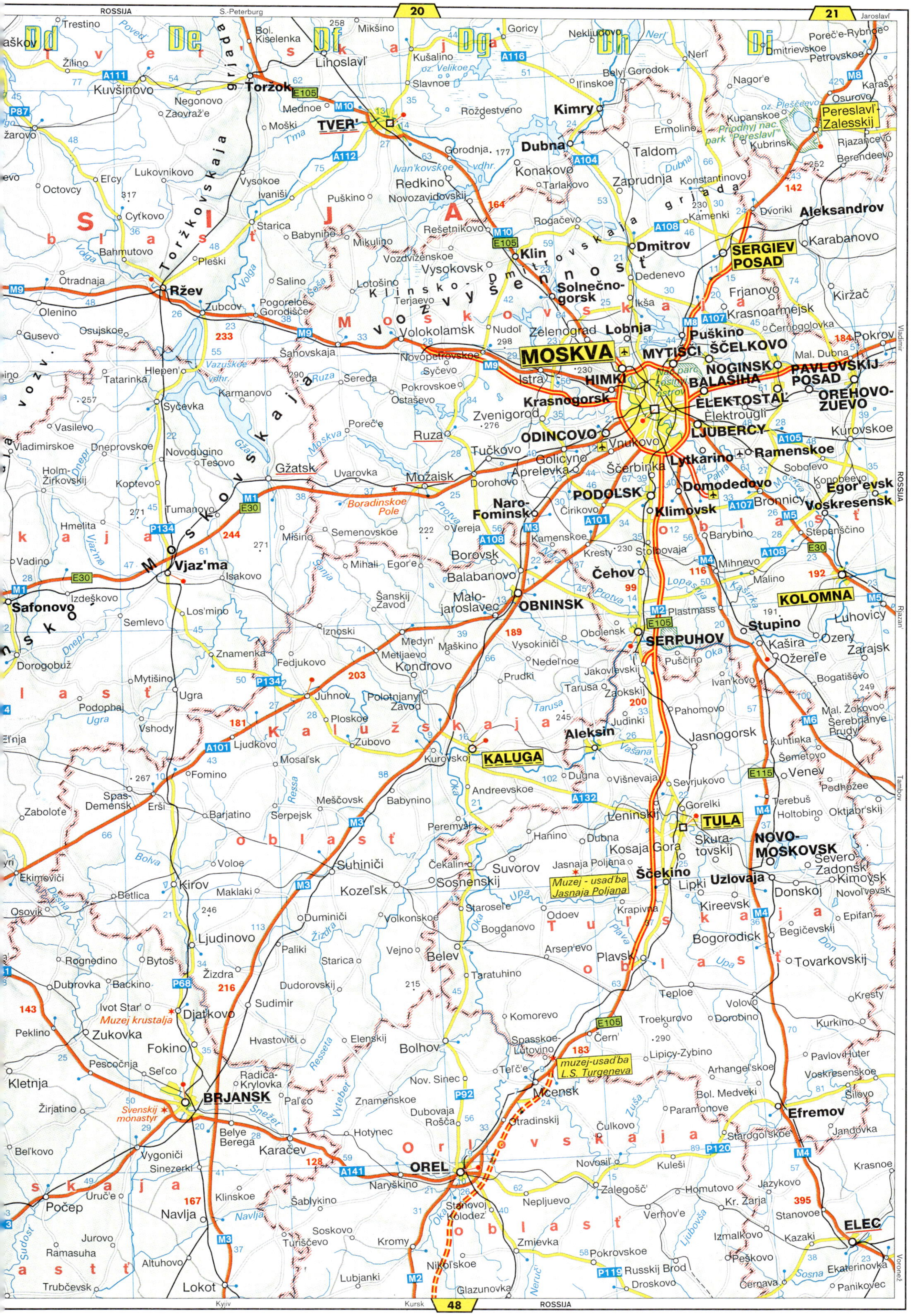

ROSSIJA
S.-Peterburg
20
21
Jaroslavl'
Dd
De
Df
Dg
Dh
Di
Trestino
Žilino
Kuvšinovo
Negonovo
Zaovraž'e
Bol. Kiselenka
Toržok
Mednoe
Moški
Lihoslavl'
Mikšino
Kušalino
oz. Velikoe
Slavnoe
Roždestveno
TVER'
Gorodnja
Ivan'kovskoe vdhr.
Redkino
Novozavidovskij
Puškino
Goricy
Nekljudovo
Nerl'
Belyj Gorodok
Il'inskoe
Kimry
Dubna
Konakovo
Tarlakovo
Ermolino
Taldom
Zaprudnja
Dmitrievskoe
Poreč'e-Rybnoe
Petrovskoe
Nagor'e
Karaš
Osurovo
Kupanskoe
oz. Pleščeevo
Prirodnyj nac. park "Pereslavl'"
Kubrinsk
Pereslavl'-Zalesskij
Rjazancevo
Berendeevo
Konstantinovo
Kamenki
Dvoriki
Aleksandrov
Karabanovo
Kiržač
Žarovo
El'cy
Lukovnikovo
Octovcy
Cyt'kovo
Bahmutovo
Otradnaja
Rževo
Olenino
Gusevo
Osujskoe
Vysokoe
Ivaniši
Starica
Babynino
Pleški
Salino
Zubcov
Pogoreloe Gorodišče
Mikulino
Vozdviženskoe
Vysokovsk
Rešetnikovo
Klin
Lotošino
Terjaevo
Rogačevo
Dmitrov
Dedenevo
Solnečnogorsk
Ikša
Nudol'
Zelenograd
Lobnja
Puškino
ŠČELKOVO
MYTIŠČI
SERGIEV POSAD
Frjanovo
Krasnoarmejsk
Černogolovka
Pokrov
Mal. Dubna
NOGINSK
PAVLOVSKIJ POSAD
OREHOVO-ZUEVO
BALAŠIHA
ELEKTOSTAL'
Elektrougli
LJUBERCY
Kurovskoe
Ramenskoe
Sobolevo
Konobeevo
Egor'evsk
Voskresensk
Stepanščino
Bronnicy
Volokolamsk
Šahovskaja
Novopetrovskoe
Syčevo
Pokrovskoe
Ostaševo
Sereda
Tatarinka
Hlepen'
Vazuzskoe vdhr.
Karmanovo
Syčevka
Vasilevo
Vladimirskoe
Dneprovskoe
Holm-Žirkovskij
Novodugino
Tesovo
Gžatsk
Uvarovka
Možaisk
Boradinskoe Pole
Poreč'e
Ruza
Zvenigorod
Istra
MOSKVA
HIMKI
Krasnogorsk
ODINCOVO
Vnukovo
Tučkovo
Golicyno
Aprelevka
Ščerbinka
Lytkarino
Domodedovo
PODOL'SK
Klimovsk
Naro-Fominsk
Čirikovo
Dorohovo
Koptevo
Tumanovo
Hmelita
Vadino
Safonovo
Izdeškovo
Vjaz'ma
Isakovo
Los'mino
Semlevo
Mišino
Semenovskoe
Vereja
Borovsk
Kamenskoe
Krestу
Stolbovaja
Čehov
Barybino
Mihnevo
Malino
KOLOMNA
Luhovicy
Ozery
Zarajsk
Stupino
Kašira
Ožerel'e
Plastmass
SERPUHOV
Puščino
Obolensk
Balabanovo
Malojaroslavec
OBNINSK
Mihali
Egor'e
Šanskij Zavod
Iznoski
Medyn'
Maškino
Vysokiniči
Nedel'noe
Metljaevo
Kondrovo
Dorogobuž
Znamenka
Fedjukovo
Mytišino
Ugra
Juhnov
Polotnjanyj Zavod
Prudki
Tarusa
Zaokskij
Jakovlevskij
Ivan'kovo
Bogatiščevo
Pahomovo
Mal. Žokovo
Serebrjanye Prudy
Podophaj
Vshody
Ploskoe
Zubovo
Ljudkovo
Mosal'sk
Fomino
KALUGA
Kurovskoj
Aleksin
Judinki
Jasnogorsk
Kuhtinka
Šemetovo
Venev
Podhož'ee
Andreevskoe
Dugna
Višnevaja
Sevrjukovo
Terebuš
Holtobino
Oktjabr'skij
Spas-Demensk
Erši
Zabolot'e
Barjatino
Serpejsk
Meščovsk
Babynino
Leninskij
TULA
Gorelki
Peremyšl'
Hanino
Dubna
Kosaja Gora
Skuratovskij
NOVOMOSKOVSK
Severo-Zadonsk
Kimovsk
Novol'vovsk
Ekimoviči
Kirov
Voloe
Maklaki
Suhiniči
Kozel'sk
Čekalin
Sosnenskij
Suvorov
Jasnaja Poljana
Muzej - usad'ba Jasnaja Poljana
Ščekino
Lipki
Uzlovaja
Donskoj
Betlica
Osovik
Ljudinovo
Duminiči
Volkonskoe
Starosel'e
Bogdanovo
Odoev
Krapivna
Kireevsk
Epifan'
Begičevskij
Bogorodick
Rognedino
Bytoš
Paliki
Žizdra
Starica
Vejno
Belev
Arsen'evo
Plavsk
Tovarkovskij
Dubrovka
Backino
Djat'kovo
Dudorovskij
Taratuhino
Teploe
Volovo
Kresty
Ivot Star'
Muzej krustalja
Sudimir
Komorevo
Troekurovo
Dorobino
Kurkino
Peklino
Zukovka
Hvastoviči
Elenskij
Bolhov
Spasskoe-Lutovino
Černʹ
Lipicy-Zybino
Pavlovi-Huter
Fokino
Pescočnja
Sel'co
Radica-Krylovka
Nov. Sinec
Tel'č'e
muzej-usad'ba I. S. Turgeneva
Arhangel'skoe
Voskresenskoe
Kletnja
Žirjatino
BRJANSK
Svenskij monastyr
Pal'co
Znamenskoe
Dubovaja Rošča
Mcensk
Otradinskij
Bol. Medveki
Paramonovo
Silovo
Efremov
Beľkovo
Vygoniči
Sinezerki
Belye Berega
Karačev
Hotynec
Čulkovo
Starogol'skoe
Jandovka
OREL
Naryškino
Novosil'
Kuleši
Krasnoe
Počep
Uruč'e
Klinskoe
Šablykino
Stanovoj Kolodez'
Nepljuevo
Zalegošč'
Homutovo
Kr. Zarja
Jazykovo
Verhov'e
Stanovoe
ELEC
Navlja
Jurovo
Ramasuha
Soskovo
Turiščevo
Kromy
Zmievka
Izmalkovo
Kazaki
Altuhovo
Nikol'skoe
Pokrovskoe
Russkij Brod
Peškovo
Ekaterinovka
Trubčevsk
Lokot
Lubjanki
Glazunovka
Droskovo
Cernava
Panikovec
Kyjiv
Kursk
48
ROSSIJA
Vladimir
Rjazan'
Tambov
Voronež
Toržkovskaja grjada
Klinsko-Dmitrovskaja grjada
Smolensko-Moskovskaja vozvyšennost'
Kaluzskaja oblast'
Tul'skaja oblast'
Orlovskaja oblast'

20
21
Jaroslavl'
Kostroma
Dj
Dk
Ea
Eb
Ec
Ed
Rostov
Piscovo
Furmanov
Kaminskij
Vičuga
Kovrigino
Nerl'
Ščurovo
Dmitrievskoe
Poreče-Rybnoe
Petrovskoe
Komsomol'sk
IVANOVO
Rodniki
Sokol'skoe
Kover
Šilekša
Luh
Porzdni
Anisimovo
Nagor'e
M8
P152
Il'inskoe-Hovanskoe
Goricy
Kohma
Šuja
Vasil'evskoe
Pučež
Pobeda
Kupanskoe
Osurovo
Karaš
Uhtoma
A113
Mitj
Prirodnyj nac. park "Pereslavl'"
Pereslavl'-Zalesskij
Krapivnovo
Tejkovo
Ležnevo
Myt
Paleh
Briljakovo
Kubrinsk
Rjazancevo
Sima
Lobcovo
Kolobovo
P152
Čkalovsk
Konstantinovo
Berendeevo
Petrovskij
Nerl'
Pestjaki
Gorodec
Tarasi
Dvoriki
Gavrilov Posad
Savino
Teza
Juža
Mugreevskij
Pureh
Zavolž'e
Pravdinsk
Aleksandrov
Jur'ev-Pol'skij
Fedorovskoe
Kidekša
Kljaz'ma
Čistoe
Balahna
SERGIEV POSAD
Karabanovo
Suzdal'
KOVROV
Mstera
Frolišči
NIŽNIJ NOVGOROD
Neklju
Kol'čugino
Nerl'
Kameškovo
Moskva
Frjanovo
Star. Dvor
Bogoljubovo
Melehovo
Vjazniki
Gorohovec
Volodarsk
Krasnoarmejsk
Kiržač
Čerkutino
Stavrovo
Penkino
Pavlovskoe
DZERŽINSK
Kstovo
Černogolovka
Vospuška
Lakinsk
M7
VLADIMIR
Kr. Oktjabr'
Nikologry
A107
Pokrov
Sobinka
Verigino
Bogorodsk
NOGINSK
Mal. Dubna
Petuški
Ovečkino
Sudogda
Nov. Byt
Čertkovo
Fominki
Tumbotino
Vorsma
ÈLEKTOSTAL'
OREHOVO-ZUEVO
Pavlovo
P158
Èlektrogli
PAVLOVSKIJ POSAD
Miščeronskij
Ivaniščí
Arsamaki
Mošok
Ušna
Kr.Gorbatka
Vača
Kľjučišči
Dorofeevo
P72
Malyševo
Borisogleb
Filinskoe
Sosnovskoe
Dal'n
Konstantino
Moskovskaja
Petrušino
Rošal'
Uršel'skij
Lesnikovo
Sereža
Ramenskoe
Kurovskoe
Šatura
Gus'-Hrustal'nyj
MUROM
Navašino
Rožok
Sobolevo
Čerusti
Konobeevo
Polja
Kurlovskij
Dobrjatino
Bronnicy
Egor'evsk
Turgenevo
Kulebaki
ARZAMAS
Voskresensk
Dmitrovskij Pogost
Starkovo
Muhtolovo
ROSSIJA
Stepanščino
Dvojni
Doščatoe
Vyezdnoe
P73
Kupreevo
Melenki
Gremjačevo
Sakony
P72
Seredníkovo
oz. Velikoe
Vyksa
A108
oblast'
Staroe
Velikodvorskij
Il'kino
Ardatov
Malino
Rjazanovskij
Lavsja
KOLOMNA
Spas-Klepiki
Tuma
Čupalejka
Mešč
erskaja
Gus'
Dmitrievo
Gluhovo
Beloomut
Gus'-Železnyj
A105
A125
Lesog
Luhovicy
Kriuša
Diveevo
Ozery
M5
Kuz'minskoe
Ol'gino
Kasimov
Elatma
Sarova
Satis
Ožerel'e
nizmenost'
Lasma
Voznesenskoe
Pervor
Zarajsk
Soldača
Pra
Mordovskij zapovednik
Bogatiščevo
Rybnoe
Lubjaniki
Ždanovo
Erahtur
Ermiš
Voža
Bel'skoe
Okskij Gos. zapovednik
Purdoški
M6
Alešnja
Murmino
Papuševo
Moksa
Mal. Žokovo
RJAZAN'
Ljubonos
Pitelino
Kadom
Temnikovo
El'niki
Semetovo
Serebrjanye Prudy
Iževskoe
Rjazanskaja
A126
Bološnevo
Voshod
Krasnoslobodsk
Zaharovo
Spassk-Rjazanskij
Turmovo
Mokroe
Baraševo
Podhožee
Grebnevo
Pet
Oka
Sasovo
Mordovskaja
Oktjabr'skij
Tyrhove
Šilovo
Atjur'evo
Mihajlov
Staroži lovo
Soblevo
Lesnoj
Čučkovo
Sotnicyno
Vindrej
Holtobino
Pečerniki
M5
Putjanino
Pičkirjaevo
Mal. Azjas'
Severo-Zadonsk
Pronsk
oblast'
Kaverino
Novomičurinsk
Pronja
E30
A125
Jambirno
Zubova Poljana
Kimovsk
Pesočnja
Mamonovo
Neznanovo
Ungor
Torbeevo
Kovyl
Novoľvovsk
Korablino
Šack
Bednodem'janovsk
Epifan'
Gorlovo
Verda
Sapožok
Ol'hi
Vyša
Širinguši
Narovčat
M5
Don
Skopin
Podvislovo
Uholovo
Dubrovki
Oktjabr'skij
Ryažsk
Sarai
Vysokoe
Poplevinskij
Morsovo
Vadinsk
Luhm
Černava
Saltyki
Cna
Paškovo
Kresty
Gornjak
R
O
S
S
Mokša
M6
Aleksandro-Nevskij
Parskij Ugol
Veselaja
Niž. Lomov
Kurkino
Kočury
Zemetčino
Golic
Berezovka
Bol. Doroga
Moršansk
Matčerka
Verh. Lomov
Troekurovo
Dankov
Starojur'evo
Vtory Lev. Lamki
Vernadovka
Pačelma
Titovo
Silovo
Voskresenskoe
Čaplygin
A143
Lev Tolstoj
Pervomajskij
Sosnovka
Ol'šassy
Sosedka
Novopoljan'e
Pičaevo
Bašmakovo
Kamenka
Lebedjan'
Sovetskoe
Vjazovo
Krasnaja Meča
Ratčino
Krasivoe
Lesnoj Voronež
Polnoj Voronež
Malinovka
Bol. Šeremetovo
Kočetovka
Krasnoe
MIČURINSK
Tambovskaja
Lermontovo
Kujman'
Trubetčino
Dobroe
Dmitrievka
Bondari
Balinskij
muzej-usad'ba "Tarhany"
Lipeckaja
Jarok
Voronež
Tatanovo
Usovo
Peresypkino 1-e (Pervoe)
Bol' Čembar
Pokrov
Pružinki
P204
Sosna
Jurlovka
P209
Sviščevka
LIPECK
TAMBOV
Dmitrievščina
Vorona
Obval
Elec
Donskoe
Petrovskoe
Kirsanov
Ekaterinovka
Matyrskoe vdhr.
P119
Nov. Ljada
Rasskazovo
Nikol'sko
oblast'
Borinskoe
Matyra
Gijazi
Kotovsko
M6
Umet
Višnevoe
Tamala
Voronež
48
Zarizyn
49
34
35
36
37
38

22

Ef
Eg
Eh
Ei
Ek
Fa
Postoj
Vetlužskij
Nikitino
Krasnye Baki
P159
Pakali
Šaranga
Kuguserga
P165
Nikuljata
Šavaržakovo
Urzum
Bajsa
Usť-Kil'mez'
Tekun
Vozdviženskoe
Roženцovo
Sančursk
Karakša
Pektubaevo
Nov. Tor'jal
Sernur
Kosolapovo
Bujskoe
Šurma
Lazarevo
Belasovka
Voskresenskoe
Bol. Pole
Oršanka
Kužener
P169
Mari-Turek
Šaldež
Semenov
Kilemary
Sovetskij
Paran'ga
Rožki
Hahaly
Dokukino
Šušer
JOŠKAR-OLA
Izi-Kugunur
Kul'šit
Mlebnikovo
Muzyvalen
Bol. Ramen'
Mariec
Cip'ja
Nosly
Nestiary
Respublika
Marij Ėl
Sebeusad
Morki
Nov. Kiner
Baltasi
Karelino
Černozer'e
Vasil'evskoe
Ozerki
Studenka
Surok
Suslonger
Vizim'jary
Griškino
Kujbyševskoe vdhr.
Kuz'mijar
Jurino
Koz'modem'jansk
Oktjabr'skij
Kr. Steklovat
Krasnogorskij
Bol. Atnja
P242
Šemordan
Jamnovo
ČEBOKSARY
Kokšajsk
Dub'jazy
Arsk
Velikovskoe
NOVO-ČEBOKSARSK
Zvenigovo
Bol. Ključi
Bogatye Saby
Makar'evo
Vorotynec
Vasil'sursk
Moskakasy
Kugesi
P175
Volžsk
Zelenodol'sk
Volžsko-Kamskij zapov.
Vysokaja Gora
KAZAN'
Tjuljači
Lyskovo
Prudišči
M7
Kugesi
Dadrin
Mal.Čurašеvo
Civil'sk
Kozlovka
Vasil'evo
Verh. Uslon
Nižnie Vjazovye
Knjaginino
Spasskoe
Kurmyš
Čavaš
Alikovo
Urmary
Saruj
P241
Stolbišče
Šali
P243
Bol. Muraškino
Atnary
Nurlaty
P239
Kornouhovo
Rybnaja Sloboda
Perevoz
Kalinino
Jantikovo
Respublika
Soroči Gory
Buturlino
Sergač
Pil'na
Knjažiha
Šumerlja
Vurnary
Kanaš
Burunduki
Majdan
Ten'ki
Lapševo
Kočunovo
Bol. Kajbicy
Alekseevskoe
P239
Jagubovka
Urazovka
Kr.Ostrov
Ibresi
Čuteevo
Atabaevo
Kamskoe Uste
Lebedino
Sarapovo
Salgan
Gagino
Sečenovo
A151
Nov. Bajbatyrevo
Jal'čiki
Apastovo
Kujbyševskij Zaton
Kajbuki
Poreckoe
Buinsk
Verh. Talyzino
Kirja
Batyrevo
Bol. Šemjakino
Tatarstan
Bolgar
Bazarnye Mataki
Černovskoe
Kukojanov
Bol. Boldino
Bol. Ignatovo
Kuvakino
respubliki
Tarhany
Šemurša
Buinsk
Tetjuši
Antonovka
Niž.Al'keevo
A158
Užovka
Ardatovo
Alatyr'
Slanga
Star. Sajmyrzino
Kirtelі
Matveevka
Kuznečiha
Počinki
Kemlja
Sel'šči
Ždamirovo
Bol. Tarhany
Majna
Bol. Kandala
Iske-Rjazap
Atjaševo
Sara
Astradamovka
Gorodišče
Bol. Nagatkino
Cil'na
Staraja Majna
Star. Sahča
Komsomol'skij
Dubenki
Surskoe
Star.Maklauši
Ul'janovskaja
Tiinsk
Novočeremšansk
Romodanovo
P178
Iševka
Čerdakly
Brjadino
DIMITROVGRAD
Novotroickoe
Čamzinka
Val'divatskoe
Jazykovo
Tagaj
Tetjušskoe
Oktjabr'skij
Ljambir'
Šugurovo
Belovod'e
Abramovka
SIMBIRSK
Krestovo-Gorodišče
Mullovka
Nov. Majna
Star.Šajgovo
Šiškeevo
SARANSK
Bol. Berezniki
Korčevka
Karsun
Bol. Ključišči
Novoul'janovsk
Nikol'skoe-na-Čeremšane
Filippovka
Teplyj Stan
Respublika
Čamzinka
Veškajma
Majna
Polbino
Suhodol
Ruzaevka
Kočkurovo
oblasť
Singilej
Boldovo
Glotovka
Kargino
Beklemiševo
Stepnoe Matjunino
Silikatnyj
Inza
Soldatskaja Tašla
Elaur
Hrjašćevka
Musorka
Nov. Bujan
Issa
Sura
Bol. V''jas
Bazarnyi
Nikol'sk
Samarskaja
Uzjukovo
Yvarovo
Starotimoškino
Teren'ga
Jagodnoe
P158
Bazarnaja Ken'ša
Baryš
Novodeviče
TOĽJATTI
M5
Lunino
Kazarka
Belogorskoe
A151
Fedorovka
Kurumoč
Ozerki
Kyzovatovo
Živajkino
Žigulevsk
Usol'e
Moksan
Golovcevo
Star. Račejka
Šigony
Žigulevskij zapov.
Bogatyr'
Vazerki
Sosnovyj Solonec
Kočkarlej
Troickij Sungur
Penzenskaja
Tatarskij Sajman
Zaborovka
Meždurečensk
Roždestveno
Gorodišče
Sosnovoborsk
Kanadej
E30
Oktjabr'sk
Obšarovka
PENZA
Čaadaevka
Kuzneck
Nikolaevka
Novospasskoe
SYZRAN'
Bestuževka
NOVOKUJBYŠEVSK
Lagoskino
Sursk
Radiščevo
Novokašpirskij
Čapaevskj
oblasť
Verh. Maza
Pan'šino
Natal'ino
Bezenčuk
Verhozim
Stavkino
Sred. Tereška
Radiščevo
Privolž'e
Osinki
Pokrovka
Šemyševka
Russkij Kameškir
Vjazovka
Kondol'
Aleevo
Star. Kulatka
Vozroždenie
Androsovka
Krasnoarmejskoe
Kolyšlej
Karžimant
Pavlovka
P228
Saratovskoe vodohranilišče
Hvorostjanka
Begus
Lopatino
Sosnovaja Maza
Brykovka
Mar'evka
Star. Slavkino
Bol. Ozerki
Hvalynsk
Duhovnickoe
Padovka
P226
ROSSIJA
RUSSIA
Perm'
Ufa
Samara

50

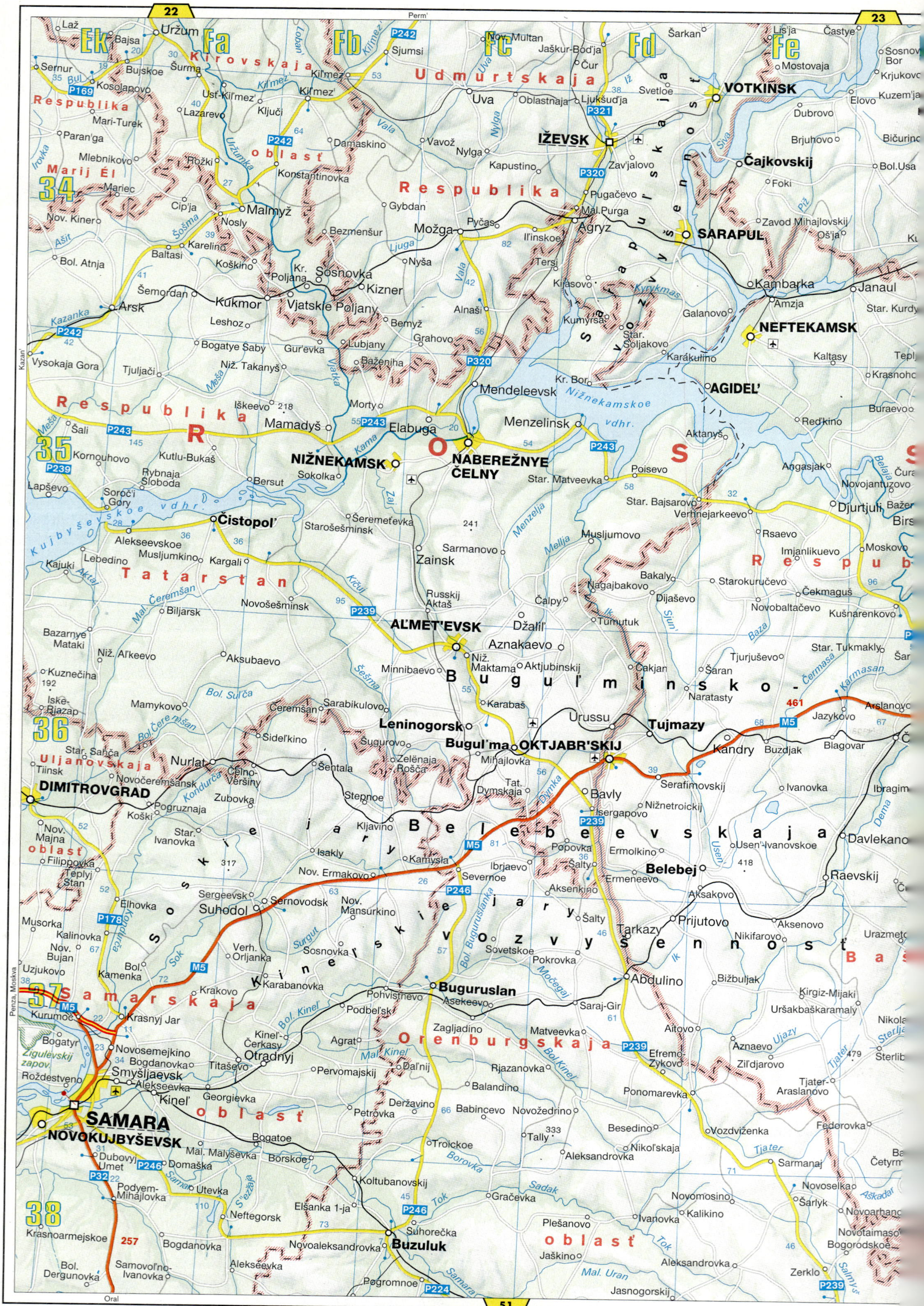

22
23
51
Perm'
Kazan'
Penza, Moskva
Oral
Ek
Fa
Fb
Fc
Fd
Fe
34
35
36
37
38
Udmurtskaja
Respublika
Kirovskaja oblast'
Respublika Marij Él
Respublika Tatarstan
Baškortostan
Bugul'minsko-Belebeevskaja vozvyšennost'
Sokskie jary
Kinel'skie jary
Samarskaja oblast'
Orenburgskaja oblast'
Ul'janovskaja oblast'
Sarapul'skaja vozvyšennost'
Kujbyševskoe vdhr.
Nižnekamskoe vdhr.
Žiguljovskij zapov.
Uržum
Votkinsk
Iževsk
Čajkovskij
Sarapul
Neftekamsk
Agidel'
Malmyž
Kukmor
Arsk
Možga
Agryz
Kizner
Mendeleevsk
Menzelinsk
Elabuga
Nižnekamsk
Naberežnye Čelny
Čistopol'
Al'met'evsk
Leninogorsk
Bugul'ma
Oktjabr'skij
Tujmazy
Belebej
Dimitrovgrad
Nurlat
Suhodol
Buguruslan
Abdulino
Otradnyj
Kinel'
Samara
Novokujbyševsk
Buzuluk
Krasnyj Jar
Smyšljaevsk
Zainsk
Sarmanovo
Aznakaevo
Bavly
Uva
Vavož
Kil'mez'
Sjumsi
Kambarka
Janaul
Raevskij
Davlekanovo
Kandry
Serafimovskij
Ermekeevo
Sernovodsk
Pohvistnevo
Neftegorsk
Bogatoe
Sarmanaj
Zerklo
Jasnogorskij
M5
P239
P242
P243
P246
P320
P321
P224
P169
P178
P32

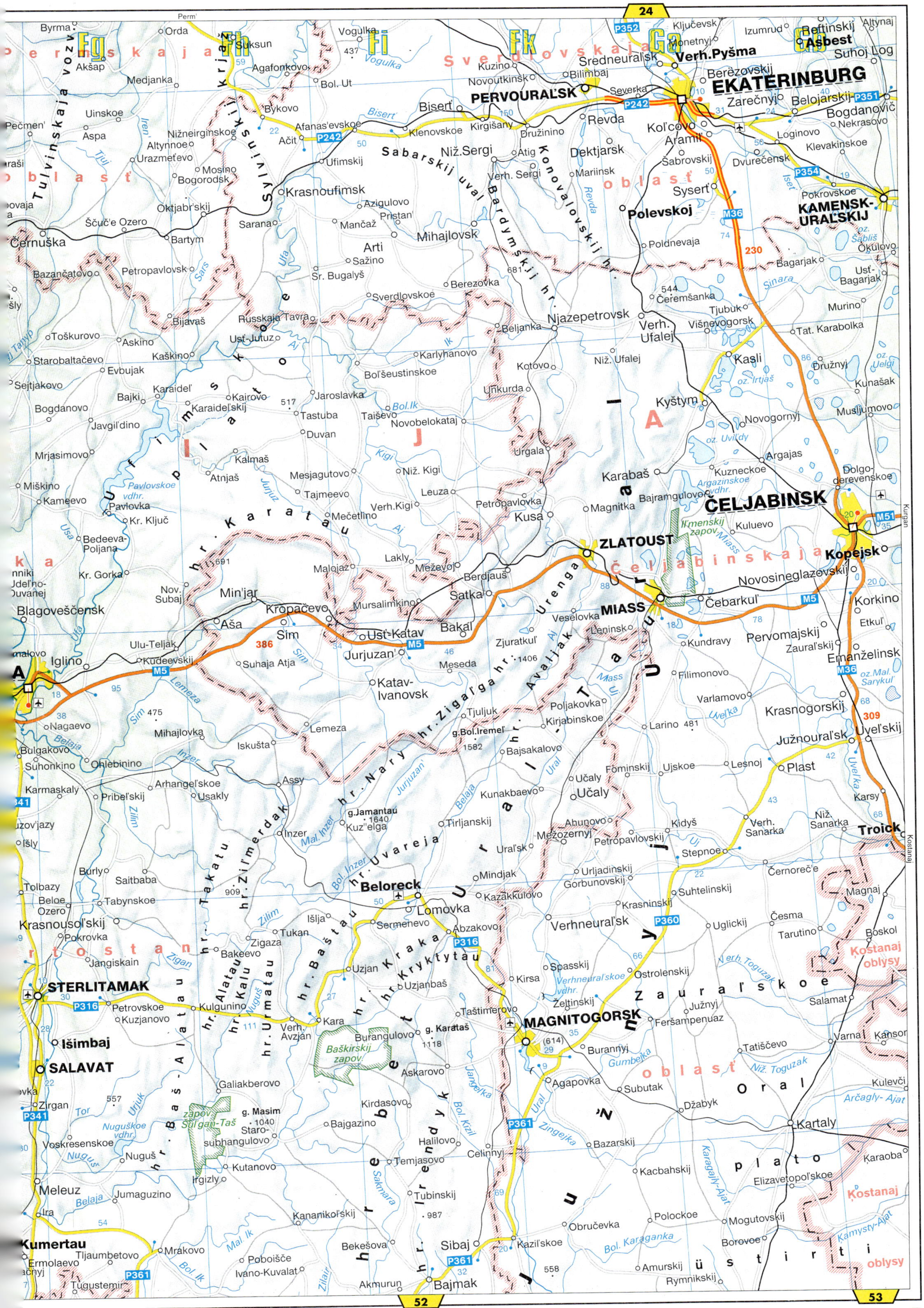
24
52
53
Fg
Fh
Fi
Fk
Ga
Gb
Permskaja oblasť
Sverdlovskaja oblasť
Čeljabinskaja oblasť
Kostanaj oblysy
EKATERINBURG
PERVOURAĽSK
KAMENSK-URAĽSKIJ
ČELJABINSK
ZLATOUST
MIASS
MAGNITOGORSK
STERLITAMAK
SALAVAT
Išimbaj
Kumertau
Meleuz
Beloreck
Sibaj
Bajmak
Troick
Kopejsk
Korkino
Jemanželinsk
Južnouraľsk
Plast
Kartaly
Karabaš
Kyštym
Kasli
Verh. Ufalej
Polevskoj
Revda
Sysert'
Aramiľ
Berëzovskij
Verh.Pyšma
Sredneuraľsk
Asbest
Beloярskij
Bogdanovič
Krasnoufimsk
Čebarkuľ
Satka
Bakal
Jurjuzan'
Ust'-Katav
Katav-Ivanovsk
Kusa
Sim
Aša
Min'jar
Igliño
Blagoveščensk
Čeмuška
Nižneirginskoe
Niž.Sergi
Bisert'
Mihajlovsk
Arti
Verhneuraľsk
Učaly
Kirjabinskoe
Kartaly
Belorečk
Uraľskij hrebet
Uraltau
Južnyj Ural
Zauraľskoe plato
Turgajskoe plato
Sylvinskij krjaž
Ufimskoe plato
hr. Karatau
hr. Zigaľga
hr. Nary
hr. Urenga
hr. Avaljak
hr. Kryktytau
hr. Baš-Alatau
hr. Irendyk
g. Bol.Iremeľ 1582
g. Jamantau 1640
M5
M36
P242
P316
P341
P351
P352
P354
P360
P361

Qe
Qf
Qg
Qh
Qi
QK
Ra
Rb
Rc
Rd
Re
Rf
24
25
26
27
Greenland Sea
Artic Circle
ATLANTIC OCEAN
Vopnafjarðar-grunn
ÍSLAND
Vatnajökull
Hofsjökull
Langjökull
Mýrdalsjökull
Eyjafjallajökull
Snæfellsjökull
Drangajökull
Ódáðahraun
Sprengisandur
Skeiðarársandur
Mýrdalssandur
Breiðafjörður
Faxaflói
Húnaflói
Skagafjörður
Eyjafjörður
Skjálfandi
Öxarfjörður
Þistilfjörður
Bakkaflói
Vopnafjörður
Ísafjarðardjúp
Arnarfjörður
REYKJAVÍK
Akureyri
Kópavogur
Hafnarfjörður
Keflavík
Njarðvík
Grindavík
Selfoss
Hveragerði
Hella
Hvolsvöllur
Vík
Kirkjubæjarklaustur
Höfn
Djúpivogur
Breiðdalsvík
Fáskrúðsfjörður
Reyðarfjörður
Eskifjörður
Neskaupstaður
Seyðisfjörður
Egilsstaðir
Borgarfjörður
Bakkafjörður
Þórshöfn
Raufarhöfn
Kópasker
Húsavík
Reykjahlíð
Mývatn
Krafla
Askja
Herðubreið
Grímsstaðir
Dalvík
Ólafsfjörður
Siglufjörður
Hofsós
Hólar
Sauðárkrókur
Varmahlíð
Blönduós
Skagaströnd
Hvammstangi
Borðeyri
Búðardalur
Stykkishólmur
Grundarfjörður
Ólafsvík
Hellissandur
Borgarnes
Akranes
Reykholt
Þingvellir
Geysir
Gullfoss
Hekla
Laki
Grímsvötn
Skaftafell
Þórsmörk
Ísafjörður
Bolungarvík
Flateyri
Suðureyri
Súðavík
Þingeyri
Bíldudalur
Patreksfjörður
Hólmavík
Drangsnes
Grímsey
Flatey
Hrísey
Vestmannaeyjar
Heimaey
Surtsey
Kerlingarfjöll
Hveravellir
Kjölur
Þórshavn

Rk
Sa
Sb
Sc
Sd
Se
35
36
37
38
39
ATLANTIC
OCEAN
ÉIRE
IRELAND
Irish Sea
Celtic
Sea
St. George's Channel
North Channel
Firth of Clyde
Malin Head
Tory I.
Seven Arches
Inishowen
Rathlin I.
Giant's Causeway
Mull of Kintyre
Campbeltown
Arran
Antrim Mts.
Antrim Gorges
Ballycastle
Glenariff
Glenarm
Ballantrae
Cairnryan
Stranraer
Portpatrick
Glasgow
UNITED KINGDOM
Bloody Foreland
Errigal
Derryveagh Mts.
Glenveagh Nat. P.
Letterkenny
Londonderry
Coleraine
Limavady
Portrush
Moville
Ballymoney
Ballymena
Larne
Carrickfergus
Newtownabbey
Bangor
Newtownards
Ards Pen.
Comber
Strangford Lough
BELFAST
Lisburn
Lurgan
Portadown
Armagh
Saintfield
Portaferry
Strangford
Downpatrick
Ballynahinch
Banbridge
Rathfriland
Clough
Newcastle
Newry
Mourne Mts.
Kilkeel
Strabane
Omagh
Dungannon
Cookstown
Antrim
Magherafelt
Maghera
Sperrin Mts.
Glenshane Pass
Dungiven
Plumbridge
Newtown Steward
Moneymore
Dromore
Ballygawley
Irvinestown
Enniskillen
Lisnaskea
Northern Ireland
Ulaidh
Lifford
Fintown
Rossan Point
Na Gleannta
Ardara
Blue Stack Mtn.
Malin More
An Charraig
Na Ceala Beaga
Donegal Bay
Béal Átha Seanaidh
An Ghrainseach
Darty Mts.
Belleek
Belcoo
Downpatrick Head
Erris Hd.
Béal an Mhuirthead
Mullet Peninsula
Glenamoy
Baile an Chaisil
Béal an Átha
Dromore West
Slieve Gamph
Sligeach
Baile Easa Dara
Cuilcagh Mts.
Muineachán
Castleblayney
Cluain Eois
Muinchille
An Cabhán
Searcóck
Beal Tairbirt
Droim Seanbho
Cora Droma Rúisc
Mainistir na Búille
Tobar an Choire
Béal Easa
Baile Chathail
Caisleán an Bharraigh
Nephin Beg Range
Blacksod Bay
2000 Precipice
Achill Head
Achill Island
An Caol
Mallaranny
Clare I.
Clew Bay
Cathair na Mart
Cluain Cearbán
Pilgrimage Church
Inishturk
Inishbofin
Mweelrea
Connemara Nat. P.
Aughrus Point
An Clochán
An Teach Dóite
Uachtar Ard
Gaillimh (Galway)
Bertaghboy Bay
Lough Mask
Lough Corrib
Clár Clainne Mhuiris
Baile an Róba
Tuaim
Béal Átha hAmhnais
Dún Mór
Connacht
Dún Gar
An Caisleán Riabhach
Ros Comáin
Tuilsce
An Longfort
Dromad
Gránard
Baile Átha Liagh
Baile uí Mhathain
An Muileann gCearr
Meathas Troim
Tullynally Castle
Baile na gCros
Dún Dealgan
Dundalk B.
Baile an Ghearlánaigh
Droichead Átha
Bend of the Boyne
Carraig Mhachaire Rois
Baile Átha Fhirdhia
Ceanannas
Achad an Iúir
An Uaimh
Baile Átha Troim
Dún Seachlainn
Baile Brigín
Na Sceirí
Mullach Íde
Holyhead
Douglas
BAILE ÁTHA CLIATH
(DUBLIN)
Dún Laoghaire
Bré
Na Clocha Liatha
Cill Mhantáin
Wicklow Head
Wicklow Mts.
Ráth Droma
An tInbhear Mór
Guaire
Fearna
An tAbhallort
Loch Garman
Ros Láir (Rosslare)
Carnsore Point
Dunbrody Abbey
Ros Mhic Thriúin
An Nás
Cill Droichid
Maigh Nuad
An Bóthar Buí
Éadan Doire
Cill Dara
Cill Chuillinn
An Laithreach
Baile Átha Í
Port Laoise
Mainistir Eimhín
Tullach Mhór
Cill Bheagáin
Cinn Átha Gad
Monastic Ruins
An Móta
Béal Átha Luain
An Creagán
Béal Átha na Sluaighe
An Clochán
Biorra
Slieve Bloom Mts.
Mointeach Milic
Port Omna
Baile Locha Riach
Slieve Aughty Mts.
An Gort
The Burren
Lios Dúin Bhearna
Black Head
Cinn Mhara
Oran Mór
An Spidéal
Galway Bay
Gorumna I.
Cil Rónáin
Inishmore
Aran Is.
Cliffs of Moher
Ennis Díomáin
Liscannor B.
Sraid na Cathrach
Inis
Cill Dalua
An Scairbh
Buiríos Uí Chéin
Ros Cré
An tAonach
Silvermine Mts.
Luimneach
(Limerick)
Sionainn
Shannon
Cill Chaoi
Carraig an Chabhaltaigh
Cill Rois
Loop Head
Baile an Bhuinneánaigh
Kerry Head
Tralee B.
Trá Lí
Tairbeart
An Caisleán Nua
Fainig
Eas Geitine
Ráth Caola
Mainistir na Féile
Croom
Knocklong
Galty Mts.
Tiobraid Árann
Rock of Cashel
Caiseal
Cill Náile
Callain
Durlas
Áth na nUrlainn
Mainistir Laoise
Darú
Ceatharlach
Leithghlinn an Droichid
Cill Chainnigh
Mt. Leinster
Inis Córthaidh
Graig na Manach
Baile Mhic Andáin
Carraig na Siúire
Cluain Meala
Port Láirge
Trá Mhór
Hook Hd.
Arthurstown
Cé na Cille Móire
Waterford H.
Dún Garbhán
Ceapach Choinn
Lios Mór
Baile Mhistéala
Mainistir Fhear Maí
Eochaill
Knockadoon Head
Mainistir na Corann
Ráth Luirc
An Chathair
Munhain
Mala
Ceann Toirc
Banteer
Boggeragh Mts.
CORCAIGH
(CORK)
An Cóbh
Great I.
Cork Harbour
Cionn tSáile
Old Head of Kinsale
Droichead na Bandan
Dún Mánmhaí
Bandon
Cloich na Coillte
Galley Head
An Sciobairín
Dún na Séad
Cape Clear
An Scoil
Mizen Head
Dunmanus B.
Bantry Bay
Beanntraí
Baile Chaisleán Bhéarra
Dursey I.
An Gleann Garbh
Kenmare River
Sheny Mts.
The Pass of Keimaneigh
Maigh Chromtha
Neidin
Iveragh
An Snaidhm
Ring of Kerry
Killarney Nat. P.
The Paps
Macgillycuddy's Reeks
Cill Airne
Cill Orglan
Gleann Beithe
Dingle Bay
Slea Head
Brandon Mtn.
Slieve Mish Mts.
Oileán Ciarraí
Caladh
An Coireán
Bolus Head
Pembrokeshire
Fishguard
Coast
St. David's
Nat. Park
St. Brides B.
Haverfordwest
Milford Haven
St. Ann's Head
Pembroke Castle
Pembroke
Swansea
Govan's Hd.
Nymphe Bank
Roscoff
Le Havre
E1
E16
E18
E20
E30
E201
M1
M2

Føroyar (Færøerne) (Dan.)
Norðoyar
Tórshavn (Thorshavn)
Streymoy
Vágar
Sandoy
Suðuroy
Norwegian Sea
ATLANTIC OCEAN
Bergen
Esbjerg
Ísland
Shetland Islands
Mainland
Yell
Unst
Fetlar
Lerwick
Sumburgh
Foula
Out Skerries
Stromness
Orkney Islands
Westray
Rousay
Sanday
Stronsay
Kirkwall
Hoy
Wick
Thurso
John o'Groats
Pentland Firth
Moray Firth
Inverness
Aberdeen
Fraserburgh
Peterhead
Elgin
Dundee
Perth
Montrose
Arbroath
St. Andrews
Stirling
Dunfermline
Helensburgh
Oban
Ft. William
Ben Nevis
Fort Augustus
Ullapool
Stornoway
Skye
Portree
Mull
Jura
Islay
North Uist
South Uist
Barra
Grampian Mountains
Cairngorm
Monadhliath Mts.
North West Highlands
Scotland
Outer Hebrides
Inner Hebrides
The Minch
Sea of the Hebrides
North Sea
Firth of Forth
28
29
30
31
32
33
34

UNITED KINGDOM
ÉIRE IRELAND
Irish Sea
North Channel
Sea
BAILE ÁTHA CLIATH (DUBLIN)
BELFAST
NEWCASTLE UPON TYNE
MANCHESTER
LIVERPOOL
LEEDS
KINGSTON UPON HULL
SHEFFIELD
NOTTINGHAM
LEICESTER
NORWICH
YORK
35
37
40
41

39
Se
Sf
38
39
40
41
42
37
54
Shrewsbury
Liverpool
Derby
Nottingham
Leeds
Aberystwyth
St. George's Channel
Rosslare
Wales
Pembrokeshire Coast Nat. Park
Cardigan
Lampeter
Carmarthen
Haverfordwest
Milford Haven
Pembroke
Tenby
SWANSEA
Llanelli
Neath
Rhondda
CARDIFF
NEWPORT
Brecon Beacons Nat. P.
Abergavenny
Merthyr Tydfil
Hereford
Worcester
BIRMINGHAM
WOLVERHAMPTON
WALSALL
DUDLEY
COVENTRY
LEICESTER
Tamworth
Nuneaton
Hinckley
Solihull
Redditch
Rugby
Kettering
Corby
NORTHAMPTON
Milton Keynes
Bedford
Stratford upon Avon
Warwick
Daventry
Banbury
Evesham
Cheltenham
GLOUCESTER
Tewkesbury
Great Malvern
Stroud
Cirencester
SWINDON
OXFORD
Bicester
Witney
LUTON
Aylesbury
Watford
High Wycombe
Henley-on-Thames
READING
LONDON
Bracknell
Woking
Guildford
Basingstoke
Andover
Winchester
SOUTHAMPTON
Salisbury
Stonehenge
BRISTOL
Bath
Weston-super-Mare
Clevedon
Chippenham
Devizes
Trowbridge
Frome
Wells
Glastonbury
Bridgwater
Taunton
Yeovil
Sherborne
Dorchester
Weymouth
POOLE
BOURNEMOUTH
Salisbury Plain
Bristol Channel
Lundy
Ilfracombe
Barnstaple
Bideford
Exmoor
Tiverton
Exeter
Exmouth
Dartmoor Nat. P.
Newton Abbot
TORBAY
Brixham
Dartmouth
Totnes
PLYMOUTH
Tavistock
Launceston
Bodmin
Newquay
Truro
St. Austell
Falmouth
Penzance
St. Ives
Camborne
Land's End
Lizard Point
Start Point
Bolt Tail
Prawle Point
Dodman Point
Cornwall
Devon
Lyme Bay
Bill of Portland
I. of Portland
Portsmouth
PORTSMOUTH
Havant
Chichester
Bognor Regis
Newport
I. of Wight
Ventnor
The Needles
St. Catherine's Point
UNITED KINGDOM
English Channel
La Manche
Channel Islands
(U.K.)
Alderney
Guernsey
St. Peter Port
Sark
Jersey
St.-Helier
Cap de la Hague
Cherbourg
Pointe de Barfleur
Valognes
Baie de la Seine
Cotentin
Carentan
St.-Lô
Bayeux
CAEN
Coutances
Granville
Avranches
Vire
Basse-Normandie
Golfe de St.-Malo
Côte d'Émeraude
St.-Malo
Dinard
Dinan
Fougères
RENNES
Laval
Mayenne
Pays de la Loire
Lannion
Morlaix
Roscoff
St.-Brieuc
Guingamp
BREST
Landerneau
Quimper
Douarnenez
Concarneau
Lorient
Quimperlé
Pontivy
Bretagne
Iroise
Pte. du Raz
Île de Sein
Santander
Rosslare, Cork
Auray
Nantes
Angers

26
55
NEDERLAND
BELGIË/BELGIQUE
FRANCE
North Sea
Nord-Pas-de-Calais
Picardie
Haute Normandie
Champagne Ardenne
Île de France
Vlaanderen
Wallonie
Ardennes
Strait of Dover
Pas de Calais
Kingston u. Hull
Göteborg
King's Lynn
Norwich
Great Yarmouth
Lowestoft
Cambridge
Ipswich
Felixstowe
Harwich
Colchester
Clacton-on-Sea
Chelmsford
Southend-on-Sea
Gillingham
Margate
Ramsgate
Canterbury
Dover
Folkestone
Maidstone
Hastings
Eastbourne
Beachy Head
Amsterdam
Zaanstad
Haarlem
Leiden
'S-Gravenhage
Den Haag
Rotterdam
Utrecht
Dordrecht
's-Hertogenbosch
Breda
Tilburg
Eindhoven
Vlissingen
Middelburg
Antwerpen
Brugge
Gent
Oostende
Mechelen
Leuven
Bruxelles
Brussel
Namur
Charleroi
Mons
Kortrijk
Dunkerque
Calais
Boulogne-sur-Mer
Lille
Roubaix
Tourcoing
Lens
Douai
Arras
Valenciennes
Cambrai
St.-Quentin
Amiens
Abbeville
Dieppe
Rouen
Le Havre
Évreux
Beauvais
Compiègne
Soissons
Laon
Reims
Charleville-Mézières
Sedan
Châlons-en-Champagne
Épernay
St.-Denis
Versailles
Boulogne-B.
Paris
Évry
Melun
Fontainebleau
Chartres
Troyes
Sens
Orléans
Le Mans
Châteaudun
Dreux
Alençon
Chaumont
St. Dizier
Vitry-le-François
Bar-le-Duc
Auxerre
Tours
Bourges
Dijon
Nancy
Metz
Liège
Luxembourg
Arnhem
Duisburg
Langres

26
56
Leeuwarden
Groningen
Oldenburg
Bremen
Hamburg
Dijon
Belfort
FRANCE
Besançon
Mulhouse
Basel
Konstanz
Stockach
DEUTSCHLAND
NEDERLAND
Vlissingen
Gent
Brussel
Mons
BELGIË
St.-Quentin
FRANCE
Reims, Paris
Reims
Troyes
AMSTERDAM
ZAANSTAD
HAARLEM
LEIDEN
Hilversum
UTRECHT
ROTTERDAM
Delft
DORDRECHT
Lelystad
Almere
Zwolle
APELDOORN
Deventer
Amersfoort
ARNHEM
NIJMEGEN
's-Hertogenbosch
BREDA
TILBURG
EINDHOVEN
Helmond
Venlo
ANTWERPEN
Hengelo
ENSCHEDE
Almelo
Lingen (E.)
Nordhorn
OSNABRÜCK
Rheine
MÜNSTER
Bocholt
Wesel
GELSENK.
OBERHSN.
MOERS
DUISBG.
ESSEN
BOCH.
DORTMUND
HAGEN
WUPPERT.
KREFELD
NEUSS
DÜSSELDF.
MÖNCHEN-GLADB.
REMSCHEID
SOLINGEN
LEVERKUSEN
KÖLN
BERG. GLADB.
Gummersbach
HAMM
Gütersloh
BIELEFELD
Herford
Minden
HANNOVER
HILDESHEIM
Hameln
Detmold
PADERBORN
Lippstadt
Arnsberg
KASSEL
GÖTTINGEN
SIEGEN
Marburg (L.)
Gießen
Wetzlar
Fulda
Bad Hersfeld
Hasselt
Genk
Leuven
MAASTRICHT
Heerlen
LIÈGE
AACHEN
Düren
BONN
Siegburg
Troisdorf
Verviers
NAMUR
Neuwied
KOBLENZ
Limburg a.d.L.
WIESBADEN
FRANKFURT a.M.
OFFENBACH
Hanau
MAINZ
Rüsselsheim
DARMSTADT
Aschaffenburg
WÜRZBURG
Trier
Luxembourg
LUXEMBOURG
Charleville-Mézières
Sedan
Verdun
METZ
Thionville
Saarlouis
SAARBRÜCKEN
Neunkirchen
KAISERSLAUTERN
Pirmasens
Worms
MANNHEIM
LUDWIGSHFN. a.Rh.
HEIDELBERG
Neustadt a.d.W.
Speyer
KARLSRUHE
HEILBRONN
PFORZHM.
Ludwigsburg
STUTTGART
Esslingen a.N.
Sindelfgn.
Baden-Baden
STRASBOURG
Nancy
Tübingen
REUTLINGEN
Offenburg
Colmar
FREIBURG i.Br.
Villingen-Schwenningen
Lunéville
Épinal
Chaumont
Langres
Westfalen
Rheinland
Hessen
Pfalz
Saarland
Lorraine
Alsace
Eifel
Hunsrück
Taunus
Westerwald
Teutoburger Wald
Vlaanderen
BELGIQUE
Wallonie
Ardennes
Champagne
Schwarzwald
Baden
Württemberg
Maria Laach
Loreley
Maulbronn
Lorsch
Brühl

Hamburg
DEUTSCHLAND
Schwerin
27
Hamburg, Schwerin
Gorzów Wlkp.
BERLIN
POTSDAM
Frankfurt (O.)
Brandenbg. a.d.H.
Stendal
WOLFSBURG
Wolfenbüttel
SALZGITTER
MAGDEBURG
Goslar
Quedlinbg.
Brocken
DESSAU
Lutherstadt Wittenberg
HALLE (S.)
LEIPZIG
Sachsen Anhalt
Brandenburg
Jüterbog
Lübben (Spr.)
Lübbenau (Spr.)
COTTBUS
ZIELONA GÓRA
POLSKA
Żagań
Szprotawa
Hoyerswerda
Görlitz
Meißen
DRESDEN
Bautzen
Zittau
LIBEREC
Děčín
Ústí n.Lab.
Teplice
CHEMNITZ
Freiberg
ZWICKAU
GERA
Altenburg
JENA
Weimar
ERFURT
Gotha
Nordhsn.
Mühlhausen
Suhl
Thüringer Wald
Plauen
Hof
Cheb
Karlovy Vary
Mariánské Lázně
Kladno
PRAHA
Kolín
Kutná Hora
PLZEŇ
Coburg
Bamberg
Bayreuth
Schweinfurt
Erzgebirge
Krušné hory
ČESKÁ REPUBLIKA
Fichtelgebirge
Oberpfälzer Wald
Český les
ERLANGEN
Fürth
NÜRNBERG
Amberg
Weiden i.d.OPf.
REGENSBURG
Straubing
Deggendorf
Bayerischer Wald
Böhmerwald
Šumava
Passau
Landshut
Ingolstadt
Donauwörth
AUGSBURG
MÜNCHEN
Freising
Erding
Dinkelsbühl
Ansbach
Tábor
Písek
Strakonice
Klatovy
ČESKÉ BUDĚJOVICE
Český Krumlov
Jindřichův Hradec
LINZ
Wels
Steyr
Braunau am Inn
Schierbach
Österreich
Amstetten
Vöcklabruck
Memmingen
Kempten
Garmisch-Part.
Salzburg
Rosenheim
57
Graz
ÖSTERREICH
Poznań
Wrocław
POLSKA
Brno
Hradec Kr.
Brno, Wien
Wien
ÖSTERREICH

POLSKA
WŁOCŁAWEK
PŁOCK
POZNAŃ
Gniezno
Frankfurt (O.)
Zielona Góra
Konin
Kutno
COTTBUS
Leszno
KALISZ
ŁÓDŹ
Głogów
Ostrów Wlkp.
Pabianice
Sieradz
Piotrków Trybunalski
Lubin
Bełchatów
Legnica
WROCŁAW
Görlitz
Jelenia Góra
Świdnica
Wałbrzych
LIBEREC
Opole
CZĘSTOCHOWA
Bytom
Chorzów
Sosnowiec
Gliwice
Katowice
Tychy
Hradec Králové
Pardubice
Kolín
Kutná Hora
Rybnik
Oświęcim
Ostrava
Karviná
Bielsko-Biała
Olomouc
Prostějov
Přerov
Jihlava
Brno
Zlín
Žilina
Martin
Ružomberok
Trenčín
Znojmo
Banská Bystrica
Nitra
Trnava
WIEN
BRATISLAVA
St. Pölten
Dunajská Streda
ČESKÁ REPUBLIKA
SLOVENSKÁ REPUBLIKA
DEUTSCHLAND
ÖSTERREICH
Budapest
Graz
Eisenstadt
28
58

29
Elbląg
Olsztyn
Białystok
Białystok
BELARUS'
Minsk
Płońsk
Pułtusk
Nasielsk
Wyszków
Nowy Dwór Maz.
Jabłonna
Legionowo
Serock
Łochów
Węgrów
Sokołów Podlaski
Ciechanowiec
Kleszczele
Siemiatycze
Kamjanjuki
nacyjanal'ny park Belaveżskaja pušča
Vysokae
Kamjanec
Šarašova
Pružany
Linava
Bjaroza
Belaazërsk
Kalonija
Vidamlja
Žabinka
Kobryn
Drahičyn
Ivanava
Motal'
Brestskaja voblasc'
Zaharodze
Kanal Dnjaprovska-Buhski
WARSZAWA
Sochaczew
Błonie
Grodzisk Mazowiecki
Mińsk Mazowiecki
Otwock
Siedlce
Łosice
Janów Podlaski
Biała Podlaska
Terespol
BREST
Dzivin
Piaseczno
Kołbiel
Stoczek Łukowski
Mszczonów
Góra Kalwaria
Garwolin
Łuków
Międzyrzec Podlaski
Radzyń Podlaski
Wisznice
Sławatycze
Bradzjacin
Makrany
Malaryta
Vel. Hluša
Ljubešiv
Skierniewice
Grójec
Warka
Rawa Mazowiecka
Ryki
Kock
Parczew
Włodawa
Pišča
Tomaševska
Sac'k
Krymne
Ratne
Sidlyšče
Kamin'-Kašyrs'kyj
Karasyn
Stara Vyživka
Nowe Miasto
Kozienice
Dęblin
Wieprz
Lubartów
Woj.lubelskie
Łęczna
Odrzywół
RADOM
Puławy
Kurów
Manevyči
Volyns'ka oblast'
Opoczno
Zwoleń
LUBLIN
Ljuboml'
Kovil'
Końskie
Iłża
Lipsko
Opole Lubelskie
Piaski
Chełm
Turijs'k
Holoby
Skarżysko-Kamienna
Krasnystaw
Teratyn
Verba
Volodymyr-Volyns'kyj
Ustyluh
Rožyšče
Kiverci
Ostrowiec Świętokrzyski
Wysokie
KIELCE
Kraśnik
Hrubieszów
Ożarów
Janów Lubelski
Zamość
Novovolyns'k
Lokači
LUC'K
Woj.świętokrzyskie
Opatów
Morawica
Małopolska
Sandomierz
Zwierzyniec
Žovtneve
Jędrzejów
Tarnobrzeg
Chmielnik
Staszów
Biłgoraj
Tomaszów Lubelski
Bełżec
Bohorods'kyj Kostel
Sokal'
Horochiv
Červonohrad
Wodzisław
Pińczów
Nisko
Berestečko
Radechiv
Stopnica
Wiślica
Sandomierska
Tarnogród
Sosnivka
Vel. Mosty
Lopatyn
Szczucin
Puszcza Sandomierska
Cieszanów
Rava-Rus'ka
Červonoarmijs'k
Brody
Kotlina
Mielec
Kolbuszowa
Lubaczów
Nemyriv
Mala Polissja
Kamjanka-Buz'ka
Koszyce
Brzesko
Sędziszów Młp.
Przeworsk
Žolkva
Bus'k
Oles'ko
Olesskyj zamok
KRAKÓW
Brzesko
Dębica
Jarosław
Starýči
Ivano-Frankove
L'viv
Zoločiv
TARNÓW
Pilzno
RZESZÓW
Radymno
Javoriv
Sudova Vyšnja
Rudne
Vynnyky
Bochnia
Woj.podkarpackie
Dynów
Medyka
Mostys'ka
Horodok
Przemyśl
Vel. Ljubin'
Kurovyči
Peremyšljany
Vyl'šanycja
Woj.małopolskie
Domaradz
Bircza
Nyžankovyči
Komarne
Pomorjany
Zboriv
Limanowa
Biecz
Jasło
Krosno
Rudky
Mykolajivs'ka cerkva
Bibrka
Nowy Sącz
Gorlice
Dobromyl'
Mykolajiv
Nov. Rozdol
Berežany
Kozova
Grybów
Dukla
Sanok
Lesko
Chyriv
Sambir
Chodoriv
Rohatyn
Beskid Niski
Tylawa
Ustrzyki Dolne
Star. Sambir
Drohobyč
Žydačiv
Muszyna
Krynica
cerkva Česnoho chresta
Boryslav
Truskavec'
Stryj
Žuravne
Burštyn
Pidhajci
Pieniński N. P.
Bardejov
Svidník
Medzilaborce
Cisna
Bieszczady
Turka
Verch. Syn'ovydne
Moršyn
Kaluš
Halyč
Monastyrys'ka
Stará Ľubovňa
Lipany
Ustryki Górne
Bieszczadzki P.N.
Skole
Bolechiv
IVANO-FRANKIVS'K
Tysmenycja
Tlumač
Kežmarok
Poprad
Spišské Podhradie
Prešov
Humenné
Vranov
Snina
Vel. Bereznyj
Tuchol'ka
Dolyna
Levoča
Spišský hrad
Vranov n.T.
Bohorodčany
Otynja
Spišská Nová Ves
Slovenský raj
Rudohorie
Michalovce
Nyž. Vorota
Volovec'
Vyškiv
Perehins'ke
Ivano-Frankivs'ka
Nadvirna
KOŠICE
Sečovce
Tibava
Perečyn
UŽHOROD
Dolyna
Svaljava
Majdan
Maksymec'
Diljatyn
Kolomyja
oblast'
Rožňava
Trebišov
Veľké Kapušany
Mižhir'a
Jelšava
Smolník
Seňa
Hidasnémeti
Kráľovský Chlmec
Čop
Dobroň
Mukačeve
Cynadieve
Koločava
Kreminci
Kosiv
Szin
Szendrő
Sátoraljaújhely
Zakarpats'ka oblast'
Dovhe
Ust'-Čorna
Jasinja
Tornaľa
Encs
Iršava
h. Hoverla
Verchovyna
Zemplén
Dombrád
Kisvárda
Ibakibka
Berehove
palac. pereni
Chust
Dubove
Ózd
Sajószentpéter
Vsehsvjatskij Kostel
Vynohradiv
Bustyna
Teresva
Vel. Byčkiv
Rachiv
Bükki N.P.
Tokaj
Vásárosnamény
Vyškove
Sighetu Marmației
MISKOLC
Bükk
Baktalórántháza
Nyékládháza
NYÍREGYHÁZA
Mátészalka
GYARORSZÁG
59
60
ROMÂNIA
UKRAJINA
Homel'
Kyjiv
Kyjiv

29
Minsk
BELARUS'
Babrujsk
30
Pružany
Bjaroza
Belaazërsk
Čeljachany
Brestskaja
Vjal.
Cunaviči
Akcjabrski
Svetlahorsk
Kobryn
Drahičyn
Ivanava
PINSK
Lunin
Luniniec
Mikaševičy
Žytkavičy
Petrykavo
MAZYR
Kalinkavičy
Homel'ska
Navacëlki
Vasilevičy
Zaharodze
Motal'
Dabraslavka
Bastyn'
Lahišyn
Skavšyn
Davyd-Haradok
Turav
Kalodna
Stolin
Prypjacki dzjaržavny zapavednik
Dzivin
Ratne
Vel. Hluša
Morčcne
Ljubešiv
Manevyči
Zarične
Lel'čycy
El'sk
Narovlja
Dabryn'
Paleski radyjacyjny ekalagičny zapavednik
Hrabjani
Kamin'-Kašyrs'kyj
Dubrovycja
Drozdyn'
Hluškavičy
Rudnja
Davljad
Stara Vyživka
Karasyn
Kuzneicovsk
Volodymyrec'
Čochyne
Rovens'ka
Volyns'ka
Kovil'
Manevyči
Sarny
Klesiv
Rokytne
Olevs'k
Slovečne
Ovruč
Nova Radča
Polis'ke
Turijs'k
Holoby
Kolky
Stepan'
Horodec'
Malyns'k
Borove
Novi Belokorovyči
Luhyny
Narodyči
Vas'kovyči
Termachivka
Ivank
Rožyšče
Kiverci
Berezine
Kostopil'
Korosten'
Lokači
LUC'K
Cuman'
Orživ
Sosnove
Horodnycja
Jemil'čyne
Simakivka
Žytomyrs'ka
Pyriažky
Malyn
Piskivka
Borodjank
RIVNE
Hošča
Korec'
Novohrad-Volyns'kyj
Nova Borova
Potijivka
Horochiv
Mlyniv
Zdolbuniv
Berezdiv
Volodars'k-Volynskyj
Červonoarmijs'k
Černjachiv
Radomyšl'
Makariv
Radechiv
Berestečko
Dubno
Dibrivka
Kurne
Baranivka
ŽYTOMYR
Korostyšiv
Kočeriv
Brusyliv
Lopatyn
Ostroh
Slavuta
Zalužne
Vysoka Pič
Brody
Červonoarmijs'k
Kremenec'
Kremenec'ki hory
Šepetivka
Polonne
Čudniv
Vel. Dederkaly
Bilohir'ja
Lenkivci
Star. Ostropil'
Koteľnja
Andrušivka
Fasti
Busk
Oles'ko
Oleskyj zamok
Počajiv
Vyšnivec
Lanivci
Ljubar
Berdyčiv
Popil'nja
Zoločiv
Vel. Vil'šanycja
Založci
Chmel'nyc'ka
Teofipol'
Starij Ostropil'
Ivanopil'
Kašperivka
Včorajše
Zbaraž
Bazalija
Staro-kostjantyniv
Brodec'ke
Kozjatyn
Ružyn
Skvy
Pomorjany
Zboriv
TERNOPIL'
Berežany
Kozova
Krasyliv
Voločys'k
Vijtivci
Stara Synjava
Chmil'nyk
Uladivka
Pohrebyšče
Voloda
CHMEL'NYC'KYJ
Medžybiž
Letyčiv
Lityn
Kalynivka
Turbiv
Ternopil's'ka
Terebovlja
Pidhajci
Prydennyj Buh
Sataniv
Deražnja
VINNYCJA
Lypovec'
Teti
Halyč
Monastyrys'ka
Bučač
Kopyčynci
Zakupne
Jarmolynci
Horodok
Luka-Bars'ka
Bar
Brajiliv
Orativ
IVANO-FRANKIVS'K
Tysmenycja
Tlumač
Čortkiv
Husjatyn
Dunajivci
Vyšnivec'
Vin'kivci
Karmelitskyj monastyr
Hnivan'
Žmerynka
Tyvriv
Voronovycja
Nemyriv
Illinci
Dašiv
Monastyry
Ivano-Frankivs'ka
Nezvys'ko
Otynja
Tovste
Skala-Podil's'ka
Smotryč
Zaričanka
Dunajivci
Nova Ušycja
Murovani Kurylivci
Kopajhorod
Vinnyc'ka
Braclav
Chrystyn
Horodenka
Peščera Kristaličeska
Borščiv
Kryvče
Zališčyky
Mel'nycja-Podil's'ka
KAM'JANEC'-PODIL'SKYJ
Šarhorod
Džuryn
Špykiv
Tul'čyn
Hajsyn
Ladyžyn
Kolomyja
Zastavna
Chotyn
Nedobojivci
Kel'menci
Romankivci
Sokyrjany
Tomašpil'
Kyrnasivka
Teplyk
Snjatyn
Kicman'
Čerkas'ka obl.
Mohyliv-Podil'skyj
Vapnjarka
Trostjanec'
Kosiv
Vaškivci
ČERNIVCI
Briceni
MOLDOVA
Kryžopil'
Obodivka
Beršad'
Vyžnycja
Verchovyna
Berehomet
Storožynec'
Novoselycja
Lipcani
Donduşeni
Tirnova
Jampil'
Piščanka
Čečel'nyk
Darabani
Corjeuți
Edineț
Soroca
Kodyma
Krasnojil's'k
Hlyboka
Botoşani
Zgurița
Drochia
Camenca
Rus'ka
Šeljatyn
Vicovu de Sus
Siret
Dorohoi
Săveni
Zăicani
Rîşcani
Balta
Prut
Dnister
Styr
Horyn'
Sluč
Prypjac'
Teteriv
Pivdennyj Buh
60
Bacău
ROMÂNIA
Chişinău
MOLDOVA
61

31
Babrujsk
Mahilëv
Brjansk, Moskva
Brjansk
Moskva
Da
Db
Dc
Dd
De
Df
HOMEĽ
Kasciukovka
Vetka
Baľšavik
Kryvsk
Dobruš
Zlynka
Vyškov
Novozybkov
Trostan'
Starodub
Vel. Topaľ
Elionka
Pogar
Trubčevsk
Klymovo
Ponurovka
Belaja Berëzka
Lokot'
Holmeči
Komariči
Lubjanki
Dmitrovsk-Orlovskij
Železnogorsk
Pervoavgustovskij
Dmitriev-Lgovskij
Linec
Suzemka
Sevsk
Seredyna-Buda
Znob'-Novgorods'ke
Kamjans'ka Sloboda
Kostobobriv
Semenivka
Maševe
Vovna
Družba
Podyvoťe
Selino
Men'šikovo
Homutovka
Konyševka
Amon'
Novgorod-Siverskyj
Jampiľ
Červone
Šostka
Voroniž
Hluchiv
Ryľsk
Ľgov
Vyšnie Dereven'ki
Korenevo
Skorodnoe
Gluškovo
Sudža
Basnja Šamilja
Kurskaja oblasť
Brjanskaja oblasť
Lenina
Čerachavka
Cholmeč
Novi Jarylovyči
Dobrjanka
Chrinivka
Tychonovyči
Cholmy
Loev
Horodnja
Ripky
Ščors
Korjukivka
Avdijivka
Ljubeč
Berezna
Mena
Sosnycja
Korop
Krolevec'
Šalygyne
Nova Sloboda
Mutyn
Duchanivka
Putyvľ
Tëtkino
Pirki
Slavutyč
ČERNIHIV
Kolyčivka
Kirav
Kulykivka
Chovmy
Baturyn
Konotop
Buryn'
Vorožba
Bilopiľľa
Junakivka
Belica
Smolyn
Čornobyľ
Borzna
Bachmač
Dubovjazivka
Chotin'
Nova Rjabyna
Lychačiv
Vertijivka
Velyka Zahorivka
Sambir
Sums'ka oblasť
Nižyn
Ivanhorod
Terny
Žovtneve
SUMY
Kipti
Oster
Nosivka
Kozelec'
Ičnja
Dmytrivka
Chmeliv
Nedryhajliv
Viľšana
Štepivka
Krasnopiľľa
Mezenivka
Kyjivs'ke vodoschovyšče
Dymer
Parafijivka
Talalajivka
Monastyryšče
Romny
Kapustynci
Vorožba
Boromlja
Kalyta
Bobrovycja
Vyšča Dubečnja
Semypolky
Makijivka
Sribne
Lebedyn
Vyšhorod
Nova Basan'
Petrivka
Andrijašivka
Lypova Dolyna
Synivka
Trostjanec'
Velyka Pysarivka
Puchivka
Hoholiv
Brovary
Peremoha
Zhurivka
Pryluky
Lynovycja
Varva
Červonozavods'ke
Veprik
Čupakivka
Boryspiľ
Baryšivka
Lochvycja
Gadjač
Komyši
Ochtyrka
KYJIV
Berezan'
Jahotyn
Čornuchy
Vyrišaľne
Zin'kiv
Polkova
Kyjivs'ka oblasť
Pyrjatyn
Komyšna
Krasnokuts'k
Vasyľkiv
Obuchiv
Kyjliv
Ukrajinka
Perejaslav-Chmeľnyc'kyj
Šramkivka
Grebinka
Lubny
Romodan
Velyki Sorocynci
Myrgorod
Opišn'a
Koteľva
Poltavs'ka oblasť
muzej narodnoji architektury i pobutu
Tašan'
Drabiv
Bilousivka
Berezn'aky
Šyšaky
Velyka Bahačka
Dykan'ka
Velyka Rublivka
Kolomak
Artemivka
Ržyščiv
Hryhorivka
Kanivs'ke vodoschovyšče
Hrebinky
BILA CERKVA
Kaharlyk
Uzyn
Piščane
Stara Oržyc'a
Chorol
Podil
POLTAVA
Čutove
Biluchivka
Rakytne
Myronivka
Kaniv
Zolotonoša
Čornobaj
Obolon'
Semenivka
Rešetylivka
Karlivka
Taraščа
Bohuslav
Tahanča
Irklijiv
Mašivka
girs'ka miscevisc' "Mošens'ka dubrava"
Mošny
Velyki Krynky
Luka
Korsun'-Ševčenkivskyj
ČERKASY
Hlobyne
Novi Sanžary
Stavyšče
Horodyšče
Hradyz'k
Omeľnyk
Kobeľaky
Nechvoroša
Lysjanka
Počapynci
Smila
Nova Haleščyna
Buzivka
Chlystunivka
Čerkas'ka oblasť
Čyhyryn
KREMENČUK
Ryzyne
Zvenyhorodka
Holovkivka
Svitlovods'k
Caryčanka
Ryžanivka
Buky
Vatutine
Spola
Kamjanka
Pavlyš
Mahdalynivka
Man'kivka
Katerynopiľ
Oleksandrivka
Hlyns'k
Svitlohirs'ke
Hubynycha
Taľne
Mokra Kalihyrka
Novo-myrhorod
Zybkove
Derijivka
Dniprodzeržyns'ke vdsch.
Petrykivka
Dnipropetrovs'ka oblasť
Jelyzavethradka
Znamjanka
Oleksandrija
Lychivka
Novomoskovs'k
Uman'
Mala Vyska
Verchn'o-dniprovs'k
DNIPRO-DZERŽYNS'K
Landšaftnyj park "Sofijivka"
Dymytrove
Kukolivka
Novoarchanhel's'k
Smolyno
Viľnohirs'k
Verchivceve
Semyduby
Tyškivka
Oleksandrivka
KIROVOHRAD
Balachivka
Pjatychatky
Mykolajivka
DNIPRO-PETROVS'K
Kirovohrads'ka oblasť
Holovanivs'k
Dobrovelyčkivka
Novhorodka
Petrove
Žovti Vody
Novoukrajinka
Rivnoe
Kompanijivka
Solone
Uljanivka
Viľšanka
Piščanyj Brid
Dolyns'ka
Hurivka
Sofijivka
Pobuz'ke
Lozuvatka
Novopokrovka
Pervomajs'k
Bobrynec'
KRIVYJ RIH
Čumaky
Ustynivka
Žovtneve
Odesa
62
Charkiv
UKRAJINA
Doneck

31
ROSSIJA
Orel
Moskva
De
Df
Dg
Dh
Dj
Dk
38
39
40
41
42
62
63
UKRAJINA
Poltava
Kyjiv
Maryupol'
Rostov-na-D.
Lokot
Lubjanki
Nikol'skoe
Zmievka
Pokrovskoe
Russkij Brod
Izmalkovo
Pes'kovo
Kazaki
ELEC
Donskoe
LIPECK
Dimitrov-Orlovskij
Komariči
Trosna
Glazunovka
Droskovo
Livny
Černava
Ekaterinovka
Zadonsk
Železnogorsk
Maloarhangel'sk
Panikovec
Borinskoe
Dmitriev-Lgovskij
Pervoavgustovskij
Ponyri
Efrosimovka
Uspenskoe
Dolgorukovo
Eleckaja Lozovka
Sevsk
Vahnovo
Kolpny
Evlanovo
Terbuny
Boi. Poljana
Nikol'skoe
Linec
Fatež
Selino
Zolotuhino
Kosorža
Dolgoe
Kon-Kolodez'
Men'šikovo
Usman'
Homutovka
Bol. Žirovo
Tuskar'
Volovo
Bol. Vereika
Zapovednik
Amon'
Konyševka
Star. Saviny
Novosil'skoe
Bol. Privalovka
Ramon'
Šcigry
Kšenskij
Kastornoe
KURSK
Besedino
Olymskij
Niž. Veduga
VOROnež
Ryl'sk
Bašnja Šamilja
Prjamicino
Semiluki
Orlovo
Lgov
Kurčatovo
Tim
A144
Vyšnie Dereven'ki
Kolodnoe
Verhneturovo
Nov. Usman'
Hoholskij
Devica
Rogačevka
Puzači
Sred Apočki
Jasenki
Gluškovo
Korenevo
Skorodnoe
Reutec
Medvenka
Solncevo
Goršečnoe
Staronikol'skoe
Gremjač'e
Boeve
Krasn. L.
Sinie Lipjagi
Staryi Oskol
Sudža
Dolgie Budy
Obojan
Pristen
Gubkin
Korošilovo
Istobnoe
Os'kino
Junakivka
Belica
Psel
Vjazovoe
Rossoši
Chotin
Soldatskoe
Davydovka
Sred. Ikorec
Nova Rjabyna
Ivnja
Aleksandrovskij
Skorodnoe
Ol'šanka
Rep'evka
Potudan'
Lesnoe Ukolovo
Divnogor'e
LISKI
SUMY
Bobrava
Belenihino
Černjanka
Pesčcernyi monastyr
Krasnaja Jaruga
Jakovlevo
Volotovo
Ostrogožsk
Krasnopil'l'a
Proletarskij
Dragunskoe
Zajač'e
Korača
Velikomihajlovka
Userdec
Marki
Vorožba
Boromlja
Mezenivka
Tomarovka
Bol. Gorodišče
Slonovka
Novyj Oskol
Ilovka
Kamenka
Vorskla
Borisovka
BELGOROD
Veselaja
Tatarino
Saguny
Trostjanec
Čupakivka
Grajvoron
Kupino
Zasosna
Alekseevka
Velyka Pysarivka
Udy
Šebekino
Bol'šetroickoe
Volokonovka
Gončarovka
Ochtyrka
Oktarbr'skij
Murom
Livenka
Podgorenskij
Zoločiv
Kazača Lopan'
Mala Vovča
Nikitovka
Ol'hovatka
Polkova
Bohoduchiv
Vovčans'k
Kazinka
Sovetskoe
Posso
Krasnokuts'k
Dergačy
Lypci
Bilyi Kolodjaz'
Ol'hovatka
Valujki
Vejdelevka
Star. Kolodez
Kotel'va
Vil'šany
Velytkyi Burluk
Pečeneže vdsch
Urazovo
Ekaterinovka
Velyka Rublivka
CHARKIV
Kolodezne
Belyi Kolodez'
Ajdar
Aleksandrovka
Mitrofanovka
Artemivka
Kolomak
Merefa
Čuhujiv
Dvorična
Trojic'ke
Roven'ki
Valky
Vasiščeve
Bazalijivka
Lozno-Oleksandrivka
Volokonovka
Čutove
Nova Vodolaha
Zmijiv
Kup'jansk
Petropavlivka
Pokrovs'ke
Biluločk
Kantemirovka
Biluchivka
Taranivka
Ševčenkove
Volohiv Jar
Kup'jansk Vuzlovyi
Kam'janka
Masivka
Karlivka
Liman
Andrijivka
Balaklija
Niž. Duvanka
Bilokurakyne
Novopskov
Markivka
Krasnohrad
Pervomaiskyj
Kracnooskil's'k vdsch.
Sen'kove
Svatove
Pyvni
Savynci
Kun'e
Mistky
Lyman
Kehyčivka
Lozoven'ka
Borova
Nechvoroša
Berestova
Izjum
Piski-Radkivs'ki
Kabanne
Starobil's'k
Evsug
Bilovo
Buzivka
Sachnovščyna
Krasnopavlivka
Šul'ginka
Nova Astrachan'
Barany
Pereščepyne
Hrušuvacha
Kreminna
SEVERO-DONEC'K
Gordyšče
Mahdalynivka
Oril'ka
Slovjanohirs'k
Kr. Lyman
Koljadivka
Šandrivka
Lozova
Barvinkove
Novoadjar
Bol'šečernigivka
Hubynycha
Novov'azivs'ke
Blyznjuky
Čerkas'ke
LYSYČANS'K
Jama
Borivs'ke
Rajhorodka
Petrivka
Dnipropetrovs'ka oblast'
Jurjivka
KRAMATORS'K
SLOVJANS'K
Siv. Donec
Stanyčno-Luhans'ke
Novomoskovs'k
Dobrovil'l'a
Serhijivka
Soledar
Zolote
Donec'kyj
Slovjanoserbs'k
Oleksandrivka
Družkivka
Časiv Jar
Lopasna
Cebo
PAVLOHRAD
Pervomajs'k
KADIJIVKA
DNIPRO-PETROVS'K
KOST'ANTYNIVKA
Artemivs'k
LUHANS'K
Ternivka
Petropavlivka
Dobropil'l'a
Luhan'
BR'ANKA
ALČEVS'K
Novosvitlivka
Dmytrivka
Dzeržyns'k
Luhans'ke
Uspenka
Lutuhyne
Synel'nykove
KRASNOARMIJS'K
Rodyns'ke
HORLIVKA
Čornuchyne
Simejkyne
Solone
Pysmenne
Mežova
JENAKIJEVE
Debal'ceve
Ivanivka
Krasnodon
Mychajlivka
Vasyl'kivka
Demuryne
Velyka Kamjanka
Jasenivs'kyj
Slavhorod
Havrylivka
Selydove
Jasynuvata
Kirovs'ke
Novo-mykolajivka
Novopavlivka
Krasno-horivka
MAKIJIVKA
KR. LUČ
Sverdlovs'k
Šachtars'k
Antracyt
DONEC'K
Snižne
Roven'ky
Kurachove
Gukovo
Kurs'ka oblast'
Belgorods'kaja oblast'
Voronežskaja oblast'
Lipeckaja oblast'
Charkivs'ka oblast'
Luhans'ka oblast'
Donec'ka oblast'
M2
M3
M4
M19
M21
E40
E105
E115
E381
A142
A144
A289
P119
P185
P188
P189
P194
P199
P203
P30
P31

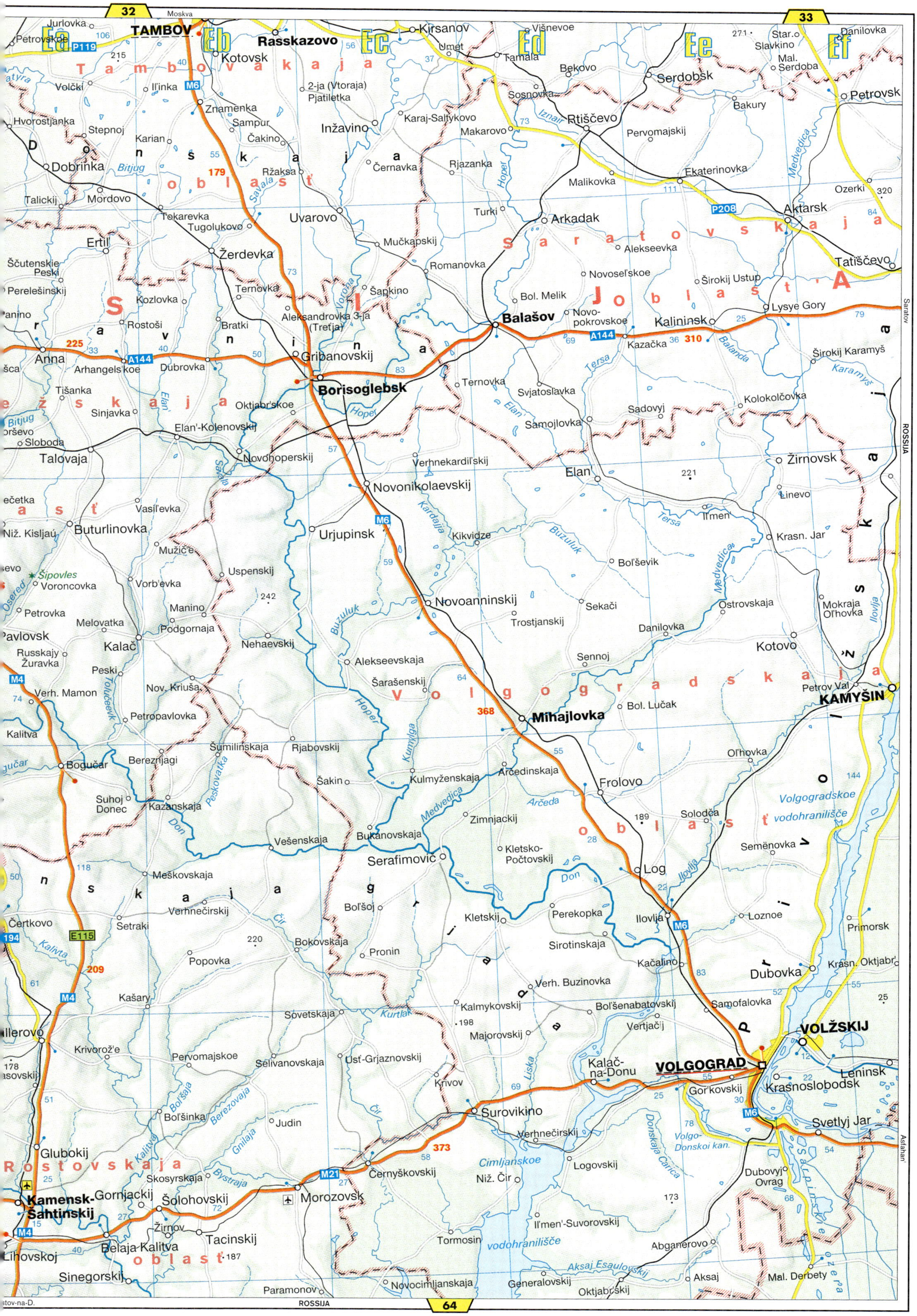
32
33
64
Moskva
Saratov
ROSSIJA
Astahan'
TAMBOV
Rasskazovo
Kirsanov
Kotovsk
Serdobsk
Petrovsk
Rtiščevo
Inžavino
Uvarovo
Arkadak
Aktarsk
Tatiščevo
Balašov
Kalininsk
Lysye Gory
Dobrinka
Ertil'
Žerdevka
Anna
Gribanovskij
Borisoglebsk
Talovaja
Novohoperskij
Novonikolaevskij
Urjupinsk
Buturlinovka
Žirnovsk
Elan
Novoanninskij
Kalač
Pavlovsk
Mihajlovka
KAMYŠIN
Frolovo
Serafimovič
Log
Ilovlja
Dubovka
VOLŽSKIJ
VOLGOGRAD
Kalač-na-Donu
Krasnoslobodsk
Leninsk
Svetlyj Jar
Surovikino
Morozovsk
Kamensk-Šahtinskij
Glubokij
Tacinskij
Belaja Kalitva
Sinegorskij
Tambovskaja oblast'
Saratovskaja oblast'
Voronežskaja oblast'
Volgogradskaja oblast'
Rostovskaja oblast'
Volgogradskoe vodohranilišče
Cimljanskoe vodohranilišče
Don
Hoper
Medvedica
M6
M4
M21
A144
P208
P119
E115

33
ROSSIJA
Ee
Ef
Eg
Eh
Ei
Ek
38
39
40
41
42
Star. Slavkino
Mal. Serdoba
Lopatino
Beguč
Bol. Ozerki
Pavlovka
Andrósovka
Danilovka
Jakovlevka
Baltaj
Sosnovaja Maza
Hvalynsk
Hvorostjanka
Brykovka
Čerkasskoe
Belogornoe
Duhovnickoe
Saratovskoe vodohranilišče
Mar'evka
Padovka
Bakury
Petrovsk
Bazarnyi Karabulak
Kulikovka
Gorjainovka
Nadeždinka
Mal. Irgiz
Ivanteevka
Podsnežnoe
Tereška
Ekaterinovka
Nov. Burasy
Vjazovka
Sennoj
Šihany
Nikolaevka
Čardam
Ozerki
Sokur
Tersa
Vol'sk
BALAKOVO
Pugačev
Bol. Tavoložka
Aktarsk
Arjaš
Sinodskoe
Volga
Rahmanovka
Davydovka
Saratovskaja oblast'
Medvedica
Elšanka
Mal. Bykovka
Sulak
Karlovka
Širokij Ustup
Tatiščevo
Novopolevodino
Bol. Irgiz
Rukopol'
Gornyj
Ljubickoe
Klincovka
Dubki
Marks
Lysye Gory
SARATOV
Kalininsk
Kušum
Bol. Karaman
ÈNGEL'S
Rimsko-Korsakovka
Žestjanka
Balanda
Voronež
Širokij Karamyš
Karamyš
Pervomajskoe
Stepnoe
Romanovka
Eruslanskij kan.
Bol. Čalykla
Lipovskij
Kolokolčovka
Bezymjannoe
Zolotaja Step'
Eršov
Pervomajskij
Puškino
Mokrous
Dem'jas
Volgogradskoe vodohranilišče
Dergači
Ozinki
Privolžskoe
Eruslan
Altata
Žirnovsk
Ždanovka
Borisoglebovka
Novorepnoe
Krasnoarmejsk
Krasnyj Kut
Mal. Uzen'
Mežuzenskij kan.
Linevo
Kamenskij
Orlov Gaj
Bol. Uzen'
Krivojar
Komsomol'skoe
Novotulka
Krasn. Jar
Rovnoe
Novozizevka
Šyža
Kurilovka
Kčevka
Piterka
Čižinskij
Mokraja Ol'hovka
Ilovatka
Šil'naja Balka
Kajrat
Ilovlja
Star. Poltavka
Mal. Uzen'
Pograničnoe
Novouzensk
Kotovo
Nov. Poltavka
Gmelinka
Talovka
Kanavka
Bogatyrevo
Petropavlovka
Torgun
Petrov Val
KAMYŠIN
Savinka
Borsyk
Aleksandrov Gaj
Berezino
Taldykuduk
ROSSIJA
Nikolaevsk
Pallasovka
Baranovka
Kamysty
Eršov
Kajsackoe
Acyozek
Port-Artur
Bykovo
Kaztalovka
Saryk
Ašbaj
Furmanovo
Krasnoselec
Prudentov
Kajrat
Bostandyk
Ülken Özen
Soldatsko-Stepnoe
Kickene Özen
Ak-oba
Višnevka
Žanybek
Kökterek
Primorsk
Üzynköl
Majak Oktjabrja
Önege
Saralžynköl
Žuldyz
Dubovka
Èl'ton
oz. Èl'ton
Saralžyn
Krasn. Oktjabr'
k-l Aralsor
VOLŽSKIJ
Žermenke
Bisen
Žetibaj
Terenkudyk
Zarja
oz. Botkul'
Sajkyn
Orda
Seitkali
Leninsk
Žualyoj
Kapustin Jar
Rynkum
Svetlyj Jar
Pologoe Zajmišče
Šungaj
Solodniki
Pokrovka
Vjazovka
Stupino
Torgaj
Ahtubinsk
Starica
Verh. Baskunčak
oz. Baskunčak
Niž. Baskunčak
Černyj Jar
Taldyapan
Sujindik
Ahtuba
Novonikolaevka
Iki Manlan
Voshod
Solënoe Zajmišče
Volga
Atyrau oblysy
Sokrutovka
65
P208
P228
P226
P236
M6

34
Samara
Fa
Fb
Fc
Fd
Fe
Ff
Samarskaja oblast'
Orenburgskaja
oblast
Novoaleksandrovka
Bogdanovka
Alekseevka
Pogromnoe
Samara
Jaškino
Aleksandrovka
Mal. Uran
Jasnogorskij
Tok
Dmitrievka
Bulanovo
Oktjabr'skoe
Kamenka
Samovol'no-Ivanovka
Bol. Glušica
Morša
Čapaevka
Karalyk
Južnyj
Romaškino
Kurmanaevka
Trockoe
Soročinsk
Logačevka
Troickoe
Andreevka
Nesterovka
Bol. Uran
Ždanovka
Novospasskoe
Sud'bodarovka
Uranbaš
Jangiz
Kargalka
Salmyš
Avgustovka
Efimovka
Bogdanovka
Star. Belogorka
Buzuluk
Novosergievka
Abramovka
Arhangelovka
Ukrainka
Bol. Černigovka
Sovetskoe
Pokrovka
Strukovo
Tatarskaja Kargala
Sakmara
Donečkoe
Kargala
ORENBURG
Pereljub
Sergievka
Pervomajskij
Vjazovoe
Perevolockij
Nežinka
Natal'in Jar
Kurlin
Ozernoe
Čagan
Rubežinskij
Tašla
Mustaevo
Kindelja
Česnokovka
Ural
Gorodišče
Nikol'skoe
Šapošnikovo
Nižnepavlovka
Niž. Pokrovka
Ural'skij
Kindelja
Ilek
Rassypnaja
Krasnoholm
Pugačevskij
Berdjanka
Pogodaevo
Rannee
Čornaja
Donguz
Pervosovetsk
Rubežinskoe
Bŏrili
Ural
Darinskoe
Elšanka
Boevaja gora
ORAL
Noven'kij
Peremetnoe
Derkul
Dolinnoe
Berezovka
Ilek
Ozerki
Sol'-Ileck
Fedorovka
Amankeldi
Pugašev muzej uji
Kamenka
Derkŭl
Žaiyk
Aksaj
Šyngyrlau
Izobil'noe
Grigor'evka
Podstepnyj
Kruglooozernyj
Prirečnyj
Buranoe
Aktau
Borbastau
Aksu
Mirgorodka
Žirenkopa
Ülken Šagan
Alekssevka
Tihonovka
Poltavka
Škunovka
Suttikendi
Vladimirovka
Akžajyk
Toganas
Aleksandrovka
Utva
Acy
Brusilovka
Troick
Ankaty
Belogorka
Ülken Cobda
Kirov su k.
Janajkino
Algabas
Esenanhaty
Šiderti
Otradnyj
Akrab
Kolovertnoe
Calkar k-l
Šalkar
Araltöbe
Konyr
Lubenka
Budarino
Saryömir
Soljanka
Bačarev
Almaznoe
474
M32
Žambejiti
Ölendi
Novonadeždinka
Šymkŭdyk
Bitik
Čapaev
Kamysköl
Kurajlysaj
Bŭldyrta
Kosagaš
Egindiköl
Döngelek su k.
Sajkŭdyk
Kiyl
Kŏsim
Mergenev
Esensaj
Kyrkkŭdyk
Žetiköl
Bŭldyrtty
Kaldykajty
Kordon
Karatöbe
Bestamak
Taldyapan
Žaksybaj
Kemer
o b l y s y
Kalënoe
Pjatimarskoe
Bazartöbe
Akšatau
Karmanovka
Antonovo
Karakamys
Besotar
Žaltyrköl k-l.
Kapakala
Kopžasar
Aidarhan su k.suk
Ojyl
Bagyrlaj
Kalmykovo
Bazaršolag
Žankeldino
Karasu
Mijaly
Acyojyl
Krasnojary
Konystanu
Karaköl
Ujil
Ujil
mys-Samarkŏlinin kŭjmasy
A Ķ S T A N
Sarkin
Dŭzgali
Topyrakcaty
k-l Aralsor
Inderborskij
Oral
k-l Inder
Karabau
Sagyz
Sagyz
Kulagin
Kora
Orlik
Kyzylžar
Mugyz
Zelenoe
Akšelek
RUSSIJA
KAZAKSTAN
Aktöbe
P224
P239
P341
P335
M32
P246
A340
257
40
54
59
104
32
129
58
38
142
166
25
297
319
45
45
69
53
61
82
263
221
289
237
136
23
51
76
50
259
14
66
67

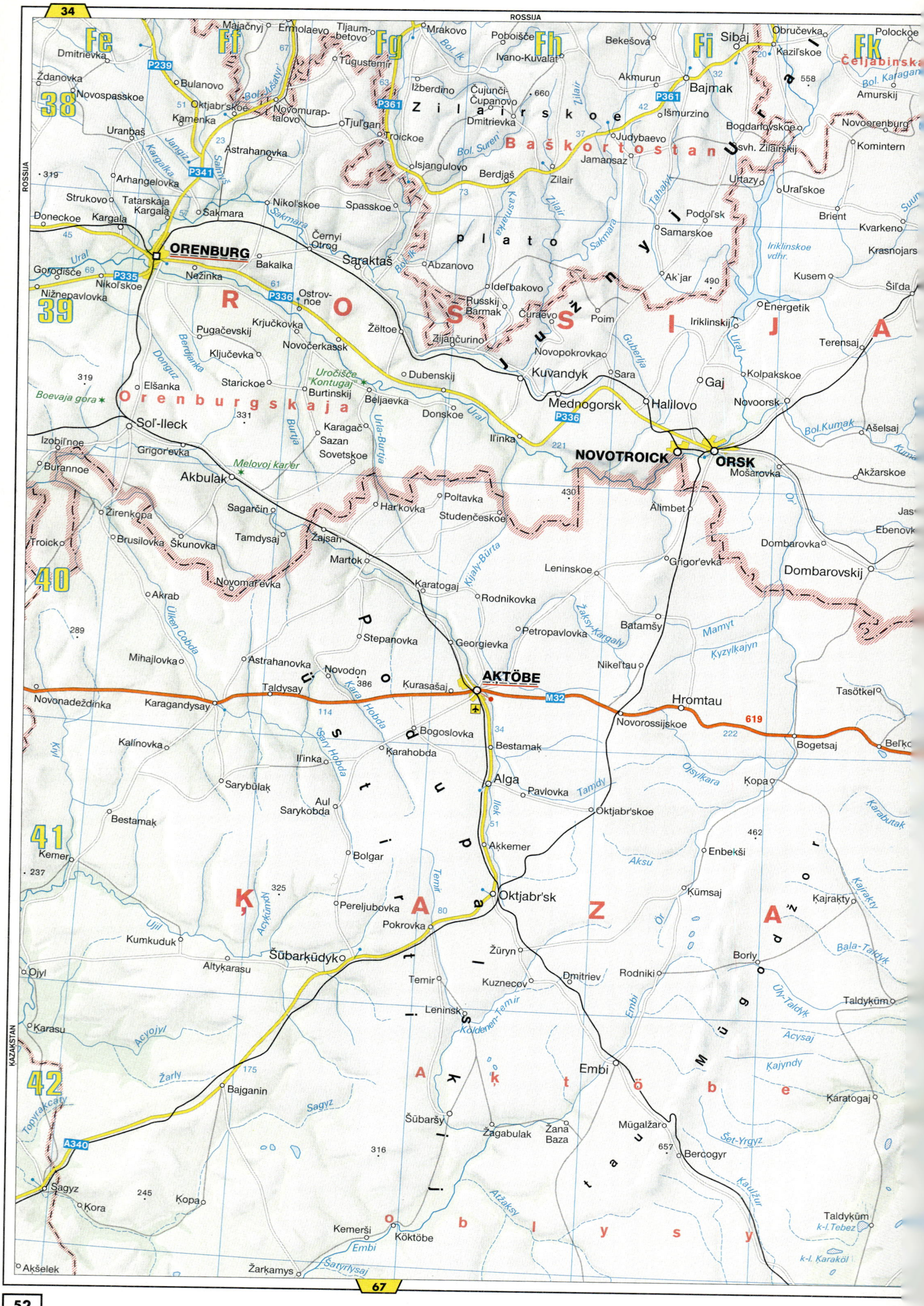
34
ROSSIJA
Fe
Ff
Fg
Fh
Fi
Fk
38
39
40
41
42
Majačnyj
Ermolaevo
Tljaum-betovo
Mrakovo
Pobоišče
Bekešova
Sibaj
Obručevka
Polockoe
Dmitrievka
Tugustemir
Ivano-Kuvalat
Kazil'skoe
Čeljabinska
Ždanovka
Novospasskoe
Bulanovo
Oktjabr'skoe
Novomurap-talovo
Ižberdino
Čujunči-Čupanovo
Akmurun
Bajmak
Amurskij
Kamenka
Tjul'gan
Dmitrievka
Išmurzino
Bogdanovskoe
Novoorenburg
Uranbaš
Astrahanovka
Troickoe
Z i l a i r s k o e
Judybaevo
B a š k o r t o s t a n
Jamansaz
Komintern
Svh. Zilairskij
Arhangelovka
Isjangulovo
Berdjaš
Zilair
Urtazy
Ural'skoe
Strukovo
Tatarskaja Kargala
Nikol'skoe
Spasskoe
Brient
Doneckoe
Kargala
Sakmara
Podol'sk
Samarskoe
Kvarkeno
Černyi Otrog
p l a t o
Krasnojars
ORENBURG
Bakalka
Saraktaš
Iriklinskoe vdhr.
Gorodišče
Nežinka
Abzanovo
Kusem
Nikol'skoe
Ak'jar
Nižnepavlovka
Ostrov-noe
Ideľbakovo
Šil'da
R
O
Russkij Barmak
Energetik
Krjučkovka
Čuraevo
Poim
Pugačevskij
Želtoe
S
I
J
A
Iriklinskij
Ključevka
Novočerkassk
Zijančurino
Terensaj
Novopokrovka
Staričkoe
Uročišče "Kontugaj"
Dubenskij
Kuvandyk
Sara
Kolpakskoe
Boevaja gora
Elšanka
Burtinskij
Gaj
O r e n b u r g s k a j a
Beljaevka
Mednogorsk
Halilovo
Novoorsk
Donskoe
Soľ-Ileck
Karagač
Sazan
Il'inka
Bol. Kumak
Ašelsaj
Izobil'noe
Grigor'evka
Sovetskoe
NOVOTROICK
ORSK
Burannoe
Melovoj kar'er
Mošarovka
Akžarskoe
Akbulak
Poltavka
Sagarčin
Har'kovka
Studenčeskoe
Alimbet
Žirenkopa
Jas
Ebenovk
Troicko
Brusilovka
Škunovka
Tamdysaj
Žajsan
Dombarovka
Martok
Grigor'evka
Leninskoe
Dombarovskij
Novomar'evka
Karatogaj
Akrab
Rodnikovka
Batamšy
Stepanovka
Petropavlovka
Georgievka
Mihajlovka
Astrahanovka
Nikel'tau
Novodon
AKTÖBE
Tasötkel
Novonadeždinka
Karagandysay
Taldysay
Kurasašaj
M32
Hromtau
619
Novorossijskoe
Bel'kc
Bogoslovka
Bogetsaj
Kalinovka
Bestamak
Karahobda
Il'inka
Alga
Kopa
Sarybulak
Pavlovka
Aul Sarykobda
Oktjabr'skoe
Bestamak
Akkemer
Enbekši
Kemer
Bolgar
Kumsaj
Kajrakty
Pereljubovka
Oktjabr'sk
Z
K
A
Pokrovka
Kumkuduk
Žuryn
Šubarkudyk
Altykarasu
Borly
Ojyl
Temir
Kuznecov
Dmitriev
Rodniki
Taldykum
Leninsk
Karasu
Embi
A
k
t
ö
b
e
Bajganin
Karatogaj
Šubaršy
Mugalžar
Žagabulak
Žana Baza
Bercogyr
Sagyz
Kora
Kopa
Taldykum
k-l. Tebez
Kemerši
Köktöbe
b
l
y
s
y
Embi
k-l. Karaköl
Akšelek
Žarkamys
67
P239
P341
P335
P336
P361
A340
KAZAKSTAN
Ural
Sakmara
Ilek
Or
Temir
Sagyz
Embi

35

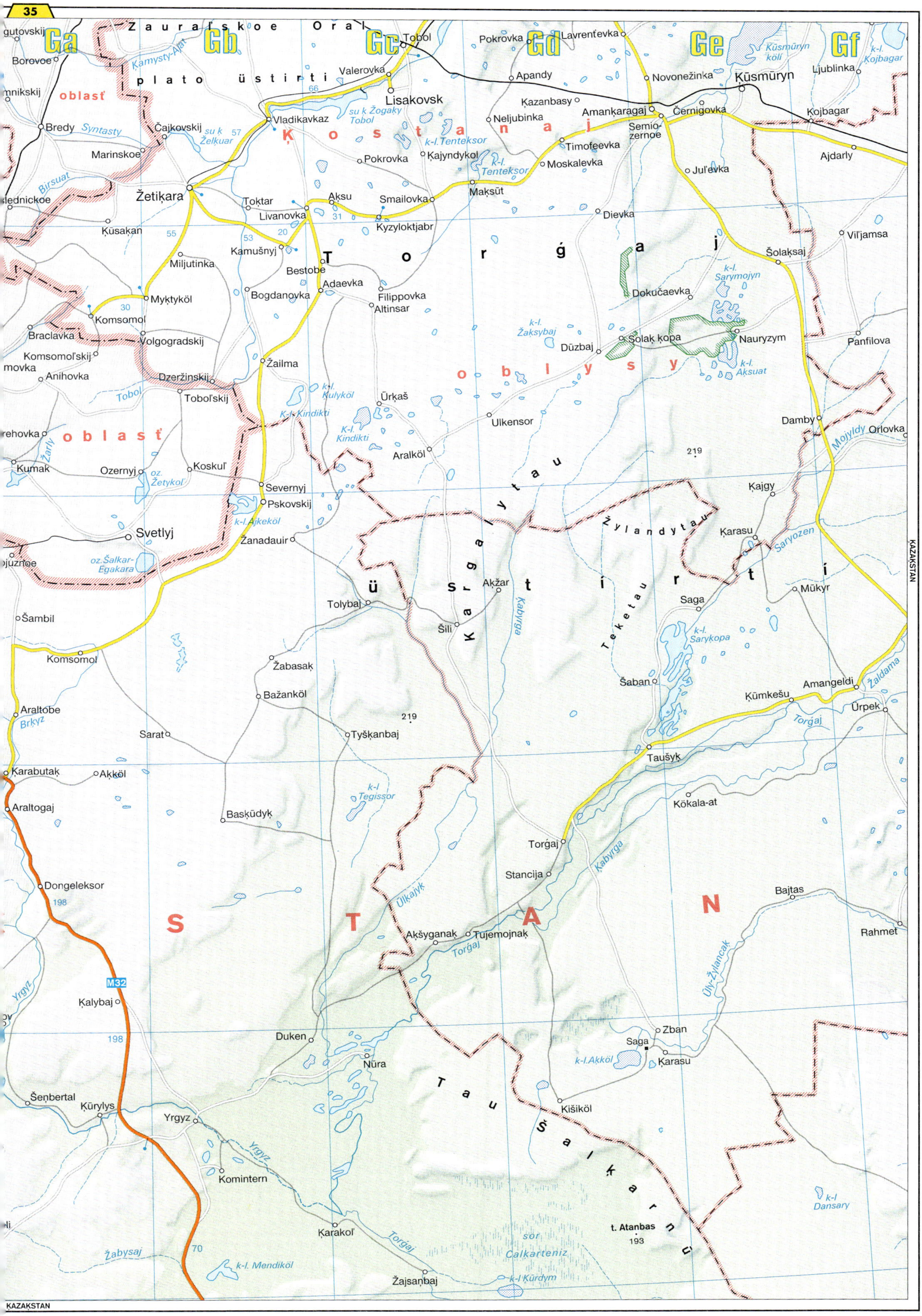
Ga
Gb
Gc
Gd
Ge
Gf
Z a u r a l' s k o e   O r a l
p l a t o   ü s t i r t i
oblasť
K o s t a n a j
T o r ǵ a j
o b l y s y
o b l a s ť
Ü s t i r t
Ü s t i
K a r g a l y t a u
Ž y l a n d y t a u
T e k e t a u
T a u
Š a l k a r n u
K A Z A K S T A N
S
T
A
N
Borovoe
Bredy
Syntasty
Čajkovskij
su k Želkuar
Marinskoe
Žetikara
Birsuat
Kusakan
Miljutinka
Myktyköl
Komsomol
Braclavka
Komsomol'skij
Volgogradskij
Anihovka
Dzeržinskij
Tobol
Tobol'skij
Kumak
Žarly
Ozernyj
oz. Žetykol'
Koskul'
Svetlyj
oz. Šalkar-Egakara
Šambil
Komsomol
Araltobe
Brkyz
Sarat
Karabutak
Akköl
Araltogaj
Dongeleksor
Kalybaj
Šenbertal
Kurylys
Yrgyz
Komintern
Žabysaj
k-l. Mendiköl
Karakol'
Torgaj
Žajsanbaj
sor Čalkarteniz
k-l Kurdym
Kamysty-Ajat
Valerovka
Tobol
Lisakovsk
Vladikavkaz
su k Žogaky Tobol
Pokrovka
Toktar
Livanovka
Aksu
Smailovka
Kyzyloktjabr
Kamušnyj
Bestobe
Adaevka
Bogdanovka
Filippovka
Altinsar
Žailma
k-l. Kulyköl
K-l. Kindikti
Ürkaš
Aralköl
Severnyj
Pskovskij
k-l. Ajkeköl
Žanadauir
Tolybaj
Šili
Akžar
Kabyrga
Žabasak
Bažanköl
Tyškanbaj
k-l Tegissor
Baskudyk
Ülkajyk
Akšyganak
Tujemojnak
Duken
Nura
Pokrovka
Apandy
Lavrenťevka
Kazanbasy
Neljubinka
Kajyndykol
k-l. Tenteksor
Amankaragaj
Timofeevka
Moskalevka
Makšut
Dievka
Novonežinka
Kusmuryn
Kusmuryn köli
Černigovka
Semio-zernoe
Jul'evka
Ljublinka
k-l. Kojbagar
Kojbagar
Ajdarly
Viljamsa
Šolaksaj
k-l. Sarymojyn
Dokučaevka
k-l. Žaksybaj
Dužbaj
Šolak kopa
Nauryzym
k-l. Aksuat
Panfilova
Ulkensor
Damby
Mojyldy
Orlovka
Kajgy
Karasu
Saryozen
Mükyr
Saga
k-l. Sarykopa
Šaban
Kumkešu
Amangeldi
Žaldama
Urpek
Tausyk
Kökala-at
Torgaj
Stancija
Kabyrga
Bajtas
Rahmet
Ulu-Žylančak
Zban
Saga
Karasu
k-l.Akköl
Kišiköl
t. Atanbas
193
k-l Dansary
M32
198
219
KAZAKSTAN

40
Brest
Rennes
Laval
Alençon
43
44
45
46
47
ATLANTIC
OCEAN
Golfe de Gascogne
Golfo de Vizcaya
Mar Cantábrico
Costa de Cantabria
Costa Vasca
Plymouth
Bretagne
Pays de la Loire
Poitou-Charentes
Aquitaine
Landes
Euskadi
Cantabria
Concarneau
Quimperlé
Hennebont
Lorient
Auray
Vannes
Carnac
Quiberon
Belle-Île
Île de Groix
Îs. de Glénan
Pont-l'Abbé
Penmarch
Redon
Ploërmel
Châteaubriant
Rennes
Guérande
la Baule-Esc.
St.-Nazaire
Savenay
NANTES
Rezé
St.-Herblain
Ancenis
ANGERS
Saumur
Cholet
Clisson
Île de Noirmoutier
Noirmoutier-en-l'Île
Challans
Île d'Yeu
St.-Gilles-Croix-de-Vie
la Roche-sur-Yon
les Sables-d'Olonnes
Luçon
Fontenay-le-Comte
Bressuire
Parthenay
Thouars
Poitiers
Niort
Île de Ré
la Rochelle
Pertuis Breton
Pertuis d'Antioche
Île d'Oléron
Rochefort
Marennes
Saintes
Cognac
Angoulême
Royan
Pte. de la Coubre
Gironde
Pauillac
Blaye
Lacanau-Océan
Libourne
Mérignac
BORDEAUX
Pessac
Talence
Arcachon
Dune du Pyla
la Teste
Biscarrosse
Langon
Marmande
Mimizan
Mont-de-Marsan
Dax
Soustons
Capbreton
Bayonne
Biarritz
Orthez
Pau
Tarbes
Hendaye
Irun
DONOSTIA
S.SEBASTIÁN
Zarautz
Ondarroa
Lekeitio
Bermeo
Gernika-Lumo
Cabo Machichaco
Mungia
Algorta
BILBAO
BILBO
Portugalete
BARAKALDO
Durango
Llodio
Castro-Urdiales
Laredo
Santoña
SANTANDER
Torrelavega
Cuevas de Altamira
Burgos
ESPAÑA
Pamplona
Jaca
Montréjeau
69
200
2000
4000
3218

41
70
Chartres
Paris
Troyes
ORLÉANS
Montargis
Auxerre
Langres
DIJON
TOURS
Blois
Vendôme
Romorantin-Lanthenay
Vierzon
Bourges
Nevers
Chambord
Abbaye de Fontenay
Vézelay
Bourgogne
Parc Rég. du Morvan
Autun
Beaune
Chalon-sur-Saône
Châteauroux
Issoudun
Centre
St.-Amand-Montrond
Montluçon
Moulins
Bourbonnais
Digoin
Paray-le-Monial
Mâcon
Bourg-en-Bresse
Vichy
Roanne
Thiers
LYON
VILLEURBANNE
Guéret
LIMOGES
Limousin
Plateau de Millevaches
CLERMONT-FERRAND
Puy de Sancy
Puy de Montoncel
Issoire
Auvergne
ST.-ÉTIENNE
Vienne
Périgueux
Brive-la-Gaillarde
Tulle
Ussel
Aurillac
Plomb du Cantal
St.-Flour
Le Puy-en-Velay
Valence
Privas
Montélimar
Grotte de Lascaux
Sarlat-la-Can.
Cahors
Figeac
Rodez
Mende
Mont Lozère
Gorges du Tarn
Millau
Alès
Orange
Avignon
Carpentras
Agen
Montauban
Albi
Castres
TOULOUSE
Carcassonne
Béziers
MONTPELLIER
NÎMES
Arles
Pont du Gard
Languedoc-Roussillon
Midi-Pyrénées
Sète
Agde
Cap d'Agde
Golfe du Lion
Narbonne
Perpignan
Montréjeau
Marseille
Grenoble
Genève
Besançon

42
71
DIJON
BESANÇON
Belfort
MULHOUSE
BASEL
FREIBURG
ZÜRICH
Winterthur
St.Gallen
Konstanz
Luzern
BERN
Biel
Neuchâtel
Fribourg
LAUSANNE
Vevey
Montreux
GENÈVE
Annemasse
Annecy
Chambery
Albertville
GRENOBLE
LYON
VILLEURBANNE
Vienne
Valence
Montélimar
Orange
Avignon
Carpentras
AIX-EN-PROV.
MARSEILLE
TOULON
Hyères
Brignoles
Draguignan
Fréjus
St.-Raphaël
Cannes
Antibes
Grasse
NICE
Monaco
Menton
San Remo
Imperia
Savona
GÉNOVA
ALESSANDRIA
Asti
TORINO
Moncalieri
Rivoli
Cuneo
Briançon
Gap
Digne
Sisteron
Aosta
Biella
NOVARA
Vercelli
MILANO
Varese
Como
Lugano
Locarno
Bellinzona
Domodossola
Sion
Sierre
Martigny
Chamonix-Mont-Blanc
Mt.Blanc
Matterhorn
Zermatt
Interlaken
Thun
Chalon-sur-Saône
Beaune
Mâcon
Bourg-en-Bresse
Lons-le-Saunier
Pontarlier
Vesoul
Langres
Mar Ligure
Golfo di Genova
Riviera di Ponente
Côte d'Azur
Îles d'Hyères

43
72
München
Ulm
Linz
ÖSTERREICH
Memmingen
Kaufbeuren
Kempten
Ravensburg
Lindau (B.)
Bregenz
Dornbirn
Feldkirch
Bludenz
Rosenheim
Traunstein
SALZBURG
Bad Ischl
Kufstein
Kitzbühel
Schwaz
INNSBRUCK
Garmisch-Partenkirchen
Zugspitze
Landeck
Davos
Meran
Merano
Brixen
Bressanone
BOLZANO
BOZEN
Trento
Cortina d' Ampezzo
Lienz
Spittal a.d.Dr.
Villach
Klagenfurt
Belluno
Feltre
UDINE
Pordenone
Gorizia
TRIESTE
Koper
Piran
Izola
Rijeka
Pula
Rovinj
Poreč
HRVATSKA
SLOVENIJA
Sondrio
BERGAMO
BRESCIA
VERONA
VICENZA
PADOVA
Treviso
Mestre
VENÉZIA
Chióggia
Rovigo
FERRARA
Mantova
Cremona
PARMA
REGGIO NELL'EMILIA
MODENA
Carpi
BOLOGNA
Imola
Faenza
FORLÌ
RAVENNA
Cesena
RÌMINI
Pésaro
Fano
ANCONA
Senigállia
Urbino
SAN MARINO
LA SPÉZIA
Carrara
Massa
Lucca
Pistóia
PRATO
FIRENZE
PISA
LIVORNO
Viaréggio
Empoli
Arezzo
Siena
Volterra
S.Gimignano
Gúbbio
Fabriano
Macerata
Mar Adriatico
Jadransko More
Golfo di Venézia
Golfo di Trieste
Dolomiti
Trentino - Alto Ádige
Véneto
Emilia - Romagna
Toscana
Marche
Friuli - Venézia - Giúlia
Lombardia
ÖSTERREICH
ITALIA
Roma
Perúgia
Foligno
Pescara

43
44
73
WIEN
BRATISLAVA
SALZBURG
Bad Ischl
Linz
ÖSTERREICH
Ober-österreich
Nieder-österreich
Steiermark
Kärnten
Salzburg
Burgenland
Wiener Neustadt
Eisenstadt
Sopron
GYŐR
Szombathely
Veszprém
Zalaegerszeg
Keszthely
GRAZ
Klagenfurt
Villach
MARIBOR
Ljubljana
UDINE
TRIESTE
Koper
Nagykanizsa
Kaposvár
Varaždin
ZAGREB
Karlovac
RIJEKA
Zadar
Šibenik
SPLIT
BANJA LUKA
Mostar
ANCONA
Mar Adriatico
Jadransko More
SLOVENIJA
HRVATSKA
ITALIA
HRVATSKA
BOSNA I

MAGYARORSZÁG
45
NYÍREGYHÁZA
Eger
Gyöngyös
Hatvan
Vác
Esztergom
Szentendre
Gödöllő
BUDAPEST
Érd
SZÉKESFEHÉRVÁR
Dunaújváros
Cegléd
Szolnok
KECSKEMÉT
Kiskunfélegyháza
Csongrád
Szentes
Békéscsaba
Gyula
Orosháza
Hódmező-vásárhely
SZEGED
Makó
Kiskunhalas
Baja
Szekszárd
Paks
Kalocsa
Mohács
PÉCS
Debrecen
Hajdúböszörmény
Hajdúszoboszló
Mezőkövesd
Karcag
Berettyóújfalu
ORADEA
SATU MARE
Carei
Zalău
Şimleu Silvaniei
Marghita
Salonta
Beiuş
ARAD
Lipova
TIMIŞOARA
Lugoj
Deva
HUNEDOARA
Caransebeş
REŞIŢA
Oravița
DROBETA-TURNU SEVERIN
Orşova
R O M Â N I A
SUBOTICA
Senta
Kikinda
Zrenjanin
NOVI SAD
Vršac
Pančevo
BEOGRAD
Šabac
Sremska Mitrovica
Ruma
Vukovar
Vinkovci
OSIJEK
Smederevo
Požarevac
Valjevo
Čačak
Kragujevac
Jagodina
Ćuprija
Paraćin
Kraljevo
Kruševac
Niš
Prokuplje
Leskovac
Zaječar
Vidin
Pirot
Užice
Tuzla
Zvornik
Bijeljina
Brčko
SARAJEVO
Višegrad
Goražde
Pljevlja
Prijepolje
Novi Pazar
Sjenica
JUGOSLAVIJA
74

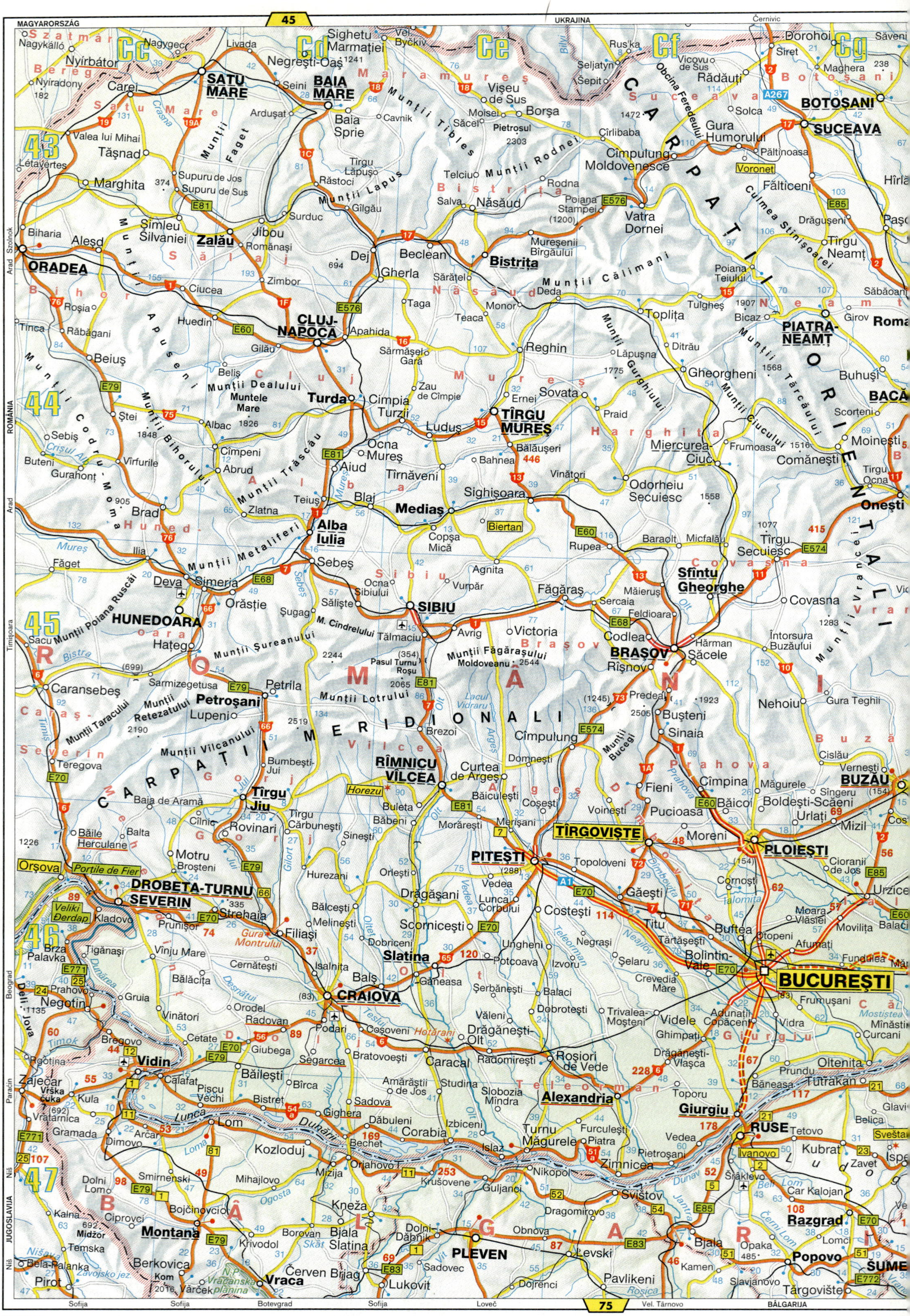
MAGYARORSZÁG
45
UKRAJINA
Cc
Cd
Ce
Cf
Cg
43
44
45
46
47
75
ROMÂNIA
JUGOSLAVIJA
BĂLGARIJA
Satu Mare
Baia Mare
Sighetu Marmației
Negrești-Oaș
Carei
Nyírbátor
Nagykálló
Tășnad
Marghita
Oradea
Biharia
Aleșd
Șimleu Silvaniei
Zalău
Jibou
Dej
Gherla
Beclean
Bistrița
Năsăud
Vișeu de Sus
Borșa
Rădăuți
Siret
Dorohoi
Botoșani
Suceava
Gura Humorului
Cîmpulung Moldovenesc
Vatra Dornei
Fălticeni
Tîrgu Neamț
Piatra-Neamț
Roman
Bacău
Buhuși
Moinești
Comănești
Onești
Cluj-Napoca
Huedin
Turda
Cîmpia Turzii
Beiuș
Ștei
Brad
Abrud
Aiud
Alba Iulia
Blaj
Mediaș
Sighișoara
Tîrnăveni
Tîrgu Mureș
Reghin
Toplița
Gheorgheni
Miercurea-Ciuc
Odorheiu Secuiesc
Sfîntu Gheorghe
Tîrgu Secuiesc
Covasna
Brașov
Săcele
Făgăraș
Sibiu
Mercurea Sibiului
Sebeș
Orăștie
Deva
Simeria
Hunedoara
Hațeg
Petroșani
Lupeni
Caransebeș
Reșița
Orșova
Drobeta-Turnu Severin
Tîrgu Jiu
Rîmnicu Vîlcea
Curtea de Argeș
Cîmpulung
Sinaia
Bușteni
Predeal
Rîșnov
Pitești
Tîrgoviște
Ploiești
Cîmpina
Buzău
Mizil
Urziceni
București
Giurgiu
Alexandria
Roșiori de Vede
Turnu Măgurele
Slatina
Caracal
Craiova
Calafat
Băilești
Vidin
Lom
Kozloduj
Orjahovo
Nikopol
Svištov
Ruse
Razgrad
Popovo
Pleven
Vraca
Montana
Berkovica
Lukovit
Levski
Pavlikeni
Munții Apuseni
Carpații Orientali
Carpații Meridionali
Munții Făgărașului
Munții Bucegi
Munții Rodnei
Munții Călimani
Dunărea
Sofija
Botevgrad
Loveč
Vel. Tărnovo

46
47

MOLDOVA
UKRAJINA
Kyjiv
Kirovhrad
Bălţi
Rîbniţa
Rezina
Floreşti
Soroca
Orhei
Dubăsari
Grigoriopol
Ungheni
Călăraşi
Nisporeni
Iaşi
CHIŞINĂU
Ialoveni
Hînceşti
TIGHINA
TIRASPOL
Căuşeni
Leova
Cimişlia
Comrat
Basarabeasca
Ciadîr-Lunga
Cahul
Vulcăneşti
Huşi
Vaslui
Bîrlad
Adjud
Mărăşeşti
Tecuci
FOCŞANI
Rîmnicu Sărat
GALAŢI
BRĂILA
Reni
Izmajil
Bolhrad
Kilija
Vylkove
Tulcea
Măcin
Isaccea
Sulina
Delta Dunării
Sfîntu Gheorghe
Babadag
Hîrşova
Istria
Slobozia
Feteşti
Cernavodă
Medgidia
Năvodari
CONSTANŢA
Eforie Nord
Tuzla
Mangalia
Vama Veche
Călăraşi
Silistra
DOBRIČ
Dobrudžansko Plato
Balčik
Kavarna
N. Kaliakra
VARNA
Devnja
Novi Pazar
Burgas
Balta
Kotovs'k
Vradijivka
Južno-ukrainsk
Voznesens'k
Nova Odesa
MYKOLAJIV
Berezivka
Rozdyl'na
Očakiv
ODESA
Illičivs'k
Ovidiopol'
Bilhorod-Dnistrovs'kyj
Tatarbunary
Sarata
Arcyz
Odes'ka oblast'
UKRAJINA
ČORNOE MORE
BLACK SEA
Sevastopol'
Jevpatorija
Čornomors'ke
Tendrivs'ka Kosa
İstanbul
Cherson
Krym

76

UKRAJINA
47
Dnipropetrovs'k
Db
Dc
Dd
De
Df
43
44
45
46
47
KRIVYJ RIH
ZAPORIŽŽJA
Južno-ukrainsk
Arbuzynka
Brats'ke
Ustynivka
Novopokrovka
Čumaky
Novo-mykolajivka
Vil'njans'k
Oleksandrivka
Jelanec'
Novyj Buh
Kazanka
Žovtneve
Tomakivka
Domanivka
Voznesens'k
Kujbyševka
Vozsijats'ke
Trojic'ko-Safonove
Šyroke
Apostolove
Ordžonikidze
Marhanec'
Kamyšuvacha
Zelenodol's'k
Vysokopil'la
Marjans'ke
NIKOPOL'
Vyščetarasivka
Orichiv
Veselynove
Nova Odesa
Baštanka
Archanhel's'ke
Novo-voroncovka
Jenerhodar
Vasylivka
Bereznehuvate
Javkyne
Vel. Oleksandrivka
Verch. Rohačyk
Dniprorudne
Mychajlivka
Šyrokolanivka
Davydiv Brid
Vel. Bilozerka
Tokmak
Ternivka
Kalynivka
Snihurivka
Vel. Lepetycha
Moločans'k
Matvijivka
Pervomajs'ke
Rubanivka
Vesele
MYKOLAJIV
Berezanka
Beryslav
Terpinn'a
Kamjana mohyla
Tjagynka
Kachovka
Nyž. Sirohozy
MELITOPOL'
Novovasylivka
Kobleve
Nova Kachovka
Nyž. Torhaji
Družbivka
Jakymivka
Očakiv
CHERSON
Oleksandrivka
Cjurupyns'k
Nov. Majačka
Frunze
Ivanivka
Pryazovs'ke
Hola Prystan'
Kachovs'kyj kanal
zapovidnyk
Brylivka
Petrivka
Askanija-Nova
Čulachivka
Čaplyns'kyj
Novotroji'cke
Stepanivka I-a (Perša)
Novo-mykolajivka
Čaplynka
Syvas'ke
Tendrivs'ka Kosa
Myrne
Voskresenka
Kalančak
Novo-oleksijivka
Novofedorivka
Skadovs'k
Krasnoznamjans'kyj kanal
Heničes'k
Fedotova kosa
Džarylhac'ka zatoka
Armjans'k
kosa Byr'učyj Ostriv
Karkinits'ka zatoka
Krasnoperekops'k
Pivničnokryms'kyj kanal
kosa Arabats'ka Strilka
Rozdol'ne
Vojinka
Slovjans'ke
Pervomajs'ke
Džankoj
Čornomors'ke
Krasnohvardijs'ke
Olenivka
Vojkove
Novoselivs'ke
Nyžn'ohirs'kyj
m. Kazantyp
Ščolkine
Arabats'ka zatoka
Myrnyj
Respublika Krym
Sadove
Kirovs'ke
Lenine
JEVPATORIJA
oz. Sasyk
Krymskij p-iv
Hvardijs'ke
Saky
Vladyslavivka
Sulina
Kalamits'ka zatoka
Bilohors'k
Star. Krym
Feodosija
Mykolajivka
SIMFEROPOL'
Feodosijs'ka zatoka
Planers'ke
Kača
Krymskyj hory
Sudak
Bachčysaraj
Pryvitne
Naučnyj
h. Roman-Koš 1545
Alušta
SEVASTOPOL'
Constanta
Hurzuf
Jalta
Foros
Alupka
Odesa
ČORNOE MORE
BLACK SEA
KARADENIZ
İstanbul
77
M2
M23
P53
P76
P33
P80
P87
P81
P72
P70
P57
P59
P61
E58
E105
E97
A291
A292
A294

48
Dnipropetrovs'k
Charkiv
Voronež
ROSSIJA
Krasnohorivka
Pokrovs'ke
Bahatyr
Kurachove
Oleksandrivka
DONEC'K
Olenivka
Vel. Novosilka
Ternuvate
Uspenivka
Pavlivka
Dokučaevs'k
Hovtrojic'ke
Novopetrykivka
Huľajpole
Čubarivka
Polohy
Volnovacha
Začativka
Andrijivka
Rozivka
Kujbyševe
Černyhivka
Smyrnove
Volodars'ke
Berestove
Talakivka
MARYUPOL'
Mokvin
Osypenko
Novopetrivka
Prymors'ke
Petrivs'ka fortec'a
Dmytrivka
BERDJANS'K
Prymors'k
Berd'ans'ka zatoka
Berd'ans'ka kosa
Obitočna kosa
Snižne
Ilovajs'k
Amvrosijivka
Starobeševe
Ul'anivs'ke
Kumačove
Mychajlivka
Teľmanove
Novoazovs'k
Malo-kirsanovka
Fedorovka
TAGANROG
Novoborovyci
Kujbyševo
Matveev Kurgan
Pokrovskoe
arheologičeskij zapovednik Tanais
Čaltyr'
Nedvigovka
ROSTOV-na-DONU
Aksaj
Batajsk
Azov
NOVO-ŠAHTINSK
Krasnyj Sulin
ŠAHTY
Usť-Doneckij
Konstantinovsk
Semikarakorsk
NOVOČERKASSK
stanica Bagaevskaja
Staro-čerkasskaja
Rodionovo-Nesvetajskaja
Sultan-Saly
Tuzlov
Vesëlyj
Rostovskaja oblasť
Taganrogskij zaliv
Semibalki
Margaritovo
Kugej
Kirovskaja
Samarskoe
Kagaľnickaja
Zernograd
Mečetinskaja
Egorlykskaja
Ejskoe Ukreplenie
Ejsk
Ejskij liman
Aleksandrovka
Staroščerbinovskaja
Dolžanskaja
Novoščerbinovskaja
Starominskaja
Skurinskaja
Kuščevskaja
Kisljakovskaja
Kugoevskaja
Krylovskaja
Sred. Egorlyk
Kamyševatskaja
Jasenskaja
Kopanskaja
Novominskaja
Leningradskaja
Oktjabr'skaja
Pavlovskaja
Nezamaevskaja
Belaja Glina
Privoľnaja
Kanevskaja
Krylovskaja
Čelbas
Primorsko-Ahtarsk
Čelbasskaja
Irklievskaja
Tihoreck
Novo-pokrovskaja
Priazovskaja
Bruchoveckaja
Stepnaja
Krasnodarskij kraj
Berezanskaja
Ilinskaja
Novomalo-rossijskaja
Grivenskaja
Timaševsk
Vyselki
Novo-vladimirovskaja
Kropotkin
Novonikolaevskaja
Kalininskaja
Korenovsk
Kirpil'skaja
Guľkeviči
Petrovskaja
Krasno-armejskaja
Staro-nižesteblievskaja
Ivanovskaja
Voronežskaja
Dinskaja
Usť-Labinsk
KERČ
Temrjukskij zaliv
Temrjuk
Slavjansk-na-Kubani
Novotitarovskaja
Kalinino
Taman'
Tamanskij zaliv
Starotitarovskaja
Zavitne
m. Opuk
Kiziltašskij liman
Varenikovskaja
Troickaja
KRASNODAR
Paškovskij
Zarevo
Adygė
Koševabl'
Kurganinsk
Rjazanskaja
Giaginskaja
Anapa
Krymsk
Abinsk
Holmskij
Afipskij
Adigejsk
Belorečensk
Kužorskaja
Labinsk
NOVOROSSIJSK
Abrau-Djurso
Gorjačij Ključ
Kubanskaja
MAJKOP
Jaroslavskaja
Kutais
Apšeronsk
Tuľskij
Respublikèm
Gelendžik
Arhipo Osipovka
Hadyžensk
Mostovskoj
Kamenno-mostskij
Džubga
Novomihajlovskij
Oľginka
Hamyški
Psebaj
Tuapse
BOĽŠOJ KAVKAZ
Kavkazskij zapovednik
Aše
Lazarevskoe
Golovinka
Solon-Aul
g. Čuguš 3238
Vardane
Loo
DAGOMYS
SOČI
Macesta
Krasnaja Poljana
Hosta
Adler
Leselidze
Gantiadi
Abadhara
Abhazskaja Avt. Resp.
Gagra
Picunda
m. Picunda
Gudauta
Kutaisi
78
SAKARTVELO
Armavir
ROSSIA
Azovskoe more
ČORNE MORE
Batumi
İstanbul
BLACK SEA
2000

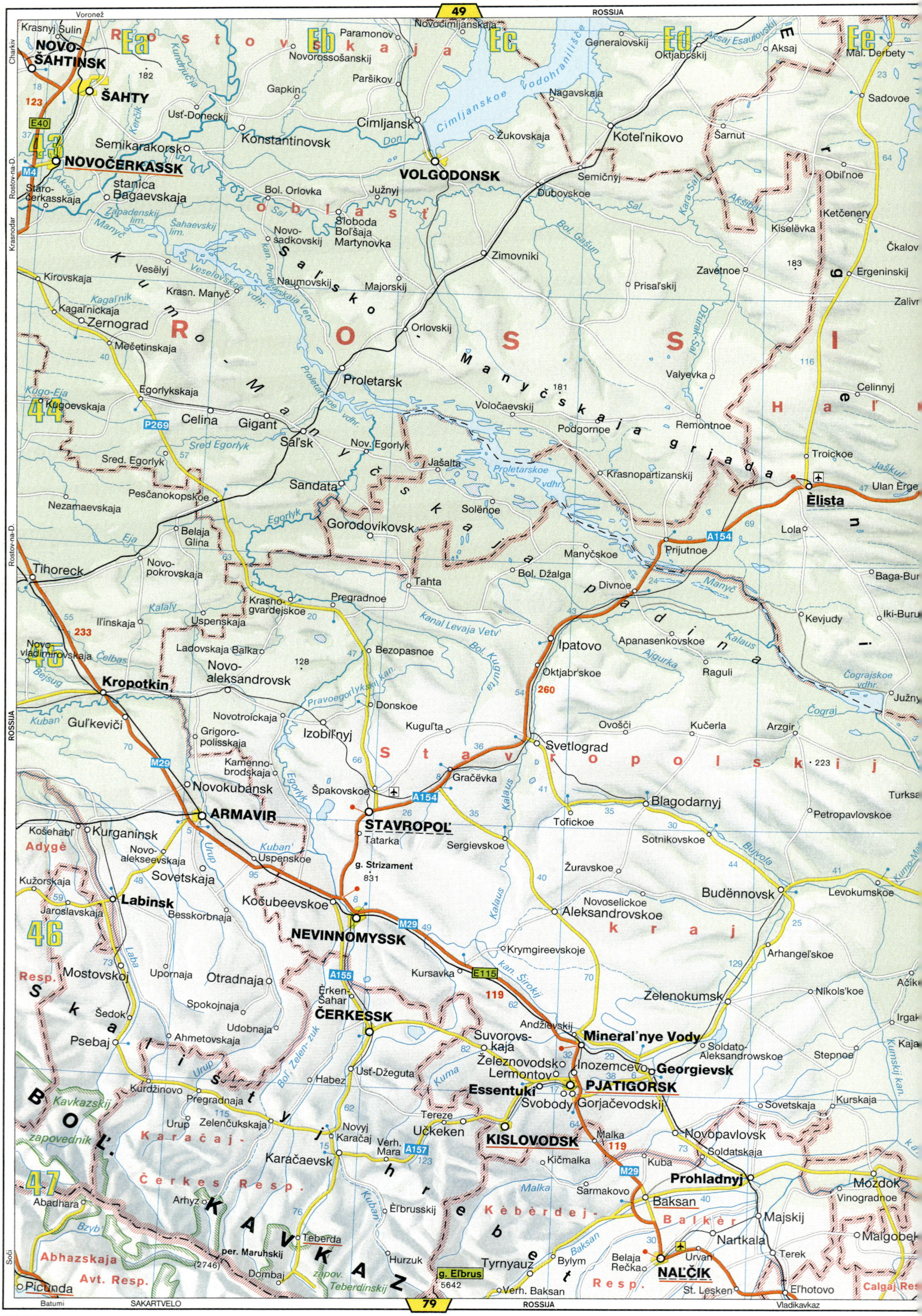
49
Voronež
ROSSIJA
Ea
Eb
Ec
Ed
Ee
Krasnyj Sulin
NOVO-ŠAHTINSK
ŠAHTY
Charkiv
182
Paramonov
Novocimljanskaja
Novorossošanskij
Generalovskij
Oktjabrskij
Aksaj
Mal. Derbety
Sadovoe
Paršikov
Gapkin
Usť-Doneckij
Kundrjučja
Cimljansk
Cimljanskoe vodohranilišče
Nagavskaja
Žukovskaja
Koteľnikovo
Šarnut
Konstantinovsk
Semikarakorsk
NOVOČERKASSK
VOLGODONSK
Semičnyj
Obiľnoe
Staročerkasskaja
stanica Bagaevskaja
Bol. Orlovka
Južnyj
Dubovskoe
Rostov-na-D.
Krasnodar
Sloboda Boľšaja
Martynovka
Novosadkovskij
Ketčenery
Kiselëvka
Čkalov
Zimovniki
Veselyj
Naumovskij
Majorskij
Zavetnoe
Ergeninskij
183
Prisaľskij
Zalivr
Kirovskaja
Krasn. Manyč
Kagaľnickaja
Zernograd
Orlovskij
Mečetinskaja
Proletarsk
Valyevka
Celinnyj
Egorlykskaja
181
Kugoevskaja
Celina
Gigant
Voločaevskij
Remontnoe
Saľsk
Podgornoe
Sred. Egorlyk
Nov. Egorlyk
Troickoe
Jašalta
Krasnopartizanskij
Sandata
Elista
Ulan Erge
Peščanokopskoe
Nezamaevskaja
Gorodovikovsk
Solënoe
Lola
Belaja Glina
Prijutnoe
Manyčskoe
Novopokrovskaja
Tihoreck
Bol. Džalga
Divnoe
Baga-Bur
Tahta
Pregradnoe
Krasnogvardejskoe
Iľinskaja
Uspenskaja
Kevjudy
Iki-Buru
233
Apanasenkovskoe
Ipatovo
Novovladimirovskaja
Ladovskaja Balka
Bezopasnoe
Novoaleksandrovsk
128
Oktjabr'skoe
Raguli
Kropotkin
260
Južny
Donskoe
Novotroickaja
Guľkeviči
Grigoropolisskaja
Izobiľnyj
Kuguľta
Ovošči
Kučerla
Arzgir
Svetlograd
Kamennobrodskaja
Novokubansk
Gračëvka
223
Špakovskoe
A154
Blagodarnyj
Turksa
ARMAVIR
STAVROPOL'
Tatarka
Tofickoe
Petropavlovskoe
Košehabľ
Kurganinsk
Adygè
Sotnikovskoe
Novoalekseevskaja
Uspenskoe
Sergievskoe
g. Strizament
831
Sovetskaja
Žuravskoe
Kužorskaja
Labinsk
Kočubeevskoe
Novoselickoe
Budënnovsk
Levokumskoe
Jaroslavskaja
Besskorbnaja
Aleksandrovskoe
NEVINNOMYSSK
M29
Krymgireevskoje
Arhangeľskoe
Mostovskoj
Upornaja
Otradnaja
Kursavka
E115
Erken-Šahar
119
Zelenokumsk
Nikoľskoe
Ačik
Spokojnaja
ČERKESSK
Irgak
Šedok
Udobnaja
Andžievskij
Mineral'nye Vody
Psebaj
Ahmetovskaja
Suvorovskaja
Soldato-Aleksandrovskoe
Stepnoe
Kaja
Železnovodsk
Inozemcevo
Georgievsk
Lermontov
Usť-Džeguta
Habez
Essentuki
PJATIGORSK
Kurdžinovo
Pregradnaja
Svobody
Gorjačevodskij
Sovetskaja
Kurskaja
Urup
Zelenčukskaja
Tereze
Novopavlovsk
Novyj Karačaj
Učkeken
KISLOVODSK
Malka
Verh. Mara
A157
Soldatskaja
Karačaevsk
Kičmalka
Kuba
Prohladnyj
Mozdok
Sarmakovo
Vinogradnoe
Abadhara
Arhyz
Baksan
Èľbrusskij
Majskij
Malgobek
Teberda
Nartkala
Abhazskaja
per. Maruhskij
Hurzuk
Tyrnyauz
Bylym
Belaja Rečkao
Urvan
Terek
Avt. Resp.
(2746)
Dombaj
g. Eľbrus
5642
NAĽČIK
Pizunda
Verh. Baksan
St. Lesken
Eľhotovo
Calgaj Res
Soči
Batumi
SAKARTVELO
79
ROSSIJA
Vladikavkaz
R O S S I J A
Rostovskaja oblast
Kalmykija
Stavropolskij kraj
Manyčskaja grjada
Salsko-Manyčskaja grjada
Kumo-Manyčskaja vpadina
Skalistyj hrebet
Bol'. Kavkaz
Karačaj-Čerkes Resp.
Kèbèrdej-Balkèr Resp.
Kavkazskij zapovednik
Teberdinskij zapov.

50

Volgograd
KAZAKSTAN
Ef
Eg
Eh
Ei
Ek
ĶAZAĶSTAN
Atyrau oblysy
kum Kosdäulet
kum Būzanaj
kum Batpajsagyr
kum Menteke
Astrahanskaja oblast'
Privolžskaja
Respublika Kalmykija Hal'mg Tangč
Černye zemli
Prikaspijskaja nizmennost'
Zapovednik Černye zemli
Astrahanskij zapovednik
Dagestanskij zapovednik
Respublika Dagistan
Nohčijčo' Respublika
Caspian Sea
Agrahanskij p-ov
Kizljarskij zaliv
Ikl Manlan
Solënoe Zajmišče
Sokrutovka
Zolotuha
Udačnoe
Konyrterek
Azgyr
Uštagan
Ajbas
Voshod
Nikol'skoe
Mihajlovka
Sasykoli
Barun
Cagan Aman
Harabali
Košalak
Cagan-Nur
Severnyj
Kopanovka
Tambovka
Tatal
Enotaevka
Selitrennoe
Vol'noe
Hoševtovo
Sazdy Žana
Sarpa
Justa
Altn Bulg
Zavolžskoe
Seroglazka
Erdnievskij
Bergin
Zam'jany
Verhnelebjaž'e
Šeitovka
Narimanov
Ganjuškino
oz. Bol'šaja Saga
Privol'nyj
Kigač
Kotjaevka
Zaburunje cyganaky
Igar
Kr. Jar
Marfino
Sinee morce cyganaky
Žambaj a-l
Volodarskij
Kalinino
Utta
Kreml'
ASTRAHAN'
Načalovo
Jaškul'
Hulhuta
Solënyj
Tumak
Makovo
Il'inka
Linejnoe
Kr. Barrikady
Semibugry
Kamyzjak
Tiškovo
o. Bol. Zjudostinskij
o. Ukatnyj
Ikrjanoe
Buzan
Tabola
Bahtemir
Volga
Ahtuba
Čapaevo
Tavn-Gašun
Trudfront
Ovražno-Travino
Novyj
Zenzeli
Oranžeri
Kirovskij
o. Bol. šoj Setnoj
Mumra
Adyk
Liman
Promyslovka
Rynok
Džalykovo
o. Zjudev
Naryn-Huduk
Ulan-Hol
Lagan'
Komsomol'skij
Prikumskij
Černozemel'skij kan.
Kuma
Artezian
o. Moristyj
Veličaevskoe
Bakres
Morskoj Birjučok
Zaterečnyj
Neftekumsk
Južno-Suhokumsk
o. Tjulenij
Kočubej
Brjansk
m. Brjanskaja Kosa
m. Sujutkina Kosa
Ortatjube
Terekli-Mekteb
Tarumovka
Krajnovka
o. Čečen
Kizljar
Star. Terek
Kargalinskaja
Alikazgan
Naurskaja
Lenina
Babajurt
Terek
Aksaj
Sulak
Lahe Nevre
Červlennaja
Šelkovskaja
Goragorskij
GROZNYJ
Argun
Gudermes
Novogrozenskij
Sulak
Mahačkala
Baki, Turkmenbaši
Fort-Ševčenko
Atyrau
M6
M29
A154
A340
P236
425
318
-12
-25
200

50
KAZAKSTAN
51
Eks
Fa
Fb
Fc
Fd
43
44
45
46
47
K a s p i j m a ņ y s i n e k i z a s y
A t y r a u o b l y s y
Uštagan
Ajbas
kum Kosdäulet
kum Batpajsagyr
kum Büzanaj
kum Menteke
Košalak
Sazdy Žana
Kyzylüj
Novobogat
Akkystau
Kyzylbas
Kyzylbalyk
Žaņakamys
Zaburun'e
Ganjuškino
Sarytogaj
Mahambet
Tandaj
Sarajšyk
k-l Žaltyr
Bykilözek
Baksaj
Redut
Talkajran
Tamyrly
ATYRAU
Šumysker
Böget
t-k Pecnoj
a-l Nordvestinskij
P246
A340
Dossor
Makat
Sakyz
Kockar
Bekbe
Komsomol
k-l Bartylaak
Tenteksor
Eskene
Bajconas
k-l Kamysköl
Embi
Kossagyl
Karaton
Kaspij
Prorva
Sarykamys
sor Ol
Zaburunje cyganaky
Sinee morco cyganaky
Žambaj a-l
Astrahanskij zapovednik
o.Bol.Zjudostinskij
o. Ukatnyj
Caspian Sea
Oranžeri
Mahačkala
a-l Durnev
cy-k Komsomol
m-i Buryncyk
Kalamkas
Ülken sor
Tubek Büzačy
Tjulender araly
a-l Külandy
a-l Morskoj
a-l Rybacij
a-l Podgornyj
Mankyclaks cyganak
Kijakty
Šeber
Kyzan
Karakečusor
Kajdak
m-i Tubkaragan
Bautino
Fort-Ševčenko
Tubek
Karaton
Tub-Karagan
Taušyk
Mangystau taulary
Karatau
Kujbyžev
Šetre
Žarmyš
tau Soltau
229
Saj-Utjës
tau Bescoky
556
Mangystau oblysy
m-i Sakyndyk
Uštagan
Boštankum
Mangyčlak
AKTAU
m-i Melovoj
Karagije vpad.
-132
Žetybaj
Münajšy
Mankystau üstirti
Özen
Novyj Uzen'
Senek
tau Kö
200

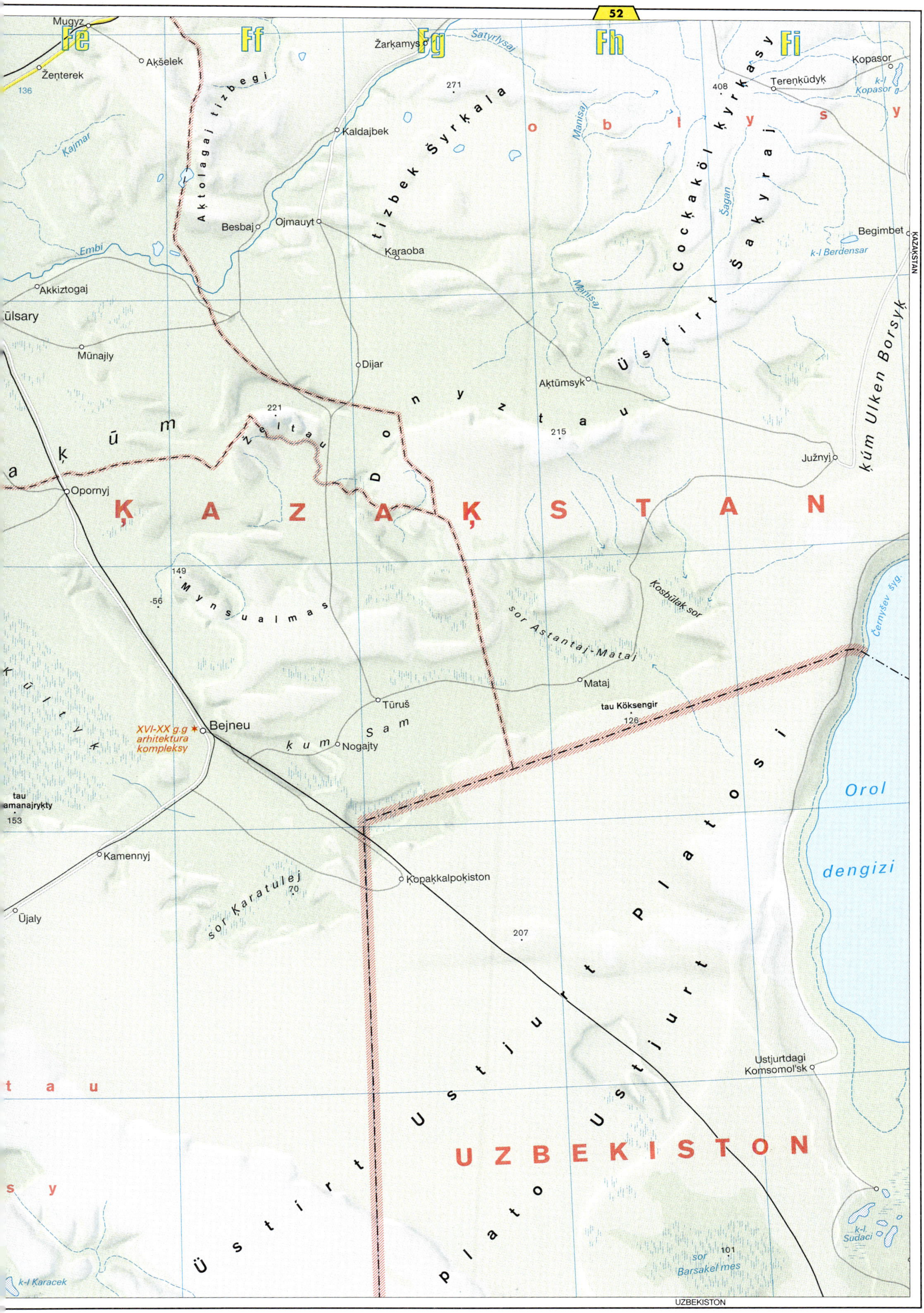
Fe
Ff
Fg
Fh
Fi
Mugyz
Akšelek
Ženterek
136
Žarkamys
Šatyrlysaj
271
Kopasor
Tereņkūdyk
408
k-l Kopasor
Kajmar
Aktolagaj tizbegi
Kaldajbek
tizbek Šyrkala
o b l y s y
Manisaj
Cockaköl kyrkasy
Šagan
Šakyraj
Begimbet
k-l Berdensar
KAZAKSTAN
Embi
Besbaj
Ojmauyt
Karaoba
Akkiztogaj
ūlsary
Mūnajly
Dijar
Aktūmsyk
Üstirt
kūm Ulken Borsyk
221
Želtau
Donyztau
215
Južnyj
a k ū m
Opornyj
K A Z A K S T A N
149
Mynsualmas
-56
sor Astantaj-Mataj
Kosbūlak sor
Černyšev šyg.
Mataj
tau Köksengir
126
Tūruš
kūlyk
XVI-XX g.g arhitektura kompleksy
Bejneu
kum Sam
Nogajty
Orol dengizi
tau amanajrykty
153
Kamennyj
Kopakkalpokiston
sor Karatulej
70
Ūjaly
207
Ustjurt platosi
Ustjurtdagi Komsomol'sk
t a u
s y
Üstirt Ustjurt
U Z B E K I S T O N
plato
k-l Sudači
sor Barsakelmes
101
k-l Karacek
UZBEKISTON

Sa
Sb
Sc
Sd
Se
47
48
49
50
51
Cabo Ortegal
Pta. da Estaca de Bares
Ortigueira
Cedeira
Cabo Prior
Ferrol
A CORUÑA
Viveiro
Foz
Ribadeo
Navia
Luarca
Cabo Vidio
Cudillero
Avilés
Cabo de Peñas
Luanco
Candás
GIJÓN
XIXÓN
Villaviciosa
Pola de Siero
OVIEDO
UVIÉU
Mieres
Pola de Laviana
Grado
Pravia
Soto
Salas
Tineo
Cangas d.N.
Pola de Lena
Pola de Somiedo
Puerto Leitariegos
Villablino
La Pola de Gordón
La Robla
LEÓN
Mansilla de las Mulas
Astorga
La Bañeza
Ponferrada
Villafranca del Bierzo
Toreno
Cordillera Cantábrica
Pdo de Asturias
Castilla
Betanzos
Pontedeume
Malpica
Laxe
Muxía
Vimianzo
Carballo
Cabo Touriñán
Corcubión
Cabo Fisterra
Negreira
Muros
Porto do Son
Santiago
Arzúa
Melide
Lalín
Lugo
Vilalba
Mondoñedo
Meira
Fonsagrada
Sarria
Becerreá
Monforte de Lemos
Chantada
OURENSE
Carballiño
Ribadavia
Celanova
Xinzo d.L.
Verín
A Gudiña
Viana d.B.
Pontevedra
Vilagarcía d.A.
Caldas de Reis
Cambados
Santa Eugenia (Ribeira)
O Grove
Marín
VIGO
O Porriño
Baiona
Tui
Redondela
A Guarda
Valença
Monção
Galicia
Caminha
Viana do Castelo
Ponte de Lima
Arcos de Valdevez
Braga
Esposende
Barcelos
Póvoa de Varzim
Vila do Conde
Guimarães
Fafe
Santo Tirso
Matosinhos
PORTO
Vila Nova de Gaia
Espinho
Gondomar
Penafiel
Amarante
Marco de Canaveses
Peso da Régua
Lamego
Vila Real
Chaves
Montalegre
Boticas
Bragança
Vinhais
Mirandela
Macedo d.C.
Miranda d.D.
Vimioso
Alcañices
Mogadouro
Torre de Moncorvo
Vila Nova d. Foz Côa
Figueira d.C.R.
Puebla de Sanabria
Benavente
Zamora
Toro
Tábara
Fermoselle
Ledesma
SALAMANCA
Vitigudino
Alba de Tormes
Ciudad-Rodrigo
Béjar
Guarda
Almeida
Trancoso
Viseu
Mangualde
Nelas
Tondela
Seia
Gouveia
Covilhã
Belmonte
Fundão
Sabugal
Castelo Branco
Aveiro
Ílhavo
Ovar
Estarreja
Águeda
Coimbra
Figueira da Foz
Cabo Mondego
Mira
Cantanhede
Lousã
Penela
Pombal
Ansião
Leiria
Marinha Grande
Vieira de Leiria
Batalha
Fátima
Vila Nova de Ourém
Nazaré
São Martinho do Porto
Alcobaça
Caldas da Rainha
Peniche
Óbidos
Cabo Carvoeiro
Lourinhã
Torres Vedras
Torres Novas
Tomar
Abrantes
Santarém
Rio Maior
Alpiarca
Almeirim
Coruche
Salvaterra d.M.
Cartaxo
Vila Franca de Xira
Alenquer
Ericeira
Mafra
Sintra
Amadora
Loures
Cascais
Oeiras
LISBOA
Almada
Barreiro
Montijo
Palmela
Setúbal
Costa do Sol
Montargil
Mora
Avis
Pavia
Estremoz
Vimieiro
Borba
Elvas
BADAJOZ
Campo Maior
Portalegre
Marvão
Castelo de Vide
Nisa
Gavião
Ponte de Sor
Alter do Chão
Arronches
Valencia d.A.
Alburquerque
San Vicente
Cáceres
Mérida
Montijo
Talavera la Real
Don Benito
Villanueva d.l.S.
Trujillo
Plasencia
Coria
Moraleja
Navalmoral d.l.Mata
Alcántara
Brozas
Arroyo d.l.L.
Miajadas
Almoharín
Madrigalejo
Logrosán
Guadalupe
Sierra de Guadalupe
Zorita
Extremadura
Sierra de Gata
Cordillera Central
PORTUGAL
ESPAÑA
Costa Verde
Costa de Prata
Beira Alta
Montes
Tierra del Vino
Tierras de Sayago

54
81
Costa de Cantabria
Costa Vasca
SANTANDER
DONOSTIA S.SEBASTIÁN
Biarritz
Bayonne
Irún
Hendaye
Torrelavega
Portugalete
BARAKALDO
BILBAO BILBO
Durango
Reinosa
Cantábrica
Euskadi
VITORIA GASTEIZ
PAMPLONA IRUÑA
Navarra
Haro
LOGROÑO
La Rioja
BURGOS
Palencia
VALLADOLID
Soria
Tudela
ZARAGOZA
Huesca
Jaca
Aragón
Calatayud
Segovia
Ávila d.l.C.
Guadalajara
MADRID
ALCORCÓN
MÓSTOLES
GETAFE
LEGANÉS
Alcalá d.H.
Torrejón d.A.
Aranjuez
Toledo
Talavera de la Reina
Cuenca
Teruel
Albarracín
Castilla - La Mancha
Ciudad Real
ALBACETE
Comunidad Valenciana
Requena
Montes de Toledo
Sierra de Guadarrama
FRANCE
ESPAÑA
Pau
Oloron-S.-Marie
Orthez
Bordeaux
Tarbes
Lleida
Tarragona
Valencia
Alacant
Murcia
Linares
Puertollano
Espiel

55

Pau
Toulouse
Béziers
Tarbes
Lourdes
Lannemezan
St-Gaudens
Pamiers
Carcassonne
Narbonne
Perpignan
Andorra la Vella
ANDORRA
Roussillon
Corbières
Pic de St.-Barthélemy
Pica d'Estats
Pic du Midi de Bigorre
Pic d'Anie
Pic du Canigou
Puigcerdà
La Seu de Urgell
Jaca
Sabiñanigo
Huesca
Barbastro
Monzón
Graus
Benabarre
Tremp
Sort
Vielha e Mijaran
Pico de Aneto
Berga
Ripoll
Olot
Figueres
Banyoles
Girona
Vic
Manlleu
Manresa
Terrassa
Sabadell
Granollers
Mataró
Badalona
BARCELONA
L'HOSPITALET DE LLOBREGAT
Castelldefels
Sitges
Vilanova i la Geltrú
el Vendrell
Vilafranca d. Penedès
Igualada
Martorell
Tàrrega
Cervera
Balaguer
LLEIDA
Fraga
Mequinenza
Caspe
Alcañiz
ZARAGOZA
Los Monegros
Reus
TARRAGONA
Cap de Salou
Cambrils
Valls
Montblanc
Poblet
Móra d'Ebre
Gandesa
Tortosa
Amposta
Delta de l'Ebre
Sant Carles de la R.
Vinaròs
Benicarló
Alcalà de Xivert
Morella
Torreblanca
Orpesa
Benicàssim
CASTELLÓ DE LA PLANA
Vila-real
Borriana
Nules
Onda
La Vall d'Uixó
Sagunt
Puçol
Moncada
Burjassot
VALÈNCIA
Silla
Sueca
Cullera
Alzira
Xàtiva
Gandia
Oliva
Ontinyent
Alcoi
Denia
Xàbia
Cabo de la Nao
Calp
Altea
Benidorm
La Vila Joiosa
Elda
ALACANT
San Juan d.A.
Costa Daurada
Costa del Azahar
Costa Brava
Golf de València
Islas Columbretes
Aragón
Catalunya
Comunidad Valenciana
ESPAÑA
Pyrénées
Medit Sea
Illes Balears
PALMA de Mallorca
Manacor
Inca
Alcúdia
Pollença
Sóller
Cabrera
Eivissa (Ibiza)
Sant Antoni Abat
Santa Eulària d.R.
Formentera
Tanger
E15
E90
A7
A2
E80

56
57

Ae
Ah
Ai
Ak
Ba
47
48
49
50
51
52
Golfe du Lion
Mar Ligure
Mediterranean Sea
Sète
Marseille
Toulon
Nice
Savona
Genova
Livorno
Rosignano Marittima
Cecina
E80
ITALIA
San Vincenzo
Campiglia Marittima
134
Roma
Ísola di Capráia
Piombino
Canale di Piombino
Portoferráio
Porto Azzurro
1019
Ísola d'Elba
Í. Pianosa
Pianosa
645
Í. di Montecristo
Cap Corse
Macinaggio
Erbalunga
Bastia
St. Florent
Mt.Astu
1535
Murato
Casamozza
Île-Rousse
Calvi
Calenzana
Galeria
La Scandola
Golfe de Porto
Calanche
Porto
Evisa
Asco
Balagne
Mt.Cinto
2710
P.N.
1484
Ponte Leccia
1767
Cervione
Moriani-Plage
Corte
Mt. Rotondo
2622
Cargèse
Vico
Vivario
Sagone
Golfe de Sagone
Rég. de
(1163)
Aleria
Corse
Corse (F.)
Ghisonaccia
(1289)
Ajaccio
Pointe de la Parata
Bastelica
Gravona
Zicavo
la Corse
Mt. Incudine
2136
(1218)
Solenzara
Golfe de Ajaccio
Petreto-Bicchisano
Col de Bavella
Capu di Muru
Golfe de Valinco
Zonza
Levie
Pinarellu
Propriano
Belvédère-Campomoro
Sartène
Porto-Vecchio
Figari
Bonifacio
Îles Lavezzi
Bouches de Bonifacio
Bocche di Bonifacio
Capo Pertusato
Capo Testa
Santa Teresa d.G.
Ísola Maddalena
la Maddalena
Palau
Ísola Caprera
Porto Cervo
Arzachena
Costa Smeralda
Capo Figari
Golfo Aranci
Ísola Asinara
la Reale
Nur. Tuttosoni
Luogosanto
Gallura
Capo del Falcone
Stintino
Golfo dell' Asinara
Castelsardo
Viddalba
Calangiánus
Olbia
Ísola Tavolara
Í. Molara
Porto Tórres
Sédilo
Tempio Pausania
1359
Monti
(825)
San Teodoro
Capo dell' Argentiera
SASSARI
Sorso
Ósilo
L. del Coghinas
Óschiri
971
Ploaghe
Lodè
Siniscóla
Capo Caccia
Tamaríglio
Grotta di Nettuno
Íttiri
S.S. Trinità di Saccárgia
Budduso
Capo Comino
Alghero
Ozieri
M. Albo
1127
Villanova Monteleone
Nur. S.Antine
1259
Bitti
Sardegna
M.Rasu
Bono
Pozzomaggiore
Bonorva
Orosei
Bosa
Nuoro
Oliena
Dorgali
Golfo di Orosei
Macomér
Supramonte
1463
Sardegna (I.)
Cúglierio
Ottana
Orani
Orgósolo
Sta. Caterina d. Pittinuri
1050
Lago Omodeo
Fonni
Capo di Monte Santu
Capo Mannu
Ghilarza
Barbagia
(1118)
(906)
Baunei
Sórgono
Mti.del Gennargentu
1834
Arbatax
Cábras
Tharros
Samughео
Aritzo
Tortoli
Capo San Marco
Oristano
Golfo di Oristano
Láconi
Seui
Lanusei
Capo d. Frasca
Terralba
Ales
Ísili
Tertenía
Barúmini
Escalaplano
Campidano
Mándas
Marina d.A.
Sanluri
Flumendosa
Gúspini
M. Linas
Senorbì
Ballao
1236
Villacidro
Muravera
Dolianova
Burcei
1067
Iglesias
Siliqua
Quartu S.Élena
Portoscuso
Carbónia
CÁGLIARI
Isola di San Pietro
Golfo di Cágliari
Villasimius
Carloforte
Capo Carbonara
Sant'Antíoco
Giba
Teulada
Pula
Ísola di Sant' Antíoco
Capo Teulada
Civitavécchia
Nápoli
Palermo
Tunis
Cap de Cavalleria
Naveta d'Es Tudons
Fornells
Ciutadella
Menorca
El Toro
350
Es Mercadal
Ferreries
Alaior
Cap d'Artrutx
Tamarinda
Maó
(Mahón)
S'Algar
a Rajada
allorca
1185
2000
200
2688
2670
860
1626
93
94
122
123
126
131
131dir
125
148
162
168
183
185
189
193
195
196
197
198
199
291
597
130
Livorno

57
ITALIA
Livorno
Firenze
Arezzo
Pèsaro
Ancona
Siena
Sinalunga
Montalcino
Montepulciano
Cortona
Perùgia
Assisi
Gùbbio
Fabriano
Macerata
Civitanova Marche
Porto S. Giòrgio
Fermo
S.Benedetto d.T.
Àscoli Piceno
Giulianova
Téramo
L'Àquila
Marche
Umbria
Lazio
Foligno
Spoleto
Terni
Rieti
Orvieto
Viterbo
Tarquinia
Civitavècchia
Cervéteri
Ladíspoli
Bracciano
Tívoli
Palestrina
Frascati
CITTÀ DEL VATICANO
Lido di Óstia
ROMA
Ànzio
LATINA
Frosinone
Cassino
Fondi
Terracina
Gaeta
Fórmia
Mondragone
NÁPOLI
Isole Ponziane
Ísola di Ponza
Ponza
Ventoténe
Grosseto
Follónica
Piombino
Portoferráio
Ísola d'Elba
Í. Pianosa
Ísola di Capráia
Í. di Montecristo
Gíglio Castello
Orbetello
Massa Mar.
Campiglia Marittima
Cecina
Bastia
Corse
Corse (F.)
Macinaggio
St. Florent
Corte
Aleria
Ghisonaccia
Solenzara
Porto-Vecchio
Capo Pertusato
Ísola Maddalena
la Maddalena
Porto Cervo
Costa Smeralda
Olbia
Golfo Aranci
Ísola Tavolara
San Teodoro
Siniscóla
Capo Comino
Sardegna (I.)
Mare Tirreno
ITALIA
Ak
Ba
Bb
Bc
Bd
48
49
50

Bc
Bd
Be
Bf
52
53
54
Ísola Alicudi
Ísola Salina
Ísola Filicudi
Malta
Lípari
Ísola Lípari
Ísola Vulcano
Í. Panarea
Capo Vaticano
Nicótera
Rosarno
Gióia Tauro
Palmi
Cittanova
Gerace
Locri
Siderno
Montalto
RÉGGIO D. C.
Bovalino
Brancaleone Marina
Bova Marina
Mélito d. Porto Salvo
MESSINA
Milazzo
Capo d'Orlando
Patti
Sant'Àgata d.M.
Mti. Peloritani
Taormina
Giarre
Acireale
M.Etna
Bronte
Adrano
Paternò
CATÁNIA
Sicília
Augusta
SIRACUSA
Lentini
Caltagirone
Piazza Armerina
Enna
Nicosia
Troina
Gela
Vittória
Ragusa
Módica
Noto
Ávola
Pachino
Capo delle Correnti
Marina d. R.
Ispica
Licata
Canicattì
Caltanissetta
Agrigento
Porto Empédocle
Eraclea Minoa
Sciacca
Menfi
Mazara del Vallo
Castelvetrano
Marsala
Trápani
Ísole Égadi
Favignana
Capo San Vito
San Vito L. C.
Castellammare del Golfo
Àlcamo
Calatafimi
Salemi
Segesta
Selinunte
Corleone
Partinico
Monreale
Carini
Mondello
PALERMO
Términi Imerese
Cefalù
Madonie
Nebrodi
Mistretta
Cefalù
Sicília
MEDITERRANEAN SEA
Tunis
Cágliari
Génova
Napoli
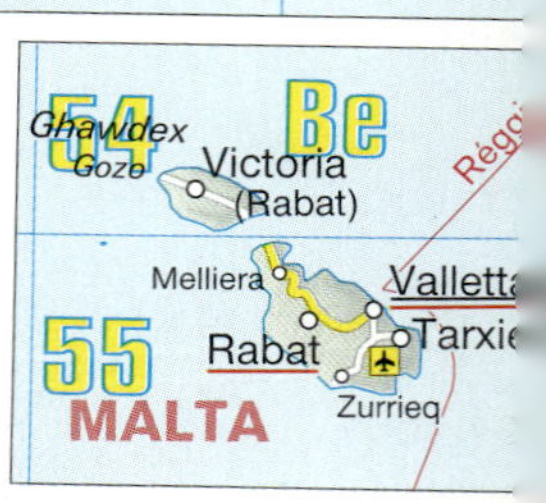
54
55
Be
Gozo
Victoria (Rabat)
Melliera
Valletta
Tarxien
Rabat
Zurrieq
MALTA

58
HRVATSKA
BOSNA I HERCEGOVINA
Be
Bf
Bg
Bh
Bi
Jadransko More
Split
Sarajevo
Milna
Bol
Hvarski kanal
Stari Grad
Sumartin
Makarska
Jelsa
Hvar
Pakleni otoci
Vis
Komiža
Biševo
Modra spilja
Korčulanski kan.
Vela Luka
Korčula
Lastovski kan.
Lastovo
Sušac
Orebić
Pelješac
Ston
Nac. park Mljet
Mljet
Dubrovnik
Cavtat
Čilipi
Herceg-Novi
Boka Kotorska
Ploče
Metković
Neum
Čapljina
Ljubuški
Vitina
Međugorje
Nevesinje
Gacko
Stolac
Ljubinje
Bileća
Trebinje
Vilusi
Lastva
Jablan Do
Trkvice
JUGOSLAVIJA
Podgorica
Jadranska magistrala
HRVATSKA
Palagruža
Ísola Pianosa (I.)
Ísole Trémiti (I.)
Pescara
Pineto
Chieti
Ortona
Lanciano
Guardiagrele
Maiella
Vasto
Térmoli
Atessa
Agnone
Molise
Campobasso
Isérnia
S.Severo
Lucera
FOGGIA
Tavoliere
Tróia
Orta
Cerignola
Lésina
Apricena
Cagnano Varano
Péschici
Promontorio del Gargano
Vieste
Monte S.Á.
S.Giovanni
Manfredónia
Golfo di Manfredónia
Margherita d.S.
Barletta
Trani
Bisceglie
Molfetta
Andria
Canosa
Corato
BARI
Mola d.B.
Polignano a.M.
Monópoli
Grotte di Castellana
Fasano
Ostuni
Castèl del Monte
Púglia
Venosa
Melfi
Lavello
Spinazzola
Altamura
Gravina
Casamássima
Adelfia
Gióia d.C.
Alberobello
Martina F.
Matera
Irsina
Genzano
Brindisi
Penísola Salentina
Squinzano
LECCE
Mesagne
Francavilla F.
TÁRANTO
Mássafra
Móttola
Laterza
Mandúria
Véglie
Porto Cesáreo
Nardò
Galatina
Martano
Otranto
Gallípoli
Máglie
S. Cesárea Terme
Tricase
Ugento
Marina di Léuca
Capo S.Maria di Léuca
Golfo di Táranto
Campania
Benevento
Caserta
Avellino
Nola
Vesúvio
Pompei
Nocera
SALERNO
TORRE D.G.
Castellammare d.S.
Sorrento
Positano
Amalfi
Capri
Punta Campanella
Golfo di Salerno
Battipáglia
Éboli
Paestum
Capáccio
Agrópoli
Castellabate
Punta Licosa
Vallo d.L.
Ascea
Palinuro
Capo Palinuro
Golfo di Policastro
Sapri
Potenza
Muro L.
Avigliano
Rionero
Lucánia
Brienza
Sala C.
Padula
Basilicata
Moliterno
Lauria
Tricárico
Ferrandina
Pisticci
Bernalda
Metaponto
Policoro
Francavilla i.S.
Senise
Trebisacce
Castrovillari
Sibari
Spezzano Alb.
Práia a.M.
Santa Doménica
Belvedere Maríttimo
Cetraro
Bisignano
Rossano
Acri
Paola
COSENZA
Amantea
Rogliano
La Sila
S.Giovanni in Fiore
Cirò
Strongoli
Punta Alice
Crotone
Isola di C.R.
Capo Rizzuto
Catanzaro
Nicastro
S. Eufémia L.
Golfo di S. Eufémia
Golfo di Squillace
Catanzaro Lido
Pizzo
Vibo Valéntia
Tropea
Capo Vaticano
Nicótera
Rosarno
Gióia Tauro
Palmi
Polistena
Cittanova
Soverato
Serra San Bruno
Calabria
Stilo
Monasterace Marina
Marina d. Gioiosa J.
Locri
Gerace
Reggio
Isole Eólie o Lípari
Ísola Strómboli
Ísola Filicudi
Ísola Salina
Ísola Alicudi
Malfa
Lípari
Ísola Lípari
I. Panarea
Porto Levante
Ísola Vulcano
Palermo
Ancona
Split
Bar
Durrës
Kérkira

59
JUGOSLAVIJA
Sarajevo
Čajetina
Kraljevo
Beograd
Zaječar
Vidin BALGARIJA
Bi
Bb
Ca
Cb
Cc
47
48
49
50
51
52
Cajniče
Priboj
Prijepolje
Pljevlja
Durmitor Nac.park
Sjenica
Novi Pazar
Studenica
Sapočani
Kruševac
Aleksinac
Sokobanja
Knjaževac
NIŠ
Prokuplje
Pirot
Leskovac
Vlasotince
Vranje
Bujanovac
Kjustendil
Kumanovo
SKOPJE
Tetovo
Gostivar
Kičevo
Prilep
Veles
Štip
Negotino
Strumica
Kavadarci
Gevgelija
Bitola
Ohrid
Struga
Debar
Prizren
Dakovica
Peć
Priština
PRIŠTINA
Kosovska Mitrovica
Gnjilane
Uroševac
Berane
Nikšić
Trebinje
Herceg-Novi
Kotor
Cetinje
Budva
Bar
Ulcinj
PODGORICA
Shkodër
Lezhë
Kukës
Peshkopi
Durrës
TIRANË
Elbasan
Kavajë
Lushnjë
Fier
Berat
Vlorë
Pogradec
Korçë
Gjirokastër
Sarandë
Tepelenë
SHQIPËRIA
Kérkira
Ioánnina
Igoumenitsa
Préveza
Árta
Flórina
Kastoriá
Kozani
Véria
Náoussa
Édessa
Kilkís
Kateríni
Elassóna
LÁRISSA
Tríkala
Kalambáka
Meteóra
Kardítsa
VÓLOS
Lamía
Fársala
Grevená
Métsovo
Pindos Óros
Ólimbos
Thessalía
Makedonija
Ipiros
Canale d'Otranto
Bari, Trieste
Brindisi
Venézia
Venézia, Pescara
Iónioi Nisoi
Iráklio, Pireas
Al-Iskandariya
Pátra
82
ELLÁS
Athina

60
83
BALGARIJA
TÜRKIYE
SOFIJA
PLEVEN
Loveč
Veliko Tărnovo
Gabrovo
Kazanlăk
STARA ZAGORA
PLOVDIV
Pazardžik
Haskovo
Kărdžali
Smoljan
Blagoevgrad
Sandanski
Dupnica
Samokov
Vraca
Montana
Svištov
Razgrad
Popovo
ŠUMEN
VARNA
Provadija
Tărgovište
SLIVEN
Jambol
BURGAS
Ajtos
Karnobat
Nova Zagora
Dimitrovgrad
Harmanli
Svilengrad
Elhovo
Sevlievo
Trojan
Karlovo
Kărdžali
Momčilgrad
Ardino
Zlatograd
Gotse Delčev
Petrič
EDIRNE
Kırklareli
Lüleburgaz
Babaeski
Uzunköprü
Hayrabolu
Tekirdağ
Malkara
Keşan
İpsala
Gelibolu
Çanakkale
Biga
Çan
Ezine
Bayramiç
Edremit
Ayvalık
Bergama
Dikili
Aliağa
Mitilíni
Lesvos (Gr.)
Límnos (Gr.)
Mírina
Moúdros
Gökçeada (Tr.)
Bozcaada (Tr.)
Samothráki (Gr.)
Thássos
Kavála
Xánthi
Komotiní
Alexandroúpoli
Dráma
Séres
HESSALONÍKI
Ágio Óros
Áthos
Kassándra
Sithoniá
Skíathos
Skópelos
Alónissos
Skíros
Ágios Efstrátios
Thrakiko Pelagos
Saros Körfezi
Egéo Pélagos
Vóries Sporádes
Makedonía
Anatolikí Makedonía
Thráki
Halkidikí
Rilski Manastir
N. P. Pirin
Vitoša
Musala 2925
Vihren 2914
Truva (Troja)
Pergamon
Assos
Madara
Pireas
Kimi, Tinos
Hios
Izmir
Istanbul
Bursa
Lom
Vidin
Ruse
Silistra

61
83
84
Silistra
BALGARIJA
Ch
Ci
Ck
Da
Venec
Karapelit
DOBRIČ
Vaklino
N. Šabla
Šabla
Dobrudžansko Plato
Vranino
Obročište
Kavarna
Balčik
N. Kaliakra
Odesa
Č
O
B
K
ŠUMEN
Novi Pazar
Valčidol
Vetrino
Madara
Provadijska R.
Varnenski Zaliv
VARNA
Devnja
Belos-lav
Provadija
Dălgopol
Smjadovo
Kamčija
Dolni Čiflik
Staro Orjahovo
Vitoša
Solnik
Prilep
BĂLGARIJA
Bjala
Ajtos
Nesebăr
Karnobat
Kameno
Pomorie
BURGAS
Malina
Sozopol
Sredec
Kruševec
Primorsko
Goljamo Kruševo
Carevo
Zvezdec
Ahtopol
Devletliağaç
Malko Tărnovo
Rezovo
Kofçaz
Dereköy
Karacadağ
İğneada
Yoğuntas
Kırklareli
Demirköy
Yıldız Dağları
İnece
Kıyıköy
Pınarhisar
Vize
Babaeski
Ahmetbey
Saray
Yalıköyü
Lüleburgaz
Beyazköy
Çatalca Yarımadası
Karacaköy
Karaburun
Hayrabolu
Ergene Ç.
Çerkezköy
Kumköy
Karadeniz Boğazi (Bosporus)
Dambaslar
Muratlı
Sinekli
Çayağzı
Alacalı
Şile
Pazarbası Br.
Kefken
Baba Burnu
Armutçu
Herakleia Pontike
Ereğli
Alaplı
Banarlı
Çorlu
Çatalca
Kemerburgaz
Boyalık
Yeşilvadı
Ağva
Kandıra
Karasu
Silivri
Esenyurt
Ömerli
Kocaeli Yarımadası
Teke
Akçaova
Ziamet
Kocaali
Akçakoca
Yürük
Tekirdağ
Büyükçekmece
Marmaraereğlisi
ÜSKÜDAR
Kaynarca
Ferizli
İnecik
Barbaros
İSTANBUL
Mollafeneri
Sevindikli
Soğuksu
Çilimli
Konuralp
Ballı
Işıklar Dağı
Büyük Ada
GEBZE
KOCAELİ (İZMİT)
Akmeşe
SAKARYA (ADAPAZARI)
Cumaova
Düzce
Marmara Denizi
Darıca
Hereke
Hendek
Gölyaka
Mürefte
Şarköy
Marmara
Marmara Adası
Yalova
Karamürsel
Gölcük
Akyazı
Pireas Venezia
Türkeli Ad.
Kapıdağı Yarımadası
İmralı Ad.
Çınarcık
Bahçecik
Sapanca
Doğançay
Sarot
İlhanköy
Çakılköy
Armutlu
Orhangazi
Yalakdere
Boyalıca
Pamukova
Geyve
Karabiga
Erdek
Yeniköy plajı
Karacaali
İznik Gölü
İznik
Sakarya N.
Balıkliçeşme
Denizli
Bandırma
Gemlik Kör.
Gemlik
Sölöz
Kaynarca
Osmaneli
Taraklı
Göynük
Mudurnu
Biga
Sarıköy
Buğdaylı
Edincik
Kuş Gölü
Esençe
Mudanya
Karacabey
Gürsu
Yenişehir
Gölpazarı
Susuz
Kabaca
Aksakal
Ulubat Gölü
BURSA
Uludağ
İnegöl
Bilecik
Çatak
Yenipazar
Beydili
Nallıhan
Yarımadası
Gönen
Manyas
Söğütalan
Mustafakemalpaşa
Soğukpınar
Uludağ Milli P.
Sarıcakaya
İnhisar
Söğüt
Süleler
Yenice
Danışment
İlıca
Susurluk
Devecikonağı
Orhaneli
Keles
Tahtaköprü
Pazaryeri
Hekimdağ
Sepetçi
Dinek
Kalkım
Şamlı
Sündiken Dağları
Bozüyük
Balya
Muttalıp
Alpu
Doğanoğlu
BALIKESİR
Kepsut
Durak
Büyükorhan
Harmancık
Burhan
Dodurga
Domaniç
İnönü
ESKİŞEHİR
Beylikova
Ertuğrul
Kavacık
Kümbet
Yunusemre
İvrindi
Tunçbilek
Akpınar
Korucu
Madra Dağı
Çağış
Alaçam Dağları
Kireç
Gökçedağ
Tavşanlı
Sabuncu
Hamidiye
Kaymaz
Sivrihisar
Konakpınar
Köprüören
Türkmen D.
Seyitgazi
Mahmudiye
Savaştepe
Mancınık D.
Bigadiç
Yağcılar
Dağardı
Opanözü
Enne
KÜTAHYA
Göçbeyli
Egrigöz D.
Emet
Büyüksaka
Çifteler
Körhasan
Soma
Gölcük
Düvertepe
Çamlık
Eşatlar
Kırka
Belpınar
Bergama
Sındırgı
Simav Ç.
Hisarcık
Örencik
Bardakçı
İlıbaşı
Gelembe
Simav Dağları
Aizanoi
Aslanapa
Bakır Ç.
Kınık
Kırkağaç
Zeytinliova
Çavdarhisar
Yazılıkaya
Midas Şehri
Ümraniye
Salihler
Simav
Demirci
Şaphane D.
Döğer
Yapıldak
Yuntdağ
Seyitoba
Dağdere
Yarbasan
Eski Gediz
Murat Dağı
Altıntaş
İhsaniye
Bayat
Emirdağ
Akhisar
Gördes
Pazarlar
Abide
Gediz
Keçiler
Kunduzlu
Davulga
Osmancalı
Saruhanlı
Beyoba
Yeniköy
Çamsu
Başkomutan Tarihi
Dumlupınar
Anıtkaya
Gazlıgölakören
İscehisar
Başyurt T.
İzmir
TÜRKİYE
Uşak
Afyon
Sofija
Ruse
Sliven
Edirne
Çanakkale
ZON

62

Dc
Dd
De
Df
Feodosija
Kerč
Novorossijsk
Soči
Trabzon
Samsun
R N O E M O R E
L A C K S E A
A R A D E N İ Z
2020
İnce Burun
Sinop
Sinop Br.
Kızılabalı
Kerempe Burnu
Doğanyurt
İnebolu
Abana
Çatalzeytin
Ayancık
Türkeli
Şerefiye
Erfelek
Kabalı
Gerze
Dranoz (1370)
Yenikonak
Akbayır
Dikmen D. 1471
Bozkurt
Çangal D.
Çiçekyayla
Küre
Cide
Şenpazar
Karaçam
Meydan
Amasra
İnkumu
Bartın
Hisarönü
Ant
Şahin
Ulus
Pınarbaşı
Azdavay
Ağlı
Seydiler
Devrekâni
Daday
Yaralıgöz Dağı
Bürnük
Çakırçay
Çuhali
Boyabat
Duragan
Direklikaya
Taşköprü
Gökırmak
Yakakent
Alaçam
Bafra
Bafra Br.
Kurtler
Hariz
Ovası
Ondokuzmayıs
Boğazkaya
Çerçiler
Pelitbükü
Dikmen
Altınkaya Brj.
Esençay
Sargın
Yunddağı
Türkmen
Mezraa
Vezirköprü
Çakıralan
DAK
Kilimli
Çaycuma
Kozcağa
Eflâni
Kumluca 1726
Gökçebey
Beycuma
Safranbolu
Karabük
Karapınar
Kuzlam
Kastamonu
Daday Ç.
Saraycık D.
Saraydüzü
Çiftlikköy
Kızılırmak
Araç
Kuzyaka
İhsangazi
Akkaya
Kırık
Ilgaz Dağı Milli Parkı
2587
Kargı
Kunduz D.
Kâmil
Köprübaşı
Ada Dağı
Devrek
Yenice
Yenice Irmağı
Çavuşlar
İğdir
Ovacık
Boyalı
Tosya
Hacıhamza
Osmancık
Saraycık (960)
Havza
Lâdik
Merzifon
Suluova
Ak Dağ 2062
Eğerci
Mengen
Eskipazar
İsmetpaşa
Bayramören
Ilgaz
Devrez Ç.
Kargın
Harun
Gümüşhacıköy
Hamamözü
Sarıbuğday
Amasya
Gökçesu
Pazarköy
Çerkeş
Kurşunlu
Atkaracalar
Belören
Yapraklı
Asarcık
İskilip
Lâçin
Doğantepe
Kaleköy
Gerede
Karadürgen Dağı
Ağaca
Işık D. 2015
Kavacık
Korgun
Sakaevi
İkizören
Bayat
Çorum
Seydim
Mecitözü
Gediksaray
Bolu
Dörtdivan
Güvem
Orta
Çankırı
Kuzu
Uğurludağ
Sağpazar
Hamdi
İbek
Göynücek
Zile
Köroğlu T.
Çamlıdere
Kızılcahamam
Soğuksu Milli P.
Karagöl
Eldivan
Şabanözü
Bozkır
Cemilbey
Ortaköy
İğdir
Boztepe
Seben
Kıbrıscık
Peçenek
Bayındır Brj.
Karaşar
Çeltikçi
Pazar
Çubuk Brj. II
Karamusa
Çandır
Kızılırmak
Demirşeyh
Alacahöyük
Çöplü
Buzluk Dağ
Karaköy
Güdül
Kazan
Çubuk
Sulakyurt
Kavak
Karaçay
Sungurlu
Alaca
Aydıncık
Çekerek
Deveci Dağı
Beypazarı
Sirkeli
Kalecik
Alembeyli
Boğazkale
Tasatı M.P.
Eymit
Beyyurdu
Kadışeri
Yanık
Keçiören
Altındağ
Delice
Hattuşaş
Deremahal
Doğanlı
Çekerek Irmağı
Kirmir Çayı
Kırbaşı
Koyunağılı
Ayaş
İçmecesi
Sincan
Polatlar
Ankara
Mamak
Çankaya
Elmadağ
Yahşihan
Balışeyh
Kırıkkale
Musabeyli
Salmanlı
Yozgat
Sorgun
Yozgat Çamlığı Milli Parkı
Kamamğara
Oluközü
Sarıoba
Sarayköy
Poyraz
Temelli
Gölbaşı
Süleymanlı
Elma D.
Dinek D.
Takazlı
Akçakent
Sekili
Çiçekdağı
Saray
Osmanpaşa
Gelingüllü Brj.
Haşbek
Akçakışla
Biçer
Sazılar
Yassıhöyük (Gordion)
Polatlı
Çokören
Kayabaşı
İkizce
Karakeçili
Keskin
Yerköy
Şefaatli
Yenipazar
Sarıkaya
Yenimehmetli
Seyhali
Oyaca
Haymana
Bâlâ
Çimşit
Akpınar
Göllü
Çamalak
Karahasanlı
Sırcalı
Çayıralan
Arayıt D.
Günyüzü
Ilıca
Yamak
Kesikköprü
Çelebi
Kaman
Aydınlar
Çoğun
Boztepe
Kozaklı
Fakılı
Boğazlıyan
Çandır
Çukur
1820
Ertuğrulköy
Yenice
Yaylâsı
Çeltikli
Odunboğazı
Savcılı
Hirfanlı Brj.
Tokluman
Seyfeköy
Seyfe G.
Kırşehir
Akpınar
Fehimli
Büyüközü
Oğulcak
Felâhiye
Tuzla Gölü
İlyaspaşa
Adatoprakpınar
Yeşilöz
Çekirge
Karaca D.
Kulu
Yazıçayırı
Akın
Kaçarlı
Mucur
Topaklı
Çallıgedik Geç.
Kalaba
Kurşunlu D.
Himmetdede
Güneşli
Kanis
Erkilet
Gezi
Çeltic
Emirler
Yeşilyurt
Kozanlı
Tuzyaka
Şereflikoçhisar
Kesikköprü
Hacıbektaş
Kızıl Dağı
Gümüşkent
Özkonak
Boğazköprü
Hacıfakılı
Sülüklü
Yeniceoba
Harabekoy
Tavşançalı
Tuz Gölü 905
Ağaçören
Bozkır
Konya
Aksaray
TÜRKİYE
Niğde
Kayseri
Tokat
Sivas
Pınarbaşı

85

62
63
85
86
Df
Dg
Dh
Di
Dk
47
48
49
50
51
ČORNOE MORE
BLACK SEA
KARADENİZ
İstanbul
Sinop, İstanbul
Novorossijsk
2000
343
SOČI
Hosta
Adle
Macest
Loo
DAGOM
Bafra Br.
Kürtler
Bafra
Ovası
Yakakent
Alaçam
Bafra
Ondokuzmayıs
Pelitbükü
Boğazkaya
Esençay
Sargın
Yunddağı
Çakıralan
SAMSUN
Cıva Br.
Çarşamba Ovası
Emiryusuf
Themiskira
Dikbıyık
Tekkeköy
Çarşamba
Terme
Çayırkent
Kavak
Köprübaşı
Havza
Asarcık
Cevizlik
Ayvacık
Salıpazarı
Çaybaşı
Ünye
Yasun Br.
Perşembe
ORDU
Fatsa
Oman Paşa
Tekkiraz
Çamaş
Kumru
Akkuş
Korgan
Ulubey
Kabadüz
Piraziz
Bulancak
Giresun
Sakarya Kale
Keşap
Espiye
Tirebolu
Görele
Beşik-düzü
Fener Br.
Akçakale
Akçaabat
TRABZO
Çanakçı
Şalpazarı
Tonya
Yağlıdere
Doğankent
Düzköy
Maçka
Alaca D.
Kürtün
Sumelas
Altındere
Altındere Vadisi Milli P.
Torul
Gümüşhane
Vaudağı Ge
Kale (1900)
Köse
Kelkit
Demirö
Suluova
Lâdik
Şeyhli
Destek
Ak Dağ
Taşova
Çiğdemlik
Tekke
Karayaka
Doğanyurt
Doğantepe
Amasya
Esençay
Kozlu
Erbaa
Aybastı
Gürgentepe
Gölköy
Topçam
Harçbeli
Çambaşı Y.
Kovanlık
Yavuz-kemal
Dereli
Akılbaba T.
Sapmaz
Kaleköy
Aydınca
Çamiçi
Niksar
Bereketlio
Yeşilçe
Meşudiye
Karagöl D.
Ballıca
Turhal
Yazıtepe
Dazya Han
Yaylacık Dağı
Komana Pontike
Gökdere
Almus
Reşadiye
Çilhane
Umurca
Koyulhisar
Ortakent
Gökçekent
Şebin-karahisar
Alucra
Kara Dağ
Şiran
Zile
İğdir
Dökmetepe
Pazar
Horostepe
Tokat
Boztepe
Artova
Çiftlik Hanı
Çamlıbel
Çırçır
Yıldız D.
Keşiş D.
Aşağıa-sarcık
Doğanşar
Şerefiye
Suşehri
Akıncılar
Çamoluk
Gölova
Kozağaç
Yeşilyurt
Yanık
Çekerek Irmağı
Sulusaray
Subaşı
Çamlıbel Geç.
Yenihan
Karaçayır
Hafik
Zara
İmranlı
Kızıldağ Geç.
Akarsu
Refahiye
Çatalçam
Pazarcık
Belcik
Yıldızeli
Havaalanı
SİVAS
Tekkeköy
Beydağı
Gümüşakar
Cengerli
Doğanbeyli
Bozoğlak
Çatalarmut
Erzincan
Altıntepe
Üzüm
Oluközü
Akdağmadeni
Direkli
Çelâli
Bulucan
Karacaören
Kuruçay
Alpköy
Akçakışla
Çallı
Bedirli
Karayün
Akkoç
Harmancık
Beypınarı
Büyükkarmutlu
Kemah
Çağlayan
Akbaba Tepe
Dağyolu
Pülümür
Ortaköy
Kayadibi
Ulaş
Sincan
Gedik-başı
İliç
Oğuz
Çandır
Sızır
Şarkışla
Deliktaş
İğdeli
Divriği
Yeşilyazı
Ovacık
Munzur Vadisi Milli Parkı
Kırmı köprü
Karagöl
Altınyayla
Kangal
Kavak
Karasar Geç.
Kemaliye
Başpınar
Karaoğlan
Çukur
Gemerek
Sarıoğlan
Kervansaray
Akkışla
Karaca T.
Akpınar
Çetinkaya
Mursal
Danişment
Dutluca
Gedikler
Hozat
Tunceli
Nazimiye
Dallıbahçe
Mazgirt
Sultanhanı
Yılanlı
Kaynar
Örenşehir
Alacahan
Çalgan
Yoncalı
Arapgir
Ağın
Çemişgezek
Dere
Darıkent
Bünyan
Ziyarettepesi Geç.
Koyunlu
Hasançelebi
Kuluncak
Konakpınar
Hekimhan
Ballıkaya
Taşdelen
Akçapınar
Pertek
Pınarlar
Akpazar
Başyol
Göltepe
Pınarbaşı
Malatya
TÜRKİYE
Kayseri
Ankara
Çorum
Sinop
Canik Dağları
Giresun Dağları
Doğu K
Otlukbeli Dağları
Tecer Dağları
İncebel Dağları
Akdağlar
Kulmaç Dağları
Mercan Dağları
Köse Dağı
Deveci Dağı
Kelkit Çayı
Yeşilırmak
Fırat Nehri
Kızılırmak
Tecer Ir.
Tozanlı Ç.
Munzur Ç.
Pülümür Ç.
Keban Brj.
Tuzla Gölü

64

ROSSIJA
Pjatigorsk
Ea
Eb
Ec
Ed
Ee
Krasnaja Poljana
Karačaj-Čerkes Resp.
Kèbèrdej-Balkèr Resp.
BOL'ŠOJ KAVKAZ
Skalistyj hrebet
Abadhara
Gantiadi
Gagra
Abhazskaja
Gudauta
Novyj Afon
m. Picunda
SUHUMI
Gulrips
Dranda
Očamčira
Avt. Resp.
Kodorskij hrebet
Tkvarčeli
Teberda
per. Maruhskij
Dombaj
g. Dombaj Ulgen
per. Kluhorskij
zapov. Teberdinskij
Kvemo-Ažara
Omarišara
Čebel'da
Hurzuk
Ėl'brusskij
g. Ėl'brus
Ėl'brus
Tyrnyauz
Verh. Baksan
Bylym
Verh. Čegem
Bezengi
Belaja Rečka
NAL'ČIK
St. Lesken
Kashatau
Lesken
Baksan
Majskij
Nartkala
Uryan'
Terek
Malgobek
Ėl'hotovo
Kardžin
Digora
Ardon
Beslan
VLADIKAVKAZ
Alagir
Gizel
Čikola
Mestia
Verh. Balkarija
g. Dyh-Tau
5204
Dzinaga
Severo-Osetinskaja SSR
Mizur
Buron
Niž. Zaramag
Verh. Fiagdon
g. Kazbek
5033
per. Mamisonskij
2829
per. Rokskij
(2995)
per. Krestovyj
(2379)
Kvemo Roka
Šoy
Oni
Jugo-Osetinskaja A O
Džava
Chinvali
Znauri
Leningori
g. Lajla
4008
Svanetskij hr.
Megrelskij hrebet
Haiši
Lentehi
Džvari
Cageri
Ladžanurigės
Hvančkara
Ambrolauri
Hračinskij hrebet
Sačhere
Čiatura
Gali
Zugdidi
Čhorocku
Calendžiha
Martvili
Piçori
Anaklia
Kulevi
Hobi
Senaki
Abaša
Honi
Chaltubo
KUTAISI
Tkibuli
Haristvala
Terżola
Zestafoni
Poti
Samtredia
Vani
Lančhuti
Kolhida
SAKARTVELO
Agara
Kareli
Gori
Kaspi
Tinishidi
Surami
Hašuri
Bagdati
Šorapani
Haragauli
Čohatauri
Ureki
Ozurgeti
Tobahčo
g. Mepisckaro
2850
Meshetskij hrebet
Borżomi
Cagveri
Bakuriani
Kobuleti
Očhamuri
Cihisdziri
Čakva
Mahindžauri
Adžarskaja A.R.
BATUMI
Helvadžauri
Keda
Hulo
Šuahevi
Adigeni
Abastumani
Ahalcihe
Vale
Aspindza
Bakurianskij Andezit
Trialetskij hrebet
Manglisi
Čalkskoe vdhr.
g. Šavikide
2850
Calka
Trialeti
Tetri Ckaro
Kazreti
Dmanisi
oz. Paravani
Ahalkalaki
Vardzia
Ninocminda
Gorelovka
Sarp
Kemalpaşa
Hopa
Maradit
(1000)
Borçka
Posof
(2540)
Camili
Meydancık
Veliköy
Damal
Kurtkale
Hanak
Arhavi
Fındıklı
Ortacalar
Murgul
Boğa T.
3131
Karaçal Dağı
3428
Ortaköy
Şavşat
Aşağı Irmaklar
Artvin
(500)
Zeytinlik
Ardanuç
Çandır D.
3050
Yalnızçam
Ardahan
Hasköy
Bağdaşan
Ardahan Yaylâsı
Çıldır
Çıldır G.
Doğruyol
3026
Akbaba D.
Taşbaşı
Amasija
Gukasjan
g. Ačkasar
3195
Taşir
Stepanavan
Pazar
Çayeli
Rize
İyidere
Of
Ardeşen
Çamlıhemşin
Ayder
Kaplıca
Zilkale
Sarıgöl
Parhal
Güneysu
Kalkandere
Kaptanpaşa
Hayrat
Sürmene
Köprübaşı
Çaykara
Kaçkar D.
3937
Yusufeli
Dört Kilise
Öğdem
Demirkent
Aşağı Karacasu
Olur
Yeni Rabat
Kömürlü
Göle
Çayırbaşı
Susuz
Arpaçay
Cebeci
Akyaka
Sahnalar
GJUMRI
HAYASTAN
Spitak
Artik
Maralik
Aparan
g. Aragac
4090
Aştarak
Talin
Aragac
(JEREVAN) EREVAN
Ėčmiadzin
Mecamor
Oktemberjan
Nubaraşen
Masis
Markara
Artaşat
Başköy
Çamlıkaya
Ovitdağı Geç.
Kılıçkaya
Şelâle
Ayvalı
Bana
Toptaş
Akşar
Allahüekber Dağl.
Tuygun
Kars
(1750)
Mezraa
Başgedikler
Ocaklı
2699
Anipemza
Uzungöl
3193
Oğanlı Geç.
(2330)
(2600)
Soğanlı Dağl.
Pazaryolu
İspir
Öşt Vank
Uzundere
Başbağlar
Oltu
(1300)
Şenkaya
Selim
Pazarcık
Kırdamı
Digor
Kars Yaylâsı
Aydıntepe
Çoruh Nehri
Tahtköy
Bayburt
Maden
Mescit Dağları
Mescit T.
3230
Tortum
Şenyurt
Narman
(2400)
Kireçli Geç.
Kışlaköy
Gaziler
Sarıkamış
Güllü Dağları
Karaurgan
Karakurt
Cengilli
Kötek
Kağızman
Akçay
Arpalı
Pakran
Magara
Ovacık
Artsathi
3045
Dumlu
Hasan Kale
Kargapazar Dağları
Horasan
(1540)
Çayarası
Gazilerl
Tuzluca
Küllük
Iğdır
(850)
Kara-koyunlu
Aralık
Yenidoğan
Büyükağrı D. (Ararat)
5137
Bürälan
Kop Geç.
(2302)
Yoncalık
Kumluyazı
Kahramanlar
Aşkale
Alaca
Ilıca
ERZURUM
(1950)
Pasinler
Çobandede
Aras
Koçoğlu
Köse D.
3433
Aşağı Katırlı
Suveren
Çilli Geç.
(2110)
Süluçam
Tunyolu
Tercan
(1475)
Çiftlik
Kandilli
Kalaylı T.
3176
Yukarı Kızılca
Turnagöl
(2315)
Tahir
Toprakkale
Cumaçay
Aras Güneyi Dağl.
Eleşkirt
Ağrı
Murat
Taşlıçay
İpek Geç.
(2040)
Çiftlikköy
İshak Paşa Sarayı
Doğubayazıt
Gürbulak
Bāzārgān
Palandöken Dağları
Söylemez
Tekman
Karayazı
Güllü
Elmalıdere
Hamur
Diyadin
Ortadirek
Aşağı Dalören
Gökçeşeyh
Gedikdere
Koşan T.
3078
Üçdam
Çat
Gökoğlan
Hacıömer
Göksu
Tutak
Esmer
Karaağaç
Kağnılı
Delihasan
Yavacık
Taşçapı
Ala Dağlar
3255
3533
Uzunyol
Kelisakendi
Quezel Surl
Yedisu
Hamzalar
Bingöl Dağl.
3193
Karasu Aras
Hınıs
Karaköprü
Karaçoban
Aktuzla
Tanyeri
Anzavurtepe
Dedeli
Çaldıran
Çiçekli
Peri Suyu
Viranşehir
Karlıova
Çaylar
Kiği
Ayladere
Adaklı
Kıraçtepe
Göynük
Halitçavuş
Karaağıl
Patnos
Deliçay
Üçgözeler
Siyah Çeşme
Varto
Karaköy
Malazgirt
Karahasan
Sarısu (Aktepe)
Doğansu
Koçapınar
Erciş
Muradiye
Çan
Sancak
Özlüce
Karaboğa Dağları
Şerafettin Dağl.
Karakoçan
(1800)
Ilıcalar
Solhan
Ekinyolu
Mercimekkale
Şanlıca
Erentepe
Bulanık
Gölyanı
Adaksu
Süphan D.
4434
Van Gölü
Ulaşar
Dorutay
Gonca T.
Bingöl
(1125)
Yaygın
Sürügüden
Nazik G.
Ovakışla
Adilcevaz
Göldüzü
Timar
Sarımehmet Brj.
Tatvan
TÜRKİYE
Van
IRAN
Grozny
Tbilisi
Karaklis
E

87

PORTUGAL
68
Portalegre
52
53
54
55
56
Sb
Sc
Islas Canarias
LISBOA
Sintra
Amadora
Almada
Barreiro
Montijo
Setúbal
Palmela
Sesimbra
Cabo Espichel
Costa da Galé
Alcácer do Sal
Évora
Estremoz
Elvas
BADAJOZ
Mérida
Almendralejo
Zafra
Jerez d.l.C.
Moura
Beja
Sines
Cabo de Sines
Odemira
Ourique
Castro Verde
Mértola
Portimão
Lagos
Albufeira
Loulé
Faro
Olhão
Tavira
Vila Real
Ayamonte
Sagres
Cabo de São Vicente
Cabo de Sta. Maria
HUELVA
Moguer
Almonte
SEVILLA
D. Hermanas
Carmona
Utrera
Lebrija
Sanlúcar d.Barr.
Chipiona
Rota
El Puerto d. Sta. M.
CÁDIZ
San Fernando
Chiclana d. l. Fr.
Conil d. l. Fr.
Vejer d.l.Fr.
Barbate
JEREZ D.L.FR.
Arcos d.l.Fr.
Algeciras
La Línea d. l. C.
Gibraltar (U.K.)
Tarifa
Pta. Marroquí o de Tarifa
San Roque
Ronda
Golfo de Cádiz
Costa de la Luz
A T L A N T I C
O C E A N
Cap Spartel
TANJAH (TANGER)
Ceuta (Sebta)
TITWÂN (TETOUAN)
Asilah
El-Araïch (Larache)
El-Ksar-el-Kbir
Ouezzane
Souk-el-Arba-du-Rharb
Al-Q'NITRA (KÉNITRA)
Mendiya-Plage
SLÂ (SALÉ)
AR-RIBÂT (RABAT)
Sidi-Kacem
Moulay-Idriss
Volubilis
MIKNÂS (MEKNÈS)
Khemisset
Casablanca

69

Talavera
ESPAÑA
Ciudad Real
Madrid
Albacete
Albacete
Albacete
Sf
Sg
Sh
Si
Sk
Almadén
Almodóvar del Campo
Puertollano
Abenójar
Corral d.C.
Almagro
Bolaños d.C.
La Solana
Alhambra
Valdepeñas
Villahermosa
Villamanrique
Alcaraz
Peñas d.S.P.
Pozo-Cañada
Montealegre d.C.
Ontinyent
Alcoi
Yecla
Villena
Ibi
Elda
Jumilla
Monóvar
Hellín
Tobarra
Elche d.l.Sra.
ALACANT
ELX
Crevillente
Callosa
Santa Pola
Orihuela
Torrevieja
MURCIA
Molina d.S.
Archena
Cieza
Mula
Cehegín
Caravaca d.l.C.
Calasparra
Moratalla
Alcantarilla
Alhama d.M.
Totana
Lorca
Mazarron
CARTAGENA
La Unión
Cabo de Palos
Mar Menor
San Javier
San Pedro
Puerto
Águilas
Cope
Pulpí
Cuevas d. Alm.
Vera
Garrucha
Mojácar
Carboneras
Las Negras
San José
Cabo de Gata
Níjar
Sorbas
Tabernas
ALMERÍA
Roquetas d.M.
Golfo de Almería
Almerimar
Adra
Berja
Dalías
Castell de Ferro
Motril
Almuñécar
Nerja
Vélez-M.
MÁLAGA
Fuengirola
Marbella
Coín
Álora
Antequera
Archidona
Loja
GRANADA
Sta.Fe
Atarfe
Illora
Guadix
Baza
Huéscar
Cúllar-Baza
Vélez R.
Vélez Bl.
Huércal-Overa
Albox
Sierra Nevada
Mulhacén
Lanjarón
Órjiva
Ugíjar
Laujar d.A.
Fiñana
Gérgal
Filabres
Jaén
Martos
Alcaudete
Alcalá l.R.
Baena
Montilla
Cabra
Aguilar
Lucena
Priego d.C.
Rute
Montefrío
Puente-G.
CÓRDOBA
Bujalance
Montoro
Andújar
Bailén
Linares
Baeza
Úbeda
Villacarrillo
Cazorla
Jódar
Huelma
Mancha R.
Torredonjimeno
Porcuna
Arjona
Villa d.R.
La Carolina
Santisteban d.P.
Sta. Cruz de Mudela
Villanueva d.l. Infantes
Villanueva de Córdoba
Pozoblanco
Cardeña
Conquista
Torrecampo
El Viso
Santa Eufemia
Brazatortas
Mestanza
Solana d.P.
Sierra Morena
Andalucía
Murcia
Mancha
Reg. Valenciana
Costa del Sol
Costa de Almería
Mediterranean Sea
Isla del Alborán (Esp.)
Cap des Trois Fourches
Melilla (Esp.)
Nador
Islas Chafarinas (Esp.)
Ras-el-Ma
Saïdia
Berkane
Ahfir
Al-Hoceima
Âït-Youssef-ou-Ali
Targuist
Kassita
Midar
Tiztoutine
Selouane
Zaïo
Taforalt
Mts. d. Beni-Snassen
UJDAH (OUJDA)
Jerada
Taourirt
Guercif
Taza
Parc national
FÀZ (FÈS)
Sidi-Harazem
Tahar-Souk
Aknoul
Rif
MAGHRIB (MAROC)
Ghazaouet
Nedroma
Maghnia
TLEMCEN
Monts de Tlemcen
Sebdou
Beni Saf
Aïn Témouchent
Hammam Bou Hadjar
Les Andalouses
Bou Zadjar
El Amria
AL JAZĀ'IR (ALGÉRIE)
El Aricha
Magoura
Aïn-Benimathar
Oran
Marrakech
AL-MAGHRIB
Bouârfa
Mecheria

Igoumenitsa
Ioánnina
74
Trikala
ELLÁS
Thessaloniki
Ca
Cb
Cc
Cd
51
52
53
54
55
56
Kérkira
Dodona
Platária
Frossíni
Vargiádes
Athamánon
Óri Pargas
Párga
Mórfi
Mesopótamo
Drossopigí
Drakótripa
Mouzáki
Kardítsa
Palamás
Itéa
Kipséli
Kanália
Makrirráhi
Mouresi
VÓLOS
Paxí
Stefáni
Kalamiá
Árta
Áno Kalendíni
Skoulikariá
Kédra
Pteri
Neohóri
Sofádes
Neraida
Gefíria
Fársala
Áno Halkiádes
Ambelia
Pagas- sitikós Kólpos
Argalastí
Skíathos
Alónissos
Peristéra
Skópelos
Skándzoura
Gioura
Kirá Panagiá
Vóries Sporádes
Órmos Nikopólis
Nikopolis
Preveza
Koronissía
Vónitsa
Amvrakikós K.
Empessós
Rentína
Makrirráhi
Thafmakó
Anthótopos
Almirós
Mantasiá
Stená Fourkas
Trikéri
Ahillio
Agriovótano
Skiathos
Lefkáda
Amfilohía
Podogorá
Páleros
Karpenissi
Levkas
Makrokómi
Lamía
Stilída
Pelasgía
Glífa
Istiéa
Vassiliká
Kokinomiléa
Xiró
Strofiliá
Lefkáda
Elati
Nídri
Meganissi
Fitíes
Sidira
Proússos
Gardíki
Domnista
Paúliani
Brálos
Mólos
Lihás
Loutrá Edipsoú
Límni
Sarakiniko
Agrínio
Vónos
Arkitsa
Ágios Konstantínos
Atalánti
Evoikós
Venézia
Kálamos
Astakós
Thérmo
Levkadíti
Lílea
Zélio
Malesina
Kilissos
Kólpos
Psahná
Steni Dirfios
Kimi
Akra Kimis
Taxiárhes
Oxtonia
Arkoúdi
Ithákio
Frikes
Itháki
Átokos
Dytikí
Amfissa
Parnassos
Sterea
Ornomenós
Lárimna
Halkída
Séta
Évia
Nísoi
Ássos
Neohóri
Sevgarákio
Kapsorráhi
Delphi
Aráhova
Livadiá
Akréfnio
Movriki
Lépoura
Kardakáta
Sámi
Messolóngi
Náfpaktos
Itéa
Kiriáki
Dramessi
Notios
Erétria
Skála Oropoú
Lixoúrio
Enos
Andírio
Erátini
Akra Agia Pángalos
Agia Ana
Thíva
Agiás Trías
Amphiareion
Argostóli
Akra Araxos
PÁTRA
Río
Égio
Korinthiakos
Thisbi
Erithrés
Parnithos
Marathónas
Kefaloniá
Póros
Áraxos
Panahaikó
Akráta
Kólpos
Aigosthena
Fíli
Kifissiá
Néa Mákri
Stira
Káto Ahaía
Halandritsa
Xilókastro
Perahóra
Káto Alepphório
Elefsína
Pendeli
Rafina
Káristos
Kato Kateliós
Patraikos Kólpos
Kangádio
Mihas
Kalávrita
Evrostína
Kiáto
Megara
Salamína
ATHÍNA
Petalí
Volímes
Kilíni
Lehena
Santoméri
Kéntro
Goúra
Arh. Korinthos
Ágios Theódori
PIREÁS
Katastári
Pinios
Efira
Agía Triáda
Zarouhla
Óros Killíni
Kaliáni
Kórinthos
Salamína
Markópoulo
Zákinthos
Loutra Kilínis
Amaliáda
Tripótama
Kalivia
Psári
Mykenai
Loutró Elenis
Saronikós
Égina
VOULIAGMÉNI
Zákinthos
Dáfni
Nemea
Fíliomódi
Kórfos
Metóhi
Mesagrós
Lávrio
Katákolo
Olimbía
Olympia
Vitína
Levídi
Límnes
Paleá Epídavros
Pérdika
Makronissi
Keri
Pírgos
Alfiós
Langádia
Dimitsána
Árgos
Epidauros
Méthana
Káto Soúnio
Temple of Poseidon
Káto Samikó
Andritsena
Tripoli
Náfplio
Póros
Metamorfossi
Galatás
Kéa
Pisses
Káto Figália
Peloponnisos
Kiparissiakós Kólpos
Megalópoli
Giokaréika
Georgios
Ástros
Kranídi
Ermióni
Ídra
Kíthnos
Strofádes
Dório
Leondári
Argolikós Kólpos
Kósta
Dokós
Kiparissía
Messene
Spétses
Kanála
Filiatrá
Arfara
Dirráhi
Vassarás
Taigetos
Leonídio
Pláka
Mirtóo Pélagos
Méga Livádi
Sérifos
Gargaliáni
Aristoménis
Spárti
Próti
Hóra
Messíni
Kalamáta
Mistra
Paralia
2000
Pílos
Likódimo
Petalídi
Geráki
Velopoúla
Kardamíli
Skála
Niáta
Methóni
Koróni
Árna
Falkonera
Andimílos
Finikoúnda
Káto Glikóvrisi
Gérakás
Mílos
Sapiéndza
Messiniakós Kólpos
Githio
Monemvassía
Karávi
Profítis Ilías
Shíza
Venétiko
Papadiánika
Avgo
Areópoli
Kótronas
Spileon Dirou
Lakonikós Kólpos
Ágios Apóstoli
Máni
Neápoli
Geroliménas
Elafónissos
Elafónissi
Velanídia
Akra Ténaro
Pórto Kágio
Stenón Elafonissou
Karavas
Agía Pelagía
Milopótamos
Kíthira
Kíthira
Stenón Kithéron
Porion
Potamos
5015
Andikíthira
Akra Spanda
Gramvoúsa
Kólpos Kissámou
Rodopoú
Kólpos Hanion
Falásarna
Máleme
Stérnes
Órmos Soúdas
Kissamou
Kastéli
Haniá
Vámos
Sfinári
Lákki
Léska Óri
Paleohóra
Akra Krios
Soúgia
Agia Rouméli
Páhnes
Sfakia
Kríti
Gavdopoúla
Gávdos
Livikó Pélagos
2661
Al-Iskandariya
Venézia, Pescara, Bari

Çanakkale
Balıkesir
Cf
Cg
Ch
Ci
Baba Br.
Behramkale
Edremit Kör.
Karadere
Madra Dağı
Konakpınar
Bigadiç
Gömeç
1344
Savaştepe
174
Mancınık D.
Düvertepe
Çamlık
Mithimna
Mantamados
346
Kozak
565
Gölcük
Sındırgı
Simav Ç.
Simav Dağları
Pétra
Lesvos (Gr.)
Antissa
Kalloni
Ayvalık
Göçbeyli
Soma
Gelembe
Sígri
Eressós
Altınova
Nebiler
Bergama
Demirci
Mitilíni
Pergamon
240
Kırkağaç
Polihnítos
Bakır Ç.
Kınık
Zeytinliova
Dağdere
Yarbasan
Dikili
Zeytindağ
Akhisar
Gördes
Plomári
Yuntdağ
Çandarlı
Seyitoba
Çandarlı Kör.
E87
Beyoba
Yeniköy
Borlu
Selendi
Vóreio
Aliağa
Saruhanlı
Köprübaşı
Encekler
Skíros
Yenifoça
Osmancalı
Halitpaşa
Gölmarmara
Foça
550
Gediz Nehri
MANİSA
Karataş
216
Kula
300
Psará
Nenitoúria
Karaburun
Küçükbahçe
Menemen
Emiralem
Sinirli
Turgutlu
Ahmetli
Salihli
Kardámila
1297
1212
Mordoğan
Manisa Dağı Milli P.
E96
Köseali
Killik
Volissós
Sasalli
Sardes
Kemalpaşa
Híos (Gr.)
Güzelbahçe
İZMİR
Karaköy
Boz Dağları
Alaşehir
Híos
Çeşme
Ildır
Urla
2137
Kiraz
Néa Moni
Alaçatı
Dağkızılca
Bayındır
Ödemiş
Birgi
Sarıgöl
Menderes
Sarıkaya
Uluderbent
Pirgí
Teos
Torbalı
Gökçen
Bademli
Beydağ
Deniz Kamp Yeri
Seferihisar
Değirmendere
Boğaziçi
Tire
1831
Doğanbey
Ephesus
Selçuk
Aydın Dağı
Nazilli
119
320
Efes
Ortaklar
AYDIN
E87
Kuşadası Kör.
Meryemana
Büyük Menderes
Kuşadası
Germencik
Yenipazar
Gávrio
Egéo
Dilek Yarımad. Milli P.
Karacasu
Geyre
Ándros
Sámos (Gr.)
Sámos
Söke
Koçarlı
Bozdoğan
Karlovássi
Pithagório
Bağarası
Aphrodisias
Órmos
Heraion
1237
Priche
Çine
Kemer
Pánormos
Tínos
Evdilos
Fourni
Karine
Karpuzlu
Kavaklıdere
Ikaría
Fourni
Milet
Pınarcık
Akçaova
550
Göktepe
Tínos
Amalo
Ágios Kirikos
Akköy
Selimiye
Turgut
Ermoúpoli
Míkonos
Mikonos
Agathonissi
Euromos
Yatağan
Possidonía
Síros
Delos
Yenihisar
Kazıklı
Eskihisar
1892
Didyma
Milas
Yemişendere
Lipsi
Güllük
Pátmos
Çamköy
1366
Muğla
Serfopoúla
Pátmos
Güllük Kör.
Yeniköy
Karaova
Ören
Gökova
Ula
Apóllo
Leros
Agia Marina
Ortakent
Mazı
400
Náousa
Náxos
Moutsoúna
Skalia
Bodrum
Taşbükü
Köyceğiz
Sifnou
Páros
Donoussa
Kálimnos
Filóti
Turgutreis
Halikarnassos
Kámares
Andíparos
Angeriá
1001
Náxos
Kálimnos
Gökova Körfezi
Karaağaç
Apollonia
Páros
Aliko
Tholária
Kós
Marmaris
İstuzu
Sifnos
Kéros
Kós (Gr.)
Aktur
Shinoússa
Amorgós
Reşadiye Yarımad.
Reşadiye
Stenón Kimolou Sifnou
Iráklia
Katápola
Amorgós
Kardámena
Körmen
Kímolos
Kikládes
Arkesíni
Datça
Bozburun
Antalya
Poliegos
Kéfalos
Knidos
Knidos
Síkinos
Ios
Ios
Dodekánissos
Simi
Síkinos
Vathi
Mandráki
Sími (Gr.)
Folégandros
Astipálea
Folégandros
Nissiros
Ialissos
Ródos
Thíra (Santoríni)
Astipálea
Megálo Horio
Paradisi
Oía
Nótio Egéo
Tílos
Afándou
Thíra
Anáfi
Kritinia
Emborió
Akrotiri
Anáfi
Kamiros
Hálki
Hálki
1215
Ródos (Gr.)
Attaviros
Lemosos
Monólithos
Laerma
Líndos
Lahania
Katavía
Karpathio
Saria
Saria
Tristomo
Pélagos
Ólimbos
Kárpathos (Gr.)
Pelagos
Spóa
1215
Kárpathos
Kríti (Gr.)
Arkássa
Armathiá
Día
Frí
Kássos
Stenon Kásu
Lemosos
Bali
Sises
IRÁKLIO
Liménas
Akra Agios Ioannis
Dragonáda
Pérama
E75
Hersonissou
A. Sideros
Réthimno
Rodiá
Mália
Vrouhas
Kólpos Mirambélou
Vai
Elassa
Anógia
Knossós
Tílisos
Agios Nikólaos
Sitia
Apóstoli
2456
Skaláni
Neápoli
Palékastro
Idi Óros
Psihro
146
E75
97
Zarós
Dafnés
2148
Zákros
Gortis
Ligórtinos
Dikti Óros
Gournia
Timbáki
Ínio
Máles
Xerokambos
2000
Kólpos
Agia
Mártha
Koutsouras
Lemosos
Matala
Déka
Ierápetra
Phaistos
Pírgos
Koufoníssi
Messarás
Léndas
Akra Lithinon
Hrissí
Al-Iskandariya
3300
Afyon
TÜRKİYE
Denizli
Antalya

76
Balıkesir
Bursa
Eskişehir
Ankara
İzmir
TÜRKIYE
Ci
Ck
Da
Db
51
52
53
54
55
56
Bigadiç
Sındırgı
Düvertepe
Dağardı
Emet
Enne
KÜTAHYA
Eşatlar
Örencik
Hisarcık
Aizanoi
Türkmen D.
Seyitgazi
Mahmudiye
Sivrihisar
Haymana
Günyüzü
Arayıt D.
Çifteler
Körhasan
Büyükkaska
Kırka
Bardakçı
Belpınar
İlbaşı
Ertuğrulköy
Aslanapa
Çavdarhisar
Şaphane D.
Simav
Simav Dağları
Demirci
Gördes
Yarbaşan
Pazarlar
Abide
Eski Gediz
Gediz
Murat Dağı
Altıntaş
İhsaniye
Döğer
Yapıldak
Yazılıkaya
Midas Şehri
Umraniye
İlyaspaşa
Adatoprakpınar
Yeşilöz
Çeltic
Emirler
Salihler
Yarıkkaya
Emirdağ
Davulga
Bayat
Keçiler
Başkomutan Tarihi
Anıtkaya
Dumlupınar
Kunduzlu
Gazlıgölakören
Borlu
Köprübaşı
Selendi
Encekler
Karabeyli
Çamsu
UŞAK
Banaz
Sınanpaşa
AFYON
İscehisar
Başyurt T.
Bolvadin
Karapınar
Yunak
Hacıfakılı
Sülüklü
Karataş
Kula
Yenişehir
Güre
Ahat
Hocalar
Çobanlar
Milli Parkı
Kuyubaşı
Ayeıtepe
Başkuyu
Turgut
Büyükkoba
Kolukısa
Köseali
Alaşehir
Killik
Ulubey
Sivaslı
Karadirek
Şuhut
Çay
Taşköprü
Sultandağı
Tuzlukçu
Yorazlar
Atlant
Eşme
Avgan
Ağaçbeyli
Sandıklı
Akşehir
Yeleğen
Sarıgöl
Sarıkaya
Güney
Gülle
Bekilli
Karahallı
Çivril
Işıklı
Kızılören
Gümüşsu
Uzunpınar
Haydarlı
Kumdanlı
Taşevi
Tatarlı
Yalvaç
Bağkonak
Reis
Argıthanı
Ilgın
Kadınhanı
Sarayönü
Uluderbent
Akkent
Yamanlar
Bayat
Buldan
Çal
Dinar
Senirkent
Eğirdir
Zindan Mağ.
Gelendost
Doğanhisar
Şarkikaraağaç
Aşağıçığıl
Derbent
Sızma
Nazilli
Hierapolis
Akköy
Pamukkale
Sarayköy
Büyük Menderes
Babadağ
Karacasu
Geyre
Aphrodisias
DENİZLİ
Honaz
Kaklık
Denizler
Çardak
Dazkırı
Bozan
Başmakçı
Acıgöl
Tepecik
Keçiborlu
Uluborlu
Atabey
ISPARTA
Ağlasun
Mahmutlar
Kızıldağ
Çeltek
Hüyük
Kireli
Aladağ
Han
KONYA
Kızılören
Bozdoğan
Kemer
Tavas
Ebecik
Kavaklıdere
Göktepe
Medet
Eşler Dağı
Serinhisar
Söğüt Dağı
Burdur
Karakent
Orhanlı
Hacılar
Aksu
Kovada Gölü Milli P.
Ayvalıpınar
Yenişar-Bademli
Beyşehir
Doğanbey
Erenler Dağları
Hatip
İnlice
Kara-Hüyük
Çavuş
Hatunsaray
Muğla
Yemişendere
Çağırgan
Kale
Acıpayam
Yeşilova
Karamanlı
Kemer
Çeltikçi
Çamoluk
Bucak
Akbelenli
Sütçüler
Çandır
Yeşildağ
Şahkok
Gencek
Üzümlü
Yaylacık
Seydişehir
Akören
Beyağaç
Akçay
Kelekçi
Dalaman Çayı
Darıveren
Tefenni
Kızılkaya
Katrancık Dağı
Kocaaliler
Kargı
Derebucak
Dedegöl Dağları
Köprülü Kanyon Milli P.
Suğla Gölü
Dudensuyu Mağarası
Yalıhüyük
Ula
Gölgeli Dağları
Alçı
Çavdır
Bozova
Köseler
Beşkonak
Başlar
Cevizli
Ahırlı
Bozkır
Köyceğiz
Otmanlar
Çameli
Gölhisar
Korkuteli
Kızılcadağ
Söğüt
Tatköy
Gebiz
Aydınkent
Akseki
Yarpuz
Üçpınar
Bağbaşı
Karaağaç
Bozyaka
Bonçuk D.
Döşemealtı
Perge
Sırtköy
Geyik Dağları
Ortaca
İstuzu
Dalaman
Marmaris
Arpacık
Üzümlü
Kargı
Bekçiler
Güllük Dağı Milli Parkı
Çakırlar
Aksu
Serik
Aspendos
Taşağıl
Geriş
Selâle
Güzelsu
Gündoğmuş
Hadim
ANTALYA
İmecik
Seki
Ak Dağlar
Elmalı
Bey Dağları
Olimpos Beydağları Sahil Milli Parkı
Beldibi
Antalya Körfezi
Dikmen
Manavgat
Side
Kızılot
Okurcalar
Alara Han
Alara C.
Güzelbağ
Köprülü
Serafsa Han
Rodos
Fethiye
Kemer
Akçay
Kemer
Phaselis
Alanya
Alacami
Beldibi
Eşen
Letoon
Xanthos
Kınık
Yazır
Çatallar
Karamanbeyli Geç.
Altınyaka
Kumluca
Çavuşköy
Finike
Kasaba
Kalkan
Kaş
Kale
Yardımcı Burnu
Demirtaş
Selinus
Gazipaşa
Kastellorizo (Gr.)
Kekova Adası
MEDITERRANEAN SEA
Chrysochou Bay
C.Arnaoutis
Polis
Mesogi
Pafos
Ü
T

77
78
Ankara
TÜRKIYE
Kırşehir
Kaman
Mucur
Boğazlıyan
Şarkışla
Gemerek
Şereflikoçhisar
Tuz Gölü
Avanos
Gülşehir
Nevşehir
Ürgüp
KAYSERI
Talas
Hacılar
İncesu
Bünyan
Pınarbaşı
Cihanbeyli
Aksaray
Develi
Yeşilhisar
Niğde
Bor
Kemerhisar
Ereğli
Karapınar
Çumra
Karaman
Pozantı
Kozan
Kadirli
Düziçi
ADANA
Ceyhan
OSMANIYE
Islahiye
TARSUS
IÇEL
(MERSIN)
Erdemli
Silifke
Mut
Ermenek
Gülnar
Anamur
Bozyazı
Karataş
Dörtyol
İSKENDERUN
Belen
Kırıkhan
Reyhanlı
HATAY
(ANTAKYA)
Samandağı
KIBRIS
CYPRUS
LEFKOSIA
Ammochostos
Larnaka
Lemesos
Kyrenia
AL-LĀDIQIYA
(LATAKIA)
al-Lādiqiya
Ğabala
Bāniyās
Tartūs
SŪRIYA
Tall Kalah
Idlib
AL-LUBNĀN
Tarābulus

78
Sivas
TÜRKİYE
Şarkışla
Kangal
Divriği
Tunceli
Munzur Vadisi Milli Parkı
Kemaliye
Arapgir
Hekimhan
Pınarbaşı
Gürün
Darende
Hurman Kalesi
Afşin
Elbistan
Göksun
Akçadağ
MALATYA
Battalgazi (Eski Malatya)
Aslantepe
Kalor Han
Derbend Ağzı Han
Doğanşehir
Nurhak
ELÂZIĞ
Harput
Keban Barajı
Kovancılar
Palu
Maden
Ergani
Hazar Gölü
Çüngüş
Çermik
DİYARBAKIR
Siverek
Nemrud Dağı
Arsameia
Kâhta
ADIYAMAN
Prehistorik Mag.
Gölbaşı
Besni
Çağlayancerit
KAHRAMAN-MARAŞ
Göredin Kalesi
Türkoğlu
Pazarcık
Yavuzeli
Araban
Rum kale
Halfeti
Bozova
Hilvan
Atatürk Barajı
Urfa Yaylâsı
ŞANLI URFA
Viranşehir
Konstantina
Birecik
Nizip
GAZİ ANTEP
Islahiye
Tilmen-hüyük
Kartal Dağı
Kilis
Suruç
Akçakale
Harran
Sumatarhisar
Ceylanpınar
Ra's al-'Ain
Tall Ahmar
Manbiğ
Qal'at Nağm
A'zāz
Ain Dāra
Sam'an
Qal'at Sam'ān
HALAB (ALEPPO)
Reyhanlı
Kırıkhan
Hassa
al-Bāb
Tādif
Dair Hāfir
Buhairat al-Asad
ar-Raqqa
AR-RAQQA
Qal'at Ğabir
Madīnat at-Taura
Halabīya
Zalabīya
ar-Ruṣāfa
Idlib
Tall Mardīḥ (Ebla)
Ma'arrat an-Nu'mān
Qaṣr Ibn Wardān
Ḥamāh
HAMĀH
Salamīya
Qaṣr al-Hair
DAIR AZ-ZAUR
al-Mayādīn
Qal'at ar-Rahab
Ğabal Abū Ruğmain
Ğabal Bil'ās
HIMS
Buhairat Hims
al-Qusair
Tadmur (Palmyra)
Tiyās
Bi'r al-Munbaṭih
SŪRIYA
Bairūt
Dimašq
Tartūs
Al-Lādiqīya
Iskenderun
Adana
Kayseri
51
52
53
54
55
56
Dg
Dh
Di
Dk

79

Erzurum
Ağrı
Eb
Ec
Ed
Ee
Hınıs
Karaçoban
Patnos
Erciş
Maku
Bingöl Dağı
Varto
Bulanık
Malazgirt
Muradiye
Çaldıran
Muş
Van Gölü
Ahlat
Tatvan
Bitlis
VAN
Hoşab Kalesi
Ahtamar
Gevaş
Gürpınar
Başkale
Salmās
Kozluk
Silvan
BATMAN
Hasankeyf
Siirt
Kurtalan
Şirnak
Uludere
Hakkâri
Yüksekova
Midyat
Mardin
Kızıltepe
Nusaybin
Cizre
İdil
Silopi
al-Qāmišlī
al-Mālikīya
Zāḫū
Dahūk
al-'Amādīya
Rāwandūz
ARBĪL
AL-MAUṢIL
(MOSUL)
Nimrud
Hatra
Aššur
KIRKŪK
Tikrīt
al-Ḥasaka
Ninawā
Ǧabal Sinǧār
Ǧabal Ḥamrīn
Ǧabal Makḥūl
'IRĀQ
ĪRĀN
Āẕarbāyǧan-e Ġarbī
Bagdad
09100003

Internationale Autokennzeichen · Motor vehicle nationality letters
Plaques de nationalité · Internationaale autokentekens
Targhe automobilistiche internazionali · Matrículas internacionales
Nationalitetsbetegnelser · Nationalitetsbeteckningar
Międzynarodowe znaki rejestracyjne · Poznávací značky aut
Nemzetközi autójelzesek · Международные опознавательные знаки

A
Österreich
Austria
Autriche
Oostenrijk
Austria
Austria
Østrig
Österrike
Austria
Rakousko
Ausztria
Австрия

AL
Albanien
Albania
Albanie
Albanië
Albania
Albania
Albanien
Albanien
Albania
Albánie
Albánia
Албания

AND
Andorra
Andorra
Andorre
Andorra
Andorra
Andorra
Andorra
Andorra
Andora
Andorra
Andorra
Андорра

AR
Armenien
Armenia
Arménie
Armenië
Armenia
Armenia
Armenien
Armenien
Armenia
Arménie
Örményország
Армения

AZ
Aserbaidschan
Azerbaijan
Azerbaïdjan
Azerbajdzjan
Azerbajdzan
Azerbaijhán
Aserbajdjan
Aserbajdsjan
Azerbejdżan
Ázerbajdžán
Azerbajdzsán
Азербайджан

B
Belgien
Belgium
Belgique
België
Belgio
Bélgica
Belgien
Belgien
Belgia
Belgie
Belgium
Бельгия

BG
Bulgarien
Bulgaria
Bulgarie
Bulgarije
Bulgaria
Bulgaria
Bulgarien
Bulgarien
Bułgaria
Bulharsko
Bulgária
Болгария

BIH
Bosnien und Herzegowina
Bosnia and Herzegovina
Bosnie - Herzégovine
Bosnië en Hercegovine
Bosnia e Erzegovina
Bosnia y Herzegovina
Bosnien og Hercegovina
Bosnien och Herzegovina
Bośnia i Hercegowina
Bosna a Hercegovina
Bosznia és Hercegovina
Босния и Герцеговина

BY
Weißrussland
Belorussia
Biélorussie
Wit-Rusland
Russia Bianca
Bielorusia
Hviderusland
Vitryssland
Białoruś
Bělorusko
Belorusszia
Беларусь

CH
Schweiz
Switzerland
Suisse
Zwitserland
Svizzera
Suiza
Schweiz
Schweiz
Szwajcaria
Švýcarsko
Svájc
Швейцария

CY
Zypern
Cyprus
Chypre
Cyprus
Cipro
Chipre
Cypern
Cypern
Cypr
Kypr
Ciprus
Кипр

CZ
Tschechische Republik
Czech Republic
République tchèque
Tsjechische Republiek
Repubblica ceca
República Checa
Tjekkiske republik
Tjeckiska republiken
Republika Czeska
Česká republika
Cseh Köztársaság
Чешская республика

D
Deutschland
Germany
Allemagne
Duitsland
Germania
Alemania
Tyskland
Tyskland
Niemcy
Německo
Németország
Германия

DK
Dänemark
Denmark
Danemark
Denemarken
Danimarca
Dinamarca
Danmark
Danmark
Dania
Dánsko
Dánia
Дания

DZ
Algerien
Algeria
Algérie
Algerije
Algeria
Argelia
Algeriet
Algeriet
Algieria
Alžírsko
Algéria
Алжир

E
Spanien
Spain
Espagne
Spanje
Spagna
España
Spanien
Spanien
Hiszpania
Španělsko
Spanyolország
Испания

EST
Estland
Estonia
Estonie
Estland
Estonia
Estonia
Estland
Estland
Estonia
Estonsko
Észtország
Эстония

F
Frankreich
France
France
Frankrijk
Francia
Francia
Frankrig
Frankrike
Francja
Francie
Franciaország
Франция

FIN
Finnland
Finland
Finlande
Finland
Finlandia
Finlandia
Finland
Finland
Finlandia
Finsko
Finnország
Финляндия

FL
Liechtenstein
Liechtenstein
Liechtenstein
Liechtenstein
Liechtenstein
Liechtenstein
Liechtenstein
Liechtenstein
Liechtenstein
Lichtenštejnsko
Liechtenstein
Лихтенштейн

FR
Färöer
Faeroe Islands
Iles Féroé
Faeröer
Islas Faeroe
Islas Faeroe
Færøerne
Färöarna
Wyspy Owcze
Faerské ostrovy
Feröer
Фарерские острова

GB
Großbritannien
Great Britain
Grande Bretagne
Groot-Brittanië
Gran Bretagna
Gran Bretaña
Storbritannien
Storbritannien
Wielka Brytania
Velká Británie
Nagy-Britannia
Великобритания

GBA
Alderney
Alderney
Alderney
Alderney
Alderney
Alderney
Alderney
Alderney
Alderney
Alderney
Alderney
Олдерни

GBG
Guernsey
Guernsey
Guernsey
Guernsey
Guernsey
Guernsey
Guernsey
Guernsey
Guernsey
Guernsey
Guernsey
Гернси

GBJ
Jersey
Jersey
Jersey
Jersey
Jersey
Jersey
Jersey
Jersey
Jersey
Jersey
Jersey
Джерси

GBM
Insel Man
Isle of Man
Île de Man
Isle of Man
Isola de Man
Isla de Man
Isle of Man
Isle of Man
Wyspa Man
Ostrov Man
Man sziget
Остров мэн

GBZ
Gibraltar
Gibraltar
Gibraltar
Gibraltar
Gibraltar
Gibraltar
Gibraltar
Gibraltar
Gibraltar
Gibraltar
Gibraltár
Гибралтар

GE
Georgien
Georgia
Géorgie
Georgië
Georgia
Georgia
Georgien
Georgien
Gruzja
Gruzie
Grúzia
Грузия

GR
Griechenland
Greece
Grèce
Griekenland
Grecia
Grecia
Grækenland
Grekland
Grecja
Řecko
Görögország
Греция

H
Ungarn
Hungary
Hongrie
Hongarije
Ungheria
Hungría
Ungarn
Ungern
Węgry
Mad'arsko
Magyarország
Венгрия

HR
Kroatien
Croatia
Croatie
Kroatië
Croazia
Croacia
Kroatien
Kroatien
Chorwacja
Chorvatsko
Horvátország
Хорватия

I
Italien
Italy
Italie
Italië
Italia
Italia
Italien
Italien
Włochy
Itálie
Olaszország
Италия

IR
Iran
Iran
Iran
Iran
Iran
Irán
Iran
Iran
Iran
Írán
Irán
Иран

IRL
Irland
Ireland
Irlande
Ierland
Irlanda
Irlanda
Irland
Irland
Irlandia
Irsko
Írország
Ирландия

IRQ
Irak
Iraq
Iraq
Irak
Iraq
Ira
Irak
Irak
Irak
Irák
Irak
Ирак

IS
Island
Iceland
Islande
Ijsland
Islanda
Islandia
Island
Island
Islandia
Island
Izland
Исландия

KZ
Kasachstan
Kazakhstan
Kazakhstan
Kazachstan
Kazachistan
Kazajstán
Kazakhstan
Kazakhstan
Kazachstan
Kazachstán
Kazahsztán
Казахстан

L
Luxemburg
Luxembourg
Luxembourg
Luxemburg
Lussemburgo
Luxemburgo
Luxemburg
Luxemburg
Luksemburg
Lucembursko
Luxemburg
Люксембург

LT
Litauen
Lithuania
Lithuanie
Litouwen
Lituania
Lituania
Litauen
Litauen
Litwa
Litva
Litvánia
Литва

LV
Lettland
Latvia
Lettonie
Letland
Lettonia
Letonia
Letland
Lettland
Łotwa
Lotyšsko
Lettország
Латвия

M
Malta
Malta
Malte
Malta
Malta
Malta
Malta
Malta
Malta
Malta
Málta
Мальта

MA
Marokko
Maroc
Maroc
Marokko
Marocco
Marruecos
Marokko
Marocko
Maroko
Maroko
Marokkó
Марокко

MC
Monaco
Monaco
Monaco
Monaco
Monaco
Monaco
Monaco
Monaco
Monako
Monako
Monaco
Монако

MD
Moldawien
Moldavia
Moldavie
Moldavië
Moldavia
Moldavia
Moldavien
Moldavien
Mołdawia
Moldavsko
Moldava
Молдова

MK
Makedonien
Macedonia
Macédonie
Macedonië
Macedonia
Macedonia
Makedonien
Makedonien
Macedonia
Makedonie
Macedónia
Македония

N
Norwegen
Norway
Norvège
Noorwegen
Norvegia
Norvega
Norge
Norge
Norwegia
Norsko
Norvégia
Норвегия

NL
Niederlande
Netherlands
Pays-Bas
Nederland
Paesi Bassi
Países Bajos
Nederland
Nederländerna
Holandia
Nizozemsko
Hollandia
Нидерланды

P
Portugal
Portugal
Portugal
Portugal
Portogallo
Portugal
Portugal
Portugal
Portugalia
Portugalsko
Portugália
Португалия

PL
Polen
Poland
Pologne
Polen
Polonia
Polonia
Polen
Polen
Polska
Polsko
Lengyelország
Польша

RL
Libanon
Lebanon
Liban
Libanon
Libano
Libano
Libanon
Libanon
Liban
Libanon
Libanon
Ливан

RO
Rumänien
Romania
Roumanie
Roemenië
Romania
Rumania
Rumänien
Rumänien
Rumunia
Rumunsko
Románia
Румыния

RSM
San Marino
San Marino
Saint-Marin
San Marino
San Marino
San Marino
San Marino
San Marino
San Marino
San Marino
San Marino
Сан-Марино

RUS
Rußland
Russia
Russie
Rusland
Russia
Rusia
Ryssland
Ryssland
Rosja
Rusko
Oroszország
Россия

S
Schweden
Sweden
Suède
Zweden
Svezia
Suecia
Sverige
Sverige
Szwecja
Švédsko
Svédország
Швеция

SCV
Vatikanstadt
Vatican City
Cité du Vatican
Vaticaanstad
Città del Vaticano
Ciudad del Vaticano
Vatikanet
Vatikanstaten
Watykan
Vatikán
Vatikán-város
Ватикан

SK
Slowakische Republik
Slovak Republic
République slovaque
Slowaakse Republiek
Repubblica slovacca
República Eslovaca
Slovakiske republik
Slovakiska republiken
Republika Słowacka
Slovenská republika
Szlovák Köztársaság
Словацкая республика

SLO
Slowenien
Slovenia
Slovénie
Slovenija
Slovenia
Eslovenia
Slovenien
Slovenien
Słowenia
Slovinsko
Szlovénia
Словения

SYR
Syrien
Syria
Syrie
Syrie
Siria
Siria
Syrien
Syrien
Syria
Sýrie
Szíria
Сирия

TR
Türkei
Turkey
Turquie
Turkije
Turchia
Turquía
Tyrkiet
Turkiet
Turcja
Turecko
Törökország
Турция

UA
Ukraine
Ukrainia
Ukraine
Oekraine
Ucraina
Ucraina
Ukraine
Ukraina
Ukraina
Ukrajina
Ukrajna
Украина

UZ
Usbekistan
Uzbekistan
Ouzbékistan
Oezbekistan
Usbechistan
Uzbekistán
Usbekistan
Usbekistan
Uzbekistan
Uzbekistán
Üzbegisztán
Узбекистан

YU
Jugoslawien
Yugoslavia
Yougoslavie
Joegoslavië
Iugoslavia
Yugoslavia
Jugoslavien
Jugoslavien
Jugosławia
Jugoslávie
Jugoszlávia
Югославия

Ortsnamenverzeichnis · Index of place names
Index des localités · Plaatsnamenregister
Elenco dei nomi di località · Índice de topónimos
Stednavnsfortegnelse · Ortnamnsförteckning
Skorowidz miejscowości · Rejstřík sídel
Helységnévjegyzék · Список названий населенных пунктов

Luxembourg	L	42-43		Ag 41
①	②	③		⑤
Barentsburg	N	2-3	I	D 2
①	②	③	④	⑤

①	②	③
(D) Ortsname	Nationalität	Seitenzahl
(GB) Place name	Country	Page number
(F) Localité	Nationalité	N° de page
(NL) Plaatsnaam	Nationaliteit	Paginanummer
(I) Località	Nazionalità	N° di pagina
(E) Topónimo	Nacionalidad	Nro. de página
(DK) Stednavn	Nationalitet	Sidetal
(S) Ortnamn	Nationalitet	Sidnummer
(PL) Nazwa miejscowości	Państwo	Numer strony
(CZ) Jména obcí	Státní příslušnost	Čislo strany
(H) Helységnév	Àllam	Oldalszám
(RUS) Название населенного пункта	Национальность	Количество страниц

④	⑤
(D) Nebenkarte	Suchfeldangabe
(GB) Insert map	Grid search reference
(F) Papillon	Coordonnées
(NL) Aanvullende kaart	Zoekveld-gegevens
(I) Carta riquadrata a fianco	Riquadro nel quale si trova il nome
(E) Mapa del recuadro	Coordenadas de la casilla de localización
(DK) Bikort	Kvadratangivelse
(S) Tilläggskarta	Kartrutangivelse
(PL) Mapa przedłużający	Numeracja skorowidzowa
(CZ) Vedlejší mapa	Údaje hledacího čtverce
(H) Melléktérkép	Keresöhálózat megadása
(RUS) Врезная карта	Указатель индексного поля

A – Á, À, Â, Ă, Å, Ą, Ā, Ã, Ä, Æ ...

Die alphabetische Ordnung des Registers entspricht der Reihenfolge der Buchstaben im lateinischen Alphabet. Diakritische Zeichen und Sonderbuchstaben wurden beim Alphabetisieren nicht berücksichtigt.

The alphabetical order employed in the index follows that used in the Latin alphabet. Diacritical marks and distinct letters are disregarded in alphabetization.

L'ordre alphabétique de l'index est établi selon l'alphabet latin. Il n'a pas été tenu compte des signes diacritiques et des caractères spéciaux.

In dit register zijn de plaatsnamen gerangschikt volgens het Latijnse alfabet. Bij het alfabetiseren werd geen rekening gehouden met diacritische tekens en bijzondere letters.

L' ordine alfabetico dell' indice dei nomi segne l' ordine alfabetico latino. Le segni particolari e lettere speciale non sono rispettati.

Los nombres se han ordenado en el índice de acuerdo al alfabeto latino. Las letras especiales o las provistas de signos diacríticos no ce incluyden como tales en la alfabetización.

Registerets alfabetiske orden svarer til bogstavernes rækkefølge i det latinske alfabet. Ved alfabetiseringen blev der ikke taget høide for diakritiske tegn og særbogstaver.

Registret är alfabetiskt ordnat enlingt bokstäverna i latinska alfabetet. Diakritiska tecken och specialbokstäver har inte beaktats vid bokstavsföljden.

Porządek alfabeticzny rejestru odpowiada kolejności liter w alfabecie tacińskim. Znaki diakriticzne i liter specialne hie zostały uwzględnione przy sporządzeniu wykazu alfabeticznego.

Abecední uspořádání rejstříku odpovídá řazení písmen v latinské abecedě. Diakritická znaménka a zvláštní znaky nejsou při tomto řazení brány v úvahu.

A névmutató betűrendes felosztása a latin ábécé sorrendjének felel meg. A megkülönböztető jeleket és a különleges betűket a sorrend meghatározásakor nem vettük figyelembe.

Алфавитный порядок условных обозначений соответствует порядку букв латинского алфавита. Диакритические знаки и особые буквы в алфавитном порядке не учитывались.

A

Aachen D 42-43 Ag 40
Aalen D 42-43 Ba 42
Aalsmeer NL 40-41 Ae 38
Aalst B 40-41 Ae 40
Aalten NL 42-43 Ag 39
Aalter B 40-41 Ad 39
Aamer SYR 86-87 Di 54
Aapua S 2-3 Cd 24
Aarau CH 56-57 Ai 43
Aareavaara S 2-3 Cd 23
Aarschot B 40-41 Ae 40
Aazanèn MA 80-81 Sg 55
Abadhara GE 64-65 Ea 47
Abano Terme I 56-57 Bb 45
Abaş TR 76-77 Ck 51
Abaša GE 78-79 Ec 48
Abastumani GE 78-79 Ec 49
Abbadia San Salvatore I 72-73 Bb 48
Abbekås S 26-27 Bd 35
Abbeville F 40-41 Ab 40
Abbeyfeale = Mainistir na Féile IRL 37 Sa 38
Abbeyleix = Mainistir Laoise IRL 37 Sc 38
Abborrträsk S 10-11 Bk 25
'Abdalḥasan IRQ 86-87 Ee 56
'Abdallāh, Sulṭān IRQ 86-87 Ed 55
Abdulino RUS 34-35 Fd 37
Abejar E 68-69 Sh 49
Abenójar E 80-81 Sf 52
Åbenrå DK 26-27 Ak 35
Aberaeron GB 40-41 Sf 38
Aberdâr = Aberdare GB 40-41 Sg 39
Aberdare GB 40-41 Sg 39
Aberdaugleddau = Milford Haven GB 40-41 Se 39
Aberdeen GB 38-39 Sh 33
Aberfeldy GB 38-39 Sg 34
Abergavenny GB 40-41 Sg 39
Abergele GB 38-39 Sg 37
Aberhonddu = Brecon GB 40-41 Sg 39
Abermaw = Barmouth GB 38-39 Sf 38
Abersoch GB 38-39 Sf 38
Abertawe = Swansea GB 40-41 Sg 39
Aberteifi = Cardigan GB 40-41 Sf 38
Aberystwyth GB 40-41 Sf 38
Abez' RUS 6-7 Gb 24
Abganerovo RUS 48-49 Ee 42
Abide TR 74-75 Cg 50
Abide TR 84-85 Ck 52
Abington GB 38-39 Sg 35
Abinsk RUS 62-63 Di 46
Abisko S 2-3 Bi 22
Abjelil MA 80-81 Sf 56
Ablis F 40-41 Ab 42
Åbo = Turku FIN 18-19 Cc 30
Abony H 58-59 Ca 43
Aboyne GB 38-39 Sh 33
Abramovka RUS 32-33 Eh 36
Abramovka RUS 50-51 Fe 38
Abrantes P 68-69 Sb 51
Abrau-Djurso RUS 62-63 Dh 46
Abrene = Pytalovo RUS 28-29 Ch 33
Abrets, les F 56-57 Af 45
Abriès F 56-57 Ag 46
Abrud RO 60-61 Cd 44
'Abṭa, Tall IRQ 86-87 Ec 55
Abū Darīḥa SYR 86-87 Dh 55
Abū Darūğa IRQ 86-87 Ed 56
Abū ḍ-Ḍuhūr SYR 86-87 Dh 55
Abū Far', Tall SYR 86-87 Eb 54
Abū Ğulūd, Bi'r SYR 86-87 Dk 54
Abū Ḥammām SYR 86-87 Ea 56
Abū Wağnām IRQ 86-87 Ec 54
Abyaḍ, Tall al- SYR 86-87 Di 54
Åbybro DK 16-17 Ak 33
Åbyn S 10-11 Cb 25
Abzakovo RUS 34-35 Fi 37
Abzanovo RUS 52-53 Fg 39
Ačandara GE 64-65 Ea 47
Accéglio I 56-57 Ag 46
Achad an Iúir IRL 37 Sc 37
Achali = Novyj Afon GE 64-65 Ea 47
Achiltibuie GB 38-39 Se 32
Achim D 26-27 Ak 37
Achnasheen GB 38-39 Se 33
Acıgöl TR 84-85 De 52
Ačikulak RUS 64-65 Ee 46
Acıpayam TR 84-85 Ck 53
Acıpınar TR 84-85 Dd 52
Acireale I 72-73 Bf 53
Ačit RUS 34-35 Fh 34
Acle GB 40-41 Ab 38
Açma TR 86-87 Di 52
Acquasparta I 72-73 Bc 48
Ácqui Terme I 56-57 Ai 46
Acri I 72-73 Bg 51
Ács H 58-59 Bi 43
Ada YU 74-75 Bk 49
Adaevka RUS 52-53 Gc 39
Adak S 8-9 Bi 25
Adaklı TR 78-79 Ea 51
Adaklı TR 86-87 Ee 53
Adaksu TR 86-87 Ec 52
Adamclisi RO 60-61 Ch 46
Adamuz E 80-81 Sf 52
Adana TR 84-85 Df 54
Adapazarı = Sakarya TR 76-77 Da 50
Adatoprakpınar TR 76-77 Dc 51
Adelboden CH 56-57 Ah 44
Adélfia I 72-73 Bg 50
Adigeni GE 78-79 Ec 49
Adilcevaz TR 86-87 Ec 52
Adiller TR 84-85 Dc 54
Adıyaman TR 86-87 Di 53
Adjud RO 60-61 Ch 44
Adler RUS 62-63 Dk 47
Admont A 58-59 Be 43
Adolfsström S 2-3 Bg 24
Adorf D 42-43 Bc 40
Adrall E 70-71 Ab 48
Adrano I 72-73 Be 53
Ádria I 56-57 Bc 45
Adunaţii-Copăceni RO 60-61 Cg 46
Adutiškis LT 28-29 Cg 35
Adygejsk RUS 62-63 Dk 46
Adyk RUS 64-65 Ef 45
Äänekoski FIN 10-11 Cf 28
Aegviidu EST 18-19 Cf 31
Ähtäri FIN 10-11 Ce 28
Äkäsjokisuu FIN 2-3 Cd 23
Äkäslompolo FIN 2-3 Ce 23
Älghult S 26-27 Bf 33
Älimbet KA 52-53 Fi 40
Älmeboda S 26-27 Bf 34
Älmhult S 26-27 Be 34
Älmsta S 16-17 Bi 31
Älvängen S 16-17 Bc 33
Älvdalen S 16-17 Be 29
Älvkarleby S 16-17 Bh 30
Älvros S 16-17 Bc 29
Älvsbacka S 16-17 Bd 31
Älvsbyn S 10-11 Cb 25
Älvsered S 16-17 Bc 33
Åmådalen S 16-17 Be 29
Ämmänsaari FIN 10-11 Ci 26
Ängelholm S 26-27 Bc 34
Ängelsberg S 16-17 Bg 31
Äsköping S 16-17 Bg 31
Aetós GR 74-75 Cb 50
Ätran S 16-17 Bc 33
Afanas'evo RUS 20-21 Ec 32
Afanas'evo RUS 22-23 Fd 32
Afanas'evskoe RUS 34-35 Fi 34
Afándou GR 84-85 Ci 54
'Afar, Tall IRQ 86-87 Ec 54
Afipinskij RUS 62-63 Dk 45
Afipskij RUS 62-63 Di 46
Åfjord N 8-9 Ba 27
Afrikanda RUS 4-5 Dc 23
'Afrin SYR 86-87 Dg 54
Afşar TR 76-77 Dd 51
Afşin TR 86-87 Dg 52
Afumaţi RO 60-61 Cg 46
Afyon TR 84-85 Da 52
Ağaca TR 76-77 Dc 50
Ağaçbeyli TR 84-85 Ck 52
Ağaçlı TR 86-87 Ea 52
Ağaçören TR 84-85 Dd 52
Ağaçsever TR 86-87 Ea 53
Agafonkovo RUS 22-23 Fh 33
Agapovka RUS 34-35 Fk 37
Agara GE 78-79 Ed 48
Agara GE 78-79 Ed 49
Agde F 54-55 Ad 47
Agen F 54-55 Aa 46
Agger DK 26-27 Ai 34
Agía Ána GR 82-83 Cc 52
Agia Déka GR 82-83 Ce 55
Agia Eirini CY 84-85 Dc 55
Agía Galíni GR 82-83 Ce 55
Agía Marína GR 82-83 Cg 53
Agia Napa CY 84-85 Dd 56
Agía Pelagía GR 82-83 Cc 54
Agía Rouméli GR 82-83 Cd 55
Ágias Triás Parnithos GR 82-83 Cd 52
Agía Triáda GR 82-83 Cb 53
Agidel' RUS 34-35 Fe 35
Agighiol RO 60-61 Ci 45
Ağın TR 86-87 Di 52
Agios Amvrosios TR 84-85 Dd 55
Ágios Apóstoli GR 82-83 Cd 54
Ágios Efstrátios GR 74-75 Ce 51
Ágios Harálambos GR 74-75 Cf 50
Ágios Kírikos GR 82-83 Cg 53
Ágios Konstantinos GR 82-83 Cc 52
Agios Nikólaos GR 82-83 Cf 55
Ágios Pétros GR 82-83 Ca 52
Ágios Theódori GR 82-83 Cd 53
Agira I 72-73 Be 53
Ağlasun TR 84-85 Da 53
Aglona LV 28-29 Cg 34
Agnita RO 60-61 Ce 45
Agnone I 72-73 Be 49
Agon-Coutainville F 40-41 Si 41
Agramunt E 70-71 Ab 49
Agrat RUS 34-35 Fb 37
Ağrı TR 78-79 Ed 51
Agrigento I 72-73 Bd 53
Agrínio GR 82-83 Cb 52
Agriovótano GR 74-75 Cd 51
Agrópoli I 72-73 Be 50
Agryz RUS 34-35 Fd 34
Agudo E 68-69 Sf 52
Águeda P 68-69 Sb 50
Aguilar E 80-81 Sf 53
Aguilar de Campoo E 68-69 Sf 48
Águilas E 80-81 Si 53
Ağva TR 76-77 Ck 49
Ahalcihe GE 78-79 Ec 49
Ahalcihe GE 78-79 Ed 49
Ahalkalaki GE 78-79 Ed 49
Ahat TR 84-85 Ck 52
Ahaus D 42-43 Ah 38
Ahfir MA 80-81 Sh 56
Ahikovo RUS 20-21 Ed 31
Ahíllio GR 74-75 Cc 51
Ahillones E 80-81 Se 52
Ahırlı TR 84-85 Dc 53
Ahladohóri GR 74-75 Cd 49
Ahlainen FIN 18-19 Cb 29
Ahlat TR 86-87 Ec 52
Ahlatlı TR 78-79 Eb 50
Ahlbeck, Seebad D 26-27 Be 37
Ahlen D 42-43 Ah 39
Ahmany RUS 24-25 Ge 33
Ahmetbey TR 76-77 Ch 49
Ahmetli TR 82-83 Ch 52
Ahmetli TR 86-87 Dk 52
Ahmetovskaja RUS 64-65 Eb 46
Ahmovaara FIN 10-11 Ck 27
Ahrensbök D 26-27 Ba 36
Ahrensburg D 26-27 Ba 37
Ahrotiri CY 84-85 Dc 56
Ahrweiler, Bad Neuenahr- D 42-43 Ah 40
Ahtala AR 78-79 Ee 49
Ahtarsk, Primorsko- RUS 62-63 Di 44
Ahtme, Jõhvi- EST 18-19 Ch 31
Ahtopol BG 76-77 Ch 48
Ahtropovo RUS 20-21 Ec 32
Ahtubinsk RUS 50-51 Eg 42
Ahun F 54-55 Ac 44
Ahunovo RUS 34-35 Fk 36
Ahurjan AR 78-79 Ed 50
Åhus S 26-27 Be 35
Ahvenselkä FIN 2-3 Ci 24
Aianí GR 74-75 Cb 50
Aibling, Bad D 56-57 Bc 43
Aichach D 42-43 Bb 42
Aiddejavrre Fjellstue N 2-3 Cd 22
Aigen im Mühlkreis A 42-43 Bd 42
Aigialousa TR 84-85 De 55
Aigle CH 56-57 Ag 44
Aigle, l' F 40-41 Aa 42
Aigósthena GR 82-83 Cd 52
Aigre F 54-55 Aa 45
Aiguebelle F 56-57 Ag 45
Aigues-Mortes F 54-55 Ae 47
Aiguillon F 54-55 Aa 46
Aigurande F 54-55 Ab 44
Aillant-sur-Tholon F 54-55 Ad 43
Ailt an Chorráin IRL 37 Sb 36
'Ain, Ra's al- SYR 86-87 Ea 54
Aïn-Aïcha MA 80-81 Sf 56
'Ain al-'Arab SYR 86-87 Di 54
'Ain al-Baiḍā' SYR 84-85 Dg 55
'Ain aš-Šarqiya SYR 84-85 Dg 55
Ainaži LV 18-19 Ce 33
Aïn-Benimathar MA 80-81 Sh 56
Aïn-Bou-Kellal MA 80-81 Sg 56
Aïn-Defali MA 80-81 Se 56
'Ain Dibs IRQ 86-87 Ed 55
'Ain Diwār SYR 86-87 Ec 53
'Ain Ġazal IRQ 86-87 Eb 54
'Ain 'Īsā SYR 86-87 Di 54
Ainsa-Sobrarbe E 70-71 Aa 48
'Ain Sifnī IRQ 86-87 Ed 54
Aïn Temouchent DZ 80-81 Si 55
Aïn-Zorah MA 80-81 Sg 56
Airaines F 40-41 Ab 41
Aird GB 38-39 Sd 32
Airel F 40-41 Si 41
Aire-sur-l'Adour F 54-55 Sk 47
Aire-sur-la-Lys F 40-41 Ac 40
Airolo CH 56-57 Ai 44
Airvault F 54-55 Sk 44
Aitovo RUS 34-35 Fe 37
Aiud RO 60-61 Cd 44
Aix-d'Angillon, les F 54-55 Ac 43
Aix-en-Provence F 56-57 Af 47
Aix-les-Bains F 56-57 Af 45
Aizenay F 54-55 Si 44
Aizpute LV 28-29 Cb 34
Ajaccio F 70-71 Ai 49
Ajaureforsen S 8-9 Bf 25
Ajbas KA 66-67 Ek 43
Ajdar RUS 48-49 Di 40
Ajdarly KA 52-53 Gf 38
Ajdovščina SLO 56-57 Bd 45
Ajka H 58-59 Bh 43
Ajkino RUS 14-15 Ek 28
Ajtos BG 76-77 Ch 48
Akarsu TR 78-79 Di 51
Akarsu TR 86-87 Eb 53
Akbaba TR 78-79 Ed 50
Akbaş TR 84-85 Dc 52
Akbelenli TR 84-85 Da 53
Akbıyıklı TR 76-77 De 51
Akbudak TR 86-87 Dh 53
Akbulak RUS 52-53 Ff 39
Akburun TR 84-85 Db 53
Akçaabat TR 78-79 Dk 49
Akçabelen TR 84-85 Db 53
Akçadağ TR 86-87 Dh 52
Akçagöze TR 86-87 Dh 53
Akçakale TR 78-79 Dk 49
Akçakale TR 86-87 Di 54
Akçakent TR 76-77 De 51
Akçakışla TR 76-77 Df 51
Akcakışla TR 78-79 Dg 51
Akçakoca TR 76-77 Db 49
Akçaova TR 76-77 Ck 49
Akçaova TR 84-85 Ci 53
Akçapınar TR 86-87 Di 52
Akçaşehir TR 84-85 Dd 53
Akçay TR 78-79 Ed 50
Akçay TR 84-85 Ck 54
Akçayazı TR 84-85 Dd 53
Akcjabrski BY 46-47 Ci 38
Akdağmadeni TR 78-79 Df 51
Akdere TR 84-85 Ck 52
Akdere TR 86-87 Dg 52
Aken (Elbe) D 42-43 Bc 39
Åkernäs S 8-9 Bg 25
Åkersberga S 16-17 Bi 31
Akhisar TR 82-83 Ch 52
Akın TR 76-77 Dd 51
Akıncı TR 86-87 Ea 53
Akıncılar TR 78-79 Di 50
Akıncılar TR 86-87 Di 53
Akıne TR 84-85 Dc 54
Akinfievo RUS 24-25 Gb 32
Åkirkeby DK 26-27 Be 35
Ak"jar RUS 52-53 Fi 39
Akkaya TR 76-77 De 49
Akkemer KA 52-53 Fh 41
Akkent TR 84-85 Ck 52
Akkışla TR 78-79 Dg 51
Akkiztogaj KA 66-67 Fe 43
Akkoç TR 78-79 Dh 51
Akköl KA 52-53 Ga 41
Akköprü TR 84-85 Ci 54
Akköy TR 82-83 Ch 53
Akköy TR 84-85 Ck 53
Akkuş TR 78-79 Dh 50
Akkystau KA 66-67 Fb 43
Akmenė LT 28-29 Cc 34
Akmenė, Naujoji LT 28-29 Cc 34
Akmeşe TR 76-77 Da 50
Akmurun RUS 52-53 Fi 38
Akniste LV 28-29 Cf 34
Aknoul MA 80-81 Sg 56
Ak-oba KA 50-51 Eh 41
Akören TR 84-85 Dc 53
Akova TR 84-85 Dd 54
Akpazar TR 86-87 Dk 52
Akpınar TR 76-77 Da 51
Akpınar TR 76-77 Dd 51
Akpınar TR 76-77 De 50
Akpınar TR 78-79 Dh 51
Akpınar TR 84-85 Ck 52
Akpınar TR 86-87 Di 53
Akrab KA 52-53 Ff 40
Åkrahamn N 16-17 Af 31
Akranes IS 36 Qh 26
Akráta GR 82-83 Cc 52
Akréfnio GR 82-83 Cd 52
Åkrestrømmen N 16-17 Bb 29
Aksaj KA 50-51 Fc 39
Aksaj RUS 62-63 Dk 43
Aksaj RUS 64-65 Ed 43
Aksakal TR 76-77 Ci 50
Aksakovo RUS 34-35 Fe 36
Akšap RUS 22-23 Fg 33
Akşar TR 78-79 Ec 50
Akşar TR 86-87 Ec 52
Aksaray TR 84-85 De 52
Akšatau KA 50-51 Fe 41
Aksaz TR 84-85 Ck 52
Akşehir TR 84-85 Db 52
Akseki TR 84-85 Db 53
Akšelek KA 66-67 Fe 43
Aksenkino RUS 34-35 Fd 36
Aksenovo RUS 34-35 Fe 37
Aksent'evica RUS 22-23 Eh 30
Aksu KA 50-51 Fd 40
Aksu KA 52-53 Gc 38
Aksu TR 84-85 Da 54
Aksu TR 84-85 Db 53
Aksubaevo RUS 34-35 Fa 36
Akšyganak KA 52-53 Gc 41
Aktanyš RUS 34-35 Fe 35
Aktarsk RUS 48-49 Ee 39
Aktaş TR 78-79 Dg 50
Aktau KA 66-67 Fb 47
Aktepe TR 78-79 Ec 51
Aktepe TR 86-87 Dg 54
Aktjubinsk = Aktöbe KA 52-53 Fh 40
Aktjubinskij RUS 34-35 Fc 36
Aktöbe KA 52-53 Fh 40
Aktümsyk KA 66-67 Fh 44
Aktur TR 82-83 Ch 54
Aktuzla TR 78-79 Ec 51
Akureyri IS 36 Rb 25
Akyaka TR 78-79 Ed 50
Akyaka TR 84-85 Dd 54
Akyazı TR 76-77 Da 50
Akyurt TR 76-77 Dd 50
Akžajyk KA 50-51 Fb 40
Akžar KA 52-53 Gd 40
Akžarskoe RUS 52-53 Fk 39
Akziyaret TR 86-87 Di 53
Ål N 16-17 Ai 30
Ala S 16-17 Bi 33
Alaca TR 76-77 De 50
Alaca TR 78-79 Ea 51
Alacahan TR 78-79 Dh 51
Alacakaya TR 86-87 Dk 52
Alacalı TR 76-77 Ck 49
Alacami TR 84-85 Dc 54
Alacant E 80-81 Sk 52
Alaçatı TR 82-83 Cg 52
Aladağ TR 84-85 Dc 53
Aladağ TR 84-85 Df 53
Alaejos E 68-69 Se 49
Alagir RUS 78-79 Ee 48
Alahärmä FIN 10-11 Cc 27
Alaior E 70-71 Ae 51
Alajärvi FIN 10-11 Cd 28
Alakonak TR 86-87 Dk 53
Alakurtti RUS 4-5 Da 24
'Alam, al- IRQ 86-87 Ed 56
Alan TR 86-87 Ee 53
Alange E 80-81 Sd 52
Alanís E 80-81 Se 52
Alanya TR 84-85 Dc 54
Alanyurt TR 76-77 Da 51
Alapaevsk RUS 24-25 Gb 33
Alaplı TR 76-77 Db 49
Alaraz E 68-69 Se 50
Alaşehir TR 82-83 Ci 52
Ålåsen S 8-9 Be 27
Alássio I 56-57 Ai 46
Alatosun TR 86-87 Ea 53
Alatri I 72-73 Bd 49
Alatskivi EST 18-19 Ch 32
Alatyr' RUS 32-33 Eg 36
Alavieska FIN 10-11 Ce 26
Ala-Vuokki FIN 10-11 Ck 26
Alavus FIN 10-11 Cd 28
Alayurt TR 76-77 Da 51
Alba I 56-57 Ai 46
Albac RO 58-59 Cc 44
Albacete E 80-81 Si 52
Alba de Tormes E 68-69 Se 50
Ålbæk DK 16-17 Ba 33
Alba Iulia RO 60-61 Cd 44
Albalate de Cinca E 70-71 Aa 49
Albalate del Arzobispo E 70-71 Sk 49
Albalate de Zorita E 68-69 Sh 50
Alban F 54-55 Ac 47
Albanyà E 70-71 Ac 48
Albayrak TR 86-87 Ee 52
Albenga I 56-57 Ai 46
Alberca, La E 68-69 Sd 50
Albergaria-a-Velha P 68-69 Sb 50
Albernoa P 80-81 Sc 53
Albert F 40-41 Ac 40
Albertville F 56-57 Ag 45
Albi F 54-55 Ac 47
Albocásser E 70-71 Aa 50
Ålborg DK 16-17 Ak 33
Albox E 80-81 Sh 53
Albstadt D 42-43 Ak 42
Āl Bū 'Alī Ḥāzimiya IRQ 86-87 Ed 56
Albuera, La E 80-81 Sd 52
Albufeira P 80-81 Sb 53
Albuñol E 80-81 Sg 54
Albuquerque E 68-69 Sc 51
Alby S 8-9 Bf 28

Alcácer do Sal P 80-81 Sb 52
Alcáçovas P 80-81 Sb 52
Alcalá de Chivert = Alcalà de Xivert E 70-71 Aa 50
Alcalá de Guadaira E 80-81 Se 53
Alcalá de Henares E 68-69 Sg 50
Alcalà de Xivert E 70-71 Aa 50
Alcalá la Real E 80-81 Sg 53
Álcamo I 72-73 Bc 53
Alcanar E 70-71 Aa 50
Alcanede P 68-69 Sb 51
Alcañices E 68-69 Sd 49
Alcañiz E 70-71 Sk 49
Alcántara E 68-69 Sd 51
Alcantarilla E 80-81 Si 53
Alcaracejos E 80-81 Sf 52
Alcarràs E 70-71 Aa 49
Alcaudete E 80-81 Sf 53
Alcaudete de la Jara E 68-69 Sf 51
Alcázar de San Juan E 68-69 Sg 51
Alčevs'k UA 48-49 Di 42
Alcı TR 76-77 Df 51
Alçı TR 84-85 Ck 53
Alçıören TR 78-79 Dh 51
Alcoba E 68-69 Sf 51
Alcobaça P 68-69 Sb 51
Alcoi E 70-71 Sk 52
Alcolea de Calatrava E 80-81 Sf 52
Alconchel E 80-81 Sc 52
Alcora E 70-71 Sk 50
Alcorcón E 68-69 Sg 50
Alcorisa E 70-71 Sk 50
Alcoutim P 80-81 Sc 53
Alcoy = Alcoi E 80-81 Sk 52
Alcublas E 70-71 Sk 51
Alcúdia E 70-71 Ad 51
Aldeadávila de la Ribera E 68-69 Sd 49
Aldea del Rey E 80-81 Sg 52
Aldeanueva del Camino E 68-69 Se 50
Aldeburgh GB 40-41 Ab 38
Aldershot GB 40-41 Sk 39
Aldinci MK 74-75 Cb 49
Aleevo RUS 32-33 Eg 38
Alëhovščina RUS 20-21 Dd 30
Alekovo BG 60-61 Ch 47
Aleksandrija = Oleksandrivka UA 46-47 Dd 42
Aleksandro-Nevskij RUS 32-33 Ea 37
Aleksandrov RUS 30-31 Di 34
Aleksandrovac YU 58-59 Cb 47
Aleksandrov Gaj RUS 50-51 Ei 40
Aleksandrovka KA 50-51 Fc 40
Aleksandrovka RUS 34-35 Fd 37
Aleksandrovka RUS 34-35 Fe 38
Aleksandrovka RUS 48-49 Dk 41
Aleksandrovka RUS 62-63 Di 44
Aleksandrovka Tret'ja RUS 48-49 Eb 39
Aleksandrovsk RUS 22-23 Fh 31
Aleksandrovskij RUS 48-49 Dg 39
Aleksandrovskij, Kus'e- RUS 24-25 Fi 32
Aleksandrovskoe RUS 22-23 Eh 32
Aleksandrovskoe RUS 64-65 Ec 46
Aleksandrovskoe RUS 64-65 Ed 46
Aleksandrów Łódzki PL 44-45 Bk 39
Alekseevaka RUS 48-49 Di 40
Alekseevka RUS 6-7 Fg 22
Alekseevka RUS 34-35 Fa 37
Alekseevka RUS 48-49 Ed 39
Alekseevka RUS 50-51 Fb 38
Alekseevskaja RUS 48-49 Ec 40
Alekseevskaja, stanica = Alekseevskaja RUS 48-49 Ec 40
Alekseevskoe RUS 34-35 Fa 35
Aleksin RUS 30-31 Dh 36
Aleksinac YU 58-59 Cb 47
Alekssevka KA 50-51 Fc 40
Ålem S 28-29 Bg 34
Alembeyli TR 76-77 De 50
Alemdar TR 76-77 Ck 49
Ålen N 8-9 Bb 28
Alençon F 40-41 Aa 42
Alenquer P 68-69 Sa 51
Aleppo = Halab SYR 86-87 Dh 54
Aleria F 70-71 Ak 48
Alès F 54-55 Ae 46
Áles I 70-71 Ai 51
Aleşd RO 58-59 Cc 43
Aleševo RUS 22-23 Eh 30
Aleški RUS 14-15 Ei 25
Alešnja RUS 32-33 Dk 36
Alessándria I 56-57 Ai 46
Ålesund N 8-9 Ag 28
Alexándria GR 74-75 Cc 50
Alexandria RO 60-61 Cf 47
Alexandroúpoli GR 74-75 Cf 50
Alfaiates P 68-69 Sd 50
Alfajarín E 70-71 Sk 49
Alfarràs E 70-71 Aa 49
Alfatar BG 60-61 Ch 47
Alfeld (Leine) D 42-43 Ak 39
Alfonsine I 56-57 Bc 46
Alford GB 38-39 Sh 33
Alfreton GB 38-39 Si 37
Alfta S 16-17 Bg 29
Alġa KA 52-53 Fh 41
Alga = Alġa KA 52-53 Fh 41
Algaba, La E 80-81 Sd 53
Algabas KA 50-51 Fc 40
Algar, S' E 70-71 Ae 51
Älgård N 16-17 Af 32
Algeciras E 80-81 Se 54
Alghero I 70-71 Ai 50
Algodonales E 80-81 Se 54
Algorta E 54-55 Sg 47
Alhama de Murcia E 80-81 Si 53
Alhambra E 80-81 Sg 52
Alhaurín el Grande E 80-81 Sf 54
Ålhus N 16-17 Ag 29
'Alī, Tall IRQ 86-87 Ed 55
Aliaga E 70-71 Sk 50
Aliağa TR 82-83 Cg 52
Alíartos GR 82-83 Cd 52
Alibeyhüyüğü TR 84-85 Dc 53
Alibunar YU 58-59 Ca 45
Alicante = Alacant E 80-81 Sk 52
Alicık TR 76-77 Df 50
Alife I 72-73 Be 49
Alijó P 68-69 Sc 49
Aliko GR 82-83 Cf 54
Alikovo RUS 32-33 Eg 35
Alingsås S 16-17 Bc 33
Alisaray TR 76-77 De 49
Aliseda E 68-69 Sd 51
Aljezur P 80-81 Sb 53
Aljustrel P 80-81 Sb 53
Alkan TR 86-87 Ed 53
Alkemer TR 86-87 Ec 53
Alkmaar NL 26-27 Ae 38
Allal-Tazi MA 80-81 Sd 56
Allariz E 68-69 Sc 48
Alleen N 16-17 Ah 32
Allersberg D 42-43 Bb 41
Allinge DK 26-27 Be 35
Ålloluokta kapell S 2-3 Bk 23
Almacelles E 70-71 Aa 49
Almada P 80-81 Sa 52
Almadén E 80-81 Sf 52
Almadén de la Plata E 80-81 Sd 53
Almagro E 80-81 Sg 52
Almansa E 80-81 Si 52
Almanza E 68-69 Se 48
Almaraz E 68-69 Se 51
al-Mauṣil IRQ 86-87 Ed 54
Almaznoe KA 50-51 Fe 40
Almeida P 68-69 Sd 50
Almeirim P 68-69 Sb 51
Almelo NL 42-43 Ag 38
Almenara E 70-71 Sk 51
Almendralejo E 80-81 Sd 52
Almere NL 42-43 Af 38
Almería E 80-81 Sh 54
Almerimar E 80-81 Sh 54
Almese I 56-57 Ah 45
Al'met'evsk RUS 34-35 Fc 36
Al'mež RUS 22-23 Ei 30
Almirós GR 74-75 Cc 51
Almodôvar P 80-81 Sb 53
Almodóvar del Campo E 80-81 Sf 52
Almodóvar del Río E 80-81 Se 53
Almoharín E 68-69 Sd 51
Almonte E 80-81 Sd 53
Almudévar E 70-71 Sk 48
Almundsryd S 26-27 Be 34
Almunge S 16-17 Bi 31
Almuradiel E 80-81 Sg 52
Almus TR 78-79 Dg 50
Almvik S 16-17 Bg 33
Alnaši RUS 34-35 Fc 34
Alnes N 8-9 Af 28
Alness GB 38-39 Sf 33
Alnwick GB 38-39 Si 35
Aloja LV 18-19 Ce 33
Alónissos GR 74-75 Cd 51
Álora E 80-81 Sf 54
Alost = Aalst B 40-41 Ae 40
Alpalhão P 68-69 Sc 51
Alpera E 80-81 Si 52
Alphen aan de Rijn NL 40-41 Ae 38
Alpiarça P 68-69 Sb 51
Alpköy TR 78-79 Dk 51
Alpu TR 76-77 Da 51
Alpullu TR 76-77 Ch 49
Al-Q'nitra MA 80-81 Sd 56
Alqōš IRQ 86-87 Ed 54
Als DK 26-27 Ba 34
Alsfeld D 42-43 Ak 40
Ålstad N 2-3 Bf 23
Alsterbro S 26-27 Bf 34
Alston GB 38-39 Sh 36
Alsunga LV 28-29 Cb 34
Alta N 2-3 Cd 21
Altamura I 72-73 Bg 50
Altata RUS 50-51 Ei 39
Altdorf CH 56-57 Ai 44
Altdorf bei Nürnberg D 42-43 Bb 41
Altea E 70-71 Sk 52
Alteidet N 2-3 Cc 20
Altenberg D 42-43 Bd 40
Altenburg D 42-43 Bc 40
Altenkirchen (Westerwald) D 42-43 Ah 40
Altenmarkt an der Alz D 42-43 Bc 43
Altentreptow D 26-27 Bd 37
Alter do Chão P 68-69 Sc 51
Altındağ TR 76-77 Dc 51
Altındere TR 78-79 Dk 50
Altınekin TR 84-85 Dc 52
Altınözü TR 84-85 Dg 54
Altınoluk TR 74-75 Cg 51
Altınova TR 74-75 Cg 51
Altınova TR 86-87 Eb 52
Altıntaş TR 76-77 Da 51
Altınyaka TR 84-85 Da 54
Altınyayla TR 78-79 Dg 51
Altkirch F 56-57 Ah 43
Altnaharra GB 38-39 Sf 32
Altn Bulg RUS 64-65 Ef 44
Altötting D 42-43 Bc 42
Altomünster D 42-43 Bb 42
Alton GB 40-41 Sk 39
Altona D 26-27 Ak 37
Altrincham GB 38-39 Sh 37
Altuhovo RUS 30-31 De 38
Altunhisar TR 84-85 De 52
Altün Küprü IRQ 86-87 Ee 55
Altykarasu KA 52-53 Ff 41
Altynaj RUS 34-35 Gb 33
Altynnoe RUS 34-35 Fh 34
Altynsary KA 52-53 Gc 39
Alucra TR 78-79 Di 50
Alūksne LV 18-19 Ch 33
Alunda S 16-17 Bi 30
Ålundsby S 10-11 Cb 25
Alupka UA 62-63 De 46
Alušta UA 62-63 De 46
Alvalade P 80-81 Sb 53
Alvastra S 16-17 Be 32
Alvdal N 8-9 Ba 28
Alvesta S 26-27 Be 34
Alvik N 8-9 Ag 28
Alvito P 80-81 Sc 52
Alytus LT 28-29 Ce 36
Alzey D 42-43 Ai 41
Alzira E 70-71 Sk 51
Alzonne F 54-55 Ac 47
'Amādīya, al- IRQ 86-87 Ed 53
Āmad Mahmud, Bi'r IRQ 86-87 Ee 56
Amadora P 68-69 Sa 52
Åmål S 16-17 Bc 31
Amalfi I 72-73 Be 50
Amaliáda GR 82-83 Cb 53
Amangeldi KA 52-53 Gf 40
Amankaraġaj KA 52-53 Ge 38
Amankeldi KA 50-51 Fd 39
Amantea I 72-73 Bg 51
Amantogaj KA 52-53 Gf 40
Amara RO 60-61 Ch 46
Amarante P 68-69 Sb 49
Amărăştii de Jos RO 60-61 Ce 47
Amareleja P 80-81 Sc 52
Amares P 68-69 Sb 49
Amasija AR 78-79 Ed 50
Amasya TR 76-77 Df 50
Amatrice I 72-73 Bd 48
Amaxádes GR 74-75 Cf 49
Ambar TR 84-85 Dd 53
Ambarnyj RUS 10-11 Dd 25
Ambazac F 54-55 Ab 45
Ambeliá GR 74-75 Ca 51
Amberg D 42-43 Bb 41
Ambérieu-en-Bugey F 56-57 Af 45
Ambert F 54-55 Ad 45
Amble GB 38-39 Si 35
Ambleside GB 38-39 Sh 36
Amboise F 54-55 Aa 43
Ambrolauri GE 78-79 Ed 48
Amderma RUS 6-7 Gb 21
Ameixial P 80-81 Sc 53
Amélie-les-Bains-Palalda F 70-71 Ac 48
Amelinghausen D 26-27 Ba 37
Amersfoort NL 42-43 Af 38
Amersham GB 40-41 Sk 39
Amfilohía GR 82-83 Cb 52
Amfissa GR 82-83 Cc 52
Amiens F 40-41 Ac 41
Amigdalées GR 74-75 Cb 50
Amíndeo GR 74-75 Cb 50
Åmli N 16-17 Ai 32
Amlwch GB 38-39 Sf 37
Ammanford GB 40-41 Sg 39
Ammarnäs S 8-9 Bg 25
Ammochostos TR 84-85 Dd 55
Amon' RUS 46-47 De 39
Amorebieta = Zornotza E 54-55 Sh 47
Amorgós GR 82-83 Cf 54
Åmot N 16-17 Ah 31
Åmot N 16-17 Ba 30
Åmot S 16-17 Bg 30
Åmotfors S 16-17 Bc 31
Amou F 54-55 Sk 47
Amplepuis F 54-55 Ae 45
Amposta E 70-71 Aa 50
'Amrit SYR 84-85 Df 56
Åmsele S 10-11 Bk 26
Amsterdam NL 40-41 Ae 38
Amstetten A 42-43 Be 42
Amtkel GE 64-65 Eb 47
'Āmūdā SYR 86-87 Ea 53
Amurskij RUS 52-53 Fk 38
Amusquillo E 68-69 Sf 49
Amvrosijivka UA 62-63 Di 43
Amzja RUS 34-35 Fe 34
Ånäset S 10-11 Cb 26
Anáfi GR 82-83 Cf 54
Anagni I 72-73 Bd 49
Anaharávi GR 74-75 Bk 51
Anaklia GE 78-79 Eb 48
Anaköy TR 86-87 Ec 52
Anamur TR 84-85 Dc 54
Anapa RUS 62-63 Dh 46
Anbi IR 86-87 Ee 53
An Bóthar Buí IRL 37 Sd 37
An Cabhán = Cavan IRL 37 Sc 37
An Caisleán Nua = Newcastle West IRL 37 Sa 38
An Caisleán Riabhach IRL 37 Sb 37
An Caladh IRL 37 Rk 39
An Caol = Keel IRL 37 Rk 37
Ancenis F 54-55 Si 43
An Charraig IRL 37 Sb 36
An Chathair = Caher IRL 37 Sc 38
Anciferovskij Bor RUS 12-13 Dk 27
An Clochán IRL 37 Sc 37
An Clochán = Clifden IRL 37 Rk 37
An Clochan Liath IRL 37 Sb 36
An Cóbh = Cobh IRL 37 Sb 39
An Coireán = Waterville IRL 37 Rk 39
Ancona I 56-57 Bd 47
An Daingean = Dingle IRL 37 Rk 38
Andalouses, Les DZ 80-81 Sk 55
Åndalsnes N 8-9 Ah 28
Andeg RUS 6-7 Fd 23
Andelys, les F 40-41 Ab 41
Andenes N 2-3 Bg 21
Andermatt CH 56-57 Ai 44
Andernach D 42-43 Ah 40
Anderstorp S 16-17 Bd 33
Andiçen TR 86-87 Ed 53
Andíparos GR 82-83 Cf 53
Andırın TR 86-87 Dg 53
Andírio GR 82-83 Cb 52
Andoain E 54-55 Sh 47
Andomskij Pogost RUS 20-21 Dg 29
Andorra E 70-71 Sk 50
Andorra La Vella AND 70-71 Ab 48
Andover GB 40-41 Si 39
Andratx E 70-71 Ac 51
Andreapol' RUS 30-31 Dc 34
Andreevka RUS 50-51 Fb 38
Andreevskoe RUS 30-31 Dg 36
Ándria I 72-73 Bg 49
Andrianoviči RUS 24-25 Ga 31
Andrijaševka UA 46-47 Dd 40
Andrijevica YU 74-75 Bk 48
Andrijivka UA 48-49 Dg 41
Andrijivka UA 62-63 Dg 43
Andrijivka UA 62-63 Dh 43
Andrítsena GR 82-83 Cb 53
Andropov = Rybinsk RUS 20-21 Di 32
Ándros GR 82-83 Ce 53
Androsovka RUS 50-51 Ek 38
Andrušivka UA 46-47 Ck 40
Andselv N 2-3 Bi 21
Andújar E 80-81 Sf 52
Anduze F 54-55 Ad 46
Andžievskij RUS 64-65 Ed 46
Anenii Noi MD 60-61 Ck 44
An Fál Carrach IRL 37 Sb 35
An Fearann Fuar IRL 37 Sa 38
Angasjak RUS 34-35 Fe 35
Ånge S 8-9 Bf 28
Angeli FIN 2-3 Cf 22
Angeriá GR 82-83 Cf 54
Angermünde D 26-27 Be 37
Angers F 54-55 Sk 43
Angerville F 40-41 Ab 42
An Ghrainseach IRL 37 Sb 36
An Glean Garbh IRL 37 Sa 39
Anglès E 70-71 Ac 49
Anglure F 40-41 Ad 42
An Gort = Gort IRL 37 Sb 37
Angoulême F 54-55 Aa 45
Angüés E 70-71 Sk 48
Aniche F 40-41 Ad 40
Anihovka RUS 52-53 Ga 39
Anina RO 58-59 Cb 45
Anipemza AR 78-79 Ed 50
Anisimovo RUS 20-21 Ee 33
Anıtkaya TR 84-85 Da 52
Anıtlı TR 84-85 Dc 54
Anıtlı TR 86-87 Eb 53
Anjans fjällstation S 8-9 Bc 27
Anjuša RUS 14-15 Fa 28
Ankara TR 76-77 Dc 51
Ankaty KA 50-51 Fb 40
Anklam D 26-27 Bd 37
An Láithreach = Laragh IRL 37 Sd 37
An Longfort = Longford IRL 37 Sc 37
An Móta = Moate IRL 37 Sc 37
An Muileann-gCearr = Mullingar IRL 37 Sc 37
Anna RUS 48-49 Ea 39
Annaberg-Buchholz D 42-43 Bd 40
An Nás = Naas IRL 37 Sd 37
Anndalsvågen N 8-9 Bc 25
Annecy F 56-57 Ag 45
Annelund S 16-17 Bd 33
Annemasse F 56-57 Ag 44
Annenskij Most RUS 20-21 Dh 30
Annino RUS 20-21 Dh 31
Annivka UA 62-63 Dg 44
Annonay F 54-55 Ae 45
Annoual MA 80-81 Sg 55
Annweiler am Trifels D 42-43 Ah 41
Anógia GR 82-83 Ce 55
Áno Kalendíni GR 74-75 Cb 51
An Ómaigh = Omagh GB 37 Sc 36
Áno Poróia GR 74-75 Cd 49
Anould F 42-43 Ag 42
Ansager DK 26-27 Ai 35
Ansbach D 42-43 Ba 41
An Scairbh IRL 37 Sb 38
An Sciobairín IRL 37 Sa 39
An Scoil IRL 37 Sa 39
Ansião P 68-69 Sb 51
An Snaidhm IRL 37 Sa 39
Ansó E 70-71 Sk 48
An Spideal IRL 37 Sa 37
Anstruther GB 38-39 Sh 34
Ant TR 76-77 Dc 49
An tAbhallort IRL 37 Sd 38
Antalya TR 84-85 Da 54
An tAonach = Nenagh IRL 37 Sb 38
An Teach Doite IRL 37 Sa 37
An Teampall Mór IRL 37 Sc 38
Antequera E 80-81 Sf 53
Anthótopos GR 74-75 Cc 51
Antibes F 56-57 Ah 47
Antipino RUS 22-23 Ff 31
Antipino RUS 30-31 Dd 35
Ántissa GR 74-75 Cf 51
An tIúr = Newry GB 37 Sd 36
Antnäs S 10-11 Cb 25
Antonovka RUS 32-33 Ek 36
Antonovo BG 74-75 Cg 47
Antonovo KA 50-51 Fb 41
Antonovskaja RUS 20-21 Di 29
Antracyt UA 48-49 Dk 42
Antrain F 40-41 Si 42
Antrim GB 37 Sd 36
Antrodoco I 72-73 Bd 48
Antropy RUS 22-23 Fb 33
Antsla EST 18-19 Cg 33
Anttis S 2-3 Cc 23
Anttola FIN 18-19 Ch 29
An Tulach IRL 37 Sd 38
Antwerpen B 40-41 Ae 39
An Uaimh = Navan IRL 37 Sd 37
Anufrievo RUS 20-21 Di 31
Anvers = Antwerpen B 40-41 Ae 39
Anyb RUS 14-15 Fd 29
Anykščiai LT 28-29 Cf 35
'Anz, al- SYR 86-87 Di 55
Anzánigo E 70-71 Sk 48

Ánzio **I** 72-73 Bc 49
Aosta **I** 56-57 Ah 45
Apa **TR** 84-85 Dc 53
Apahida **RO** 60-61 Cd 44
Apanasenkovskoe **RUS** 64-65 Ed 45
Apandy **KA** 52-53 Gd 38
Aparan **AR** 78-79 Ee 50
Apastovo **RUS** 32-33 Ei 35
Apatin **YU** 58-59 Bi 45
Apatity **RUS** 4-5 Dd 23
Ape **LV** 18-19 Cg 33
Apel, Ter **NL** 26-27 Ah 38
Apeldoorn **NL** 42-43 Af 38
Apolakkiá **GR** 82-83 Ch 54
Apolda **D** 42-43 Bb 39
Apóllo **GR** 82-83 Cf 53
Apollonía **GR** 82-83 Ce 54
Apóstoli **GR** 82-83 Ce 55
Apostolove **UA** 62-63 Dd 43
Appenzell **CH** 56-57 Ak 43
Appingedam **NL** 26-27 Ag 37
Appleby-in-Westmorland **GB** 38-39 Sh 36
Apraksin Bor **RUS** 18-19 Db 31
Aprelevka **RUS** 30-31 Dh 35
Apricena **I** 72-73 Bf 49
Aprília **I** 72-73 Bc 49
Apšeronsk **RUS** 62-63 Dk 46
Apt **F** 56-57 Af 47
'Aqra **IRQ** 86-87 Ed 54
'Arab, 'Ain al- **SYR** 86-87 Di 54
'Arab al-Mulk **SYR** 84-85 Df 55
Araban **TR** 86-87 Dh 53
Arabaoua **MA** 80-81 Se 56
Araç **TR** 76-77 Dd 49
Aracena **E** 80-81 Sd 53
Arad **RO** 58-59 Cb 44
Aragac **AR** 78-79 Ed 50
Arahal, El **E** 80-81 Se 53
Aráhova **GR** 82-83 Cc 52
Arak **SYR** 86-87 Di 56
Araklı **TR** 78-79 Ea 50
Araldy **KA** 66-67 Fa 46
Aralık **TR** 78-79 Ee 51
Aralköl **KA** 52-53 Gc 39
Araltöbe **KA** 50-51 Fc 40
Araltogaj **KA** 52-53 Ga 41
Aramil' **RUS** 34-35 Ga 34
Aran **IRQ** 86-87 Ed 55
Aranda de Duero **E** 68-69 Sg 49
Aranđelovac **YU** 58-59 Ca 46
Aranjuez **E** 68-69 Sg 50
Arapkir **TR** 78-79 Di 51
Aras **TR** 78-79 Ec 51
Araslanovo, Tjater- **RUS** 34-35 Fe 37
Aravete **EST** 18-19 Cf 31
Aravissos **GR** 74-75 Cc 50
Áraxos **GR** 82-83 Cb 52
Árbatax **I** 70-71 Ak 51
Arbaž **RUS** 22-23 Ei 33
Arbesbach **A** 42-43 Be 42
Arbil **IRQ** 86-87 Ee 54
Arboga **S** 16-17 Bf 31
Arbois **F** 56-57 Af 44
Arbrå **S** 16-17 Bg 29
Arbresle, l' **F** 54-55 Ae 45
Arbroath **GB** 38-39 Sh 34
Arbuzynka **UA** 62-63 Db 43
Arcachon **F** 54-55 Si 46
Arčedinskaja **RUS** 48-49 Ed 41
Arc-et-Senans **F** 56-57 Af 43
Arcévia **I** 56-57 Bc 47
Archangels'koe **RUS** 30-31 Dh 37
Archanhel's'ke **UA** 62-63 Dd 43
Archena **E** 80-81 Si 52
Archiac **F** 54-55 Sk 45
Archidona **E** 80-81 Sf 53
Arcidosso **I** 72-73 Bb 48
Arcis-sur-Aube **F** 40-41 Ae 42
Arco **I** 56-57 Ba 45
Arco de Baúlhe **P** 68-69 Sc 49
Arcos de la Frontera **E** 80-81 Se 54
Arcos de Valdevez **P** 68-69 Sb 49
Arcyz **UA** 60-61 Ck 45
Ard an Ratha **IRL** 37 Sb 36
Ardahan **TR** 78-79 Ec 49
Årdal **N** 16-17 Ah 32
Årdalstangen **N** 16-17 Ah 29
Ardanuç **TR** 78-79 Ec 49
Ardara = Ard an Ratha **IRL** 37 Sb 36
Ardatov **RUS** 32-33 Ed 35
Ardatov **RUS** 32-33 Eg 36
Ardee = Baile Átha Fhirdhia **IRL** 37 Sd 37
Ardentes **F** 54-55 Ab 44
Ardeşen **TR** 78-79 Eb 49
Ardhasaig **GB** 38-39 Sd 33
Ardino **BG** 74-75 Cf 49
Ardlussa **GB** 38-39 Se 34
Ard Mhacha = Armagh **GB** 37 Sd 36
Ardon **RUS** 78-79 Ee 47
Ardrossan **GB** 38-39 Sf 35
Arduşat **RO** 60-61 Cd 43
Ardvasar **GB** 38-39 Se 33
Ardvourlie **GB** 38-39 Sd 33
Åre **S** 8-9 Bd 27
Arèchavsk **BY** 30-31 Da 36
Arenal, S' **E** 70-71 Ac 51
Arenas de San Pedro **E** 68-69 Se 50
Arendal **N** 16-17 Ai 32
Arendonk **B** 42-43 Af 39
Arendsee (Altmark), Luftkurort **D** 26-27 Bb 38
Arenys de Mar **E** 70-71 Ac 49
Arenzano **I** 56-57 Ai 46
Areópoli **GR** 82-83 Cc 54
Arès **F** 54-55 Si 46
Arévalo **E** 68-69 Sf 49
Arezzo **I** 56-57 Bb 47
Arfará **GR** 82-83 Cc 53
Argajas **RUS** 34-35 Ga 35
Argalastí **GR** 74-75 Cd 51
Argamasilla de Alba **E** 68-69 Sg 51
Arganda **E** 68-69 Sg 50
Arganil **P** 68-69 Sb 50
Argelès-Gazost **F** 70-71 Sk 47
Argelès-sur-Mer **F** 70-71 Ad 48
Argenta **I** 56-57 Bb 46
Argentan **F** 40-41 Sk 42
Argenton-Château **F** 54-55 Sk 44
Argenton-sur-Creuse **F** 54-55 Ab 44
Argent-sur-Sauldre **F** 54-55 Ac 43
Argithani **TR** 84-85 Db 52
Árgos **GR** 82-83 Cc 53
Árgos Orestikó **GR** 74-75 Cb 50
Argostóli **GR** 82-83 Ca 52
Argun **RUS** 64-65 Ef 47
Arhangelovka **RUS** 50-51 Fe 38
Arhangel'sk **RUS** 12-13 Ea 26
Arhangel'skoe **RUS** 30-31 Dh 37
Arhangel'skoe **RUS** 34-35 Fg 36
Arhangels'koe **RUS** 48-49 Ea 39
Arhangel'skoe **RUS** 64-65 Ee 46
Arhavi **TR** 78-79 Eb 49
Arhipo-Osipovka **RUS** 62-63 Di 46
Arhipovka **RUS** 30-31 Db 36
Århus **DK** 26-27 Ba 34
Arhyz **RUS** 64-65 Eb 47
Ariano Irpino **I** 72-73 Bf 49
Arıcak **TR** 86-87 Ea 52
Aridéa **GR** 74-75 Cc 50
Arīḥā **SYR** 86-87 Dg 55
Arıkören **TR** 84-85 Dc 53
Arıl **TR** 86-87 Dh 53
Arilje **YU** 58-59 Ca 47
Arinagour **GB** 38-39 Sd 34
Ariogala **LT** 28-29 Cd 35
Aristoménis **GR** 82-83 Cb 53
Arıtaş **TR** 86-87 Dg 52
Aritzo **I** 70-71 Ak 51
Årjäng **S** 16-17 Bc 31
Arjaš **RUS** 50-51 Eg 39
Arjeplog **S** 8-9 Bh 24
Arjona **E** 80-81 Sf 53
Arkadak **RUS** 48-49 Ed 39
Arkássa **GR** 82-83 Ch 55
Arkesíni **GR** 82-83 Cf 54
Arkul' **RUS** 22-23 Fa 33
Arlanc **F** 54-55 Ad 45
Arlanzón **E** 68-69 Sg 48
Arles **F** 54-55 Ae 47
Arlon **B** 42-43 Af 41
Armagh **GB** 37 Sd 36
Armavir **RUS** 64-65 Eb 45
Armavir **RUS** 64-65 Eb 46
Arméni **GR** 82-83 Ce 55
Armentia **E** 68-69 Sh 48
Armentières **F** 40-41 Ac 40
Armjans'k **UA** 62-63 Dd 44
Armutçuk **TR** 76-77 Db 49
Armutlu **TR** 76-77 Ci 50
Armutlu **TR** 86-87 Dh 53
Armutova **TR** 74-75 Cg 51
Arna **GR** 82-83 Cc 54
Arnäsvall **S** 8-9 Bi 27
Arnay-le-Duc **F** 54-55 Ae 43
Arnéa **GR** 74-75 Cd 50
Arneburg **D** 26-27 Bc 38
Årnes **N** 16-17 Bb 30
Arnhem **NL** 42-43 Af 38
Árnissa **GR** 74-75 Cb 50
Arnsberg **D** 42-43 Ai 39
Arnstadt **D** 42-43 Ba 40
Arnstein **D** 42-43 Ak 41
Arolsen **D** 42-43 Ak 39
Arosa **CH** 56-57 Ak 44
Arouca **P** 68-69 Sb 50
Årøysund **N** 16-17 Ba 31
Arpaçay **TR** 78-79 Ed 50
Arpacık **TR** 84-85 Ck 54
Arpajon **F** 40-41 Ac 42
Arpalı **TR** 78-79 Ed 50
Arpela **FIN** 10-11 Ce 24
Arpino **I** 72-73 Bd 49
Arquata del Tronto **I** 72-73 Bd 48
Arquillos **E** 80-81 Sg 52
Arraiolos **P** 80-81 Sc 52
Arras **F** 40-41 Ac 40
Arrasate-Mondragón **E** 68-69 Sh 47
Arreau **F** 70-71 Aa 48
Arrianá **GR** 74-75 Cf 49
Ar-Ribāṭ **MA** 80-81 Sd 57
Arrochar **GB** 38-39 Sf 34
Arronches **P** 68-69 Sc 51
Arroyo de la Luz **E** 68-69 Sd 51
Års **DK** 26-27 Ak 34
Arsamaki **RUS** 32-33 Ea 35
Arsen'evo **RUS** 30-31 Dg 37
Arsin **TR** 78-79 Dk 50
Arsk **RUS** 32-33 Ek 34
Árskogssandur **IS** 36 Rb 25
Arslanköy **TR** 84-85 De 53
Arslanovo **RUS** 34-35 Ff 36
Arsunda **S** 16-17 Bg 30
Artà **E** 70-71 Ad 51
Árta **GR** 74-75 Ca 51
Artašat **AR** 78-79 Ee 51
Artemivka **UA** 48-49 Df 41
Artemivs'k **UA** 48-49 Di 42
Artemovsk = Artemivs'k **UA** 48-49 Di 42
Artëmovskij **RUS** 24-25 Gb 33
Artenay **F** 40-41 Ab 42
Artesa de Segre **E** 70-71 Ab 49
Artezian **RUS** 64-65 Eg 46
Arthurstown **IRL** 37 Sd 38
Arti **RUS** 34-35 Fi 34
Artik **AR** 78-79 Ed 50
Artova **TR** 78-79 Dg 50
Artvin **TR** 78-79 Eb 49
Arudy **F** 70-71 Sk 47
Arvidsjaur **S** 10-11 Bk 25
Arvika **S** 16-17 Bc 31
Årviksand **N** 2-3 Ca 20
Arvträsk **S** 10-11 Bk 26
Arzachena **I** 70-71 Ak 49
Arzamas **RUS** 32-33 Ed 35
Arzgir **RUS** 64-65 Ee 45
Arzignano **I** 56-57 Bb 45
Arzipo Osipovka **RUS** 62-63 Di 46
Arzon **F** 54-55 Sh 43
Arzúa **E** 68-69 Sb 48
Arzubiha **RUS** 20-21 Ea 30
As **B** 42-43 Af 39
Aš **CZ** 42-43 Bc 40
Aså **DK** 16-17 Ba 33
Aša **RUS** 34-35 Fh 35
Aşağıasarcık **TR** 78-79 Dh 50
Aşağıçiğil **TR** 84-85 Db 52
Aşağı Dalören **TR** 78-79 Ed 51
Aşağı İrmaklar **TR** 78-79 Ec 49
Aşağı Karacasu **TR** 78-79 Ec 50
Aşağı Katırlı **TR** 78-79 Ed 51
Aşağıköy **TR** 86-87 Di 52
Aşağı Oylum **TR** 86-87 Di 54
Aşağı Pınarbaşı **TR** 84-85 Dc 52
'Ašara, al- **SYR** 86-87 Ea 56
Asarcık **TR** 76-77 De 50
Asarcık **TR** 78-79 Dg 49
Åsarna **S** 8-9 Be 28
Ašbaj **KA** 50-51 Ei 41
Asbest **RUS** 34-35 Gb 33
Asbestovskij **RUS** 24-25 Gb 33
Ascea **I** 72-73 Bf 50
Aschaffenburg **D** 42-43 Ak 41
Aschersleben **D** 42-43 Bb 39
Asco **F** 70-71 Ak 48
Áscoli Piceno **I** 72-73 Bd 48
Åse **N** 2-3 Bf 21
Aše **RUS** 62-63 Dk 47
Åseda **S** 16-17 Bf 33
Asekeevo **RUS** 34-35 Fc 37
Åsele **S** 8-9 Bh 26
Ašelsaj **RUS** 52-53 Fk 39
Åsen **S** 16-17 Bd 29
Asenkritovka **KA** 52-53 Gc 38
Asenovgrad **BG** 74-75 Ce 48
Åseral **N** 16-17 Ah 32
Aševo **RUS** 18-19 Ck 33
Asfáka **GR** 74-75 Ca 51
Åsgårdstrand **N** 16-17 Ba 31
Ashbourne **GB** 38-39 Si 37
Ashford **GB** 40-41 Aa 39
Aşıkan **TR** 86-87 Dk 53
Asilah **MA** 80-81 Sd 55
Asintorf **BY** 30-31 Da 36
Asipovičy **BY** 30-31 Ci 37
Ask **N** 16-17 Af 30
Aska **FIN** 2-3 Cg 23
Aşkale **TR** 78-79 Ea 51
Askanija-Nova **UA** 62-63 Dd 44
Askarovo **RUS** 34-35 Fi 37
Askeaton = Eas Geitine **IRL** 37 Sb 38
Asker **N** 16-17 Ba 31
Askersund **S** 16-17 Be 32
Åskiljeby **S** 8-9 Bh 26
Askim **N** 16-17 Bb 31
Askino **RUS** 34-35 Fg 34
Askós **GR** 74-75 Cd 50
Askøy **N** 16-17 Af 30
Aşlama **TR** 84-85 Df 52
Aslanapa **TR** 76-77 Ck 51
Ašlyk **RUS** 24-25 Gi 33
Ašlyk, Polino- **RUS** 24-25 Gk 33
Asman-Kasaeva **BY** 30-31 Ck 37
Ašmjany **BY** 28-29 Cf 36
Asmunti **FIN** 10-11 Cg 25
Ásola **I** 56-57 Ba 45
Ašotsk **AR** 78-79 Ed 49
Asovo **RUS** 22-23 Fh 33
Aspa **RUS** 34-35 Fg 34
Aspatria **GB** 38-39 Sg 36
Aspeå **S** 8-9 Bh 27
Aspet **F** 70-71 Aa 47
Aspindza **GE** 78-79 Ed 49
Aspres-sur-Buëch **F** 56-57 Af 46
Assen **NL** 26-27 Ag 37
Assens **DK** 26-27 Ak 35
Assens **DK** 26-27 Ba 34
Assisi **I** 72-73 Bc 47
Ássos **GR** 82-83 Ca 52
Assy **RUS** 34-35 Fh 36
Astaffort **F** 54-55 Aa 46
Astakós **GR** 82-83 Cb 52
Astarak **AR** 78-79 Ee 50
Astarān **IR** 86-87 Ee 52
Asten **NL** 42-43 Af 39
Asti **I** 56-57 Ai 46
Astillero,El **E** 54-55 Sg 47
Astipálea **GR** 82-83 Cg 54
Astorga **E** 68-69 Sd 48
Åstorp **S** 26-27 Bc 34
Astradamovka **RUS** 32-33 Eh 36
Åsträsk **S** 10-11 Bk 26
Astrahan' **RUS** 64-65 Eh 44
Astrahanovka **KA** 52-53 Ff 40
Astrahanovka **RUS** 52-53 Ff 38
Astravec **BY** 28-29 Cf 36
Astromeritis **CY** 84-85 Dd 55
Ástros **GR** 82-83 Cc 53
Astrovna **BY** 30-31 Ck 35
Astryna **BY** 28-29 Ce 37
Asveja **BY** 30-31 Ci 34
Atabaevo **RUS** 32-33 Ek 35
Atabey **TR** 84-85 Da 53
Atalánti **GR** 82-83 Cc 52
Atarfe **E** 80-81 Sg 53
Atça **TR** 84-85 Ci 53
Aterau **KA** 66-67 Fc 43
Atessa **I** 72-73 Be 48
Ath **B** 40-41 Ad 40
Áth Cinn **IRL** 37 Sa 37
Athína **GR** 82-83 Cd 52
Athlone = Baile Átha Luain **IRL** 37 Sc 37
Áth na nUrlainn **IRL** 37 Sc 38
Athy = Baile Átha Í **IRL** 37 Sd 38
Atienza **E** 68-69 Sh 49
Atig **RUS** 34-35 Fk 34
Atış Poligonu **TR** 84-85 Dd 53
Atjaševo **RUS** 32-33 Eg 36
Atjur'evo **RUS** 32-33 Ed 36
Atkaracalar **TR** 76-77 Dd 50
Atlant **TR** 84-85 Dc 52
Atnary **RUS** 32-33 Eg 35
Atnbrua **N** 8-9 Ba 29
Atnjaš **RUS** 34-35 Fh 35
Atri **I** 72-73 Bd 48
Atrūš **IRQ** 86-87 Ed 54
Attigny **F** 40-41 Ae 41
Åtvidaberg **S** 16-17 Bg 32
Atyrau **KA** 66-67 Fc 43
Aubagne **F** 56-57 Af 47
Aubenas **F** 54-55 Ae 46
Aubigny-sur-Nère **F** 54-55 Ac 43
Aubin **F** 54-55 Ac 46
Aubusson **F** 54-55 Ac 45
Auce **LV** 28-29 Cc 34
Auch **F** 54-55 Aa 47
Audierne **F** 40-41 Sf 42
Audincourt **F** 56-57 Ag 43
Audru **EST** 18-19 Ce 32
Aue **D** 42-43 Bc 40
Auer = Ora **I** 56-57 Bb 44
Auerbach in der Oberpfalz **D** 42-43 Bb 41
Auerbach (Vogtland) **D** 42-43 Bc 40
Aughrim = Eachroim **IRL** 37 Sd 38
Augsburg **D** 42-43 Ba 42
Augusta **I** 72-73 Bf 53
Augustów **PL** 28-29 Cc 37
Aukštadvaris **LT** 28-29 Ce 36
Auktsjaure **S** 10-11 Bk 25
Auletta **I** 72-73 Bf 50
Aulnay **F** 54-55 Sk 44
Aul Sarykobda **KA** 52-53 Fg 41
Ault **F** 40-41 Ab 40
Aumale **F** 40-41 Ab 41
Aumont-Aubrac **F** 54-55 Ad 46
Aunay-sur-Odon **F** 40-41 Sk 41
Auneau **F** 40-41 Ab 42
Auning **DK** 26-27 Ba 34
Aura **FIN** 18-19 Cc 30
Auray **F** 54-55 Sh 43
Aurdal **N** 16-17 Ak 30
Aure **N** 8-9 Ai 27
Aurich (Ostfriesland) **D** 26-27 Ah 37
Aurignac **F** 70-71 Aa 47
Aurillac **F** 54-55 Ac 46
Aurlandsvangen **N** 16-17 Ah 30
Aursmoen **N** 16-17 Bb 31
Ausa-Corno **I** 56-57 Bd 45
Austmarka **N** 16-17 Bc 30
Austnes **N** 8-9 Ag 28
Austrheim **N** 16-17 Ae 30
Autun **F** 54-55 Ae 44
Auxerre **F** 54-55 Ad 43
Auxi-le-Château **F** 40-41 Ac 40
Auxon **F** 40-41 Ad 42
Auxonne **F** 56-57 Af 43
Auzances **F** 54-55 Ac 44
Avadchara **GE** 64-65 Ea 47
Avaldsnes **N** 16-17 Af 31
Avallon **F** 54-55 Ad 43
Avan **S** 10-11 Cb 25
Avanos **TR** 84-85 De 52
Avaträsk **S** 8-9 Bg 26
Avaviken **S** 8-9 Bi 25
Avcılar **TR** 84-85 Df 53
Avdijivka **UA** 46-47 Dc 39
Aveiro **P** 68-69 Sb 50
Avellino **I** 72-73 Be 50
Aversa **I** 72-73 Be 50
Avesnes-sur-Helpe **F** 40-41 Ad 40
Avesta **S** 16-17 Bg 30
Avezzano **I** 72-73 Bd 48
Avgan **TR** 84-85 Ck 52
Avgustovka **RUS** 50-51 Fa 38
Aviemore **GB** 38-39 Sg 33
Avigliano **I** 72-73 Bf 50
Avignon **F** 54-55 Ae 47
Ávila de los Caballeros **E** 68-69 Sf 50
Avinurme **EST** 18-19 Cg 32
Ávio **I** 56-57 Ba 45
Avis **P** 68-69 Sc 51
Avliotes **GR** 74-75 Bk 51
Avlum **DK** 26-27 Ai 34
Avneporog **RUS** 10-11 Dd 25
Avnjugskij **RUS** 22-23 Ef 29
Ávola **I** 72-73 Bf 54
Avradsberg **S** 16-17 Bd 30
Avranches **F** 40-41 Si 42
Avren **BG** 74-75 Cf 49
Avrig **RO** 60-61 Ce 45
Avtovac **BIH** 72-73 Bi 47
Axioúpoli **GR** 74-75 Cc 50
Ax-les-Thermes **F** 70-71 Ab 48
Axmar bruk **S** 16-17 Bh 29
Ayaklı **TR** 86-87 Dk 53
Ayamonte **E** 80-81 Sc 53
Ayaş **TR** 76-77 Dc 50
Ayas **TR** 76-77 Dc 50
Ayaş İçmecesi **TR** 76-77 Dc 50
Aybastı **TR** 78-79 Dh 50
Ayder Kablıca **TR** 78-79 Eb 50
Aydın **TR** 82-83 Ch 53
Aydınca **TR** 78-79 Dg 50
Aydıncık **TR** 76-77 Df 50
Aydıncık **TR** 84-85 Dd 54
Aydınkent **TR** 84-85 Db 53
Aydınlar **TR** 76-77 Dd 51
Aydınlar **TR** 86-87 Di 52
Aydınlar **TR** 86-87 Ec 53
Aydıntepe **TR** 78-79 Ea 50
Ayerbe **E** 70-71 Sk 48
Aylesbury **GB** 40-41 Sk 39
Ayllón **E** 68-69 Sg 49
Aylsham **GB** 38-39 Ab 38
Ayr **GB** 38-39 Sf 35
Ayrancı **TR** 84-85 Dd 53
Ayrıtepe **TR** 84-85 Db 52
Ayvacık **TR** 74-75 Cg 51
Ayvacık **TR** 78-79 Dg 50
Ayvalı **TR** 78-79 Eb 50
Ayvalık **TR** 74-75 Cg 51
Ayvalıpınar **TR** 84-85 Db 53
Azaila **E** 70-71 Sk 49
Azanka **RUS** 24-25 Ge 32
Azapol'e **RUS** 12-13 Ef 25
Azaruja **P** 80-81 Sc 52
Azaryčy **BY** 46-47 Ck 38
Azay-le-Rideau **F** 54-55 Aa 43
A'zāz **SYR** 86-87 Dh 54

Azëry BY 28-29 Ce 37
Azgyr KA 64-65 Eh 43
Azigulovo RUS 34-35 Fi 34
Azinozero RUS 12-13 Eb 28
Aznaevo RUS 34-35 Fe 37
Aznakaevo RUS 34-35 Fd 36
Azov RUS 62-63 Dk 43
Azpeitia E 54-55 Sh 47
Azuaga E 80-81 Se 52

B

Ba'āğ, al- IRQ 86-87 Eb 54
Baarle-Nassau B 40-41 Ae 39
Bāb, al- SYR 86-87 Dh 54
Babadag RO 60-61 Ci 46
Babadağ TR 84-85 Ci 53
Babaeski TR 76-77 Ch 49
Babaevo RUS 20-21 Df 31
Băbă Gurgur IRQ 86-87 Ee 55
Babatorun TR 84-85 Dg 54
Bab-Bered MA 80-81 Sf 55
Babenhausen D 42-43 Ba 42
Băbeni RO 60-61 Ce 46
Babięta PL 28-29 Cb 37
Babilafuente E 68-69 Se 50
Babinavičy BY 30-31 Da 36
Babincevo RUS 34-35 Fc 37
Bābira IRQ 86-87 Ec 54
Babrujsk BY 30-31 Ck 37
Babtai LT 28-29 Cd 35
Bab-Taza MA 80-81 Se 55
Babušana GE 78-79 Eb 48
Babušnica YU 58-59 Cc 47
Babynino RUS 30-31 Df 34
Babynino RUS 30-31 Df 36
Bac GB 38-39 Sd 32
Bač YU 58-59 Bk 45
Bačarev KA 50-51 Fa 40
Bacău RO 60-61 Cg 44
Baccarat F 42-43 Ag 42
Bačėjkava BY 30-31 Ck 35
Bačelino RUS 24-25 Gh 33
Băceşti RO 60-61 Ch 44
Bachčysaraj UA 62-63 Dd 46
Bachmač UA 46-47 Dc 39
Backaland GB 38-39 Sh 31
Bačka Palanka YU 58-59 Bk 45
Bačka Topola YU 58-59 Bk 45
Backe S 8-9 Bg 27
Backino RUS 30-31 Dd 37
Backnang D 42-43 Ak 42
Bácsalmás H 58-59 Bk 44
Bad Aibling D 56-57 Bc 43
Badajoz E 80-81 Sd 52
Badal IR 86-87 Ee 52
Badalona E 70-71 Ac 49
Badamša KA 52-53 Fi 40
Bad Aussee A 56-57 Bd 43
Bad Bentheim D 42-43 Ah 38
Bad Bergzabern D 42-43 Ah 41
Bad Berka D 42-43 Bb 40
Bad Berleburg D 42-43 Ai 39
Bad Bevensen D 26-27 Ba 37
Bad Blankenburg D 42-43 Bb 39
Bad Bramstedt D 26-27 Ak 37
Bad Doberan D 26-27 Bb 36
Bad Düben (Mulde) D 42-43 Bc 39
Bad Dürrenberg D 42-43 Bc 39
Bademli TR 74-75 Cf 50
Bademli TR 82-83 Ci 52
Bad Ems D 42-43 Ah 40
Baden A 58-59 Bg 43
Baden CH 56-57 Ai 43
Baden-Baden D 42-43 Ai 42
Bad Frankenhausen (Kyffhäuser) D 42-43 Bb 39
Bad Freienwalde D 26-27 Be 38
Bad Friedrichshall D 42-43 Ak 41
Badgastein A 56-57 Bd 43
Bad Griesbach im Rottal D 42-43 Bd 42
Bad Harzburg D 42-43 Ba 39
Bad Hersfeld D 42-43 Ak 40
Bad Hofgastein A 56-57 Bd 43
Bad Homburg vor der Höhe D 42-43 Ai 40
Bad Honnef am Rhein D 42-43 Ah 40
Bādi, al- IRQ 86-87 Eb 55
Bad Ischl A 56-57 Bd 43
Bad Kissingen D 42-43 Ba 40
Bad Kleinen D 26-27 Bb 37
Bad Königshofen im Grabfeld D 42-43 Ba 40
Bad Kösen D 42-43 Bb 39
Bad Kreuznach D 42-43 Ah 41
Bad Laasphe D 42-43 Ai 40
Bad Lauterberg im Harz D 42-43 Ba 39
Bad Liebenwerda D 42-43 Bd 39
Bad Meinberg, Horn- D 42-43 Ai 39
Bad Mergentheim D 42-43 Ak 41
Bad Neuenahr-Ahrweiler D 42-43 Ah 40
Bad Neustadt an der Saale D 42-43 Ba 40
Bad Oeynhausen D 42-43 Ai 38
Bad Oldesloe D 26-27 Ba 37
Bad Orb D 42-43 Ak 40
Bad Pyrmont D 42-43 Ak 39
Bad Radkersburg A 58-59 Bf 44
Bad Reichenhall D 56-57 Bc 43
Bad Rothenfelde D 42-43 Ai 38
Bad Salzdetfurth D 42-43 Ba 38
Bad Salzuflen D 42-43 Ai 38
Bad Salzungen D 42-43 Ba 40
Bad Sankt Leonhard im Lavanttal A 58-59 Be 44
Bad Schandau D 42-43 Be 40
Bad Schmiedeberg D 42-43 Bc 39
Bad Schussenried D 42-43 Ak 42
Bad Schwartau D 26-27 Ba 37
Bad Segeberg D 26-27 Ba 37
Bad Sülze D 26-27 Bc 36
Bad Tölz D 56-57 Bb 43
Bad Waldsee D 56-57 Ak 43
Bad Wildungen D 42-43 Ak 39
Bad Wilsnack D 26-27 Bb 38
Bad Zwischenahn D 26-27 Ai 37
Bäckefors S 16-17 Bc 32
Bäckhammar S 16-17 Be 31
Bae Colwyn = Colwyn Bay GB 38-39 Sg 37
Baena E 80-81 Sf 53
Baeza E 80-81 Sg 53
Baga-Burul RUS 64-65 Ee 45
Bagaevskij = stanica Bagaevskaja RUS 64-65 Ea 43
Bağarası TR 82-83 Ch 53
Bagarjak RUS 34-35 Gb 34
Bagarjak, Ust'- RUS 34-35 Gb 34
Bağbaşı TR 84-85 Dc 53
Bağdaşan TR 78-79 Ec 49
Bagdati GE 78-79 Ec 48
Bağdere TR 84-85 Ea 52
Bagenkop DK 26-27 Ba 36
Bağgöze TR 86-87 Eb 53
Bağışlı TR 86-87 Ee 53
Bağkonak TR 84-85 Db 52
Bağlama TR 84-85 De 52
Bağlıca TR 86-87 Eb 53
Bağlıca TR 86-87 Ec 53
Bağlium TR 76-77 Dc 50
Bagn N 16-17 Ak 30
Bagnères-de-Bigorre F 70-71 Aa 47
Bagno di Romagna I 56-57 Bb 47
Bagnols-sur-Cèze F 54-55 Ae 46
Bağpınar TR 86-87 Di 53
Bagratašen AR 78-79 Ee 49
Bagrationovsk RUS 28-29 Ca 36
Bagrdan YU 58-59 Cb 46
Bahatyr UA 62-63 Dg 43
Bahçe TR 86-87 Dg 53
Bahçecik TR 76-77 Ck 50
Bahçecik TR 84-85 Df 52
Bahçeli TR 86-87 Di 53
Bahçesaray TR 86-87 Ec 52
Bahma IRQ 86-87 Ee 54
Bahmutovo RUS 30-31 De 34
Bahnea RO 60-61 Ce 44
Baia RO 60-61 Ci 46
Baia de Aramă RO 58-59 Cc 46
Baia Mare RO 60-61 Cd 43
Baia Sprie RO 60-61 Cd 43
Băicoi RO 60-61 Cf 45
Băiculeşti RO 60-61 Ce 45
Baidā', 'Ain al- SYR 84-85 Dg 55
Ba'īğī IRQ 86-87 Ed 56
Baile an Bhuinneánaight IRL 37 Sa 38
Baile an Chaisil IRL 37 Sa 36
Baile an Chaistil = Ballycastle GB 37 Sd 35
Baile an Ghearlánaigh IRL 37 Sd 37
Báile an Róba IRL 37 Sa 37
Baile Átha Cliath = Dublin IRL 37 Sd 37
Baile Átha Fhirdhia = Ardee IRL 37 Sd 37
Baile Átha Í IRL 37 Sd 38
Baile Átha Liagh IRL 37 Sc 37
Baile Átha Luain = Athlone IRL 37 Sc 37
Baile Átha Troim = Trim IRL 37 Sd 37
Baile Brigín = Balbriggan IRL 37 Sd 37
Baile Chaisleáin Bhéarra = Castletown Bearhaven IRL 37 Sa 39
Baile Chathail = Charlestown IRL 37 Sb 37
Baile Easa Dara = Ballycadare IRL 37 Sb 36
Băile Herculane RO 58-59 Cc 46
Baile Locha Riach = Loughrea IRL 37 Sb 37
Baile Mhic Andáin IRL 37 Sc 38
Baile Mhistéala = Mitchelstown IRL 37 Sb 38
Bailén E 80-81 Sg 52
Baile na gCros IRL 37 Sc 37
Baile na nGallóglach IRL 37 Sc 35
Băileşti RO 60-61 Cd 46
Baile uí Mhathaín IRL 37 Sc 37
Bailleul F 40-41 Ac 40
Baimaclia MD 60-61 Ci 44
Bain-de-Bretagne F 54-55 Si 43
Baingear IRL 37 Sa 36
Baiona E 68-69 Sb 48
Bais F 40-41 Sk 42
Baisogala LT 28-29 Cd 35
Baja H 58-59 Bi 44
Bajánsenye H 58-59 Bg 44
Bajerge IR 86-87 Ee 52
Bajganin KA 52-53 Fg 42
Bajgazino RUS 34-35 Fh 37
Bajina Bašta YU 58-59 Bk 47
Bajkalovo RUS 24-25 Gh 33
Bajki RUS 34-35 Fg 35
Bajmak RUS 52-53 Fi 38
Bajmok YU 58-59 Bk 45
Bajovo Polje YU 74-75 Bi 47
Bajram Curri AL 74-75 Ca 48
Bajramgulovo RUS 34-35 Ga 35
Bajsa RUS 32-33 Ek 33
Bajsakalovo RUS 34-35 Fk 36
Bajtas KA 52-53 Ge 41
Bakacak TR 76-77 Ch 50
Bakal RUS 34-35 Fi 36
Bakalka RUS 52-53 Ff 39
Bakaly RUS 34-35 Fd 35
Bakeevo RUS 34-35 Fh 37
Bakırdağı TR 84-85 Df 52
Bakırköy TR 76-77 Ci 49
Bakkejord N 2-3 Bi 21
Bakko N 16-17 Ai 31
Baklan TR 84-85 Ck 52
Baklanka RUS 20-21 Ea 32
Bakonybél H 58-59 Bh 43
Bakres RUS 64-65 Ef 46
Baksan RUS 64-65 Ed 47
Baktalórántháza H 44-45 Cc 43
Bakuriani GE 78-79 Ed 49
Bakurianskij Andezit GE 78-79 Ed 49
Bakury RUS 48-49 Ee 38
Bala GB 38-39 Sg 38
Balâ TR 76-77 Dd 51
Balaban TR 86-87 Dh 52
Bălăbăneşti RO 60-61 Ch 44
Balabanovo RUS 30-31 Dg 35
Bala-Četyrman RUS 34-35 Ff 37
Balachivka UA 46-47 Dd 42
Balaci RO 60-61 Ce 46
Bălăciţa RO 60-61 Cd 46
Balaciu RO 60-61 Cg 46
Balad Sinğār IRQ 86-87 Eb 54
Balaguer E 70-71 Aa 49
Balahna RUS 32-33 Ed 34
Balaklija UA 48-49 Dg 41
Balakovo RUS 50-51 Eh 38
Balallan GB 38-39 Sd 32
Balandino RUS 34-35 Fc 37
Balašiha RUS 30-31 Dh 35
Balašov RUS 48-49 Ed 39
Balassagyarmat H 44-45 Bk 42
Balatonboglár H 58-59 Bh 44
Balatonföldvár H 58-59 Bh 44
Balatonfüred H 58-59 Bh 44
Balatonfűzfő H 58-59 Bi 43
Balatonszentgyörgy H 58-59 Bh 44
Bălăuşeri RO 60-61 Ce 44
Balazote E 68-69 Sh 52
Balbriggan = Baile Brigín IRL 37 Sd 37
Bălceşti RO 60-61 Cd 46
Balcı TR 84-85 De 52
Balčik BG 60-61 Ci 47
Balcılar TR 74-75 Cg 50
Balcılar TR 76-77 Dc 50
Balcılar TR 84-85 Dc 54
Baldone LV 28-29 Ce 34
Bâle = Basel CH 56-57 Ah 43
Balestrand N 16-17 Ag 29
Balezino RUS 22-23 Fd 33
Balfour GB 38-39 Sh 31
Bălgarovo BG 76-77 Ch 48
Bălgarska Poljana BG 74-75 Cg 48
Balí GR 82-83 Ce 55
Balıbey TR 86-87 Di 52
Balıkesir TR 76-77 Ch 51
Balıklıçeşme TR 76-77 Ch 50
Balingen D 42-43 Ai 42
Balinţ RO 58-59 Cb 45
Balışeyh TR 76-77 Dd 51
Ballaban AL 74-75 Ca 50
Ballangen N 2-3 Bg 22
Ballantrae GB 38-39 Se 35
Ballao I 70-71 Ak 51
Ballará IS 36 Qh 25
Ballasviken S 2-3 Bg 24
Ballater GB 38-39 Sg 33
Balleroy F 40-41 Sk 41
Ballı TR 76-77 Ch 50
Ballıca TR 78-79 Di 50
Ballık TR 84-85 Ck 54
Ballıkaya TR 86-87 Di 52
Ballina = Béal an Atha IRL 37 Sa 36
Ballinasloe = Béal Átha na Sluaighe IRL 37 Sb 37
Ballinrobe = Báile an Róba IRL 37 Sa 37
Ballsh AL 74-75 Bk 50
Ballstad N 2-3 Bd 22
Ballum DK 26-27 Ai 35
Ballybofey = Bealach Feich IRL 37 Sc 36
Ballybunnion = Baile an Bhuinneáight IRL 37 Sa 38
Ballycadare IRL 37 Sb 36
Ballycastle GB 37 Sd 35
Ballycastle = Baile an Chaisil IRL 37 Sa 36
Ballygawley GB 37 Sc 36
Ballyhaunis = Béal Átha hAmhnais IRL 37 Sb 37
Ballymahon = Baile uí Mhathain IRL 37 Sc 37
Ballymena GB 37 Sd 36
Ballymoney GB 37 Sd 35
Ballynahinch GB 37 Se 36
Ballyshannon = Béal Átha Seanaidh IRL 37 Sb 36
Balmaseda E 54-55 Sg 47
Balmazújváros H 58-59 Cb 43
Balpayam TR 78-79 Ea 51
Balş RO 60-61 Ce 46
Bal'šavik BY 46-47 Da 38
Balta RO 58-59 Cc 46
Balta UA 60-61 Ck 43
Baltaj RUS 50-51 Eg 38
Baltalin TR 76-77 Dc 51
Baltanás E 68-69 Sf 49
Baltasi RUS 34-35 Fa 34
Bălţi MD 60-61 Ch 43
Baltijsk RUS 28-29 Bk 36
Baltimore = Dún na Séad IRL 37 Sa 39
Baltinava LV 30-31 Ch 34
Balvi LV 18-19 Ch 33
Balya TR 76-77 Ch 51
Balynagall IRL 37 Rk 38
Bamberg D 42-43 Ba 41
Bamburgh GB 38-39 Si 35
Bāmernī IRQ 86-87 Ed 53
Baña, La E 68-69 Sd 48
Banarlı TR 76-77 Ch 49
Banaz TR 84-85 Ck 52
Banbridge GB 37 Sd 36
Banbury GB 40-41 Si 38
Banchory GB 38-39 Sh 33
Bande E 68-69 Sc 48
Bandholm DK 26-27 Bb 36
Bandırma TR 76-77 Ch 50
Bandol F 56-57 Af 47
Bandon = Droichead na Bandan IRL 37 Sb 39
Băneasa RO 60-61 Cg 46
Băneasa RO 60-61 Ch 46
Bañeza, La E 68-69 Se 48
Banff GB 38-39 Sh 33
Bangor GB 37 Se 36
Bangor GB 38-39 Sf 37
Bangor = Baingear IRL 37 Sa 36
Bangsund N 8-9 Bb 26
Banie PL 26-27 Be 37
Banie Mazurskie PL 28-29 Cc 36
Bāniyās IRQ 84-85 Df 55
Banja BG 74-75 Ce 48
Banja BG 76-77 Ch 48
Banjajag RUS 22-23 Ek 30
Banja Koviljača YU 58-59 Bk 46
Banja Luka BIH 58-59 Bh 46
Banjani YU 58-59 Bk 46
Banjska YU 74-75 Ca 48
Bankeryd S 16-17 Be 33
Bannalec F 54-55 Sg 43
Banon F 56-57 Af 46
Banovići BIH 58-59 Bi 46
Bansin, Seebad D 26-27 Be 37
Banská Bystrica SK 44-45 Bk 42
Banská Štiavnica SK 44-45 Bi 42
Bansko BG 74-75 Cd 49
Banteer IRL 37 Sb 38
Bantry = Beanntraí IRL 37 Sa 39
Banyalbufar E 70-71 Ac 51
Banyoles E 70-71 Ac 48
Bapaume F 40-41 Ac 40
Bar UA 46-47 Ch 41
Bar YU 74-75 Bk 48
Bāra IRQ 86-87 Eb 54
Barajas de Melo E 68-69 Sh 50
Barajevo YU 58-59 Ca 46
Barak TR 86-87 Dh 54
Barakaldo E 54-55 Sh 47
Baraklı TR 84-85 Ck 52
Baranavičy BY 28-29 Cg 37
Barančinskij RUS 24-25 Fk 32
Baranivka UA 46-47 Ch 40
Baranoviči = Baranavičy BY 28-29 Cg 37
Baranovka RUS 22-23 Fb 31
Baranovka RUS 50-51 Eg 41
Baranykivka UA 48-49 Dk 41
Baraolt RO 60-61 Cf 44
Baraševo RUS 32-33 Ec 36
Baraški RUS 14-15 Fc 25
Barban HR 56-57 Bd 45
Barbantes E 68-69 Sb 48
Barbaros TR 76-77 Ch 50
Barbastro E 70-71 Aa 48
Barbate de Franco E 80-81 Se 54
Bārbele LV 28-29 Ce 34
Barbezieux-Saint-Hilaire F 54-55 Sk 45
Barca de Alva P 68-69 Sd 49
Barcarrota E 80-81 Sd 52
Barcelona E 70-71 Ac 49
Barcelonnette F 56-57 Ag 46
Barcelos P 68-69 Sb 49
Bárcena de Pie de Concha E 54-55 Sf 47
Barciany PL 28-29 Cb 36
Barcin PL 28-29 Bh 38
Barcino PL 28-29 Bg 36
Barco de Ávila, El E 68-69 Se 50
Barcs H 58-59 Bh 45
Barczewo PL 28-29 Ca 37
Barda RUS 34-35 Ff 34
Bardakçı TR 76-77 Da 51
Bardāraš IRQ 86-87 Ed 54
Bardejov SK 44-45 Cb 41
Bardonècchia I 56-57 Ag 45
Barentin F 40-41 Aa 41
Barentsburg N 2-3 I D 2
Barga I 56-57 Ba 46
Barga MA 80-81 Sd 56
Bargoed GB 40-41 Sg 39
Bari I 72-73 Bg 49
Barić-Draga HR 58-59 Bf 46
Barisciano I 72-73 Bd 48
Barjac F 54-55 Ae 46
Barjatino RUS 30-31 De 36
Barjols F 56-57 Ag 47
Barkald N 8-9 Ba 29
Barkava LV 28-29 Cg 34
Barla TR 84-85 Da 52
Bar-le-Duc F 42-43 Af 42
Barletta I 72-73 Bg 49
Barlinek PL 26-27 Bf 38
Barmouth GB 38-39 Sf 38
Barnard Castle GB 38-39 Si 36
Barneveld NL 42-43 Af 38
Barneville-Carteret F 40-41 Si 41
Barnsley GB 38-39 Si 37
Barnstaple GB 40-41 Sf 39
Barr F 42-43 Ah 42
Barracas E 70-71 Sk 50
Barrafranca I 72-73 Be 53
Barrancos P 80-81 Sd 52
Barranda E 80-81 Si 52
Barreiro P 80-81 Sa 52
Barrême F 56-57 Af 47
Barri = Barry GB 40-41 Sg 39
Barrow-in-Furness GB 38-39 Sg 36
Barry GB 40-41 Sg 39
Barsaniha RUS 20-21 Df 32
Barsinghausen D 42-43 Ak 38
Bar-sur-Aube F 40-41 Ae 42
Bar-sur-Seine F 40-41 Ae 42

Bārta **LV** 28-29 Cb 34
Barth **D** 26-27 Bc 36
Barton-upon-Humber **GB** 38-39 Sk 37
Bartoszyce **PL** 28-29 Ca 36
Bartym **RUS** 34-35 Fg 34
Barúmini **I** 70-71 Ak 51
Barun **RUS** 64-65 Ef 43
Baruth **D** 42-43 Bd 38
Barvas **GB** 38-39 Sd 32
Barville, Cany- **F** 40-41 Aa 41
Barvinkove **UA** 48-49 Dg 42
Barwice **PL** 28-29 Bg 37
Barybino **RUS** 30-31 Dh 35
Baryš **RUS** 32-33 Eh 37
Barysav **BY** 30-31 Ci 36
Baryšivka **UA** 46-47 Db 40
Bašaid **YU** 58-59 Ca 45
Basarabi **RO** 60-61 Ci 46
Başbağlar **TR** 78-79 Eb 50
Basel **CH** 56-57 Ah 43
Başgedikler **TR** 78-79 Ed 50
Başharman **TR** 84-85 Dd 53
Basildon **GB** 40-41 Aa 39
Başin **TR** 84-85 Dd 53
Basingstoke **GB** 40-41 Si 39
Bas'janovskij **RUS** 24-25 Ga 32
Baška **HR** 58-59 Be 46
Başkale **TR** 86-87 Ee 52
Baskil **TR** 86-87 Di 52
Başköy **TR** 78-79 Dk 51
Başköy **TR** 78-79 Ea 50
Başköy **TR** 78-79 Ea 51
Başköy **TR** 86-87 Ec 53
Basküdyķ **KA** 52-53 Gb 41
Başkuyu **TR** 84-85 Dc 52
Başlar **TR** 84-85 Db 53
Başmakçı **TR** 84-85 Da 53
Bašmakovo **RUS** 32-33 Ed 37
Başpınar **TR** 78-79 Di 51
Başpınar **TR** 84-85 Da 53
Bassano del Grappa **I** 56-57 Bb 45
Bassella **E** 70-71 Ab 48
Bassevuovdde **N** 2-3 Cf 22
Bassoues **F** 54-55 Aa 47
Bassum **D** 26-27 Ai 38
Båstad **S** 26-27 Bc 34
Baštanka **UA** 62-63 Dc 43
Bastelica **F** 70-71 Ak 48
Bastenaken = Bastogne **B** 42-43 Af 40
Bastia **F** 70-71 Ak 48
Bastide-Puylaurent, la **F** 54-55 Ad 46
Bastogne **B** 42-43 Af 40
Bastuträsk **S** 10-11 Ca 26
Bastyn' **BY** 46-47 Cg 38
Başyurt **TR** 86-87 Dk 52
Batajnica **YU** 58-59 Ca 46
Batajsk **RUS** 62-63 Dk 43
Batak **BG** 74-75 Ce 49
Bataly **KA** 52-53 Gc 38
Batamšinski = Badamša **KA** 52-53 Fi 40
Bátaszék **H** 58-59 Bi 44
Bateckij **RUS** 18-19 Da 32
Bath **GB** 40-41 Sh 39
Batman **TR** 86-87 Eb 53
Batočina **YU** 58-59 Cb 46
Båtsfjord **N** 2-3 Ck 20
Båtsjaur **S** 8-9 Bh 24
Battalgazi = Eskimalatya **TR** 86-87 Di 52
Battipáglia **I** 72-73 Be 50
Battonya **H** 58-59 Cb 44
Batumi **GE** 78-79 Eb 49
Baturino **RUS** 30-31 Dc 35
Baturyn **UA** 46-47 Dc 39
Batyrevo **RUS** 32-33 Eh 35
Baud **F** 54-55 Sg 43
Baugé **F** 54-55 Sk 43
Baugy **F** 54-55 Ac 43
Baule-Escoublac, la **F** 54-55 Sh 43
Baume-les-Dames **F** 56-57 Ag 43
Baunei **I** 70-71 Ak 50
Bauska **LV** 28-29 Ce 34
Bautin **KA** 66-67 Fa 46
Bautino **KA** 66-67 Fa 46
Bautzen **D** 42-43 Be 39
Bavly **RUS** 34-35 Fd 36
Bāwiyān **IRQ** 86-87 Ee 54
Bayat **TR** 76-77 Da 51
Bayat **TR** 76-77 De 50
Bayat **TR** 84-85 Ck 52
Bayburt **TR** 78-79 Ea 50
Bayeux **F** 40-41 Sk 41
Bayındır **TR** 82-83 Ch 52
Bayırköy **TR** 84-85 Ci 54
Baykan **TR** 86-87 Eb 52
Bayramiç **TR** 74-75 Cg 51
Bayramören **TR** 76-77 Dd 50
Bayreuth **D** 42-43 Bb 41
Bayrischzell **D** 56-57 Bc 43
Baz **AL** 74-75 Bk 49
Bāz, Tall **SYR** 86-87 Ea 54
Baza **E** 80-81 Sh 53
Bazalija **UA** 46-47 Cg 41
Bazalijvka **UA** 48-49 Dg 41
Bazančatovo **RUS** 34-35 Fg 34
Bažanköl **KA** 52-53 Gb 40
Bāzargān **IR** 78-79 Ee 51
Bazarnaja Ken'ša **RUS** 32-33 Eg 37
Bazarnye Mataki **RUS** 32-33 Ek 36
Bazarnyi Karabulak **RUS** 50-51 Eg 38
Bazarnyj Syzgan **RUS** 32-33 Eg 37
Bazarolog **KA** 50-51 Fc 41
Bazarskij **RUS** 34-35 Fk 37
Bazartöbe **KA** 50-51 Fc 41
Bazas **F** 54-55 Sk 46
Baženiha **RUS** 34-35 Fb 35
Baženovo **RUS** 34-35 Ff 35
Baziaş **RO** 58-59 Cb 46
Beaconsfield **GB** 40-41 Sk 39
Béal an Atha = Ballina **IRL** 37 Sa 36
Béal an Mhuirthead = Belmullet **IRL** 37 Sa 36
Béal Átha hAmhnais **IRL** 37 Sb 37
Béal Átha na Sluaighe = Ballinasloe **IRL** 37 Sb 37
Béal Átha Seanaidh = Ballyshannon **IRL** 37 Sb 36
Béal Easa **IRL** 37 Sa 37
Beal Tairbirt **IRL** 37 Sc 36
Beanntraí = Bantry **IRL** 37 Sa 39
Beasain **E** 68-69 Sh 47
Beas de Segura **E** 80-81 Sh 52
Beaucaire **F** 54-55 Ae 47
Beaugency **F** 54-55 Ab 43
Beaujeu **F** 54-55 Ae 44
Beauly **GB** 38-39 Sf 33
Beaumaris **GB** 38-39 Sf 37
Beaumont **B** 40-41 Ae 40
Beaumont **F** 40-41 Si 41
Beaumont **F** 54-55 Aa 46
Beaumont-de-Lomagne **F** 54-55 Aa 47
Beaumont-sur-Oise **F** 40-41 Ac 41
Beaumont-sur-Sarthe **F** 40-41 Aa 42
Beaune **F** 54-55 Ae 43
Beaupréau **F** 54-55 Sk 43
Beaurepaire **F** 56-57 Af 45
Beauvais **F** 40-41 Ac 41
Beauvoir-sur-Mer **F** 54-55 Sh 44
Bebra **D** 42-43 Ak 40
Bebrene **LV** 28-29 Cg 34
Beccles **GB** 40-41 Ab 38
Becedas **E** 68-69 Se 50
Bečej **YU** 58-59 Ca 45
Becerreá **E** 68-69 Sc 48
Bečevinka **RUS** 20-21 Dh 31
Bechet **RO** 60-61 Cd 47
Becilla de Valderaduey **E** 68-69 Se 48
Beckum **D** 42-43 Ai 39
Beclean **RO** 60-61 Ce 43
Bécon-les-Granits **F** 54-55 Sk 43
Bedale **GB** 38-39 Si 36
Bédarieux **F** 54-55 Ad 47
Bedeeva-Poljana **RUS** 34-35 Fg 35
Bederkesa **D** 26-27 Ai 37
Bedford **GB** 40-41 Sk 38
Bediani **GE** 78-79 Ee 49
Bedirli **TR** 78-79 Dg 51
Bednodem'janovsk **RUS** 32-33 Ed 37
Bedum **NL** 26-27 Ag 37
Beek **NL** 42-43 Af 40
Beeskow **D** 42-43 Be 38
Bégard **F** 40-41 Sg 42
Beğendik **TR** 86-87 Ec 53
Begičevskij **RUS** 30-31 Di 37
Begimbet **KA** 66-67 Fh 43
Begndal **N** 16-17 Ak 30
Beguč **RUS** 50-51 Eg 38
Begunicy **RUS** 18-19 Ck 31
Behramkale **TR** 74-75 Cg 51
Beilen **NL** 26-27 Ag 38
Beisfjord **N** 2-3 Bh 22
Beiuş **RO** 58-59 Cc 44
Beja **P** 80-81 Sc 52
Béjar **E** 68-69 Se 50
Bejarn **N** 2-3 Be 23
Bejneu **KA** 66-67 Ff 45
Bekbeket **KA** 66-67 Fd 43
Bekçiler **TR** 84-85 Ck 54
Békés **H** 58-59 Cb 44
Békéscsaba **H** 58-59 Cb 44
Bekeševo **RUS** 52-53 Fi 38
Bekilli **TR** 84-85 Ck 52
Bekirhan **TR** 86-87 Eb 52
Beklemiševo **RUS** 32-33 Eh 37
Bekovo **RUS** 48-49 Ed 38
Belaazërsk **BY** 46-47 Cf 38
Bela Crkva **YU** 58-59 Cb 46
Belaja Berëzka **RUS** 46-47 Dd 38
Belaja Cerkov' = Bila Cerkva **UA** 46-47 Da 41
Belaja Glina **RUS** 64-65 Ea 44
Belaja Holunica **RUS** 22-23 Fa 32
Belaja Kalitva **RUS** 48-49 Ea 42
Belaja Rečka **RUS** 64-65 Ed 47
Belalcázar **E** 80-81 Se 52
Belanovica **YU** 58-59 Ca 46
Bela Palanka **YU** 58-59 Cc 47
Belasovka **RUS** 32-33 Ee 34
Bèl'c' = Bălţi **MD** 60-61 Ch 43
Belceğiz **TR** 84-85 Db 52
Bełchatów **PL** 44-45 Bk 39
Belchite **E** 70-71 Sk 49
Belcik **TR** 78-79 Dg 51
Belcoo **IRL** 37 Sc 36
Bel'cy = Bălţi **MD** 60-61 Ch 43
Beldibi **TR** 84-85 Da 54
Beldibi **TR** 84-85 Dc 54
Belebej **RUS** 34-35 Fe 36
Belebelka **RUS** 18-19 Da 33
Belen **TR** 84-85 Dg 54
Belenihino **RUS** 48-49 Dg 40
Belev **RUS** 30-31 Dg 37
Belfast **GB** 37 Se 36
Belford **GB** 38-39 Si 35
Belfort **F** 56-57 Ag 43
Belgern **D** 42-43 Bd 39
Belgorod **RUS** 48-49 Dg 40
Belgorod-Dnestrovskij **UA** 60-61 Da 44
Belgrad = Beograd **YU** 58-59 Ca 46
Belica **BG** 60-61 Cg 47
Belica **BY** 28-29 Cf 37
Belica **RUS** 48-49 Df 39
Beličaevskoe **RUS** 64-65 Ef 46
Belik **RUS** 30-31 Dc 36
Beli Manastir **HR** 58-59 Bi 45
Belimel **BG** 58-59 Cc 47
Belin-Béliet **F** 54-55 Sk 46
Belinskij **RUS** 32-33 Ed 38
Beliş **RO** 60-61 Cd 44
Beljaevka **RUS** 22-23 Ff 33
Beljaevka **RUS** 52-53 Fg 39
Beljanka **RUS** 34-35 Fk 34
Belkaya **TR** 84-85 Dd 53
Bel'kopa **KA** 52-53 Fk 40
Bel'kovo **RUS** 30-31 Dd 37
Bellac **F** 54-55 Ab 44
Bellágio **I** 56-57 Ak 45
Belleek **IRL** 37 Sb 36
Bellegarde **F** 54-55 Ac 43
Bellegarde-sur-Valserine **F** 56-57 Af 44
Belle-Isle-en-Terre **F** 40-41 Sg 42
Bellême **F** 40-41 Aa 42
Belley **F** 56-57 Af 45
Bellinzona **CH** 56-57 Ak 44
Bellpuig **E** 70-71 Ab 49
Belluno **I** 56-57 Bc 44
Bélmez **E** 80-81 Se 52
Belmont **GB** 38-39 Sk 30
Belmonte **E** 68-69 Sh 51
Belmonte **P** 68-69 Sc 50
Belmullet = Béal an Mhuirthead **IRL** 37 Sa 36
Beloe **RUS** 20-21 Dk 32
Beloe More **RUS** 4-5 Dc 23
Beloe Ozero **RUS** 34-35 Fg 37
Belören **TR** 76-77 Dd 50
Belören **TR** 84-85 Dc 53
Belören **TR** 86-87 Dh 53
Beloevo **RUS** 22-23 Fe 31
Beloger'e **RUS** 48-49 Dk 40
Beloglinnyj **KA** 50-51 Fa 39
Belogorka **KA** 50-51 Fd 40
Belogornoe **RUS** 50-51 Eh 38
Belogorskoe **RUS** 32-33 Ei 37
Belogradcik **BG** 58-59 Cc 47
Belogradčik **BG** 58-59 Cc 47
Belojarka **RUS** 24-25 Ge 32
Belojarskij **RUS** 34-35 Gb 34
Beloljin **YU** 58-59 Cb 47
Belomorsk **RUS** 12-13 De 26
Beloomut **RUS** 32-33 Dk 36
Belorado **E** 68-69 Sg 48
Belorečensk **RUS** 22-23 Fc 32
Belorečensk **RUS** 62-63 Dk 46
Beloreck **RUS** 34-35 Fi 37
Beloslav **BG** 76-77 Ch 47
Belovo **BG** 74-75 Cd 48
Belovo **BG** 74-75 Ce 48
Belovod'e **RUS** 32-33 Eg 36
Belozersk **RUS** 20-21 Dh 30
Belper **GB** 38-39 Si 37
Belpınar **TR** 76-77 Db 51
Bel'skoe **RUS** 32-33 Ea 36
Belturbet = Beal Tairbirt **IRL** 37 Sc 36
Beluša **SK** 44-45 Bi 41
Beluš'e **RUS** 6-7 Eh 24
Belušić **YU** 58-59 Cb 47
Belvédère-Campomoro **F** 70-71 Ai 49
Belvedere Marittimo **I** 72-73 Bf 51
Belvès **F** 54-55 Ab 46
Belye Berega **RUS** 30-31 De 37
Belyi Kolodez' **RUS** 48-49 Di 40
Belyj **RUS** 30-31 Dc 35
Belyj Gorodok **RUS** 30-31 Dh 34
Belyševo **RUS** 22-23 Ef 33
Bełżec **PL** 44-45 Cd 40
Bemyž **RUS** 34-35 Fb 34
Benabarre **E** 70-71 Aa 48
Benalup de Sidonia **E** 80-81 Se 54
Benasque **E** 70-71 Aa 48
Benavente **E** 68-69 Se 48
Benavides de Órbigo **E** 68-69 Se 48
Bender = Tighina **MD** 60-61 Ck 44
Bendery = Tighina **MD** 60-61 Ck 44
Benediktbeuern **D** 56-57 Bb 43
Benešov **CZ** 42-43 Be 41
Benevento **I** 72-73 Be 49
Benfeld **F** 42-43 Ah 42
Bengtsfors **S** 16-17 Bc 31
Beni-Armart **MA** 80-81 Sf 56
Benicarló **E** 70-71 Aa 50
Benicasim = Benicàssim **E** 70-71 Aa 50
Benicàssim **E** 70-71 Aa 50
Benidorm **E** 70-71 Sk 52
Benifaió **E** 70-71 Sk 51
Beni Saf **DZ** 80-81 Si 55
Benkovac **HR** 58-59 Bf 46
Bensbyn **S** 10-11 Cc 25
Bentheim, Bad **D** 42-43 Ah 38
Beograd **YU** 58-59 Ca 46
Berat **AL** 74-75 Bk 50
Berazino **BY** 30-31 Ci 36
Berazino **BY** 30-31 Ci 37
Berberana **E** 68-69 Sg 48
Berchtesgaden **D** 56-57 Bc 43
Berck-Plage **F** 40-41 Ab 40
Bercogyi **KA** 52-53 Fi 42
Berdičev = Berdyčiv **UA** 46-47 Ci 41
Berdil **TR** 86-87 Dk 53
Berdjans'k **UA** 62-63 Dg 44
Berdjansk = Berdjans'k **UA** 62-63 Dg 44
Berdjaš **RUS** 52-53 Fh 38
Berdjauš **RUS** 34-35 Fk 35
Berdún **E** 70-71 Sk 48
Berdyčiv **UA** 46-47 Ci 41
Bereg **RUS** 20-21 Dh 30
Beregove = Berehove **UA** 44-45 Cc 42
Berehomet **UA** 46-47 Cf 42
Berehove **UA** 44-45 Cc 42
Bereket **TR** 78-79 Ed 51
Bereket **TR** 84-85 De 53
Bereketli **TR** 78-79 Dh 50
Berendeevo **RUS** 32-33 Dk 34
Berendi **TR** 84-85 De 53
Berestečko **UA** 46-47 Cf 40
Berestove **UA** 62-63 Dg 43
Berettyóújfalu **H** 58-59 Cb 43
Berez' **RUS** 20-21 Dg 32
Berezan' **UA** 46-47 Db 40
Berezanka **UA** 62-63 Db 44
Berezanskaja **RUS** 62-63 Dk 45
Berežany **UA** 44-45 Ce 41
Berezdiv **UA** 46-47 Ch 40
Berezine **UA** 46-47 Cg 40
Berezino **KA** 50-51 Ei 40
Berezivka **UA** 60-61 Da 43
Berezna **UA** 46-47 Db 39
Berežnaja **RUS** 20-21 Ed 29
Berezn'aky **UA** 46-47 Dc 41
Bereznehuvate **UA** 62-63 Dc 43
Bereznik **RUS** 12-13 Ec 28
Bereznik **RUS** 12-13 Ed 26
Berezniki **RUS** 22-23 Fg 31
Bereznjagi **RUS** 48-49 Eb 41
Berezova **RUS** 10-11 Dc 26
Berezovec, Nikolo- **RUS** 20-21 Ec 32
Berezovka **KA** 50-51 Fd 39
Berezovka **RUS** 22-23 Ef 29
Berezovka **RUS** 22-23 Fh 33
Berezovka **RUS** 32-33 Di 37
Berezovka **RUS** 34-35 Fi 34
Berezovo **RUS** 20-21 Dh 30
Berëzovskij **RUS** 34-35 Ga 34
Berezy **RUS** 12-13 Eb 26
Berg **N** 2-3 Bh 21
Berga **E** 70-71 Ab 48
Bergama **TR** 74-75 Ch 51
Bérgamo **I** 56-57 Ak 45
Bergara **E** 68-69 Sh 47
Bergen **D** 26-27 Ak 38
Bergen **N** 16-17 Af 30
Bergen **NL** 26-27 Ae 38
Bergen (Rügen) **D** 26-27 Bd 36
Bergen op Zoom **NL** 40-41 Ae 39
Bergerac **F** 54-55 Aa 46
Bergin **RUS** 64-65 Eh 44
Bergisch Gladbach **D** 42-43 Ah 40
Bergkvara **S** 28-29 Bg 34
Berglia **N** 8-9 Bd 26
Bergnicourt **F** 40-41 Ae 41
Bergö **FIN** 10-11 Cb 28
Bergshamra **S** 16-17 Bi 31
Bergsjö **S** 8-9 Bh 29
Bergues **F** 40-41 Ac 40
Bergzabern, Bad **D** 42-43 Ah 41
Beringen **B** 42-43 Af 39
Berka, Bad **D** 42-43 Bb 40
Berkåk **N** 8-9 Ba 28
Berkane **MA** 80-81 Sh 56
Berkovica **BG** 60-61 Cd 47
Berkovići **BIH** 72-73 Bi 47
Berlanga **E** 80-81 Se 52
Berlanga de Duero **E** 68-69 Sh 49
Berleburg, Bad **D** 42-43 Ai 39
Berlevåg **N** 2-3 Ck 20
Berlin **D** 42-43 Bd 38
Bermeo **E** 54-55 Sh 47
Bern **CH** 56-57 Ah 44
Bernalda **I** 72-73 Bg 50
Bernau bei Berlin **D** 26-27 Bd 38
Bernaville **F** 40-41 Ac 40
Bernay **F** 40-41 Aa 41
Bernburg (Saale) **D** 42-43 Bb 39
Berndorf **A** 58-59 Bg 43
Bernières-sur-Mer **F** 40-41 Sk 41
Bernkastel-Kues **D** 42-43 Ah 41
Bernstein **A** 58-59 Bg 43
Beromünster **CH** 56-57 Ai 43
Beroun **CZ** 42-43 Be 41
Berovo **MK** 74-75 Cc 49
Berre-l'Étang **F** 56-57 Af 47
Beršad' **UA** 46-47 Ck 42
Bersenbrück **D** 42-43 Ah 38
Bersut **RUS** 34-35 Fa 35
Berwick-upon-Tweed **GB** 38-39 Sh 35
Beryslav **UA** 62-63 Dd 44
Beşağıl **TR** 84-85 Dd 53
Besalú **E** 70-71 Ac 48
Besançon **F** 56-57 Ag 43
Bešankovičy **BY** 30-31 Ck 35
Besarabca **MD** 60-61 Ci 44
Besarabjaska = Besarabca **MD** 60-61 Ci 44
Besbaj **KA** 66-67 Ff 43
Besedino **RUS** 34-35 Fd 37
Besedino **RUS** 48-49 Dg 39
Beşenli **TR** 86-87 Dh 53
Beşikdüzü **TR** 78-79 Dk 49
Beşiri **TR** 86-87 Eb 53
Beşkonak **TR** 84-85 Db 53
Beslan **RUS** 78-79 Ee 47
Beslenej **RUS** 64-65 Eb 46
Besni **TR** 86-87 Dh 53
Besotar **KA** 50-51 Fd 41
Bešpagir **RUS** 64-65 Ec 45
Beşpınar **TR** 86-87 Eb 53
Bessarabka = Aul Sarykobda **KA** 52-53 Fg 41
Bessarabka = Besarabca **MD** 60-61 Ci 44
Besskorbnaja **RUS** 64-65 Eb 46
Best **NL** 42-43 Af 39
Bestamaķ **KA** 52-53 Ff 41
Bestamaķ **KA** 52-53 Fh 41
Bestobe **RUS** 52-53 Gc 39
Bestuževka **RUS** 32-33 Ei 37
Beşyol **TR** 86-87 Di 53
Bétera **E** 70-71 Sk 51
Béthune **F** 40-41 Ac 40
Betina **HR** 58-59 Bf 47
Betlica **RUS** 30-31 Dd 36
Bettna **S** 16-17 Bg 32
Bettyhill **GB** 38-39 Sf 32
Betws-y-Coed **GB** 38-39 Sg 37
Beuzeville **F** 40-41 Aa 41
Bevelli **TR** 84-85 Ck 52
Beverley **GB** 38-39 Sk 37
Beverstedt **D** 26-27 Ai 37
Bexhill **GB** 40-41 Aa 40
Beyağaç **TR** 84-85 Ci 53
Beyazköy **TR** 76-77 Ch 49
Beyçayırı **TR** 74-75 Cg 50
Beyçayırı **TR** 86-87 Eb 52
Beycuma **TR** 76-77 Db 49
Beydağ **TR** 82-83 Ci 52
Beydili **TR** 76-77 Da 50
Beykoz **TR** 76-77 Ck 49
Beylikova **TR** 76-77 Db 51
Beyoba **TR** 82-83 Ch 52
Beypazarı **TR** 76-77 Db 50
Beypınarı **TR** 78-79 Dh 51
Beypınarı **TR** 86-87 Dg 52
Beyşehir **TR** 84-85 Db 53

Beytüşşebap TR 86-87 Ed 53
Beyyurdu TR 76-77 Df 51
Bežanicy RUS 30-31 Ck 34
Bezbožnik RUS 22-23 Ei 31
Bežeck RUS 20-21 Dg 33
Bezenčuk RUS 32-33 Ek 38
Bezengi RUS 78-79 Ed 47
Béziers F 54-55 Ad 47
Bezmenšur RUS 34-35 Fb 34
Bezopasnoe RUS 64-65 Eb 45
Bezymjannoe RUS 50-51 Eg 39
Biała, Bielsko- PL 44-45 Bk 41
Biała Piska PL 28-29 Cc 37
Biała Podlaska PL 44-45 Cd 38
Białogard PL 26-27 Bf 36
Biały Bór PL 28-29 Bg 37
Białystok PL 28-29 Cd 37
Biarritz F 54-55 Si 47
Bibbiena I 56-57 Bb 47
Biberach an der Riß D 42-43 Ak 42
Bibirevo RUS 30-31 Dc 34
Bibrka UA 44-45 Ce 41
Bibū IRQ 86-87 Ed 53
Bicaj AL 74-75 Ca 49
Bicaz RO 60-61 Cg 44
Bicchisano, Petreto- F 70-71 Ai 49
Biçer TR 76-77 Db 51
Bicester GB 40-41 Si 39
Bicske H 58-59 Bi 43
Bičurino RUS 34-35 Ff 34
Bidache F 54-55 Si 47
Bideford GB 40-41 Sf 39
Bidjovagge N 2-3 Cc 21
Biecz PL 44-45 Cb 41
Biel = Bienne CH 56-57 Ah 43
Bielawy PL 44-45 Bk 38
Bielefeld D 42-43 Ai 38
Biella I 56-57 Ai 45
Bielsa E 70-71 Aa 48
Bielsk PL 44-45 Bk 38
Bielsko-Biała PL 44-45 Bk 41
Bielsk Podlaski PL 28-29 Cd 38
Bienne = Biel CH 56-57 Ah 43
Biertan RO 60-61 Ce 44
Biescas E 70-71 Sk 48
Bietigheim-Bissingen D 42-43 Ak 42
Bieżuń PL 28-29 Bk 38
Biga TR 76-77 Ch 50
Bigadiç TR 76-77 Ci 51
Biganos F 54-55 Sk 46
Biggar GB 38-39 Sg 35
Bihać BIH 58-59 Bf 46
Biharia RO 58-59 Cb 43
Bijavaš RUS 34-35 Fg 34
Bijela BIH 58-59 Bi 46
Bijeljina BIH 58-59 Bk 46
Bijelo Polje YU 74-75 Bk 47
Bílá SK 44-45 Bi 41
Bila Cerkva UA 46-47 Da 41
Bilbao = Bilbo E 54-55 Sh 47
Bilbo = Bilbao E 54-55 Sh 47
Bíldudalur IS 36 Qg 25
Bileća BIH 72-73 Bi 48
Bilecik TR 76-77 Ck 50
Biłgoraj PL 44-45 Cc 40
Bilhorod-Dnistrovs'kyj UA 60-61 Da 44
Bilimbaj RUS 34-35 Fk 34
Bilisht AL 74-75 Ca 50
Biljarsk RUS 34-35 Fa 36
Billom F 54-55 Ad 45
Billsta S 8-9 Bi 27
Billund DK 26-27 Ak 35
Billy F 54-55 Ad 44
Bilohir'ja UA 46-47 Cg 40
Bilohors'k UA 62-63 De 45
Bilokurakyne UA 48-49 Di 41
Biloluc'k UA 48-49 Dk 41
Bilopill'a UA 46-47 De 39
Bilousivka UA 46-47 Dc 41
Bilovods'k UA 48-49 Dk 41
Bilto N 2-3 Cb 21
Biluchivka UA 48-49 Df 41
Bilyi Kolodjaz' UA 48-49 Dh 40
Binéfar E 70-71 Aa 49
Bingen am Rhein D 42-43 Ah 41
Bingöl TR 86-87 Ea 52
Binz, Ostseebad D 26-27 Bd 36
Biograd na Moru HR 58-59 Bf 47
Biorra = Birr IRL 37 Sc 37
Bi'r Abū Ğulūd SYR 86-87 Dk 54
Birāk, Tall SYR 86-87 Eb 54
Bi'r Buṭaimān SYR 86-87 Dk 54
Bîrca RO 60-61 Cd 47
Bircza PL 44-45 Cc 41
Birecik TR 86-87 Dh 53
Bîrgăului, Mureşenii RO 60-61 Ce 43
Birgi TR 82-83 Ci 52
Bi'r Ḥamrān IRQ 86-87 Ed 56
Birkeland N 16-17 Ai 32
Birkenfeld D 42-43 Ah 41
Birkenhead GB 38-39 Sg 37
Birkerød DK 26-27 Bc 35
Birkfeld A 58-59 Bf 43
Bîrlad RO 60-61 Ch 44
Birmingham GB 40-41 Si 38
Birr = Biorra IRL 37 Sc 37
Birsk RUS 34-35 Ff 35
Birštonas LT 28-29 Ce 36
Biržai LT 28-29 Ce 34
Birži LV 28-29 Cf 34
Bīsa, Tall SYR 86-87 Dg 56
Bisbal d'Empordà, la E 70-71 Ad 49
Biscarrosse F 54-55 Si 46
Biscéglie I 72-73 Bg 49
Bischofshofen A 56-57 Bd 43
Bischofswerda D 42-43 Be 39
Bischwiller F 42-43 Ah 42
Bisen KA 50-51 Eh 41
Biser = Biserski RUS 24-25 Fi 32
Biserovo RUS 22-23 Fd 31
Biserski RUS 24-25 Fi 32
Bisert' RUS 34-35 Fk 34
Bishop Auckland GB 38-39 Si 36
Bishop's Castle GB 40-41 Sg 38
Bishtqethm AL 74-75 Bk 50
Bisignano I 72-73 Bg 51
Biskupiec PL 28-29 Ca 37
Bismark (Altmark) D 26-27 Bb 38
Bismil TR 86-87 Ea 53
Bispgården S 8-9 Bg 27
Bistreț RO 60-61 Cd 47
Bistrița RO 60-61 Ce 43
Bistrița Bîrgăului RO 60-61 Ce 43
Bisztynek PL 28-29 Ca 36
Bitburg D 42-43 Ag 41
Bitche F 42-43 Ah 41
Bitik KA 50-51 Fa 40
Bitlis TR 86-87 Ec 52
Bitola MK 74-75 Cb 49
Bitonto I 72-73 Bg 49
Bitterfeld D 42-43 Bc 39
Bitti I 70-71 Ak 50
Bizbuljak RUS 34-35 Fe 37
Bizjar RUS 22-23 Fg 33
Bjärred S 26-27 Bd 35
Bjästa S 8-9 Bi 27
Bjahoml' BY 30-31 Ci 36
Bjala BG 60-61 Cf 47
Bjala BG 74-75 Cg 48
Bjala BG 76-77 Ch 48
Bjala Slatina BG 60-61 Cd 47
Bjalyničy BY 30-31 Ck 37
Bjarkøy N 2-3 Bg 22
Bjaroza BY 44-45 Ce 38
Bjarozavka BY 28-29 Cf 37
Bjelovar HR 58-59 Bg 45
Bjerka N 2-3 Bd 24
Bjerkvik N 2-3 Bh 22
Bjerringbro DK 26-27 Ak 34
Björbo S 16-17 Be 30
Björkliden S 2-3 Bi 22
Björköby FIN 10-11 Cb 27
Björköby S 16-17 Be 33
Björksele S 8-9 Bi 26
Björkvattnet S 8-9 Bd 26
Björna S 8-9 Bi 27
Björnlunda S 16-17 Bh 31
Björsarv S 8-9 Bg 28
Bjølstad N 16-17 Ak 29
Bjordal N 16-17 Af 29
Bjørkås N 2-3 Bk 22
Bjørkelangen N 16-17 Bb 31
Bjorli N 8-9 Ai 28
Bjørn N 2-3 Bc 24
Bjørnevatn N 2-3 Ck 21
Bjurholm S 10-11 Bk 27
Bjursås S 16-17 Bf 30
Bjuv S 26-27 Bc 34
Blace YU 58-59 Cb 47
Blackburn GB 38-39 Sh 37
Blackpool GB 38-39 Sg 37
Blackstad S 16-17 Bg 33
Blagodarnij RUS 64-65 Ed 45
Blagodarnyj RUS 64-65 Ed 45
Blagodatovka RUS 50-51 Fa 38
Blagoevgrad BG 74-75 Cd 48
Blagoevo RUS 12-13 Eh 27
Blagovar RUS 34-35 Fe 36
Blagoveščensk RUS 34-35 Ff 35
Blain F 54-55 Si 43
Blairgowrie GB 38-39 Sg 34
Blaj RO 60-61 Cd 44
Blakstad N 16-17 Ai 32
Blanc, le F 54-55 Ab 44
Blandford Forum GB 40-41 Sh 40
Blanes E 70-71 Ac 49
Blangy-sur-Bresle F 40-41 Ab 41
Blankenberge B 40-41 Ad 39
Blansko CZ 44-45 Bg 41
Błaszki PL 44-45 Bi 39
Blattnicksele S 8-9 Bh 25
Blaubeuren D 42-43 Ak 42
Blaye F 54-55 Sk 45
Bleckede D 26-27 Ba 37
Bleicherode D 42-43 Ba 39
Bleik N 2-3 Bf 21
Bleikvassli N 8-9 Bd 25
Bléneau F 54-55 Ac 43
Bléré F 54-55 Aa 43
Blidsberg S 16-17 Bd 33
Blinisht AL 74-75 Bk 49
Blönduós IS 36 Qk 25
Blois F 54-55 Ab 43
Błonie PL 44-45 Ca 38
Bludenz A 56-57 Ak 43
Blyth GB 38-39 Si 35
Blyznjuky UA 48-49 Dg 42
Bni-Boufrah MA 80-81 Sf 55
Bø N 16-17 Ak 31
Boat of Garten GB 38-39 Sg 33
Bobolice PL 28-29 Bg 37
Bobr BY 30-31 Ck 36
Bobrava RUS 48-49 Df 40
Bobrov RUS 48-49 Dk 39
Bobrovskoe RUS 24-25 Ge 33
Bobrovycja UA 46-47 Db 40
Bobrowniki PL 28-29 Cd 37
Bobrujsk = Babrujsk BY 30-31 Ck 37
Bobrynec' UA 46-47 Dc 42
Bočevo RUS 20-21 Dd 31
Bochnia PL 44-45 Ca 41
Bocholt D 42-43 Ag 39
Bochov CZ 42-43 Bd 40
Bochum D 42-43 Ah 39
Bockara S 16-17 Bg 33
Bocşa RO 58-59 Cb 45
Bocsig RO 58-59 Cb 44
Boda S 16-17 Bf 29
Boden S 10-11 Cb 25
Bod'ja, Jaškur- RUS 22-23 Fd 33
Bodmin GB 40-41 Sf 40
Bodø N 2-3 Be 23
Bodrum TR 82-83 Ch 53
Bodsjö S 8-9 Be 28
Bodum S 8-9 Bg 27
Bodzanów PL 44-45 Ca 38
Böblingen D 42-43 Ak 42
Böda S 16-17 Bh 33
Böğecik TR 84-85 Dd 53
Böget KA 66-67 Fb 44
Bögürtlen TR 86-87 Di 53
Böhönye H 58-59 Bh 44
Bölükyazı TR 86-87 Ec 52
Boën F 54-55 Ae 45
Börili KA 50-51 Fc 39
Börjelsbyn S 10-11 Cc 25
Börrum S 16-17 Bg 32
Börtnan S 8-9 Bd 28
Boeve RUS 48-49 Dk 39
Bogatiševo RUS 30-31 Di 36
Bogatoe RUS 34-35 Fb 37
Bogatye Saby RUS 34-35 Fa 35
Bogatyr' RUS 34-35 Fa 37
Bogatyrevo KA 50-51 Ei 40
Bogazi TR 84-85 Dd 55
Boğaziçi TR 82-83 Ch 52
Boğazkale TR 76-77 De 50
Boğazkaya TR 76-77 Df 49
Boğazköprü TR 84-85 Df 52
Boğazlıyan TR 76-77 Df 51
Bogdanovka KA 52-53 Gb 39
Bogdanovka RUS 34-35 Fa 37
Bogdanovka RUS 50-51 Fa 38
Bogdanovka RUS 50-51 Fc 38
Bogdanovka = Ninocminda GE 78-79 Ed 49
Bogdanovo RUS 30-31 Dg 37
Bogdanovo RUS 34-35 Fg 35
Bogdanovskoe RUS 52-53 Fk 38
Bogen N 2-3 Bg 22
Bogense DK 26-27 Ba 35
Bogetsaj KA 52-53 Fk 40
Bognor Regis GB 40-41 Sk 40
Bogoljubovo RUS 32-33 Ea 34
Bogomila MK 74-75 Cb 49
Bogorodica MK 74-75 Cc 49
Bogorodick RUS 30-31 Di 37
Bogorodsk RUS 14-15 Fc 28
Bogorodsk RUS 32-33 Ed 34
Bogorodsk RUS 34-35 Fh 34
Bogorodskoe RUS 20-21 Dh 33
Bogorodskoe RUS 22-23 Fa 33
Bogorodskoe RUS 34-35 Ff 38
Bogoslovka KA 52-53 Fg 40
Bogovarovo RUS 22-23 Eh 32
Bogučar RUS 48-49 Ea 41
Boguslav' RUS 20-21 Dg 32
Bohain-en-Vermandois F 40-41 Ad 41
Bohinjska Bistrica SLO 56-57 Bd 44
Bohoduchiv UA 48-49 Df 40
Bohonal de Ibor E 68-69 Se 51
Bohorodčany UA 44-45 Ce 42
Bohuševsk BY 30-31 Da 36
Bohuslav UA 46-47 Da 41
Boizenburg (Elbe) D 26-27 Ba 37
Bojane MK 74-75 Cb 48
Bojano I 72-73 Be 49
Bojanowo PL 44-45 Bg 39
Bojarkeros RUS 22-23 Fb 29
Bojaščina RUS 12-13 Df 28
Bojčinovci BG 60-61 Cd 47
Bojnica BG 58-59 Cc 47
Boka YU 58-59 Ca 45
Bokovskaja RUS 48-49 Eb 41
Boksitogorsk RUS 20-21 Dd 31
Bol HR 58-59 Bg 47
Bol'aja Vereika RUS 48-49 Di 38
Bolaños de Calatrava E 80-81 Sg 52
Bolayır TR 74-75 Cg 50
Bolbec F 40-41 Aa 41
Bolboşi RO 60-61 Cd 46
Boldeşti-Scăeni RO 60-61 Cg 45
Boldovo RUS 32-33 Ee 36
Bolechiv UA 44-45 Cd 41
Bolesławiec PL 44-45 Bf 39
Bolgar KA 52-53 Fg 41
Bolgarskij = Bolgar KA 52-53 Fg 41
Bolhov RUS 30-31 Dg 37
Bolhrad UA 60-61 Ci 45
Boliden S 10-11 Ca 26
Bolintin-Vale RO 60-61 Cf 46
Boljanići YU 58-59 Bk 47
Boljarovo BG 74-75 Cg 48
Boljevac YU 58-59 Cb 47
Bollène F 54-55 Ae 46
Bollnäs S 16-17 Bg 29
Bollstabruk S 8-9 Bh 28
Bollullos Par del Condado E 80-81 Sd 53
Bolmsö S 26-27 Bd 33
Bologna I 56-57 Bb 46
Bologoe RUS 20-21 De 33
Bologovo RUS 30-31 Db 34
Bološnevo RUS 32-33 Ea 36
Bolotovskoe RUS 24-25 Gc 32
Bol'šaja RUS 20-21 Dk 30
Bol'šaja Atnja RUS 32-33 Ek 34
Bol'šaja Budnica RUS 30-31 Da 35
Bol'šaja Černigovka RUS 50-51 Fa 38
Bol'šaja Dergunovka RUS 50-51 Fa 38
Bol'šaja Doroga RUS 32-33 Ea 37
Bol'šaja Džalga RUS 64-65 Ec 45
Bol'šaja Glušica RUS 50-51 Fa 38
Bol'šaja Gora RUS 12-13 Eb 27
Bol'šaja Kamenka RUS 34-35 Fa 37
Bol'šaja Kandala RUS 32-33 Ek 36
Bol'šaja Karpuniha RUS 22-23 Ef 33
Bol'šaja Kaskan RUS 22-23 Eh 31
Bol'šaja Kiselenka RUS 20-21 De 33
Bol'šaja Martynovka = S'loboda Bol'šaja Martynovka RUS 64-65 Eb 43
Bol'šaja Nisogora RUS 12-13 Ef 26
Bol'šaja Orlovka RUS 64-65 Eb 43
Bol'šaja Poljana RUS 48-49 Di 38
Bol'šaja Privalovka RUS 48-49 Dk 39
Bol'šaja Rečka RUS 22-23 Eg 31
Bol'šaja Sludka RUS 22-23 Eg 29
Bol'šaja Šonoma RUS 14-15 Ei 29
Bol'šaja Sosnovka RUS 22-23 Fe 33
Bol'šaja Tavoložka RUS 50-51 Ek 38
Bol'šaja Tovra RUS 12-13 Eb 26
Bol'šaja Usa RUS 34-35 Ff 34
Bol'šakovo RUS 28-29 Cb 36
Bol'šečernihivka UA 48-49 Dk 42
Bol'šekrepinskaja RUS 62-63 Dk 43
Bol'šelug RUS 14-15 Fc 28
Bolsena I 72-73 Bb 48
Bol'šenabatovskij RUS 48-49 Ed 42
Bol'šetroickoe RUS 48-49 Dh 40
Bol'šeustinskoe RUS 34-35 Fi 35
Bol'ševik RUS 48-49 Ed 40
Bol'šie Berezniki RUS 32-33 Ef 36
Bol'šie Kajbicy RUS 32-33 Ei 35
Bol'šie Ključi RUS 32-33 Ei 34
Bol'šie Ključišči RUS 32-33 Ei 36
Bol'šie Medveki RUS 30-31 Dh 37
Bol'šie Ozerki RUS 50-51 Eg 38
Bol'šie Suslovy RUS 22-23 Ei 32
Bol'šie Tarhany RUS 32-33 Ei 36
Bol'šinka RUS 48-49 Eb 42
Bol'šoe Boldino RUS 32-33 Ef 36
Bol'šoe Gorodišče RUS 48-49 Dh 40
Bol'šoe Ignatovo RUS 32-33 Ef 35
Bol'šoe Muraškino RUS 32-33 Ee 35
Bol'šoe Nagatkino RUS 32-33 Ei 36
Bol'šoe Pole RUS 18-19 Ci 30
Bol'šoe Pole RUS 32-33 Ef 34
Bol'šoe Selo RUS 20-21 Di 33
Bol'šoe Šemjakino RUS 32-33 Ei 35
Bol'šoe Šeremetovo RUS 32-33 Ec 37
Bol'šoe Tokarevo RUS 20-21 Ec 31
Bol'šoe Zaborov'e RUS 20-21 Dd 32
Bol'šoe Žirovo RUS 48-49 Df 39
Bol'šoj RUS 48-49 Ec 41
Bol'šoj Čurki RUS 12-13 Eh 27
Bol'šoj Dvor RUS 20-21 De 31
Bol'šoj Lučak RUS 48-49 Ed 40
Bol'šoj Melik RUS 48-49 Ed 39
Bol'šoj Ramen' RUS 32-33 Eh 34
Bol'šoj Sabsk RUS 18-19 Ck 31
Bol'šoj Ut RUS 34-35 Fi 33
Bol'šoj V"jas RUS 32-33 Ef 37
Bol'šoj V'jas RUS 32-33 Ef 37
Bolsward NL 26-27 Af 37
Boltaña E 70-71 Aa 48
Bolton GB 38-39 Sh 37
Bolturino RUS 30-31 Dc 36
Bolu TR 76-77 Db 50
Bolungarvík IS 36 Qg 24
Bolvadin TR 84-85 Db 52
Bolzano = Bozen I 56-57 Bb 44
Bomarzo I 72-73 Bc 48
Boñar E 68-69 Se 48
Bonar Bridge GB 38-39 Sf 33
Bondari RUS 32-33 Ec 38
Bondeno I 56-57 Bb 46
Bondjug RUS 22-23 Fg 30
Bonga RUS 20-21 Dh 30
Bonifacio F 70-71 Ak 49
Bonillo, El E 68-69 Sh 52
Bonn D 42-43 Ah 40
Bonnétable F 40-41 Aa 42
Bonneval F 40-41 Ab 42
Bonneville F 56-57 Ag 44
Bonny-sur-Loire F 54-55 Ac 43
Bono I 70-71 Ak 50
Bonorva I 70-71 Ai 50
Bonyhád H 58-59 Bi 44
Boppard D 42-43 Ah 40
Bor CZ 42-43 Bc 41
Bor RUS 20-21 De 32
Bor RUS 24-25 Gh 33
Bor RUS 32-33 Ee 34
Bor TR 84-85 De 53
Bor YU 58-59 Cc 46
Borås S 16-17 Bc 33
Borba P 80-81 Sc 52
Borçka TR 78-79 Eb 49
Bordeaux F 54-55 Sk 46
Bordeira P 80-81 Sb 53
Borðeyri IS 36 Qi 25
Borensberg S 16-17 Bf 32
Borgå = Porvoo FIN 18-19 Cf 30
Borgarnes IS 36 Qi 26

Borger **NL** 26-27 Ag 38
Borges Blanques, les **E** 70-71 Aa 49
Borgholm **S** 28-29 Bg 34
Borgomanero **I** 56-57 Ai 45
Borgo San Dalmazzo **I** 56-57 Ah 46
Borgo San Lorenzo **I** 56-57 Bb 47
Borgo Val di Taro **I** 56-57 Ak 46
Borgo Valsugana **I** 56-57 Bb 44
Borgstena **S** 16-17 Bd 33
Borgund **N** 16-17 Ah 29
Borili **KA** 34-35 Gb 37
Borino **BG** 74-75 Ce 49
Borinskoe **RUS** 48-49 Dk 38
Borisoglеb **RUS** 32-33 Ec 35
Borisoglebovka **RUS** 50-51 Eh 39
Borisoglebsk **RUS** 48-49 Ec 39
Borisoglebskij **RUS** 20-21 Dk 33
Borisov = Barysav **BY** 30-31 Ci 36
Borisovka **RUS** 48-49 Dg 40
Borisovo **RUS** 20-21 Dk 31
Borisovo **RUS** 20-21 Ee 31
Borisovo-Sudskoe **RUS** 20-21 Dg 31
Borivs'ke **UA** 48-49 Di 42
Borkavičy **BY** 30-31 Ci 35
Borken **D** 42-43 Ag 39
Borkenes **N** 2-3 Bg 22
Borlänge **S** 16-17 Bf 30
Borlaug **N** 16-17 Ah 29
Borlu **TR** 84-85 Ci 52
Borly **KA** 52-53 Fk 41
Bòrmio **I** 56-57 Ba 44
Borna **D** 42-43 Bc 39
Borne **F** 54-55 Ad 45
Borodinskoe **RUS** 18-19 Ck 29
Borodjanka **UA** 46-47 Ck 40
Borodki **RUS** 32-33 Ee 34
Borodulino **RUS** 22-23 Fe 33
Borodyno **UA** 60-61 Ck 44
Borok **RUS** 18-19 Da 32
Borok **RUS** 18-19 Dc 32
Borok **RUS** 20-21 Dg 30
Borok **RUS** 20-21 Dh 32
Borok-Suležskij **RUS** 20-21 Dg 33
Boromlja **UA** 48-49 Df 40
Boronów **PL** 44-45 Bi 40
Borova **UA** 48-49 Dh 41
Borovan **BG** 60-61 Cd 47
Borove **UA** 46-47 Ch 39
Borovec **BG** 74-75 Cd 48
Borovenka **RUS** 20-21 Dd 32
Boroviči **RUS** 18-19 Ck 33
Boroviči **RUS** 20-21 Dd 32
Borovina **RUS** 12-13 Ee 28
Borovo **BG** 60-61 Cf 47
Borovo **RUS** 14-15 Ek 27
Borovoe **RUS** 52-53 Ga 38
Borovoj **RUS** 10-11 Dc 26
Borovsk **RUS** 30-31 Dg 35
Borovskij **RUS** 24-25 Gf 33
Borrby **S** 26-27 Be 35
Borre **DK** 26-27 Bc 36
Borriana **E** 70-71 Sk 51
Borrisokane = Buiríos Uí Chéin **IRL** 37 Sb 38
Borşa **RO** 60-61 Ce 43
Borščiv **UA** 46-47 Cg 42
Børselv **N** 2-3 Cf 20
Borskoe **RUS** 34-35 Fb 38
Borsyk **KA** 50-51 Eh 40
Bort-les-Orgues **F** 54-55 Ac 45
Borve **GB** 38-39 Sd 33
Boryslav **UA** 44-45 Cd 41
Boryspil' **UA** 46-47 Da 40
Borzna **UA** 46-47 Dc 39
Boržomi **GE** 78-79 Ed 49
Bosa **I** 70-71 Ai 50
Bosanska Brod **BIH** 58-59 Bi 45
Bosanska Gradiška **BIH** 58-59 Bh 45
Bosanska Krupa **BIH** 58-59 Bg 46
Bosanski Novi **BIH** 58-59 Bg 45
Bosanski Petrovac **BIH** 58-59 Bg 46
Bosanski Šamac **BIH** 58-59 Bi 45
Bosansko Grahovo **BIH** 58-59 Bg 46
Boscastle **GB** 40-41 Sf 40
Bosinska Dubica **BIH** 58-59 Bg 45
Boskol **KA** 34-35 Gb 37
Boskovice **CZ** 44-45 Bg 41
Bostancı **TR** 86-87 Ec 53
Bostandyk **KA** 50-51 Ek 41
Bostanlı **TR** 86-87 Eb 53
Boston **GB** 38-39 Sk 38
Boteå **S** 8-9 Bh 27
Botevgrad **BG** 74-75 Cd 48
Boticas **P** 68-69 Sc 49
Botngård **N** 8-9 Ak 27
Botoşani **RO** 60-61 Cg 43
Botsmark **S** 10-11 Ca 26
Boucau **F** 54-55 Si 47
Bougado **P** 68-69 Sb 49
Bou-Hamed **MA** 80-81 Sf 55
Bouillon **B** 42-43 Af 41
Boulay-Moselle **F** 42-43 Ag 41
Boulogne-Billancourt **F** 40-41 Ac 42
Boulogne-sur-Gesse **F** 54-55 Aa 47
Boulogne-sur-Mer **F** 40-41 Ab 40
Bourbon-Lancy **F** 54-55 Ad 44
Bourbon-l'Archambault **F** 54-55 Ad 44
Bourbourg **F** 40-41 Ac 40
Boured **MA** 80-81 Sf 56
Bourg **F** 54-55 Sk 45
Bourganeuf **F** 54-55 Ab 45
Bourg-Argental **F** 54-55 Ae 45
Bourg-de-Péage **F** 56-57 Af 45
Bourg-en-Bresse **F** 56-57 Af 44
Bourges **F** 54-55 Ac 43
Bourg-Lastic **F** 54-55 Ac 45
Bourg-Madame **F** 70-71 Ab 48
Bourgneuf-en-Retz **F** 54-55 Si 43
Bourgoin-Jallieu **F** 56-57 Af 45
Bourg-Saint-Andéol **F** 54-55 Ae 46
Bourg-Saint-Maurice **F** 56-57 Ag 45
Bourgueil **F** 54-55 Aa 43
Bournemouth **GB** 40-41 Si 40
Bournezeau **F** 54-55 Si 44
Bouscat, le **F** 54-55 Sk 46
Boussac **F** 54-55 Ac 44
Boussu **B** 40-41 Ad 40
Bouzonville **F** 42-43 Ag 41
Bovalino Marina **I** 72-73 Bg 52
Bovallstrand **S** 16-17 Bb 32
Bova Marina **I** 72-73 Bf 53
Bovec **SLO** 56-57 Bd 44
Bóveda de Toro, La **E** 68-69 Se 49
Bøverdal **N** 16-17 Ai 29
Bowmore **GB** 37 Sd 35
Boxholm **S** 16-17 Bf 32
Boxmeer **NL** 42-43 Af 39
Boxtel **NL** 42-43 Af 39
Boyabat **TR** 76-77 De 49
Boyalı **TR** 76-77 Dd 49
Boyalı **TR** 84-85 Dd 52
Boyalıca **TR** 76-77 Ck 50
Boyalık **TR** 76-77 Ci 49
Boyle = Mainistir na Búille **IRL** 37 Sb 37
Bozan **TR** 84-85 Ck 52
Bozburun **TR** 84-85 Ci 54
Bozcaada **TR** 74-75 Cg 51
Bozd g **TR** 84-85 Ci 52
Bozdoğan **TR** 84-85 Ci 53
Bozen = Bolzano **I** 56-57 Bb 44
Bozkaya **TR** 86-87 Dg 53
Bozkır **TR** 76-77 Dd 50
Bozkır **TR** 84-85 Dc 53
Bozkır **TR** 84-85 De 52
Bozkurt **TR** 84-85 Ck 53
Bozlar **TR** 76-77 Ch 50
Bozoğlak **TR** 78-79 Di 51
Bozouls **F** 54-55 Ac 46
Bozova **TR** 84-85 Da 53
Bozova **TR** 86-87 Di 53
Boztepe **TR** 76-77 Df 50
Bozüyük **TR** 76-77 Da 51
Bozyaka **TR** 84-85 Ck 54
Bozyazı **TR** 84-85 Dd 54
Bra **I** 56-57 Ah 46
Bracciano **I** 72-73 Bc 48
Bracieux **F** 54-55 Ab 43
Brackley **GB** 40-41 Si 38
Bracknell **GB** 40-41 Sk 39
Braclav **UA** 46-47 Ci 42
Braclavka **RUS** 52-53 Ga 39
Brad **RO** 58-59 Cc 44
Bradford **GB** 38-39 Si 37
Bradvari **BG** 60-61 Ch 47
Bradzjacin **BY** 44-45 Cd 39
Bräcke **S** 8-9 Bf 28
Brædstrup **DK** 26-27 Ak 35
Bräkne-Hoby **S** 26-27 Bf 34
Braemar **GB** 38-39 Sg 33
Braga **P** 68-69 Sb 49
Bragança **P** 68-69 Sd 49
Brahestad **FIN** 10-11 Ce 26
Brahin **BY** 46-47 Da 39
Brăila **RO** 60-61 Ch 45
Braintree **GB** 40-41 Aa 39
Brajiliv **UA** 46-47 Ci 41
Brake (Unterweser) **D** 26-27 Ai 37
Brakel **D** 42-43 Ak 39
Brålanda **S** 16-17 Bc 32
Brálos **GR** 82-83 Cc 52
Bramming **DK** 26-27 Ai 35
Brampton **GB** 38-39 Sh 36
Bramsche **D** 42-43 Ah 38
Brånaberg **S** 8-9 Bg 25
Brancaleone Marina **I** 72-73 Bg 53
Brandbu **N** 16-17 Ba 30
Brande **DK** 26-27 Ak 35
Brandenburg an der Havel **D** 42-43 Bc 38
Brandon **GB** 40-41 Aa 38
Brandýs nad Labem-Stará Boleslav **CZ** 42-43 Be 40
Braniewo **PL** 28-29 Bk 36
Br'anka **UA** 48-49 Di 42
Brañosera **E** 68-69 Sf 48
Brańsk **PL** 28-29 Cc 38
Brantôme **F** 54-55 Aa 45
Braslav **BY** 30-31 Ch 35
Braşov **RO** 60-61 Cf 45
Brasschaat **B** 40-41 Ae 39
Brassus, Le **CH** 56-57 Ag 44
Brastad **S** 16-17 Bb 32
Bratislava **SK** 44-45 Bh 42
Bratja Daskalovi **BG** 74-75 Cf 48
Bratki **RUS** 48-49 Eb 39
Bratovoeşti **RO** 60-61 Cd 46
Brats'ke **UA** 62-63 Db 43
Brattvåg **N** 8-9 Ag 28
Bratunac **BIH** 58-59 Bk 46
Braunau am Inn **A** 42-43 Bd 42
Braunlage **D** 42-43 Ba 39
Braunschweig **D** 42-43 Ba 38
Bray = Bré **IRL** 37 Sd 37
Bray-sur-Seine **F** 40-41 Ad 42
Brazatortas **E** 80-81 Sf 52
Brčko **BIH** 58-59 Bi 46
Brdów **PL** 44-45 Bi 38
Bré = Bray **IRL** 37 Sd 37
Brécey **F** 40-41 Si 42
Brechin **GB** 38-39 Sh 34
Brecht **B** 40-41 Ae 39
Břeclav **CZ** 44-45 Bg 42
Brecon **GB** 40-41 Sg 39
Breda **NL** 40-41 Ae 39
Bredaryd **S** 16-17 Bd 33
Bredbyn **S** 8-9 Bi 27
Brède, la **F** 54-55 Sk 46
Bredsel **S** 10-11 Ca 25
Bredstedt **D** 26-27 Ai 36
Bredy **RUS** 52-53 Ga 38
Bree **B** 42-43 Af 39
Bregadnaja **RUS** 64-65 Eb 47
Bregenz **A** 56-57 Ak 43
Bregovo **BG** 58-59 Cc 46
Bréhal **F** 40-41 Si 42
Breiðavik **IS** 36 Qf 25
Breisach am Rhein **D** 42-43 Ah 42
Breivikbotn **N** 2-3 Cc 20
Brejtovo **RUS** 20-21 Dh 32
Brekken **N** 8-9 Bb 28
Brekkestø **N** 16-17 Ai 32
Brekksillan **N** 8-9 Bb 26
Brekstad **N** 8-9 Ak 27
Bremangerpollen **N** 8-9 Ae 29
Bremen **D** 26-27 Ai 37
Bremerhaven **D** 26-27 Ai 37
Bremervörde **D** 26-27 Ak 37
Brenes **E** 80-81 Se 53
Brenish **GB** 38-39 Sc 32
Breno **I** 56-57 Ba 45
Brentwood **GB** 40-41 Aa 39
Bréscia **I** 56-57 Ba 45
Breskens **NL** 40-41 Ad 39
Bressanone = Brixen **I** 56-57 Bb 44
Bressuire **F** 54-55 Sk 44
Brèst **BY** 44-45 Cd 38
Brest **F** 40-41 Sf 42
Brest = Brèst **BY** 44-45 Cd 38
Bretenoux **F** 54-55 Ab 46
Breteuil **F** 40-41 Aa 42
Breteuil **F** 40-41 Ac 41
Bretten **D** 42-43 Ai 41
Brevik **N** 16-17 Ak 31
Breza **BIH** 58-59 Bi 46
Brežice **SLO** 58-59 Bf 45
Brežnev = Naberežnye Čelny **RUS** 34-35 Fc 35
Breznica **BG** 74-75 Cd 49
Breźnica **PL** 44-45 Bk 39
Breznik **BG** 74-75 Cc 48
Brezno **SK** 44-45 Bk 42
Brezoi **RO** 60-61 Ce 45
Brezolles **F** 40-41 Ab 42
Brezová pod Bradlom **SK** 44-45 Bh 42
Brezovo **BG** 74-75 Cf 48
Briançon **F** 56-57 Ag 46
Bribir **HR** 58-59 Bf 47
Bričany = Briceni **MD** 46-47 Ch 42
Bričen' = Briceni **MD** 46-47 Ch 42
Briceni **MD** 46-47 Ch 42
Bricquebec **F** 40-41 Si 41
Bridgend **GB** 40-41 Sg 39
Bridgnorth **GB** 40-41 Sh 38
Bridgwater **GB** 40-41 Sg 39
Bridlington **GB** 38-39 Sk 36
Bridport **GB** 40-41 Sh 40
Briec **F** 40-41 Sf 42
Brient **RUS** 52-53 Fk 38
Brienza **I** 72-73 Bf 50
Briey **F** 42-43 Af 41
Brig **CH** 56-57 Ah 44
Brighton **GB** 40-41 Sk 40
Brignoles **F** 56-57 Ag 47
Brihuega **E** 68-69 Sh 50
Briljakovo **RUS** 32-33 Ed 34
Brillane, la **F** 56-57 Af 47
Brilon **D** 42-43 Ai 39
Brimnes **N** 16-17 Ag 30
Bríndisi **I** 72-73 Bh 50
Brinian **GB** 38-39 Sh 31
Brinje **HR** 58-59 Bf 46
Brin-Navolok **RUS** 12-13 Eb 27
Brionne **F** 40-41 Aa 41
Brioude **F** 54-55 Ad 45
Brioux-sur-Boutonne **F** 54-55 Sk 44
Briouze **F** 40-41 Sk 42
Brisighella **I** 56-57 Bb 46
Bristol **GB** 40-41 Sh 39
Brive-la-Gaillarde **F** 54-55 Ab 45
Briviesca **E** 68-69 Sg 48
Brixen = Bressanone **I** 56-57 Bb 44
Brixham **GB** 40-41 Sg 40
Brizeaux **F** 42-43 Af 41
Brjadino **RUS** 32-33 Ek 36
Brjanka = Br'anka **UA** 48-49 Di 42
Brjansk **RUS** 30-31 De 37
Brjansk **RUS** 64-65 Eg 46
Brjuhovo **RUS** 34-35 Fe 34
Brno **CZ** 44-45 Bg 41
Broadford **GB** 38-39 Se 33
Broby **S** 26-27 Be 34
Brocēni **LV** 28-29 Cc 34
Brod **MK** 74-75 Cb 49
Brodarevo **YU** 74-75 Bk 47
Broddebo **S** 16-17 Bg 32
Brodec'ke **UA** 46-47 Ci 41
Brodick **GB** 38-39 Se 35
Brodnica **PL** 28-29 Bk 37
Brody **UA** 46-47 Cf 40
Brömsebro **S** 26-27 Bf 34
Broglie **F** 40-41 Aa 41
Bromarv **FIN** 18-19 Cd 31
Brome **D** 42-43 Ba 38
Bromölla **S** 26-27 Be 34
Bromsgrove **GB** 40-41 Sh 38
Brønderslev **DK** 16-17 Ak 33
Bronnicy **RUS** 30-31 Di 35
Brønnøysund **N** 8-9 Bc 25
Bronte **I** 72-73 Be 53
Broons **F** 40-41 Sh 42
Brora **GB** 38-39 Sg 32
Brøstadbotn **N** 2-3 Bh 21
Broşteni **RO** 58-59 Cc 46
Broto **E** 70-71 Sk 48
Brou **F** 40-41 Ab 42
Brough **GB** 38-39 Sh 36
Broumov **CZ** 44-45 Bg 40
Brovary **UA** 46-47 Da 40
Brovst **DK** 26-27 Ak 33
Brozas **E** 68-69 Sd 51
Bru **IS** 36 Re 25
Bru **N** 16-17 Af 29
Bruay-en-Artois **F** 40-41 Ac 40
Br'uchoveckaja **RUS** 62-63 Di 45
Bruchsal **D** 42-43 Ai 41
Bruck an der Großglocknerstraße **A** 56-57 Bc 43
Bruck an der Leitha **A** 58-59 Bg 43
Bruck an der Mur **A** 58-59 Bf 43
Brüel **D** 26-27 Bb 37
Brühl **D** 42-43 Ag 40
Bruges = Brugge **B** 40-41 Ad 39
Brugg **CH** 56-57 Ai 43
Brugge **B** 40-41 Ad 39
Bruheim **N** 16-17 Ah 29
Brumath **F** 42-43 Ah 42
Brumunddal **N** 16-17 Ba 30
Bruneck = Brunico **I** 56-57 Bb 44
Brunflo **S** 8-9 Be 27
Brunico = Bruneck **I** 56-57 Bb 44
Brunsbüttel **D** 26-27 Ak 37
Bruntál **CZ** 44-45 Bh 41
Brus **YU** 58-59 Cb 47
Brusenica **RUS** 12-13 Ea 26
Brusilovka **KA** 50-51 Fe 40
Brúsio **CH** 56-57 Ba 44
Brussel = Bruxelles **B** 40-41 Ae 40
Brusy **PL** 28-29 Bh 37
Brusyliv **UA** 46-47 Ck 40
Bruxelles = Brussel **B** 40-41 Ae 40
Bruyères **F** 42-43 Ag 42
Bruz **F** 40-41 Si 42
Brykalansk **RUS** 14-15 Fe 25
Brykovka **RUS** 50-51 Ei 38
Brylivka **UA** 62-63 Dd 44
Bryne **N** 16-17 Af 32
Brza Palavka **YU** 58-59 Cc 46
Brzeg **PL** 44-45 Bh 40
Brzeg Dolny **PL** 44-45 Bg 39
Brześć Kujawski **PL** 44-45 Bi 38
Brzesko **PL** 44-45 Ca 41
Brzoza **PL** 28-29 Bi 37
Bubiai **LT** 28-29 Cd 35
Buča **UA** 46-47 Da 40
Bučač **UA** 46-47 Cf 41
Bucak **TR** 84-85 Da 53
Bucak **TR** 86-87 Dk 53
Bucakkışla **TR** 84-85 Dd 54
Buchenwald **D** 42-43 Bb 39
Buchholz in der Nordheide **D** 26-27 Ak 37
Buchloe **D** 42-43 Ba 42
Buçimas (Shënmëri) **AL** 74-75 Ca 49
Bučje **YU** 58-59 Cc 47
Buckhafen **GB** 38-39 Sg 34
Buckie **GB** 38-39 Sh 33
Bucovăţ **MD** 60-61 Ci 43
Bucureşti **RO** 60-61 Cg 46
Bud **N** 8-9 Ag 27
Buda-Kašalëva **BY** 30-31 Da 38
Budapest **H** 58-59 Bk 43
Búðardalur **IS** 36 Qi 25
Budarino **KA** 50-51 Fb 40
Buddusò **I** 70-71 Ak 50
Bude **GB** 40-41 Sf 40
Budënnovsk **RUS** 64-65 Ee 46
Budennovsk **RUS** 64-65 Ee 46
Buðir **IS** 36 Qg 26
Budków **PL** 28-29 Ca 38
Budogošč' **RUS** 18-19 Dc 31
Budva **YU** 74-75 Bi 48
Bückeburg **D** 42-43 Ak 38
Bücken **D** 26-27 Ak 38
Büdelsdorf **D** 26-27 Ak 36
Büdingen **D** 42-43 Ak 40
Bügdüz **TR** 76-77 Db 51
Bühl **D** 42-43 Ai 42
Bülach **CH** 56-57 Ai 43
Buenavista de Valdavia **E** 68-69 Sf 48
Bünde **D** 42-43 Ai 38
Buendía **E** 68-69 Sh 50
Bünyan **TR** 84-85 Df 52
Büren **D** 42-43 Ai 39
Büsum **D** 26-27 Ai 36
Bützow **D** 26-27 Bb 37
Bueu **E** 68-69 Sb 48
Büyük Ada **TR** 76-77 Ck 50
Büyükarmutlu **TR** 78-79 Di 51
Büyükçekmece **TR** 76-77 Ci 49
Büyükdere **TR** 78-79 Ec 50
Büyükoba **TR** 84-85 Dc 52
Büyüköz **TR** 76-77 Df 51
Büyükorhan **TR** 76-77 Ci 51
Büyüksaka **TR** 76-77 Da 51
Büyüksofulu **TR** 84-85 Df 53
Büyüktaş **TR** 86-87 Dk 54
Büyük Yapalak **TR** 86-87 Dh 52
Büyükyurt **TR** 78-79 Dk 51
Buftea **RO** 60-61 Cf 46
Buğdaylı **TR** 76-77 Ch 50
Bugojno **BIH** 58-59 Bh 46
Bugøyfjord **N** 2-3 Ck 21
Bugøynes **N** 2-3 Ck 21
Bugrino **RUS** 6-7 Ek 22
Bugue, le **F** 54-55 Aa 46
Bugul'ma **RUS** 34-35 Fc 36
Buguruslan **RUS** 34-35 Fc 37
Buhalovo **RUS** 20-21 Ea 33
Buharkent **TR** 84-85 Ci 53
Buhuşi **RO** 60-61 Cg 44
Builth Wells **GB** 40-41 Sg 38
Buinsk **RUS** 32-33 Eh 35
Buinsk **RUS** 32-33 Ei 36
Buiríos Uí Chéin **IRL** 37 Sb 38
Buis-les-Baronnies **F** 56-57 Af 46
Buisson-de-Cadouin, le **F** 54-55 Aa 46
Buitrago del Lozoya **E** 68-69 Sg 50
Buj **RUS** 20-21 Eb 32
Bujalance **E** 80-81 Sf 53
Bujanovac **YU** 74-75 Cb 48
Bujaraloz **E** 70-71 Sk 49
Bujskoe **RUS** 32-33 Ek 33
Bukanovskaja **RUS** 48-49 Ec 41
Bukovèc = Bucovăţ **MD** 60-61 Ci 43
Buky **UA** 46-47 Da 41
Bulanaš **RUS** 24-25 Gb 33
Bulancak **TR** 78-79 Di 50
Bulanık **TR** 78-79 Ec 51
Bulanovo **RUS** 52-53 Ff 38

Bulatovskaja **RUS** 14-15 Ei 29
Bulbul **SYR** 86-87 Dg 54
Buldan **TR** 84-85 Ci 52
Büldyrta **KA** 50-51 Fd 40
Buleta **RO** 60-61 Ce 45
Bulgakovo **RUS** 34-35 Ff 36
Bulgnéville **F** 42-43 Af 42
Bulkowo **PL** 44-45 Ca 38
Bullas **E** 80-81 Si 52
Bulle **CH** 56-57 Ah 44
Bulqizë **AL** 74-75 Ca 49
Bulucan **TR** 78-79 Dh 51
Bumbeşti-Jui **RO** 60-61 Cd 45
Buncrana = Bun Crannacha **IRL** 37 Sc 35
Bun Crannacha **IRL** 37 Sc 35
Bunić **HR** 58-59 Bf 46
Buñol **E** 70-71 Sk 51
Buraevo **RUS** 34-35 Ff 35
Buraida **SYR** 86-87 Dh 55
Būrālān **IR** 78-79 Ee 51
Burangulovo **RUS** 34-35 Fi 37
Burannoe **RUS** 50-51 Fe 40
Buranny **RUS** 34-35 Fk 37
Burç **TR** 86-87 Dh 53
Burcei **I** 70-71 Ak 51
Burdur **TR** 84-85 Da 53
Bureå **S** 10-11 Cb 26
Búrfell **IS** 36 Ra 26
Burfjord **N** 2-3 Cc 21
Burg bei Magdeburg **D** 42-43 Bb 38
Burg, Den **NL** 26-27 Ae 37
Burgas **BG** 76-77 Ch 48
Burgau **D** 42-43 Ba 42
Burgdorf **CH** 56-57 Ah 43
Burgdorf **D** 42-43 Ba 38
Burghausen **D** 42-43 Bc 42
Burghead **GB** 38-39 Sg 33
Burglengenfeld **D** 42-43 Bc 41
Burgo de Osma, El **E** 68-69 Sg 49
Burgohondo **E** 68-69 Sf 50
Burgos **E** 68-69 Sg 48
Burgsvik **S** 16-17 Bi 33
Burgu **TR** 76-77 Df 49
Burguillos del Cerro **E** 80-81 Sd 52
Burgum **NL** 26-27 Af 37
Burham, al- **SYR** 86-87 Ea 56
Burhan **TR** 76-77 Ck 51
Burhaniye **TR** 74-75 Cg 51
Burjassot **E** 70-71 Sk 51
Burly **RUS** 34-35 Fg 36
Burmakino **RUS** 22-23 Ek 32
Burmantovo **RUS** 24-25 Ga 29
Burnham-on-Crouch **GB** 40-41 Aa 39
Burnham-On-Sea **GB** 40-41 Sg 39
Burnley **GB** 38-39 Sh 37
Buron **RUS** 78-79 Ee 48
Burrel **AL** 74-75 Ca 49
Burriana = Borriana **E** 70-71 Sk 51
Burry Port **GB** 40-41 Sf 39
Bursa **TR** 76-77 Ck 50
Burštyn **UA** 44-45 Ce 41
Burtinskij **RUS** 52-53 Fg 39
Burtonport = Ailt an Corráin **IRL** 37 Sb 36
Burton upon Trent **GB** 38-39 Si 38
Burträsk **S** 10-11 Ca 26
Burul, Baga- **RUS** 64-65 Ee 45
Burul, Iki- **RUS** 64-65 Ee 45
Burunduki **RUS** 32-33 Ei 35
Burvik **S** 10-11 Cb 26
Burwick **GB** 38-39 Sh 32
Bury **GB** 38-39 Sh 37
Buryn' **UA** 46-47 Dd 39
Bury Saint Edmunds **GB** 40-41 Aa 38
Buşaira **SYR** 86-87 Ea 55
Bušairiya **IRQ** 86-87 Ee 55
Busca **I** 56-57 Ah 46
Bushat **AL** 74-75 Bk 49
Bus'k **UA** 44-45 Ce 41
Bušnevo **RUS** 20-21 Ec 32
Busovača **BIH** 58-59 Bh 46
Buşteni **RO** 60-61 Cf 45
Busto Arsízio **I** 56-57 Ai 45
Buštyna **UA** 44-45 Cd 42
Butaimān, Bi'r **SYR** 86-87 Dk 54
Butan **BG** 60-61 Cd 47
Buteni **RO** 58-59 Cc 44
Butera **I** 72-73 Be 53
Butkan **RUS** 14-15 Ek 27
Buton **RUS** 24-25 Fi 32
Butrint **AL** 74-75 Ca 51
Buturlino **RUS** 32-33 Ee 35
Buturlinovka **RUS** 48-49 Ea 40
Butzbach **D** 42-43 Ai 40
Buxtehude **D** 26-27 Ak 37
Buxton **GB** 38-39 Si 37
Buxy **F** 54-55 Ae 44
Buzançais **F** 54-55 Ab 44
Buzancy **F** 40-41 Ae 41
Buzău **RO** 60-61 Cg 45
Buzdjak **RUS** 34-35 Fe 36
Buzescu **RO** 60-61 Cf 46
Buzivka **UA** 48-49 Df 41
Buz'ka, Kamjanka **UA** 44-45 Ce 40
Buzov'jazy **RUS** 34-35 Ff 36
Buzuluk **RUS** 34-35 Fc 38
Byč'e **RUS** 12-13 Ef 25
Bychov **BY** 30-31 Da 37
Bydgoszcz **PL** 28-29 Bi 37
Bygdeå **S** 10-11 Ca 26
Bygdsiljum **S** 10-11 Ca 26
Bygland **N** 16-17 Ah 32
Byglandsfjord **N** 16-17 Ah 32
Bygstad **N** 16-17 Af 29
Bykle **N** 16-17 Ah 31
Bykovec = Bucovăţ **MD** 60-61 Ci 43
Bykovo **RUS** 30-31 Di 35
Bykovo **RUS** 34-35 Fh 34
Bykovo **RUS** 50-51 Ef 41
Bylym **RUS** 64-65 Ed 47
Byšiv **UA** 46-47 Ck 40
Byske **S** 10-11 Cb 26
Bystřice nad Pernštejnem **CZ** 44-45 Bg 41
Bystřice pod Hostýnem **CZ** 44-45 Bh 41
Bystrzyca Kłodzka **PL** 44-45 Bg 40
Bytča **SK** 44-45 Bi 41
Bytom **PL** 44-45 Bi 40
Bytoš' **RUS** 30-31 De 37
Bytów **PL** 28-29 Bh 36
Byxelkrok **S** 16-17 Bh 33
Bzhetë-Makaj **AL** 74-75 Bk 48

C

Čaadaevka **RUS** 32-33 Ef 37
Čabar **SLO** 58-59 Be 45
Cabeceiras de Basto **P** 68-69 Sc 49
Cabeza del Buey **E** 80-81 Se 52
Cabezas de San Juan, Las **E** 80-81 Se 54
Cabezón de la Sal **E** 54-55 Sf 47
Cabezuela del Valle **E** 68-69 Se 50
Cabra **E** 80-81 Sf 53
Cábras **I** 70-71 Ai 51
Čačak **YU** 58-59 Ca 47
Cáceres **E** 68-69 Sd 51
Čačërsk **BY** 30-31 Da 38
Čačèvičy **BY** 30-31 Ck 37
Cachopo **P** 80-81 Sc 53
Čačinci **HR** 58-59 Bh 45
Cadaqués **E** 70-71 Ad 48
Cadaval **P** 68-69 Sa 51
Čadca **SK** 44-45 Bi 41
Cadenet **F** 56-57 Af 47
Cadillac **F** 54-55 Sk 46
Çadırlı **TR** 86-87 Dk 53
Cádiz **E** 80-81 Sd 54
Caen **F** 40-41 Sk 41
Caerdydd = Cardiff **GB** 40-41 Sg 39
Caerfyrddin = Carmarthen **GB** 40-41 Sf 39
Caergybi = Holyhead **GB** 38-39 Sf 37
Caernarfon **GB** 38-39 Sf 37
Caerphilly **GB** 40-41 Sg 39
Čaevo **RUS** 20-21 Dh 32
Cagan Aman **RUS** 64-65 Eg 43
Cagan-Nur **RUS** 64-65 Ef 43
Cageri **GE** 78-79 Ec 48
Çağırgan **TR** 84-85 Ck 53
Çağış **TR** 76-77 Ci 51
Çağlayan **TR** 78-79 Dk 51
Cagli **I** 56-57 Bc 47
Cágliari **I** 70-71 Ak 51
Çağlıyancerit **TR** 86-87 Dh 53
Cagnano Varano **I** 72-73 Bf 49
Čagoda **RUS** 20-21 Df 31
Cagveri **GE** 78-79 Ed 49
Čahati **GE** 78-79 Eb 49
Caher = An Chathair **IRL** 37 Sc 38
Cahersiveen = Catheir Saidhbhin **IRL** 37 Rk 39
Cahkadzor **AR** 78-79 Ee 50
Cahors **F** 54-55 Ab 46
Cahul **MD** 60-61 Ci 45
Cairnryan **GB** 38-39 Se 36
Caiseal = Cashel **IRL** 37 Sc 38
Caisleán an Bharraigh = Castlebar **IRL** 37 Sa 37
Caister-on-Sea **GB** 40-41 Ab 38
Cajarc **F** 54-55 Ab 46
Čajetina **YU** 58-59 Bk 47
Čajkovskaja **RUS** 22-23 Ff 32
Čajkovskij **KA** 52-53 Gb 38
Čajkovskij **RUS** 34-35 Fe 34
Čajniče **BIH** 58-59 Bk 47
Çakılköy **TR** 76-77 Ci 50
Čakino **RUS** 48-49 Eb 38
Çakıralan **TR** 76-77 Df 49
Çakırbeyli **TR** 82-83 Ch 53
Çakırhöyük **TR** 86-87 Dh 53
Çakırlar **TR** 84-85 Da 54
Čakjan **RUS** 34-35 Fd 36
Çakmak **TR** 84-85 De 53
Čakola **RUS** 12-13 Ee 26
Čakovec **HR** 58-59 Bg 44
Čakva **GE** 78-79 Eb 49
Çal **TR** 84-85 Ck 52
Calaceite **E** 70-71 Aa 49
Cala d'Or **E** 70-71 Ad 51
Calaf **E** 70-71 Ab 49
Calafat **RO** 58-59 Cc 47
Calais **F** 40-41 Ab 40
Calalzo di Cadore **I** 56-57 Bc 44
Cala Millor **E** 70-71 Ad 51
Calañas **E** 80-81 Sd 53
Calanda **E** 70-71 Sk 50
Calangiánus **I** 70-71 Ak 50
Cala Rajada **E** 70-71 Ad 51
Călăraşi **MD** 60-61 Ci 43
Călăraşi **RO** 60-61 Ch 46
Calasparra **E** 80-81 Si 52
Calatafimi **I** 72-73 Bc 53
Calatañazor **E** 68-69 Sh 49
Calau **D** 42-43 Bd 39
Caldas da Rainha **P** 68-69 Sa 51
Caldas de Reis **E** 68-69 Sb 48
Çaldere **TR** 84-85 Dc 52
Caldes de Montbui **E** 70-71 Ac 49
Caldes de Montbúy = Caldes de Montbui **E** 70-71 Ac 49
Çaldıran **TR** 78-79 Ed 51
Calella **E** 70-71 Ac 49
Čalendžiha **GE** 78-79 Ec 48
Calenzana **F** 70-71 Ai 48
Caleruega **E** 68-69 Sg 49
Çalış **TR** 76-77 Dc 51
Calka **GE** 78-79 Ee 49
Çalköy **TR** 84-85 Da 52
Callac **F** 40-41 Sg 42
Callain **IRL** 37 Sc 38
Callan = Callain **IRL** 37 Sc 38
Callander **GB** 38-39 Sf 34
Callanish **GB** 38-39 Sd 32
Çallı **TR** 78-79 Dg 51
Callosa de Segura **E** 80-81 Sk 52
Čalna **RUS** 12-13 De 29
Čalpy **RUS** 34-35 Fd 35
Caltagirone **I** 72-73 Be 53
Caltanissetta **I** 72-73 Be 53
Çaltı **TR** 84-85 Ck 53
Čaltyr' **RUS** 62-63 Dk 43
Călugăreni **RO** 60-61 Cf 46
Calvi **F** 70-71 Ai 48
Calvörde **D** 42-43 Bb 38
Calw **D** 42-43 Ai 42
Calzada de Calatrava **E** 80-81 Sg 52
Çamalak **TR** 76-77 De 51
Camarasa **E** 70-71 Aa 49
Çamardı **TR** 84-85 De 53
Camarena **E** 68-69 Sf 50
Camarès **F** 54-55 Ac 47
Camas **E** 80-81 Sd 53
Çamaş **TR** 78-79 Dh 50
Cambados **E** 68-69 Sb 48
Çambaşi Yayla **TR** 78-79 Dh 50
Camberley **GB** 40-41 Sk 39
Cambo-les-Bains **F** 54-55 Si 47
Camborne **GB** 40-41 Se 40
Cambrai **F** 40-41 Ad 40
Cambridge **GB** 40-41 Aa 38
Cambrils **E** 70-71 Ab 49
Çameli **TR** 84-85 Ck 53
Camenca **MD** 46-47 Ci 42
Camerino **I** 72-73 Bd 47
Çamiçi **TR** 78-79 Dg 50
Camili **TR** 78-79 Eb 49
Caminha **P** 68-69 Sb 49
Çamköy **TR** 82-83 Ch 53
Çamlıbel **TR** 78-79 Dg 50
Çamlıca **TR** 84-85 Dd 54
Çamlıdere **TR** 76-77 Dc 50
Çamlıdere **TR** 86-87 Dk 53
Çamlıhemşin **TR** 78-79 Eb 49
Çamlık **TR** 76-77 Ci 51
Çamlık **TR** 84-85 Db 53
Çamlıkaya **TR** 78-79 Eb 50
Čamlynskaja **RUS** 64-65 Ea 46
Čamme **IRQ** 86-87 Ed 54
Çamoluk **TR** 78-79 Di 50
Çamoluk **TR** 84-85 Da 53
Čamovo **RUS** 12-13 Ed 28
Campana **I** 72-73 Bg 51
Campanario **E** 80-81 Se 52
Campbeltown **GB** 38-39 Se 35
Campíglia Marittima **I** 72-73 Ba 47
Campillo de la Jara, El **E** 68-69 Se 51
Campillo de Llerena **E** 80-81 Se 52
Campo **E** 70-71 Aa 48
Campobasso **I** 72-73 Be 49
Campobello di Licata **I** 72-73 Bd 53
Campo de Criptana **E** 68-69 Sg 51
Campo Maior **P** 68-69 Sc 51
Campos **E** 70-71 Ad 51
Campotéjar **E** 80-81 Sg 53
Çamsu **TR** 84-85 Ck 52
Camuzcu **TR** 84-85 Df 54
Čamzihka **RUS** 32-33 Ef 36
Čamzinka **RUS** 32-33 Ef 36
Çan **TR** 74-75 Ch 50
Çan **TR** 78-79 Ea 51
Canabal **E** 68-69 Sc 48
Çanakçı **TR** 78-79 Di 50
Çanakçı **TR** 86-87 Dk 53
Çanakkale **TR** 74-75 Cg 50
Canals **E** 70-71 Sk 52
Cancale **F** 40-41 Si 42
Cancon **F** 54-55 Aa 46
Çandarlı **TR** 76-77 Ck 50
Çandarlı **TR** 82-83 Cg 52
Candé **F** 54-55 Si 43
Candela **I** 72-73 Bf 49
Candeleda **E** 68-69 Se 50
Çandır **TR** 76-77 Dd 50
Çandır **TR** 76-77 Df 51
Çandır **TR** 84-85 Da 53
Canelli **I** 56-57 Ai 46
Canfranc **E** 70-71 Sk 48
Cangas **E** 68-69 Sb 48
Canicattì **I** 72-73 Bd 53
Cañizal **E** 68-69 Se 49
Çankaya **TR** 76-77 Dc 51
Çankırı **TR** 76-77 Dd 50
Cannes **F** 56-57 Ah 47
Cannich **GB** 38-39 Sf 33
Cannock **GB** 38-39 Sh 38
Canosa di Púglia **I** 72-73 Bg 49
Cantalejo **E** 68-69 Sg 49
Cantalpino **E** 68-69 Se 49
Cantanhede **P** 68-69 Sb 50
Cantemir **MD** 60-61 Ci 44
Canterbury **GB** 40-41 Ab 39
Cantiano **I** 56-57 Bc 47
Cantillana **E** 80-81 Se 53
Cantù **I** 56-57 Ak 45
Cany-Barville **F** 40-41 Aa 41
Cáorle **I** 56-57 Bc 45
Capáccio **I** 72-73 Bf 50
Čapaev = Čapaevo **KA** 50-51 Fb 40
Čapaevo **KA** 50-51 Fb 40
Čapaevo **RUS** 64-65 Ei 45
Čapaevskj **RUS** 32-33 Ek 38
Caparde **BIH** 58-59 Bi 46
Capbreton **F** 54-55 Si 47
Capdenac-Gare **F** 54-55 Ac 46
Cape Gata **CY** 84-85 Dc 56
Capel'ka **RUS** 18-19 Ci 32
Capelle, la **F** 40-41 Ad 41
Čapljina **BIH** 72-73 Bh 47
Čaplygin **RUS** 32-33 Dk 37
Čaplynka **UA** 62-63 Dd 44
Capo di Ponte **I** 56-57 Ba 44
Capo d'Orlando **I** 72-73 Be 52
Capo Rizzuto **I** 72-73 Bh 52
Cappoquin = Ceapach Choinn **IRL** 37 Sc 38
Capránica **I** 72-73 Bc 48
Căpreni **RO** 60-61 Cd 46
Capri **I** 72-73 Be 50
Captieux **F** 54-55 Sk 46
Cápua **I** 72-73 Be 49
Čara **HR** 72-73 Bg 48
Caracal **RO** 60-61 Ce 46
Caraman **F** 54-55 Ab 47
Caransebeş **RO** 58-59 Cc 45
Caraorman **RO** 60-61 Ck 45
Carballino, O **E** 68-69 Sb 48
Carbónia **I** 70-71 Ai 51
Carbonne **F** 54-55 Ab 47
Cárcare **I** 56-57 Ai 46
Carcassonne **F** 70-71 Ac 47
Carces **F** 56-57 Ag 47
Çardak **TR** 84-85 Ck 53
Çardak **TR** 86-87 Dg 52
Cardeña **E** 80-81 Sf 52
Cardiff **GB** 40-41 Sg 39
Cardigan **GB** 40-41 Sf 38
Cardona **E** 70-71 Ab 49
Carei **RO** 58-59 Cc 43
Carentan **F** 40-41 Si 41
Carevo **BG** 76-77 Ch 48
Cargèse **F** 70-71 Ai 48
Carhaix-Plouguer **F** 40-41 Sg 42
Cariati **I** 72-73 Bg 51
Carignan **F** 42-43 Af 41
Çarıklıfabrıkasıköyü **TR** 86-87 Ea 53
Carini **I** 72-73 Bd 52
Car Kalojan **BG** 60-61 Cg 47
Carlisle **GB** 38-39 Sh 36
Carloforte **I** 70-71 Ai 51
Carlota, La **E** 80-81 Sf 53
Carlow = Ceatharlach **IRL** 37 Sd 38
Carloway **GB** 38-39 Sd 32
Carmagnola **I** 56-57 Ah 46
Carmarthen **GB** 40-41 Sf 39
Carmaux **F** 54-55 Ac 46
Cármenes **E** 68-69 Se 48
Carmona **E** 80-81 Se 53
Carnac **F** 54-55 Sg 43
Carn Domhnach **IRL** 37 Sc 35
Carndonagh = Carn Domhnach **IRL** 37 Sc 35
Carnforth **GB** 38-39 Sh 36
Carnikava **LV** 18-19 Ce 33
Carnoustie **GB** 38-39 Sh 34
Carolina, La **E** 80-81 Sg 52
Carolinensiel **D** 26-27 Ah 37
Čarozero **RUS** 20-21 Di 30
Carpentras **F** 56-57 Af 46
Carpi **I** 56-57 Ba 46
Cărpiniş **RO** 58-59 Ca 45
Carquefou **F** 54-55 Si 43
Carradale **GB** 37 Se 35
Carraig an Chabhalfaigh **IRL** 37 Sa 38
Carraig Air **IRL** 37 Sc 35
Carraig Mhachaire Rois **IRL** 37 Sd 37
Carraig na Siúire **IRL** 37 Sc 38
Carrara **I** 56-57 Ba 46
Carrazeda de Ansiães **P** 68-69 Sc 49
Carrbridge **GB** 38-39 Sg 33
Carrick = An Charraig **IRL** 37 Sb 36
Carrickart = Carraig Air **IRL** 37 Sc 35
Carrickfergus **GB** 37 Se 36
Carrickmacross = Carraig Mhachaire Rois **IRL** 37 Sd 37
Carrick on Shannon = Cora Droma Rúisc **IRL** 37 Sb 37
Carrick on Suir = Carraig na Siúire **IRL** 37 Sc 38
Carrigaholt = Carraig an Chabhalfaigh **IRL** 37 Sa 38
Carrión de Calatrava **E** 68-69 Sg 51
Carrión de los Condes **E** 68-69 Sf 48
Çarşamba **TR** 78-79 Dg 49
Çarşıbaşı **TR** 78-79 Dk 49
Carsphairn **GB** 38-39 Sf 35
Cartagena **E** 80-81 Sk 53
Cartaxo **P** 68-69 Sb 51
Cartea **E** 80-81 Sc 53
Carteret, Barneville- **F** 40-41 Si 41
Carvin **F** 40-41 Ac 40
Caryčanka **UA** 46-47 De 42
Casa del Puerto **E** 80-81 Si 52
Casale Monferrato **I** 56-57 Ai 45
Casamássima **I** 72-73 Bg 50
Casamozza **F** 70-71 Ak 48
Casares **E** 80-81 Se 54
Casavieja **E** 68-69 Sf 50
Cascais **P** 80-81 Sa 52
Caserta **I** 72-73 Be 49
Cashel = Caiseal **IRL** 37 Sc 38
Casinos **E** 70-71 Sk 51
Časiv Jar **UA** 48-49 Dh 42
Čáslav **CZ** 44-45 Bf 41
Casnewydd = Newport **GB** 40-41 Sh 39
Čašniki **BY** 30-31 Ck 36
Cásoli **I** 72-73 Be 48
Časovenskoe **RUS** 20-21 Dd 30
Časovo **RUS** 14-15 Fa 28
Caspe **E** 70-71 Sk 49
Cassel **F** 40-41 Ac 40
Cassino **I** 72-73 Bd 49
Cassis **F** 56-57 Af 47
Castañar de Ibor **E** 68-69 Se 51
Castanheira de Pêra **P** 68-69 Sb 50
Castelbuono **I** 72-73 Be 53
Castel di Sangro **I** 72-73 Be 49
Castelfranco Véneto **I** 56-57 Bb 45
Castel Gandolfo **I** 72-73 Bc 49
Casteljaloux **F** 54-55 Aa 46
Castellabate **I** 72-73 Be 50
Castellammare del Golfo **I** 72-73 Bc 52
Castellammare di Stábia **I** 72-73 Be 50
Castellane **F** 56-57 Ag 47
Castellar de Santiago **E** 80-81 Sg 52
Castellar de Santisteban **E** 80-81 Sg 52
Castelldans **E** 70-71 Aa 49

Castelldefels E 70-71 Ab 49
Castell de Ferro E 80-81 Sg 54
Castell-nedd = Neath GB 40-41 Sg 39
Castelló de la Plana E 70-71 Sk 51
Castellón de la Plana = Castelló de la Plana E 70-71 Sk 51
Castellote E 70-71 Sk 50
Castelnaudary F 54-55 Ab 47
Castelnau-Magnoac F 54-55 Aa 47
Castelnovo ne'Monti I 56-57 Ba 46
Castelnuovo Berardenga I 56-57 Bb 47
Castelnuovo di Garfagnana I 56-57 Ba 46
Castelo Branco P 68-69 Sc 51
Castelsarrasin F 54-55 Ab 46
Casteltérmini I 72-73 Bd 53
Castelvetrano I 72-73 Bc 53
Castets F 54-55 Si 47
Castiglioncello I 56-57 Ba 47
Castiglione del Lago I 72-73 Bc 47
Castiglione della Pescáia I 72-73 Ba 48
Castiglion Fiorentino I 56-57 Bb 47
Castilblanco E 68-69 Se 51
Castilblanco de los Arroyos E 80-81 Se 53
Castillo, O (Salvaterra de Miño) E 68-69 Sb 48
Castillo de Bayuela E 68-69 Sf 50
Castillon-en-Couserans F 70-71 Ab 48
Castillon-la-Bataille F 54-55 Sk 46
Castillonnès F 54-55 Aa 46
Castlebar = Caisleán an Bharraigh IRL 37 Sa 37
Castlebay GB 38-39 Sc 34
Castlebellingham = Baile an Ghearlánaigh IRL 37 Sd 37
Castleblayney IRL 37 Sd 36
Castlederg GB 37 Sc 36
Castleisland = Oileán Ciarrai IRL 37 Sa 38
Castlepollard = Baile na gCros IRL 37 Sc 37
Castlerea = An Caisleán Riabhach IRL 37 Sb 37
Castletown GBM 38-39 Sf 36
Castletown Bearhaven = Baile Chaisleáin Bhéarra IRL 37 Sa 39
Castres F 54-55 Ac 47
Castricum NL 40-41 Ae 38
Castril E 80-81 Sh 53
Castro Daire P 68-69 Sc 50
Castrojeriz E 68-69 Sf 48
Castro-Urdiales E 54-55 Sg 47
Castro Verde P 80-81 Sb 53
Castrovillari I 72-73 Bg 51
Castuera E 80-81 Se 52
Častye RUS 22-23 Ff 33
Çat TR 78-79 Ea 51
Çatak TR 76-77 Da 50
Çatak TR 84-85 Dd 54
Çatak TR 86-87 Ed 52
Çatalan TR 84-85 Df 53
Çatalarmut TR 78-79 Dk 51
Çatalca TR 76-77 Ci 49
Çatalçam TR 78-79 Di 51
Çatallar TR 84-85 Da 54
Cataloi RO 60-61 Ci 45
Catánia I 72-73 Bf 53
Catanzaro I 72-73 Bg 52
Catanzaro Lido I 72-73 Bg 52
Cateau-Cambrésis, le F 40-41 Ad 40
Catenanuova I 72-73 Be 53
Cathair na Mairt = Westport IRL 37 Sa 37
Catheir Saidhbhin IRL 37 Rk 39
Cattólica I 56-57 Bc 47
Caudry F 40-41 Ad 40
Caulnes F 40-41 Sh 42
Caunes-Minervois F 54-55 Ac 47
Căuşeni MD 60-61 Ck 44
Caussade F 54-55 Ab 46
Cauterets F 70-71 Sk 48
Cavaillon F 56-57 Af 47
Cavalerie, la F 54-55 Ad 46
Cavan = An Cabhán IRL 37 Sc 37
Čavan'ga RUS 12-13 Dh 24
Cavárzere I 56-57 Bc 45
Çavdar TR 82-83 Ch 53
Çavdarhisar TR 76-77 Ck 51
Çavdır TR 84-85 Ck 53
Cavtat HR 72-73 Bi 48
Çavuş TR 84-85 Db 53
Çavuşçugöl TR 84-85 Db 52
Çavuşköy TR 84-85 Da 54
Çavuşlar TR 76-77 Dc 49
Čavusy BY 30-31 Da 37
Çay TR 84-85 Db 52
Çayağzı TR 76-77 Ck 49
Çayarası TR 78-79 Ec 50
Çaybağı TR 86-87 Dk 52
Çaybaşı TR 78-79 Dh 49
Çaybeyi TR 86-87 Dh 54
Çaycuma TR 76-77 Dc 49
Çayeli TR 78-79 Ea 49
Cayeux-sur-Mer F 40-41 Ab 40
Çayhan TR 84-85 De 53
Çayır TR 76-77 Df 49
Çayıralan TR 76-77 Df 51
Çayırbaşı TR 78-79 Ec 50
Çayırhan TR 76-77 Db 50
Çayırkent TR 78-79 Dg 49
Çayırlı TR 78-79 Ea 51
Çayırözü TR 84-85 Df 52
Çaykara TR 78-79 Ea 50
Çaylar TR 78-79 Eb 51
Caylar, le F 54-55 Ad 47
Çaylarbaşı TR 86-87 Dk 53
Caylus F 54-55 Ab 46
Çayönü TR 78-79 Dh 50
Çaytepe TR 86-87 Ea 52
Cazalla de la Sierra E 80-81 Se 53
Cazaubon F 54-55 Sk 47
Cazères F 70-71 Ab 47
Cazin BIH 58-59 Bf 46
Čazma HR 58-59 Bg 45
Cazorla E 80-81 Sg 53
Cea E 68-69 Se 48
Ceanánnas IRL 37 Sd 37
Ceann Toirc IRL 37 Sb 38
Ceapach Choinn IRL 37 Sc 38
Ceatharlach = Carlow IRL 37 Sd 38
Čebarkul' RUS 34-35 Ga 35
Cebeci TR 78-79 Ed 50
Cebel'da GE 78-79 Eb 47
Čeboksary RUS 32-33 Eh 34
Čebotovka RUS 48-49 Dk 42
Čebovce SK 44-45 Bk 42
Cebreros E 68-69 Sf 50
Čebsara RUS 20-21 Di 31
Čeburga RUS 24-25 Gi 33
Ceccano I 72-73 Bd 49
Cece H 58-59 Bi 44
Čečel'nyk UA 46-47 Ck 42
Cecimli TR 86-87 Dh 52
Cecina I 56-57 Ba 47
Cedillo E 68-69 Sc 51
Cedrillas E 70-71 Sk 50
Cefalù I 72-73 Be 52
Čegem Pervyj RUS 64-65 Ed 47
Ceği LV 18-19 Cc 33
Cegléd H 58-59 Bk 43
Céglie Messápico I 72-73 Bh 50
Čegrane MK 74-75 Ca 49
Cehegín E 80-81 Si 52
Čehov RUS 30-31 Dh 35
Ceinewydd = New Quay GB 40-41 Sf 38
Čekalin RUS 30-31 Dg 36
Çekerek TR 76-77 Df 50
Çekirge TR 76-77 Dc 51
Čekmaguš RUS 34-35 Fe 35
Čekšino RUS 20-21 Ea 31
Celâli TR 78-79 Dh 51
Celano I 72-73 Bd 48
Celanova E 68-69 Sc 48
Čelbasskaja RUS 62-63 Dk 45
Celbridge = Cill Droichid IRL 37 Sd 37
Çelebi TR 76-77 Dd 51
Čelgacy KA 52-53 Gf 38
Čelić BIH 58-59 Bi 46
Çelikhan TR 86-87 Di 52
Celina RUS 64-65 Eb 44
Celinnyj RUS 34-35 Fi 37
Celinnyj RUS 64-65 Ee 44
Čeljabinsk RUS 34-35 Gb 35
Celjachany BY 46-47 Cf 38
Celje SLO 58-59 Bf 44
Celldömölk H 58-59 Bh 43
Celle D 42-43 Ba 38
Čelno-Veršiny RUS 34-35 Fb 36
Celorico da Beira P 68-69 Sc 50
Çeltek TR 84-85 Db 52
Çeltik TR 76-77 Db 51
Çeltikçi TR 76-77 Dc 50
Çeltikçi TR 84-85 Da 53
Çeltikli TR 76-77 Dc 51
Cemilbey TR 76-77 Df 50
Cemilköy TR 84-85 De 52
Çemişgezek TR 78-79 Di 51
Cé na Cille Móire IRL 37 Sd 38
Cengerli TR 78-79 Di 51
Cengilli TR 78-79 Ec 50
Cenon F 54-55 Sk 46
Centelles E 70-71 Ac 49
Cento I 56-57 Bb 46
Central'no-Kospašskij RUS 22-23 Fh 31
Central'nyj RUS 22-23 Fa 31
Čepeck, Kirovo- RUS 22-23 Fa 32
Čepeckij RUS 22-23 Fb 32
Čepelare BG 74-75 Ce 49
Čepin HR 58-59 Bi 45
Çepni TR 76-77 Db 50
Čepovan SLO 56-57 Bd 44
Čerachavka BY 46-47 Db 38
Cerbère F 70-71 Ad 48
Cercal P 80-81 Sb 53
Cerchiara di Calábria I 72-73 Bg 51
Çerçiler TR 76-77 Df 49
Cercy-la-Tour F 54-55 Ad 44
Čerdakly RUS 32-33 Ei 36
Cerdedo E 68-69 Sb 48
Cerdon F 54-55 Ac 43
Čerdyn' RUS 22-23 Fg 30
Čerelennye Buruny RUS 64-65 Ef 46
Čeremošnica RUS 22-23 Eg 31
Čeremšan RUS 34-35 Fb 36
Čeremšanka RUS 34-35 Ga 34
Čeremuhovo RUS 24-25 Ga 30
Čerencovo RUS 18-19 Dc 31
Čerenskoe RUS 20-21 Df 32
Čerepovec RUS 20-21 Dh 31
Céres I 56-57 Ah 45
Céret F 70-71 Ac 48
Čerevkovo RUS 12-13 Ef 29
Cerezo de Abajo E 68-69 Sg 49
Cerignola I 72-73 Bf 49
Cérilly F 54-55 Ac 44
Cerizay F 54-55 Sk 44
Čerkas'ke UA 48-49 Dh 42
Čerkasskoe RUS 50-51 Eh 38
Čerkassy = Čerkasy UA 46-47 Dc 41
Čerkasy UA 46-47 Dc 41
Çerkeş TR 76-77 Dc 50
Čerkessk RUS 64-65 Ec 46
Çerkezköy TR 76-77 Ci 49
Cerknica SLO 58-59 Be 45
Čerkovica BG 60-61 Ce 47
Čerkutino RUS 32-33 Dk 34
Cermei RO 58-59 Cb 44
Čermenino RUS 20-21 Ed 31
Çermik TR 86-87 Dk 52
Čermoz RUS 22-23 Fg 32
Čern' RUS 30-31 Dg 37
Cerna RO 60-61 Ci 45
Černaja, Ust'- RUS 22-23 Fc 30
Černaja Holunica RUS 22-23 Fb 32
Cernăteşti RO 60-61 Cd 46
Černava RUS 32-33 Dk 37
Černavka RUS 48-49 Ec 38
Cernavodă RO 60-61 Ci 46
Cernay F 56-57 Ah 43
Cernégula E 68-69 Sg 48
Černevo RUS 18-19 Ci 32
Černigov = Černihiv UA 46-47 Db 39
Černigovka KA 52-53 Ge 38
Černigovskaja RUS 62-63 Dk 46
Černihiv UA 46-47 Db 39
Černivci UA 46-47 Cf 42
Černjachiv UA 46-47 Ci 40
Černjahovsk RUS 28-29 Cb 36
Černjanka RUS 48-49 Dh 40
Černoborskaja RUS 14-15 Fd 25
Černoe RUS 22-23 Eg 33
Čërnoe RUS 24-25 Gk 33
Černogolovka RUS 30-31 Di 34
Černoistočinsk RUS 24-25 Fk 33
Černoreč'e RUS 34-35 Ga 36
Černorečenskij RUS 22-23 Fc 30
Černovcy = Černivci UA 46-47 Cf 42
Černovskoe RUS 22-23 Eh 32
Černovskoe RUS 22-23 Fe 33
Černovskoe RUS 32-33 Ef 35
Černozer'e RUS 32-33 Ee 34
Černuška RUS 34-35 Fg 34
Černut'evo RUS 14-15 Ei 27
Černyhivka UA 62-63 Dg 43
Černyj Jar RUS 50-51 Eg 42
Černyj Otrog RUS 52-53 Fg 39
Černyškovskij RUS 48-49 Ec 42
Cërrik AL 74-75 Bk 49
Certaldo I 56-57 Bb 47
Čertkovo RUS 32-33 Ec 35
Čertkovo RUS 48-49 Ea 41
Čerusti RUS 32-33 Ea 35
Červa RUS 14-15 Ei 28
Čèrven' BY 30-31 Ci 37
Červen Brjag BG 60-61 Ce 47
Cervera E 70-71 Ab 49
Cervera de Pisuerga E 68-69 Sf 48
Cervéteri I 72-73 Bc 49
Cérvia I 56-57 Bc 46
Cervignano del Friuli I 56-57 Bd 45
Cervinara I 72-73 Be 49
Cervione F 70-71 Ak 48
Červone UA 46-47 De 39
Červonoarmijs'k UA 46-47 Cf 40
Červonoarmijs'k UA 46-47 Ci 40
Červonoarmijs'ke UA 60-61 Ci 45
Červonograd = Červonohrad UA 44-45 Ce 40
Červonohrad UA 44-45 Ce 40
Červonozavods'ke UA 46-47 Dd 40
Červonoznam'janka UA 60-61 Da 43
Čërykav BY 30-31 Db 37
Cesena I 56-57 Bc 46
Cesenático I 56-57 Bc 46
Cēsis LV 18-19 Cf 33
Česká Kamenice CZ 42-43 Be 40
Česká Lípa CZ 42-43 Be 40
Česká Třebová CZ 44-45 Bg 41
České Budějovice CZ 42-43 Be 42
Český Brod CZ 42-43 Be 40
Český Krumlov CZ 42-43 Be 42
Český Těšín CZ 44-45 Bi 41
Česma RUS 34-35 Ga 37
Çeşme TR 82-83 Cg 52
Çeşmelisebil TR 84-85 Dc 52
Čestobrodica YU 58-59 Ca 47
Cesvaine LV 28-29 Cg 34
Cetate RO 60-61 Cd 46
Cetinje YU 74-75 Bi 48
Çetinkaya TR 78-79 Dh 51
Cetraro I 72-73 Bf 51
Četyrman, Bala- RUS 34-35 Ff 37
Ceuta (Sebta) E 80-81 Se 55
Ceva I 56-57 Ai 46
Cevizdüzü TR 86-87 Ec 53
Cevizli TR 84-85 Db 53
Cevizlik TR 78-79 Dg 49
Cevizlik TR 86-87 Ec 52
Čevo YU 74-75 Bi 48
Ceyhan TR 84-85 Df 53
Ceylanpınar TR 86-87 Ea 54
Chabanais F 54-55 Aa 45
Chabeuil F 56-57 Af 46
Chablis F 54-55 Ad 43
Chabris F 54-55 Ab 43
Chagny F 54-55 Ae 44
Chaise-Dieu, la F 54-55 Ad 45
Chakaja = Senaki GE 78-79 Ec 48
Chalais F 54-55 Aa 45
Châlette-sur-Loing F 40-41 Ac 42
Challans F 54-55 Si 44
Chalonnes-sur-Loire F 54-55 Sk 43
Châlons-sur-Marne F 40-41 Ae 42
Chalon-sur-Saône F 54-55 Ae 44
Chalopeničy BY 30-31 Ci 36
Chaltubo GE 78-79 Ec 48
Châlus F 54-55 Aa 45
Cham D 42-43 Bc 41
Chambéry F 56-57 Af 45
Chambon-sur-Lignon, le F 54-55 Ae 45
Chambord F 54-55 Ab 43
Chamborêt F 54-55 Ab 44
Chamonix-Mont-Blanc F 56-57 Ag 45
Champagne-Mouton F 54-55 Aa 45
Champagnole F 56-57 Af 44
Champaubert F 40-41 Ad 42
Champéry CH 56-57 Ag 44
Champlitte F 56-57 Af 43
Champoluc I 56-57 Ah 45
Chantada E 68-69 Sc 48
Chantilly F 40-41 Ac 41
Chantôme, Eguzon- F 54-55 Ab 44
Chantonnay F 54-55 Si 44
Chapelle-d'Angillon, la F 54-55 Ac 43
Chard GB 40-41 Sh 40
Chārik IR 86-87 Ee 52
Charité-sur-Loire, la F 54-55 Ad 43
Charkiv UA 48-49 Dg 41
Charkow = Charkiv UA 48-49 Dg 41
Charleroi B 40-41 Ae 40
Charlestown = Baile Chathail IRL 37 Sb 37
Charleville-Mézières F 40-41 Ae 41
Charlottenberg S 16-17 Bc 31
Charmes F 42-43 Ag 42
Charny F 54-55 Ad 43
Charolles F 54-55 Ae 44
Chartres F 40-41 Ab 42
Chasseneuil-sur-Bonnieure F 54-55 Aa 45
Châtaigneraie, la F 54-55 Sk 44
Château-Arnoux F 56-57 Ag 46
Châteaubriant F 54-55 Si 43
Château-Chinon F 54-55 Ad 43
Château-d'Oex CH 56-57 Ah 44
Château-d'Oléron, Le F 54-55 Si 45
Château-du-Loir F 54-55 Aa 43
Châteaudun F 40-41 Ab 42
Château-Gontier F 54-55 Sk 43
Château-Landon F 40-41 Ac 42
Château-la-Vallière F 54-55 Aa 43
Châteaulin F 40-41 Sf 42
Châteaumeillant F 54-55 Ac 44
Châteauneuf-de-Randon F 54-55 Ad 46
Châteauneuf-du-Faou F 40-41 Sg 42
Châteauneuf-en-Thymerais F 40-41 Ab 42
Châteauneuf-sur-Charente F 54-55 Sk 45
Châteauneuf-sur-Loire F 54-55 Ac 43
Châteauneuf-sur-Sarthe F 54-55 Sk 43
Châteauponsac F 54-55 Ab 44
Château-Renault F 54-55 Aa 43
Châteauroux F 54-55 Ab 44
Château-Salins F 42-43 Ag 42
Château-Thierry F 40-41 Ad 41
Châteauvillain F 40-41 Ae 42
Châtelaillon-Plage F 54-55 Si 44
Châtelet B 40-41 Ae 40
Châtellerault F 54-55 Aa 44
Châtillon I 56-57 Ah 45
Châtillon-Coligny F 54-55 Ac 43
Châtillon-en-Bazois F 54-55 Ad 43
Châtillon-en-Diois F 56-57 Af 46
Châtillon-sur-Chalaronne F 54-55 Ae 44
Châtillon-sur-Indre F 54-55 Ab 44
Châtillon-sur-Seine F 54-55 Ae 43
Châtre, la F 54-55 Ab 44
Chaudes-Aigues F 54-55 Ad 46
Chauffailles F 54-55 Ae 44
Chaumont F 42-43 Af 42
Chaumont F 54-55 Ab 44
Chauny F 40-41 Ad 41
Chauvigny F 54-55 Aa 44
Chaux-de-Fonds, La CH 56-57 Ag 43
Chaves P 68-69 Sc 49
Cheb CZ 42-43 Bc 40
Chef-Boutonne F 54-55 Sk 44
Chefchaouene MA 80-81 Se 55
Cheles E 80-81 Sc 52
Chełm PL 44-45 Cd 39
Chełmno PL 28-29 Bi 37
Chelmsford GB 40-41 Aa 39
Chełmża PL 28-29 Bi 37
Cheltenham GB 40-41 Sh 39
Chelva E 70-71 Sk 51
Chemillé F 54-55 Sk 43
Chemnitz D 42-43 Bc 40
Chepstow GB 40-41 Sh 39
Cherbourg F 40-41 Si 41
Cherman MD 60-61 Ch 43
Chéroy F 40-41 Ad 42
Cherson UA 62-63 Dc 44
Chertsey GB 40-41 Sk 39
Cheste E 70-71 Sk 51
Chester GB 38-39 Sh 37
Chesterfield GB 38-39 Si 37
Chevagnes F 54-55 Ad 44
Chevillon F 42-43 Af 42
Chevilly F 40-41 Ab 42
Chey F 54-55 Sk 44
Cheylard, le F 54-55 Ae 46
Chiaravalle I 56-57 Bd 47

Chiaravalle Centrale **I** 72-73 Bg 52
Chiari **I** 56-57 Ak 45
Chiávari **I** 56-57 Ak 46
Chiavenna **I** 56-57 Ak 44
Chichester **GB** 40-41 Sk 40
Chiclana de la Frontera **E** 80-81 Sd 54
Chieri **I** 56-57 Ah 45
Chieti **I** 72-73 Be 48
Chimay **B** 40-41 Ae 40
Chinchilla de Monte Aragón **E** 80-81 Si 52
Chinchón **E** 68-69 Sg 50
Chinon **F** 54-55 Aa 43
Chinvali **GE** 78-79 Ee 48
Chióggia **I** 56-57 Bc 45
Chiperceni **MD** 60-61 Ci 43
Chipiona **E** 80-81 Sd 54
Chippenham **GB** 40-41 Sh 39
Chipping Sodbury **GB** 40-41 Sh 39
Chirivel **E** 80-81 Sh 53
Chişinău **MD** 60-61 Ci 43
Chişineu-Criş **RO** 58-59 Cb 44
Chivasso **I** 56-57 Ah 45
Chlystunivka **UA** 46-47 Db 41
Chmel'iv **UA** 46-47 Dd 40
Chmel'nyc'kyj **UA** 46-47 Cg 41
Chmel'nyc'kyj, Perejaslav- **UA** 46-47 Db 40
Chmielnik **PL** 44-45 Ca 40
Chmil'nyk **UA** 46-47 Ch 41
Chneti **GE** 78-79 Ee 49
Choceň **CZ** 44-45 Bg 41
Chocimsk **BY** 30-31 Dc 37
Chociwel **PL** 26-27 Bf 37
Chočyne **UA** 46-47 Ch 39
Chodecz **PL** 44-45 Bk 38
Chodoriv **UA** 44-45 Ce 41
Chodzież **PL** 28-29 Bg 38
Chojna **PL** 26-27 Be 38
Chojnice **PL** 28-29 Bh 37
Chojniki **BY** 46-47 Ck 39
Cholet **F** 54-55 Sk 43
Cholmeč **BY** 46-47 Da 38
Cholmy **UA** 46-47 Dc 39
Chomutov **CZ** 42-43 Bd 40
Chorges **F** 56-57 Ag 46
Čhorocku **GE** 78-79 Ec 48
Chorodčky **GE** 78-79 Ec 48
Chorol **UA** 46-47 Dd 41
Chorzele **PL** 28-29 Ca 37
Chorzów **PL** 44-45 Bi 40
Choszczno **PL** 26-27 Bf 37
Chotěboř **CZ** 44-45 Bf 41
Chotin' **UA** 46-47 De 39
Chotyn **UA** 46-47 Cg 42
Chovmy **UA** 46-47 Dc 39
Chrinivka **BY** 46-47 Db 38
Chrinivka **UA** 46-47 Db 38
Christchurch **GB** 40-41 Si 40
Christiansfeld **DK** 26-27 Ak 35
Chrudim **CZ** 44-45 Bf 41
Chrysochou Bay **CY** 84-85 Dc 55
Chrystynivka **UA** 46-47 Ck 42
Chrzanów **PL** 44-45 Bk 40
Chur **CH** 56-57 Ak 44
Chust **UA** 44-45 Cd 42
Chyriv **UA** 44-45 Cc 41
Ciadîr-Lunga **MD** 60-61 Ci 44
Čiatura **GE** 78-79 Ed 48
Čiblega **RUS** 22-23 Fa 29
Çiçekdağı **TR** 76-77 De 51
Çiçekli **TR** 76-77 Ci 51
Çiçekli **TR** 78-79 Eb 51
Çiçekli **TR** 78-79 Ed 51
Çiçekli **TR** 84-85 Df 53
Çiçekyayla **TR** 76-77 De 49
Ciechanów **PL** 28-29 Ca 38
Ciechanowiec **PL** 28-29 Cc 38
Ciempozuelos **E** 68-69 Sg 50
Cieszanów **PL** 44-45 Cd 40
Cieszyn **PL** 44-45 Bi 41
Cieza **E** 80-81 Si 52
Çiftehan **TR** 84-85 De 53
Çifteler **TR** 76-77 Db 51
Çiftlik **TR** 78-79 Ea 51
Çiftlik **TR** 84-85 De 52
Çiftlikköy **TR** 76-77 De 49
Çiftlikköy **TR** 78-79 Ee 51
Çiğdemlik **TR** 76-77 Df 50
Çığlı **TR** 86-87 Ed 53
Čihačevo **RUS** 18-19 Ck 33
Cihadiye **TR** 84-85 Df 53
Cihanbeyli **TR** 84-85 Dc 52
Cihisdziri **GE** 78-79 Eb 49
Čikman **RUS** 24-25 Fi 31
Čikola **RUS** 78-79 Ed 47
Çıldır **TR** 78-79 Ed 49
Čilgar **RUS** 64-65 Ef 44
Çilhane **TR** 78-79 Dh 50
Cilibia **RO** 60-61 Ch 45
Cilieni **RO** 60-61 Ce 47
Çılımlı **TR** 76-77 Db 50
Čilipi **HR** 72-73 Bi 48
Cill Airne = Killarney **IRL** 37 Sa 38
Cill Bheagáin = Kilbeggan **IRL** 37 Sc 37
Cill Chainnigh = Kilkenny **IRL** 37 Sc 38
Cill Chaoi = Kilkee **IRL** 37 Sa 38
Cill Chuillin **IRL** 37 Sd 37
Cill Dalua **IRL** 37 Sb 38
Cill Dara = Kildare **IRL** 37 Sd 37
Cill Droichid **IRL** 37 Sd 37
Cillín Chaoimhín **IRL** 37 Sd 37
Cill Mhantáin = Wicklow **IRL** 37 Sd 38
Cill Náile **IRL** 37 Sc 38
Cill Orglan = Killorglin **IRL** 37 Sa 38
Cill Rois = Kilrush **IRL** 37 Sa 38
Cill Rónáin **IRL** 37 Sa 37
Cil'na **RUS** 32-33 Ei 36
Cîlnic **RO** 60-61 Cd 46
Cilvegözü **TR** 86-87 Dg 54
Cimişlia **MD** 60-61 Ci 44
Cimljansk **RUS** 64-65 Ec 43
Cîmpeni **RO** 60-61 Cd 44
Cîmpina **RO** 60-61 Cf 45
Cîmpulung **RO** 60-61 Cf 45
Cîmpulung Moldovenesc **RO** 60-61 Cf 43
Çimşit **TR** 76-77 Dc 51
Çınar **TR** 86-87 Ea 53
Çınarcık **TR** 76-77 Ck 50
Çine **TR** 82-83 Ci 53
Ciney **B** 42-43 Af 40
Cingaly **RUS** 24-25 Gk 30
Cingirlau **KA** 50-51 Fd 39
Cingoli **I** 56-57 Bd 47
Čin'javoryk **RUS** 14-15 Fc 27
Cinn Átha Gad **IRL** 37 Sc 37
Cinn Mhara **IRL** 37 Sb 37
Ciochina **RO** 60-61 Ch 46
Cionn Sáile **IRL** 37 Sb 39
Cioranii de Jos **RO** 60-61 Cg 46
Ciotat, la **F** 56-57 Af 47
Cip'ja **RUS** 34-35 Fa 34
Čiprovci **BG** 58-59 Cc 47
Ciprovci **BG** 58-59 Cc 47
Çırçır **TR** 78-79 Dg 50
Cirencester **GB** 40-41 Si 39
Cirey-sur-Vezouze **F** 42-43 Ag 42
Ciriè **I** 56-57 Ah 45
Čirikovo **RUS** 30-31 Dh 35
Cîrlibaba **RO** 60-61 Cf 43
Cirò **I** 72-73 Bh 51
Čirpan **BG** 74-75 Cf 48
Çırpı **TR** 82-83 Ch 52
Cislău **RO** 60-61 Cg 45
Čišmy **RUS** 34-35 Ff 36
Cisna **PL** 44-45 Cc 41
Cista Provo **HR** 58-59 Bg 47
Cistierna **E** 68-69 Se 48
Čistoe **RUS** 32-33 Ed 34
Čistopol' **RUS** 34-35 Fa 35
Cittadella **I** 56-57 Bb 45
Città della Pieve **I** 72-73 Bc 48
Città del Vaticano **SCV** 72-73 Bc 49
Città di Castello **I** 56-57 Bc 47
Cittáducale **I** 72-73 Bc 48
Cittanova **I** 72-73 Bg 52
Ciucea **RO** 58-59 Cc 44
Ciucur Mingir **MD** 60-61 Ci 44
Ciucurova **RO** 60-61 Ci 46
Ciudad Real **E** 68-69 Sg 52
Ciudad-Rodrigo **E** 68-69 Sd 50
Ciutadella **E** 70-71 Ad 51
Cividale del Friuli **I** 56-57 Bd 44
Civil'sk **RUS** 32-33 Eh 35
Cívita Castellana **I** 72-73 Bc 48
Civitanova Marche **I** 56-57 Bd 47
Civitavécchia **I** 72-73 Bb 48
Civray **F** 54-55 Aa 44
Çıvril **TR** 84-85 Ck 52
Čiža **RUS** 4-5 Ee 23
Cizre **TR** 86-87 Ec 53
Cjurupyns'k **UA** 62-63 Dc 44
Čkalovsk **RUS** 32-33 Ed 34
Čkalovskij **RUS** 64-65 Ee 43
Clacton-on-Sea **GB** 40-41 Ab 39
Clamecy **F** 54-55 Ad 43
Clár Clainne Mhuiris **IRL** 37 Sb 37
Claremorris = Clár Chlainne Mhuiris **IRL** 37 Sb 37
Clashnessie **GB** 38-39 Se 32
Clayette, la **F** 54-55 Ae 44
Cleethorpes **GB** 38-39 Sk 37
Clejani **RO** 60-61 Cf 46
Clermont **F** 40-41 Ac 41
Clermont-en-Argonne **F** 42-43 Af 41
Clermont-Ferrand **F** 54-55 Ad 45
Clermont-l'Hérault **F** 54-55 Ad 47
Clevedon **GB** 40-41 Sh 39
Clifden = An Clochán **IRL** 37 Rk 37
Clisson **F** 54-55 Si 43
Clitheroe **GB** 38-39 Sh 37
Cloghan = An Clochán **IRL** 37 Sc 37
Cloich na Coillte **IRL** 37 Sb 39
Clonakilty = Cloich na Coillte **IRL** 37 Sb 39
Clones = Cluain Eois **IRL** 37 Sc 36
Clonmel = Cluain Meala **IRL** 37 Sc 38
Cloppenburg **D** 26-27 Ai 38
Clough **GB** 37 Se 36
Clovelly **GB** 40-41 Sf 39
Cluain Cearbán **IRL** 37 Sa 37
Cluain Eois **IRL** 37 Sc 36
Cluainin **IRL** 37 Sb 36
Cluain Meala = Clonmel **IRL** 37 Sc 38
Cluj-Napoca **RO** 60-61 Cd 44
Cluny **F** 54-55 Ae 44
Clusone **I** 56-57 Ak 45
Clydebank **GB** 38-39 Sf 35
Coatbridge **GB** 38-39 Sf 35
Cobadin **RO** 60-61 Ci 46
Cobandede **TR** 78-79 Eb 51
Çobanlar **TR** 84-85 Da 52
Cobh = An Cóbh **IRL** 37 Sb 39
Coburg **D** 42-43 Ba 40
Cochem **D** 42-43 Ah 40
Cockermouth **GB** 38-39 Sg 36
Codigoro **I** 56-57 Bc 46
Codlea **RO** 60-61 Cf 45
Codogno **I** 56-57 Ak 45
Codròipo **I** 56-57 Bc 45
Çömelek **TR** 84-85 Dd 54
Çömlük **TR** 84-85 Df 53
Çöpköy **TR** 74-75 Cg 49
Çöplü **TR** 76-77 Df 50
Çöplü **TR** 84-85 Df 54
Coesfeld **D** 42-43 Ah 39
Coevorden **NL** 42-43 Ag 38
Cognac **F** 54-55 Sk 45
Cogne **I** 56-57 Ah 45
Çoğun **TR** 76-77 De 51
Čohatauri **GE** 78-79 Ec 49
Coimbra **P** 68-69 Sb 50
Coín **E** 80-81 Sf 54
Čoka **YU** 58-59 Ca 45
Çokak **TR** 86-87 Dg 53
Çokören **TR** 76-77 Dc 51
Çolaklı **TR** 86-87 Di 52
Colchester **GB** 40-41 Aa 39
Colditz **D** 42-43 Bc 39
Coldstream **GB** 38-39 Sh 35
Coleraine **GB** 37 Sd 35
Colibaşi **MD** 60-61 Ci 45
Cólico **I** 56-57 Ak 44
Collado-Villalba **E** 68-69 Sg 50
Colle di Val d'Elsa **I** 56-57 Bb 47
Colleferro **I** 72-73 Bd 49
Collesalvetti **I** 56-57 Ba 47
Collobrières **F** 56-57 Ag 47
Colmar **F** 42-43 Ah 42
Colmenar **E** 80-81 Sf 54
Colmenar Viejo **E** 68-69 Sg 50
Cologne **F** 54-55 Aa 47
Colombey-les-deux-Églises **F** 40-41 Ae 42
Colomiers **F** 54-55 Ab 47
Colònia de Sant Jordi **E** 70-71 Ac 51
Colonia Iberia **E** 68-69 Sg 51
Čolovo **RUS** 18-19 Da 32
Colwyn Bay = Bae Colwyn **GB** 38-39 Sg 37
Comácchio **I** 56-57 Bc 46
Comana **RO** 60-61 Cg 46
Comana **RO** 60-61 Ci 47
Comăneşti **RO** 60-61 Cg 44
Çomar **TR** 76-77 Dd 49
Combeaufontaine **F** 56-57 Af 43
Comber **GB** 37 Se 36
Comblain-au-Pont **B** 42-43 Af 40
Combourg **F** 40-41 Si 42
Combray, Illiers- **F** 40-41 Ab 42
Commentry **F** 54-55 Ac 44
Commequiers **F** 54-55 Si 44
Commercy **F** 42-43 Af 42
Como **I** 56-57 Ak 45
Compiègne **F** 40-41 Ac 41
Comporta **P** 80-81 Sb 52
Comrat **MD** 60-61 Ci 44
Concarneau **F** 54-55 Sg 43
Conches-en-Ouche **F** 40-41 Aa 42
Condat **F** 54-55 Ac 45
Condé-sur-Noireau **F** 40-41 Sk 42
Condom **F** 54-55 Aa 47
Conegliano **I** 56-57 Bc 45
Conevo **BG** 60-61 Cf 47
Confolens **F** 54-55 Aa 44
Congaz **MD** 60-61 Ci 44
Congleton **GB** 38-39 Sh 37
Congostrina **E** 68-69 Sh 49
Conil de la Frontera **E** 80-81 Sd 54
Conimbriga, Ruinas de **P** 68-69 Sb 50
Conlie **F** 40-41 Sk 42
Connah's Quay **GB** 38-39 Sg 37
Conop **RO** 58-59 Cb 44
Conquet, le **F** 40-41 Sf 42
Conquista **E** 80-81 Sf 52
Consett **GB** 38-39 Si 36
Constanţa **RO** 60-61 Ci 46
Constantina **E** 80-81 Se 53
Consuegra **E** 68-69 Sg 51
Contres **F** 54-55 Ab 43
Contrexéville **F** 42-43 Af 42
Conty **F** 40-41 Ac 41
Conwy **GB** 38-39 Sg 37
Cookstown **GB** 37 Sd 36
Cootehill **IRL** 37 Sc 36
Čop **UA** 44-45 Cc 42
Copăceni, Adunaţii- **RO** 60-61 Cg 46
Cope **E** 80-81 Si 53
Copparo **I** 56-57 Bb 46
Copşa Mică **RO** 60-61 Ce 44
Corabia **RO** 60-61 Ce 47
Cora Droma Rúisc **IRL** 37 Sb 37
Corato **I** 72-73 Bg 49
Corbeil-Essonnes **F** 40-41 Ac 42
Corbeilles **F** 40-41 Ac 42
Corbie **F** 40-41 Ac 41
Corbigny **F** 54-55 Ad 43
Corbon **F** 40-41 Sk 41
Corby **GB** 40-41 Sk 38
Corcaigh = Cork **IRL** 37 Sb 39
Corcubión **E** 68-69 Sa 48
Córdoba **E** 80-81 Sf 53
Coria **E** 68-69 Sd 51
Coria del Río **E** 80-81 Sd 53
Corjeuţi **MD** 46-47 Ch 42
Cork **IRL** 37 Sb 39
Corleone **I** 72-73 Bd 53
Corleto Perticara **I** 72-73 Bg 50
Çorlu **TR** 76-77 Ch 49
Cormòns **I** 56-57 Bd 45
Čornaja **RUS** 6-7 Fg 22
Corneşti **RO** 60-61 Cf 46
Cornimont **F** 56-57 Ag 43
Čornobaj **UA** 46-47 Dc 41
Čornobyl' **UA** 46-47 Da 39
Čornomors'ke **UA** 62-63 Dc 45
Čornuchy **UA** 46-47 Dc 40
Čornuchyne **UA** 48-49 Di 42
Çorovodë **AL** 74-75 Ca 50
Corral de Almaguer **E** 68-69 Sg 51
Corral de Calatrava **E** 80-81 Sf 52
Corrales **E** 68-69 Se 49
Corrales, Los (Los Corrales de Buelna) **E** 54-55 Sf 47
Corte **F** 70-71 Ak 48
Cortegana **E** 80-81 Sd 53
Cortemilia **I** 56-57 Ai 46
Cortijo de Arriba **E** 68-69 Sf 51
Cortijos Nuevos **E** 80-81 Sh 52
Cortina d' Ampezzo **I** 56-57 Bc 44
Čortkiv **UA** 46-47 Cf 41
Cortona **I** 56-57 Bb 47
Coruche **P** 68-69 Sb 52
Çorum **TR** 76-77 De 50
Corwen **GB** 38-39 Sg 38
Cosenza **I** 72-73 Bg 51
Coşeşti **RO** 60-61 Ce 45
Cosne-Cours-sur-Loire **F** 54-55 Ac 43
Cosne-d'Allier **F** 54-55 Ac 44
Coşoveni **RO** 60-61 Cd 46
Cossonay **CH** 56-57 Ag 44
Costeşti **MD** 60-61 Ch 43
Costeşti **RO** 60-61 Ce 46
Costeşti **RO** 60-61 Cg 45
Coswig **D** 42-43 Bd 39
Coswig (Anhalt) **D** 42-43 Bc 39
Coteana **RO** 60-61 Ce 46
Côte-Saint-André, la **F** 56-57 Af 45
Cotiujeni **MD** 60-61 Ci 43
Cotronei **I** 72-73 Bg 51
Cottbus **D** 42-43 Be 39
Cottehill = Muinchille **IRL** 37 Sc 36
Couches **F** 54-55 Ae 44
Couëron **F** 54-55 Si 43
Couhé **F** 54-55 Aa 44
Couiza **F** 70-71 Ac 48
Coulmier-le-Sec **F** 54-55 Ae 43
Coulommiers **F** 40-41 Ad 42
Cour-Cheverny **F** 54-55 Ab 43
Courmayeur **I** 56-57 Ag 45
Cournon-d'Auvergne **F** 54-55 Ad 45
Couronne, la **F** 54-55 Aa 45
Courpière **F** 54-55 Ad 45
Cours, Cours-sur-Loire- **F** 54-55 Ac 43
Coursan **F** 54-55 Ad 47
Cours-la-Ville **F** 54-55 Ae 44
Courtalain **F** 40-41 Ab 42
Courtenay **F** 40-41 Ad 42
Courtine, la **F** 54-55 Ac 45
Coutainville, Agon- **F** 40-41 Si 41
Coutances **F** 40-41 Si 41
Coutras **F** 54-55 Sk 45
Couvin **B** 40-41 Ae 40
Covasna **RO** 60-61 Cg 45
Coventry **GB** 40-41 Si 38
Covilhã **P** 68-69 Sc 50
Cowdenbeath **GB** 38-39 Sg 34
Cowes **GB** 40-41 Si 40
Cózar **E** 80-81 Sg 52
Cozes **F** 54-55 Sk 45
Craigellachie **GB** 38-39 Sg 33
Craignure **GB** 38-39 Se 34
Crailsheim **D** 42-43 Ba 41
Craiova **RO** 60-61 Cd 46
Craon **F** 54-55 Sk 43
Craponne-sur-Arzon **F** 54-55 Ad 45
Crato **P** 68-69 Sc 51
Crawford **GB** 38-39 Sg 35
Crawley **GB** 40-41 Sk 39
Creagorry **GB** 38-39 Sc 33
Črebalo **GE** 78-79 Ed 48
Crécy-la-Chapelle **F** 40-41 Ac 42
Crediton **GB** 40-41 Sg 40
Creeslough **IRL** 37 Sc 35
Creil **F** 40-41 Ac 41
Crema **I** 56-57 Ak 45
Crémieu **F** 56-57 Af 45
Cremona **I** 56-57 Ba 45
Créon **F** 54-55 Sk 46
Crépy-en-Valois **F** 40-41 Ac 41
Cres **HR** 58-59 Be 46
Crest **F** 56-57 Af 46
Créteil **F** 40-41 Ac 42
Creusot, le **F** 54-55 Ae 44
Crèvecœur-le-Grand **F** 40-41 Ac 41
Crevedia Mare **RO** 60-61 Cf 46
Crevillente **E** 80-81 Sk 52
Crewe **GB** 38-39 Sh 37
Crewkerne **GB** 40-41 Sh 40
Crianlarich **GB** 38-39 Sf 34
Cricova **MD** 60-61 Ci 43
Crieff **GB** 38-39 Sg 34
Crikvenica **HR** 58-59 Be 45
Crimmitschau **D** 42-43 Bc 40
Criş, Chişineu- **RO** 58-59 Cb 44
Criuleni **MD** 60-61 Ck 43
Crivitz **D** 26-27 Bb 37
Crkvice **YU** 72-73 Bi 48
Črnomelj **SLO** 58-59 Bf 45
Croisic, le **F** 54-55 Sh 43
Croisilles **F** 40-41 Ac 40
Croix-de-Vie, Saint-Gilles- **F** 54-55 Si 44
Cromarty **GB** 38-39 Sf 33
Cromer **GB** 38-39 Ab 38
Croom **IRL** 37 Sb 38
Crosby **GB** 38-39 Sg 37
Crotone **I** 72-73 Bh 51
Croydon **GB** 40-41 Sk 39
Crozon **F** 40-41 Sf 42
Crucea **RO** 60-61 Ci 46
Csokonyavisonta **H** 58-59 Bh 44
Csongrád **H** 58-59 Ca 44
Csorna **H** 58-59 Bh 43
Csurgó **H** 58-59 Bh 44
Cuba **P** 80-81 Sc 52
Čubarivka **UA** 62-63 Dg 43
Čublas **RUS** 12-13 Ef 26
Cubo de Tierra del Vino, El **E** 68-69 Se 49
Çubuk **TR** 76-77 Dd 50
Čučkovo **RUS** 20-21 Eb 31
Čučkovo **RUS** 32-33 Eb 36
Čudniv **UA** 46-47 Ci 40
Čudovo **RUS** 18-19 Db 31
Čudzin **BY** 28-29 Cg 38
Çüceli **TR** 86-87 Dg 53
Cuéllar **E** 68-69 Sf 49
Çüngüş **TR** 86-87 Dk 52
Cuers **F** 56-57 Ag 47
Cuerva **E** 68-69 Sf 51
Cuevas del Almanzora **E** 80-81 Si 53
Čuhloma **RUS** 20-21 Ec 32
Čuhujiv **UA** 48-49 Dg 41
Čujunči **RUS** 34-35 Ff 36
Čujunči-Čupanovo **RUS** 52-53 Fh 38
Çukur **TR** 76-77 Df 51

Çukurca **TR** 86-87 Ed 53
Çukurkuyu **TR** 84-85 Dd 52
Çukurkuyu **TR** 84-85 De 53
Çukurören **TR** 76-77 Ck 51
Čulachivka **UA** 62-63 Dc 44
Culan **F** 54-55 Ac 44
Čulasa **RUS** 12-13 Eg 26
Culemborg **NL** 42-43 Af 39
Çulha **TR** 84-85 Df 52
Čulkovo **RUS** 30-31 Dg 37
Cúllar-Baza **E** 80-81 Sh 53
Culukidze = Honi **GE** 78-79 Ec 48
Cumaçay **TR** 78-79 Ed 51
Čumaky **UA** 62-63 De 43
Cuman' **UA** 46-47 Cf 40
Cumaova **TR** 76-77 Da 50
Cumaovasi = Menderes **TR** 82-83 Ch 52
Cumbernauld **GB** 38-39 Sg 35
Cumnock **GB** 38-39 Sf 35
Çumra **TR** 84-85 Dc 53
Cúneo **I** 56-57 Ah 46
Čupa **RUS** 4-5 Dd 24
Čupakivka **UA** 46-47 De 40
Čupalejka **RUS** 32-33 Ec 35
Čupanovo, Čujunči- **RUS** 52-53 Fh 38
Cupar **GB** 38-39 Sg 34
Cupcini **MD** 46-47 Ch 42
Ćuprija **YU** 58-59 Cb 47
Čuprovo **RUS** 12-13 Eg 26
Čur **RUS** 22-23 Fd 33
Čuraevo **RUS** 34-35 Ff 35
Čuraevo **RUS** 52-53 Fh 39
Čuraki **RUS** 22-23 Ff 31
Curcani **RO** 60-61 Cg 46
Čurilovo **RUS** 30-31 Da 35
Curon Venosta = Graun im Vinschgau **I** 56-57 Ba 44
Čurov **RUS** 22-23 Eg 31
Čurozgora **RUS** 12-13 Eb 27
Čurtan **RUS** 22-23 Fe 30
Curtea de Argeş **RO** 60-61 Ce 45
Čus' **RUS** 22-23 Fd 31
Cuse-et-Adrisans **F** 56-57 Ag 43
Čusovoe **RUS** 24-25 Fk 33
Čusovoj **RUS** 22-23 Fh 32
Čusovskoe **RUS** 22-23 Fg 29
Čuteevo **RUS** 32-33 Eh 35
Čutove **UA** 48-49 Df 41
Cutro **I** 72-73 Bg 51
Čutyr' **RUS** 22-23 Fd 33
Cuxhaven **D** 26-27 Ai 37
Čyhyryn **UA** 46-47 Dc 41
Čym **RUS** 6-7 Gc 24
Čynadieve **UA** 44-45 Cc 42
Cyt'kovo **RUS** 30-31 De 34
Czaplinek **PL** 28-29 Bg 37
Czarlin **PL** 28-29 Bi 36
Czarnków **PL** 28-29 Bg 38
Czersk **PL** 28-29 Bh 37
Czerwieńsk **PL** 44-45 Bf 38
Częstochowa **PL** 44-45 Bk 40
Człopa **PL** 28-29 Bg 37
Człuchów **PL** 28-29 Bh 37
Czyżew-Osada **PL** 28-29 Cc 38

D

Dąbie **PL** 44-45 Bi 38
Dabila **MK** 74-75 Cc 49
Dabraslavka **BY** 46-47 Cg 38
Dąbrowa Białostocka **PL** 28-29 Cd 37
Dabryn' **BY** 46-47 Ck 39
Dăbuleni **RO** 60-61 Ce 47
Dachau **D** 42-43 Bb 42
Dačice **CZ** 44-45 Bf 41
Dādāt **SYR** 86-87 Dh 54
Daday **TR** 76-77 Dd 49
Dadiá **GR** 74-75 Cg 49
Dafnés **GR** 82-83 Cf 55
Dáfni **GR** 82-83 Cc 53
Dagali **N** 16-17 Ai 30
Dağardı **TR** 76-77 Ck 51
Dağbaşı **TR** 78-79 Dk 50
Dağbaşı **TR** 86-87 Dk 53
Dagda **LV** 30-31 Ch 34
Dağdere **TR** 82-83 Ci 52
Dagebüll **D** 26-27 Ai 36
Dağkızılca **TR** 82-83 Ch 52
Dağlıca **TR** 86-87 Ee 53
Dagomys **RUS** 62-63 Dk 47
Dağpazarı **TR** 84-85 Dd 54
Dağyolu **TR** 78-79 Dk 51
Dahlenburg **D** 26-27 Ba 37
Dahme **D** 26-27 Bb 36
Dahme **D** 42-43 Bd 39
Dahūk **IRQ** 86-87 Ec 54
Daimiel **E** 68-69 Sg 51
Dair az-Zaur **SYR** 86-87 Ea 55
Dair Ḥāfir **SYR** 86-87 Dh 54
Đakovica **YU** 74-75 Ca 48
Đakovo **HR** 58-59 Bi 45
Dalaman **TR** 84-85 Ci 54
Dalavardo **S** 2-3 Bf 24
Dalbeattie **GB** 38-39 Sg 36
Dălbok Izvor **BG** 74-75 Cf 48
Dălbok Izvor **BG** 74-75 Cf 48
Dalby **S** 26-27 Bd 35
Dale **N** 16-17 Af 29
Dale **N** 16-17 Af 30
Dale **N** 16-17 Ai 32
Dalen **N** 16-17 Ai 31
Dalfors **S** 16-17 Bf 29
Dălgopol **BG** 60-61 Ch 47
Dāli, ad- **SYR** 84-85 Dg 55
Dalías **E** 80-81 Sh 54
Dāliš **IRQ** 86-87 Ee 55
Dallıbahçe **TR** 78-79 Dk 51
Dal'nee Konstantinovo **RUS** 32-33 Ee 35
Dal'nij **RUS** 14-15 Ek 28
Dal'nij **RUS** 14-15 Ff 28
Dal'nij **RUS** 34-35 Fc 37
Dal'nije Zelency **RUS** 4-5 Dg 21
Dalry **GB** 38-39 Sf 35
Dalsbruk **FIN** 18-19 Cc 30
Dalsmynni **IS** 36 Qi 26
Dalvík **IS** 36 Rb 25
Dalwhinnie **GB** 38-39 Sf 34
Dalyan **TR** 84-85 Ci 54
Damal **TR** 78-79 Ec 49
Ḍamān, Tall aḍ- **SYR** 86-87 Dh 55
Damaskino **RUS** 34-35 Fb 34
Dambaslar **TR** 76-77 Ch 49
Damby **KA** 52-53 Gf 39
Damlacık **TR** 86-87 Di 53
Damlama **TR** 84-85 De 53
Danasjö **S** 8-9 Bg 25
Dancharia **F** 68-69 Si 47
Danilkovo **RUS** 20-21 Dh 31
Danilov **RUS** 20-21 Ea 32
Danilovgrad **YU** 74-75 Bk 48
Danilovka **RUS** 48-49 Ee 40
Danilovka **RUS** 50-51 Ef 38
Danışment **TR** 76-77 Ch 51
Danişment **TR** 78-79 Di 51
Danişment **TR** 84-85 Df 54
Dankov **RUS** 32-33 Dk 37
Dannenberg (Elbe) **D** 26-27 Bb 37
Darabani **RO** 46-47 Cg 42
Daran **TR** 84-85 Dc 54
Darband **IRQ** 86-87 Ee 54
Darbāsiya **SYR** 86-87 Ea 53
Dar-Caid-Medboh **MA** 80-81 Sg 56
Darende **TR** 86-87 Dh 52
Dargeçit **TR** 86-87 Eb 53
Dar-Gueddari **MA** 80-81 Sd 56
Dargun **D** 26-27 Bc 37
Darıca **TR** 76-77 Ck 50
Dariḥa, Abū **SYR** 86-87 Dh 55
Darıkent **TR** 86-87 Dk 52
Darıveren **TR** 84-85 Ck 53
Dar-Kebani **MA** 80-81 Sg 55
Darlington **GB** 38-39 Si 36
Darłowo **PL** 28-29 Bg 36
Dărmăneşti **RO** 60-61 Cf 46
Darmstadt **D** 42-43 Ai 41
Darnétal **F** 40-41 Ab 41
Darovskoe **RUS** 22-23 Eh 32
Dār Ta'izza **SYR** 86-87 Dg 54
Dartford **GB** 40-41 Aa 39
Dartmouth **GB** 40-41 Sg 40
Darú **IRL** 37 Sc 38
Darūğa, Abū **IRQ** 86-87 Ed 56
Daruvar **HR** 58-59 Bh 45
Darwen **GB** 38-39 Sh 37
Dašiv **UA** 46-47 Ck 41
Dăskotna **BG** 76-77 Ch 48
Dassow **D** 26-27 Ba 37
Datça **TR** 82-83 Ch 54
Daugai **LT** 28-29 Ce 36
Daugavpils **LV** 28-29 Cg 35
Daun **D** 42-43 Ag 40
Daur, ad- **IRQ** 86-87 Ed 56
Daventry **GB** 40-41 Si 38
Davhinava **BY** 30-31 Ch 36
Davlekanovo **RUS** 34-35 Fe 36
Davljady **BY** 46-47 Ck 39
Davlos **TR** 84-85 Dd 55
Davos **CH** 56-57 Ak 44
Davulga **TR** 76-77 Db 51
Davyd-Haradok **BY** 46-47 Ch 38
Davydiv Brid **UA** 62-63 Dd 43
Davydovka **RUS** 48-49 Dk 39
Davydovka **RUS** 50-51 Ek 39
Davydovo **RUS** 22-23 Fd 30
Daww, Tall **SYR** 86-87 Dg 56
Dax **F** 54-55 Si 47
Dayyil **SYR** 86-87 Di 54
Dazkırı **TR** 84-85 Ck 53
Deal **GB** 40-41 Ab 39
Deauville **F** 40-41 Aa 41
Debal'ceve **UA** 48-49 Di 42
Debar **MK** 74-75 Ca 49
Debesy **RUS** 22-23 Fd 33
Dębica **PL** 44-45 Cb 40
Dęblin **PL** 44-45 Cb 39
Dębno **PL** 26-27 Be 38
Debrc **YU** 58-59 Bk 46
Debrecen **H** 58-59 Cb 43
Debrešte **MK** 74-75 Cb 49
Debrzno **PL** 28-29 Bh 37
Dečani **YU** 74-75 Ca 48
Decazeville **F** 54-55 Ac 46
Děčín **CZ** 42-43 Be 40
Decize **F** 54-55 Ad 44
Deda **RO** 60-61 Ce 44
Dedeler **TR** 84-85 Dc 52
Dedeli **TR** 78-79 Ed 51
Dedenevo **RUS** 30-31 Dh 34
Dedoviči **RUS** 18-19 Ck 33
Dedovsk **RUS** 30-31 Dh 35
Dég **H** 58-59 Bi 44
Degeberga **S** 26-27 Be 35
Degerfors **S** 16-17 Be 31
Deggendorf **D** 42-43 Bc 42
Değirmendere **TR** 82-83 Ch 52
Degučiai **LT** 28-29 Cg 35
Dej **RO** 60-61 Cd 43
Deje **S** 16-17 Bd 31
Dektjarsk **RUS** 34-35 Ga 34
Delčevo **MK** 74-75 Cc 49
Delémont **CH** 56-57 Ah 43
Delft **NL** 40-41 Ae 38
Delfzijl **NL** 26-27 Ag 37
Deli **TR** 86-87 Ea 53
Deliçay **TR** 78-79 Ed 51
Delice **TR** 76-77 De 51
Deliceto **I** 72-73 Bf 49
Delihasan **TR** 78-79 Ed 51
Deliktaş **TR** 78-79 Dh 51
Delitzsch **D** 42-43 Bc 39
Delle **F** 56-57 Ag 43
Delmenhorst **D** 26-27 Ai 37
Delnice **HR** 58-59 Be 45
Delsberg = Delémont **CH** 56-57 Ah 43
Delsbo **S** 8-9 Bg 29
Delvinë **AL** 74-75 Ca 51
Dema **RUS** 22-23 Fe 30
Demensk, Spas- **RUS** 30-31 De 36
Demidov **RUS** 30-31 Db 35
Demirci **TR** 76-77 Ci 51
Demirci **TR** 84-85 De 52
Demirci **TR** 86-87 Dk 52
Demirci **TR** 86-87 Dk 53
Demirkent **TR** 78-79 Eb 50
Demirköy **TR** 76-77 Ch 49
Demirli **TR** 86-87 Dk 53
Demirözü **TR** 78-79 Dk 50
Demirşeyh **TR** 76-77 De 50
Demirtaş **TR** 76-77 Ck 50
Demirtaş **TR** 84-85 Dc 54
Dem'janovo **RUS** 22-23 Eh 30
Demjansk **RUS** 18-19 Dc 33
Dem'janskoe **RUS** 24-25 Gk 31
Dem'jas **RUS** 50-51 Ek 39
Demmin **D** 26-27 Bd 37
Demuryne **UA** 48-49 Dg 42
Denain **F** 40-41 Ad 40
Denbigh **GB** 38-39 Sg 37
Den Burg **NL** 26-27 Ae 37
Den Haag = 's-Gravenhage **NL** 40-41 Ae 38
Den Helder **NL** 26-27 Ae 38
Denislav'e **RUS** 12-13 Ea 28
Denisovska **RUS** 6-7 Ff 24
Deniz Kamp Yeri **TR** 82-83 Cg 52
Denizler **TR** 84-85 Ck 53
Denizli **TR** 76-77 Ch 50
Denizli **TR** 84-85 Ck 53
Denny **GB** 38-39 Sg 34
Den Oever **NL** 26-27 Af 38
De Panne **B** 40-41 Ac 39
Deražnja **UA** 46-47 Ch 41
Derbent **TR** 84-85 Dc 52
Derby **GB** 38-39 Si 38
Derdara **MA** 80-81 Se 55
Dere **TR** 86-87 Dk 52
Derebaşı **TR** 82-83 Ch 52
Derebucak **TR** 84-85 Db 53
Dereköy **TR** 76-77 Ch 49
Dereköy **TR** 76-77 Ck 51
Dereler **TR** 86-87 Ec 53
Dereli **TR** 78-79 Di 50
Deremahal **TR** 76-77 De 51
Derepaza **TR** 78-79 Ea 49
Derepazarı **TR** 78-79 Ea 49
Dereven'ka **RUS** 22-23 Eg 29
Derevjanka **RUS** 20-21 De 29
Derevjannoe **RUS** 20-21 De 29
Derevjansk **RUS** 14-15 Fd 29
Dergači **RUS** 50-51 Ei 39
Derhačy **UA** 48-49 Dg 40
Derijivka **UA** 46-47 Dd 42
Derik **IR** 86-87 Ee 52
Derik **TR** 86-87 Ea 53
Derinkuyu **TR** 84-85 De 52
Derinsu **TR** 86-87 Ea 53
Derkul **KA** 50-51 Fb 39
Dermanci **BG** 74-75 Ce 47
Dernekpazarı **TR** 78-79 Ea 50
Derry Doire = Londonderry **GB** 37 Sc 36
Derval **F** 54-55 Si 43
Derventa **BIH** 58-59 Bh 46
Deržavino **RUS** 34-35 Fc 37
Desantne **UA** 60-61 Ck 45
Descartes **F** 54-55 Aa 44
Desenzano del Garda **I** 56-57 Ba 45
Deskáti **GR** 74-75 Cb 51
Despotovac **YU** 58-59 Cb 46
Dessau **D** 42-43 Bc 39
Destek **TR** 78-79 Dg 50
Desvres **F** 40-41 Ab 40
Deta **RO** 58-59 Cb 45
Detmold **D** 42-43 Ai 39
Deurne **NL** 42-43 Af 39
Deva **RO** 58-59 Cc 45
Devecikonağı **TR** 76-77 Ci 51
Devegölü **TR** 86-87 Dk 52
Develi **TR** 84-85 Df 52
Deventer **NL** 42-43 Ag 38
Devin **BG** 74-75 Ce 49
Devizes **GB** 40-41 Si 39
Devjatiny **RUS** 20-21 Dg 30
Devletliağaç **TR** 76-77 Ch 49
Devnja **BG** 60-61 Ch 47
Devrek **TR** 76-77 Db 49
Dhekelia Sovereign Base Area (GB) **CY** 84-85 Dd 56
Dhërmi **AL** 74-75 Bk 50
Dhivër **AL** 74-75 Ca 51
Diablerets, Les **CH** 56-57 Ah 44
Diafáni **GR** 82-83 Ch 55
Diano Marina **I** 56-57 Ai 47
Diavatá **GR** 74-75 Cc 50
Dibage **IRQ** 86-87 Ed 55
Dibekdüzü **TR** 86-87 Dk 53
Dibrivka **UA** 46-47 Ch 40
Dibs **IRQ** 86-87 Ee 55
Dibs, 'Ain **IRQ** 86-87 Ed 55
Dibsi Farağ **SYR** 86-87 Di 55
Dicle **TR** 86-87 Ea 52
Dicle **TR** 86-87 Ec 53
Didcot **GB** 40-41 Si 39
Didi Lilo **GE** 78-79 Ee 49
Didimótiho **GR** 74-75 Cg 49
Die **F** 56-57 Af 46
Dieburg **D** 42-43 Ai 41
Diekirch **L** 42-43 Ag 41
Diepholz **D** 42-43 Ai 38
Dieppe **F** 40-41 Ab 41
Dieren **NL** 42-43 Ag 38
Dieulefit **F** 56-57 Af 46
Dieuze **F** 42-43 Ag 42
Dieveniškės **LT** 28-29 Cf 36
Dievka **KA** 52-53 Gd 38
Digermulen **N** 2-3 Bf 22
Digne-les-Bains **F** 56-57 Ag 46
Digoin **F** 54-55 Ae 44
Digor **TR** 78-79 Ed 50
Digora **RUS** 78-79 Ee 47
Dij **RUS** 24-25 Fi 29
Dijar = Saryküm **KA** 66-67 Fg 44
Dijaševo **RUS** 34-35 Fd 35
Dijon **F** 56-57 Af 43
Dijur **RUS** 14-15 Fd 25
Dikanäs **S** 8-9 Bf 25
Dikbıyık **TR** 78-79 Dg 49
Dikili **TR** 74-75 Cg 51
Dikkaya **TR** 78-79 Dk 50
Dikmen **TR** 84-85 Db 54
Dikmen **TR** 86-87 Ea 53
Diksmuide **B** 40-41 Ac 39
Dilekyolu **TR** 78-79 Dk 50
Dílesi **GR** 82-83 Cd 52
Dilijatyn **UA** 44-45 Ce 42
Dillenburg **D** 42-43 Ai 40
Dillingen an der Donau **D** 42-43 Ba 42
Dímitra **GR** 74-75 Cc 51
Dimitrievka **RUS** 32-33 Ea 38
Dimitrovgrad **BG** 74-75 Cf 48
Dimitrovgrad **RUS** 32-33 Ek 36
Dimitrovgrad **YU** 74-75 Cc 47
Dimitsána **GR** 82-83 Cc 53
Dimovo **BG** 58-59 Cc 47
Dinan **F** 40-41 Sh 42
Dinant **B** 40-41 Ae 40
Dinar **TR** 84-85 Da 52
Dinard **F** 40-41 Sh 42
Dinbych = Denbigh **GB** 38-39 Sg 37
Dinbych-y-pysgodm = Tenby **GB** 40-41 Sf 39
Dinek **TR** 76-77 Db 51
Dinek **TR** 84-85 Dc 53
Dinek **TR** 84-85 Dd 53
Dingelstädt **D** 42-43 Ba 39
Dingle = An Daingean **IRL** 37 Rk 38
Dingolfing **D** 42-43 Bc 42
Dingwall **GB** 38-39 Sf 33
Dinkelsbühl **D** 42-43 Ba 41
Dinskaja **RUS** 62-63 Dk 45
Dinslaken **D** 42-43 Ag 39
Diou **F** 54-55 Ad 44
Dipótamos **GR** 74-75 Ce 49
Dire **IRQ** 86-87 Ee 53
Direkli **TR** 78-79 Dg 51
Dirráhi **GR** 82-83 Cc 53
Disentis/ Mustér **CH** 56-57 Ai 44
Diss **GB** 40-41 Ab 38
Dístrato **GR** 74-75 Cb 50
Ditrău **RO** 60-61 Cf 44
Diveevo **RUS** 32-33 Ed 35
Dives-sur-Mer **F** 40-41 Sk 41
Div'ja **RUS** 22-23 Fg 32
Divnoe **RUS** 64-65 Ed 45
Divnogor'e **RUS** 48-49 Dk 40
Divo **RUS** 30-31 Db 35
Divriği **TR** 78-79 Di 51
Diyadin **TR** 78-79 Ed 51
Diyarbakır **TR** 86-87 Ea 53
Dize **IR** 86-87 Ee 53
D'jakonovo **RUS** 20-21 Ea 31
D'jakovo, Verhovino- **RUS** 20-21 Ed 31
Djat'kovo **RUS** 30-31 De 37
Djukovo **RUS** 22-23 Ef 32
Djulino **BG** 76-77 Ch 48
Djúpavík **IS** 36 Qi 25
Djupvik **N** 2-3 Ca 21
Djurås **S** 16-17 Bf 30
Djurtjuli **RUS** 34-35 Fe 35
Dmanisi **GE** 78-79 Ee 49
Dmitrievka **RUS** 50-51 Fe 38
Dmitrievka **RUS** 52-53 Fh 38
Dmitriev-L'govskij **RUS** 48-49 Df 38
Dmitrievo **RUS** 32-33 Eb 35
Dmitrievščina **RUS** 48-49 Ec 38
Dmitrievskoe **RUS** 30-31 Di 33
Dmitrov **RUS** 30-31 Dh 34
Dmitrovskij Pogost **RUS** 32-33 Dk 35
Dmytrivka **UA** 46-47 Dc 40
Dmytrivka **UA** 48-49 Dg 42
Dmytrivka **UA** 62-63 Dg 44
Dneprodzeržinsk = Dniprodzeržyns'k **UA** 46-47 De 42
Dnepropetrovsk = Dnipropetrovs'k **UA** 48-49 Df 42
Dneprovskoe **RUS** 30-31 Dd 35
Dnestrovsc **MD** 60-61 Ck 44
Dniprodzeržyns'k **UA** 46-47 De 42
Dnipropetrovs'k **UA** 48-49 Df 42
Dniprorudne **UA** 62-63 De 43
Dno **RUS** 18-19 Ck 33
Doagh **GB** 37 Sd 36
Dobbiaco = Toblach **I** 56-57 Bc 44
Dobele **LV** 28-29 Cd 34
Dobiegniew **PL** 26-27 Bf 38
Doboj **BIH** 58-59 Bi 46
Dobra **PL** 26-27 Bf 37
Dobra **RO** 60-61 Cf 46
Dobra **YU** 58-59 Cb 46
Dobre Miasto **PL** 28-29 Ca 37
Dobrič **BG** 60-61 Ch 47
Dobriceni **RO** 60-61 Ce 46
Dobrinka **RUS** 48-49 Ea 38
Dobrino **RUS** 24-25 Ge 32
Dobříš **CZ** 42-43 Be 41
Dobrjanka **BY** 46-47 Db 38
Dobrjanka **RUS** 22-23 Fg 32
Dobrjatino **RUS** 32-33 Eb 35
Dobrodzień **PL** 44-45 Bi 40
Dobroe **RUS** 32-33 Dk 38
Dobromyl' **UA** 44-45 Cc 41
Dobron' **UA** 44-45 Cc 42
Dobropil'la **UA** 48-49 Dh 42
Dobro Polje **BIH** 58-59 Bi 47
Dobroteşti **RO** 60-61 Ce 46
Dobrovelyčkivka **UA** 46-47 Db 42
Dobrovil'la **UA** 48-49 Dg 42
Dobrovol'sk **RUS** 28-29 Cc 36
Dobruči **RUS** 18-19 Ch 32
Dobrun **BIH** 58-59 Bk 47
Dobruš **BY** 46-47 Db 38
Dobrzyń nad Wisłą **PL** 44-45 Bk 38
Docksta **S** 8-9 Bi 27
Dodóni **GR** 74-75 Ca 51
Dodurga **TR** 76-77 Ck 51
Dodurga **TR** 76-77 De 50
Döbeln **D** 42-43 Bd 39
Döğer **TR** 76-77 Da 51
Dökmetepe **TR** 78-79 Dg 50
Dömitz **D** 26-27 Bb 37
Dönemeç **TR** 86-87 Ed 52
Dörfles **A** 44-45 Bg 42
Dörtdivan **TR** 76-77 Dc 50
Dörtyol **TR** 84-85 Df 52
Dörtyol **TR** 84-85 Dg 54
Döşemealtı **TR** 84-85 Da 53
Doetinchem **NL** 42-43 Ag 39
Doğanbey **TR** 82-83 Cg 52
Doğanbey **TR** 84-85 Db 53
Doğanbeyli **TR** 78-79 Dk 51
Doğanca **TR** 86-87 Ec 53
Doğanca **TR** 86-87 Ed 53
Doğançay **TR** 76-77 Da 50
Doğançayır **TR** 76-77 Da 51
Doğanhisar **TR** 84-85 Db 52
Doğankent **TR** 78-79 Di 50
Doğankent **TR** 84-85 Df 54

Doğanlı **TR** 76-77 Df 51
Doğanoğlu **TR** 76-77 Db 51
Doğanpınar **TR** 86-87 Dh 54
Doğanşar **TR** 78-79 Dh 50
Doğanşehir **TR** 86-87 Dh 52
Doğansu **TR** 78-79 Ec 51
Doğantepe **TR** 76-77 Df 50
Doğanyol **TR** 86-87 Dk 52
Doğanyurt **TR** 78-79 Dg 50
Dogliani **I** 56-57 Ah 46
Doğruyol **TR** 78-79 Ed 49
Doğubayazıt **TR** 78-79 Ee 51
Dojrenci **BG** 60-61 Ce 47
Dokka **N** 16-17 Ba 30
Dokkum **NL** 26-27 Af 37
Doksy **CZ** 42-43 Be 40
Dokšycy **BY** 30-31 Ch 36
Dokučaevka **KA** 52-53 Ge 39
Dokučaevs'k **UA** 62-63 Dh 43
Dokukino **RUS** 32-33 Ef 34
Dokuz **TR** 84-85 Dc 52
Dokuzyol **TR** 84-85 Dd 53
Dol-de-Bretagne **F** 40-41 Si 42
Dole **F** 56-57 Af 43
Dolenci **MK** 74-75 Cb 49
Dolgellau **GB** 38-39 Sg 38
Dolgie Budy **RUS** 48-49 Df 39
Dolgoderevenskoe **RUS** 34-35 Gb 35
Dolgoe **RUS** 48-49 Dh 38
Dolgorukovo **RUS** 28-29 Ca 36
Dolgorukovo **RUS** 48-49 Di 38
Dolgoščel'e **RUS** 12-13 Ed 24
Dolianova **I** 70-71 Ak 51
Dolinnoe **KA** 50-51 Fc 39
Doljevac **YU** 58-59 Cb 47
Dolna Dikanja **BG** 74-75 Cd 48
Dolna Mitropolia **BG** 60-61 Ce 47
Dolni Čiflik **BG** 76-77 Ch 48
Dolni Dăbnik **BG** 60-61 Ce 47
Dolni Lom **BG** 58-59 Cc 47
Dolný Kubín **SK** 44-45 Bk 41
Dolores **E** 80-81 Sk 52
Dolyna **UA** 44-45 Ce 42
Dolyns'ka **UA** 46-47 Dc 42
Dolyns'ke **UA** 60-61 Ck 43
Dolžanskaja **RUS** 62-63 Dh 44
Domaniç **TR** 76-77 Ck 51
Domanivka **UA** 62-63 Db 43
Domaradz **PL** 44-45 Cb 41
Domaška **RUS** 34-35 Fa 38
Domažlice **CZ** 42-43 Bc 41
Dombaj **RUS** 64-65 Eb 47
Dombarovka **RUS** 52-53 Fi 40
Dombarovskij **RUS** 52-53 Fk 40
Dombås **N** 8-9 Ak 28
Dombasle-sur-Meurthe **F** 42-43 Ag 42
Dombóvár **H** 58-59 Bi 44
Dombrád **H** 44-45 Cb 42
Domérat **F** 54-55 Ac 44
Domfront **F** 40-41 Sk 42
Domneşti **RO** 60-61 Ce 45
Domnista **GR** 82-83 Cb 52
Domodedovo **RUS** 30-31 Dh 35
Domodóssola **I** 56-57 Ai 44
Dompaire **F** 42-43 Ag 42
Dompierre-sur-Besbre **F** 54-55 Ad 44
Domžale **SLO** 58-59 Be 44
Don **RUS** 22-23 Fd 29
Donaueschingen **D** 56-57 Ai 43
Donauwörth **D** 42-43 Ba 42
Don Benito **E** 68-69 Se 52
Doncaster **GB** 38-39 Si 37
Dondjušany = Donduşeni **MD** 46-47 Ch 42
Donduşeni **MD** 46-47 Ch 42
Doneck **RUS** 48-49 Dk 42
Donec'k **UA** 62-63 Dh 43
Doneck = Donec'k **UA** 62-63 Dh 43
Doneckij, Ust'- **RUS** 64-65 Ea 43
Doneckoe **RUS** 50-51 Fe 39
Donec'kyj **UA** 48-49 Di 42
Donegal = Dún na nGall **IRL** 37 Sb 36
Dongeleksor **KA** 52-53 Ga 41
Donja Brela **HR** 58-59 Bg 47
Donja Konjšćina **HR** 58-59 Bg 44
Donja Rudnica **YU** 58-59 Ca 47
Donja Stupnica **HR** 58-59 Bg 45
Donji Lapac **HR** 58-59 Bf 46
Donji Miholjac **HR** 58-59 Bi 45
Donji Milanovac **YU** 58-59 Cc 46
Donji Muć **HR** 58-59 Bg 47
Donji Srb **HR** 58-59 Bg 46
Donji Vakuf **BIH** 58-59 Bh 46
Donjon, le **F** 54-55 Ad 44
Donostia-San Sebastián **E** 54-55 Si 47
Donskoe **RUS** 48-49 Di 38
Donskoe **RUS** 52-53 Fh 39
Donskoe **RUS** 64-65 Eb 45
Donskoj **RUS** 30-31 Di 37
Donzère **F** 54-55 Ae 46
Donzy **F** 54-55 Ad 43
Doornik = Tournai **B** 40-41 Ad 40
Dor **RUS** 20-21 Eb 32
Dorat, le **F** 54-55 Ab 44
Dorchester **GB** 40-41 Sh 40
Dordrecht **NL** 40-41 Ae 39
Dorfen **D** 42-43 Bc 42
Dorgali **I** 70-71 Ak 50
Dório **GR** 82-83 Cb 53
Dorisko **GR** 74-75 Cg 50
Dorking **GB** 40-41 Sk 39
Dormagen **D** 42-43 Ag 39
Dormans **F** 40-41 Ad 41
Dor Mărunt **RO** 60-61 Cg 46
Dornbirn **A** 56-57 Ak 43
Dornoch **GB** 38-39 Sf 33
Dorobanţu **RO** 60-61 Ci 46
Dorobino **RUS** 30-31 Dh 37
Dorofeevo **RUS** 32-33 Dk 35
Dorogobuž **RUS** 30-31 Dd 36
Dorogorskoe **RUS** 12-13 Ee 25
Dorohoi **RO** 60-61 Cg 43
Dorohovo **RUS** 30-31 Dg 35
Dorošata **RUS** 22-23 Fb 33
Dorotea **S** 8-9 Bg 26
Dorsten **D** 42-43 Ag 39
Dortmund **D** 42-43 Ah 39
Dorum **D** 26-27 Ai 37
Dorutay **TR** 86-87 Ee 52
Dosčatoe **RUS** 32-33 Ec 35
Dos Hermanas **E** 80-81 Se 53
Dospat **BG** 74-75 Ce 49
Dossor **KA** 66-67 Fc 43
Douai **F** 40-41 Ad 40
Douarnenez **F** 40-41 Sf 42
Douchy **F** 54-55 Ad 43
Doudeville **F** 40-41 Aa 41
Doué-la-Fontaine **F** 54-55 Sk 43
Douglas **GB** 38-39 Sg 35
Douglas **GBM** 38-39 Sf 36
Doullens **F** 40-41 Ac 40
Dounreay **GB** 38-39 Sg 32
Dourdan **F** 40-41 Ac 42
Dover **GB** 40-41 Ab 39
Dovhe **UA** 44-45 Cd 42
Dovre **N** 8-9 Ak 29
Dovsk **BY** 30-31 Da 37
Downham Market **GB** 40-41 Aa 38
Downpatrick **GB** 37 Se 36
Doxāto **GR** 74-75 Ce 49
Drabiv **UA** 46-47 Dc 41
Drachten **NL** 26-27 Ag 37
Dragalina **RO** 60-61 Ch 46
Drăgăneşti-Olt **RO** 60-61 Ce 46
Drăgăneşti-Vlaşca **RO** 60-61 Cf 46
Draganovo **BG** 60-61 Cf 47
Dragaš **YU** 74-75 Ca 48
Drăgăşani **RO** 60-61 Ce 46
Draglica **YU** 58-59 Bk 47
Dragoç **AL** 74-75 Bk 48
Dragoman **BG** 74-75 Cc 48
Dragomireşti **RO** 60-61 Ch 44
Dragomirovo **BG** 60-61 Cf 47
Dragsfjärd **FIN** 18-19 Cc 30
Draguignan **F** 56-57 Ag 47
Dragunskoe **RUS** 48-49 Dg 40
Drăguşeni **RO** 60-61 Cg 43
Drahičyn **BY** 46-47 Cf 38
Drakótripa **GR** 74-75 Cb 51
Dráma **GR** 74-75 Ce 49
Drammen **N** 16-17 Ba 31
Dranda **GE** 78-79 Eb 48
Drangedal **N** 16-17 Ak 31
Drangsnes **IS** 36 Qi 25
Drawsko Pomorskie **PL** 26-27 Bf 37
Drążdżewo **PL** 28-29 Cb 37
Drenovec **BG** 58-59 Cc 47
Dresden **D** 42-43 Bd 39
Drètun' **BY** 30-31 Ck 35
Dreux **F** 40-41 Ab 42
Drevsjø **N** 8-9 Bc 29
Drezdenko **PL** 26-27 Bf 38
Drežnica **BIH** 56-57 Bd 44
Driffield **GB** 38-39 Sk 36
Drimó **GR** 82-83 Cc 54
Drimós **GR** 74-75 Cc 50
Drjanovo **BG** 74-75 Cf 48
Drjazgi **RUS** 48-49 Dk 38
Drniš **HR** 58-59 Bg 47
Drøbak **N** 16-17 Ba 31
Drobeta-Turnu Severin **RO** 58-59 Cc 46
Drochia **MD** 46-47 Ch 42
Drogheda = Droichead Átha **IRL** 37 Sd 37
Drogobyč = Drohobyč **UA** 44-45 Cd 41
Drohobyč **UA** 44-45 Cd 41
Droichead Átha = Drogheda **IRL** 37 Sd 37
Droichead na Bandan = Bandan **IRL** 37 Sb 39
Droim Seanbho **IRL** 37 Sb 36
Dromad **IRL** 37 Sc 37
Dromod = Dromad **IRL** 37 Sc 37
Dromore **GB** 37 Sc 36
Dromore West **IRL** 37 Sb 36
Dronero **I** 56-57 Ah 46
Dronten **NL** 42-43 Af 38
Drosendorf Stadt-Zissersdorf **A** 44-45 Bf 42
Droskovo **RUS** 48-49 Dg 38
Drossopigí **GR** 74-75 Cb 51
Drozdyn' **UA** 46-47 Ch 39
Dr. Petru Groza = Ştei **RO** 58-59 Cc 44
Drume **YU** 74-75 Bk 48
Drumshanbo = Droim Seanbho **IRL** 37 Sb 36
Druskininkai **LT** 28-29 Cd 36
Družba **UA** 46-47 Dd 38
Družbivka **UA** 62-63 De 44
Družinino **RUS** 34-35 Fk 34
Družkivka **UA** 48-49 Dh 42
Družkovka = Družkivka **UA** 48-49 Dh 42
Družnyj **RUS** 34-35 Gb 35
Drvenik **HR** 72-73 Bh 47
Dskotna **BG** 76-77 Ch 48
Duas Igrejas **P** 68-69 Sd 49
Dubăsari **MD** 60-61 Ck 43
Dubec **RUS** 20-21 Di 32
Dubenki **RUS** 32-33 Eg 36
Dubenskij **RUS** 52-53 Fg 39
Dubèsar' = Dubăsari **MD** 60-61 Ck 43
Dub"jazy **RUS** 32-33 Ek 34
Dubki **RUS** 50-51 Eg 39
Dublin = Baile Átha Cliath **IRL** 37 Sd 37
Dubna **RUS** 30-31 Dg 36
Dubna **RUS** 30-31 Dh 34
Dubno **UA** 46-47 Cf 40
Dubossary = Dubăsari **MD** 60-61 Ck 43
Duboštica **BIH** 58-59 Bi 46
Dubovac **YU** 58-59 Cb 46
Dubovaja Gora **RUS** 34-35 Ff 34
Dubovaja Rošča **RUS** 30-31 Dg 37
Dubove **UA** 44-45 Cd 42
Dubovjazivka **UA** 46-47 Dd 39
Dubovka **RUS** 48-49 Ee 41
Dubovo **RUS** 22-23 Ff 33
Dubovskoe **RUS** 64-65 Ec 43
Dubovyj Ovrag **RUS** 48-49 Ee 42
Dubovyj Umet **RUS** 34-35 Fa 38
Dubrovino **RUS** 24-25 Gc 32
Dubrovka **KA** 52-53 Gc 38
Dubrovka **RUS** 22-23 Fb 31
Dubrovka **RUS** 30-31 Ci 34
Dubrovka **RUS** 30-31 Dd 37
Dubrovka **RUS** 48-49 Eb 39
Dubrovki **RUS** 32-33 Ed 37
Dubrovna **BY** 30-31 Da 36
Dubrovnik **HR** 72-73 Bi 48
Dubrovnoe **RUS** 24-25 Gk 33
Dubrovo **RUS** 20-21 Dh 31
Dubrovo **RUS** 34-35 Fe 34
Dubrovycja **UA** 46-47 Cg 39
Ducey **F** 40-41 Si 42
Duchanivka **UA** 46-47 Dd 39
Duchcov **CZ** 42-43 Bd 40
Dudelange **L** 42-43 Ag 41
Duderstadt **D** 42-43 Ba 39
Dudeşti **RO** 60-61 Ch 46
Dudley **GB** 40-41 Sh 38
Dudorovskij **RUS** 30-31 Df 37
Düben, Bad **D** 42-43 Bc 39
Dülmen **D** 42-43 Ah 39
Dueñas **E** 68-69 Sf 49
Düren **D** 42-43 Ag 40
Dürnstein **A** 44-45 Bf 42
Dürrenberg, Bad **D** 42-43 Bc 39
Düsseldorf **D** 42-43 Ag 39
Düvertepe **TR** 76-77 Ci 51
Düzağaç **TR** 86-87 Dk 52
Düzbağ **TR** 86-87 Dh 53
Düzce **TR** 76-77 Db 50
Düzgeçit **TR** 78-79 Ed 50
Düziçi **TR** 86-87 Dg 53
Düzköy **TR** 78-79 Dk 50
Dufftown **GB** 38-39 Sg 33
Duga Poljana **YU** 58-59 Ca 47
Duga Resa **HR** 58-59 Bf 45
Dugna **RUS** 30-31 Dg 36
Dugo Selo **HR** 58-59 Bg 45
Düguer **SYR** 86-87 Eb 53
Duhovnickoe **RUS** 50-51 Ei 38
Duhovščina **RUS** 30-31 Dc 35
Ḍuhūr, Abū ḍ- **SYR** 86-87 Dh 55
Duingt **F** 56-57 Ag 45
Duino-Aurisina **I** 56-57 Bd 45
Duisburg **D** 42-43 Ag 39
Duken **KA** 52-53 Gb 42
Dukëz **AL** 74-75 Bk 50
Dukla **PL** 44-45 Cb 41
Dukora **BY** 30-31 Ch 37
Dūkštas **LT** 28-29 Cg 35
Duljapino **RUS** 20-21 Ea 33
Dulovo **BG** 60-61 Ch 47
Dumbarton **GB** 38-39 Sf 35
Dumfries **GB** 38-39 Sg 35
Duminiči **RUS** 30-31 Df 37
Dumlu **TR** 78-79 Eb 50
Dumluca **TR** 76-77 Db 51
Dumlupınar **TR** 84-85 Ck 52
Dunaföldvár **H** 58-59 Bi 44
Dunajivci **UA** 46-47 Cg 41
Dunajivci **UA** 46-47 Cg 42
Dunajská Streda **SK** 58-59 Bh 43
Dunaszekcső **H** 58-59 Bi 44
Dunaújváros **H** 58-59 Bi 44
Dunavci **BG** 58-59 Cc 47
Dunbar **GB** 38-39 Sh 35
Dunblane **GB** 38-39 Sg 34
Dundaga **LV** 18-19 Cc 33
Dundalk = Dún Dealgan **IRL** 37 Sd 36
Dún Dealgan = Dundalk **IRL** 37 Sd 36
Dundee **GB** 38-39 Sh 34
Dunfermline **GB** 38-39 Sg 34
Dungannon **GB** 37 Sd 36
Dún Gar **IRL** 37 Sb 37
Dún Garbhán = Dungarvan **IRL** 37 Sc 38
Dungarvan = Dún Garbhán **IRL** 37 Sc 38
Dungiven **GB** 37 Sd 36
Dunglow = An Clochán Liath **IRL** 37 Sb 36
Dunje **MK** 74-75 Cb 49
Dunkeld **GB** 38-39 Sg 34
Dunkerque **F** 40-41 Ac 39
Dún Laoghaire **IRL** 37 Sd 37
Dunleary = Dún Laoghaire **IRL** 37 Sd 37
Dún Mánmhaí **IRL** 37 Sa 39
Dunmanway = DúnMánmhaí **IRL** 37 Sa 39
Dún Mor **IRL** 37 Sb 37
Dunmore = Dún Mor **IRL** 37 Sb 37
Dún na nGall **IRL** 37 Sb 36
Dún na Séad = Baltimore **IRL** 37 Sa 39
Dunoon **GB** 38-39 Sf 35
Dún Selachainn **IRL** 37 Sd 37
Dunshaughlin = Dún Selachainn **IRL** 37 Sd 37
Dun-sur-Auron **F** 54-55 Ac 44
Dun-sur-Meuse **F** 42-43 Af 41
Dunvegan **GB** 38-39 Sd 33
Dupnica **BG** 74-75 Cd 48
Durağan **TR** 76-77 Df 49
Duraikiš **SYR** 84-85 Dg 56
Durak **TR** 76-77 Ci 51
Durango **E** 54-55 Sh 47
Duras **F** 54-55 Aa 46
Durbe **LV** 28-29 Cb 34
Đurđenovac **HR** 58-59 Bi 45
Đurđevac **HR** 58-59 Bh 44
Durham **GB** 38-39 Si 36
Durhasan **TR** 84-85 Ci 52
Durlas = Thurles **IRL** 37 Sc 38
Durness **GB** 38-39 Sf 32
Durrës **AL** 74-75 Bk 49
Durrow = Darú **IRL** 37 Sc 38
Dursunbey **TR** 76-77 Ci 51
Durtal **F** 54-55 Sk 43
Durusu **TR** 76-77 Ci 49
Dušeti **GE** 78-79 Ee 48
Dusetos **LT** 28-29 Cf 35
Dusina **BIH** 58-59 Bh 47
Dustan **IR** 86-87 Ee 53
Dutluca **TR** 78-79 Di 51
Dutovo **RUS** 14-15 Fg 27
Duvan **RUS** 34-35 Fh 35
Duvanej, Udel'no- **RUS** 34-35 Ff 35
Duvno **BIH** 58-59 Bh 47
Düzbaj **KA** 52-53 Gd 39
Düzgali **KA** 50-51 Fd 42
Dve Mogili **BG** 60-61 Cf 47
Dvinskoj **RUS** 12-13 Ef 28
Dvojni **RUS** 32-33 Dk 35
Dvor **HR** 58-59 Bg 45
Dvorična **UA** 48-49 Dh 41
Dvoriki **RUS** 30-31 Di 34
Dvorišči **RUS** 20-21 Df 32
Dvurečensk **RUS** 34-35 Gb 34
Dvůr Králové nad Labem **CZ** 44-45 Bf 40
Dyce **GB** 38-39 Sh 33
Dykan'ka **UA** 46-47 De 41
Dymer **UA** 46-47 Da 40
Dymnica **RUS** 20-21 Ec 33
Dymytrove **UA** 46-47 Dc 42
Dynów **PL** 44-45 Cc 41
Dyrnes **N** 8-9 Ah 27
Džabyk **RUS** 34-35 Ga 37
Džaktylyk **US** 66-67 Fi 47
Džalil' **RUS** 34-35 Fc 35
Džalykovo **RUS** 64-65 Eh 45
Džankoj **UA** 62-63 De 45
Džava **GE** 78-79 Ed 48
Dzegvi **GE** 78-79 Ee 49
Dzeržinsk **RUS** 32-33 Ed 34
Dzeržinskij **KA** 52-53 Gb 39
Dzeržyns'k **UA** 48-49 Dh 42
Działdowo **PL** 28-29 Ca 37
Dzierzgoń **PL** 28-29 Bk 37
Dzierżoniów **PL** 44-45 Bg 40
Dzinaga **RUS** 78-79 Ed 48
Dzisna **BY** 30-31 Ci 35
Dzivin **BY** 44-45 Ce 39
Dzjarečyn **BY** 28-29 Ce 37
Dzjaržynsk **BY** 30-31 Ch 37
Dzjatlava **BY** 28-29 Cf 37
Dzoraget **AR** 78-79 Ee 50
Džubga **RUS** 62-63 Di 46
Džuryn **UA** 46-47 Ci 42
Dzvari **GE** 78-79 Ec 48
Dźwierzuty **PL** 28-29 Ca 37

E

Eachroim **IRL** 37 Sd 38
Éadan Doire = Edenderry **IRL** 37 Sc 37
Eas Geitine **IRL** 37 Sb 38
Eastbourne **GB** 40-41 Aa 40
East Dereham **GB** 40-41 Aa 38
East Kilbride **GB** 38-39 Sf 35
Eauze **F** 54-55 Aa 47
Ebecik **TR** 84-85 Ci 53
Ebeltoft **DK** 26-27 Ba 34
Eberbach **D** 42-43 Ai 41
Ebersbach **D** 42-43 Be 39
Eberstein **A** 58-59 Be 44
Eberswalde **D** 26-27 Bd 38
Éboli **I** 72-73 Bf 50
Ebstorf **D** 26-27 Ba 37
Eceabat **TR** 74-75 Cg 50
Echt **GB** 38-39 Sh 33
Echternach **L** 42-43 Ag 41
Écija **E** 80-81 Se 53
Eckernförde **D** 26-27 Ak 36
Eckerö **FIN** 18-19 Bk 30
Ėčmiadzin **AR** 78-79 Ee 50
Ecommoy **F** 54-55 Aa 43
Ecueillé **F** 54-55 Ab 43
Ed **S** 16-17 Bb 32
Ede **NL** 42-43 Af 38
Edefors **S** 10-11 Ca 24
Edenderry = Éadan Doire **IRL** 37 Sc 37
Édessa **GR** 74-75 Cc 50
Edgeworthstown = Meathas Troim **IRL** 37 Sc 37
Edinburgh **GB** 38-39 Sg 35
Edincik **TR** 76-77 Ch 50
Edincy = Edineţ **MD** 46-47 Ch 42
Edinec = Edineţ **MD** 46-47 Ch 42
Edineţ **MD** 46-47 Ch 42
Edirne **TR** 74-75 Cg 49
Edolo **I** 56-57 Ba 44
Edremit **TR** 74-75 Ch 51
Edsbro **S** 16-17 Bi 31
Edsbruk **S** 16-17 Bg 32
Edsbyn **S** 16-17 Bf 29
Edsele **S** 8-9 Bg 27
Edsvalla **S** 16-17 Bd 31
Ėdy **BY** 30-31 Ch 35
Eeklo **B** 40-41 Ad 39
Efeköy **TR** 84-85 Da 52
Eferding **A** 42-43 Be 42
Efimovka **RUS** 50-51 Fc 38
Efimovskij **RUS** 20-21 De 31
Efira **GR** 82-83 Cb 53
Eflâni **TR** 76-77 Dc 49
Eforie Nord **RO** 60-61 Ci 46
Efremov **RUS** 30-31 Di 37
Efremo-Zykovo **RUS** 34-35 Fd 37
Efrosimovka **RUS** 48-49 Dg 38
Egby **S** 28-29 Bg 34
Eger **H** 58-59 Ca 43
Eğerci **TR** 76-77 Db 49
Egersund **N** 16-17 Ag 32
Eggedal **N** 16-17 Ak 30
Eggenfelden **D** 42-43 Bc 42
Eghezée **B** 40-41 Ae 40
Egiertowo **PL** 28-29 Bi 36
Eğil **TR** 86-87 Ea 52
Egindiköl **KA** 50-51 Fe 40
Egínio **GR** 74-75 Cc 50
Égio **GR** 82-83 Cc 52
Eğirdir **TR** 84-85 Da 53
Egletons **F** 54-55 Ac 45
Egmond aan Zee **NL** 26-27 Ae 38
Egor'e **RUS** 30-31 Dg 35
Egor'evsk **RUS** 32-33 Dk 35
Egorlykskaja **RUS** 64-65 Ea 44
Egorovo **RUS** 6-7 Eh 24

Egošinskaja **RUS** 22-23 Ei 30
Eğribayat **TR** 84-85 Dc 52
Egtved **DK** 26-27 Ak 35
Eguzon-Chatome **F** 54-55 Ab 44
Egva **RUS** 22-23 Fe 31
Ehingen (Donau) **D** 42-43 Ak 42
Ehinos **GR** 74-75 Ce 49
Ehodak **N** 2-3 Cd 22
Eichgraben **A** 44-45 Bf 42
Eichstätt **D** 42-43 Bb 42
Eide **N** 8-9 Ah 28
Eidfjord **N** 16-17 Ah 30
Eiði **FR** 38-39 Sc 28
Eidsdal **N** 8-9 Ah 28
Eidskog **N** 16-17 Bc 30
Eidsvåg **N** 8-9 Ai 28
Eidsvoll **N** 16-17 Bb 30
Eikefjord **N** 16-17 Af 29
Eilenburg **D** 42-43 Bc 39
Eina **N** 16-17 Ba 30
Einbeck **D** 42-43 Ak 39
Eindhoven **NL** 42-43 Af 39
Einholt **IS** 36 Qh 26
Eisenach **D** 42-43 Ba 40
Eisenerz **A** 58-59 Be 43
Eisenhüttenstadt **D** 42-43 Be 38
Eisenkappel **A** 58-59 Be 44
Eisenstadt **A** 58-59 Bg 43
Eisfeld **D** 42-43 Ba 40
Eišiškės **LT** 28-29 Cf 36
Eisleben, Lutherstadt **D** 42-43 Bb 39
Eivindvik **N** 16-17 Af 30
Ejde = Eiði **FR** 38-39 Sc 28
Ėjna **RUS** 4-5 Dc 21
Ejsk **RUS** 62-63 Di 44
Ejskij **KA** 52-53 Gf 39
Ejskoe Ukreplenie **RUS** 62-63 Di 44
Ekaterinburg **RUS** 34-35 Ga 34
Ekaterinovka **RUS** 48-49 Di 38
Ekaterinovka **RUS** 48-49 Dk 40
Ekaterinovka **RUS** 48-49 Ee 38
Ekenäs **FIN** 18-19 Cd 31
Ekenäs **S** 16-17 Bd 32
Ekeren **B** 40-41 Ae 39
Ekimoviči **RUS** 30-31 Dd 36
Ekinözü **TR** 86-87 Dh 52
Ekinyolu **TR** 86-87 Ea 52
Ekshärad **S** 16-17 Bd 30
Ekşili **TR** 84-85 Da 53
Eksjö **S** 16-17 Be 33
Elabuga **RUS** 34-35 Fc 35
Elafónissos **GR** 82-83 Cc 54
Elan' **RUS** 24-25 Gd 33
Elan' **RUS** 48-49 Ed 40
Elan'-Kolenovskij **RUS** 48-49 Eb 39
El-Araïch **MA** 80-81 Sd 55
El Aricha **DZ** 80-81 Si 56
Elassóna **GR** 74-75 Cc 51
Elat'ma **RUS** 32-33 Eb 36
Elaur **RUS** 32-33 Ei 37
Elâziğ **TR** 86-87 Dk 52
Elbasan **AL** 74-75 Ca 49
Elbaşı **TR** 84-85 Df 52
Elbeuf **F** 40-41 Aa 41
Elbeyli **TR** 86-87 Dh 54
Elbistan **TR** 86-87 Dh 52
Elbląg **PL** 28-29 Bk 36
Ėl'brus **RUS** 64-65 Ec 47
Ėl'brus **RUS** 78-79 Ec 47
Ėl'brusskij **RUS** 64-65 Ec 47
Elche = Elx **E** 80-81 Sk 52
El'cy **RUS** 30-31 Dd 34
Elda **E** 70-71 Sk 52
Eldivan **TR** 76-77 Dd 50
Eldjarnsstaðir **IS** 36 Ra 25
Elec **RUS** 48-49 Di 38
Eleckaja Lozovka **RUS** 48-49 Dk 38
Elefsína **GR** 82-83 Cd 52
Eleftheroupoli **GR** 74-75 Ce 50
Elegino **RUS** 20-21 Eb 32
Eleja **LV** 28-29 Cd 34
Elek **H** 58-59 Cb 44
Elektrėnai **LT** 28-29 Ce 36
Ėlektrostal' **RUS** 30-31 Di 35
Ėlektrougli **RUS** 30-31 Di 35
Elena **BG** 74-75 Cf 48
Elenovka **RUS** 52-53 Fk 40
Elenskij **RUS** 30-31 Df 37
Eleşkirt **TR** 78-79 Ec 51
Elgå **N** 8-9 Bb 28
Elgin **GB** 38-39 Sg 33
Ėl'hotovo **RUS** 64-65 Ee 47
Ėl'hotovo **RUS** 78-79 Ee 47
Elhovka **RUS** 34-35 Fa 37
Elhovo **BG** 74-75 Cg 48
Elie **GB** 38-39 Sh 34
Elimäki **FIN** 18-19 Cg 30
Elionka **RUS** 46-47 Dc 38
Ėlista **RUS** 64-65 Ee 44
Elistranda **N** 8-9 Ba 27
Elizavetopol'skoe **RUS** 52-53 Ga 38
El-Jebha **MA** 80-81 Sf 55
Ełk **PL** 28-29 Cc 37
El'kib **RUS** 14-15 Ei 27
El Ksar el Kbir **MA** 80-81 Se 56
Ellös **S** 16-17 Bb 32
Ellon **GB** 38-39 Sh 33
Ellwangen (Jagst) **D** 42-43 Ba 42
Elmadağ **TR** 76-77 Dd 51
Elmalı **TR** 74-75 Cg 50
Elmalı **TR** 78-79 Ea 51
Elmalı **TR** 84-85 Ck 54
Elmalı **TR** 84-85 Df 52
Elmalı **TR** 86-87 Dh 52
Elmalıdere **TR** 78-79 Ec 51
Elmshorn **D** 26-27 Ak 37
Elne **F** 70-71 Ac 48
Elnesvågan **N** 8-9 Ah 28
El'niki **RUS** 32-33 Ed 36
El'nja **RUS** 30-31 Dd 36
Eloga **RUS** 22-23 Fd 31
Elovo **RUS** 34-35 Fe 33
Elšanka **RUS** 50-51 Eg 39
Elšanka **RUS** 52-53 Ff 39
Elšanka Pervaja **RUS** 34-35 Fb 38
Elsfjord **N** 8-9 Bd 24
El'sk **BY** 46-47 Ck 39
Elstad **N** 16-17 Ba 29
Elsterwerda **D** 42-43 Bd 39
Eltmann **D** 42-43 Ba 41
Elva **EST** 18-19 Cg 32
Elvanlı **TR** 84-85 De 54
Elvas **P** 80-81 Sc 52
Elven **F** 54-55 Sh 43
Elverum **N** 16-17 Bb 30
Elx = Elche **E** 80-81 Sk 52
Ely **GB** 40-41 Aa 38
Elze **D** 42-43 Ak 38
Emådalen **S** 16-17 Be 29
Emanželinsk **RUS** 34-35 Gb 36
Ėmba = Embi **KA** 52-53 Fi 42
Embi **KA** 52-53 Fi 42
Embório **GR** 82-83 Cf 54
Embūte **LV** 28-29 Cb 34
Emca **RUS** 12-13 Ea 27
Emden **D** 26-27 Ah 37
Emeck **RUS** 12-13 Eb 27
Emek **TR** 86-87 Ed 52
Emel'janovka **RUS** 10-11 Da 27
Emel'janovskaja **RUS** 12-13 Eb 26
Emet **TR** 76-77 Ck 51
Emiralem **TR** 82-83 Ch 52
Emirdağ **TR** 76-77 Db 51
Emirgazi **TR** 84-85 Dd 53
Emirler **TR** 76-77 Dc 51
Emiryusuf **TR** 78-79 Dg 49
Emlichheim **D** 42-43 Ag 38
Emmaboda **S** 26-27 Bf 34
Emmaste **EST** 18-19 Cc 32
Emmeloord **NL** 26-27 Af 38
Emmen **NL** 26-27 Ag 38
Emmendingen **D** 42-43 Ah 42
Emmerich **D** 42-43 Ag 39
Emona **BG** 76-77 Ch 48
Empessós **GR** 74-75 Cb 51
Émpoli **I** 56-57 Ba 47
Ems, Bad **D** 42-43 Ah 40
Emsdetten **D** 42-43 Ah 38
Emva **RUS** 14-15 Fa 28
Ėna **RUS** 4-5 Db 23
Enakievo = Jenakijeve **UA** 48-49 Di 42
Enånger **S** 16-17 Bh 29
Enbekši **KA** 52-53 Fi 41
Encekler **TR** 84-85 Ci 52
Endrespless **N** 8-9 Bd 25
Ėnergetik **RUS** 52-53 Fi 39
Enez **TR** 74-75 Cg 50
Enfield = An Bóthar Bui **IRL** 37 Sd 37
Engelberg **CH** 56-57 Ai 44
Engelhartszell **A** 42-43 Bd 42
Ėngel's **RUS** 50-51 Eg 39
Engjan **N** 8-9 Ai 27
Engozero **RUS** 10-11 Dd 25
Engure **LV** 18-19 Cd 33
Enjukovo **RUS** 20-21 Dh 31
Enkhuizen **NL** 26-27 Af 38
Enköping **S** 16-17 Bh 31
Enna **I** 72-73 Be 53
Enne **TR** 76-77 Ck 51
Ennis = Inis **IRL** 37 Sb 38
Enniscorthy = Inis Córthaidh **IRL** 37 Sd 38
Ennis Díomáin **IRL** 37 Sa 38
Enniskillen **GB** 37 Sc 36
Ennistimon = Ennis Díomáin **IRL** 37 Sa 38
Enns **A** 42-43 Be 42
Eno **FIN** 10-11 Da 28
Enodden **N** 8-9 Ba 28
Enonkoski **FIN** 10-11 Ci 28
Enontekiö **FIN** 2-3 Cd 22
Enotaevka **RUS** 64-65 Eg 43
Enschede **NL** 42-43 Ag 38
Entrains-sur-Nohain **F** 54-55 Ad 43
Entraygues-sur-Truyère **F** 54-55 Ac 46
Entrevaux **F** 56-57 Ag 47
Entroncamento **P** 68-69 Sb 51
Enying **H** 58-59 Bi 44
Eochaill = Youghal **IRL** 37 Sc 39
Epanomí **GR** 74-75 Cc 50
Epe **NL** 42-43 Af 38
Épernay **F** 40-41 Ad 41
Epifan' **RUS** 30-31 Di 37
Épinac **F** 54-55 Ae 44
Épinal **F** 42-43 Ag 42
Episkopi Bay **CY** 84-85 Dc 56
Eppingen **D** 42-43 Ai 41
Epsom **GB** 40-41 Sk 39
Eraclea **I** 56-57 Bc 45
Erahtur **RUS** 32-33 Eb 36
Erarslan **TR** 76-77 Df 50
Erátini **GR** 82-83 Cc 52
Erátira **GR** 74-75 Cb 50
Erbaa **TR** 78-79 Dg 50
Erbalunga **F** 70-71 Ak 48
Erçek **TR** 86-87 Ed 52
Erciş **TR** 78-79 Ed 51
Érd **H** 58-59 Bi 43
Erdek **TR** 76-77 Ch 50
Erdemli **TR** 84-85 De 54
Erdeven **F** 54-55 Sg 43
Erding **D** 42-43 Bb 42
Erdnievskij **RUS** 64-65 Eg 44
Ereğli **TR** 76-77 Db 49
Ereğli **TR** 84-85 De 53
Erentepe **TR** 78-79 Ec 51
Eressós **GR** 74-75 Cf 51
Erétria **GR** 82-83 Cd 52
Erevan **AR** 78-79 Ee 50
Erfjord **N** 16-17 Ag 31
Erfurt **D** 42-43 Bb 40
Ergani **TR** 86-87 Dk 52
Ergeninskij **RUS** 64-65 Ee 43
Ērgļi **LV** 28-29 Cf 34
Ericeira **P** 68-69 Sa 52
Erikli **TR** 74-75 Cg 50
Erikslund **S** 8-9 Bf 28
Eriksmåla **S** 26-27 Bf 34
Eringsboda **S** 26-27 Bf 34
Erithrés **GR** 82-83 Cd 52
Erken-Šahar **RUS** 64-65 Eb 46
Erkilet **TR** 84-85 Df 52
Erla **E** 70-71 Sk 48
Erlangen **D** 42-43 Bb 41
Erlsbach **A** 56-57 Bc 44
Ermakovo **RUS** 20-21 Dk 32
Ermeneevo **RUS** 34-35 Fd 36
Ermenek **TR** 84-85 Dc 54
Ermesinde **P** 68-69 Sb 49
Ėrmica **RUS** 6-7 Fc 24
Ermióni **GR** 82-83 Cd 53
Ermiš' **RUS** 32-33 Ec 36
Ermolaevo **RUS** 52-53 Ff 38
Ermolino **RUS** 30-31 Dh 34
Ermolkino **RUS** 34-35 Fd 36
Ermoúpoli **GR** 82-83 Ce 53
Ėrna **RUS** 22-23 Ff 31
Ernée **F** 40-41 Sk 42
Ernei **RO** 60-61 Ce 44
Erquy **F** 40-41 Sh 42
Ersekë **AL** 74-75 Ca 50
Erši **RUS** 30-31 De 36
Eršov **RUS** 50-51 Eg 41
Eršov **RUS** 50-51 Ei 39
Eršovo **RUS** 20-21 Di 31
Erstein **F** 42-43 Ah 42
Ertil' **RUS** 48-49 Ea 39
Ėrtoma **RUS** 12-13 Eh 27
Ertuğrul **TR** 76-77 Ch 51
Ertuğrulköy **TR** 76-77 Db 51
Eruh **TR** 86-87 Ec 53
Ervenik **HR** 58-59 Bf 46
Erzin (Yeşilkent) **TR** 84-85 Dg 54
Erzurum **TR** 78-79 Eb 51
Eržvilkas **LT** 28-29 Cc 35
Eşatlar **TR** 76-77 Ck 51
Esbjerg **DK** 26-27 Ai 35
Esbo = Espoo **FIN** 18-19 Ce 30
Escala, l' **E** 70-71 Ad 48
Escalada **E** 68-69 Sg 48
Escalaplano **I** 70-71 Ak 51
Escalona **E** 68-69 Sf 50
Escatrón **E** 70-71 Sk 49
Eschede **D** 26-27 Ba 38
Esch-sur-Sûre **L** 42-43 Af 41
Eschwege **D** 42-43 Ba 39
Escorial, El **E** 68-69 Sf 50
Eşen **TR** 84-85 Ck 54
Esençay **TR** 76-77 Df 49
Esençay **TR** 78-79 Dg 50
Esençe **TR** 76-77 Ci 50
Esenköy **TR** 84-85 Ci 53
Esenlik **TR** 78-79 Ed 51
Esenoviči **RUS** 20-21 De 33
Esens **D** 26-27 Ah 37
Esensaj **KA** 50-51 Fb 41
Esenyurt **TR** 76-77 Ci 49
Esenyurt **TR** 78-79 Dg 51
Esinskaja **RUS** 20-21 Eb 30
Eskene **KA** 66-67 Fc 43
Eski Gediz **TR** 76-77 Ck 51
Eskihisar **TR** 82-83 Ci 53
Eskil **TR** 84-85 Dd 52
Eskilstuna **S** 16-17 Bg 31
Eski Malatalya **TR** 86-87 Di 52
Eskino **RUS** 20-21 Df 32
Eskipazar **TR** 76-77 Dc 50
Eskişehir **TR** 76-77 Da 51
Eslöv **S** 26-27 Bd 35
Eşme **TR** 84-85 Ci 52
Eşmekaya **TR** 84-85 Dd 52
Esmer **TR** 78-79 Ec 51
Espalion **F** 54-55 Ac 46
Espelkamp **D** 42-43 Ai 38
Espiel **E** 80-81 Se 52
Espinar, El **E** 68-69 Sf 50
Espinho **P** 68-69 Sb 49
Espinosa de los Monteros **E** 68-69 Sg 47
Espiye **TR** 78-79 Di 50
Espoo **FIN** 18-19 Ce 30
Esposende **P** 68-69 Sb 49
Esrange **S** 2-3 Cb 23
Essarts, les **F** 54-55 Si 44
Es-Sebt **MA** 80-81 Se 55
Essen **B** 40-41 Ae 39
Essen **D** 42-43 Ah 39
Essentuki **RUS** 64-65 Ec 46
Essími **GR** 74-75 Cf 49
Esslingen am Neckar **D** 42-43 Ak 42
Ėssojla **RUS** 10-11 Dd 29
Essones, Corbeil- **F** 40-41 Ac 42
Estapovo **RUS** 22-23 Fa 31
Estarreja **P** 68-69 Sb 50
Estépar **E** 68-69 Sg 48
Estepona **E** 80-81 Se 54
Esternay **F** 40-41 Ad 42
Esterri d'Àneu **E** 70-71 Ab 48
Esterri de Aneu = Esterri d'Àneu **E** 70-71 Ab 48
Estissac **F** 40-41 Ad 42
Estivella **E** 70-71 Sk 51
Estói **P** 80-81 Sc 53
Estrada, A **E** 68-69 Sb 48
Estremoz **P** 68-69 Sc 52
Esztergom **H** 58-59 Bi 43
Étain **F** 42-43 Af 41
Étampes **F** 40-41 Ac 42
Etili **TR** 74-75 Cg 51
Etkul' **RUS** 34-35 Gb 36
Etne **N** 16-17 Af 31
Etrépagny **F** 40-41 Ab 41
Étretat **F** 40-41 Aa 41
Etropole **BG** 74-75 Ce 48
Et-Tleta-de-Oved-Laov **MA** 80-81 Se 55
Eu **F** 40-41 Ab 40
Eupen **B** 42-43 Ag 40
Eura **FIN** 18-19 Cc 29
Eurajoki **FIN** 18-19 Cb 29
Euskirchen **D** 42-43 Ag 40
Eutin **D** 26-27 Ba 36
Evanger **N** 16-17 Ag 30
Evaux-les-Bains **F** 54-55 Ac 44
Evbujak **RUS** 34-35 Fg 35
Evcaniči **RUS** 20-21 Dd 32
Evciler **TR** 74-75 Cg 51
Evciler **TR** 76-77 Dd 51
Evciler **TR** 84-85 Ck 52
Evdakimavičy **BY** 30-31 Da 36
Evdilos **GR** 82-83 Cg 53
Evdino **RUS** 14-15 Fa 27
Evergem **B** 40-41 Ad 39
Evertsberg **S** 16-17 Bd 29
Evesham **GB** 40-41 Si 38
Evgora **RUS** 10-11 Dd 27
Évians-les-Bains **F** 56-57 Ag 44
Evijärvi **FIN** 10-11 Cd 27
Evisa **F** 70-71 Ai 48
Evje **N** 16-17 Ah 32
Evlanovo **RUS** 48-49 Dh 38
Évora **P** 80-81 Sc 52
Evpatorija = Jevpatorija **UA** 62-63 Dd 45
Evrese **TR** 74-75 Cg 50
Évreux **F** 40-41 Ab 41
Evron **F** 40-41 Sk 42
Evrostína **GR** 82-83 Cc 52
Évry **F** 40-41 Ac 42
Evsinskaja **RUS** 20-21 Dh 29
Evsjutino **RUS** 20-21 Eb 31
Evsuh **UA** 48-49 Dk 41
Exeter **GB** 40-41 Sg 40
Exideuil **F** 54-55 Aa 45
Exmouth **GB** 40-41 Sg 40
Eydehamn **N** 16-17 Ai 32
Eyemouth **GB** 38-39 Sh 35
Eygurande **F** 54-55 Ac 45
Eymet **F** 54-55 Aa 46
Eymoutiers **F** 54-55 Ab 45
Eynesil **TR** 78-79 Dk 49
Ezcaray **E** 68-69 Sg 48
Ezere **LV** 28-29 Cc 34
Ezernieki **LV** 30-31 Ch 34
Eževo **RUS** 22-23 Fc 32
Ežiha **RUS** 22-23 Eh 32
Ezine **TR** 74-75 Cg 51
Ezjaryšča **BY** 30-31 Ck 35
Ėžva **RUS** 22-23 Fa 29

F

Fåberg **N** 16-17 Ba 29
Fåborg **DK** 26-27 Ba 35
Fabriano **I** 56-57 Bc 47
Făcăeni **RO** 60-61 Ch 46
Fadġāmī **SYR** 86-87 Ea 55
Fällfors **S** 10-11 Ca 25
Faenza **I** 56-57 Bb 46
Färgelanda **S** 16-17 Bb 32
Färila **S** 8-9 Bf 29
Färjestaden **S** 28-29 Bg 34
Fafe **P** 68-69 Sb 49
Făgăraş **RO** 60-61 Ce 45
Fågelberget **S** 8-9 Be 26
Fågelsjö **S** 8-9 Be 29
Fagernes **N** 2-3 Bk 21
Fagernes **N** 16-17 Ak 30
Fagersta **S** 16-17 Bf 30
Făget **RO** 58-59 Cc 45
Fagurhólsmýri **IS** 36 Rd 27
Fā'ida **IRQ** 86-87 Ec 54
Faing **IRL** 37 Sa 38
Fakel **RUS** 22-23 Fd 33
Fakenham **GB** 38-39 Aa 38
Fakılı **TR** 76-77 Df 51
Fakoviči **BIH** 58-59 Bk 46
Fakse **DK** 26-27 Bc 35
Falaise **F** 40-41 Sk 42
Falcarragh = An Fál Carrach **IRL** 37 Sb 35
Falconara Marittima **I** 56-57 Bd 47
Falenki **RUS** 22-23 Fb 32
Fălești **MD** 60-61 Ch 43
Falešty = Fălești **MD** 60-61 Ch 43
Falkenberg **S** 26-27 Bc 34
Falkenberg (Elster) **D** 42-43 Bd 39
Falkensee **D** 42-43 Bd 38
Falköping **S** 16-17 Bd 32
Fallingbostel **D** 26-27 Ak 38
Falmouth **GB** 40-41 Se 40
Falset **E** 70-71 Aa 49
Fălticeni **RO** 60-61 Cg 43
Falun **S** 16-17 Bf 30
Fanahammaren **N** 16-17 Af 30
Fannrem **N** 8-9 Ak 27
Fano **I** 56-57 Bd 47
Fanrem **N** 8-9 Ak 27
Faouët, le **F** 40-41 Sg 42
Fara in Sabina **I** 72-73 Bc 48
Faringdon **GB** 40-41 Si 39
Farkadóna **GR** 74-75 Cc 51
Faro **P** 80-81 Sc 53
Fårösund **S** 18-19 Bk 33
Farrenfore = An Fearann Fuar **IRL** 37 Sa 38
Fársala **GR** 74-75 Cc 51
Farsund **N** 16-17 Ag 32
Faruraq **IR** 86-87 Ee 52
Fasano **I** 72-73 Bh 50
Fastiv **UA** 46-47 Ck 40
Fastov = Fastiv **UA** 46-47 Ck 40
Fatela, La **E** 68-69 Sd 50
Fatež **RUS** 48-49 Df 38
Fatha **IRQ** 86-87 Ed 55
Fatih **TR** 76-77 Ci 49
Fátima **P** 68-69 Sb 51
Fatsa **TR** 78-79 Dh 49
Fatsi, al- **IRQ** 86-87 Ec 54
Faulquemont **F** 42-43 Ag 41
Făurei **RO** 60-61 Ch 45
Fauske **N** 2-3 Bf 23
Faute-sur-Mer, la **F** 54-55 Si 44
Fåvang **N** 16-17 Ba 29
Faverney **F** 56-57 Ag 43
Faversham **GB** 40-41 Aa 39
Favignana **I** 72-73 Bc 53
Fawley **GB** 40-41 Si 40
Fayl-la-Forêt **F** 56-57 Af 43
Fayón **E** 70-71 Aa 49
Fäz **MA** 80-81 Sf 56
Fearna **IRL** 37 Sd 38
Fécamp **F** 40-41 Aa 41
Fedje **N** 16-17 Ae 30
Fedjukovo **RUS** 30-31 Df 36
Fedorovka **KA** 50-51 Fc 39
Fedorovka **RUS** 32-33 Ek 37
Fedorovka **RUS** 34-35 Ff 37
Fëdorovka **RUS** 62-63 Di 43
Fedorovskoe **RUS** 32-33 Dk 34
Fedotovo **RUS** 20-21 Ec 30
Fedovo **RUS** 12-13 Dk 28
Fehimli **TR** 76-77 Df 51
Fehrbellin **D** 26-27 Bc 38
Feistritz an der Drau **A** 56-57 Bd 44
Feke **TR** 84-85 Df 53
Felâhiye **TR** 76-77 Df 51
Felanitx **E** 70-71 Ad 51
Feldbach **A** 58-59 Bf 44
Feldberg **D** 26-27 Bd 37
Feldioara **RO** 60-61 Cf 45
Feldkirch **A** 56-57 Ak 43
Feldkirchen in Kärnten **A** 58-59 Be 44

Fèlešt' = Falešti **MD** 60-61 Ch 43
Felixstowe **GB** 40-41 Ab 39
Felletin **F** 54-55 Ac 45
Feltre **I** 56-57 Bb 44
Fenestrelle **I** 56-57 Ah 45
Fenevyči **UA** 46-47 Da 40
Feodosija **UA** 62-63 Df 45
Ferapontovo **RUS** 20-21 Di 31
Fère, la **F** 40-41 Ad 41
Fère-Champenoise **F** 40-41 Ad 42
Fère-en-Tardenois **F** 40-41 Ad 41
Ferentino **I** 72-73 Bd 49
Ferizli **TR** 76-77 Da 50
Ferlach **A** 58-59 Be 44
Ferma **LT** 28-29 Ce 35
Fermo **I** 56-57 Bd 47
Fermoselle **E** 68-69 Sd 49
Fermoy = Mainistir Fhear Maí **IRL** 37 Sb 38
Ferns = Fearna **IRL** 37 Sd 38
Ferrandina **I** 72-73 Bg 50
Ferrara **I** 56-57 Bb 46
Ferreira do Alentejo **P** 80-81 Sb 52
Ferreries **E** 70-71 Ae 51
Ferriere **I** 56-57 Ak 46
Feršampenuaz **RUS** 34-35 Fk 37
Ferté-Bernard, la **F** 40-41 Aa 42
Ferté-Macé, la **F** 40-41 Sk 42
Ferté-Saint-Aubin, la **F** 54-55 Ab 43
Ferté-sous-Jouarre, la **F** 40-41 Ad 42
Fès = Fāz **MA** 80-81 Sf 56
Fès-el-Bali **MA** 80-81 Sf 56
Festvåg **N** 2-3 Be 23
Feteşti **RO** 60-61 Ch 46
Fethiye **TR** 84-85 Ck 54
Fethiye **TR** 86-87 Di 52
Fetsund **N** 16-17 Bb 31
Feuchtwangen **D** 42-43 Ba 41
Feurs **F** 54-55 Ae 45
Fevik **N** 16-17 Ai 32
Fevzipaşa **TR** 86-87 Dg 53
Ffestiniog **GB** 38-39 Sg 38
Fiastra **I** 72-73 Bd 47
Ficulle **I** 72-73 Bc 48
Fidenza **I** 56-57 Ba 46
Fieni **RO** 60-61 Cf 45
Fier **AL** 74-75 Bk 50
Fierzë **AL** 74-75 Ca 48
Fiesch **CH** 56-57 Ai 44
Fiésole **I** 56-57 Bb 47
Figari **F** 70-71 Ak 49
Figeac **F** 54-55 Ac 46
Figeholm **S** 16-17 Bg 33
Figline **I** 56-57 Bb 47
Figueira da Foz **P** 68-69 Sb 50
Figueira de Castelo Rodrigo **P** 68-69 Sd 50
Figueiró dos Vinhos **P** 68-69 Sb 51
Figueres **E** 70-71 Ac 48
Fil'čenki **RUS** 30-31 Dc 35
Filevo **BG** 74-75 Cf 48
Filey **GB** 38-39 Sk 36
Filí **GR** 82-83 Cd 52
Filiaşi **RO** 60-61 Cd 46
Filiatrá **GR** 82-83 Cb 53
Filimonovo **RUS** 34-35 Ga 36
Filinskoe **RUS** 32-33 Ec 35
Filippovka **RUS** 32-33 Ek 36
Filippovka **RUS** 52-53 Gc 39
Filipstad **S** 16-17 Be 31
Fillan **N** 8-9 Ai 27
Finale Ligure **I** 56-57 Ai 46
Fiñana **E** 80-81 Sh 53
Finby **FIN** 18-19 Ca 30
Fındık **TR** 86-87 Eb 53
Fındıkköyü **TR** 86-87 Dg 52
Fındıklı **TR** 74-75 Cg 50
Fındıklı **TR** 78-79 Eb 49
Fındıkpınarı **TR** 84-85 De 54
Finike **TR** 84-85 Da 54
Finikounda **GR** 82-83 Cb 54
Finnentrop **D** 42-43 Ah 39
Finnskog **N** 16-17 Bc 30
Finnsnes **N** 2-3 Bh 21
Finspång **S** 16-17 Bf 32
Finsterwalde **D** 42-43 Bd 39
Fintown **IRL** 37 Sb 36
Fionnphort **GB** 38-39 Sd 34
Firenze **I** 56-57 Bb 47
Firenzuola **I** 56-57 Bb 46
Firliug **RO** 58-59 Cb 45
Firminy **F** 54-55 Ae 45
Firovo **RUS** 20-21 Dd 33
Fishguard **GB** 40-41 Sf 39
Fiskå **N** 8-9 Af 28
Fiskebøl **N** 2-3 Be 22
Fismes **F** 40-41 Ad 41
Fíties **GR** 82-83 Cb 52
Fiuggi **I** 72-73 Bd 49
Fivizzano **I** 56-57 Ba 46
Fjällbacka **S** 16-17 Bb 32
Fjällnes **S** 8-9 Bc 28
Fjærland **N** 16-17 Ag 29
Fjellerup **DK** 26-27 Ba 34
Fjerritslev **DK** 26-27 Ak 33
Fjordgård **N** 2-3 Bh 21
Flå **N** 16-17 Ak 30
Flagued **MA** 80-81 Sg 56
Flakstad **N** 2-3 Bd 22
Flåm **N** 16-17 Ah 30
Flateyri **IS** 36 Qg 24
Flatval **N** 8-9 Ai 27
Flèche, la **F** 54-55 Sk 43
Fleetwood **GB** 38-39 Sg 37
Flekkefjord **N** 16-17 Ag 32
Flen **S** 16-17 Bg 31
Flensburg **D** 26-27 Ak 36
Flers **F** 40-41 Sk 42
Flesberg **N** 16-17 Ak 31
Fleurance **F** 54-55 Aa 47
Flint **GB** 38-39 Sg 37
Flisa **N** 16-17 Bc 30
Flix **E** 70-71 Aa 49
Floby **S** 16-17 Bd 32
Floda **S** 16-17 Bc 33
Flöha **D** 42-43 Bd 40
Florac **F** 54-55 Ad 46
Florenz = Firenze **I** 56-57 Bb 47
Floreşt' = Floreşti **MD** 60-61 Ci 43
Floreşti **MD** 60-61 Ci 43
Florešty = Floreşti **MD** 60-61 Ci 43
Florídia **I** 72-73 Bf 53
Flórina **GR** 74-75 Cb 50
Flornes **N** 8-9 Bb 27
Florø **N** 16-17 Af 29
Foča **BIH** 58-59 Bi 47
Foça **TR** 82-83 Cg 52
Fochabers **GB** 38-39 Sg 33
Focşani **RO** 60-61 Ch 45
Föllinge **S** 8-9 Be 27
Fóggia **I** 72-73 Bf 49
Foix **F** 70-71 Ab 48
Fojnica **BIH** 58-59 Bh 47
Foki **RUS** 34-35 Fe 34
Fokino **RUS** 30-31 De 37
Foldereid **N** 8-9 Bc 26
Folégandros **GR** 82-83 Ce 54
Foligno **I** 72-73 Bc 48
Folkestone **GB** 40-41 Ab 39
Follafoss **N** 8-9 Bb 27
Folldal **N** 8-9 Ak 28
Follebu **N** 16-17 Ba 29
Follónica **I** 72-73 Ba 48
Fominki **RUS** 32-33 Ec 35
Fomino **RUS** 30-31 De 36
Fominskij **RUS** 34-35 Fk 36
Fominskoe **RUS** 20-21 Eb 32
Fominskoe **RUS** 20-21 Ec 31
Fondi **I** 72-73 Bd 49
Fonni **I** 70-71 Ak 50
Fontainebleau **F** 40-41 Ac 42
Fontanka **UA** 60-61 Da 44
Fontenay-le-Comte **F** 54-55 Sk 44
Fontiveros **E** 68-69 Sf 50
Fonyód **H** 58-59 Bh 44
Forbach **F** 42-43 Ag 41
Forcalquier **F** 56-57 Af 47
Forchheim **D** 42-43 Bb 41
Førde **N** 16-17 Af 29
Førde **N** 16-17 Af 31
Fordon **PL** 28-29 Bi 37
Fordongiánus **I** 70-71 Ai 51
Forfar **GB** 38-39 Sh 34
Forges-les-Eaux **F** 40-41 Ab 41
Forlì **I** 56-57 Bc 46
Formby **GB** 38-39 Sg 37
Formia **I** 72-73 Bd 49
Forminskij **RUS** 22-23 Ei 29
Fornells **E** 70-71 Ae 50
Fornovo di Taro **I** 56-57 Ak 46
Foros **UA** 62-63 Dd 46
Forres **GB** 38-39 Sg 33
Forshällan **S** 2-3 Bk 24
Forshaga **S** 16-17 Bd 31
Forsmo **S** 8-9 Bh 27
Forsnes **N** 8-9 Ai 27
Forssa **FIN** 18-19 Cd 30
Forst (Lausitz) **D** 42-43 Be 39
Fort Augustus **GB** 38-39 Sf 33
Fort George **GB** 38-39 Sf 33
Fort-Ševčenko **KA** 66-67 Fa 46
Fortuna **E** 80-81 Si 52
Fort William **GB** 38-39 Se 34
Forvik **N** 8-9 Bc 25
Fosnavåg **N** 8-9 Af 28
Fossano **I** 56-57 Ah 46
Fossbakken **N** 2-3 Bh 22
Fossombrone **I** 56-57 Bc 47
Fotiná **GR** 74-75 Cc 50
Fouesnant **F** 54-55 Sf 43
Fougères **F** 40-41 Si 42
Fougerolles **F** 56-57 Ag 43
Fourchambault **F** 54-55 Ad 43
Fourmies **F** 40-41 Ae 40
Fourni **GR** 82-83 Cg 53
Foxford = Béal Easa **IRL** 37 Sa 37
Foynes = Faing **IRL** 37 Sa 38
Fränsta **S** 8-9 Bg 28
Fraga **E** 70-71 Aa 49
Fragíista **GR** 82-83 Cb 52
Fraiture **B** 42-43 Af 40
Francavilla in Sinni **I** 72-73 Bg 50
Francavilla Fontana **I** 72-73 Bh 50
Francescas **F** 54-55 Aa 46
Francofonte **I** 72-73 Be 53
Franeker **NL** 26-27 Af 37
Frankenberg (Eder) **D** 42-43 Ai 39
Frankenthal (Pfalz) **D** 42-43 Ai 41
Frankfurt am Main **D** 42-43 Ai 40
Frankfurt (Oder) **D** 42-43 Be 38
Frankrike **S** 8-9 Bd 27
Franzburg **D** 26-27 Bc 36
Frascati **I** 72-73 Bc 49
Fraserburgh **GB** 38-39 Sh 33
Frauenfeld **CH** 56-57 Ai 43
Fredericia **DK** 26-27 Ak 35
Frederikshavn **DK** 16-17 Ba 33
Frederikssund **DK** 26-27 Bc 35
Frederiksværk **DK** 26-27 Bc 35
Fredrika **S** 8-9 Bi 26
Fredriksberg **S** 16-17 Be 30
Fredrikstad **N** 16-17 Ba 31
Fregenal de la Sierra **E** 80-81 Sd 52
Freiberg **D** 42-43 Bd 40
Freiburg = Fribourg **CH** 56-57 Ah 44
Freiburg im Breisgau **D** 56-57 Ah 43
Freienwalde, Bad **D** 26-27 Be 38
Freiland **A** 58-59 Bf 43
Freilassing **D** 56-57 Bc 43
Freising **D** 42-43 Bb 42
Freistadt **A** 42-43 Be 42
Freital **D** 42-43 Bd 40
Fréjus **F** 56-57 Ag 47
Frenchpark = Dún Gar **IRL** 37 Sb 37
Frenštát pod Radhoštěm **CZ** 44-45 Bi 41
Fresno-Alhándiga **E** 68-69 Se 50
Fresno de Caracena **E** 68-69 Sg 49
Fresvik **N** 16-17 Ag 29
Fréteval **F** 54-55 Ab 43
Fretigney-et-Velloreille **F** 56-57 Af 43
Freudenstadt **D** 42-43 Ai 42
Frévent **F** 40-41 Ac 40
Freyung **D** 42-43 Bd 42
Frí **GR** 82-83 Cg 55
Fribourg = Freiburg **CH** 56-57 Ah 44
Friedberg **A** 58-59 Bg 43
Friedberg (Hessen) **D** 42-43 Ai 40
Friedland **D** 26-27 Bd 37
Friedrichshafen **D** 56-57 Ak 43
Friedrichshall, Bad **D** 42-43 Ak 41
Friedrichstadt **D** 26-27 Ak 36
Friesach **A** 58-59 Be 44
Friesoythe **D** 26-27 Ah 37
Friggesund **S** 8-9 Bg 29
Frikes **GR** 82-83 Ca 52
Fristad **S** 16-17 Bd 33
Fritsla **S** 16-17 Bc 33
Fritzlar **D** 42-43 Ak 39
Frjanovo **RUS** 30-31 Di 34
Frösö **S** 8-9 Be 27
Frolišči **RUS** 32-33 Ec 34
Frolovo **RUS** 20-21 Dh 31
Frolovo **RUS** 48-49 Ed 41
Frome **GB** 40-41 Sh 39
Frómista **E** 68-69 Sf 48
Frontignan **F** 54-55 Ad 47
Frosinone **I** 72-73 Bd 49
Frosolone **I** 72-73 Be 49
Frossíni **GR** 74-75 Ca 51
Frosta **N** 8-9 Ba 27
Frostviksbränna **S** 8-9 Bd 26
Frumoasa **RO** 60-61 Cf 44
Frumuşani **RO** 60-61 Cg 46
Frunze **UA** 62-63 De 44
Frunzenskoe **KA** 52-53 Gb 38
Frunzivka **UA** 60-61 Ck 43
Frutigen **CH** 56-57 Ah 44
Frýdek-Místek **CZ** 44-45 Bi 41
Frýdlant **CZ** 44-45 Bf 40
Fünfkirchen = Pécs **H** 58-59 Bi 44
Fuengirola **E** 80-81 Sf 54
Fuente-Álamo **E** 80-81 Si 53
Fuente Dé **E** 54-55 Sf 47
Fuente de Cantos **E** 80-81 Sd 52
Fuente del Arco **E** 80-81 Se 52
Fuente del Fresno **E** 68-69 Sg 51
Fuente de San Estebán, La **E** 68-69 Sd 50
Fuente Obejuna **E** 80-81 Se 52
Fuentesaúco **E** 68-69 Se 49
Fuentes de Ebro **E** 70-71 Sk 49
Fuentes de Nava **E** 68-69 Sf 48
Fürstenau **D** 42-43 Ah 38
Fürstenberg (Havel) **D** 26-27 Bd 37
Fürstenfeld **A** 58-59 Bf 43
Fürstenfeldbruck **D** 42-43 Bb 42
Fürstenwalde (Spree) **D** 42-43 Be 38
Fürth **D** 42-43 Ba 41
Füssen **D** 56-57 Ba 43
Fuglebjerg **DK** 26-27 Bb 35
Fulda **D** 42-43 Ak 40
Fulunäs **S** 16-17 Bd 29
Fumel **F** 54-55 Aa 46
Funäsdalen **S** 8-9 Bc 28
Fundão **P** 68-69 Sc 50
Fundulea **RO** 60-61 Cg 46
Furculeşti **RO** 60-61 Cf 47
Furmanov **RUS** 20-21 Eb 33
Furmanovo **KA** 50-51 Ek 41
Furnes = Veurne **B** 40-41 Ac 39
Furqlūs **SYR** 86-87 Dh 56
Furth im Wald **D** 42-43 Bc 41
Furtwangen im Schwarzwald **D** 42-43 Ai 42
Furudal **S** 16-17 Bf 29
Furuflaten **N** 2-3 Ca 21
Furuvik **S** 16-17 Bh 30
Fusa **N** 16-17 Af 30
Fusch an der Großglocknerstraße **A** 56-57 Bc 43
Fushë-Arrëz **AL** 74-75 Ca 48
Fushë-Krujë **AL** 74-75 Bk 49
Fynshav **DK** 26-27 Ak 36
Fyresdal **N** 16-17 Ai 31

G

Ğabala **SYR** 84-85 Df 55
Gabare **BG** 60-61 Cd 47
Gabovo **RUS** 22-23 Fd 30
Gabreševci **BG** 74-75 Cc 48
Gabrica **YU** 74-75 Cb 48
Gabrovo **BG** 74-75 Cf 48
Gacé **F** 40-41 Aa 42
Gacko **BIH** 72-73 Bi 47
Ğaddū'a **SYR** 86-87 Dh 55
Gadebusch **D** 26-27 Bb 37
Gadja **RUS** 22-23 Fh 29
Gadjač = Hadjač **BY** 46-47 Dd 40
Gäddede **S** 8-9 Be 26
Gällivare **S** 2-3 Ca 23
Gällö **S** 8-9 Bf 28
Gänserndorf **A** 44-45 Bg 42
Gärdnäs **S** 8-9 Bf 26
Gärdsjö **S** 16-17 Bf 30
Gärsnäs **S** 26-27 Be 35
Găeşti **RO** 60-61 Cf 46
Gaeta **I** 72-73 Bd 49
Gävle **S** 16-17 Bh 30
Gävunda **S** 16-17 Be 30
Gagarin **AR** 78-79 Ee 50
Gagino **RUS** 32-33 Ef 35
Gagra **GE** 78-79 Ea 47
Gagrino **RUS** 20-21 De 31
Gagšor **RUS** 22-23 Fa 30
Gaiki **LV** 28-29 Cc 34
Gaildorf **D** 42-43 Ak 41
Gaillac **F** 54-55 Ab 47
Gaillimh = Galway **IRL** 37 Sa 37
Gainsborough **GB** 38-39 Sk 37
Gaïou **GR** 74-75 Ca 51
Gairloch **GB** 38-39 Se 33
Gaj **HR** 58-59 Bh 45
Gaj **RUS** 52-53 Fi 39
Gajny **RUS** 22-23 Fe 30
Gajutino **RUS** 20-21 Di 32
Gakugsa **RUS** 20-21 Dg 29
Gălăbovo **BG** 74-75 Cf 48
Galanovo **RUS** 34-35 Fe 34
Galashiels **GB** 38-39 Sh 35
Galata **CY** 84-85 Dc 55
Galatás **GR** 82-83 Cd 53
Galaţi **RO** 60-61 Ci 45
Galatina **I** 72-73 Bi 50
Galátista **GR** 74-75 Cd 50
Galera **E** 80-81 Sh 53
Galeria **F** 70-71 Ai 48
Gali **GE** 78-79 Eb 48
Galiakberovo **RUS** 34-35 Fh 37
Galič **RUS** 20-21 Ec 32
Galicea **RO** 60-61 Ce 46
Galičnik **MK** 74-75 Ca 49
Galkino **RUS** 24-25 Ge 32
Gallarate **I** 56-57 Ai 45
Gallípoli **I** 72-73 Bh 50
Galway = Gaillimh **IRL** 37 Sa 37
Gam **RUS** 14-15 Ek 28
Gamaches **F** 40-41 Ab 41
Gamleby **S** 16-17 Bg 33
Gammelstaden **S** 10-11 Cc 25
Gamvik **N** 2-3 Ci 19
Gan **F** 54-55 Sk 47
Gand = Gent **B** 40-41 Ad 39
Ganderkesee **D** 26-27 Ai 37
Gandersheim, Bad **D** 42-43 Ba 39
Gandesa **E** 70-71 Aa 49
Gandía **E** 70-71 Sk 52
Găneasa **RO** 60-61 Ce 46
Gangačin **IR** 86-87 Ee 53
Ganges **F** 54-55 Ad 47
Ganjuškino **KA** 64-65 Ek 44
Gannat **F** 54-55 Ad 44
Gantiadi **GE** 64-65 Ea 47
Gapkin **RUS** 64-65 Eb 43
Gar' **RUS** 22-23 Ei 30
Ğarāblus **SYR** 86-87 Di 54
Gara Hitrino **BG** 60-61 Cg 47
Garbsen **D** 42-43 Ak 38
Garda **I** 56-57 Ba 45
Gardanne **F** 56-57 Af 47
Gardby **S** 28-29 Bg 34
Gardelegen **D** 42-43 Bb 38
Gardíki **GR** 74-75 Cb 51
Gardíki **GR** 82-83 Cb 52
Gardone Val Trómpia **I** 56-57 Ba 45
Garešnica **HR** 58-59 Bg 45
Gargaliáni **GR** 82-83 Cb 53
Gargnäs **S** 8-9 Bh 25
Gargždai **LT** 28-29 Cb 35
Gari **RUS** 24-25 Gc 31
Gar'inskij **RUS** 22-23 Fa 29
Garlasco **I** 56-57 Ai 45
Garliava **LT** 28-29 Cd 36
Garlin **F** 54-55 Sk 47
Garmisch-Partenkirchen **D** 56-57 Bb 43
Garmo **N** 8-9 Ai 29
Garrovillas **E** 68-69 Sd 51
Garrucha **E** 80-81 Si 53
Gartz (Oder) **D** 26-27 Be 37
Garusovo **RUS** 20-21 Df 33
Gårva **N** 2-3 Cf 21
Garvão **P** 80-81 Sb 53
Ğarwa **SYR** 86-87 Dk 54
Garwolin **PL** 44-45 Cb 39
Garz **D** 26-27 Bd 36
Gaškovo **RUS** 24-25 Fi 31
Gătaia **RO** 58-59 Cb 45
Gatčina **RUS** 18-19 Da 31
Gatehouse of Fleet **GB** 38-39 Sf 36
Gateshead **GB** 38-39 Si 36
Gattinara **I** 56-57 Ai 45
Gaucín **E** 80-81 Se 54
Gaupne **N** 16-17 Ah 29
Gavarnie **F** 70-71 Sk 48
Gavião **P** 68-69 Sc 51
Gavray **F** 40-41 Si 42
Gavrilkovo **RUS** 20-21 Ea 31
Gavrilov-Jam **RUS** 20-21 Dk 33
Gavrilov Posad **RUS** 32-33 Ea 34
Gávrio **GR** 82-83 Ce 53
Gavsele **S** 8-9 Bh 26
Ğawān **IRQ** 86-87 Ed 55
Ğazal, 'Ain **IRQ** 86-87 Eb 54
Gazi Antep **TR** 86-87 Dh 53
Gaziler **TR** 78-79 Ec 50
Gaziler **TR** 78-79 Ed 50
Gazipaşa **TR** 84-85 Dc 54
Gazlıgöl **TR** 84-85 Da 52
Gazlıkuyu **TR** 86-87 Dk 54
Gdańsk **PL** 28-29 Bi 36
Gdov **RUS** 18-19 Ch 32
Gdynia **PL** 28-29 Bi 36
Geben **TR** 86-87 Dg 53
Gebiz **TR** 84-85 Da 53
Gebze **TR** 76-77 Ck 50
Geçitli **TR** 86-87 Ed 53
Gedikbaşı **TR** 78-79 Di 51
Gedikdere **TR** 78-79 Ea 51
Gedikler **TR** 78-79 Di 51
Gedikli **TR** 84-85 Df 52
Gediksaray **TR** 76-77 Df 50
Gedinne **B** 40-41 Ae 41
Gediz **TR** 84-85 Ck 52
Gedser **DK** 26-27 Bb 36
Geel **B** 42-43 Af 39
Gegečkori = Martvili **GE** 78-79 Ec 48
Geilenkirchen **D** 42-43 Ag 40
Geilo **N** 16-17 Ai 30
Geisenfeld **D** 42-43 Bb 42
Geislingen an der Steige **D** 42-43 Ak 42
Geiteryghytta **N** 16-17 Ah 30
Gela **I** 72-73 Be 53
Geldern **D** 42-43 Ag 39
Gelembe **TR** 76-77 Ch 51

Gelendost TR 84-85 Db 52
Gelendžik RUS 62-63 Di 46
Gelenler TR 86-87 Ee 52
Gelibolu TR 74-75 Cg 50
Gelnhausen D 42-43 Ak 40
Gelsenkirchen D 42-43 Ah 39
Gelting D 26-27 Ak 36
Gembloux B 40-41 Ae 40
Gemerek TR 78-79 Dg 51
Gemlik TR 76-77 Ck 50
Gemona del Friuli I 56-57 Bd 44
Gémozac F 54-55 Sk 45
Gemünden am Main D 42-43 Ak 40
Genç TR 86-87 Ea 52
Gencek TR 84-85 Db 53
Generalovskij RUS 64-65 Ed 43
General Toševo BG 60-61 Ci 47
Genève CH 56-57 Ag 44
Genf = Genève CH 56-57 Ag 44
Genk B 42-43 Af 40
Genlis F 56-57 Af 43
Gennep NL 42-43 Ag 39
Gennes F 54-55 Sk 43
Génova I 56-57 Ai 46
Gent B 40-41 Ad 39
Genthin D 42-43 Bc 38
Genua = Génova I 56-57 Ai 46
Genzano di Lucánia I 72-73 Bg 50
Georgievka KA 52-53 Fh 40
Georgievka RUS 34-35 Fa 37
Georgievsk RUS 64-65 Ed 46
Georgievskoe RUS 20-21 Dg 31
Georgievskoe RUS 22-23 Ef 32
Georgiu-Dež = Liski RUS 48-49 Dk 40
Gera D 42-43 Bc 40
Geraardsbergen B 40-41 Ad 40
Gerace I 72-73 Bg 52
Gérakas GR 82-83 Cd 54
Geráki GR 82-83 Cc 54
Gérardmer F 42-43 Ag 42
Gerasimovka RUS 24-25 Gf 32
Gercüş TR 86-87 Eb 53
Gerede TR 76-77 Dc 50
Gerena E 80-81 Sd 53
Gérgal E 80-81 Sh 53
Gerger TR 86-87 Dk 52
Geriş TR 84-85 Db 54
Germencik TR 82-83 Ch 53
Germersheim D 42-43 Ai 41
Gernika-Lumo E 54-55 Sh 47
Geroliménas GR 82-83 Cc 54
Gerona = Girona E 70-71 Ac 49
Geseke D 42-43 Ai 39
Gesunda S 16-17 Be 30
Geta FIN 18-19 Bk 30
Getafe E 68-69 Sg 50
Getinge S 26-27 Bc 34
Gevaş TR 86-87 Ed 52
Gevgelija MK 74-75 Cc 49
Gex F 56-57 Ag 44
Geyikli TR 74-75 Cg 51
Geyikpınar TR 86-87 Eb 52
Geyre TR 84-85 Ci 53
Geyve TR 76-77 Da 50
Gezi TR 84-85 Df 52
Gezin TR 86-87 Dk 52
Gëziq AL 74-75 Bk 49
Gföhl A 44-45 Bf 42
Ghedi I 56-57 Ba 45
Gheorghe Gheorghiu-Dej = Onești RO 60-61 Cg 44
Gheorgheni RO 60-61 Cf 44
Gherla RO 60-61 Cd 43
Ghilarza I 70-71 Ai 50
Ghimpați RO 60-61 Cf 46
Ghisonaccia F 70-71 Ak 48
Giaginskaja RUS 62-63 Ea 46
Giandola, la F 56-57 Ah 47
Giannitsá GR 74-75 Cc 50
Giarre I 72-73 Bf 53
Giat F 54-55 Ac 45
Giba I 70-71 Ai 51
Gibostad N 2-3 Bi 21
Gibraleón E 80-81 Sd 53
Gibraltar GBZ 80-81 Se 54
Gideå S 10-11 Bk 27
Gien F 54-55 Ac 43
Gières F 56-57 Af 45
Gießen D 42-43 Ai 40
Gieten NL 26-27 Ag 37
Giethoorn NL 26-27 Ag 38
Gifhorn D 42-43 Ba 38
Gigant RUS 64-65 Eb 44
Giggl A 56-57 Ba 43
Gighera RO 60-61 Cd 47
Giglio Castello I 72-73 Ba 48
Gignac F 54-55 Ad 47
Gilău RO 60-61 Cd 44
Gilgău RO 60-61 Cd 43
Gilleleje DK 26-27 Bc 34
Gillesnuole S 8-9 Bg 25
Gillingham GB 40-41 Aa 39
Gimo S 16-17 Bi 30
Gimoly RUS 10-11 Dc 28
Gimont F 54-55 Aa 47
Gióia del Colle I 72-73 Bg 50
Gióia Táuro I 72-73 Bf 52
Giokaréika GR 82-83 Cc 53
Gir, Saraj- RUS 34-35 Fd 37
Girau IRQ 86-87 Ed 55
Giresun TR 78-79 Di 50
Girifalco I 72-73 Bg 52
Girmeli TR 86-87 Eb 53
Girona E 70-71 Ac 49
Gironella E 70-71 Ab 48
Girov RO 60-61 Cg 44
Girvan GB 38-39 Sf 35
Girvas RUS 4-5 Da 23
Girvas RUS 10-11 Dd 28
Gislaved S 16-17 Bd 33
Gisors F 40-41 Ab 41
Ğisr aš-Šaddādi SYR 86-87 Ea 54
Ğisr aš-Šuġūr SYR 84-85 Dg 55
Githio GR 82-83 Cc 54
Gittun S 2-3 Bi 24
Giubega RO 60-61 Cd 46
Giulianova I 72-73 Bd 48
Giurgeni RO 60-61 Ch 46
Giurgiu RO 60-61 Cf 47
Giurgiulești MD 60-61 Ci 45
Give DK 26-27 Ak 35
Givet F 40-41 Ae 40
Givors F 54-55 Ae 45
Gizel' RUS 78-79 Ee 48
Gizeux F 54-55 Aa 43
Giżycko PL 28-29 Cb 36
Gjerstad N 16-17 Ak 32
Gjersvik N 8-9 Bd 26
Gjesvær N 2-3 Cf 19
Gjirokastër AL 74-75 Ca 50
Gjógv FR 38-39 Sd 28
Gjormë AL 74-75 Bk 50
Gjøv = Gjógv FR 38-39 Sd 28
Gjøvik N 16-17 Ba 30
Gjumri AR 78-79 Ed 50
Glad' RUS 18-19 Dc 31
Gladstad N 8-9 Bb 25
Glamoč BIH 58-59 Bg 46
Glåmos N 8-9 Bb 28
Glamsbjerg DK 26-27 Ba 35
Glarus CH 56-57 Ak 43
Glasgow GB 38-39 Sf 35
Glastonbury GB 40-41 Sh 39
Glauchau D 42-43 Bc 40
Glaumbær IS 36 Ra 25
Glavace HR 58-59 Bf 46
Glavatićevo BIH 58-59 Bi 47
Glavinica BG 60-61 Cg 47
Glazaniha RUS 12-13 Di 27
Glazov RUS 22-23 Fc 32
Glazunovka RUS 48-49 Dg 38
Gleann Beithe IRL 37 Sa 38
Gleisdorf A 58-59 Bf 43
Glenamoy IRL 37 Sa 36
Glenariff GB 37 Sd 35
Glenarm GB 37 Se 36
Glenavy GB 37 Sd 36
Glenbeigh = Gleann Beithe IRL 37 Sa 38
Glengarriff = An Glean Garbh IRL 37 Sa 39
Glenluce GB 38-39 Sf 36
Glenrothes GB 38-39 Sg 34
Glenties = Na Gleannta IRL 37 Sb 36
Glifa GR 82-83 Cc 52
Glimåkra S 26-27 Be 34
Glina HR 58-59 Bg 45
Glinka RUS 30-31 Dc 36
Glinojeck PL 28-29 Ca 38
Gliwice PL 44-45 Bi 40
Gllavë AL 74-75 Bk 50
Glodeni MD 60-61 Ch 43
Gloggnitz A 58-59 Bf 43
Głogów PL 44-45 Bg 39
Glomfjord N 2-3 Bd 24
Glommersträsk S 10-11 Bk 25
Glossop GB 38-39 Si 37
Glotovka RUS 32-33 Eg 37
Glotovo RUS 14-15 Ek 27
Gloucester GB 40-41 Sh 39
Głowczyce PL 28-29 Bh 36
Głowno PL 44-45 Bk 39
Głubczyce PL 44-45 Bh 40
Glubokij RUS 48-49 Ea 42
Głuchołazy PL 44-45 Bh 40
Glückstadt D 26-27 Ak 37
Gluhovo RUS 32-33 Ed 35
Gluša BY 30-31 Ci 37
Gluškovo RUS 46-47 De 39
Gmelinka RUS 50-51 Eg 40
Gmünd A 42-43 Be 42
Gmünd A 56-57 Bd 44
Gmunden A 42-43 Bd 43
Gnarp S 8-9 Bh 28
Gnarrenburg D 26-27 Ak 37
Gniew PL 28-29 Bi 37
Gniewkowo PL 28-29 Bi 38
Gniezno PL 44-45 Bh 38
Gnjilane YU 74-75 Cb 48
Gnoien D 26-27 Bc 37
Goce Delčev BG 74-75 Cd 49
Goch D 42-43 Ag 39
Goðdali IS 36 Ra 25
Godeč BG 74-75 Cd 47
Goderville F 40-41 Aa 41
Godętowo PL 28-29 Bh 36
Godziszewo PL 28-29 Bi 36
Göçbeyli TR 76-77 Ch 51
Gödöllő H 58-59 Bk 43
Göhren, Ostseebad D 26-27 Bd 36
Gökçedağ TR 76-77 Ci 51
Gökçekent TR 78-79 Di 50
Gökçeli TR 78-79 Dg 50
Gökçen TR 82-83 Ch 52
Gökçeören TR 84-85 Ci 52
Gökçeşeyh TR 78-79 Ea 51
Gökçesu TR 76-77 Db 50
Gökdere TR 78-79 Dg 50
Gökdere TR 86-87 Ea 52
Gökkuşağı TR 84-85 De 54
Gököğlan TR 78-79 Eb 51
Gökova TR 82-83 Ci 53
Göksu TR 78-79 Ec 51
Göksun TR 86-87 Dg 52
Göktepe TR 84-85 Ci 53
Göktepe TR 84-85 Dc 54
Gökyurt TR 84-85 Dc 53
Gölbaşı TR 76-77 Dc 51
Gölbaşı TR 86-87 Dh 53
Gölcük TR 76-77 Ch 51
Gölcük TR 76-77 Ck 50
Gölcük TR 84-85 De 52
Gölcük TR 86-87 Dk 53
Göldüzü TR 86-87 Ed 52
Göle TR 78-79 Ec 50
Gölhisar TR 84-85 Ck 53
Gölköy TR 78-79 Dh 50
Göllü TR 76-77 De 51
Gölmarmara TR 82-83 Ch 52
Gölören TR 84-85 Dd 53
Gölova TR 78-79 Di 50
Gölova TR 84-85 Da 54
Gölpazarı TR 76-77 Da 50
Gölyaka TR 76-77 Da 50
Gölyanı TR 86-87 Ec 52
Gölyazı TR 84-85 Dd 52
Gömeç TR 74-75 Cg 51
Gönen TR 76-77 Ch 50
Gönen TR 84-85 Da 53
Göppingen D 42-43 Ak 42
Gördalen S 16-17 Bc 29
Gördes TR 84-85 Ci 52
Görele TR 78-79 Dk 49
Göreme TR 84-85 De 52
Görlitz D 42-43 Be 39
Göründü TR 86-87 Ec 52
Görvik S 8-9 Bf 27
Goes NL 40-41 Ad 39
Göteborg S 16-17 Bb 33
Götene S 16-17 Bd 32
Göttingen D 42-43 Ak 39
Göynücek TR 76-77 Df 50
Göynük TR 76-77 Da 50
Göynük TR 78-79 Ea 51
Göynük TR 84-85 Da 52
Gözeli TR 86-87 Dk 52
Gözkaya TR 86-87 Dg 54
Gözne TR 84-85 De 54
Gofickoe RUS 64-65 Ed 45
Goián E 68-69 Sb 49
Góis P 68-69 Sb 50
Gojani i Sipërm AL 74-75 Bk 49
Gokçebey TR 76-77 Dc 49
Gol N 16-17 Ai 30
Golaj AL 74-75 Ca 48
Golczewo PL 26-27 Be 37
Gołdap PL 28-29 Cc 36
Goldberg D 26-27 Bc 37
Goldyrevskij RUS 22-23 Fh 33
Golegã P 68-69 Sb 51
Goleniów PL 26-27 Be 37
Golfo Aranci I 70-71 Ak 50
Golicino RUS 32-33 Ee 37
Golicyno RUS 30-31 Dg 35
Golina PL 44-45 Bi 38
Goliševa LV 30-31 Ch 34
Golitcino RUS 4-5 Df 21
Goljama Željazna BG 74-75 Ce 48
Goljam Manastir BG 74-75 Cg 48
Goljamo Kruševo BG 74-75 Cg 48
Golling an der Salzach A 56-57 Bd 43
Golnik SLO 58-59 Be 44
Golovcevo RUS 32-33 Eg 37
Golovinka RUS 62-63 Dk 47
Golspie GB 38-39 Sg 33
Golubac YU 58-59 Cb 46
Golynki RUS 30-31 Db 36
Golzow D 42-43 Bc 38
Gomel' = Homel' BY 46-47 Db 38
Gomorovići RUS 20-21 De 30
Gončarovka RUS 48-49 Dk 40
Gondomar P 68-69 Sb 49
Góni GR 74-75 Cc 51
Goole GB 38-39 Sk 37
Goor NL 42-43 Ag 38
Góra PL 44-45 Bg 39
Góra PL 44-45 Ca 38
Gora RUS 20-21 Dk 29
Goragorskij RUS 64-65 Ef 47
Góra Kalwaria PL 44-45 Cb 39
Goražde BIH 58-59 Bi 47
Gorbunovskij RUS 34-35 Fk 37
Gorčuha RUS 20-21 Ed 33
Gordino RUS 22-23 Fd 32
Gorelki RUS 30-31 Dh 36
Gorelovka GE 78-79 Ed 49
Gorevaja RUS 22-23 Ef 31
Gorey = Guaire IRL 37 Sd 38
Gori GE 78-79 Ee 49
Goricy RUS 20-21 Dg 33
Goricy RUS 32-33 Eb 33
Gorinchem NL 40-41 Ae 39
Gorizia I 56-57 Bd 45
Gorjačevodskij RUS 64-65 Ed 46
Gorjačij Ključ RUS 62-63 Dk 46
Gorjainovka RUS 50-51 Ei 38
Gorka RUS 20-21 Dd 33
Gor'kij = Nižnij Novgorod RUS 32-33 Ed 34
Gor'kovskij RUS 48-49 Ee 42
Gørlev DK 26-27 Bb 35
Gorlice PL 44-45 Cb 41
Gorlovka = Horlivka UA 48-49 Di 42
Gorlovo RUS 32-33 Dk 37
Gorna Orjahovica BG 74-75 Cf 47
Gorna Studena BG 60-61 Cf 47
Gorneckoe RUS 18-19 Dc 32
Gornjackij RUS 48-49 Ea 42
Gornjak RUS 32-33 Dk 37
Gornji Milanovac YU 58-59 Ca 46
Gornji Vakuf BIH 58-59 Bh 47
Gornoslinkino RUS 24-25 Gi 32
Gornozavodsk RUS 24-25 Fi 32
Gornručej RUS 20-21 Df 30
Gornyj RUS 50-51 Ei 39
Gorodec RUS 32-33 Ed 34
Gorodeck RUS 12-13 Ef 27
Gorodišče RUS 18-19 Ck 32
Gorodišče RUS 32-33 Ef 37
Gorodišče RUS 32-33 Eh 36
Gorodišče RUS 50-51 Fe 39
Gorodišče, Krestovo- RUS 32-33 Ei 36
Gorodnja RUS 30-31 Dg 34
Gorodovikovsk RUS 64-65 Eb 44
Gorohovec RUS 32-33 Ec 34
Górowo Iławieckie PL 28-29 Ca 36
Gorron F 40-41 Sk 42
Goršečnoe RUS 48-49 Di 39
Gorski Izvor BG 74-75 Cf 48
Goršok RUS 12-13 Ec 25
Gort = An Gort IRL 37 Sb 37
Gorzów Wielkopolski PL 26-27 Bf 38
Goslar D 42-43 Ba 39
Gospić HR 58-59 Bf 46
Gossau CH 56-57 Ak 43
Gostivar MK 74-75 Ca 49
Gostyń PL 44-45 Bh 39
Gostynin PL 44-45 Bk 38
Gotha D 42-43 Ba 40
Gothem S 16-17 Bi 33
Gottskär S 16-17 Bc 33
Gotval'd = Zimijiv UA 48-49 Dg 41
Gouda NL 40-41 Ae 38
Goúra GR 82-83 Cc 53
Gourdon F 54-55 Ab 46
Gourin F 40-41 Sg 42
Gournay-en-Bray F 40-41 Ab 41
Gouttitir MA 80-81 Sg 56
Gouveia P 68-69 Sc 50
Gouvia GR 74-75 Bk 51
Gouzon F 54-55 Ac 44
Gråbo S 16-17 Bc 33
Grabow D 26-27 Bb 37
Grabów nad Prosną PL 44-45 Bi 39
Gračac HR 58-59 Bf 46
Gračanica BIH 58-59 Bi 46
Graçay F 54-55 Ab 43
Gračevka RUS 34-35 Fc 38
Gračevka RUS 48-49 Ea 38
Gračevka RUS 64-65 Ec 45
Gračev Kust RUS 50-51 Ek 39
Gradac HR 72-73 Bh 47
Gradac YU 58-59 Bk 47
Gradačac BIH 58-59 Bi 46
Gradec BG 58-59 Cc 46
Gradec BG 74-75 Cg 48
Gradefes E 68-69 Se 48
Grades A 58-59 Be 44
Grădinari RO 60-61 Ce 46
Grădiștea RO 60-61 Ch 46
Gradnica BG 74-75 Ce 48
Grado I 56-57 Bd 45
Grado, El E 70-71 Aa 48
Gradsko MK 74-75 Cb 49
Gräfelfing D 42-43 Bb 42
Gräfenhainichen D 42-43 Bc 39
Grängesberg S 16-17 Bf 30
Gränna S 16-17 Be 32
Gränssjö S 8-9 Be 25
Grästorp S 16-17 Bc 32
Grafenau D 42-43 Bd 42
Graf Ignatievo BG 74-75 Ce 48
Grafing bei München D 42-43 Bb 42
Grahovo RUS 34-35 Fc 34
Grahovo YU 74-75 Bi 48
Graig na Managh IRL 37 Sd 38
Graiguenamanagh = Graig na Managh IRL 37 Sd 38
Grajewo PL 28-29 Cc 37
Grajvoron RUS 48-49 Df 40
Gram DK 26-27 Ak 35
Gramada BG 58-59 Cc 47
Gramat F 54-55 Ab 46
Grammont = Geraardsbergen B 40-41 Ad 40
Gramsh AL 74-75 Ca 50
Gramzow D 26-27 Be 37
Gran N 16-17 Ba 30
Granada E 80-81 Sg 53
Granadella, la E 70-71 Aa 49
Gránard IRL 37 Sc 37
Grand-Combe, la F 54-55 Ae 46
Grande-Motte, la F 54-55 Ae 47
Grand-Fougeray F 54-55 Si 43
Grand-Lucé, le F 54-55 Aa 43
Grândola P 80-81 Sb 52
Grandvilliers F 40-41 Ab 41
Grañén E 70-71 Sk 49
Grange = An Ghrainseach IRL 37 Sb 36
Graninge S 8-9 Bg 27
Granja de Torrehermosa E 80-81 Se 52
Grankullavik S 16-17 Bh 33
Grannäs S 8-9 Bg 25
Granö S 10-11 Bk 26
Granollers E 70-71 Ac 49
Gransee D 26-27 Bd 37
Grantham GB 38-39 Sk 38
Grantown-on-Spey GB 38-39 Sg 33
Granville F 40-41 Si 42
Granvin N 16-17 Ag 30
Grasse F 56-57 Ag 47
Gråsten DK 26-27 Ak 36
Graulhet F 54-55 Ab 47
Graus E 70-71 Aa 48
Grave NL 42-43 Af 39
Gravelines F 40-41 Ac 40
Gravenhage, 's-= Den Haag NL 40-41 Ae 38
Gravina di Púglia I 72-73 Bg 50
Gray F 56-57 Af 43
Graz A 58-59 Bf 43
Grdelica YU 74-75 Cc 48
Great Ayton GB 38-39 Si 36
Great Malvern GB 40-41 Sh 38
Great Yarmouth GB 40-41 Ab 38
Grebbestad S 16-17 Bb 32
Grebinka = Hrebimka BY 46-47 Dc 40
Grebnevo RUS 32-33 Dk 36
Greenock GB 38-39 Sf 35
Greenwich GB 40-41 Aa 39
Greifswald D 26-27 Bd 36
Grein A 42-43 Be 42
Greiz D 42-43 Bc 40
Gremiha RUS 4-5 Dk 22
Gremjač'e RUS 48-49 Dk 39
Gremjačevo RUS 32-33 Ed 35
Gremjačinsk RUS 22-23 Fh 32
Grenå DK 26-27 Ba 34
Grenade F 54-55 Ab 47
Grenade-sur-l'Adour F 54-55 Sk 47
Grenchen CH 56-57 Ah 43
Grenivík IS 36 Rb 25
Grenoble F 56-57 Af 45
Grense Jakobselv N 4-5 Da 21
Gressåmoen N 8-9 Bd 26
Gretna GB 38-39 Sg 36
Greux F 42-43 Af 42
Greve in Chianti I 56-57 Bb 47
Greven D 42-43 Ah 38
Grevená GR 74-75 Cb 50
Grevenbroich D 42-43 Ag 39
Greveníti GR 74-75 Cb 51

Greystones = Na Clocha Liatha **IRL** 37 Sd 37
Gribanovskij **RUS** 48-49 Eb 39
Gridino **RUS** 12-13 De 25
Griesbach im Rottal, Bad **D** 42-43 Bd 42
Grigor'evka **KA** 52-53 Fi 40
Grigor'evka **RUS** 52-53 Ff 39
Grigor'evskaja **RUS** 22-23 Ff 32
Grigor'evskoe **RUS** 20-21 Ed 33
Grigoriopol **MD** 60-61 Ck 43
Grigoropolisskaja **RUS** 64-65 Eb 45
Grimma **D** 42-43 Bc 39
Grimmen **D** 26-27 Bd 36
Grimsby **GB** 38-39 Sk 37
Grímsstaðir **IS** 36 Rd 25
Grimstad **N** 16-17 Ai 32
Grimstrup **DK** 26-27 Ai 35
Grimstunga **IS** 36 Qk 25
Grindavík **IS** 36 Qh 27
Grindelwald **CH** 56-57 Ai 44
Grindsted **DK** 26-27 Ai 35
Gripenberg **S** 16-17 Be 33
Griškabūdis **LT** 28-29 Cd 36
Griškino **RUS** 32-33 Eh 34
Grisolles **F** 54-55 Ab 47
Grisslehamn **S** 16-17 Bi 30
Griva **RUS** 22-23 Fa 30
Griverskaja **RUS** 62-63 Di 45
Grivița **RO** 60-61 Ch 46
Grjadcy **RUS** 30-31 Db 34
Grjady **RUS** 18-19 Db 32
Grjazi **RUS** 48-49 Dk 38
Grjaznovskij, Ust'- **RUS** 48-49 Ec 42
Grjazovec **RUS** 20-21 Ea 32
Grøa **N** 8-9 Ai 28
Grobiņa **LV** 28-29 Cb 34
Grocka **YU** 58-59 Ca 46
Grodås **N** 8-9 Ag 29
Grodków **PL** 44-45 Bh 40
Grodno = Hrodna **BY** 28-29 Cd 37
Grodzisk Mazowiecki **PL** 44-45 Ca 38
Grodzisk Wielkopolski **PL** 44-45 Bg 38
Gröbming **A** 56-57 Bd 43
Grömitz **D** 26-27 Ba 36
Groenlo **NL** 42-43 Ag 38
Grönskåra **S** 16-17 Bf 33
Groix **F** 54-55 Sg 43
Grójec **PL** 44-45 Ca 39
Gromovo **RUS** 28-29 Cb 36
Grong **N** 8-9 Bc 26
Groningen **NL** 26-27 Ag 37
Großenhain **D** 42-43 Bd 39
Grosseto **I** 72-73 Bb 48
Großgerungs **A** 42-43 Be 42
Groß Kanischa = Nagykanizsa **H** 58-59 Bg 44
Grøtavær **N** 2-3 Bg 22
Grov **N** 2-3 Bh 22
Grove, O **E** 68-69 Sb 48
Groznyj **RUS** 64-65 Ef 47
Grua **N** 16-17 Ba 30
Grubišno Polje **HR** 58-59 Bh 45
Grudovo = Sredec **BG** 76-77 Ch 48
Grudusk **PL** 28-29 Ca 37
Grudziądz **PL** 28-29 Bi 37
Grünau im Almtal **A** 56-57 Bd 43
Grünberg **D** 42-43 Ai 40
Gruia **RO** 58-59 Cc 46
Grumantbyen **N** 2-3 **I** D 2
Grums **S** 16-17 Bd 31
Grundarfjörður **IS** 36 Qg 26
Gruvberget **S** 16-17 Bg 29
Gruža **YU** 58-59 Ca 47
Gruzdžiai **LT** 28-29 Cd 34
Grybów **PL** 44-45 Ca 41
Gryfice **PL** 26-27 Bf 37
Gryfino **PL** 26-27 Be 37
Gryfów Śląski **PL** 44-45 Bf 39
Grykë **AL** 74-75 Bk 50
Gryllefjord **N** 2-3 Bh 21
Gryon **CH** 56-57 Ah 44
Gryt **S** 16-17 Bg 32
Guadalajara **E** 68-69 Sg 50
Guadalcanal **E** 80-81 Se 52
Guadalupe **E** 68-69 Se 51
Guadisa **E** 68-69 Se 51
Guaire **IRL** 37 Sd 38
Gualdo Tadino **I** 56-57 Bc 47
Guarda **P** 68-69 Sc 50
Guarda, A **E** 68-69 Sb 49
Guardamar del Segura **E** 80-81 Sk 52
Guardia, La **E** 68-69 Sg 51
Guardiagrele **I** 72-73 Be 48
Guárdia Sanframondi **I** 72-73 Be 49
Guardo **E** 68-69 Sf 48
Guareña **E** 80-81 Sd 52
Guastalla **I** 56-57 Ba 46
Guba Dolgaja **RUS** 6-7 Fi 20
Gubaha **RUS** 22-23 Fh 32
Ğubb al-Abyaḍ **SYR** 86-87 Di 55
Gúbbio **I** 56-57 Bc 47
Gubbträsk **S** 8-9 Bh 25
Guben **D** 42-43 Be 39
Gubin **PL** 42-43 Be 39
Gubin = Guben **D** 42-43 Be 39
Gubkin **RUS** 48-49 Dh 39
Guča **YU** 58-59 Ca 47
Gudauta **GE** 64-65 Ea 47
Gudbor **RUS** 22-23 Fg 30
Gudhjem **DK** 26-27 Be 35
Gudiña, A **E** 68-69 Sc 48
Gudvangen **N** 16-17 Ag 30
Guebwiller **F** 56-57 Ah 43
Gücük **TR** 86-87 Dh 52
Güdül **TR** 76-77 Dc 50
Güldere **TR** 84-85 Dd 53
Gülek **TR** 84-85 De 53
Güllü **TR** 78-79 Ec 51
Güllü **TR** 84-85 Ck 52
Güllük **TR** 82-83 Ch 53
Gülnar **TR** 84-85 Dd 54
Gülpınar **TR** 74-75 Cg 51
Gülşehir **TR** 84-85 De 52
Guémené-sur-Scorff **F** 40-41 Sg 42
Gümüşakar **TR** 78-79 Di 51
Gümüşdere **TR** 86-87 Ed 52
Gümüşhacıköy **TR** 76-77 Df 50
Gümüşhane **TR** 78-79 Dk 50
Gümüşkent **TR** 84-85 De 52
Gümüşsu **TR** 82-83 Ch 52
Gümüşsu **TR** 84-85 Da 52
Gündoğdu **TR** 76-77 Ch 50
Gündoğmuş **TR** 84-85 Dc 54
Güneşli **TR** 76-77 Ci 51
Güneşli **TR** 84-85 Df 52
Güney **TR** 84-85 Ck 52
Güneysu **TR** 78-79 Ea 50
Güneyyurt **TR** 84-85 Dc 54
Günyüzü **TR** 76-77 Db 51
Günzburg **D** 42-43 Ba 42
Guer **F** 54-55 Sh 43
Guérande **F** 54-55 Sh 43
Gürbulak **TR** 78-79 Ee 51
Guerche-de-Bretagne, la **F** 54-55 Si 43
Guercif **MA** 80-81 Sg 56
Güre **TR** 84-85 Ck 52
Guéret **F** 54-55 Ab 44
Gürgentepe **TR** 78-79 Dh 50
Guérigny **F** 54-55 Ad 43
Güroymak **TR** 86-87 Ec 52
Gürpınar **TR** 86-87 Ed 52
Gürsu **TR** 76-77 Ck 50
Gürün **TR** 86-87 Dh 52
Güssing **A** 58-59 Bg 43
Güstrow **D** 26-27 Bc 37
Gütersloh **D** 42-43 Ai 39
Gueugnon **F** 54-55 Ae 44
Güvem **TR** 76-77 Dc 50
Güzelbağ **TR** 84-85 Db 54
Güzelbahçe **TR** 82-83 Cg 52
Güzeloluk **TR** 84-85 De 54
Güzelsu **TR** 84-85 Db 54
Güzelsu **TR** 86-87 Ed 52
Güzelyurt **TR** 84-85 De 52
Guglionesi **I** 72-73 Be 49
Guichen **F** 54-55 Si 43
Guijuelo **E** 68-69 Se 50
Guillaumes **F** 56-57 Ag 46
Guillestre **F** 56-57 Ag 46
Guimarães **P** 68-69 Sb 49
Guingamp **F** 40-41 Sg 42
Guise **F** 40-41 Ad 41
Guissona **E** 70-71 Ab 49
Gukasjan **AR** 78-79 Ed 49
Gukasjan = Ašotsk **AR** 78-79 Ed 49
Gulbene **LV** 18-19 Cg 33
Guljanci **BG** 60-61 Ce 47
Gul'kevići **RUS** 64-65 Ea 45
Gullesfjordbotn **N** 2-3 Bf 22
Gullspång **S** 16-17 Be 32
Gul'rips **GE** 78-79 Eb 48
Gumarino **RUS** 10-11 Dd 28
Gumiel de Hizán **E** 68-69 Sg 49
Gummersbach **D** 42-43 Ah 39
Gunnarn **S** 8-9 Bh 25
Gunnarsbyn **S** 10-11 Cb 24
Gunnilbo **S** 16-17 Bf 31
Gunzenhausen **D** 42-43 Ba 41
Gurahonț **RO** 58-59 Cc 44
Gura Humorului **RO** 60-61 Cf 43
Gura Teghii **RO** 60-61 Cg 45
Gur'ev = Atyrau **KA** 66-67 Fc 43
Gur'evka **RUS** 34-35 Fb 34
Ğūrin **IRQ** 86-87 Ec 54
Gurk **A** 58-59 Be 44
Gurkovo **BG** 74-75 Cf 48
Gusev **RUS** 28-29 Cc 36
Gusevo **RUS** 30-31 Dd 34
Gus'-Hrustal'nyj **RUS** 32-33 Ea 35
Gusino **RUS** 30-31 Db 36
Gusmar **AL** 74-75 Bk 50
Gúspini **I** 70-71 Ai 51
Gustavsberg **S** 16-17 Bi 31
Gustavsfors **S** 16-17 Bd 30
Gus'-Železnyj **RUS** 32-33 Eb 35
Gutcher **GB** 38-39 Si 30
Gutenstein **A** 58-59 Bf 43
Guvåg **N** 2-3 Be 22
Gvardejsk **RUS** 28-29 Cb 36
Gvarv **N** 16-17 Ak 31
Gybdan **RUS** 34-35 Fb 34
Gyljen **S** 2-3 Cc 24
Gyöngyös **H** 58-59 Bk 43
Gyoma **H** 58-59 Ca 44
Győr **H** 58-59 Bh 43
Gysinge **S** 16-17 Bg 30
Gyula **H** 58-59 Cb 44

H

Haag, Den = 's-Gravenhage **NL** 40-41 Ae 38
Haag in Oberbayern **D** 42-43 Bc 42
Haaksbergen **NL** 42-43 Ag 38
Haapajärvi **FIN** 10-11 Cf 27
Haapavesi **FIN** 10-11 Cf 26
Haapsalu **EST** 18-19 Cd 32
Haarlem **NL** 40-41 Ae 38
Habariha **RUS** 14-15 Fc 25
Habaši **IR** 86-87 Ee 52
Haberli **TR** 86-87 Eb 53
Habez **RUS** 64-65 Eb 46
Habitar **IRQ** 86-87 Ee 55
Habo **S** 16-17 Be 33
Hacıbektaş **TR** 84-85 De 52
Hacıfakılı **TR** 84-85 Db 52
Hacıhamza **TR** 76-77 De 49
Hacılar **TR** 76-77 Dd 51
Hacılar **TR** 84-85 Da 53
Hacılar **TR** 84-85 Df 52
Hacıömer **TR** 78-79 Eb 51
Hackås **S** 8-9 Be 28
Ḥadar, al- **IRQ** 86-87 Ec 55
Haderslev **DK** 26-27 Ak 35
Hadim **TR** 84-85 Dc 53
Hadımköy **TR** 76-77 Ci 49
Hadjač **UA** 46-47 Dd 40
Ḥadnān **IRQ** 86-87 Ed 54
Ḥadrāniya **IRQ** 86-87 Ed 55
Hadsten **DK** 26-27 Ba 34
Hadsund **DK** 26-27 Ba 34
Hadyžensk **RUS** 62-63 Dk 46
Häädemeeste **EST** 18-19 Ce 32
Hægeland **N** 16-17 Ah 32
Häggenås **S** 8-9 Be 27
Häggnäset **S** 8-9 Be 26
Häggsjöbränna **S** 8-9 Bc 27
Hälla **S** 8-9 Bh 27
Hällefors **S** 16-17 Be 31
Hällekis **S** 16-17 Bd 32
Hällestad **S** 16-17 Bf 32
Hällnäs **S** 10-11 Bk 26
Hämeenkyrö **FIN** 18-19 Cd 29
Hämeenlinna **FIN** 18-19 Ce 29
Härmänkyla **FIN** 10-11 Ck 26
Härnösand **S** 8-9 Bh 28
Hässleholm **S** 26-27 Bd 34
Hästveda **S** 26-27 Bd 34
Haffa, al- **SYR** 84-85 Dg 55
Hafik **TR** 78-79 Dh 51
Hafnarfjörður **IS** 36 Qi 26
Hafnir **IS** 36 Qh 27
Ḥafsa Kabir **SYR** 86-87 Di 54
Hagen **D** 42-43 Ah 39
Hagenow **D** 26-27 Bb 37
Hagetmau **F** 54-55 Sk 47
Hagfors **S** 16-17 Bd 30
Hagi **IS** 36 Qg 25
Haguenau **F** 42-43 Ah 42
Hahaly **RUS** 32-33 Ee 34
Hahót **H** 58-59 Bg 44
Hailuoto **FIN** 10-11 Ce 25
Hainfeld **A** 44-45 Bf 42
Hainichen **D** 42-43 Bd 40
Haiši **GE** 78-79 Ec 48
Hajdúböszörmény **H** 58-59 Cb 43
Hajdúnánás **H** 58-59 Cb 43
Hajdúszoboszló **H** 58-59 Cb 43
Hajnówka **PL** 28-29 Cd 38
Hajsyn **UA** 46-47 Ck 42
Hakkâri **TR** 86-87 Ed 53
Hakkas **S** 2-3 Cb 24
Hakkstabben **N** 2-3 Cd 20
Halab **SYR** 86-87 Dh 54
Ḥalaf, Tall **SYR** 86-87 Ea 54
Halandrítsa **GR** 82-83 Cb 52
Ḥalba **RL** 84-85 Dg 56
Halberstadt **D** 42-43 Bb 39
Halden **N** 16-17 Bb 31
Haldensleben **D** 42-43 Bb 38
Halesworth **GB** 40-41 Ab 38
Halfeti **TR** 86-87 Dh 53
Halifax **GB** 38-39 Si 37
Halilkaya **TR** 78-79 Ea 50
Halilovo **RUS** 34-35 Fi 37
Halilovo **RUS** 52-53 Fi 39
Halitçavuş **TR** 78-79 Eb 51
Halitpaşa **TR** 82-83 Ch 52
Haljala **EST** 18-19 Cg 31
Halkapınar **TR** 84-85 De 53
Hálki **GR** 82-83 Ch 54
Halkiádes **GR** 74-75 Cc 51
Halkida **GR** 82-83 Cd 52
Halkidó **GR** 74-75 Cc 50
Hall in Tirol **A** 56-57 Bb 43
Halle **B** 40-41 Ae 40
Halle (Saale) **D** 42-43 Bb 39
Halle (Westfalen) **D** 42-43 Ai 38
Hallein **A** 56-57 Bd 43
Hallen **S** 8-9 Be 27
Hallsberg **S** 16-17 Bf 31
Hallstavik **S** 16-17 Bi 30
Halmstad **S** 26-27 Bc 34
Hals **DK** 26-27 Ba 33
Halsa **N** 8-9 Ai 27
Hal'šany **BY** 28-29 Cg 36
Halsua **FIN** 10-11 Ce 27
Haltern **D** 42-43 Ah 39
Halturin **RUS** 22-23 Ei 32
Haltwhistle **GB** 38-39 Sh 36
Halyč **UA** 44-45 Ce 41
Ham **F** 40-41 Ad 41
Hamāh **SYR** 86-87 Dg 55
Hamam **TR** 86-87 Dg 54
Hamamözü **TR** 76-77 Df 50
Hamar **N** 16-17 Bb 30
Hamburg **D** 26-27 Ba 37
Hamburgsund **S** 16-17 Bb 32
Ḥamdāniya, al- **SYR** 86-87 Dg 55
Hamdi **TR** 76-77 De 50
Hameln **D** 42-43 Ak 38
Ḥamidiya **SYR** 84-85 Df 56
Hamidiye **TR** 74-75 Cg 49
Hamidiye **TR** 76-77 Da 51
Hamilton **GB** 38-39 Sf 35
Hamina **FIN** 18-19 Ch 30
Hamm **D** 42-43 Ah 39
Ḥammām, Abū **SYR** 86-87 Ea 56
Ḥammām al-ʿAlīl **IRQ** 86-87 Ed 54
Hammarstrand **S** 8-9 Bg 27
Hammaslahti = Pyhäselkä **FIN** 10-11 Ck 28
Hammel **DK** 26-27 Ak 34
Hammelburg **D** 42-43 Ak 40
Hammerdal **S** 8-9 Bf 27
Hammerfest **N** 2-3 Cd 20
Hammershøj **DK** 26-27 Ak 34
Hamneidet **N** 2-3 Ca 21
Hamont **B** 42-43 Af 39
Hamra **S** 16-17 Be 29
Ḥamrā', al- **SYR** 86-87 Dh 55
Hamrånge **S** 16-17 Bh 30
Ḥamrat al-ʿAḏāʾiğ **SYR** 86-87 Dk 55
Hamur **TR** 78-79 Ec 51
Hamyski **RUS** 62-63 Ea 46
Hamzalar **TR** 78-79 Eb 51
Hamzalı **TR** 86-87 Eb 52
Hanak **TR** 78-79 Ec 49
Ḥanāṣir **SYR** 86-87 Dh 55
Hanau **D** 42-43 Ai 40
Hancavičy **BY** 28-29 Cg 38
Handen **S** 16-17 Bi 31
Handöl **S** 8-9 Bc 27
Ḥāne Sor **IRQ** 86-87 Eb 54
Hanestad **N** 8-9 Ba 29
Ḥān-e Taḫti **IR** 86-87 Ee 52
Hangö **FIN** 18-19 Cc 31
Hani **TR** 86-87 Ea 52
Haniá **GR** 82-83 Ce 55
Hanino **RUS** 30-31 Dg 36
Hankasalmen asema **FIN** 10-11 Cg 28
Hankendi **TR** 86-87 Dk 52
Hanko = Hangö **FIN** 18-19 Cc 31
Hanköy **TR** 84-85 Dg 52
Hann Münden **D** 42-43 Ak 39
Hannover **D** 42-43 Ak 38
Han Pijesak **BIH** 58-59 Bi 46
Ḥān Šaiḫūn **SYR** 86-87 Dg 55
Hanskaja **RUS** 62-63 Dk 46
Hanstholm **DK** 16-17 Ai 33
Hanty-Mansijsk **RUS** 24-25 Gk 29
Ḥānūqa **IRQ** 86-87 Ed 55
Hanušovce nad Topľou **SK** 44-45 Cb 41
Haparanda **S** 10-11 Ce 25
Håra **N** 16-17 Ag 31
Harabali **RUS** 64-65 Eh 43
Harabeköy **TR** 84-85 Dc 52
Harabekri = Knidos Harabekri **TR** 82-83 Ch 54
Harabeleri **TR** 82-83 Ch 54
Haradok **BY** 30-31 Ck 35
Haradok, Davyd- **BY** 46-47 Ch 38
Haradzeja **BY** 28-29 Cg 37
Haradziška **BY** 28-29 Cg 37
Haragauli **GE** 78-79 Ed 49
Haravgí **GR** 74-75 Cb 50
Harborø **DK** 26-27 Ai 34
Harburg **D** 26-27 Ak 37
Harburg (Schwaben) **D** 42-43 Ba 42
Hardbakke **N** 16-17 Ae 29
Hardenberg **NL** 42-43 Ag 38
Harderwijk **NL** 42-43 Af 38
Hareid **N** 8-9 Ag 28
Haren (Ems) **D** 26-27 Ah 38
Harestua **N** 16-17 Ba 30
Harino **RUS** 20-21 Ed 31
Haristvala **GE** 78-79 Ed 48
Haritonovo **RUS** 22-23 Eh 29
Harkány **H** 58-59 Bi 45
Har'kov = Charkiv **UA** 48-49 Dg 41
Har'kovka **RUS** 52-53 Fg 40
Harlamovskaja **RUS** 20-21 Dh 32
Harleston **GB** 40-41 Ab 38
Hårlev **DK** 26-27 Bc 35
Harlingen **NL** 26-27 Af 37
Harlovka **RUS** 4-5 Dh 22
Harlovskoe **RUS** 24-25 Gd 33
Harlow **GB** 40-41 Aa 39
Hărman **RO** 60-61 Cf 45
Harmancık **TR** 76-77 Ck 51
Harmancık **TR** 78-79 Dh 51
Harmånger **S** 8-9 Bh 29
Harmanli **BG** 74-75 Cf 49
Harmanlı **TR** 86-87 Dh 53
Haro **E** 68-69 Sh 48
Haroldswick **GB** 38-39 Sk 30
Harovsk **RUS** 20-21 Ea 31
Harpstedt **D** 26-27 Ai 38
Harput **TR** 86-87 Dk 52
Harran **N** 8-9 Bc 26
Harran **TR** 86-87 Dk 54
Harrogate **GB** 38-39 Si 37
Harsefeld **D** 26-27 Ak 37
Harstad **N** 2-3 Bg 22
Harsvik **N** 8-9 Ba 26
Hartberg **A** 58-59 Bf 43
Hartlepool **GB** 38-39 Si 36
Hartola **FIN** 18-19 Cg 29
Harun **TR** 76-77 De 50
Harwich **GB** 40-41 Ab 39
Harzburg, Bad **D** 42-43 Ba 39
Harzgerode **D** 42-43 Bb 39
Ḥasaka, al- **SYR** 86-87 Ea 54
Hasanağa **TR** 76-77 Ci 50
Hasançelebi **TR** 86-87 Dh 52
Hasankeyf **TR** 86-87 Eb 53
Hasanoğlan **TR** 76-77 Dd 50
Ḥaşawiya Fauqāni **SYR** 86-87 Eb 54
Hasbek **TR** 76-77 Df 51
Haselünne **D** 26-27 Ah 38
Hasköy **TR** 74-75 Cg 49
Hasköy **TR** 78-79 Ec 50
Haskovo **BG** 74-75 Cf 49
Haslemere **GB** 40-41 Sk 39
Haslev **DK** 26-27 Bb 35
Hasparren **F** 54-55 Si 47
Hassa **TR** 86-87 Dg 54
Hassela **S** 8-9 Bg 28
Hasselt **B** 42-43 Af 40
Haßfurt **D** 42-43 Ba 40
Hassi el Ghella **DZ** 80-81 Si 55
Haßlau, Wilkau- **D** 42-43 Bc 40
Hastings **GB** 40-41 Aa 40
Hašuri **GE** 78-79 Ed 49
Hasvik **N** 2-3 Cc 20
Hatay (Antakya) **TR** 84-85 Dg 54
Hațeg **RO** 58-59 Cc 45
Hatfield **GB** 40-41 Sk 39
Hatip **TR** 84-85 Dc 53
Hatlestrand **N** 16-17 Af 30
Hattfjelldal **N** 8-9 Bd 25
Hattuselkonen **FIN** 10-11 Da 27
Hattuvaara **FIN** 10-11 Db 28
Ḥātūniya **SYR** 86-87 Eb 54
Hatunsaray **TR** 84-85 Dc 53
Hatvan **H** 58-59 Bk 43
Haugesund **N** 16-17 Af 31
Haugland **N** 16-17 Ae 30
Hauho **FIN** 18-19 Ce 29
Haukadalur **IS** 36 Qk 26
Haukeligrend **N** 16-17 Ah 31
Haukipudas **FIN** 10-11 Cf 25
Haukivuori **FIN** 10-11 Ch 28
Haurida **S** 16-17 Be 33
Hausjärvi **FIN** 18-19 Ce 30
Hautajärvi **FIN** 2-3 Ck 24
Hautavaara **RUS** 10-11 Dc 28
Hauzenberg **D** 42-43 Bd 42
Havaalanı **TR** 78-79 Dg 51
Havant **GB** 40-41 Sk 40
Havelberg **D** 26-27 Bc 38
Haverfordwest **GB** 40-41 Sf 39
Haverhill **GB** 40-41 Aa 38
Havlíčkův Brod **CZ** 44-45 Bf 41
Havøysund **N** 2-3 Ce 19
Havran **TR** 76-77 Ch 51
Havre, Le **F** 40-41 Aa 41
Havrylivka **UA** 48-49 Dg 42
Havsa **TR** 74-75 Cg 49
Havsnäs **S** 8-9 Bf 26
Havuz **TR** 78-79 Dh 51
Havza **TR** 76-77 Df 50

Hawes **GB** 38-39 Sh 36
Hawick **GB** 38-39 Sh 35
Ḩawīğa **IRQ** 86-87 Ed 55
Hayange **F** 42-43 Ag 41
Haydarlı **TR** 84-85 Da 52
Haydere **TR** 84-85 Ci 53
Haye-du-Puits, La **F** 40-41 Si 41
Haymana **TR** 76-77 Dc 51
Hayrabolu **TR** 76-77 Ch 49
Hayrat **TR** 78-79 Ea 50
Haywards Heath **GB** 40-41 Sk 39
Hazar **TR** 86-87 Dk 52
Hazebrouck **F** 40-41 Ac 40
Ḩāzimiya **IRQ** 86-87 Ed 56
Hazine **TR** 86-87 Ed 52
Hazro **TR** 86-87 Ea 52
Headfort = Áth Cinn **IRL** 37 Sa 37
Heby **S** 16-17 Bg 31
Hechingen **D** 42-43 Ai 42
Hedal **N** 16-17 Ak 30
Hede **S** 8-9 Bd 28
Hedemora **S** 16-17 Bf 30
Hedenäset **S** 10-11 Cd 24
Hedensted **DK** 26-27 Ak 35
Hedesunda **S** 16-17 Bg 30
Hedeviken **S** 8-9 Bd 28
Hedon **GB** 38-39 Sk 37
Heerenveen **NL** 26-27 Af 38
Heerlen **NL** 42-43 Af 40
Hegyeshalom **H** 58-59 Bh 43
Heide **D** 26-27 Ak 36
Heidelberg **D** 42-43 Ai 41
Heidenheim an der Brenz **D** 42-43 Ba 42
Heidenreichstein **A** 44-45 Bf 42
Heikkilä **FIN** 10-11 Ck 25
Heilam **GB** 38-39 Sf 32
Heilbad Heiligenstadt **D** 42-43 Ba 39
Heilbronn **D** 42-43 Ak 41
Heiligenblut **A** 56-57 Bc 43
Heiligenhafen **D** 26-27 Ba 36
Heiligenstadt, Heilbad **D** 42-43 Ba 39
Heiloo **NL** 26-27 Ae 38
Heimdal **N** 8-9 Ba 27
Heinävesi **FIN** 10-11 Ci 28
Heinola **FIN** 18-19 Cg 29
Heist, Knokke- **B** 40-41 Ad 39
Heist-op-den-Berg **B** 40-41 Ae 39
Heituinlahti **FIN** 18-19 Ch 29
Hejde **S** 16-17 Bi 33
Hekimdağ **TR** 76-77 Da 51
Hekimhan **TR** 86-87 Dh 52
Hel **PL** 28-29 Bi 36
Helagsstugorna **S** 8-9 Bc 28
Helder, Den **NL** 26-27 Ae 38
Helensburgh **GB** 38-39 Sf 34
Helgum **S** 8-9 Bg 27
Hella **IS** 36 Qk 27
Helle **N** 16-17 Ak 32
Helleland **N** 16-17 Ag 32
Hellemobotn **N** 2-3 Bg 23
Hellesvik **N** 8-9 Ai 27
Hellesylt **N** 8-9 Ag 28
Hellevoetsluis **NL** 40-41 Ae 39
Hellín **E** 80-81 Si 52
Hellisandur **IS** 36 Qg 26
Hellnessund **N** 2-3 Be 23
Helmond **NL** 42-43 Af 39
Helmsdale **GB** 38-39 Sg 32
Helmsley **GB** 38-39 Si 36
Helmstedt **D** 42-43 Ba 38
Helsingborg **S** 26-27 Bc 34
Helsingfors = Helsinki **FIN** 18-19 Ce 30
Helsingør **DK** 26-27 Bc 34
Helsinki **FIN** 18-19 Ce 30
Helston **GB** 40-41 Se 40
Helvačauri **GE** 78-79 Eb 49
Hemavan **S** 8-9 Bf 25
Hemel Hempstead **GB** 40-41 Sk 39
Heming **F** 42-43 Ag 42
Hemling **S** 8-9 Bi 27
Hemmingsmark **S** 10-11 Cb 25
Hemnes **N** 16-17 Bb 31
Hemnesberget **N** 2-3 Bd 24
Hemse **S** 16-17 Bi 33
Hemsedal **N** 16-17 Ai 30
Hemsö **S** 8-9 Bi 28
Henån **S** 16-17 Bb 32
Hendaye **F** 54-55 Si 47
Hendek **TR** 76-77 Da 50
Hengelo **NL** 42-43 Ag 38
Heničes'k **UA** 62-63 De 44
Henley-on-Thames **GB** 40-41 Sk 39
Hennebont **F** 54-55 Sg 43
Hennigsdorf **D** 42-43 Bd 38
Henningsvær **N** 2-3 Be 22
Heradsbygd **N** 16-17 Bb 30
Herbault **F** 54-55 Ab 43
Herbiers, les **F** 54-55 Si 44
Herbignac **F** 54-55 Sh 43
Herby **PL** 44-45 Bi 40
Herceg-Novi **YU** 72-73 Bi 48
Hercegovačka Goleša = Pribojska Goleša **YU** 58-59 Bk 47
Herefoss **N** 16-17 Ai 32
Hereke **TR** 76-77 Ck 50
Herford **D** 42-43 Ai 38
Héricourt **F** 56-57 Ag 43
Herisau **CH** 56-57 Ak 43
Herleshausen **D** 42-43 Ba 39
Hermagor-Pressegger See **A** 56-57 Bd 44
Hermannsburg **D** 26-27 Ba 38
Hermansverk **N** 16-17 Ag 29
Herning **DK** 26-27 Ai 34
Herøy **N** 8-9 Bc 25
Herre **N** 16-17 Ak 31
Herrenberg **D** 42-43 Ai 42
Herrera del Duque **E** 68-69 Se 51
Herrera de Pisuerga **E** 68-69 Sf 48
Herreruela **E** 68-69 Sd 51
Herringbotn **N** 8-9 Bd 25
Herrljunga **S** 16-17 Bd 32
Hersbruck **D** 42-43 Bb 41
Hersfeld, Bad **D** 42-43 Ak 40
Herson = Cherson **UA** 62-63 Dc 44
Hertogenbosch, 's- **NL** 42-43 Af 39
Herzberg am Harz **D** 42-43 Ba 39
Herzberg (Elster) **D** 42-43 Bd 39
Hesdin **F** 40-41 Ac 40
Hessfjord **N** 2-3 Bk 21
Hessisch Lichtenau **D** 42-43 Ak 39
Hesteyri **IS** 36 Qh 24
Hetekylä **FIN** 10-11 Cg 25
Hetolambina **RUS** 4-5 Dd 24
Hetovo **RUS** 12-13 Ec 27
Heves **H** 58-59 Ca 43
Hevlín **CZ** 44-45 Bg 42
Hexham **GB** 38-39 Sh 36
Heysham **GB** 38-39 Sh 36
Hibiny **RUS** 4-5 Dd 23
Hidasnémeti **H** 44-45 Cb 42
Hiddensee **D** 26-27 Bd 36
Hieflau **A** 58-59 Be 43
Hietapera **FIN** 10-11 Ck 26
High Wycombe **GB** 40-41 Sk 39
Hiirola **FIN** 10-11 Ch 29
Híjar **E** 70-71 Sk 49
Hildburghausen **D** 42-43 Ba 40
Hildesheim **D** 42-43 Ak 38
Hiliomódi **GR** 82-83 Cc 53
Hillegom **NL** 40-41 Ae 38
Hillerød **DK** 26-27 Bc 35
Hillerstorp **S** 16-17 Bd 33
Hillswick **GB** 38-39 Si 30
Hilvan **TR** 86-87 Di 53
Hilversum **NL** 42-43 Af 38
Himanka **FIN** 10-11 Cd 26
Himarë **AL** 74-75 Bk 50
Himki **RUS** 30-31 Dh 35
Himmetdede **TR** 84-85 Df 52
Ḩimş **SYR** 86-87 Dg 56
Hînceşti **MD** 60-61 Ci 44
Hinckley **GB** 40-41 Si 38
Hindås **S** 16-17 Bc 33
Hınıs **TR** 78-79 Eb 51
Hinnerjoki **FIN** 18-19 Cb 30
Hinojosa del Duque **E** 80-81 Se 52
Híos **GR** 82-83 Cg 52
Ḩirbat Isriya **SYR** 86-87 Dh 55
Hîrlău **RO** 60-61 Cg 43
Hirschberg **D** 42-43 Bb 40
Hirsilä **FIN** 18-19 Ce 29
Hirson **F** 40-41 Ae 41
Hîrşova **RO** 60-61 Ch 46
Hîrtop **MD** 60-61 Ci 44
Hirtshals **DK** 16-17 Ak 33
Hirvas **FIN** 2-3 Cf 24
Hiš **SYR** 86-87 Dg 55
Hisar **TR** 76-77 Dd 51
Hisarcık **TR** 76-77 Ck 51
Hisarja **BG** 74-75 Ce 48
Hislaviči **RUS** 30-31 Dc 36
Hitovo **BG** 60-61 Ch 47
Hizan **TR** 86-87 Ec 52
Hjallerup **DK** 16-17 Ba 33
Hjellestad **N** 16-17 Af 30
Hjellset **N** 8-9 Ah 28
Hjelmeland **N** 16-17 Ag 31
Hjerkinn **N** 8-9 Ak 28
Hjo **S** 16-17 Be 32
Hjørring **DK** 16-17 Ba 33
Hjortkvarn **S** 16-17 Bf 32
Hlavani **UA** 60-61 Ck 45
Hlebarovo = Car Kalojan **BG** 60-61 Cg 47
Hlepen' **RUS** 30-31 De 35
Hlevacha **UA** 46-47 Da 40
Hlinsko **CZ** 44-45 Bf 41
Hlobyne **UA** 46-47 Dd 41
Hlohovec **SK** 44-45 Bh 42
Hluchiv **UA** 46-47 Dd 39
Hluša **BY** 30-31 Ci 37
Hlusk **BY** 30-31 Ci 38
Hluškavičy **BY** 46-47 Ch 39
Hlyboka **UA** 46-47 Cf 42
Hlybokae **BY** 30-31 Ch 35
Hlyns'k **UA** 46-47 Dc 42
Hlystalovo **RUS** 22-23 Ek 31
Hmelevka **RUS** 22-23 Eg 32
Hmelita **RUS** 30-31 Dd 35
Hmel'nickij = Chmel'nyc'kyj **UA** 46-47 Cg 41
Hnivan' **UA** 46-47 Ci 41
Hnúšt'a **SK** 44-45 Bk 42
Hobi **GE** 78-79 Eb 48
Hobro **DK** 26-27 Ak 34
Hocabey **TR** 78-79 Dg 51
Hocalar **TR** 84-85 Ck 52
Hoceima, Al- **MA** 80-81 Sg 55
Hódmezővásárhely **H** 58-59 Ca 44
Hodonín **CZ** 44-45 Bh 42
Hodovariha **RUS** 6-7 Fd 22
Höchstadt an der Aisch **D** 42-43 Ba 41
Höfðakaupstaður = Skagaströnd **IS** 36 Qk 25
Höfn **IS** 36 Re 26
Höganäs **S** 26-27 Bc 34
Högby **S** 16-17 Bh 33
Högbynäs **S** 8-9 Bf 26
Högland **S** 8-9 Bf 26
Höglekardalen **S** 8-9 Bd 27
Högsäter **S** 16-17 Bc 32
Högsby **S** 16-17 Bg 33
Hoek van Holland **NL** 40-41 Ae 39
Höljes **S** 16-17 Bc 30
Höllviken **S** 26-27 Bc 35
Hönningen, Bad **D** 42-43 Ah 40
Höör **S** 26-27 Bd 35
Hörby **S** 26-27 Bd 35
Hörnefors **S** 10-11 Bk 27
Hörnsjö **S** 10-11 Bk 27
Hörnum (Sylt) **D** 26-27 Ai 36
Hof **D** 42-43 Bb 40
Hofgeismar **D** 42-43 Ak 39
Hofors **S** 16-17 Bg 30
Hofsós **IS** 36 Ra 25
Høgstadgård **N** 2-3 Bk 22
Hőgyész **H** 58-59 Bi 44
Hohenems **A** 56-57 Ak 43
Hohenwestedt **D** 26-27 Ak 36
Hoholiv **UA** 46-47 Db 40
Hohol'skij **RUS** 48-49 Di 39
Højer **DK** 26-27 Ai 36
Hokksund **N** 16-17 Ak 31
Hol **N** 16-17 Ai 30
Hol, Ulan- **RUS** 64-65 Eg 45
Hola Prystan' **UA** 62-63 Dc 44
Hólar **IS** 36 Ra 25
Holbæk **DK** 26-27 Bb 35
Holešov **CZ** 44-45 Bh 41
Holice **CZ** 44-45 Bf 40
Hollabrunn **A** 44-45 Bg 42
Hollandstrom **GB** 38-39 Sh 31
Høllen **N** 16-17 Ah 32
Hollókő **H** 58-59 Bk 43
Hollywood = Cillín Chaoimhín **IRL** 37 Sd 37
Holm **FIN** 10-11 Cc 27
Holm **RUS** 18-19 Db 33
Holm **S** 8-9 Bg 28
Holmajärvi **S** 2-3 Bk 23
Hólmavík **IS** 36 Qi 25
Holmeči **RUS** 46-47 De 38
Holmedal **N** 16-17 Af 29
Holmenkollen **N** 16-17 Ba 31
Holmestrand **N** 16-17 Ba 31
Holmogorskaja **RUS** 12-13 Ea 27
Holmogory **RUS** 12-13 Eb 26
Holmskij **RUS** 62-63 Di 46
Holmsund **S** 10-11 Ca 27
Holmsveden **S** 16-17 Bg 29
Holm-Žirkovskij **RUS** 30-31 Dd 35
Holoby **UA** 46-47 Cf 39
Holovkivka **UA** 46-47 Dc 41
Holøydal **N** 8-9 Bb 28
Holstebro **DK** 26-27 Ai 34
Holsted **DK** 26-27 Ai 35
Holsworthy **GB** 40-41 Sf 40
Holtobino **RUS** 30-31 Di 36
Holwerd **NL** 26-27 Af 37
Holyhead **GB** 38-39 Sf 37
Holy Island **GB** 38-39 Si 35
Holzkirchen **D** 56-57 Bb 43
Holzminden **D** 42-43 Ak 39
Homberg (Ohm) **D** 42-43 Ak 40
Homburg **D** 42-43 Ah 41
Homburg vor der Höhe, Bad **D** 42-43 Ai 40
Homel' **BY** 46-47 Db 38
Hommelstø **N** 8-9 Bc 25
Hommelvik **N** 8-9 Ba 27
Homutovka **RUS** 46-47 De 39
Homutovo **RUS** 30-31 Dh 38
Honaïne **DZ** 80-81 Si 55
Honaz **TR** 84-85 Ck 53
Hondarribia **E** 54-55 Si 47
Hønefoss **N** 16-17 Ba 30
Honfleur **F** 40-41 Aa 41
Honi **GE** 78-79 Ec 48
Honiton **GB** 40-41 Sg 40
Honkajoki **FIN** 10-11 Cc 29
Honningsvåg **N** 2-3 Cf 20
Hoogeveen **NL** 26-27 Ag 38
Hoorn **NL** 26-27 Af 38
Hopa **TR** 78-79 Eb 49
Hopen **N** 8-9 Ai 27
Hopen Radio **N** 2-3 I I 3
Hopseidet **N** 2-3 Ch 20
Hóra **GR** 82-83 Cb 53
Horasan **TR** 78-79 Ec 50
Horažďovice **CZ** 42-43 Bd 41
Horcajo de los Montes **E** 68-69 Sf 51
Horcajo de Santiago **E** 68-69 Sh 51
Hordyšče **UA** 48-49 Dk 41
Horej-Ver **RUS** 6-7 Fh 23
Horki **BY** 30-31 Da 36
Horlivka **UA** 48-49 Di 42
Horn **A** 44-45 Bf 42
Horn **N** 8-9 Bc 25
Horn **S** 16-17 Bf 33
Hornachos **E** 80-81 Sd 52
Hornachuelos **E** 80-81 Se 53
Horn-Bad Meinberg **D** 42-43 Ai 39
Horncastle **GB** 38-39 Sk 37
Horndal **S** 16-17 Bg 30
Horneburg **D** 26-27 Ak 37
Horní Lideč **CZ** 44-45 Bi 41
Hørning **DK** 26-27 Ba 34
Hornsea **GB** 38-39 Sk 37
Hornslet **DK** 26-27 Ba 34
Hornum **DK** 26-27 Ak 34
Horochiv **UA** 44-45 Ce 40
Horodec **UA** 46-47 Cg 39
Horodenka **UA** 46-47 Cf 42
Horodnja **UA** 46-47 Db 39
Horodnycja **UA** 46-47 Ch 40
Horodok **UA** 44-45 Cd 41
Horodok **UA** 46-47 Cg 41
Horodyšče **UA** 46-47 Db 41
Horred **S** 16-17 Bc 33
Horsens **DK** 26-27 Ak 35
Horsham **GB** 40-41 Sk 39
Hørsholm **DK** 26-27 Bc 35
Horslunde **DK** 26-27 Bb 36
Horšovský Týn **CZ** 42-43 Bc 41
Horsunlu **TR** 84-85 Ci 53
Horten **N** 16-17 Ba 31
Horticy **RUS** 20-21 Dd 31
Hortobágy **H** 58-59 Cb 43
Hory **BY** 30-31 Db 36
Hošča **UA** 46-47 Cg 40
Hošeutovo **RUS** 64-65 Eh 44
Hosjö **S** 16-17 Bf 30
Hospitalet de l'Infant, l' **E** 70-71 Aa 50
Hospitalet de Llobregat, l' **E** 70-71 Ac 49
Hospitalet-près-l'Andorre, l' **F** 70-71 Ab 48
Hossa **FIN** 10-11 Ck 25
Hossegor, Soorts- **F** 54-55 Si 47
Hosta **RUS** 62-63 Dk 47
Hostalric **E** 70-71 Ac 49
Hostomel' **UA** 46-47 Da 40
Hotamış **TR** 84-85 Dd 53
Hotarele **RO** 60-61 Cg 46
Hoting **S** 8-9 Bg 26
Hotynec **RUS** 30-31 Df 37
Houbie **GB** 38-39 Sk 30
Hourtin **F** 54-55 Si 45
Houtskär **FIN** 18-19 Cb 30
Hov **DK** 26-27 Ba 35
Hov **N** 16-17 Ba 30
Hova **S** 16-17 Be 32
Hovden **N** 16-17 Ah 31
Hovmantorp **S** 26-27 Bf 34
Hovotrojic'ke **UA** 62-63 Dh 43
Høyanger **N** 16-17 Ag 29
Hoyerswerda **D** 42-43 Be 39
Høylandet **N** 8-9 Bc 26
Hozat **TR** 78-79 Dk 51
Hrabjani **BY** 46-47 Ci 39
Hradec Králové **CZ** 44-45 Bf 40
Hradyz'k **UA** 46-47 Dd 41
Hradzjanka **BY** 30-31 Ci 37
Hranice **CZ** 44-45 Bh 41
Hrastnik **SLO** 58-59 Bf 44
Hraun **IS** 36 Qk 24
Hrebinka **UA** 46-47 Dc 40
Hrebinky **UA** 46-47 Da 41
Hresivs'ke **UA** 62-63 De 45
Hrísey **IS** 36 Rb 25
Hrissoúpoli **GR** 74-75 Ce 50
Hrjaščevka **RUS** 32-33 Ek 37
Hrodna **BY** 28-29 Cd 37
Hromtau **KA** 52-53 Fi 40
Hronský Beňadik **SK** 44-45 Bi 42
Hrubieszów **PL** 44-45 Cd 40
Hrušuvacha **UA** 48-49 Dg 41
Hryhorivka **UA** 46-47 Db 41
Hubynycha **UA** 48-49 Df 42
Huddersfield **GB** 38-39 Si 37
Hudiksvall **S** 8-9 Bh 29
Huduk, Naryn- **RUS** 64-65 Eg 45
Hückelhoven **D** 42-43 Ag 39
Huedin **RO** 60-61 Cd 44
Huelgoat **F** 40-41 Sg 42
Huelma **E** 80-81 Sg 53
Huelva **E** 80-81 Sd 53
Hünfeld **D** 42-43 Ak 40
Huércal-Overa **E** 80-81 Si 53
Huesca **E** 70-71 Sk 48
Huéscar **E** 80-81 Sh 53
Huete **E** 68-69 Sh 50
Hüttenberg **A** 58-59 Be 44
Hüyük **TR** 84-85 Db 53
Huittinen **FIN** 18-19 Cc 29
Hukovo **UA** 48-49 Dk 42
Hul'ajpole **UA** 62-63 Dg 43
Hulhuta **RUS** 64-65 Eg 44
Hulo **GE** 78-79 Ec 49
Hulst **NL** 40-41 Ae 39
Hultanäs **S** 16-17 Bf 33
Hultsfred **S** 16-17 Bf 33
Hum **BIH** 74-75 Bi 47
Humada **E** 68-69 Sf 48
Ḩumaidāt **IRQ** 86-87 Ec 54
Humanes **E** 68-69 Sg 50
Humenné **SK** 44-45 Cb 42
Humpolec **CZ** 44-45 Bf 41
Humppila **FIN** 18-19 Cd 30
Hundested **DK** 26-27 Bb 35
Hunedoara **RO** 58-59 Cc 45
Hungen **D** 42-43 Ai 40
Hunnebostrand **S** 16-17 Bb 32
Hunstanton **GB** 38-39 Aa 38
Huntingdon **GB** 40-41 Sk 38
Huntly **GB** 38-39 Sh 33
Huppain, Port-en-Bessin- **F** 40-41 Sk 41
Ḩuqna, Tall **IRQ** 86-87 Ec 54
Hurdal **N** 16-17 Bb 30
Hurezani **RO** 60-61 Cd 46
Hurivka **UA** 46-47 Dd 42
Hurki **BY** 30-31 Da 35
Hurup **DK** 26-27 Ai 34
Hurzuf **UA** 62-63 De 46
Hurzuk **RUS** 64-65 Ec 47
Húsafell **IS** 36 Qk 26
Húsavík **IS** 36 Rc 24
Husby **S** 16-17 Bg 30
Husbysjøen **N** 8-9 Ba 27
Hushinish **GB** 38-39 Sc 33
Huşi **RO** 60-61 Ci 44
Husjatyn **UA** 46-47 Cg 41
Huskvarna **S** 16-17 Be 33
Husnes **N** 16-17 Af 31
Hustad **N** 8-9 Ah 28
Husum **D** 26-27 Ak 36
Husum **S** 10-11 Bk 27
Husvallgölen **S** 16-17 Bd 29
Husvika **N** 8-9 Bc 25
Hutovo **BIH** 72-73 Bh 48
Huutoniemi **FIN** 2-3 Cg 21
Huy **B** 42-43 Af 40
Hvalovo **RUS** 18-19 Dc 31
Hvalpsund **DK** 26-27 Ak 34
Hvalynsk **RUS** 50-51 Ei 38
Hvammstangi **IS** 36 Qk 25
Hvar **HR** 72-73 Bg 47
Hvardijs'ke **UA** 62-63 De 45
Hvastoviči **RUS** 30-31 Df 37
Hveragerði **IS** 36 Qi 26
Hveravellir **IS** 36 Ra 26
Hvide Sande **DK** 26-27 Ai 34
Hvittingfoss **N** 16-17 Ba 31
Hvojnaja **RUS** 20-21 De 32
Hvolsvöllur **IS** 36 Qk 27
Hvorostjanka **RUS** 48-49 Ea 38
Hvorostjanka **RUS** 50-51 Ei 38
Hwlfordd = Haverfordwest **GB** 40-41 Sf 39
Hycklinge **S** 16-17 Bf 33
Hyen **N** 8-9 Af 29
Hyères **F** 56-57 Ag 47
Hyltebruk **S** 26-27 Bd 33
Hynčešt' = Hînceşti **MD** 60-61 Ci 44
Hyrynsalmi **FIN** 10-11 Ci 26
Hytölä **FIN** 10-11 Cg 28
Hyvinkää **FIN** 18-19 Ce 30

I

Iacobeni **RO** 60-61 Cf 43
Ialissos **GR** 84-85 Ci 54
Ialoveni **MD** 60-61 Ci 44
Ianca **RO** 60-61 Ch 45
Iargara **MD** 60-61 Ci 44
Iaşi **RO** 60-61 Ch 43
Ib **RUS** 22-23 Fa 29
Iba **RUS** 12-13 Eh 27
Ibakibka = Ivanivka **UA** 44-45 Cc 42
Ibbenbüren **D** 42-43 Ah 38
İbek **TR** 76-77 Df 50
Ibestad **N** 2-3 Bh 22

Ibi **E** 80-81 Sk 52
Ibragimovo **RUS** 34-35 Ff 36
Ibrāhīm 'Audūl **IRQ** 86-87 Ee 54
Ibrat aş-Şağira **IRQ** 86-87 Ee 54
Ibresi **RUS** 32-33 Eh 35
Ibriktepe **TR** 74-75 Cg 49
Ibrjaevo **RUS** 34-35 Fc 36
İçel (Mersin) **TR** 84-85 De 54
İçeriçumra **TR** 84-85 Dc 53
İçme **TR** 86-87 Dk 52
Ičnja **UA** 46-47 Dc 40
Idanha-a-Nova **P** 68-69 Sc 51
Idar-Oberstein **D** 42-43 Ah 41
Idel' **RUS** 12-13 De 26
Idel'bakovo **RUS** 52-53 Fh 39
İdil **TR** 86-87 Eb 53
Idivuoma **S** 2-3 Cc 22
Idlib **SYR** 86-87 Dg 55
Ídra **GR** 82-83 Cd 53
Idre **S** 8-9 Bc 29
Idrija **SLO** 56-57 Bd 45
Idstein **D** 42-43 Ai 40
Iecava **LV** 28-29 Ce 34
Ieper **B** 40-41 Ac 40
Ierápetra **GR** 82-83 Cf 55
Iernut **RO** 60-61 Ce 44
Ievlevo **RUS** 24-25 Gh 33
Ifjord **N** 2-3 Ch 20
Igal **H** 58-59 Bh 44
Iğdecik **TR** 76-77 Db 51
Iğdeli **TR** 78-79 Dh 51
Iğdir **TR** 76-77 Dd 49
Iğdir **TR** 76-77 Df 50
Iğdır **TR** 78-79 Ee 51
Iggesund **S** 16-17 Bh 29
Iglesias **I** 70-71 Ai 51
Iglino **RUS** 34-35 Fg 36
Ignalina **LT** 28-29 Cg 35
Ignatovo **RUS** 20-21 Dh 30
İğneada **TR** 76-77 Ch 49
Igodovo **RUS** 20-21 Ec 32
Igoumenítsa **GR** 74-75 Ca 51
Igra **RUS** 22-23 Fd 33
Igualada **E** 70-71 Ab 49
Igüeña **E** 68-69 Sd 48
Igumnovskaja **RUS** 12-13 Ee 28
Igumnovskaja **RUS** 20-21 Ed 30
Ihlara **TR** 84-85 De 52
İhsangazi **TR** 76-77 Dd 49
İhsaniye **TR** 76-77 Da 51
Ihtiman **BG** 74-75 Cd 48
Iisaku **EST** 18-19 Ch 31
Iisalmi **FIN** 10-11 Ch 27
IJmuiden **NL** 40-41 Ae 38
Ikaalinen **FIN** 18-19 Cd 29
Ikast **DK** 26-27 Ak 34
Ik-Burul **RUS** 64-65 Ee 45
Ikikuyu **TR** 86-87 Ea 52
Iki Manlan **RUS** 64-65 Ef 43
İkizce **TR** 76-77 Dc 51
İkizdere **TR** 78-79 Ea 50
İkizören **TR** 76-77 Dd 50
Ikrjanoe **RUS** 64-65 Eh 44
Ikša **RUS** 30-31 Dh 34
Ikškile **LV** 28-29 Ce 34
Ilava **SK** 44-45 Bi 42
Ildır **TR** 82-83 Cg 52
Ileck, Sol'- **RUS** 50-51 Fe 39
Ilek **RUS** 50-51 Fd 39
Ileksinskaja **RUS** 20-21 Dh 29
Île-Rousse, L' **F** 70-71 Ai 48
Ilfracombe **GB** 40-41 Sf 39
Ilgaz **TR** 76-77 Dd 50
Ilgın **TR** 84-85 Db 52
İlhanköy **TR** 76-77 Ch 50
Ílhavo **P** 68-69 Sb 50
Ilia **RO** 58-59 Cc 45
Ilıbaşı **TR** 76-77 Da 51
Iliç **TR** 78-79 Di 51
Il'iča **RUS** 22-23 Fg 33
Ilıca **TR** 76-77 Ch 51
Ilıca **TR** 76-77 Ci 51
Ilıca **TR** 76-77 Dc 51
Ilıca **TR** 78-79 Eb 51
Ilıca **TR** 82-83 Cg 52
Ilıca **TR** 84-85 Dc 54
Ilıca **TR** 86-87 Dg 53
Ilıcalar **TR** 86-87 Ea 52
Ilidža **BIH** 58-59 Bi 47
Ilim **RUS** 24-25 Fi 33
Il'inka **KA** 52-53 Fg 41
Il'inka **RUS** 48-49 Eb 38
Il'inka **RUS** 52-53 Fh 39
Il'inka **RUS** 64-65 Eh 44
Il'ino **RUS** 30-31 Db 35
Il'inskaja **RUS** 64-65 Ea 45
Il'inskij **RUS** 18-19 Dc 29
Il'inskij **RUS** 22-23 Fe 32
Il'inskoe **RUS** 20-21 Di 33
Il'inskoe **RUS** 30-31 Dh 34
Il'inskoe **RUS** 34-35 Fc 34
Il'inskoe-Hovanskoe **RUS** 32-33 Dk 34
Il'insko-Podomskoe **RUS** 22-23 Eh 29
Il'insko-Zaborskoe **RUS** 20-21 Ee 33
Ilirska Bistrica **SLO** 58-59 Be 45
Il'ja **BY** 30-31 Ch 36
Il'juhinskaja **RUS** 20-21 Eb 30
Il'kino **RUS** 32-33 Eb 35
Ilkley **GB** 38-39 Si 37
Ille-sur-Têt **F** 70-71 Ac 48
Illičivs'k **UA** 60-61 Da 44
Illiers-Combray **F** 40-41 Ab 42
Illinci **UA** 46-47 Ck 41
Ilmajoki **FIN** 10-11 Cc 28
Il'men' **RUS** 48-49 Ee 40
Ilmenau **D** 42-43 Ba 40
Il'men'-Suvorovskij **RUS** 48-49 Ed 42
Ilomantsi **FIN** 10-11 Da 28
Ilovajs'k **UA** 62-63 Di 43
Ilovatka **RUS** 50-51 Ef 40
Ilovka **RUS** 48-49 Di 40
Ilovlja **RUS** 48-49 Ee 41
Iłowa **PL** 44-45 Bf 39
Ilūkste **LV** 28-29 Cg 35
İlyaspaşa **TR** 76-77 Db 51
Iłża **PL** 44-45 Cb 39
İmamoğlu **TR** 84-85 Df 53
Imandra **RUS** 4-5 Dd 23
Imatra **FIN** 18-19 Ci 29
İmecik **TR** 84-85 Da 54
Imena Babuškina **RUS** 20-21 Ed 31
Imeni Michaila Ivanoviča Kalinina **RUS** 22-23 Ef 33
Imjanlikuevo **RUS** 34-35 Fe 35
Immenstadt im Allgäu **D** 56-57 Ba 43
Immingham **GB** 38-39 Sk 37
Ímola **I** 56-57 Bb 46
Imotski **HR** 58-59 Bh 47
Imperia **I** 56-57 Ai 47
Imphy **F** 54-55 Ad 44
İmranlı **TR** 78-79 Di 51
İmroz **TR** 74-75 Cf 50
Imst **A** 56-57 Ba 43
Inari **FIN** 2-3 Ch 22
Inca **E** 70-71 Ac 51
İncesu **TR** 84-85 Dd 52
İncesu **TR** 84-85 Df 52
İncetarla **TR** 84-85 Df 53
İncidere **TR** 86-87 Di 54
İncirli **TR** 86-87 Di 53
İncirlik **TR** 84-85 Df 53
İncirliova **TR** 82-83 Ch 53
Incy **RUS** 12-13 Ea 25
Indal **S** 8-9 Bh 28
Indepenta **RO** 60-61 Ck 45
Inderborskij **KA** 50-51 Fc 42
Indiga **RUS** 6-7 Ek 23
Inđija **YU** 58-59 Ca 45
Indre Billefjord **N** 2-3 Cf 20
İnece **TR** 76-77 Ch 49
İnecik **TR** 76-77 Ch 50
İnegöl **TR** 76-77 Ck 50
Ineu **RO** 58-59 Cb 44
Ingå **FIN** 18-19 Ce 30
Ingatorp **S** 16-17 Bf 33
Ingelmunster **B** 40-41 Ad 40
Ingolstadt **D** 42-43 Bb 42
İnhisar **TR** 76-77 Da 50
Ínio **GR** 82-83 Cf 55
Inis = Ennis **IRL** 37 Sb 38
Inis Ceithleann = Enniskillen **GB** 37 Sc 36
Inis Córthaidh = Enniscorthy **IRL** 37 Sd 38
Inkoo = Ingå **FIN** 18-19 Ce 30
İnlice **TR** 84-85 Dc 53
Innbygda **N** 16-17 Bc 29
Inndyr **N** 2-3 Be 23
Innerleithen **GB** 38-39 Sg 35
Innertkirchen **CH** 56-57 Ai 44
Innsbruck **A** 56-57 Bb 43
Innset **N** 2-3 Bi 22
Innset **N** 8-9 Ba 28
İnönü **TR** 76-77 Da 51
Inowrocław **PL** 28-29 Bi 38
Inozemcevo **RUS** 64-65 Ed 46
Insar **RUS** 32-33 Ee 37
Insjön **S** 16-17 Bf 30
Însurăţei **RO** 60-61 Ch 46
Inta **RUS** 14-15 Ga 24
İntepe **TR** 74-75 Cg 50
Interlaken **CH** 56-57 Ah 44
Întorsura Buzăului **RO** 60-61 Cg 45
Inveraray **GB** 38-39 Se 34
Inverbervie **GB** 38-39 Sh 34
Invergarry **GB** 38-39 Sf 33
Inverness **GB** 38-39 Sf 33
Inverurie **GB** 38-39 Sh 33
Inza **RUS** 32-33 Eg 37
Inžavino **RUS** 48-49 Ec 38
Inzer **RUS** 34-35 Fh 36
Ioánnina **GR** 74-75 Ca 51
Ionava **LT** 28-29 Ce 35
Íos **GR** 82-83 Cf 54
Ipatovo **RUS** 64-65 Ec 45
İpsala **TR** 74-75 Cg 50
Ipswich **GB** 40-41 Ab 38
Ira **RUS** 34-35 Ff 38
Iraël' **RUS** 14-15 Ff 26
Iráklia **GR** 74-75 Cd 49
Iráklio **GR** 82-83 Cf 55
Irbit **RUS** 24-25 Gd 33
Irgakly **RUS** 64-65 Ee 46
Irgiz = Yrgyz **KA** 52-53 Gb 42
Irgizly **RUS** 34-35 Fh 38
Iriklinskij **RUS** 52-53 Fi 39
Iris **MA** 80-81 Sf 55
Irklievskaja **RUS** 62-63 Dk 45
Irklijiv **UA** 46-47 Dc 41
Iron-Bridge **GB** 40-41 Sh 38
Iršava **UA** 44-45 Cd 42
Irsina **I** 72-73 Bg 50
Irta **RUS** 14-15 Ei 28
Irún **E** 54-55 Si 47
Irurita **E** 68-69 Si 47
Irvine **GB** 38-39 Sf 35
Irvinestown **GB** 37 Sc 36
'Īsā, 'Ain **SYR** 86-87 Di 54
Isaba **E** 70-71 Sk 48
Isaccea **RO** 60-61 Ci 45
Ísafjörður **IS** 36 Qg 24
Isajeve **UA** 60-61 Da 43
Isakly **RUS** 34-35 Fb 36
Isakovo **RUS** 30-31 De 35
Isalniţa **RO** 60-61 Cd 46
Isbister **GB** 38-39 Si 30
Íscar **E** 68-69 Sf 49
İscehisar **TR** 84-85 Da 52
Ischia **I** 56-57 Bb 44
Ischia **I** 72-73 Bd 50
Išeevka **RUS** 32-33 Ei 36
Iseo **I** 56-57 Ba 45
Isergapovo **RUS** 34-35 Fd 36
Iserlohn **D** 42-43 Ah 39
Isérnia **I** 72-73 Be 49
Isfjorden **N** 8-9 Ah 28
Isfjord Radio **N** 2-3 **I** C 2
Isigny-sur-Mer **F** 40-41 Si 41
Işıklı **TR** 84-85 Ck 52
Işıklı **TR** 86-87 Ed 53
Isili **I** 70-71 Ak 51
Išimbaj **RUS** 34-35 Fg 37
Isjangulovo **RUS** 52-53 Fg 38
Iska **RUS** 24-25 Gf 33
Iškeevo **RUS** 34-35 Fb 35
İskele **TR** 84-85 Ci 53
Iske-Rjazap **RUS** 32-33 Ek 36
İskilip **TR** 76-77 De 50
Iskra **BG** 74-75 Cf 49
Iskušta **RUS** 34-35 Fh 36
İslahiye **TR** 86-87 Dg 53
Islaz **RO** 60-61 Ce 47
Isle-en-Dodon, l' **F** 54-55 Aa 47
Isle-Jourdain, l' **F** 54-55 Ab 47
Isle-sur-la-Sorgue, l' **F** 56-57 Af 47
Išlja **RUS** 34-35 Fh 37
Išly **RUS** 34-35 Ff 36
Išma **RUS** 12-13 Ea 26
Ismā'īl Hawa **IRQ** 86-87 Ec 54
Ismaning **D** 42-43 Bb 42
İsmetpaşa **TR** 76-77 Dc 50
İsmil **TR** 84-85 Dd 53
Išmurzino **RUS** 52-53 Fi 38
Isny im Allgäu **D** 56-57 Ba 43
Isojoki **FIN** 10-11 Cb 28
Isokylä **FIN** 2-3 Ch 24
Isokyrö **FIN** 10-11 Cc 27
Ísola del Gran Sasso d'Itália **I** 72-73 Bd 48
Ispagnac **F** 54-55 Ad 46
Isparta **TR** 84-85 Da 53
Isperih **BG** 60-61 Cg 47
İspir **TR** 78-79 Ea 50
Issa **RUS** 32-33 Ee 37
Issoire **F** 54-55 Ad 45
Issoudun **F** 54-55 Ab 44
Is-sur-Tille **F** 56-57 Af 43
İstanbul **TR** 76-77 Ci 49
Istiéa **GR** 82-83 Cd 52
Istobnoe **RUS** 48-49 Di 39
Istok **YU** 74-75 Ca 48
Istra **RUS** 30-31 Dg 35
Istres **F** 54-55 Ae 47
Istria **RO** 60-61 Ci 46
Istunmäki **FIN** 10-11 Cg 28
İstuzu **TR** 84-85 Ci 54
Itäkoski **FIN** 10-11 Ce 25
Itéa **GR** 74-75 Cc 51
Itéa **GR** 82-83 Cc 52
Itháki **GR** 82-83 Ca 52
Íttiri **I** 70-71 Ai 50
Itzehoe **D** 26-27 Ak 37
Ivacèvičy **BY** 28-29 Cf 38
Ivajlovgrad **BG** 74-75 Cg 49
Ivalo **FIN** 2-3 Ch 22
Ivanava **BY** 46-47 Cf 38
Ivančice **CZ** 44-45 Bg 41
Ivanec **HR** 58-59 Bg 44
Ivangorod **RUS** 18-19 Ci 31
Ivangrad **YU** 74-75 Bk 48
Ivanhorod **UA** 46-47 Dc 39
Ivanič Grad **HR** 58-59 Bg 45
Ivanišči **RUS** 32-33 Ea 35
Ivaniši **RUS** 30-31 Df 34
Ivanivka **UA** 44-45 Cc 42
Ivanivka **UA** 48-49 Di 41
Ivanivka **UA** 62-63 De 44
Ivanjica **YU** 58-59 Ca 47
Ivanjska **BIH** 58-59 Bh 46
Ivankiv **UA** 46-47 Ck 40
Ivan'kovo **RUS** 30-31 Dh 36
Ivano-Frankivs'k **UA** 44-45 Ce 42
Ivano-Frankove **UA** 44-45 Cd 41
Ivano-Frankovsk = Ivano-Frankivs'k **UA** 44-45 Ce 42
Ivano-Kuvalat **RUS** 52-53 Fh 38
Ivanopil' **UA** 46-47 Ci 41
Ivanovka **RUS** 34-35 Fd 38
Ivanovka **RUS** 34-35 Fe 36
Ivanovo **BG** 60-61 Cf 47
Ivanovo **RUS** 30-31 Da 34
Ivanovo **RUS** 32-33 Ea 34
Ivanovsk, Katav- **RUS** 34-35 Fi 36
Ivanovskaja **RUS** 62-63 Di 45
Ivanovskoe **RUS** 20-21 Ee 32
Ivanovskoe **RUS** 22-23 Ff 32
Ivanovskoe, Usen'- **RUS** 34-35 Fe 36
Ivanski **BG** 60-61 Ch 47
Ivanteevka **RUS** 50-51 Ek 38
Ivanteevo **RUS** 20-21 Dd 33
Ivaševo **RUS** 20-21 Ec 33
Iv'e **BY** 28-29 Cf 37
Iveşti **RO** 60-61 Ch 45
Ivjanec **BY** 28-29 Cg 37
Ivlevskaja **RUS** 12-13 Ec 28
Ivnja **RUS** 48-49 Dg 39
Ivot Star' **RUS** 30-31 De 37
Ivrea **I** 56-57 Ah 45
İvrindi **TR** 76-77 Ch 51
İyidere **TR** 78-79 Ea 49
Ižberdino **RUS** 52-53 Fg 38
Izbica Kujawska **PL** 44-45 Bi 38
Izbiceni **RO** 60-61 Ce 47
Izborsk **RUS** 18-19 Ch 33
Izdeškovo **RUS** 30-31 Dd 35
Izeda **P** 68-69 Sd 49
Iževsk **RUS** 34-35 Fd 34
Iževskoe **RUS** 32-33 Ea 36
Izi-Kugunur **RUS** 32-33 Ei 34
Izjum **UA** 48-49 Dh 41
Ižma **RUS** 14-15 Fd 25
Izmail = Izmajil **UA** 60-61 Ci 45
Izmajil **UA** 60-61 Ci 45
Izmajlovo 2-e(Vtoroe) **RUS** 20-21 Di 32
Izmalkovo **RUS** 48-49 Dh 38
İzmir **TR** 82-83 Ch 52
İzmit = Kocaeli **TR** 76-77 Ck 50
İznik **TR** 76-77 Ck 50
Iznoski **RUS** 30-31 De 35
Izobil'noe **RUS** 50-51 Fe 39
Izobil'nyj **RUS** 64-65 Eb 45
Izola **SLO** 56-57 Bd 45
Izsák **H** 58-59 Bk 44
Izumrud **RUS** 24-25 Gb 33
Izvor **BG** 74-75 Cc 48
Izvor **MK** 74-75 Cb 49
Izvoru **RO** 60-61 Cf 46

J

Jaakonvaara **FIN** 10-11 Da 27
Jaala **FIN** 18-19 Cg 29
Jablan Do **BIH** 72-73 Bi 48
Jablanica **BG** 74-75 Ce 47
Jablanica **BIH** 58-59 Bh 47
Jablonec nad Nisou **CZ** 44-45 Bf 40
Jabłonna **PL** 44-45 Ca 38
Jabłonowo Pomorskie **PL** 28-29 Bk 37
Jabukovac **YU** 58-59 Cc 46
Jaca **E** 70-71 Sk 48
Jáchymov **CZ** 42-43 Bc 40
Jadraque **E** 68-69 Sh 50
Jadrin **RUS** 32-33 Eg 35
Jäkkvik **S** 2-3 Bg 24
Jämijärvi **FIN** 10-11 Cc 29
Jämjö **S** 26-27 Bf 34
Jämsä **FIN** 10-11 Cf 29
Jaén **E** 80-81 Sg 53
Jänkisjärvi **S** 2-3 Cd 24
Jänsmässholmen **S** 8-9 Bd 27
Järbo **S** 16-17 Bg 30
Järna **S** 16-17 Be 30
Järna **S** 16-17 Bh 31
Järnäsklubb **S** 10-11 Bk 27
Järnforsen **S** 16-17 Bf 33
Järpås **S** 16-17 Bc 32
Järpen **S** 8-9 Bd 27
Järva-Jaani **EST** 18-19 Cf 31
Järvakandi **EST** 18-19 Ce 32
Järvenpää **FIN** 10-11 Cb 28
Järvenpää **FIN** 18-19 Cf 30
Järvsö **S** 16-17 Bg 29
Jävre **S** 10-11 Cb 25
Jagoda **BG** 74-75 Cf 48
Jagodina **YU** 58-59 Cb 47
Jagodnoe **RUS** 32-33 Ek 37
Jagubovka **RUS** 32-33 Ee 35
Jahotyn **UA** 46-47 Db 40
Jahren'ga **RUS** 22-23 Eg 30
Jailleu, Bourgoin- **F** 56-57 Af 45
Jajce **BIH** 58-59 Bh 46
Jajva **RUS** 22-23 Fh 31
Jakobstad **FIN** 10-11 Cc 27
Jakolevo **RUS** 48-49 Dg 40
Jakoruda **BG** 74-75 Cd 48
Jakovlevka **RUS** 50-51 Eg 38
Jakovlevo **RUS** 30-31 Dh 36
Jakovlevskaja **RUS** 12-13 Ed 28
Jakovlevskij **RUS** 30-31 Dh 36
Jakovo **RUS** 22-23 Fd 29
Jakša **RUS** 14-15 Fg 29
Jakšino **RUS** 14-15 Fc 24
Jakšino **RUS** 20-21 Dh 30
Jakun'ël' **RUS** 22-23 Ek 31
Jakunvara **RUS** 10-11 Db 28
Jakymivka **UA** 62-63 Df 44
Jalasjärvi **FIN** 10-11 Cc 28
Jal'čiki **RUS** 32-33 Ei 35
Jalguba **RUS** 12-13 De 29
Jaligny-sur-Besbre **F** 54-55 Ad 44
Jalta **UA** 62-63 De 46
Jama **UA** 48-49 Di 42
Jamansaz **RUS** 52-53 Fi 38
Jambirno **RUS** 32-33 Ec 36
Jambol **BG** 74-75 Cg 48
Jamena **YU** 58-59 Bk 46
Jamkino **RUS** 18-19 Ck 33
Jamnovo **RUS** 32-33 Ee 34
Jampil' **UA** 46-47 Cg 41
Jampil' **UA** 46-47 Dd 39
Janajkino **KA** 50-51 Fb 40
Janaul **RUS** 34-35 Fe 34
Janavičy **BY** 30-31 Da 35
Jandovka **RUS** 30-31 Di 37
Jangiskain **RUS** 34-35 Fg 37
Janiševo **RUS** 20-21 Dh 29
Janiskoski **RUS** 2-3 Ci 22
Janjina **HR** 72-73 Bh 48
Jánoshalma **H** 58-59 Bk 44
Janów Lubelski **PL** 44-45 Cc 40
Janów Podlaski **PL** 44-45 Cd 38
Jantarnyi **RUS** 28-29 Bk 36
Jantikovo **RUS** 32-33 Eh 35
Janzé **F** 54-55 Si 43
Jar **RUS** 22-23 Fc 32
Jar **RUS** 24-25 Gf 33
Jaraicejo **E** 68-69 Se 51
Jaraiz de la Vera **E** 68-69 Se 50
Jarandilla de la Vera **E** 68-69 Se 50
Jaransk **RUS** 22-23 Eh 33
Jarcevo **RUS** 30-31 Dc 35
Jarega **RUS** 14-15 Fd 27
Jarenga **RUS** 14-15 Ek 28
Jarensk **RUS** 14-15 Ek 28
Jargeau **F** 54-55 Ac 43
Jarhois **S** 2-3 Cd 24
Jarkovo **RUS** 24-25 Gg 33
Jarmen **D** 26-27 Bd 37
Jarmolynci **UA** 46-47 Cg 41
Jarnac **F** 54-55 Sk 45
Jarnema **RUS** 12-13 Dk 28
Jarny **F** 42-43 Af 41
Jarocin **PL** 44-45 Bh 39
Jarok **RUS** 32-33 Ea 38
Jaroměř **CZ** 44-45 Bf 40
Jaroslaviči **RUS** 20-21 De 30
Jaroslavka **RUS** 34-35 Fh 35
Jaroslavl' **RUS** 20-21 Dk 33
Jaroslavskaja **RUS** 64-65 Ea 46
Jarosław **PL** 44-45 Cc 40
Jašalta **RUS** 64-65 Ec 44
Jaša Tomić **YU** 58-59 Ca 45
Jasenivs'kyj **UA** 48-49 Dk 42
Jasenki **RUS** 48-49 Di 39
Jasenskaja **RUS** 62-63 Di 44
Jasinja **UA** 44-45 Ce 42
Jašiūnai **LT** 28-29 Cf 36
Jaškino **RUS** 34-35 Fd 38
Jaškul' **RUS** 64-65 Ef 44
Jaškur-Bod'ja **RUS** 22-23 Fd 33
Jasło **PL** 44-45 Cb 41
Jasnaja Poljana **RUS** 30-31 Dh 36
Jasnogorsk **RUS** 30-31 Dh 36
Jasnogorskij **RUS** 50-51 Fd 38
Jasnoje **RUS** 28-29 Cb 35
Jasnyj **RUS** 52-53 Fk 40
Jastarnia **PL** 28-29 Bi 36
Jastrebarsko **HR** 58-59 Bf 45
Jastrowie **PL** 28-29 Bg 37
Jasunt **RUS** 14-15 Ga 26
Jasynuvata **UA** 48-49 Dh 42
Jászapáti **H** 58-59 Ca 43
Jászárokszállás **H** 58-59 Bk 43
Jászberény **H** 58-59 Bk 43
Jaungulbene **LV** 18-19 Cg 33
Jaunjelgava **LV** 28-29 Cf 34
Jaunpiebalga **LV** 28-29 Cg 33
Jaunpils **LV** 28-29 Cd 34
Javgil'dino **RUS** 34-35 Fg 35

Javkyne **UA** 62-63 Dc 43
Javoriv **UA** 44-45 Cd 41
Javron-les-Chapelles **F** 40-41 Sk 42
Javzora **RUS** 12-13 Ef 27
Jawor **PL** 44-45 Bg 39
Jaworzno **PL** 44-45 Bk 40
Jaželbicy **RUS** 18-19 Dc 32
Jazevec **RUS** 12-13 Eg 25
Jažma **RUS** 4-5 Ee 24
Jazykovo **RUS** 30-31 Dh 38
Jazykovo **RUS** 32-33 Eh 36
Jazykovo **RUS** 34-35 Fe 36
Jedburgh **GB** 38-39 Sh 35
Jedwabne **PL** 28-29 Cc 37
Jēkabpils **LV** 28-29 Cf 34
Jekaterinburg = Ekaterinburg **RUS** 34-35 Ga 34
Jektvika **N** 2-3 Bd 24
Jelanec' **UA** 62-63 Db 43
Jelenia Góra **PL** 44-45 Bf 40
Jelgava **LV** 28-29 Cd 34
Jelling **DK** 26-27 Ak 35
Jels **DK** 26-27 Ak 35
Jelsa **HR** 72-73 Bg 47
Jelšava **SK** 44-45 Ca 42
Jelyzavethradka **UA** 46-47 Dc 42
Jemil'čyne **UA** 46-47 Ch 40
Jena **D** 42-43 Bb 40
Jenakijeve **UA** 48-49 Di 42
Jenbach **A** 56-57 Bb 43
Jenerhodar **UA** 62-63 De 43
Jeppo **FIN** 10-11 Cc 27
Jepua = Jeppo **FIN** 10-11 Cc 27
Jerada **MA** 80-81 Sh 56
Jerez de la Frontera **E** 80-81 Sd 54
Jerez de los Caballeros **E** 80-81 Sd 52
Jérica **E** 70-71 Sk 51
Jerichow **D** 42-43 Bc 38
Jersika **LV** 28-29 Cg 34
Jesenice **SLO** 58-59 Be 44
Jeseník **CZ** 44-45 Bh 40
Jesenské **SK** 44-45 Ca 42
Jesi **I** 56-57 Bd 47
Jésolo **I** 56-57 Bc 45
Jessen (Elster) **D** 42-43 Bc 39
Jessheim **N** 16-17 Bb 30
Jeumont **F** 40-41 Ae 40
Jever **D** 26-27 Ah 37
Jevnaker **N** 16-17 Ba 30
Jevpatorija **UA** 62-63 Dd 45
Jezerane **HR** 58-59 Bf 45
Jezero **BIH** 58-59 Bh 46
Jeziorany **PL** 28-29 Ca 37
Jibou **RO** 60-61 Cd 43
Jičín **CZ** 44-45 Bf 40
Jieznas **LT** 28-29 Ce 36
Jihlava **CZ** 44-45 Bf 41
Jijona = Xixona **E** 70-71 Sk 52
Jilemnice **CZ** 44-45 Bf 40
Jiltjer **S** 8-9 Bg 25
Jimbolia **RO** 58-59 Ca 45
Jimena de la Frontera **E** 80-81 Se 54
Jindřichův Hradec **CZ** 44-45 Bf 41
Jirkov **CZ** 42-43 Bd 40
Joachimsthal **D** 26-27 Bd 38
Jócar **E** 80-81 Sg 53
Jock **S** 2-3 Cc 24
Jönköping **S** 16-17 Be 33
Joensuu **FIN** 10-11 Ck 28
Jörn **S** 10-11 Ca 25
Joesjö **S** 8-9 Be 25
Jössefors **S** 16-17 Bc 31
Jõgeva **EST** 18-19 Cg 32
Johanngeorgenstadt **D** 42-43 Bc 40
John o'Groats **GB** 38-39 Sg 32
Jõhvi-Ahtme **EST** 18-19 Ch 31
Joigny **F** 40-41 Ad 43
Joinville **F** 42-43 Af 42
Jokkmokk **S** 2-3 Bk 24
Jomala **FIN** 18-19 Bk 30
Jondal **N** 16-17 Ag 30
Joniškėlis **LT** 28-29 Ce 34
Joniškis **LT** 28-29 Cd 34
Jonkova **BG** 60-61 Cg 47
Jonquera, La **E** 70-71 Ac 48
Jonzac **F** 54-55 Sk 45
Jordet **N** 16-17 Bc 29
Jorgastak **N** 2-3 Cf 21
Jorgucat **AL** 74-75 Ca 51
Jormlien **S** 8-9 Bd 26
Joroinen **FIN** 10-11 Ch 28
Jørpeland **N** 16-17 Ag 31
Joškar-Ola **RUS** 32-33 Eh 34
Jospidol **HR** 58-59 Bf 45
Jøssund **N** 8-9 Ba 26
Joukokylä **FIN** 10-11 Ch 25
Joutsa **FIN** 18-19 Cg 29
Joutseno **FIN** 18-19 Ci 29
Joutsijärvi **FIN** 2-3 Ch 24
Jovik **N** 2-3 Bk 21
Jovkovo **BG** 60-61 Ci 47
Joyeuse **F** 54-55 Ae 46
Juankoski **FIN** 10-11 Ci 27
Judenburg **A** 58-59 Be 43
Judin **RUS** 48-49 Eb 42
Judinki **RUS** 30-31 Dh 36
Judybaevo **RUS** 52-53 Fh 38
Jülich **D** 42-43 Ag 40
Juelsminde **DK** 26-27 Ba 35
Jüterbog **D** 42-43 Bd 39
Jug **RUS** 22-23 Fg 33
Jugo-Kamskij **RUS** 22-23 Ff 33
Jugydtydor **RUS** 14-15 Fd 28
Juhnevo **RUS** 20-21 Ec 29
Juhnov **RUS** 30-31 Df 36
Juhoviči **RUS** 30-31 Ci 34
Juhovo **RUS** 30-31 Da 34
Jui, Bumbeşti- **RO** 60-61 Cd 45
Juillac **F** 54-55 Ab 45
Jukamenskoe **RUS** 22-23 Fc 33
Jukkasjärvi **S** 2-3 Ca 23
Jukseevo **RUS** 22-23 Fe 31
Juktfors **S** 8-9 Bh 25
Jule **N** 8-9 Bd 26
Jul'evka **KA** 52-53 Ge 38
Jum **RUS** 22-23 Fe 31
Juma **RUS** 10-11 Dd 25
Jumaguzino **RUS** 34-35 Fg 38
Jumelles, Longué- **F** 54-55 Sk 43
Jumilla **E** 80-81 Si 52
Juminen **FIN** 10-11 Ch 27
Jumisko **FIN** 2-3 Ci 24
Junakivka **UA** 48-49 Df 39
Junosuando **S** 2-3 Cc 23
Junquera, La = La Jonquera **E** 70-71 Ac 48
Junsele **S** 8-9 Bg 27
Juntusranta **FIN** 10-11 Ck 25
Juodrantė **LT** 28-29 Cb 35
Juodupė **LT** 28-29 Cf 34
Juoksengi **S** 2-3 Cd 24
Juoksenki **FIN** 2-3 Cd 24
Juorkuna **FIN** 10-11 Cg 26
Juratiški **BY** 28-29 Cf 36
Jurbarkas **LT** 28-29 Cc 35
Jur'evec **RUS** 20-21 Ed 33
Jur'evo **RUS** 22-23 Ei 32
Jur'ev-Pol'skij **RUS** 32-33 Dk 34
Jurilovca **RO** 60-61 Ci 46
Jurino **RUS** 32-33 Eg 34
Jur'ja **RUS** 22-23 Ek 31
Jurjivka **UA** 48-49 Dg 42
Jurjuzan' **RUS** 34-35 Fi 36
Jurkino **RUS** 20-21 Dk 33
Jurkovka **RUS** 64-65 Eg 46
Jurla **RUS** 22-23 Fe 31
Jurlovka **RUS** 48-49 Ea 38
Jūrmala **LV** 28-29 Cd 34
Juroma **RUS** 12-13 Ef 25
Jurovo **RUS** 20-21 Ed 33
Jurovo **RUS** 30-31 Dd 38
Jurva **FIN** 10-11 Cb 28
Jury **RUS** 30-31 Dc 36
Jušala **RUS** 24-25 Ge 33
Jušino **RUS** 6-7 Fe 22
Juškozero **RUS** 10-11 Dc 26
Jussey **F** 56-57 Af 43
Justa **RUS** 64-65 Eg 43
Justozero **RUS** 10-11 Dd 28
Jus'va **RUS** 22-23 Ff 32
Jutuz, Ust'- **RUS** 34-35 Fh 34
Juuka **FIN** 10-11 Ck 27
Juuma **FIN** 2-3 Ck 24
Juva **FIN** 10-11 Ch 29
Juvigné **F** 40-41 Si 42
Juvisy-sur-Orge **F** 40-41 Ac 42
Juža **RUS** 32-33 Ec 34
Južakovo **RUS** 24-25 Gb 33
Južno Suhokumsk **RUS** 64-65 Ef 46
Južno-Suhokumsk **RUS** 64-65 Ef 46
Južnoukrains'k **UA** 62-63 Db 43
Južnoural'sk **RUS** 34-35 Gb 36
Južnyj **KA** 66-67 Fi 44
Južnyj **RUS** 34-35 Ga 37
Južnyj **RUS** 50-51 Fb 38
Južnyj **RUS** 64-65 Eb 43
Južnyj **RUS** 64-65 Ee 45
Jyderup **DK** 26-27 Bb 35
Jyrkkä **FIN** 10-11 Ch 27
Jyväskylä **FIN** 10-11 Cf 28

K

Kaamanen **FIN** 2-3 Ch 21
Kaamasmukka **FIN** 2-3 Cg 21
Kaaresuvanto **FIN** 2-3 Cc 22
Kaarina **FIN** 18-19 Cc 30
Kaavi **FIN** 10-11 Ci 28
Kabaca **TR** 76-77 Db 50
Kabadüz **TR** 78-79 Dh 50
Kabahaydar **TR** 86-87 Dk 53
Kabanne **UA** 48-49 Di 41
Kâbdalis **S** 10-11 Bk 24
Kabeliaj pervyj **BY** 28-29 Ce 37
Kableškovo **BG** 76-77 Ch 48
Kača **UA** 62-63 Dd 46
Kačalino **RUS** 48-49 Ee 41
Kačanik **YU** 74-75 Cb 48
Kačanovo **RUS** 18-19 Ch 33
Kaçarlı **TR** 76-77 Dd 51
Kacbahskij **RUS** 34-35 Fk 38
Kachovka **UA** 62-63 Dd 44
Kačkanar **RUS** 24-25 Fk 32
Kačul = Cahul **MD** 60-61 Ci 45
Kadaň **CZ** 42-43 Bd 40
Kadarkút **H** 58-59 Bh 44
Kadijivka **UA** 48-49 Di 42
Kadıköy = Evrese **TR** 74-75 Cg 50
Kadıkuyusu **TR** 76-77 Db 51
Kadınhanı **TR** 84-85 Dc 52
Kadirli **TR** 84-85 Dg 53
Kadışehri **TR** 76-77 Df 50
Kadnikov **RUS** 20-21 Ea 31
Kadnikovskij **RUS** 20-21 Ea 30
Kadom **RUS** 32-33 Ec 36
Kadoškino **RUS** 32-33 Ee 36
Kaduj **RUS** 20-21 Dh 31
Kadyj **RUS** 20-21 Ed 33
Kadžerom **RUS** 14-15 Ff 26
Käina **EST** 18-19 Cc 32
Kälarne **S** 8-9 Bg 28
Kälviä **FIN** 10-11 Cd 27
Kärdla **EST** 18-19 Cc 32
Kärkölä **FIN** 18-19 Cd 30
Kärpänkylä **FIN** 10-11 Ck 25
Kärsämäki **FIN** 10-11 Cf 27
Kärväskyla **FIN** 10-11 Cf 27
Kävlinge **S** 26-27 Bd 35
Käylä **FIN** 2-3 Ck 24
Käymäjärvi **S** 2-3 Cc 23
Kåfjord **N** 2-3 Cf 20
Kåfjordbotn **N** 2-3 Ca 21
Kafr Yahmūl **SYR** 86-87 Dg 54
Kagal'nickaja **RUS** 64-65 Ea 44
Kåge **S** 10-11 Ca 26
Kağızman **TR** 78-79 Ed 50
Kağnılı **TR** 78-79 Ed 51
Kaharlyk **UA** 46-47 Da 41
Kahramanlar **TR** 78-79 Eb 51
Kahramanmaraş **TR** 86-87 Dg 53
Kâhta **TR** 86-87 Di 53
Kahul = Cahul **MD** 60-61 Ci 45
Kaif, Tall **IRQ** 86-87 Ed 54
Kainulasjärvi **S** 2-3 Cc 22
Kairovo **RUS** 34-35 Fh 35
Kaiserslautern **D** 42-43 Ah 41
Kaišiadorys **LT** 28-29 Ce 36
Kaitum **S** 2-3 Ca 23
Kajaani **FIN** 10-11 Ch 26
Kajasula **RUS** 64-65 Ef 46
Ķajgy **KA** 52-53 Ge 40
Kajnardža **BG** 60-61 Ch 47
Ķajraķty **KA** 52-53 Fk 41
Ķajrat **KA** 50-51 Eh 41
Ķajrat **KA** 50-51 Ek 40
Kajsackoe **RUS** 50-51 Eg 41
Kajuki **RUS** 32-33 Ek 35
Kajvaksa **RUS** 20-21 Dd 31
Ķajyndykol **KA** 52-53 Gc 38
Kakanj **BIH** 58-59 Bi 46
Kaklık **TR** 84-85 Ck 53
Kalaba **TR** 84-85 De 52
Kalač **RUS** 48-49 Eb 40
Kalač-na-Donu **RUS** 48-49 Ed 42
Kalaḩ, Tall **SYR** 86-87 Dg 56
Kalajoki **FIN** 10-11 Cd 26
Kalak **IRQ** 86-87 Ed 54
Kalak **N** 2-3 Ch 20
Kalakamkas **KA** 66-67 Fc 45
Kalakoski **FIN** 10-11 Cd 28
Kalamariá **GR** 74-75 Cc 50
Kalamáta **GR** 82-83 Cc 53
Kalambáka **GR** 74-75 Cb 51
Kalamiá **GR** 74-75 Ca 51
Kalamítsi **GR** 74-75 Cd 51
Ķalamķas **KA** 66-67 Fb 45
Kalamos **GR** 82-83 Cf 53
Kalana **EST** 18-19 Cc 32
Kalančak **UA** 62-63 Dd 44
Kalándra **GR** 74-75 Cd 51
Kalaraš = Călăraşi **MD** 60-61 Ci 43
Kalašnikov **RUS** 20-21 Df 33
Kalávrita **GR** 82-83 Cc 52
Kalce **SLO** 58-59 Be 45
Kaldajbek **KA** 66-67 Ff 43
Kaldfarnes **N** 2-3 Bg 21
Kale **TR** 78-79 Dk 50
Kale **TR** 84-85 Ci 53
Kale **TR** 84-85 Da 54
Kale **TR** 84-85 Df 53
Kale **TR** 84-85 Df 54
Kale **TR** 86-87 Di 52
Kalecik **TR** 76-77 Dd 50
Kaleköy **TR** 76-77 Df 50
Kalënoe **KA** 50-51 Fb 41
Kalepiiha **RUS** 22-23 Ef 31
Kaleste **EST** 18-19 Cc 32
Kalevala **RUS** 10-11 Db 25
Kálfafell **IS** 36 Rc 27
Kálfafellsstaður **IS** 36 Re 26
Kal'i **RUS** 12-13 Ec 27
Kaliáni **GR** 82-83 Cc 53
Kalikino **RUS** 34-35 Fe 38
Kálimnos **GR** 82-83 Cg 54
Kalinin = Tver' **RUS** 30-31 Df 34
Kaliningrad **RUS** 28-29 Ca 36
Kalinino **RUS** 32-33 Eg 35
Kalinino **RUS** 62-63 Di 45
Kalinino = Tašir **AR** 78-79 Ee 49
Kalininsk **RUS** 48-49 Ee 39
Kalininskaja **RUS** 62-63 Di 45
Kalinkavičy **BY** 46-47 Ck 38
Kalinniki **RUS** 34-35 Ff 35
Kalino **RUS** 22-23 Fg 33
Kalino **RUS** 22-23 Fh 32
Kalinovik **BIH** 58-59 Bi 47
Kalinovka **KA** 52-53 Ff 41
Kalinovka **RUS** 34-35 Fa 37
Kalisz **PL** 44-45 Bi 39
Kalisz Pomorski **PL** 26-27 Bf 37
Kalíves **GR** 74-75 Ce 50
Kalivia **GR** 82-83 Cc 53
Kalix **S** 10-11 Cd 25
Kalixforsbron **S** 2-3 Ca 23
Kal'ja **RUS** 24-25 Ga 30
Kaljazin **RUS** 20-21 Dh 33
Kalkan **TR** 84-85 Ck 54
Kalkan **TR** 86-87 Ea 52
Kalkandere **TR** 78-79 Ea 50
Kalkar **D** 42-43 Ag 39
Kalkım **TR** 76-77 Ch 51
Kall **S** 8-9 Bd 27
Kallaste **EST** 18-19 Ch 32
Kalli **EST** 18-19 Ce 32
Kallislahti **FIN** 10-11 Ci 29
Kalloní **GR** 74-75 Cb 50
Kalloní **GR** 74-75 Cg 51
Kalmankaltio **FIN** 2-3 Ce 22
Kalmar **S** 28-29 Bg 34
Kalmaš **RUS** 34-35 Fh 35
Kalmykovo **KA** 50-51 Fb 41
Kalmykovskij **RUS** 48-49 Ec 42
Kalna **YU** 58-59 Cc 47
Kalná nad Hronom **SK** 44-45 Bi 42
Kalnciems **LV** 28-29 Cd 34
Kalocsa **H** 58-59 Bi 44
Kalodna **BY** 46-47 Cg 39
Kalojanovo **BG** 74-75 Ce 48
Kalonija **BY** 44-45 Ce 38
Kalpáki **GR** 74-75 Ca 51
Kaltanėnai **LT** 28-29 Cf 35
Kaltasy **RUS** 34-35 Fe 34
Kaltenkirchen **D** 26-27 Ak 37
Kaltennordheim **D** 42-43 Ba 40
Kaltinėnai **LT** 28-29 Cc 35
Kaluga **RUS** 30-31 Dg 36
Kalundborg **DK** 26-27 Bb 35
Kaluš **UA** 44-45 Ce 41
Kalvåg **N** 8-9 Ae 29
Kalvarija **LT** 28-29 Cd 36
Kalvola **FIN** 18-19 Ce 29
Kalvträsk **S** 10-11 Bk 26
Kalwang **A** 58-59 Be 43
Ķalybaj **KA** 52-53 Ga 41
Kalynivka **UA** 46-47 Ci 41
Kalynivka **UA** 46-47 Da 40
Kalynivka **UA** 62-63 Dc 43
Kalyta **UA** 46-47 Db 40
Kaman **TR** 76-77 Dd 51
Kamáres **GR** 82-83 Ce 54
Kambarka **RUS** 34-35 Fe 34
Kámbos **GR** 82-83 Cg 53
Kamčuga **RUS** 20-21 Ed 30
Kameevo **RUS** 34-35 Fg 35
Kamen **BG** 60-61 Cf 47
Kamen' **BY** 30-31 Ci 35
Kamen' **RUS** 24-25 Fi 31
Kamenec-Podol'skij = Kam'janec'-Podil's'kyj **UA** 46-47 Cg 42
Kamenica **BIH** 58-59 Bk 47
Kamenka **KA** 50-51 Fa 39
Kamenka **RUS** 6-7 Fa 23
Kamenka **RUS** 24-25 Gf 33
Kamenka **RUS** 30-31 Dc 35
Kamenka **RUS** 32-33 Ee 37
Kamenka **RUS** 48-49 Dk 40
Kamenka **RUS** 52-53 Ff 38
Kamenki **RUS** 30-31 Dh 34
Kamennyj Perebor **RUS** 22-23 Fb 33
Kamennobrodskaja **RUS** 64-65 Eb 45
Kamennoe **RUS** 12-13 Ee 29
Kamennoe **RUS** 22-23 Ef 33
Kamennogorsk **RUS** 18-19 Ck 30
Kamennomostskij **RUS** 62-63 Ea 46
Kamennyj **KA** 66-67 Fe 46
Kameno **BG** 76-77 Ch 48
Kamenskij **RUS** 50-51 Ef 40
Kamenskoe **RUS** 30-31 Dg 35
Kamensk-Šahtinskij **RUS** 48-49 Ea 42
Kamensk-Ural'skij **RUS** 34-35 Gb 34
Kamenz **D** 42-43 Be 39
Kameškovo **RUS** 32-33 Eb 34
Kamešnaja **RUS** 20-21 Dk 30
Kamienna, Skarżysko- **PL** 44-45 Ca 39
Kamienna Góra **PL** 44-45 Bg 40
Kamień Pomorski **PL** 26-27 Be 37
Kamieńsk **PL** 44-45 Bk 39
Kâmil **TR** 76-77 De 49
Kamin'-Kašyrs'kyj **UA** 44-45 Ce 39
Kaminskij **RUS** 20-21 Eb 33
Kamışlı **TR** 84-85 De 53
Kamışlık **TR** 86-87 Ee 53
Kamışlıkuyu **TR** 84-85 De 53
Kamjanec **BY** 44-45 Cd 38
Kam'janec'-Podil's'kyj **UA** 46-47 Cg 42
Kamjanka **UA** 46-47 Dc 41
Kam'janka **UA** 48-49 Dk 41
Kam'janka **UA** 60-61 Da 44
Kamjanka-Buz'ka **UA** 44-45 Ce 40
Kamjans'ka Sloboda **UA** 46-47 Dd 38
Kam'janske **UA** 44-45 Cc 42
Kamnik **SLO** 58-59 Be 44
Kampen **NL** 42-43 Af 38
Kamskij **RUS** 22-23 Fd 31
Kamskoe Ust'e **RUS** 32-33 Ek 35
Kamušnyj **KA** 52-53 Gb 39
Kamyševatskaja **RUS** 62-63 Dh 44
Kamyšin **RUS** 50-51 Ef 40
Ķamysköl **KA** 50-51 Fb 40
Kamyšla **RUS** 34-35 Fc 36
Ķamysty **KA** 50-51 Eh 41
Kamyšuvacha **UA** 62-63 Df 43
Kamyzjak **RUS** 64-65 Ei 44
Kanabeki **RUS** 22-23 Fh 33
Kanadej **RUS** 32-33 Eh 37
Kanála **GR** 82-83 Ce 53
Kanália **GR** 74-75 Cc 51
Kananikol'skij **RUS** 34-35 Fh 38
Kanaš **RUS** 32-33 Eh 35
Kanavka **RUS** 50-51 Ei 40
Kandalakša **RUS** 4-5 Dc 23
Kandava **LV** 28-29 Cc 33
Kandel **D** 42-43 Ai 41
Kandilli **TR** 78-79 Ea 51
Kandıra **TR** 76-77 Da 49
Kandry **RUS** 34-35 Fe 36
Kanepi **EST** 18-19 Cg 33
Kanevka **RUS** 4-5 Dk 23
Kanevskaja **RUS** 62-63 Di 44
Kangádio **GR** 82-83 Cb 52
Kangal **TR** 78-79 Dh 51
Kangaslampi **FIN** 10-11 Ci 28
Kangasniemi **FIN** 10-11 Cg 29
Kangos **S** 2-3 Cc 23
Kangosjärvi **FIN** 2-3 Cd 23
Käni Mäsi **IRQ** 86-87 Ed 53
Kanin Nos **RUS** 4-5 Ed 22
Kaniv **UA** 46-47 Db 41
Kanjiža **YU** 58-59 Ca 44
Kankaanpää **FIN** 10-11 Cc 29
Kankainen **FIN** 10-11 Cg 28
Kanlıavşar **TR** 86-87 Di 53
Kanlıdivane **TR** 84-85 De 54
Kannonkoski **FIN** 10-11 Cf 28
Kannonsaha **FIN** 10-11 Cf 28
Kannus **FIN** 10-11 Cd 27
Ķansor **KA** 34-35 Gb 37
Kantala **FIN** 10-11 Ch 28
Kantar **TR** 86-87 Eb 53
Kantarma **TR** 86-87 Dh 52
Kantemirovka **RUS** 48-49 Dk 41
Kantornes **N** 2-3 Bk 21
Kanturk = Ceann Toirc **IRL** 37 Sb 38
Kaolinovo **BG** 60-61 Ch 47
Kaona **YU** 58-59 Ca 47
Kaonik **YU** 58-59 Cb 47
Kapatkevičy **BY** 46-47 Ci 38
Kapčiamiestis **LT** 28-29 Cd 36
Kapellen **B** 40-41 Ae 39
Kapfenberg **A** 58-59 Bf 43
Kapini **LV** 30-31 Ch 34
Kaplice **CZ** 42-43 Be 42
Kaposvár **H** 58-59 Bh 44
Kapp **N** 16-17 Ba 30
Kappel **D** 42-43 Ah 40
Kappelskär **S** 16-17 Bk 31
Kappeln **D** 26-27 Ak 36
Kappelshamn **S** 16-17 Bi 33
Kapsorráhi **GR** 82-83 Cb 52
Kaptanpaşa **TR** 78-79 Ea 50
Kapustin Jar **RUS** 50-51 Ef 42
Kapustino **RUS** 34-35 Fc 34
Kapustnoe **RUS** 4-5 De 23
Kapustynci **UA** 46-47 De 40

Kapuvár **H** 58-59 Bh 43
Kapyl' **BY** 28-29 Ch 37
Kara **RUS** 34-35 Fh 37
Karaağa **TR** 84-85 Dc 54
Karaağaç **TR** 78-79 Ec 51
Karaağaç **TR** 84-85 Ci 54
Karaağıl **TR** 78-79 Ec 51
Karabanovka **RUS** 34-35 Fb 37
Karabanovo **RUS** 30-31 Di 34
Karabaš **RUS** 34-35 Fc 36
Karabaš **RUS** 34-35 Ga 35
Karabaška **RUS** 24-25 Gf 32
Karabau **KA** 50-51 Fd 42
Karabeyli **TR** 84-85 Ck 52
Karabiga **TR** 76-77 Ch 50
Karabucak **TR** 84-85 Df 53
Karabük **TR** 76-77 Dc 49
Karabulak **RUS** 64-65 Ee 47
Karaburun **TR** 76-77 Ci 49
Karaburun **TR** 82-83 Cg 52
Karabutak **KA** 52-53 Ga 41
Karabutak = Karabutak **KA** 52-53 Ga 41
Karacaali **TR** 76-77 Ck 50
Karacabey **TR** 76-77 Ci 50
Karacadağ **TR** 76-77 Ch 49
Karacadağ **TR** 86-87 Dk 53
Karačaevsk **RUS** 64-65 Eb 47
Karacagür **TR** 74-75 Cg 49
Karacahisar **TR** 84-85 Db 53
Karačaj Tereze **RUS** 64-65 Ec 47
Karacaköy **TR** 76-77 Ci 49
Karacaören **TR** 78-79 Di 51
Karacasu **TR** 84-85 Ci 53
Karaçay **TR** 76-77 De 50
Karaçayır **TR** 78-79 Dg 51
Karačev **RUS** 30-31 Df 37
Karaçoban **TR** 78-79 Ec 51
Karadere **TR** 76-77 Ch 51
Karadere **TR** 76-77 Da 50
Karadirek **TR** 84-85 Da 52
Karadžar **US** 66-67 Fi 47
Karagač **RUS** 52-53 Fg 39
Karagaj **RUS** 22-23 Ff 32
Karagan **KA** 66-67 Fa 46
Karagandysay **KA** 52-53 Ff 40
Karagöl **TR** 76-77 Dc 50
Karagöl **TR** 78-79 Dg 51
Karahallı **TR** 84-85 Ck 52
Karahasan **TR** 78-79 Ec 51
Karahasanlı **TR** 76-77 De 51
Karahobda **KA** 52-53 Fg 41
Karaidel' **RUS** 34-35 Fg 35
Karaidel'skij **RUS** 34-35 Fh 35
Karaisalı **TR** 84-85 Df 53
Karaja Masel'ga **RUS** 12-13 De 27
Karaj-Saltykovo **RUS** 48-49 Ec 38
Karakale **TR** 78-79 Ed 49
Karakamys **KA** 50-51 Fd 41
Karakaya **TR** 76-77 Db 50
Karakaya **TR** 84-85 Dc 53
Karakeçi **TR** 86-87 Dk 53
Karakeçili **TR** 76-77 Dd 51
Karakent **TR** 84-85 Da 53
Karakoç **TR** 86-87 Ed 52
Karakoçan **TR** 86-87 Ea 52
Karaköl **KA** 50-51 Fd 42
Karaköprü **TR** 78-79 Eb 51
Karaköy **TR** 76-77 Db 50
Karaköy **TR** 78-79 Eb 51
Karaköy **TR** 82-83 Ch 52
Karaköy **TR** 84-85 Ci 53
Karakol' **KA** 52-53 Gc 42
Karakoyunlu **TR** 78-79 Ee 51
Karakša **RUS** 32-33 Eh 33
Karakulak **TR** 78-79 Ea 51
Karakulino **RUS** 34-35 Fd 34
Karakurt **TR** 78-79 Ec 50
Karamağara = Saraykent **TR** 76-77 Df 51
Karaman **TR** 84-85 Dd 53
Karamanlı **TR** 84-85 Ck 53
Karamürsel **TR** 76-77 Ck 50
Karamusa **TR** 76-77 Dd 50
Karamyrza **KA** 52-53 Gf 38
Karamyševo **RUS** 18-19 Ci 33
Karaoba **KA** 52-53 Gb 38
Karaoba **KA** 66-67 Fg 43
Karaoğlan **TR** 78-79 Dk 51
Karaova **TR** 82-83 Ch 53
Karaozek **US** 66-67 Fi 47
Karapazar **TR** 76-77 Dc 50
Karapelit **BG** 60-61 Ch 47
Karapınar **TR** 84-85 Db 52
Karapınar **TR** 84-85 Dd 53
Karapürçek **TR** 76-77 Da 50
Karaš **RUS** 32-33 Dk 34
Karaşar **TR** 76-77 Dc 50
Karasavvon **FIN** 2-3 Cc 22
Karasinir **TR** 84-85 Dc 53
Karasjok **N** 2-3 Cf 21
Karasu **KA** 50-51 Fe 42
Karasu **KA** 52-53 Gd 42
Karasu **KA** 52-53 Ge 40
Karasu **KA** 52-53 Gf 38
Karasu **TR** 76-77 Da 49
Karasyn **UA** 46-47 Cf 39
Karatajka **RUS** 6-7 Gb 22
Karataş **TR** 84-85 Ci 52
Karataş **TR** 84-85 Df 54
Karatöbe **KA** 50-51 Fd 41
Karatogaj **KA** 52-53 Fg 40
Karatogaj **KA** 52-53 Fk 42
Karaton **KA** 66-67 Fa 46
Karaton **KA** 66-67 Fc 44
Karatoprak = Turgutreis **TR** 82-83 Ch 54
Karats **S** 2-3 Bi 24
Karaul'skoe **RUS** 24-25 Ga 31
Karaurgan **TR** 78-79 Ec 50
Karavacičy **BY** 46-47 Da 38
Karavas **GR** 82-83 Cc 54
Karavelovo **BG** 74-75 Cg 48
Karayaka **TR** 78-79 Dg 50
Karayazı **TR** 78-79 Ec 51
Karayün **TR** 78-79 Dh 51
Karbany **RUS** 24-25 Gg 33
Karbeyaz **TR** 84-85 Dg 54
Kårböle **S** 8-9 Bf 29
Karby **DK** 26-27 Ai 34
Karcag **H** 58-59 Ca 43
Kardakata **GR** 82-83 Ca 52
Kardámena **GR** 82-83 Ch 54
Kardámila **GR** 82-83 Cg 52
Kardamili **GR** 82-83 Cc 54
Kardeljevo = Ploče **HR** 72-73 Bh 47
Karditsa **GR** 74-75 Cb 51
Kardymovo **RUS** 30-31 Dc 36
Kărdžali **BG** 74-75 Cf 49
Kărdžali **BG** 74-75 Cf 49
Kardžin **RUS** 78-79 Ee 47
Karelakša **RUS** 10-11 Dc 25
Kareli **GE** 78-79 Ed 49
Karèličy **BY** 28-29 Cg 37
Karelina **RUS** 24-25 Gi 33
Karelino **RUS** 24-25 Ga 32
Karelino **RUS** 34-35 Fa 34
Karel'skaja Masel'ga **RUS** 10-11 Dd 27
Karepol'e **RUS** 12-13 Ed 25
Karesuando **S** 2-3 Cc 22
Kargala **RUS** 50-51 Fe 39
Kargali **RUS** 34-35 Fa 35
Kargı **TR** 76-77 De 49
Kargı **TR** 84-85 Ck 54
Kargı **TR** 84-85 Da 53
Kargıcak **TR** 84-85 Dd 54
Kargın **TR** 76-77 De 50
Kargın **TR** 84-85 Da 53
Kargino **RUS** 32-33 Eh 37
Kargopol' **RUS** 20-21 Di 29
Kargowa **PL** 44-45 Bf 38
Karhukangas **FIN** 10-11 Cf 26
Karhula **FIN** 18-19 Cg 30
Karia-Ba-Mohamed **MA** 80-81 Se 56
Karian **RUS** 48-49 Eb 38
Kariés **GR** 74-75 Ce 50
Karigasniemi **FIN** 2-3 Cf 21
Karilatsi **EST** 18-19 Cg 32
Karinainen **FIN** 18-19 Cc 30
Karine **TR** 82-83 Ch 53
Karinka **RUS** 22-23 Fa 32
Káristos **GR** 82-83 Ce 52
Karjaa = Karis **FIN** 18-19 Cd 30
Karjalaisenniemi **FIN** 2-3 Ci 24
Karjalan kirkonkylä **FIN** 18-19 Cc 30
Karkinágri **GR** 82-83 Cg 53
Karkkila **FIN** 18-19 Ce 30
Karksi-Nuia **EST** 18-19 Cf 32
Karleby = Kokkola **FIN** 10-11 Cd 27
Karlino **PL** 26-27 Bf 36
Karliova **TR** 78-79 Eb 51
Karlivka **UA** 48-49 Df 41
Karl-Marx-Stadt = Chemnitz **D** 42-43 Bc 40
Karlobag **HR** 58-59 Bf 46
Karlo-Libknehtovsk = Soledar **UA** 48-49 Di 42
Karlovac **HR** 58-59 Bf 45
Karlovássi **GR** 82-83 Cg 53
Karlovka **RUS** 50-51 Ek 39
Karlovo **BG** 74-75 Ce 48
Karlovy Vary **CZ** 42-43 Bc 40
Karlsborg **S** 10-11 Cd 25
Karlsborg **S** 16-17 Be 32
Karlshamn **S** 26-27 Be 34
Karlskoga **S** 16-17 Be 31
Karlskrona **S** 26-27 Bf 34
Karlsruhe **D** 42-43 Ai 41
Karlstad **S** 16-17 Bd 31
Karlstadt **D** 42-43 Ak 41
Karlyhanovo **RUS** 34-35 Fi 35
Karma **BY** 30-31 Da 37
Karmanovka **KA** 50-51 Fa 41
Karmanovo **RUS** 30-31 De 35
Karmaskaly **RUS** 34-35 Fg 36
Kărnare **BG** 74-75 Ce 48
Karnobat **BG** 74-75 Cg 48
Karpacz **PL** 44-45 Bf 40
Kárpathos **GR** 82-83 Ch 55
Karpenissi **GR** 82-83 Cb 52
Karperó **GR** 74-75 Cb 51
Karpinsk **RUS** 24-25 Ga 31
Karpogory **RUS** 12-13 Ee 26
Karpuninskij **RUS** 24-25 Gb 32
Karpušiha **RUS** 24-25 Fk 33
Karpuzlu **TR** 74-75 Cg 50
Karpuzlu **TR** 82-83 Ch 53
Karrān **IR** 78-79 Ee 51
Kars **TR** 78-79 Ed 50
Kärsava **LV** 30-31 Ch 34
Karsovaj **RUS** 22-23 Fd 32
Karstula **FIN** 10-11 Ce 28
Karsun **RUS** 32-33 Eg 36
Karsy **RUS** 34-35 Gb 36
Kartaël' **RUS** 14-15 Fd 26
Kartaly **RUS** 34-35 Ga 37
Karttula **FIN** 10-11 Cg 28
Kartuzy **PL** 28-29 Bi 36
Karungi **S** 10-11 Cd 24
Karunki **FIN** 10-11 Ce 24
Karup **DK** 26-27 Ak 34
Karvia **FIN** 10-11 Cc 28
Karviná **CZ** 44-45 Bi 41
Karvio **FIN** 10-11 Ci 28
Karžimant **RUS** 32-33 Ef 38
Kaş **TR** 84-85 Ck 54
Kaş **TR** 84-85 Dg 53
Kasaba **TR** 84-85 Ck 54
Kasaböle = Kasala **FIN** 10-11 Cb 29
Kasala **FIN** 10-11 Cb 29
Kašalëvo, Buda- **BY** 30-31 Da 38
Kašary **RUS** 48-49 Ea 41
Kascjanevičy **BY** 30-31 Ch 36
Kascjukovičy **BY** 30-31 Dc 37
Kascjukovka **BY** 46-47 Da 38
Kåseberga **S** 26-27 Be 35
Kašhatau **RUS** 64-65 Ed 47
Kasımoğlu **TR** 86-87 Ed 52
Kasimov **RUS** 32-33 Eb 36
Kašin **RUS** 20-21 Dh 33
Kaşınhanı **TR** 84-85 Dc 53
Kašira **RUS** 30-31 Di 36
Kaskara **RUS** 24-25 Gf 33
Kaškarancy **RUS** 4-5 Dg 24
Kaskinen **FIN** 10-11 Cb 28
Kaškino **RUS** 34-35 Fh 34
Kaskö = Kaskinen **FIN** 10-11 Cb 28
Kasli **RUS** 34-35 Ga 35
Kašmā, al- **SYR** 86-87 Ea 56
Kašperivka **UA** 46-47 Ci 41
Kaspi **GE** 78-79 Ee 49
Kaspijskij = Lagan' **RUS** 64-65 Eh 45
Kassándria **GR** 74-75 Cd 50
Kassandrinó **GR** 74-75 Cd 50
Kassel **D** 42-43 Ak 39
Kassiópi **GR** 74-75 Bk 51
Kassita **MA** 80-81 Sg 56
Kastamonu **TR** 76-77 Dd 49
Kastania **GR** 74-75 Cc 50
Kastéli **GR** 82-83 Cd 55
Kastoriá **GR** 74-75 Cb 50
Kastornoe **RUS** 48-49 Di 39
Kašyrs'kyj, Kamin'- **UA** 44-45 Ce 39
Katákolo **GR** 82-83 Cb 53
Katastári **GR** 82-83 Ca 53
Katav, Ust'- **RUS** 34-35 Fi 36
Katav-Ivanovsk **RUS** 34-35 Fi 36
Kateríni **GR** 74-75 Cc 50
Katerynopil' **UA** 46-47 Da 42
Katlanovo **MK** 74-75 Cb 49
Káto Ahaïa **GR** 82-83 Cb 52
Káto Alepohóri **GR** 82-83 Cd 52
Káto Figália **GR** 82-83 Cb 53
Káto Glikóvrisi **GR** 82-83 Cc 54
Káto Kateliós **GR** 82-83 Ca 52
Káto Nevrokópi **GR** 74-75 Cd 49
Kato Pyrgos **CY** 84-85 Dc 55
Káto Samikó **GR** 82-83 Cb 53
Káto Soúnio **GR** 82-83 Ce 53
Katowice **PL** 44-45 Bk 40
Katrineholm **S** 16-17 Bg 32
Kattavía **GR** 82-83 Ch 55
Katterjåkk **S** 2-3 Bi 22
Katthammarsvik **S** 16-17 Bi 33
Kattilasaari **S** 10-11 Cd 25
Kattisavan **S** 8-9 Bi 26
Katunci **BG** 74-75 Cd 49
Katunino **RUS** 22-23 Ef 32
Katwijk aan Zee **NL** 40-41 Ae 38
Kaufbeuren **D** 56-57 Ba 43
Kauhajoki **FIN** 10-11 Cc 28
Kauhava **FIN** 10-11 Cd 27
Kaukonen **FIN** 2-3 Ce 23
Kauksi **EST** 18-19 Ch 32
Kaum, al- **SYR** 86-87 Di 55
Kaunas **LT** 28-29 Cd 36
Kaupanger **N** 16-17 Ah 29
Kaušany = Căuşeni **MD** 60-61 Ck 44
Kaustinen **FIN** 10-11 Cd 27
Kautokeino **N** 2-3 Cd 21
Kavacık **TR** 76-77 Ci 51
Kavacık **TR** 76-77 Dc 50
Kavadarci **MK** 74-75 Cc 49
Kavajë **AL** 74-75 Bk 49
Kavak **TR** 74-75 Cg 50
Kavak **TR** 76-77 De 50
Kavak **TR** 78-79 Dg 49
Kavak **TR** 78-79 Dh 51
Kavakbaşı **TR** 86-87 Eb 52
Kavaklıdere **TR** 84-85 Ci 53
Kavála **GR** 74-75 Ce 50
Kavarna **BG** 60-61 Ci 47
Kavarskas **LT** 28-29 Ce 35
Kaverino **RUS** 32-33 Eb 36
Kávos **GR** 74-75 Ca 51
Kavra **RUS** 12-13 Ed 27
Kaxås **S** 8-9 Bd 27
Kayabaşı **TR** 76-77 Dc 51
Kayacık **TR** 86-87 Ea 52
Kayadibi **TR** 78-79 Dg 51
Kayaönü **TR** 84-85 Dd 53
Kayapınar **TR** 86-87 Eb 53
Kaymaz **TR** 76-77 Da 50
Kaymaz **TR** 76-77 Db 51
Kaynar **TR** 86-87 Dg 52
Kaynarca **TR** 76-77 Ck 50
Kaynarca **TR** 76-77 Da 49
Kaypak **TR** 86-87 Dg 53
Kayrak **TR** 84-85 Dd 54
Kayseri **TR** 84-85 Df 52
Kazača Lopan' **UA** 48-49 Dg 40
Kazačka **RUS** 48-49 Ed 39
Kazaki **RUS** 48-49 Di 38
Kazakkulovo **RUS** 34-35 Fi 37
Kazan' **RUS** 32-33 Ek 35
Kazan **TR** 76-77 Dc 50
Kazanbasy **KA** 52-53 Gd 38
Kazancı **TR** 84-85 Dc 54
Kazancı **TR** 86-87 Ea 53
Kazanka **UA** 62-63 Dc 43
Kazanlăk **BG** 74-75 Cf 48
Kazanlı **TR** 84-85 De 54
Kazanskaja **RUS** 48-49 Eb 41
Kazarka **RUS** 32-33 Ef 37
Kazenščina **RUS** 12-13 Eb 27
Kazıklı **TR** 82-83 Ch 53
Kazil'skoe **RUS** 52-53 Fi 38
Kâzımkarabekir **TR** 84-85 Dc 53
Kazinaka **RUS** 48-49 Dh 40
Kaz'jany **BY** 28-29 Cg 35
Kaz'jany **BY** 30-31 Ck 35
Kazlu Rūda **LT** 28-29 Cd 36
Kažma **RUS** 12-13 De 28
Kazreti **GE** 78-79 Ee 49
Kaztalovka **KA** 50-51 Ei 41
Kažukas = Marijampole **LT** 28-29 Cd 36
Kažym **RUS** 22-23 Fb 30
Kčevka **RUS** 50-51 Ei 40
Kcynia **PL** 28-29 Bh 38
Keban **TR** 86-87 Di 52
Kebnekaise fjällstation **S** 2-3 Bi 23
Kecel **H** 58-59 Bk 44
Keçiborlu **TR** 84-85 Da 53
Keçiler **TR** 84-85 Ck 52
Keçiören **TR** 76-77 Dc 50
Kecskemét **H** 58-59 Bk 44
Keda **GE** 78-79 Eb 49
Kėdainiai **LT** 28-29 Cd 35
Kédra **GR** 74-75 Cb 51
Kédros **GR** 74-75 Cc 51
Kedrozero **RUS** 12-13 De 28
Kędzierzyn **PL** 44-45 Bi 40
Kędzierzyn-Koźle **PL** 44-45 Bi 40
Keel = An Caol **IRL** 37 Rk 37
Kéfalos **GR** 82-83 Cg 54
Kefken **TR** 76-77 Da 49
Keflavík **IS** 36 Qh 26
Kehl **D** 42-43 Ah 42
Kehra **EST** 18-19 Cf 31
Kehyčivka **UA** 48-49 Df 41
Keighley **GB** 38-39 Si 37
Keikyä **FIN** 18-19 Cc 29
Keila **EST** 18-19 Ce 31
Ķeipene **LV** 28-29 Cf 34
Keitele **FIN** 10-11 Cg 27
Keith **GB** 38-39 Sh 33
Kelankylä **FIN** 10-11 Ch 25
Këlcyrë **AL** 74-75 Ca 50
Kelekçi **TR** 84-85 Ck 53
Kèlèraš' = Călăraşi **MD** 60-61 Ci 43
Keles **TR** 76-77 Ck 51
Kelheim **D** 42-43 Bb 42
Kelisäkendi **IR** 78-79 Ee 51
Kelkit **TR** 78-79 Dk 50
Kellinghusen **D** 26-27 Ak 37
Kelloselkä **FIN** 2-3 Ci 24
Kelmė **LT** 28-29 Cc 35
Kel'menci **UA** 46-47 Cg 42
Kelso **GB** 38-39 Sh 35
Kem' **RUS** 12-13 De 26
Kemah **TR** 78-79 Dk 51
Kemâliye **TR** 78-79 Di 51
Kemalpaşa **TR** 78-79 Eb 49
Kemalpaşa **TR** 82-83 Ch 52
Kemer **KA** 50-51 Fe 41
Kemer **TR** 76-77 Ch 50
Kemer **TR** 84-85 Ci 53
Kemer **TR** 84-85 Ck 54
Kemer **TR** 84-85 Da 53
Kemer **TR** 84-85 Da 54
Kemer **TR** 84-85 Dd 52
Kemerburgaz **TR** 76-77 Ci 49
Kemerhisar **TR** 84-85 De 53
Kemerši **KA** 52-53 Fg 42
Kemi **FIN** 10-11 Ce 25
Kemihaara **FIN** 2-3 Ci 23
Kemijärvi **FIN** 2-3 Ch 24
Keminmaa **FIN** 10-11 Ce 25
Kemiö **FIN** 18-19 Cc 30
Kemlja **RUS** 32-33 Ef 36
Kemnath **D** 42-43 Bb 41
Kempele **FIN** 10-11 Cf 26
Kempen **D** 42-43 Ag 39
Kempten (Allgäu) **D** 56-57 Ba 43
Kendal **GB** 38-39 Sh 36
Kenica **RUS** 12-13 Eb 26
Kénitra = Al-Q'nitra **MA** 80-81 Sd 56
Kenmare = Neidín **IRL** 37 Sa 39
Kento **RUS** 10-11 Db 25
Kéntro **GR** 82-83 Cb 53
Kenttan **N** 2-3 Cf 21
Kepa **RUS** 10-11 Dc 25
Kepino **RUS** 12-13 Eb 25
Kępno **PL** 44-45 Bh 39
Kepsut **TR** 76-77 Ci 51
Keräntöjärvi **S** 2-3 Cc 23
Keramotí **GR** 74-75 Ce 50
Kerč **UA** 62-63 Dg 45
Kerčëm'ja **RUS** 22-23 Fd 29
Kerčevskij **RUS** 22-23 Fg 31
Kërçukaj **AL** 74-75 Bk 49
Kerecsend **H** 58-59 Ca 43
Keret' **RUS** 4-5 Dd 24
Kerí **GR** 82-83 Ca 53
Kerimäki **FIN** 10-11 Ck 29
Kérkira **GR** 74-75 Bk 51
Kermen **BG** 74-75 Cg 48
Keros **RUS** 22-23 Fc 30
Kerpen **D** 42-43 Ag 40
Kerstinbo **S** 16-17 Bg 30
Kerteminde **DK** 26-27 Ba 35
Kértezi **GR** 82-83 Cb 53
Keryneia **TR** 84-85 Dd 55
Kesälahti **FIN** 10-11 Ck 29
Keşan **TR** 74-75 Cg 50
Keşap **TR** 78-79 Di 50
Kesikköprü **TR** 76-77 Dd 51
Kesikköprü Hani **TR** 76-77 De 51
Keskikylä **FIN** 10-11 Ce 26
Keskin **TR** 76-77 Dd 51
Kesova Gora **RUS** 20-21 Dh 33
Kestenğa **RUS** 10-11 Db 25
Kestilä **FIN** 10-11 Cg 26
Keswick **GB** 38-39 Sg 36
Keszthely **H** 58-59 Bh 44
Ketama **MA** 80-81 Sf 56
Ketčenery **RUS** 64-65 Ee 43
Kętrzyn **PL** 28-29 Cb 36
Kettering **GB** 40-41 Sk 38
Kettletoft **GB** 38-39 Sh 31
Kęty **PL** 44-45 Bk 41
Ketzin **D** 42-43 Bc 38
Keuruu **FIN** 10-11 Ce 28
Kèušen' = Căuşeni **MD** 60-61 Ck 44
Kevelaer **D** 42-43 Ag 39
Kevjudy **RUS** 64-65 Ee 45
Kez **RUS** 22-23 Fd 33
Kežmarok **SK** 44-45 Ca 41
Khemisset **MA** 80-81 Sd 57
Khénichèt **MA** 80-81 Se 56
Kiáto **GR** 82-83 Cc 52
Kıbrıscık **TR** 76-77 Db 50
Kičevo **MK** 74-75 Ca 49
Kičižno **RUS** 12-13 Eb 26
Kicman' **UA** 46-47 Cf 42
Kičmengskij Gorodok **RUS** 22-23 Ef 31
Kidderminster **GB** 40-41 Sh 38
Kidekša **RUS** 32-33 Ea 34
Kidwelly **GB** 40-41 Sf 39
Kidyš **RUS** 34-35 Ga 36
Kiekinkoski **FIN** 10-11 Da 26
Kiel **D** 26-27 Ba 36
Kielce **PL** 44-45 Ca 40
Kieleczka **PL** 44-45 Bi 40
Kifino Selo **BIH** 58-59 Bi 47
Kifissiá **GR** 82-83 Cd 52
Kiği **TR** 78-79 Ea 51
Kihelkona **EST** 18-19 Cc 32
Kihlanki **FIN** 2-3 Cd 23
Kihniö **FIN** 10-11 Cd 28
Kiikala **FIN** 18-19 Cd 30
Kiikoinen **FIN** 18-19 Cc 29
Kiiminki **FIN** 10-11 Cf 25
Kiistala **FIN** 2-3 Cf 23
Kija **RUS** 4-5 Ee 23
Kijakty **KA** 66-67 Fb,46
Kijakty **KA** 66-67 Fd 46
Kijasovo **RUS** 34-35 Fd 34
Kijevo **YU** 74-75 Ca 48
Kikerino **RUS** 18-19 Ck 31
Kikinda **YU** 58-59 Ca 45
Kiknur **RUS** 22-23 Eh 33
Kikvidze **RUS** 48-49 Ed 40
Kil **S** 16-17 Bd 31
Kila **S** 16-17 Bg 32
Kilafors **S** 16-17 Bg 29

Kılbasan **TR** 84-85 Dd 53
Kilbeggan = Cill Bheagáin **IRL** 37 Sc 37
Kilboghamn **N** 2-3 Bd 24
Kilbotn **N** 2-3 Bg 22
Kil'čenga **RUS** 22-23 Eg 30
Kilcullen = Cill Chuilin **IRL** 37 Sd 37
Kildare = Cill Dara **IRL** 37 Sd 37
Kil'dinstroj **RUS** 4-5 Dd 22
Kilemary **RUS** 32-33 Eg 34
Kılıç **TR** 76-77 Ck 50
Kılıçkaya **TR** 78-79 Eb 50
Kilifarevo **BG** 74-75 Cf 48
Kilija **UA** 60-61 Ck 45
Kilimli **TR** 76-77 Db 49
Kilingi-Nõmme **EST** 18-19 Ce 32
Kilíni **GR** 82-83 Cb 53
Kilipsjärvi **FIN** 2-3 Ca 21
Kilis **TR** 86-87 Dh 54
Kilkee = Cill Chaoi **IRL** 37 Sa 38
Kilkeel **GB** 37 Sd 36
Kilkenny = Cill Chainnigh **IRL** 37 Sc 38
Kilkís **GR** 74-75 Cc 50
Killaloe = Cill Dalua **IRL** 37 Sb 38
Killarney = Cill Airne **IRL** 37 Sa 38
Killenaule = Cill Náile **IRL** 37 Sc 38
Killik **TR** 84-85 Ci 52
Killinge **S** 2-3 Ca 23
Killinkoski **FIN** 10-11 Cd 28
Killorglin = Cill Orglan **IRL** 37 Sa 38
Killybegs = Na Ceala Beaga **IRL** 37 Sb 36
Kilmarnock **GB** 38-39 Sf 35
Kilmelfort **GB** 38-39 Se 34
Kil'mez' **RUS** 34-35 Fb 33
Kil'mez' **RUS** 34-35 Fb 34
Kil'mez', Ust'- **RUS** 34-35 Fa 34
Kilp'javr **RUS** 4-5 Dc 21
Kilrea **GB** 37 Sd 36
Kilronan = Cill Rónáin **IRL** 37 Sa 37
Kilrush = Cill Rois **IRL** 37 Sa 38
Kilvik **N** 2-3 Bd 24
Kími **GR** 82-83 Ce 52
Kimito = Kemiö **FIN** 18-19 Cc 30
Kimovaara **RUS** 10-11 Db 27
Kimovsk **RUS** 30-31 Di 37
Kimry **RUS** 30-31 Dh 34
Kimža **RUS** 12-13 Ee 25
Kinbrace **GB** 38-39 Sg 32
Kindberg **A** 58-59 Bf 43
Kindelja **RUS** 50-51 Fd 39
Kinel' **RUS** 34-35 Fa 37
Kinelahti **RUS** 18-19 Dc 29
Kinel'-Čerkasy **RUS** 34-35 Fb 37
Kinešma **RUS** 20-21 Ec 33
Kingisepp **RUS** 18-19 Ci 31
King's Lynn **GB** 38-39 Aa 38
Kingston upon Hull **GB** 38-39 Sk 37
Kingussie **GB** 38-39 Sf 33
Kınık **TR** 76-77 Ch 51
Kınık **TR** 84-85 Ck 54
Kinloch Rannoch **GB** 38-39 Sf 34
Kinna **S** 16-17 Bc 33
Kinnarp **S** 16-17 Bd 32
Kinnegad = Cionn Átha Gad **IRL** 37 Sc 37
Kinnula **FIN** 10-11 Ce 27
Kinsale = Cionn Sáile **IRL** 37 Sb 39
Kinsarvik **N** 16-17 Ag 30
Kinvarra = Cinn Mhara **IRL** 37 Sb 37
Kionia **CY** 84-85 Dd 56
Kiparissía **GR** 82-83 Cb 53
Kipelovo **RUS** 20-21 Dk 31
Kipen' **RUS** 18-19 Ck 31
Kipievo **RUS** 14-15 Fe 25
Kipinä **FIN** 10-11 Cg 25
Kipouríou **GR** 74-75 Cb 51
Kipséli **GR** 74-75 Cc 51
Kipti **UA** 46-47 Db 39
Kıraçtepe **TR** 78-79 Ea 51
Kirav **BY** 46-47 Da 39
Kiravsk **BY** 30-31 Ck 37
Kiraz **TR** 82-83 Ci 52
Kirazlı **TR** 74-75 Cg 50
Kırbaşı **TR** 76-77 Db 50
Kırcasalih **TR** 74-75 Cg 49
Kirchenthumbach **D** 42-43 Bb 41
Kirchhain **D** 42-43 Ai 40
Kirchheim unter Teck **D** 42-43 Ak 42
Kırdamı **TR** 78-79 Ed 50
Kirdasovo **RUS** 34-35 Fi 37
Kireç **TR** 76-77 Ci 51
Kireevsk **RUS** 30-31 Dh 37
Kıreli **TR** 84-85 Db 53
Kirgišany **RUS** 34-35 Fk 34
Kirgiz-Mijaki **RUS** 34-35 Fe 37
Kiriáki **GR** 82-83 Cc 52
Kırık **TR** 76-77 Dd 49
Kırık **TR** 78-79 Ea 50
Kırıkhan **TR** 84-85 Dg 54
Kırıkkale **TR** 76-77 Dd 51
Kirillov **RUS** 20-21 Di 31
Kiriši **RUS** 18-19 Dc 31
Kırızlı **TR** 84-85 Df 53
Kirja **RUS** 32-33 Eg 35
Kirjabinskoe **RUS** 34-35 Fk 36
Kir'jamo **RUS** 18-19 Ci 31
Kırka **TR** 76-77 Da 51
Kırkağaç **TR** 76-77 Ch 51
Kirkby Lonsdale **GB** 38-39 Sh 36
Kirkby Stephen **GB** 38-39 Sh 36
Kirkcaldy **GB** 38-39 Sg 34
Kirkcudbright **GB** 38-39 Sf 36
Kirke Hvalsø **DK** 26-27 Bb 35
Kirkenær **N** 16-17 Bc 30
Kirkenes **N** 4-5 Da 21
Kırkgeçit **TR** 86-87 Ed 52
Kırkışla **TR** 84-85 Dc 52
Kirkjubæjarklaustur **IS** 36 Rb 27
Kırklareli **TR** 76-77 Ch 49
Kirkük **IRQ** 86-87 Ee 55
Kirkwall **GB** 38-39 Sh 32
Kırmızıköprü **TR** 78-79 Dk 51
Kiroba **RUS** 62-63 Dk 47
Kırobası **TR** 84-85 Dd 54
Kirov **RUS** 22-23 Ek 32
Kirov **RUS** 30-31 De 36
Kirovgrad **RUS** 24-25 Ga 33
Kirovhrad **RUS** 24-25 Ga 33
Kirovo-Čepeck **RUS** 22-23 Fa 32
Kirovograd = Kirovohrad **UA** 46-47 Dc 42
Kirovohrad **UA** 46-47 Dc 42
Kirovsk **RUS** 4-5 Dd 23
Kirovsk **RUS** 18-19 Db 31
Kirovskaja **RUS** 64-65 Ea 44
Kirovs'ke **UA** 48-49 Di 42
Kirovs'ke **UA** 62-63 Df 45
Kirovskij **RUS** 64-65 Ei 45
Kirovskoe **RUS** 24-25 Gc 32
Kirpil'skaja **RUS** 62-63 Dk 45
Kirriemuir **GB** 38-39 Sg 34
Kirs **RUS** 22-23 Fc 31
Kirsa **RUS** 34-35 Fk 37
Kirsanov **RUS** 48-49 Ec 38
Kırşehir **TR** 76-77 De 51
Kirteli **RUS** 32-33 Ei 36
Kiruna **S** 2-3 Ca 23
Kirušca **RUS** 48-49 Ea 39
Kiržač **RUS** 30-31 Di 34
Kisa **S** 16-17 Bf 33
Kısas **TR** 86-87 Di 53
Kisbér **H** 58-59 Bi 43
Kiselëvka **RUS** 64-65 Ee 43
Kiseljak **BIH** 58-59 Bi 47
Kišert', Ust'- **RUS** 22-23 Fh 33
Kisielnica **PL** 28-29 Cc 37
Kišiköl **KA** 52-53 Gd 42
Kišinev = Chişinău **MD** 60-61 Ci 43
Kisko **FIN** 18-19 Cd 30
Kiskőrös **H** 58-59 Bk 44
Kiskunfélegyháza **H** 58-59 Bk 44
Kiskunhalas **H** 58-59 Bk 44
Kiskunmajsa **H** 58-59 Bk 44
Kışlaköy **TR** 78-79 Ec 50
Kisljakovskaja **RUS** 62-63 Dk 44
Kislovodsk **RUS** 64-65 Ec 47
Kissámou Kasteli **GR** 82-83 Cd 55
Kissingen, Bad **D** 42-43 Ba 40
Kistanje **HR** 58-59 Bf 47
Kistelek **H** 58-59 Bk 44
Kisújszállás **H** 58-59 Ca 43
Kisvárda **H** 44-45 Cc 42
Kitee **FIN** 10-11 Da 28
Kíthira **GR** 82-83 Cc 54
Kíthnos **GR** 82-83 Ce 53
Kitkiöjoki **S** 2-3 Cd 23
Kitilä **FIN** 2-3 Ce 23
Kitsi **FIN** 10-11 Da 27
Kittelfjäll **S** 8-9 Bf 25
Kitula **FIN** 18-19 Cd 30
Kitzbühel **A** 56-57 Bc 43
Kitzingen **D** 42-43 Ba 41
Kiuruvesi **FIN** 10-11 Cg 27
Kiverci **UA** 46-47 Cf 40
Kiveriči **RUS** 20-21 Dg 33
Kivesjärvi **FIN** 10-11 Ch 26
Kivijärvi **FIN** 10-11 Cf 27
Kivik **S** 26-27 Be 35
Kiviõli **EST** 18-19 Cg 31
Kıyıköy **TR** 76-77 Ci 49
Kizel **RUS** 22-23 Fh 31
Kizema **RUS** 20-21 Ee 29
Kızılabalı **TR** 76-77 De 48
Kızılağaç **TR** 86-87 Eb 52
Kızılburç **TR** 86-87 Di 53
Kızılcabölük **TR** 84-85 Ck 53
Kızılcadağ **TR** 84-85 Ck 53
Kızılcahamam **TR** 76-77 Dc 50
Kızılçakır **TR** 84-85 Dc 53
Kızılcaören **TR** 76-77 Da 51
Kızılırmak **TR** 76-77 Dd 50
Kızılkaya **TR** 84-85 Da 53
Kızılören **TR** 84-85 Da 52
Kızılören **TR** 84-85 Dc 53
Kızılot **TR** 84-85 Db 54
Kızılsu **TR** 86-87 Ec 53
Kızıltepe **TR** 86-87 Ea 53
Kizner **RUS** 34-35 Fb 34
Kızören **TR** 84-85 Dd 52
Kiz'va **RUS** 22-23 Fe 32
Kjanda **RUS** 12-13 Di 26
Kjeldebotn **N** 2-3 Bg 22
Kjellerup **DK** 26-27 Ak 34
Kjellmyra **N** 16-17 Bc 30
Kjøllefjord **N** 2-3 Ch 20
Kjøpsvik **N** 2-3 Bg 22
Kjustendil **BG** 74-75 Cc 48
Kladanj **BIH** 58-59 Bi 46
Kladnica **YU** 58-59 Ca 47
Kladno **CZ** 42-43 Be 40
Kladovo **YU** 58-59 Cc 46
Klæbu **N** 8-9 Ba 27
Klagenfurt **A** 58-59 Be 44
Klaipėda **LT** 28-29 Cb 35
Klaksvík **FR** 38-39 Sd 28
Klatovy **CZ** 42-43 Bd 41
Klavdijevo-Tarasove **UA** 46-47 Da 40
Kleck **BY** 28-29 Cg 37
Kleczew **PL** 44-45 Bi 38
Kleinen, Bad **D** 26-27 Bb 37
Klein-Pöchlarn **A** 44-45 Bf 42
Kleive **N** 8-9 Ah 28
Klement'evo **RUS** 20-21 Di 33
Klemušino **RUS** 12-13 Ec 28
Klenovaja **RUS** 22-23 Eg 31
Klënovo **RUS** 22-23 Fe 33
Klenovskoe **RUS** 34-35 Fi 34
Kleppe **N** 16-17 Af 32
Klesiv **UA** 46-47 Cg 39
Kletnja **RUS** 30-31 Dd 37
Kletskij **RUS** 48-49 Ed 41
Kletsko-Počtovskij **RUS** 48-49 Ed 41
Klevakinskoe **RUS** 34-35 Gb 34
Kleve **D** 42-43 Ag 39
Kličav **BY** 30-31 Ck 37
Klimatino **RUS** 20-21 Dh 33
Klimavičy **BY** 30-31 Db 37
Klimentovo **BG** 60-61 Ch 47
Klimkovka **RUS** 22-23 Fb 32
Klimovsk **RUS** 30-31 Dh 35
Klimpfjäll **S** 8-9 Be 25
Klin **RUS** 30-31 Dg 34
Klina **YU** 58-59 Ca 47
Klincovka **RUS** 50-51 Ek 39
Klincy **RUS** 30-31 Dc 38
Klingenthal (Sachsen) **D** 42-43 Bc 40
Klinskoe **RUS** 30-31 De 38
Klintehamn **S** 16-17 Bi 33
Klippan **S** 26-27 Bd 34
Klirou **CY** 84-85 Dd 55
Klisura **BG** 74-75 Cd 48
Klisura **BG** 74-75 Ce 48
Kljavino **RUS** 34-35 Fc 36
Ključ **BIH** 58-59 Bg 46
Ključevka **RUS** 52-53 Ff 39
Ključevsk **RUS** 24-25 Ga 33
Ključi **RUS** 24-25 Gc 33
Ključi **RUS** 34-35 Fa 34
Ključišči **RUS** 32-33 Ed 35
Kljukino **RUS** 22-23 Eg 32
Kłodawa **PL** 44-45 Bi 38
Kłodzko **PL** 44-45 Bg 40
Klötze **D** 42-43 Bb 38
Klöverträsk **S** 10-11 Cb 25
Klövsjö **S** 8-9 Be 28
Kløfta **N** 16-17 Bb 30
Klokkarvik **N** 16-17 Af 30
Klos **AL** 74-75 Ca 49
Klosterneuburg **A** 44-45 Bg 42
Klosters **CH** 56-57 Ak 44
Kluczbork **PL** 44-45 Bi 40
Klütz **D** 26-27 Bb 37
Klymovo **RUS** 46-47 Dc 38
Knaben **N** 16-17 Ah 32
Knäred **S** 26-27 Bd 34
Knaften **S** 8-9 Bi 26
Knaresborough **GB** 38-39 Si 36
Knarvik **N** 16-17 Af 30
Kneža **BG** 60-61 Ce 47
Knić **YU** 58-59 Ca 47
Knidos **TR** 82-83 Cg 54
Knighton **GB** 40-41 Sg 38
Knin **HR** 58-59 Bg 46
Knittelfeld **A** 58-59 Be 43
Knjaginino **RUS** 32-33 Ef 35
Knjaževac **YU** 58-59 Cc 47
Knjaževo **BG** 74-75 Cg 48
Knjaževo **RUS** 20-21 Ed 31
Knjaževo **RUS** 20-21 Ee 32
Knjazevo **RUS** 30-31 Ci 34
Knjažiha **RUS** 20-21 Dg 33
Knjažiha **RUS** 32-33 Eg 35
Knocklong **IRL** 37 Sb 38
Knokke-Heist **B** 40-41 Ad 39
Knyszyn **PL** 28-29 Cc 37
Kobarid **SLO** 56-57 Bd 44
Kobel'aky **UA** 46-47 De 41
København **DK** 26-27 Bc 35
Kobierzyce **PL** 44-45 Bg 40
Koblenz **D** 42-43 Ah 40
Kobleve **UA** 62-63 Db 44
Kobona **RUS** 18-19 Db 30
Koboža **RUS** 20-21 De 32
Koboža **RUS** 20-21 Df 32
Kobra **RUS** 22-23 Fa 30
Kobryn **BY** 44-45 Ce 38
Kobuleti **GE** 78-79 Eb 49
Kocaali **TR** 76-77 Da 49
Kocaaliler **TR** 84-85 Da 53
Kocaeli **TR** 76-77 Ck 50
Kocakoç **TR** 78-79 Dk 51
Koçali **TR** 86-87 Di 53
Kočani **MK** 74-75 Cc 49
Kocapınar **TR** 78-79 Ed 51
Koçarlı **TR** 82-83 Ch 53
Koçaş **TR** 84-85 Dd 52
Kocatepe **TR** 86-87 Ea 53
Koceljeva **YU** 58-59 Bk 46
Kočerinovo **BG** 74-75 Cd 48
Kočeriv **UA** 46-47 Ck 40
Kočetovka **RUS** 32-33 Ea 38
Kočevje **SLO** 58-59 Be 45
Kočevo **RUS** 22-23 Fe 31
Kocjubyns'ke **UA** 46-47 Da 40
Kock **PL** 44-45 Cc 39
Kočkarlej **RUS** 32-33 Eh 37
Kočkoma **RUS** 12-13 De 26
Kočkurovo **RUS** 32-33 Ef 36
Koçoğlu **TR** 78-79 Ec 51
Kočubeevskoe **RUS** 64-65 Eb 46
Kočubej **RUS** 64-65 Eg 46
Kočunovo **RUS** 32-33 Ee 35
Kočury **RUS** 32-33 Dk 37
Kodino **RUS** 12-13 Dk 27
Kodyma **UA** 46-47 Ck 42
Kodžori **GE** 78-79 Ee 49
Köflach **A** 58-59 Bf 43
Kökala-at **KA** 52-53 Ge 41
Kökar **FIN** 18-19 Ca 31
Kökterek **KA** 50-51 Ek 41
Köktöbe **KA** 52-53 Fh 42
Kölleda **D** 42-43 Bb 39
Köln **D** 42-43 Ag 40
Kölsillre **S** 8-9 Bf 28
Kömürlimanı **TR** 74-75 Cf 50
Kömürlü **TR** 78-79 Ec 50
Köngäs **FIN** 2-3 Cf 21
Königsbrück **D** 42-43 Bd 39
Königshofen im Grabfeld, Bad **D** 42-43 Ba 40
Königs Wusterhausen **D** 42-43 Bd 38
Könnern **D** 42-43 Bb 39
Köping **S** 16-17 Bf 31
Köpmanholmen **S** 8-9 Bi 27
Köprübaşı **TR** 76-77 Df 49
Köprübaşı **TR** 78-79 Ea 50
Köprübaşı **TR** 84-85 Ci 52
Köprülü **TR** 84-85 Dc 54
Köprüören **TR** 76-77 Ck 51
Körhasan **TR** 76-77 Db 51
Körmen **TR** 82-83 Ch 54
Körmend **H** 58-59 Bg 43
Köse **TR** 78-79 Dk 50
Köseali **TR** 84-85 Ci 52
Kösehasan **TR** 78-79 Ec 51
Köseler **TR** 74-75 Cg 51
Köseler **TR** 84-85 Da 53
Kösen, Bad **D** 42-43 Bb 39
Kösere **TR** 84-85 De 53
Köşk **TR** 84-85 Ci 53
Kösreli **TR** 84-85 Df 53
Kötek **TR** 78-79 Ed 50
Köthen (Anhalt) **D** 42-43 Bb 39
Kötschach-Mauthen **A** 56-57 Bc 44
Kötzting **D** 42-43 Bc 41
Köyceğiz **TR** 84-85 Ci 54
Kofçaz **TR** 76-77 Ch 49
Kofinou **CY** 84-85 Dd 56
Køge **DK** 26-27 Bc 35
Kohila **EST** 18-19 Ce 31
Kohma **RUS** 32-33 Eb 34
Kohtla-Järve **EST** 18-19 Ch 31
Koirakosk **FIN** 10-11 Ch 27
Koivu **FIN** 10-11 Cf 24
Kojanovo **RUS** 22-23 Fg 33
Kojbagar **KA** 52-53 Gf 38
Kojda **RUS** 4-5 Ec 24
Kojetín **CZ** 44-45 Bh 41
Kojgorodok **RUS** 22-23 Fb 30
Kojnas **RUS** 12-13 Eh 26
Kokino **RUS** 22-23 Ek 32
Kokinombléa **GR** 82-83 Cd 52
Kokkola **FIN** 10-11 Cd 27
Koknese **LV** 28-29 Cf 34
Kokornaja **RUS** 12-13 Ee 26
Kokovka **RUS** 12-13 Dh 28
Kokšajsk **RUS** 32-33 Eh 34
Kola **RUS** 4-5 Dd 22
Kolari **FIN** 2-3 Cd 23
Kolárovo **SK** 58-59 Bh 43
Kolåsen **S** 8-9 Bc 27
Kolašin **YU** 74-75 Bk 48
Kolatsel'ga **RUS** 10-11 Dc 29
Kolbäck **S** 16-17 Bg 31
Kolbeinsstaðir **IS** 36 Qh 26
Kołbiel **PL** 44-45 Cb 38
Kolbuszowa **PL** 44-45 Cb 40
Kol'covo **RUS** 34-35 Ga 34
Kol'čugino **RUS** 32-33 Dk 34
Kolding **DK** 26-27 Ak 35
Kolenovskij, Elan'- **RUS** 48-49 Eb 39
Kolerträsk **S** 10-11 Ca 25
Koležma **RUS** 12-13 Df 26
Kolga-Jaani **EST** 18-19 Cf 32
Kolhida **GE** 78-79 Eb 48
Kolibaš = Colibaşi **MD** 60-61 Ci 45
Kolín **CZ** 44-45 Bf 40
Kolisne **UA** 60-61 Ck 44
Koljadivka **UA** 48-49 Dk 41
Kolka **LV** 18-19 Cc 33
Kolkač **RUS** 20-21 Di 31
Kolky **UA** 46-47 Cf 39
Kolno **PL** 28-29 Cb 37
Koło **PL** 44-45 Bi 38
Kolobovo **RUS** 32-33 Eb 34
Kołobrzeg **PL** 26-27 Bf 36
Koločava **UA** 44-45 Cd 42
Kolodez', Kon'- **RUS** 48-49 Dk 38
Kolodezne **UA** 48-49 Dh 41
Kolodino **RUS** 20-21 Dk 32
Kolodnoe **RUS** 48-49 Dg 39
Kologriv **RUS** 20-21 Ee 32
Kolokolčovka **RUS** 48-49 Ee 39
Kolomak **UA** 48-49 Df 41
Kolomna **RUS** 30-31 Di 35
Kolomyja **UA** 46-47 Cf 42
Kolovertnoe **KA** 50-51 Fb 40
Kolpakskoe **RUS** 52-53 Fi 39
Kolpino **RUS** 18-19 Da 31
Kolpny **RUS** 48-49 Dh 38
Kolševo **RUS** 20-21 Eb 33
Kolsva **S** 16-17 Bf 31
Koltubanovskij **RUS** 34-35 Fb 38
Kolukısa **TR** 84-85 Dc 52
Kolvereid **N** 8-9 Bb 26
Kolvica **RUS** 4-5 Dd 23
Kolyčivka **UA** 46-47 Db 39
Kolyšlej **RUS** 32-33 Ee 38
Komariči **RUS** 46-47 De 38
Komariha **RUS** 22-23 Eg 32
Komariha **RUS** 22-23 Fg 32
Komarne **UA** 44-45 Cd 41
Komárno **SK** 58-59 Bi 43
Komárom **H** 58-59 Bi 43
Komintern **KA** 52-53 Gb 42
Komintern **RUS** 52-53 Fk 38
Kominternivs'ke **UA** 60-61 Da 44
Komiža **HR** 72-73 Bg 47
Komló **H** 58-59 Bi 44
Kommuna **RUS** 14-15 Fc 27
Kommunar **RUS** 22-23 Fe 32
Kommunarsk = Alčevs'k **UA** 48-49 Di 42
Komorane **YU** 74-75 Ca 48
Komorevo **RUS** 30-31 Dg 37
Komotiní **GR** 74-75 Cf 49
Kompanijivka **UA** 46-47 Dc 42
Komrat = Comrat **MD** 60-61 Ci 44
Komsomol **KA** 52-53 Ga 39
Komsomol **KA** 52-53 Ga 40
Komsomol **KA** 66-67 Fd 43
Komsomol'sk **RUS** 32-33 Ea 33
Komsomol'skij **RUS** 6-7 Gd 23
Komsomol'skij **RUS** 10-11 Dd 25
Komsomol'skij **RUS** 24-25 Gd 29
Komsomol'skij **RUS** 32-33 Ef 36
Komsomol'skij **RUS** 52-53 Ga 39
Komsomol'skij **RUS** 64-65 Eg 45
Komsomol'sk-na-Pečore **RUS** 14-15 Fg 28
Komsomol'sk-na-Ustjurte **US** 66-67 Fh 46
Komsomol'skoe **RUS** 18-19 Ci 30
Komsomol'skoe **RUS** 50-51 Eh 40
Komsomol'sk-Ustjurt **US** 66-67 Fi 46
Komyši **UA** 46-47 De 40
Komyšna **UA** 46-47 Dd 40
Konakovo **RUS** 30-31 Dg 34
Konakpınar **TR** 76-77 Ch 51
Konakpınar **TR** 86-87 Dh 52
Končanica **HR** 58-59 Bh 45
Kondiás **GR** 74-75 Cf 51
Kondol' **RUS** 32-33 Ef 38

Kondopoga RUS 12-13 De 28
Kondratovskaja RUS 12-13 Ed 28
Kondrovo RUS 30-31 Df 36
Konecbor RUS 14-15 Fh 26
Konecgor'e RUS 12-13 Ed 28
Konevo RUS 12-13 Dk 28
Kongerslev DK 26-27 Ba 34
Konginkangas FIN 10-11 Cf 28
Kongsberg N 16-17 Ak 31
Kongselva N 2-3 Bf 22
Kongsmoen N 8-9 Bc 26
Kongsvinger N 16-17 Bc 30
Konin PL 44-45 Bi 38
Konispol AL 74-75 Ca 51
Kónitsa GR 74-75 Ca 50
Konjic BIH 58-59 Bh 47
Kon'-Kolodez' RUS 48-49 Dk 38
Konobeevo RUS 30-31 Di 35
Konoša RUS 20-21 Ea 30
Konotop UA 46-47 Dd 39
Konša RUS 22-23 Fb 29
Końskie PL 44-45 Ca 39
Konstantinovka RUS 34-35 Fa 34
Konstantinovka = Južnoukrains'k UA 62-63 Db 43
Konstantinovo RUS 30-31 Di 34
Konstantinovsk RUS 64-65 Eb 43
Konstantinovskij RUS 20-21 Dk 33
Konstanz D 56-57 Ak 43
Kontiolahti FIN 10-11 Ck 28
Kontiomäki FIN 10-11 Ci 26
Konttajärvi FIN 2-3 Ce 24
Konuralp TR 76-77 Db 50
Konya TR 84-85 Dc 53
Konyr KA 50-51 Fd 40
Konyrterek KA 64-65 Eh 43
Konyševka RUS 48-49 Df 39
Konystanu KA 50-51 Fd 42
Kopa KA 52-53 Ff 42
Kopa KA 52-53 Fk 41
Kopačevo RUS 12-13 Eb 27
Kopajhorod UA 46-47 Ch 42
Kopanovka RUS 64-65 Eg 43
Kopanskaja RUS 62-63 Di 44
Kópasker IS 36 Rd 24
Kopasor KA 66-67 Fk 43
Kópavogur IS 36 Qi 26
Kopejsk RUS 34-35 Gb 35
Koper SLO 56-57 Bd 45
Kopervik N 16-17 Af 31
Koplik AL 74-75 Bk 48
Kopor'e RUS 18-19 Ck 31
Koppang N 16-17 Bb 29
Kopparberg S 16-17 Be 31
Kopparnäs S 10-11 Cb 25
Koppelo FIN 2-3 Ch 22
Kopperå N 8-9 Bb 27
Koprivnica HR 58-59 Bg 44
Koprivštica BG 74-75 Ce 48
Kopsa RUS 22-23 Ek 29
Koptevo RUS 30-31 De 35
Kopyčynci UA 46-47 Cf 41
Kopžasar KA 50-51 Fa 41
Kora KA 52-53 Ff 42
Korablino RUS 32-33 Ea 37
Korača RUS 48-49 Dh 40
Koraj BIH 58-59 Bi 46
Korakalpokiston US 66-67 Fg 46
Koraüzak US 66-67 Fi 47
Koražar US 66-67 Fi 47
Korbach D 42-43 Ai 39
Korbeniči RUS 20-21 De 30
Korçë AL 74-75 Ca 50
Korčula HR 72-73 Bh 48
Kordon KA 50-51 Fa 41
Kordon RUS 22-23 Fh 33
Kordon RUS 24-25 Gk 33
Korec' UA 46-47 Ch 40
Korenevo RUS 46-47 De 39
Korenica HR 58-59 Bf 46
Korenovsk RUS 62-63 Dk 45
Korepino RUS 22-23 Fh 29
Kórfos GR 82-83 Cd 53
Korgan TR 78-79 Dh 50
Korgen N 8-9 Bd 24
Korgun TR 76-77 Dd 50
Korino RUS 20-21 Ea 31
Kórinthos GR 82-83 Cc 53
Korissía GR 82-83 Ce 53
Korjažma RUS 22-23 Eh 29
Korjukivka UA 46-47 Dc 39
Korkino RUS 34-35 Gb 36
Korkut TR 86-87 Eb 52
Korkuteli TR 84-85 Da 53
Kormovišče RUS 24-25 Fi 33
Korneuburg A 44-45 Bg 42
Kórnik PL 44-45 Bh 38
Kornisi = Znauri GE 78-79 Ed 48
Kornouhovo RUS 32-33 Ek 35
Kornsjø N 16-17 Bb 32
Korolevskaja RUS 20-21 Ee 30
Koróni GR 82-83 Cb 54
Koronissía GR 74-75 Ca 51
Koronowo PL 28-29 Bh 37
Korop UA 46-47 Dc 39
Korošilovo RUS 48-49 Di 39
Korosten' UA 46-47 Ci 40
Korostyn' RUS 18-19 Da 32
Korostyšiv UA 46-47 Ck 40
Koroteckaja RUS 20-21 Di 30
Koroviha RUS 20-21 Ee 33
Korpikå S 10-11 Cd 25
Korpilahti FIN 10-11 Cf 28
Korpilombolo S 2-3 Cd 24
Korpo FIN 18-19 Cb 30
Korppoo = Korpo FIN 18-19 Cb 30
Korsberga S 16-17 Bf 33
Korševo RUS 48-49 Ea 39
Koršik RUS 22-23 Ek 32
Korskrogen S 8-9 Bf 29
Korsnäs FIN 10-11 Cb 28
Korsør DK 26-27 Bb 35
Korsun'-Ševčenkivskyj UA 46-47 Db 41
Kortesjärvi FIN 10-11 Cd 27
Kortkeros RUS 22-23 Fb 29
Kortrijk B 40-41 Ad 40
Korucu TR 76-77 Ch 51
Köruse EST 18-19 Cb 32
Koryčany CZ 44-45 Bh 41
Korycin PL 28-29 Cd 37
Korževka RUS 32-33 Eg 36
Kós GR 82-83 Ch 54
Kosa RUS 22-23 Ff 31
Kosagaš KA 50-51 Fe 40
Kosaja Gora RUS 30-31 Dh 36
Košalak KA 64-65 Ek 43
Kosava BY 28-29 Cf 38
Kościan PL 44-45 Bg 38
Kościerzyna PL 28-29 Bh 36
Kose EST 18-19 Cf 31
Koševoe KA 52-53 Gf 38
Košezabl' RUS 64-65 Ea 46
Košice SK 44-45 Cb 42
Kosino RUS 20-21 Di 31
Kosino RUS 22-23 Fb 32
Kosiv UA 46-47 Cf 42
Kosjerić YU 58-59 Bk 46
Koškar KA 66-67 Fd 43
Koskenkylä = Forsby FIN 18-19 Cf 30
Koskenpää FIN 10-11 Cf 28
Koski FIN 18-19 Cd 30
Koški RUS 14-15 Fa 28
Koški RUS 34-35 Fa 36
Koškino RUS 34-35 Fa 34
Koskolovo RUS 18-19 Ci 31
Kos'kovo RUS 20-21 Dd 30
Koskue FIN 10-11 Cc 28
Koskul' RUS 52-53 Gb 39
Koskullskulle S 2-3 Ca 23
Koslan RUS 14-15 Ei 27
Košmaki RUS 24-25 Gc 31
Kosolapovo RUS 32-33 Ek 34
Kosorža RUS 48-49 Dg 38
Kosovska Mitrovica = Titova Mitrovica YU 74-75 Ca 48
Kospašskij, Central'no- RUS 22-23 Fh 31
Kospašskij, Severo- RUS 22-23 Fh 31
Kossağyl KA 66-67 Fd 44
Kósta GR 82-83 Cd 53
Kostajnica HR 58-59 Bg 45
Kost'antynivka = Južnoukrains'k UA 62-63 Db 43
Kostelec nad Orlicí CZ 44-45 Bg 40
Kostenec BG 74-75 Cd 48
Kostinbrod BG 74-75 Cd 48
Kostino RUS 24-25 Gc 33
Kostjantynivka UA 48-49 Dh 42
Kostjušino RUS 20-21 Ea 33
Kostobobriv UA 46-47 Dc 38
Kostolac YU 58-59 Cb 46
Kostomukša RUS 10-11 Da 26
Kostopil' UA 46-47 Cg 40
Kostroma RUS 20-21 Ea 33
Kostrzyn PL 42-43 Be 38
Kostyri RUS 30-31 Dd 36
Košuki RUS 24-25 Gf 33
Koszalin PL 28-29 Bg 36
Koszęcin PL 44-45 Bi 40
Kőszeg H 58-59 Bg 43
Koszyce PL 44-45 Ca 40
Kotë AL 74-75 Bk 50
Kotel BG 74-75 Cg 48
Koteľnič RUS 22-23 Ei 32
Koteľnikovo RUS 64-65 Ed 43
Koteľnja UA 46-47 Ck 40
Koteľva UA 46-47 De 40
Kotila FIN 10-11 Ch 26
Kotjaevka KA 64-65 Ei 44
Kotka FIN 18-19 Cg 30
Kotkino RUS 6-7 Fb 23
Kotlas RUS 22-23 Eg 29
Kotly RUS 18-19 Ci 31
Kotor YU 74-75 Bi 48
Kotorsko BIH 58-59 Bi 46
Kotor Varoš BIH 58-59 Bh 46
Kotovo RUS 34-35 Fk 35
Kotovo RUS 48-49 Ee 40
Kotovsk RUS 48-49 Eb 38
Kotovs'k UA 60-61 Ck 43
Kotovsk = Hîncești MD 60-61 Ci 44
Kótronas GR 82-83 Cc 54
Koufália GR 74-75 Cc 50
Kouklia CY 84-85 Dc 56
Koutalás GR 82-83 Ce 53
Koutsourás GR 82-83 Cf 55
Kouvola FIN 18-19 Cg 30
Kovačica YU 58-59 Ca 45
Kovalëvo RUS 30-31 Dc 34
Kovancılar TR 86-87 Dk 52
Kovanlık TR 78-79 Di 50
Kovarzino RUS 20-21 Di 30
Kovda RUS 4-5 Dc 24
Kovdor RUS 4-5 Da 23
Kovel' = Kovil' UA 44-45 Ce 39
Kovera RUS 20-21 Dd 29
Kovernino RUS 20-21 Ed 33
Kovero FIN 10-11 Da 28
Kovilovo YU 58-59 Cc 46
Kovin YU 58-59 Ca 46
Kovkula RUS 12-13 Dk 27
Kovrigino RUS 20-21 Ed 33
Kovrov RUS 32-33 Eb 34
Kovylkino RUS 32-33 Ed 36
Kowalewo Pomorskie PL 28-29 Bi 37
Kowary PL 44-45 Bf 40
Koyulhisar TR 78-79 Dh 50
Koyunağılı TR 76-77 Db 51
Koyunculu TR 76-77 Df 50
Koyunlu TR 86-87 Dh 52
Koza RUS 20-21 Dk 32
Kozağaç TR 78-79 Dk 50
Kozak TR 74-75 Ch 51
Kozaklı TR 76-77 De 51
Kozan TR 84-85 Df 53
Kozáni GR 74-75 Cb 50
Kozanlı TR 76-77 Dc 51
Kozarac BIH 58-59 Bg 46
Kozcağa TR 76-77 Dc 49
Kozdinga RUS 12-13 Eh 27
Kozelec' UA 46-47 Db 40
Kozel'sk RUS 30-31 Df 36
Kozienice PL 44-45 Cb 39
Kozjatyn UA 46-47 Ci 41
Koźle, Kędzierzyn- PL 44-45 Bi 40
Kozlina RUS 20-21 Ea 30
Kozloduj BG 60-61 Cd 47
Kozlovka RUS 32-33 Ei 35
Kozlovka RUS 48-49 Eb 39
Kozlovo RUS 20-21 Dk 30
Kozlu TR 76-77 Db 49
Kozlu TR 78-79 Dg 50
Kozludere TR 86-87 Dh 53
Kozluk TR 86-87 Eb 52
Kozly RUS 12-13 Dk 25
Koźmin PL 44-45 Bh 39
Koz'modem'jansk RUS 32-33 Eg 34
Kozova UA 46-47 Cf 41
Kożuchów PL 44-45 Bf 39
Kožva RUS 14-15 Fg 25
Kožym RUS 14-15 Fk 25
Kräckelbäcken S 16-17 Be 29
Kragerø N 16-17 Ak 32
Kragujevac YU 58-59 Ca 46
Kraj Bor RUS 20-21 Ec 31
Kraj Gorbatka RUS 32-33 Eb 35
Krajnik Dolny PL 26-27 Be 37
Kraj Oktjabr' RUS 32-33 Eb 34
Krakovec' UA 44-45 Cd 41
Krakovo RUS 34-35 Fa 37
Kraków PL 44-45 Bk 40
Králíky CZ 44-45 Bg 40
Kraljevica HR 58-59 Be 45
Kraljevo YU 58-59 Ca 47
Kraľovany SK 44-45 Bk 41
Kralovice CZ 42-43 Bd 41
Kráľovsky Chlmec SK 44-45 Cb 42
Kralupy nad Vltavou CZ 42-43 Be 40
Kramators'k UA 48-49 Dh 42
Kramatorsk = Kramators'k UA 48-49 Dh 42
Kramfors S 8-9 Bh 28
Kranéa GR 74-75 Cb 51
Kranídi GR 82-83 Cd 53
Kranj SLO 58-59 Be 44
Kranjska Gora SLO 56-57 Bd 44
Krapina HR 58-59 Bf 44
Krapivenskaja RUS 30-31 Dc 36
Krapivna RUS 30-31 Dh 37
Krapivnovo RUS 32-33 Ea 34
Krapkowice PL 44-45 Bh 40
Krasavino RUS 22-23 Eg 30
Krasino RUS 6-7 Fe 20
Krasivoe RUS 32-33 Ea 37
Krāslava LV 30-31 Ch 35
Krasnae BY 30-31 Ch 36
Krasnaja RUS 12-13 Eg 28
Krasnaja Gora BY 30-31 Db 37
Krasnaja Gorka RUS 34-35 Fg 35
Krasnaja Jaruga RUS 48-49 Df 40
Krasnaja Poljana RUS 34-35 Fb 34
Krasnaja Poljana RUS 62-63 Ea 47
Krasnaja Rečka RUS 22-23 Fb 31
Krasnapolle BY 30-31 Db 37
Krasnij Log RUS 48-49 Dk 39
Krasnij Luč = Krasnyj Luč UA 48-49 Di 42
Kraśnik PL 44-45 Cc 40
Krasninskij RUS 34-35 Fk 37
Krasni Okny UA 60-61 Ck 43
Krasnoarmejsk RUS 30-31 Di 35
Krasnoarmejsk RUS 50-51 Ef 39
Krasnoarmejsk = Krasnoarmijs'k UA 48-49 Dh 42
Krasnoarmejskaja RUS 62-63 Di 45
Krasnoarmejskoe RUS 50-51 Fa 38
Krasnoarmijs'k UA 48-49 Dh 42
Krasnobarskij RUS 20-21 Df 31
Krasnoborsk RUS 22-23 Ef 29
Krasnodar RUS 62-63 Di 45
Krasnodon UA 48-49 Dk 42
Krasnoe RUS 22-23 Eh 31
Krasnoe RUS 30-31 Db 36
Krasnoe RUS 32-33 Di 38
Krasnoe-na-Volge RUS 20-21 Eb 33
Krasnoe Selo RUS 18-19 Da 31
Krasnogorodskoe RUS 30-31 Ci 34
Krasnogorsk RUS 30-31 Dh 35
Krasnogorskij RUS 32-33 Ei 34
Krasnogorskij RUS 34-35 Gb 36
Krasnogorskoe RUS 22-23 Fc 33
Krasnogvardejskij RUS 24-25 Gc 33
Krasnogvardejskoe RUS 64-65 Eb 45
Krasnoholm RUS 50-51 Fe 39
Krasnoholmskij RUS 34-35 Ff 35
Krasnohorivka UA 48-49 Dh 42
Krasnohrad UA 48-49 Df 41
Krasnohvardijs'ke UA 62-63 De 45
Krasnojarka RUS 24-25 Ga 31
Krasnojarskij RUS 52-53 Fk 39
Krasnojary KA 50-51 Fc 42
Krasnojil's'k UA 46-47 Cf 42
Krasnokamsk RUS 22-23 Ff 32
Krasnokuts'k UA 48-49 Df 40
Krasnomajskij RUS 20-21 De 33
Krasnopartizanskij RUS 64-65 Ed 44
Krasnopavlivka UA 48-49 Dg 41
Krasnoperekops'k UA 62-63 Dd 45
Krasnopil'l'a UA 48-49 Df 40
Krasnoščel'e RUS 4-5 Dh 23
Krasnoselec RUS 50-51 Ef 41
Krasnoslobodsk RUS 32-33 Ed 36
Krasnoslobodsk RUS 48-49 Ee 42
Krasnotur'insk RUS 24-25 Ga 31
Krasnoufimsk RUS 34-35 Fh 34
Krasnoural'sk RUS 24-25 Ga 32
Krasnousol'skij RUS 34-35 Fg 37
Krasnovišersk RUS 22-23 Fh 30
Krasnozatoskij RUS 22-23 Fa 29
Krasnoznamensk RUS 28-29 Cc 36
Krasnye Baki RUS 22-23 Ef 33
Krasnye Barrikady RUS 64-65 Eh 44
Krasnye Tkači RUS 20-21 Dk 33
Krasnyj RUS 30-31 Db 36
Krasnyj Bor RUS 34-35 Fd 35
Krasnyj Dolginec KA 66-67 Fb 46
Krasnyj Holm RUS 20-21 Dh 32
Krasnyj Jar RUS 34-35 Fa 37
Krasnyj Jar RUS 48-49 Ee 40
Krasnyj Jar RUS 64-65 Ei 44
Krasnyj Ključ RUS 34-35 Fg 35
Krasnyj Kut RUS 50-51 Eh 40
Krasnyj Luč RUS 18-19 Da 33
Krasnyj Luč UA 48-49 Di 42
Krasnyj Lyman UA 48-49 Dh 42
Krasnyj Manyč RUS 64-65 Eb 44
Krasnyj Oktjabr' RUS 50-51 Ef 41
Krasnyj Ostrov RUS 32-33 Eg 35
Krasnyj Steklovat RUS 32-33 Ei 34
Krasnyj Sulin RUS 64-65 Ea 43
Krasnyj Zarja RUS 30-31 Dh 38
Krasnystaw PL 44-45 Cd 40
Krasuha RUS 20-21 Dd 33
Krasuha RUS 20-21 Df 32
Krasyliv UA 46-47 Cg 41
Kratovo MK 74-75 Cc 48
Kravga TR 84-85 Dd 54
Krečetovo RUS 20-21 Di 30
Krefeld D 42-43 Ag 39
Kremenčug = Kremenčuk UA 46-47 Dd 41
Kremenčuk UA 46-47 Dd 41
Kremenec' UA 46-47 Cf 40
Kremenica MK 74-75 Cb 50
Kreminci UA 44-45 Ce 42
Kreminna UA 48-49 Di 41
Kremna YU 58-59 Bk 47
Kremnica SK 44-45 Bi 42
Krems an der Donau A 44-45 Bf 42
Krepoljin YU 58-59 Cb 46
Kresna BG 74-75 Cd 49
Krestcy RUS 18-19 Dc 32
Krestcy RUS 20-21 Di 32
Krestovka RUS 6-7 Fc 24
Krestovo-Gorodišče RUS 32-33 Ei 36
Kresty RUS 22-23 Eg 33
Kresty RUS 30-31 Dh 35
Kresty RUS 30-31 Di 37
Kretinga LT 28-29 Cb 35
Kreuznach, Bad D 42-43 Ah 41
Krėva BY 28-29 Cg 36
Kría Vríssi GR 74-75 Cc 50
Kričim BG 74-75 Ce 48
Krieglach A 58-59 Bf 43
Krimml A 56-57 Bc 43
Kristdala S 16-17 Bg 33
Kristiansand N 16-17 Ah 32
Kristianstad S 26-27 Be 34
Kristiansund N 8-9 Ah 27
Kristiinankaupunki = Kristinestad FIN 10-11 Cb 28
Kristineberg S 8-9 Bi 25
Kristinehamn S 16-17 Be 31
Kristinestad FIN 10-11 Cb 28
Kritinía GR 82-83 Ch 54
Kriuša RUS 22-23 Ei 33
Kriuša RUS 32-33 Dk 36
Kriuša RUS 32-33 Ed 35
Krivača BIH 72-73 Bi 48
Kriva Feja YU 74-75 Cc 48
Kriva Palanka MK 74-75 Cc 48
Krivcy RUS 12-13 Dh 29
Krivodol BG 60-61 Cd 47
Krivoe RUS 12-13 Eh 27
Krivojar RUS 50-51 Eg 40
Krivoj Rog = Krivyj Rih UA 62-63 Dd 43
Krivoles RUS 30-31 Dc 37
Krivorož'e RUS 48-49 Ea 42
Krivov RUS 48-49 Ec 42
Krivuševo RUS 14-15 Ek 27
Krivyj Rih UA 62-63 Dd 43
Križevci HR 58-59 Bg 44
Krjučkovka RUS 52-53 Ff 39
Krjukovo RUS 22-23 Ff 33
Krk HR 58-59 Be 45
Krnov CZ 44-45 Bh 40
Krøderen N 16-17 Ak 30
Krohalevo RUS 22-23 Ff 32
Krokek S 16-17 Bg 32
Kroken N 8-9 Be 25
Krokom S 8-9 Be 27
Krokowa PL 28-29 Bi 36
Króksfjarðarnes IS 36 Qi 25
Kroksjö S 8-9 Bh 26
Krolevec' UA 46-47 Dd 39
Kroměříž CZ 44-45 Bh 41
Kromy RUS 30-31 Df 38
Kronach D 42-43 Bb 40
Kronoby FIN 10-11 Cd 27
Kronštadt RUS 18-19 Ck 31
Kronstadt = Brașov RO 60-61 Cf 45

Kronstadt = Kronštadt RUS 18-19 Ck 31
Kropačevo RUS 34-35 Fh 35
Kropotkin RUS 64-65 Ea 45
Krośniewice PL 44-45 Bk 38
Krosno PL 44-45 Cb 41
Krosno Odrzańskie PL 44-45 Bf 38
Krotoszyn PL 44-45 Bh 39
Krrabë AL 74-75 Bk 49
Krško SLO 58-59 Bf 45
Krugloozernyj KA 50-51 Fb 39
Kruglyži RUS 22-23 Eh 32
Kruhlae BY 30-31 Ck 36
Krujë AL 74-75 Bk 49
Krumbach (Schwaben) D 42-43 Ba 42
Krumë AL 74-75 Ca 48
Krumovgrad BG 74-75 Cf 49
Krupanj YU 58-59 Bk 46
Krupina SK 44-45 Bk 42
Krupki BY 30-31 Ck 36
Krupnik BG 74-75 Cd 49
Krušare BG 74-75 Cg 48
Krušari BG 60-61 Ch 47
Kruševac YU 58-59 Cb 47
Kruševec BG 76-77 Ch 48
Kruševo MK 74-75 Cb 49
Krušovene BG 60-61 Ce 47
Krutec RUS 20-21 De 32
Kruunupyy = Kronoby FIN 10-11 Cd 27
Kryčav BY 30-31 Db 37
Krylbo S 16-17 Bg 30
Krylovka, Radica- RUS 30-31 De 37
Krylovo RUS 28-29 Cb 36
Krylovskaja RUS 62-63 Dk 44
Krylovskaja RUS 64-65 Ea 44
Krymgireevskoe RUS 64-65 Ec 46
Krymne UA 44-45 Ce 39
Krymsk RUS 62-63 Dh 46
Krynica PL 44-45 Ca 41
Krynki PL 28-29 Cd 37
Krynyčne UA 60-61 Ci 45
Kryvče UA 46-47 Cg 42
Kryve Ozero UA 60-61 Da 43
Kryvsk BY 46-47 Da 38
Kryžopil' UA 46-47 Ci 42
Krzeszyce PL 44-45 Bf 38
Krzynowłoga Mała PL 28-29 Ca 37
Ksar-es-Seghir MA 80-81 Se 55
Kšenskij RUS 48-49 Dh 39
Kstovo RUS 32-33 Ee 34
Ktíssmata GR 74-75 Ca 51
Kuba RUS 64-65 Ed 47
Kubenskoe RUS 20-21 Dk 31
Kubovo RUS 12-13 Dh 29
Kubrat BG 60-61 Cg 47
Kubrinsk RUS 30-31 Di 34
Kučema RUS 12-13 Ec 25
Kučerla RUS 64-65 Ed 45
Kučevo YU 58-59 Cb 46
Kučmalka RUS 64-65 Ec 47
Kuçovë AL 74-75 Bk 50
Kučurhan UA 60-61 Ck 44
Kudeevskij RUS 34-35 Fg 36
Kudever' RUS 30-31 Ck 34
Kudirkos Naumiestis LT 28-29 Cc 36
Kudowa Zdrój PL 44-45 Bg 40
Kudrino RUS 22-23 Ef 31
Kudymkar RUS 22-23 Fe 31
Küçükbahçe TR 82-83 Cg 52
Küçükkuyu TR 74-75 Cg 51
Küçüksu TR 86-87 Ec 52
Kueda RUS 34-35 Ff 34
Kühlungsborn, Ostseebad D 26-27 Bb 36
Küllük TR 78-79 Ed 51
Kümbet TR 76-77 Da 51
Kümbetli TR 78-79 Ed 50
Künzelsau D 42-43 Ak 41
Küplü TR 74-75 Cg 49
Kürecik TR 86-87 Dh 52
Kürkçü TR 84-85 De 53
Kürtün TR 78-79 Dk 50
Kues, Bernkastel- D 42-43 Ah 41
Küssnacht am Rigi CH 56-57 Ai 43
Kütahya TR 76-77 Ck 51
Kufstein A 56-57 Bc 43
Kuganavolok RUS 12-13 Dg 28
Kugej RUS 62-63 Dk 44
Kugesi RUS 32-33 Eh 34
Kugoevskaja RUS 64-65 Ea 44
Kugul'ta RUS 64-65 Ec 45
Kugunur, Izi- RUS 32-33 Ei 34
Kugušerga RUS 22-23 Eh 33
Kuha FIN 10-11 Cg 25
Kuhmalahti FIN 18-19 Ce 29
Kuhmo FIN 10-11 Ck 26
Kuhmoinen FIN 18-19 Cf 29
Kuhtinka RUS 30-31 Di 36
Kuivajärvi FIN 10-11 Da 26
Kuivaniemi FIN 10-11 Cf 25
Kuivastu EST 18-19 Cd 32
Kuja RUS 6-7 Fd 23
Kujbyschew = Samara RUS 34-35 Fa 37
Kujbyšev = Bulgar RUS 32-33 Ek 36
Kujbyšev = Samara RUS 34-35 Fa 37
Kujbyševe UA 62-63 Dg 43
Kujbyševe UA 62-63 Dh 43
Kujbyševka UA 62-63 Db 43
Kujbyševo KA 66-67 Fb 46
Kujbyševo RUS 62-63 Di 43
Kujbyševskij Zaton RUS 32-33 Ek 35
Kujbyžev KA 66-67 Fb 46
Kujman' RUS 32-33 Dk 38
Kukës AL 74-75 Ca 48
Kukmor RUS 34-35 Fa 34
Kukolivka UA 46-47 Dd 42
Kukuj RUS 18-19 Dc 31
Kukuštan RUS 22-23 Fg 33
Kula BG 58-59 Cc 47
Kula TR 84-85 Ci 52
Kula YU 58-59 Bk 45
Kulagin KA 50-51 Fb 42
Kulak TR 84-85 De 54
Kulata BG 74-75 Cd 49
Kuldiga LV 28-29 Cb 34
Kulebaki RUS 32-33 Ec 35
Kuleši RUS 30-31 Dh 38
Kulevči RUS 34-35 Gb 37
Kulevi GE 78-79 Eb 48
Kulgunino RUS 34-35 Fg 37
Kuliai LT 28-29 Cb 35
Kuliga RUS 22-23 Fd 32
Kulikovka RUS 50-51 Eh 38
Kullaa FIN 18-19 Cc 29
Kulmbach D 42-43 Bb 40
Kulmuksa RUS 12-13 De 28
Kulmyženskaja RUS 48-49 Ec 41
Kuloharju FIN 10-11 Ci 25
Kuloj RUS 12-13 Ed 26
Kuloj RUS 20-21 Ec 29
Kulotino RUS 20-21 Dd 32
Kulozera RUS 12-13 Ef 27
Kulp TR 86-87 Eb 52
Ķülsary KA 66-67 Fe 44
Kul'šit RUS 32-33 Ek 34
Kultaj KA 66-67 Fb 45
Kulu TR 76-77 Dd 51
Kuluevo RUS 34-35 Ga 35
Kuluncak TR 86-87 Dh 52
Kulykivka UA 46-47 Db 39
Kumačove UA 62-63 Di 43
Kumajri = Gjumri AR 78-79 Ed 50
Kumak RUS 52-53 Ga 39
Kumanovo MK 74-75 Cb 48
Kumdanlı TR 84-85 Da 52
Kumeny RUS 22-23 Ek 32
Kumertau RUS 34-35 Ff 38
Kuminskij RUS 24-25 Gf 32
Kumkale TR 74-75 Cg 51
Ķumkešu KA 52-53 Ge 40
Kumköy TR 76-77 Ck 49
Kumkuduk KA 52-53 Ff 41
Kumla S 16-17 Bf 31
Kumlinge FIN 18-19 Ca 30
Kumlu TR 84-85 Dg 54
Kumluca TR 84-85 Da 54
Kumluyazı TR 78-79 Eb 50
Kummavuopio S 2-3 Ca 22
Kumrovec HR 58-59 Bf 44
Kumru TR 78-79 Dh 50
Ķumsaj KA 52-53 Fi 41
Kumskoj RUS 64-65 Eg 46
Kumyrsa RUS 34-35 Fd 34
Kuna RUS 22-23 Fe 31
Kunakbaevo RUS 34-35 Fk 36
Kunašak RUS 34-35 Gb 35
Kunda EST 18-19 Cg 31
Kundravy RUS 34-35 Ga 36
Kunduzlu TR 76-77 Da 51
Kun'e UA 48-49 Dh 41
Kungälv S 16-17 Bb 33
Ķüngirod US 66-67 Fi 47
Kungrad US 66-67 Fi 47
Kungsbacka S 16-17 Bc 33
Kungsgården S 16-17 Bg 29
Kungshamn S 16-17 Bb 32
Kungsör S 16-17 Bg 31
Kungur RUS 22-23 Fh 33
Kunhegyes H 58-59 Ca 43
Kun'ja RUS 22-23 Fg 32
Kun'ja RUS 30-31 Da 34
Kunmadaras H 58-59 Ca 43
Kunszentmárton H 58-59 Ca 44
Kunszentmiklós H 58-59 Bk 43
Kuolajarvi RUS 2-3 Ck 24
Kuolio FIN 10-11 Ci 25
Kuollejaur S 10-11 Bk 24
Kuopio FIN 10-11 Ch 28
Kuortane FIN 10-11 Cd 28
Kuortti FIN 18-19 Cg 29
Kuouka S 2-3 Ca 24
Kup'ans'k UA 48-49 Dh 41
Kupanskoe RUS 30-31 Di 34
Kupci YU 58-59 Cb 47
Kupčik RUS 22-23 Fg 30
Kupino RUS 48-49 Dh 40
Kupiškis LT 28-29 Ce 35
Kup'jans'k-Vuzlovyi UA 48-49 Dh 41
Kuprava LV 18-19 Ch 33
Kupreevo RUS 32-33 Eb 35
Kupres BIH 58-59 Bh 47
Kupurinskaja RUS 12-13 Ec 29
Kurachove UA 62-63 Dh 43
Kurajlysaj KA 50-51 Fb 40
Kural TR 86-87 Di 53
Ķurasašaj KA 52-53 Fg 40
Ķurašasaj KA 52-53 Fh 40
Kurašim RUS 22-23 Fg 33
Kuratovo RUS 22-23 Ek 30
Kurba RUS 20-21 Dk 33
Kurčatovo RUS 48-49 Df 39
Kurdzinovo RUS 64-65 Ea 47
Kurenalus = Pudasjärvi FIN 10-11 Ch 25
Kuressaare EST 18-19 Cc 32
Kurganinsk RUS 64-65 Ea 46
Kurgenicy RUS 12-13 Df 28
Kurgolovo RUS 18-19 Ci 31
Kurikka FIN 10-11 Cc 28
Kurilovka RUS 50-51 Ei 40
Kur'ja RUS 22-23 Fh 29
Kurkiëki RUS 18-19 Ck 29
Kurkino RUS 30-31 Di 37
Kurlin RUS 50-51 Fa 39
Kurlovskij RUS 32-33 Ea 35
Kurmanaevka RUS 50-51 Fb 38
Kurmanava BY 30-31 Db 36
Kurmyš RUS 32-33 Eg 35
Kurne UA 46-47 Ci 40
Kurortne UA 60-61 Ck 45
Kurort Schmalkalden D 42-43 Ba 40
Kurovskoe RUS 30-31 Di 35
Kurovskoj RUS 30-31 Dg 36
Kurovyči UA 44-45 Ce 41
Kurów PL 44-45 Cc 39
Kurravaara S 2-3 Ca 23
Kursavka RUS 64-65 Ec 46
Kuršėnai LT 28-29 Cc 34
Kursk RUS 48-49 Dg 39
Kurskaja RUS 64-65 Ee 47
Kursu FIN 2-3 Ci 24
Kuršumlija YU 74-75 Cb 47
Kurşunlu TR 76-77 Ci 50
Kurşunlu TR 76-77 Dd 50
Kurşunlu TR 86-87 Dh 52
Kurtakko FIN 2-3 Ce 23
Kurtalan TR 86-87 Eb 53
Kurthasanlı TR 84-85 Dc 52
Kurtkale TR 78-79 Ed 49
Kurtuluş TR 84-85 De 54
Kuru FIN 10-11 Cd 29
Kuruçay TR 78-79 Di 51
Kurumoč RUS 34-35 Fa 37
Ķürylys KA 52-53 Ga 42
Kuša RUS 12-13 Dg 27
Kusa RUS 34-35 Fk 35
Kuşadası TR 82-83 Ch 53
Ķüsaķan KA 52-53 Ga 38
Kušalino RUS 20-21 Dg 33
Kuščevskaja RUS 62-63 Dk 44
Kus'e-Aleksandrovskij RUS 24-25 Fi 32
Kusel D 42-43 Ah 41
Kusem RUS 52-53 Fk 39
Küšik, Tall SYR 86-87 Ec 54
Kuskan TR 84-85 Dd 54
Kuškopola RUS 12-13 Ee 27
Kuskurgul' RUS 24-25 Gg 32
Kušmurun = Ķüsmüryn KA 52-53 Ge 38
Ķüsmüryn KA 52-53 Ge 38
Kušnarenkovo RUS 34-35 Ff 35
Kuşsarayı TR 86-87 Di 52
Kušva RUS 24-25 Fk 32
Kutais RUS 62-63 Dk 46
Kutaisi GE 78-79 Ec 48
Kutanovo RUS 34-35 Fh 37
Kutina HR 58-59 Bg 45
Kutjevo HR 58-59 Bh 45
Kutlu-Bukaš RUS 34-35 Fa 35
Kutná Hora CZ 44-45 Bf 41
Kutno PL 44-45 Bk 38
Kuttainen S 2-3 Cc 22
Kuttura FIN 2-3 Cg 22
Kutuzov = Ialoveni MD 60-61 Ci 44
Kuty SK 44-45 Bh 42
Kuusalu EST 18-19 Cf 31
Kuusamo FIN 10-11 Ck 25
Kuusankoski FIN 18-19 Cg 30
Kuusjärvi FIN 10-11 Ci 28
Kuusjoki FIN 18-19 Cd 30
Kuvakino RUS 32-33 Eg 36
Kuvalat, Ivano- RUS 52-53 Fh 38
Kuvandyk RUS 52-53 Fh 39
Kuvšinovo RUS 20-21 De 33
Küysanġaq IRQ 86-87 Ee 54
Kuyubaşı TR 84-85 Dc 52
Kuyucak TR 84-85 Ci 53
Kuyucak TR 86-87 Di 53
Kužai LT 28-29 Cd 35
Kuz"elga RUS 34-35 Fh 36
Kuzema RUS 12-13 De 25
Kuzemino RUS 20-21 Ec 31
Kuzem'jarovo RUS 34-35 Ff 33
Kužener RUS 32-33 Ei 34
Kuženkino RUS 20-21 De 33
Kuzino RUS 34-35 Fk 33
Kuzjanovo RUS 34-35 Fg 37
Kuzlam TR 76-77 Dd 49
Kuz'mijar RUS 32-33 Ef 34
Kuz'minka RUS 20-21 Dg 31
Kuz'minskaja RUS 20-21 Dh 30
Kuz'minskaja RUS 20-21 Ec 30
Kuz'minskoe RUS 32-33 Dk 36
Kuznečiha RUS 32-33 Ek 36
Kuznecivsk UA 46-47 Cf 39
Kuzneck RUS 32-33 Eg 37
Kuzneckoe RUS 34-35 Ga 35
Kuznečnoe RUS 18-19 Ck 29
Kuznecov KA 52-53 Fh 41
Kuznecova RUS 24-25 Gc 31
Kuznecovo RUS 20-21 Ea 30
Kuzomen' RUS 4-5 Dg 24
Kuzomen RUS 12-13 Ec 26
Kužorskaja RUS 64-65 Ea 46
Kuzovatovo RUS 32-33 Eh 37
Kuzreka RUS 4-5 De 24
Kuzu TR 76-77 Dd 50
Kuzucubelen TR 84-85 De 54
Kuzyaka TR 76-77 Dd 49
Kvænangsbotn N 2-3 Cc 21
Kværndrup DK 26-27 Ba 35
Kvaisi GE 78-79 Ed 48
Kvaløysletta N 2-3 Bi 21
Kvalsund N 2-3 Cd 20
Kvalsvik N 8-9 Af 28
Kvarkeno RUS 52-53 Fk 38
Kvarnberg S 16-17 Be 29
Kvašinskoe RUS 24-25 Gc 33
Kvelia N 8-9 Bd 26
Kvemo-Ažara GE 78-79 Eb 47
Kvemo-Natanebi GE 78-79 Eb 49
Kvemo Roka GE 78-79 Ee 48
Kvenvær N 8-9 Ai 27
Kvikkjokk S 2-3 Bh 24
Kvinesdal N 16-17 Ag 32
Kviteseid N 16-17 Ai 31
Kwidzyn PL 28-29 Bi 37
Kybartai LT 28-29 Cc 36
Kydz'vidz' RUS 22-23 Ek 30
Kyjiv UA 46-47 Da 40
Kyjliv UA 46-47 Da 40
Kyjov CZ 44-45 Bh 41
Kylasovo RUS 22-23 Fg 33
Kyle of Lochalsh GB 38-39 Se 33
Kyllburg D 42-43 Ag 40
Kyn RUS 24-25 Fi 33
Kyrčany RUS 22-23 Fa 33
Kyritz D 26-27 Bc 38
Ķyrķķüdyķ KA 50-51 Fc 41
Kyrksæterøra N 8-9 Ak 27
Kyrkslätt = Kirkkonummi FIN 18-19 Ce 30
Kyrnasivka UA 46-47 Ci 42
Kyrnyčky UA 60-61 Ck 45
Kyrta RUS 14-15 Fh 26
Kyštym RUS 34-35 Ga 35
Kytlym RUS 24-25 Fk 31
Kyyjärvi FIN 10-11 Ce 27
Kyzan KA 66-67 Fc 46
Ķyzan KA 66-67 Fc 46
Kyzburun Tretij RUS 64-65 Ed 47
Ķyzylbalyķ KA 66-67 Fa 44
Ķyzylbas KA 66-67 Fa 43
Ķyzylķoga KA 50-51 Fd 42
Kyzyloktjabr KA 52-53 Gc 38
Ķyzyluj KA 52-53 Gf 42
Ķyzylúj KA 66-67 Fa 43
Ķyzylžar KA 50-51 Fb 42

L

Laa an der Thaya A 44-45 Bg 42
Laage D 26-27 Bc 37
Laasphe, Bad D 42-43 Ai 40
Labin HR 58-59 Be 45
Labinsk RUS 64-65 Ea 46
Labinsk, Ust'- RUS 62-63 Dk 45
Łabiszyn PL 28-29 Bh 38
Labouheyre F 54-55 Sk 46
Labožskoe RUS 6-7 Fc 23
Labrit F 54-55 Sk 46
Labruguière F 54-55 Ac 47
Laç AL 74-75 Bk 49
Lacanau F 54-55 Si 46
Lacanau-Océan F 54-55 Si 45
Lacapelle-Marival F 54-55 Ab 46
Lacaune F 54-55 Ac 47
Lâçin TR 76-77 De 50
Lackoe RUS 20-21 Dg 32
Láconi I 70-71 Ak 51
Ládi GR 74-75 Cg 49
Lâdik TR 76-77 Df 50
Lādiqiya, al- SYR 84-85 Df 55
Ladispoli I 72-73 Bc 49
Ladovskaja Balka RUS 64-65 Eb 45
Ladožskoe RUS 20-21 Dg 32
Ladožskoe Ozero RUS 18-19 Db 30
Laduškin RUS 28-29 Ca 36
Ladva RUS 20-21 De 29
Ladyžyn UA 46-47 Ck 42
Ladžanurigés GE 78-79 Ec 48
Läckeby S 28-29 Bg 34
Läckö S 16-17 Bd 32
Längelmäki FIN 18-19 Ce 29
Längenfeld A 56-57 Ba 43
Länkipohja = Längelmäki FIN 18-19 Ce 29
Läppe S 16-17 Bf 31
Lärbro S 16-17 Bi 33
Lærdalsøyri N 16-17 Ah 29
Láerma GR 82-83 Ch 54
Lævvajokgiedde N 2-3 Cg 21
Lagan' RUS 64-65 Eh 45
Łagiewniki PL 44-45 Bg 40
Lagnieu F 56-57 Af 45
Lagny-sur-Marne F 40-41 Ac 42
Lagoa P 80-81 Sb 53
Lágos GR 74-75 Cf 49
Lagos P 80-81 Sb 53
Lagrasse F 70-71 Ac 47
Laguiole F 54-55 Ac 46
Laguna de Negrillos E 68-69 Se 48
Lahania GR 82-83 Ch 55
Lahdenpoh'ja RUS 18-19 Da 29
Lahišyn BY 46-47 Cf 38
Lahnajärvi S 2-3 Cc 24
Lahojsk BY 30-31 Ch 36
Laholm S 26-27 Bd 34
Lahoma RUS 12-13 Ef 29
Lahr/ Schwarzwald D 42-43 Ah 42
Lahta RUS 10-11 Dd 29
Lahti FIN 18-19 Cf 30
Laichingen D 42-43 Ak 42
Laide GB 38-39 Se 33
Laignes F 54-55 Ae 43
Laihia FIN 10-11 Cc 28
Lailān IRQ 86-87 Ee 55
Laimoluokta S 2-3 Bk 22
Lainio S 2-3 Cc 23
Lairg GB 38-39 Sf 32
Laissac F 54-55 Ac 46
Laisvall S 8-9 Bh 24
Laitila FIN 18-19 Cb 30
Lajmy RUS 24-25 Gi 33
Lakaträsk S 2-3 Cb 24
Lăki BG 74-75 Ce 49
Lâki BG 74-75 Ce 49
Lakí GR 82-83 Cg 53
Lakinsk RUS 32-33 Dk 34
Lákki GR 82-83 Cd 55
Lákkoma GR 74-75 Cf 50
Lakly RUS 34-35 Fi 35
Lakselv N 2-3 Ce 20
Laktaši BIH 58-59 Bh 46
Lalapaşa TR 74-75 Cg 49
Lalín E 68-69 Sb 48
Lalla-Rhano MA 80-81 Sd 56
Lal'sk RUS 22-23 Eh 30
Lamastre F 54-55 Ae 46
Lambach A 42-43 Bd 42
Lamballe F 40-41 Sh 42
Lambas RUS 12-13 Ef 28
Lambisel'ga RUS 10-11 Dc 29
Lamborn S 16-17 Bf 30
Lamego P 68-69 Sc 49
Lamía GR 82-83 Cc 52
Lammi FIN 18-19 Cf 29
Lampedusa I 72-73 Bc 55
Lampeland N 16-17 Ak 31
Lampeter GB 40-41 Sf 38
Lampožnja RUS 12-13 Ee 25
Lanaja E 70-71 Sk 49
Lanark GB 38-39 Sg 35
Lancaster GB 38-39 Sh 36
Lančhuti GE 78-79 Ec 48
Lanciano I 72-73 Be 48
Lančiūnava LT 28-29 Ce 35
Landau an der Isar D 42-43 Bc 42
Landau in der Pfalz D 42-43 Ai 41
Landeck A 56-57 Ba 43
Landerneau F 40-41 Sf 42
Landivisiau F 40-41 Sf 42
Landön S 8-9 Be 27
Landsberg am Lech D 42-43 Ba 42
Landshut D 42-43 Bc 42
Landskrona S 26-27 Bc 35
Landstuhl D 42-43 Ah 41
Lanesborough = Baile Átha Liagh IRL 37 Sc 37
Långå S 8-9 Bd 28
Langadás GR 74-75 Cd 50

Langa de Duero E 68-69 Sg 49
Langádia GR 82-83 Cc 53
Langeac F 54-55 Ad 45
Langeais F 54-55 Aa 43
Langen D 26-27 Ai 37
Langenhagen D 42-43 Ak 38
Langensalza, Bad D 42-43 Ba 39
Langenthal CH 56-57 Ah 43
Langeskov DK 26-27 Ba 35
Langesund N 16-17 Ak 31
Langevåg N 8-9 Ag 28
Langholt IS 36 Rb 27
Langnau im Emmental CH 56-57 Ah 44
Langnes N 2-3 Ci 20
Langogne F 54-55 Ad 46
Langon F 54-55 Sk 46
Langres F 56-57 Af 43
Långsele S 8-9 Bh 27
Langstrand N 2-3 Cd 20
Långträsk S 10-11 Ca 25
Långvattnet S 8-9 Bg 25
Łanięta PL 44-45 Bk 38
Lanivci UA 46-47 Cg 41
Lannavaara S 2-3 Cb 22
Lannemezan F 70-71 Aa 47
Lannilis F 40-41 Sf 42
Lannion F 40-41 Sg 42
Lanouaille F 54-55 Ab 45
Lansjärv S 2-3 Cc 24
Lanškroun CZ 44-45 Bg 41
Lanslebourg-Mont-Cenis F 56-57 Ag 45
Lanthenay, Romorantin- F 54-55 Ab 43
Lanusei I 70-71 Ak 51
Laon F 40-41 Ad 41
Lapalisse F 54-55 Ad 44
Lapinlahti FIN 10-11 Ch 27
Lappajärvi FIN 10-11 Cd 27
Lappeenranta FIN 18-19 Ci 29
Lappfjärd FIN 10-11 Cb 28
Lappi FIN 18-19 Cb 29
Lappohja FIN 18-19 Cd 31
Lappoluobbal N 2-3 Cd 21
Lappvik = Lappohja FIN 18-19 Cd 31
Lapseki TR 74-75 Cg 50
Lapseki TR 74-75 Cg 50
Lapševo RUS 32-33 Ek 35
Laptevo RUS 30-31 Ci 34
Lapua FIN 10-11 Cc 28
Lăpuşna MD 60-61 Ci 44
Lăpuşna RO 60-61 Cf 44
Lapväärtti = Lappfjärd FIN 10-11 Cb 28
L'Áquila I 72-73 Bd 48
Larache = El-Araïch MA 80-81 Sd 55
Lara de los Infantes E 68-69 Sg 48
Laragh = An Láithreach IRL 37 Sd 37
Laragne-Montéglin F 56-57 Af 46
Larche F 56-57 Ag 46
Laredo E 54-55 Sg 47
Largentière F 54-55 Ae 46
Largs GB 38-39 Sf 35
Lárimna GR 82-83 Cd 52
Larino I 72-73 Be 49
Larino RUS 34-35 Fk 36
Larionovo RUS 20-21 Dk 32
Lárissa GR 74-75 Cc 51
Larkollen N 16-17 Ba 31
Larnaka CY 84-85 Dd 56
Larne GB 37 Se 36
Laroquebrou F 54-55 Ac 46
Larsnes N 8-9 Af 28
Laruns F 70-71 Sk 48
Larvik N 16-17 Ba 31
Łasin PL 28-29 Bk 37
Łask PL 44-45 Bk 39
Lašma RUS 32-33 Eb 36
La Spézia I 56-57 Ak 46
Lassan D 26-27 Bd 37
Lastovo HR 72-73 Bg 48
Lastva BIH 72-73 Bi 48
Latakia = al-Lādiqīa SYR 84-85 Df 55
Laterza I 72-73 Bg 50
Lathen D 26-27 Ah 38
Latheron GB 38-39 Sg 32
Latikberg S 8-9 Bh 26
Latina I 72-73 Bc 49
Lat'juga RUS 14-15 Ei 26
Látrar IS 36 Qh 24
Lauchhammer D 42-43 Bd 39
Laudal N 16-17 Ah 32
Lauder GB 38-39 Sh 35
Laudio = Llodio E 68-69 Sh 47
Ļaudona LV 28-29 Cg 34
Lauenburg/ Elbe D 26-27 Ba 37
Lauf an der Pegnitz D 42-43 Bb 41
Laugarvatn IS 36 Qk 26
Laujar de Andarax E 80-81 Sh 54
Lauker S 10-11 Bk 25
Lauksletta N 2-3 Ca 20
Laumes, les F 54-55 Ae 43
Launceston GB 40-41 Sf 40
Laupheim D 42-43 Ak 42
Laurencekirk GB 38-39 Sh 34
Lauría I 72-73 Bf 50
Lauritsala FIN 18-19 Ci 29
Lausanne CH 56-57 Ag 44
Lauterbach (Hessen) D 42-43 Ak 40
Lauterberg im Harz, Bad D 42-43 Ba 39
Lauterecken D 42-43 Ah 41
Laval F 40-41 Sk 42
Lavandou, le F 56-57 Ag 47
Lávara GR 74-75 Cg 49
Lavaur F 54-55 Ab 47
Lavelanet F 70-71 Ab 48
Lavello I 72-73 Bf 49
Laveno Mombello I 56-57 Ai 45
Lavia FIN 18-19 Cc 29
Lavik N 16-17 Af 29
Lavis I 56-57 Bb 44
Lavre P 80-81 Sb 52
Lavrent'evka KA 52-53 Gd 38
Lavrio GR 82-83 Ce 53
Lavrovo RUS 20-21 Dh 31
Lavrovo RUS 20-21 Dh 33
Lavsja RUS 32-33 Eb 35
Laxå S 16-17 Be 32
Laxbäcken S 8-9 Bg 26
Laxey GBM 38-39 Sf 36
Laxford Bridge GB 38-39 Se 32
Laxo GB 38-39 Si 30
Laž RUS 22-23 Ek 33
Lazarevac YU 58-59 Ca 46
Lazarevo RUS 34-35 Fa 34
Lazarevskaja RUS 20-21 Dk 29
Lazarevskoe RUS 62-63 Dk 47
Lazdijai LT 28-29 Cd 36
Lazo MD 60-61 Ci 43
Lazovsk = Singerei MD 60-61 Ci 43
Łeba PL 28-29 Bh 36
Lebane YU 74-75 Cb 48
Lebbeke B 40-41 Ae 39
Lebedino RUS 32-33 Ek 35
Lebedjan' RUS 32-33 Dk 37
Lebedyn UA 46-47 De 40
Lebjaž'e RUS 22-23 Ek 33
Lebjažsk RUS 22-23 Fe 29
Lębork PL 28-29 Bh 36
Lebrija E 80-81 Sd 54
Lebskoe RUS 14-15 Ei 26
Lecce I 72-73 Bi 50
Lecco I 56-57 Ak 45
Lech A 56-57 Ba 43
Lēči LV 18-19 Cb 33
Leciñena E 70-71 Sk 49
Leck D 26-27 Ai 36
Lectoure F 54-55 Aa 47
Łęczna PL 44-45 Cc 39
Łęczyca PL 44-45 Bk 38
Ledesma E 68-69 Se 49
Ledmore Junction GB 38-39 Sf 32
Ledmozero RUS 10-11 Dc 26
Led'ozero RUS 12-13 Eb 28
Leeds GB 38-39 Si 37
Leek GB 38-39 Sh 37
Leer (Ostfriesland) D 26-27 Ah 37
Leerdam NL 42-43 Af 39
Leesi EST 18-19 Cf 31
Leeuwarden NL 26-27 Af 37
Lefkáda GR 82-83 Ca 52
Lefkónas GR 74-75 Cd 49
Lefkoniko TR 84-85 Dd 55
Lefkosia CY 84-85 Dd 55
Leganés E 68-69 Sg 50
Legé F 54-55 Si 44
Legionowo PL 44-45 Ca 38
Legkovo RUS 20-21 Di 32
Legnano I 56-57 Ai 45
Legnica PL 44-45 Bg 39
Legrad HR 58-59 Bg 44
Le Havre F 40-41 Aa 41
Lehena GR 82-83 Cb 53
Lehrte D 42-43 Ak 38
Lehta RUS 10-11 Dd 26
Lëhta RUS 22-23 Ei 30
Lehtimäki FIN 10-11 Cd 28
Leibnitz A 58-59 Bf 44
Leicester GB 40-41 Si 38
Leiden NL 40-41 Ae 38
Leighlinbridge = Leithghlinn an Droichid IRL 37 Sd 38
Leighton Buzzard GB 40-41 Sk 39
Leikanger N 8-9 Af 28
Leikanger N 16-17 Ag 29
Leipojärvi S 2-3 Cb 23
Leipzig D 42-43 Bc 39
Leira N 8-9 Ai 27
Leira N 16-17 Ak 30
Leirâmoen N 2-3 Be 24
Leiria P 68-69 Sb 51
Leirvík FR 38-39 Sd 28
Leirvik N 16-17 Af 29
Leirvik N 16-17 Af 31
Leisi EST 18-19 Cc 32
Leiston GB 40-41 Ab 38
Leithghlinn an Droichid IRL 37 Sd 38
Leitir Creanainn = Letterkenny IRL 37 Sc 36
Leivonmäki FIN 10-11 Cg 29
Leiza E 68-69 Si 47
Lekáni GR 74-75 Ce 49
Lekbibaj AL 74-75 Bk 48
Lekeitio E 54-55 Sh 47
Lekma RUS 22-23 Ek 31
Leknes N 2-3 Bd 22
Leksand S 16-17 Bf 30
Leksvik N 8-9 Ba 27
Leland N 2-3 Bc 24
Lel'čycy BY 46-47 Ci 39
Lel'ma RUS 12-13 Ea 28
Lelystad NL 42-43 Af 38
Le Mans F 54-55 Aa 43
Lembeye F 54-55 Sk 47
Lemesos CY 84-85 Dc 56
Lemeza RUS 34-35 Fh 36
Lemgo D 42-43 Ai 38
Lem'ju RUS 14-15 Fe 26
Lemmenjoki FIN 2-3 Cg 22
Lemmer NL 26-27 Af 38
Lémos GR 74-75 Cb 50
Lempäälä FIN 18-19 Cd 29
Lempdes F 54-55 Ad 45
Lemptybož RUS 14-15 Fg 27
Lemvig DK 26-27 Ai 34
Lenavož RUS 14-15 Ff 27
Lend A 56-57 Bd 43
Léndas GR 82-83 Ce 56
Lendava SLO 58-59 Bg 44
Lendery RUS 10-11 Db 27
Lengerich D 42-43 Ah 38
Lenggries D 56-57 Bb 43
Lenhovda S 26-27 Bf 34
Lenina BY 46-47 Db 38
Leninakan = Gjumri AR 78-79 Ed 50
Lenine UA 62-63 Df 45
Leningori GE 78-79 Ee 48
Leningrad = Sankt-Peterburg RUS 18-19 Da 31
Leningradskaja RUS 62-63 Dk 44
Leninogorsk RUS 34-35 Fc 36
Leninsk KA 52-53 Fh 41
Leninsk RUS 22-23 Fe 32
Leninsk RUS 34-35 Fk 36
Leninsk RUS 50-51 Ef 42
Leninskij RUS 30-31 Dh 36
Leninskoe KA 50-51 Fa 41
Leninskoe KA 52-53 Fh 40
Leninskoe RUS 22-23 Eh 32
Lenk CH 56-57 Ah 44
Lenkivci UA 46-47 Ch 40
Lens F 40-41 Ac 40
Lentehi GE 78-79 Ec 48
Lent'evo RUS 20-21 Dg 32
Lentiira FIN 10-11 Ck 26
Lentini I 72-73 Be 53
Lentvaris LT 28-29 Cf 36
Leoben A 58-59 Bf 43
Leominster GB 40-41 Sh 38
León E 68-69 Se 48
Léon F 54-55 Si 47
Leonarisso TR 84-85 De 55
Leondári GR 82-83 Cb 53
Leonforte I 72-73 Be 53
Leonídio GR 82-83 Cc 53
Leopoldsburg B 42-43 Af 39
Leopoldsdorf im Marchfelde A 44-45 Bg 42
Leova MD 60-61 Ci 44
Leovo = Leova MD 60-61 Ci 44
Lepe E 80-81 Sc 53
Lepel' BY 30-31 Ci 36
Lépoura GR 82-83 Ce 52
Leppävirta FIN 10-11 Ch 28
Lepsény H 58-59 Bi 44
Leptokariá GR 74-75 Cc 50
Lercara Friddi I 72-73 Bd 53
Lérici I 56-57 Ak 46
Lérida = Lleida E 70-71 Aa 49
Lerma E 68-69 Sg 48
Lermontov RUS 64-65 Ed 46
Lermontovo RUS 32-33 Ed 38
Lermoos A 56-57 Ba 43
Lerum S 16-17 Bc 33
Lervik N 16-17 Ba 31
Lerwick GB 38-39 Si 30
Les E 70-71 Aa 48
Lescoff F 40-41 Sf 42
Leselidze GE 78-79 Ea 47
Leshoz RUS 34-35 Fa 34
Lésina I 72-73 Bf 49
Lesja N 8-9 Ai 28
Lesjaskog N 8-9 Ai 28
Lesjöfors S 16-17 Be 31
Lesken RUS 78-79 Ed 47
Lesko PL 44-45 Cc 41
Leskovac YU 74-75 Cb 48
Leskovik AL 74-75 Ca 50
Leśna PL 44-45 Bf 39
Lesneven F 40-41 Sf 42
Lesnikovo RUS 32-33 Eb 35
Lesnoe RUS 20-21 Df 32
Lesnoe Ukolovo RUS 48-49 Di 40
Lesnoj RUS 22-23 Fc 31
Lesnoj RUS 32-33 Ea 36
Lesnoj RUS 34-35 Ga 36
Lesogorsk RUS 32-33 Ed 35
Lesparre-Médoc F 54-55 Sk 45
Lesperon F 54-55 Si 47
Lessay F 40-41 Si 41
Lestijärvi FIN 10-11 Ce 27
Lešukonskoe RUS 12-13 Ef 26
Leszno PL 44-45 Bg 39
Létavértes H 58-59 Cb 43
Letenye H 58-59 Bg 44
Letka RUS 22-23 Ek 31
Letku FIN 18-19 Cd 30
Letneozerskij RUS 12-13 Ea 27
Letnerečenskij RUS 12-13 De 26
Letnica BG 60-61 Cf 47
Letnij Navolok RUS 12-13 Dh 25
Letnjaja Zolotica RUS 12-13 Dg 26
Letterkenny = Leitir Creanainn IRL 37 Sc 36
Letyčiv UA 46-47 Ch 41
Leucate-Plage F 70-71 Ad 48
Leukerbad CH 56-57 Ah 44
Leunova RUS 12-13 Ec 26
Leuşeni MD 60-61 Ci 44
Leutkirch im Allgäu D 56-57 Ba 43
Leuven B 40-41 Ae 40
Leuza RUS 34-35 Fi 35
Leuze-en-Hainaut B 40-41 Ad 40
Levä FIN 10-11 Ch 28
Levanger N 8-9 Bb 27
Lévanto I 56-57 Ak 46
Leven GB 38-39 Sh 34
Levent TR 86-87 Dh 52
Leverkusen D 42-43 Ag 39
Levídi GR 82-83 Cc 53
Levie F 70-71 Ak 49
Levier F 56-57 Ag 44
Levino RUS 20-21 Dk 33
Levka BG 74-75 Cg 49
Levkadíti GR 82-83 Cc 52
Levkás GR 82-83 Cb 52
Levkinskaja RUS 14-15 Fb 26
Levoča SK 44-45 Ca 41
Levokumskoe RUS 64-65 Ee 46
Levroux F 54-55 Ab 44
Levski BG 60-61 Cf 47
Lev Tolstoj RUS 32-33 Dk 37
Levunovo BG 74-75 Cd 49
Lewes GB 40-41 Aa 40
Leyland GB 38-39 Sh 37
Leždug RUS 6-7 Fc 23
Lezhë AL 74-75 Bk 49
Lézignan-Corbières F 54-55 Ac 47
Lëzna BY 30-31 Da 35
Ležnevo RUS 32-33 Ea 34
Lezoux F 54-55 Ad 45
L'gov RUS 48-49 Df 39
L'govskij, Dmitriev RUS 48-49 Df 38
Liabygd N 8-9 Ah 28
Liatorp S 26-27 Be 34
Liberec CZ 44-45 Bf 40
Libohovë AL 74-75 Ca 50
Libourne F 54-55 Sk 46
Librazhd AL 74-75 Ca 49
Licata I 72-73 Bd 53
Lice TR 86-87 Ea 52
Lichfield GB 38-39 Si 38
Lichtenfels D 42-43 Bb 40
Lida BY 28-29 Cf 37
Liden S 8-9 Bg 28
Lidhult S 26-27 Bd 34
Lidköping S 16-17 Bd 32
Lido di Óstia I 72-73 Bc 49
Lidzbark PL 28-29 Bk 37
Lidzbark Warmiński PL 28-29 Ca 36
Liebenwalde D 26-27 Bd 38
Liebenwerda, Bad D 42-43 Bd 39
Lieberose D 42-43 Be 39
Liège B 42-43 Af 40
Lieksa FIN 10-11 Da 27
Lielvārde LV 28-29 Ce 34
Lienz A 56-57 Bc 44
Liepāja LV 28-29 Cb 34
Lier B 40-41 Ae 39
Lierre = Lier B 40-41 Ae 39
Liestal CH 56-57 Ah 43
Lietekkåbba S 2-3 Bk 23
Lieto FIN 18-19 Cc 30
Lievestuore FIN 10-11 Cg 28
Liévin F 40-41 Ac 40
Liezen A 58-59 Be 43
Liffol-le-Grand F 42-43 Af 42
Lifford GB 37 Sc 36
Lifford IRL 37 Sc 36
Liffré F 40-41 Si 42
Lignano Sabbiadoro I 56-57 Bd 45
Lignières F 54-55 Ac 44
Ligny-en-Barrois F 42-43 Af 42
Ligórtinos GR 82-83 Cf 55
Ligueil F 54-55 Aa 43
Lihačevo RUS 20-21 Dh 32
Lihás GR 82-83 Cc 52
Lihoslavl' RUS 20-21 Df 33
Lihovskoj RUS 48-49 Ea 42
Lihula EST 18-19 Cd 32
Lílea GR 82-83 Cc 52
Lilienthal D 26-27 Ai 37
Lilla Edet S 16-17 Bc 32
Lille F 40-41 Ad 40
Lillebonne F 40-41 Aa 41
Lillehammer N 16-17 Ba 29
Lillers F 40-41 Ac 40
Lillesand N 16-17 Ai 32
Lillestrøm N 16-17 Bb 31
Lillhärdal S 8-9 Be 29
Lillo E 68-69 Sg 51
Lillögda S 8-9 Bh 26
Lima S 16-17 Bd 30
Liman RUS 64-65 Eh 45
Liman UA 48-49 Dg 41
Limannvika N 8-9 Bd 26
Limanowa PL 44-45 Ca 41
Limavady GB 37 Sd 35
Limbaži LV 18-19 Ce 33
Limburg an der Lahn D 42-43 Ai 40
Limedsforsen S 16-17 Bd 30
Liménas Hersonissou GR 82-83 Cf 55
Limerick = Luimneach IRL 37 Sb 38
Liminka FIN 10-11 Cf 26
Limmared S 16-17 Bd 33
Límnes GR 82-83 Cc 53
Límni GR 82-83 Cd 52
Limoges F 54-55 Ab 45
Limogne-en-Quercy F 54-55 Ab 46
Limone Piemonte I 56-57 Ah 46
Limonlu TR 84-85 De 54
Limoux F 70-71 Ac 47
Linahamari RUS 4-5 Db 21
Linares E 80-81 Sg 52
Linariá GR 82-83 Ce 52
Linava BY 44-45 Ce 38
Lincoln GB 38-39 Sk 37
Lindau (Bodensee) D 56-57 Ak 43
Lindesberg S 16-17 Bf 31
Líndos GR 84-85 Ci 54
Lindozero RUS 10-11 Dd 28
Línea de la Concepción, La E 80-81 Se 54
Linec RUS 48-49 Df 38
Linejnoe RUS 64-65 Eh 44
Linevo RUS 48-49 Ee 40
Lingen (Ems) D 42-43 Ah 38
Linköping S 16-17 Bf 32
Linkuva LT 28-29 Cd 34
Linlithgow GB 38-39 Sg 35
Linovo RUS 18-19 Ch 33
Linsell S 8-9 Bd 28
Linthal CH 56-57 Ak 44
Linz A 42-43 Be 42
Lion-d'Angers, le F 54-55 Sk 43
Lios Duin Bhearn IRL 37 Sa 37
Lios Mór = Lismore IRL 37 Sc 38
Lios Tuathail = Listowel IRL 37 Sa 38
Lipany SK 44-45 Ca 41
Lipari I 72-73 Be 52
Lipcani MD 46-47 Cg 42
Lipeck RUS 48-49 Dk 38
Liperi FIN 10-11 Ck 28
Lipica SLO 56-57 Bd 45
Lipicy-Zybino RUS 30-31 Dh 37
Lipin Bor RUS 20-21 Di 30
Lipka PL 28-29 Bh 37
Lipkany = Lipcani MD 46-47 Cg 42
Lipki RUS 30-31 Dh 37
Lipkovo MK 74-75 Cb 48
Lipljan YU 74-75 Cb 48
Lipnaja Gorka RUS 20-21 Dd 31
Lipník nad Bečvou CZ 44-45 Bh 41
Lipno PL 28-29 Bk 38
Lipova RO 58-59 Cb 44
Lipovik RUS 12-13 Ec 27
Lipovskij RUS 50-51 Ek 39
Lipovskoe RUS 24-25 Gb 33
Lipovskoe RUS 24-25 Gd 33
Lippstadt D 42-43 Ai 39
Lipsk PL 28-29 Cc 37
Lipsko PL 44-45 Cb 39
Liptovský Mikuláš SK 44-45 Bk 41
Lisakovsk KA 52-53 Gc 38

Lisboa **P** 80-81 Sa 52
Lisburn **GB** 37 Sd 36
Lisdoonvarna = Lios Duin Bhearn **IRL** 37 Sa 37
Lisičansk = Lysyčans'k **UA** 48-49 Di 42
Lisieux **F** 40-41 Aa 41
Lisij Nos **RUS** 18-19 Ck 31
Lis'ja **RUS** 22-23 Fe 33
Liskeard **GB** 40-41 Sf 40
Liski **RUS** 48-49 Dk 40
Lisle-sur-Tarn **F** 54-55 Ab 47
Lisma **FIN** 2-3 Cf 22
Lismore **IRL** 37 Sc 38
Lisnaskea **GB** 37 Sc 36
Lisskogsbrändan **S** 16-17 Bd 30
List **D** 26-27 Ai 35
Lištica = Široki Brijeg **BIH** 58-59 Bh 47
Listowel = Lios Tuathail **IRL** 37 Sa 38
Lit **S** 8-9 Be 27
Lithío **GR** 82-83 Cg 52
Litija **SLO** 58-59 Be 44
Litóhoro **GR** 74-75 Cc 50
Litoměřice **CZ** 42-43 Be 40
Litomyšl **CZ** 44-45 Bg 41
Litovel **CZ** 44-45 Bh 41
Litvínov **CZ** 42-43 Bd 40
Litvinovo **RUS** 22-23 Ei 29
Lityn **UA** 46-47 Ci 41
Livada **RO** 60-61 Cd 43
Livaderó **GR** 74-75 Ce 49
Livádi **GR** 74-75 Cc 50
Livádi **GR** 82-83 Ce 53
Livadiá **GR** 82-83 Cc 52
Livani **LV** 28-29 Cg 34
Livanovka **KA** 52-53 Gc 38
Livenka **RUS** 48-49 Di 40
Liverpool **GB** 38-39 Sh 37
Livingston **GB** 38-39 Sg 35
Livno **BIH** 58-59 Bh 47
Livny **RUS** 48-49 Dh 38
Livo **FIN** 10-11 Cg 25
Livorno **I** 56-57 Ba 47
Lixoúri **GR** 82-83 Ca 52
Lizums **LV** 18-19 Cg 33
Lizzano **I** 72-73 Bh 50
Ljachavičy **BY** 28-29 Cg 37
Ljady **RUS** 18-19 Ci 32
Ljali **RUS** 14-15 Fa 28
Ljalja-Titova **RUS** 24-25 Gb 31
Ljambir' **RUS** 32-33 Ef 36
Ljamca **RUS** 12-13 Dh 26
Ljamino **RUS** 22-23 Fh 32
Ljangasovo **RUS** 22-23 Ek 32
Ljaskelja **RUS** 10-11 Db 29
Ljasnaja **BY** 28-29 Cf 38
Ljavki **BY** 30-31 Ci 37
Ljig **YU** 58-59 Ca 46
Ljørdal **N** 16-17 Bc 29
Ljuban' **BY** 30-31 Ci 38
Ljuban' **RUS** 18-19 Db 31
Ljubar **UA** 46-47 Ch 41
Ljubašivka **UA** 60-61 Da 43
Ljubeč **UA** 46-47 Da 39
Ljuben **BG** 74-75 Ce 48
Ljubercy **RUS** 30-31 Dh 35
Ljubešiv **UA** 46-47 Cf 39
Ljubickoe **RUS** 50-51 Ek 39
Ljubim **RUS** 20-21 Ea 32
Ljubimec **BG** 74-75 Cg 49
Ljubinje **BIH** 72-73 Bi 48
Ljublinka **KA** 52-53 Gf 38
Ljubljana **SLO** 58-59 Be 44
Ljubomł' **UA** 44-45 Ce 39
Ljubovija **YU** 58-59 Bk 46
Ljubuški **BIH** 72-73 Bh 47
Ljubyc'ke **UA** 62-63 Df 43
Ljubymivka **UA** 46-47 Da 40
Ljubymivka **UA** 62-63 Dg 43
Ljubytino **RUS** 20-21 Dd 32
Ljudinovo **RUS** 30-31 De 37
Ljudkovo **RUS** 30-31 De 36
Ljugarn **S** 16-17 Bi 33
Ljugoviči **RUS** 20-21 Dd 30
Ljuljakovo **BG** 76-77 Ch 48
Ljungby **S** 26-27 Bd 34
Ljungdalen **S** 8-9 Bc 28
Ljungskile **S** 16-17 Bb 32
Ljusdal **S** 8-9 Bg 29
Ljusne **S** 16-17 Bh 29
Ljustorp **S** 8-9 Bh 28
Llagostera **E** 70-71 Ac 49
Llanbedr Pont Steffan = Lampeter **GB** 40-41 Sf 38
Llandeilo **GB** 40-41 Sg 39
Llandovery **GB** 40-41 Sg 39
Llandrindod Wells **GB** 40-41 Sg 38
Llandudno **GB** 38-39 Sg 37
Llanelli **GB** 40-41 Sf 39
Llanes **E** 54-55 Sf 47
Llanfair Caereinion **GB** 38-39 Sg 38
Llanfair-ym-Muallt = Buith Wells **GB** 40-41 Sg 38
Llangefni **GB** 38-39 Sf 37
Llangollen **GB** 38-39 Sg 38
Llangurig **GB** 40-41 Sg 38
Llanidloes **GB** 40-41 Sg 38
Llanwrtyd Wells **GB** 40-41 Sg 38
Llanymddyfri = Llandovery **GB** 40-41 Sg 39
Lleida **E** 70-71 Aa 49
Llerena **E** 80-81 Sd 52
Llíria **E** 70-71 Sk 51
Llívia **E** 70-71 Ab 48
Llodio = Laudio **E** 68-69 Sh 47
Loban **RUS** 12-13 Ef 25
Lobanovo **RUS** 22-23 Fg 33
Lobcovo **RUS** 32-33 Ea 34
Łobez **PL** 26-27 Bf 37
Lobnja **RUS** 30-31 Dh 34
Lobskoe **RUS** 12-13 Df 28
Loburg **D** 42-43 Bc 38
Lobva **RUS** 24-25 Ga 31
Locarno **CH** 56-57 Ai 44
Loccum, Rehburg- **D** 42-43 Ak 38
Lochaline **GB** 38-39 Se 34
Lochboisdale **GB** 38-39 Sc 33
Lochearnhead **GB** 38-39 Sf 34
Lochem **NL** 42-43 Ag 38
Loches **F** 54-55 Aa 43
Loch Garman = Wexford **IRL** 37 Sd 38
Lochgilphead **GB** 38-39 Se 34
Lochinver **GB** 38-39 Se 32
Lochmaben **GB** 38-39 Sg 35
Lochmaddy **GB** 38-39 Sc 33
Łochów **PL** 44-45 Cb 38
Lochranza **GB** 38-39 Se 35
Lochvycja **UA** 46-47 Dd 40
Lockerbie **GB** 38-39 Sg 35
Locle, Le **CH** 56-57 Ag 43
Locmaria **F** 54-55 Sg 43
Locminé **F** 54-55 Sh 43
Locri **I** 72-73 Bg 52
Lodè **I** 70-71 Ak 50
Lodejka **RUS** 22-23 Ef 30
Lodejnoe Pole **RUS** 20-21 Dd 30
Lodève **F** 54-55 Ad 47
Lodi **I** 56-57 Ak 45
Løding **N** 2-3 Be 23
Lødingen **N** 2-3 Bf 22
Łódź **PL** 44-45 Bk 39
Löbau **D** 42-43 Be 39
Löberöd **S** 26-27 Bd 35
Löcknitz **D** 26-27 Be 37
Lödöse **S** 16-17 Bc 32
Löningen **D** 26-27 Ah 38
Lönsboda **S** 26-27 Be 34
Lörrach **D** 56-57 Ah 43
Loev **BY** 46-47 Da 39
Lövånger **S** 10-11 Cb 26
Lövåsen **S** 8-9 Bg 27
Lövberga **S** 8-9 Bf 27
Lövestad **S** 26-27 Bd 35
Lövlund **S** 8-9 Bf 25
Lövnäs **S** 2-3 Bh 24
Lövnäs **S** 16-17 Bd 29
Lövnäsvallen **S** 8-9 Bd 29
Lövstabruk **S** 16-17 Bh 30
Löwenberg (Mark) **D** 26-27 Bd 38
Lofsdalen **S** 8-9 Bd 28
Loftahammar **S** 16-17 Bg 33
Lofthus **N** 16-17 Ag 30
Log **RUS** 48-49 Ed 41
Loga **N** 16-17 Ag 32
Logačevka **RUS** 50-51 Fc 38
Loginovo **RUS** 34-35 Gb 34
Logovskij **RUS** 48-49 Ed 42
Logrosán **E** 68-69 Se 51
Løgstør **DK** 26-27 Ak 34
Løgumkloster **DK** 26-27 Ai 35
Lohals **DK** 26-27 Ba 35
Lohéac **F** 54-55 Si 43
Lohguba **RUS** 10-11 Dc 25
Lohilahti **FIN** 18-19 Ci 29
Lohiniva **FIN** 2-3 Ce 23
Lohja **FIN** 18-19 Ce 30
Lohr am Main **D** 42-43 Ak 41
Loimaa **FIN** 18-19 Cd 30
Loitz **D** 26-27 Bd 37
Lojga **RUS** 20-21 Ee 29
Lojmola **RUS** 10-11 Db 29
Lojno **RUS** 22-23 Fc 31
Lokači **UA** 44-45 Ce 40
Lokalahti **FIN** 18-19 Cb 30
Løken **N** 16-17 Bb 31
Lokeren **B** 40-41 Ad 39
Lokka **FIN** 2-3 Ch 23
Løkken **DK** 16-17 Ak 33
Løkken **N** 8-9 Ak 27
Loknja **RUS** 30-31 Da 34
Lokot **RUS** 46-47 De 38
Lola **RUS** 64-65 Ee 44
Lom **BG** 60-61 Cd 47
Lom **N** 8-9 Ai 29
Lomci **BG** 60-61 Cg 47
Lomejkovo **RUS** 30-31 Dc 36
Lomen **N** 16-17 Ai 29
Lomma **S** 26-27 Bd 35
Lommel **B** 42-43 Af 39
Lomonosov **RUS** 18-19 Ck 31
Lomovka **RUS** 34-35 Fi 37
Lomovoe **RUS** 12-13 Ea 26
Łomża **PL** 28-29 Cc 37
London **GB** 40-41 Sk 39
Londonderry **GB** 37 Sc 36
Longford = An Longfort **IRL** 37 Sc 37
Longobucco **I** 72-73 Bg 51
Longtown **GB** 38-39 Sh 35
Longueau **F** 40-41 Ac 41
Longué-Jumelles **F** 54-55 Sk 43
Longuyon **F** 42-43 Af 41
Longwy **F** 42-43 Af 41
Longyarbyen **N** 2-3 **I** D 2
Lonigo **I** 56-57 Bb 45
Lons-le-Saunier **F** 56-57 Af 44
Loo **RUS** 62-63 Dk 47
Lopasna **UA** 48-49 Di 42
Lopatino **RUS** 18-19 Dc 33
Lopatino **RUS** 50-51 Ef 38
Lopatovo **RUS** 18-19 Ci 33
Lopatyn **UA** 44-45 Ce 40
Lop'juvad **RUS** 22-23 Ff 29
Loppi **FIN** 18-19 Ce 30
Lopšen'ga **RUS** 12-13 Dh 26
Loptjuga **RUS** 12-13 Eh 27
Lopydino **RUS** 22-23 Fc 29
Lora **N** 8-9 Ai 28
Lora del Río **E** 80-81 Se 53
Lorca **E** 80-81 Si 53
Lorch **D** 42-43 Ak 42
Loreto **I** 56-57 Bd 47
Loreto Aprutino **I** 72-73 Bd 48
Lorient **F** 54-55 Sg 43
Loriol-sur-Drôme **F** 54-55 Ae 46
Lormes **F** 54-55 Ad 43
Lorris **F** 54-55 Ac 43
Lorsch **D** 42-43 Ai 41
Los **S** 16-17 Bf 29
Losar de la Vera **E** 68-69 Se 50
Losevo **RUS** 48-49 Ea 40
Łosice **PL** 44-45 Cc 38
Łosino **PL** 28-29 Bh 36
Los'mino **RUS** 30-31 De 35
Lossiemouth **GB** 38-39 Sg 33
Løten **N** 16-17 Bb 30
Lotošino **RUS** 30-31 Df 34
Loudéac **F** 40-41 Sh 42
Loudun **F** 54-55 Aa 43
Loué **F** 54-55 Sk 43
Loughborough **GB** 38-39 Si 38
Loughrea = Baile Locha Riach **IRL** 37 Sb 37
Louhala **FIN** 10-11 Ck 24
Louhans **F** 56-57 Af 44
Louhi **RUS** 10-11 Dd 24
Louisburgh = Cluain Cearbán **IRL** 37 Sa 37
Loulé **P** 80-81 Sb 53
Loupe, la **F** 40-41 Ab 42
Lourdes **F** 70-71 Sk 47
Loures **P** 68-69 Sa 52
Lourinhã **P** 68-69 Sa 51
Lousã **P** 68-69 Sb 50
Lousa **P** 68-69 Sc 51
Louth **GB** 38-39 Sk 37
Loutrá **GR** 82-83 Ce 53
Loutrá Edipsoú **GR** 82-83 Cd 52
Loutrá Eleftheró **GR** 74-75 Ce 50
Loutra Kilínis **GR** 82-83 Cb 53
Loutró **GR** 82-83 Cc 53
Loutró Elénis **GR** 82-83 Cc 53
Louvain = Leuven **B** 40-41 Ae 40
Louvière, La **B** 40-41 Ae 40
Louviers **F** 40-41 Ab 41
Louvigné-du-Désert **F** 40-41 Si 42
Loveč **BG** 74-75 Ce 47
Lóvere **I** 56-57 Ba 45
Loviisa = Lovisa **FIN** 18-19 Cg 30
Lovisa **FIN** 18-19 Cg 30
Lovište **HR** 72-73 Bh 47
Lovlja **RUS** 22-23 Ek 31
Lovosice **CZ** 42-43 Be 40
Lovozero **RUS** 4-5 Df 22
Lovrin **RO** 58-59 Ca 45
Lowestoft **GB** 40-41 Ab 38
Łowicz **PL** 44-45 Bk 38
Lozen **BG** 74-75 Cd 48
Loznica **YU** 58-59 Bk 46
Loznoe **RUS** 48-49 Ee 41
Lozno-Oleksandrivka **UA** 48-49 Di 41
Lozova **UA** 48-49 Dg 42
Lozoven'ka **UA** 48-49 Dg 41
Lozuvatka **UA** 46-47 Dd 42
Lubaczów **PL** 44-45 Cd 40
Lubań **PL** 44-45 Bf 39
Lubāna **LV** 28-29 Cg 34
Lubartów **PL** 44-45 Cc 39
Lubawa **PL** 28-29 Bk 37
Lubegošči **RUS** 20-21 Dg 32
Lubenec **CZ** 42-43 Bd 40
Lubenka **KA** 50-51 Fd 40
Lubenka **KA** 50-51 Fe 40
Lubersac **F** 54-55 Ab 45
Lubień Kujawski **PL** 44-45 Bk 38
Lubin **PL** 44-45 Bg 39
Lubjaniki **RUS** 32-33 Ea 36
Lubjanki **RUS** 48-49 Df 38
Lubjany **RUS** 34-35 Fb 34
Lublin **PL** 44-45 Cc 39
Lubliniec **PL** 44-45 Bi 40
Lubnica **RUS** 18-19 Dc 33
Lubny **UA** 46-47 Dc 41
Lubonos **RUS** 32-33 Eb 36
Lubsko **PL** 42-43 Be 39
Luc, le **F** 56-57 Ag 47
Lucca **I** 56-57 Ba 47
Lucena del Cid **E** 70-71 Sk 50
Luc-en-Diois **F** 56-57 Af 46
Lučenec **SK** 44-45 Bk 42
Lucera **I** 72-73 Bf 49
Lucerne = Luzern **CH** 56-57 Ai 43
Luc'k **UA** 46-47 Cf 40
Luck = Luc'k **UA** 46-47 Cf 40
Luckau **D** 42-43 Bd 39
Luckenwalde **D** 42-43 Bd 38
Luçon **F** 54-55 Si 44
Ludbreg **HR** 58-59 Bg 44
Lude, le **F** 54-55 Aa 43
Ludlow **GB** 40-41 Sh 38
Luduş **RO** 60-61 Ce 44
Ludvika **S** 16-17 Bf 30
Ludwigsburg **D** 42-43 Ak 42
Ludwigshafen am Rhein **D** 42-43 Ai 41
Ludwigslust **D** 26-27 Bb 37
Ludza **LV** 30-31 Ch 34
Lübbecke **D** 42-43 Ai 38
Lübben (Spreewald) **D** 42-43 Bd 39
Lübbenau (Spreewald) **D** 42-43 Bd 39
Lübeck **D** 26-27 Ba 37
Lübtheen **D** 26-27 Bb 37
Lübz **D** 26-27 Bc 37
Lüchow **D** 26-27 Bb 38
Lüdenscheid **D** 42-43 Ah 39
Lüdinghausen **D** 42-43 Ah 39
Lüleburgaz **TR** 76-77 Ch 49
Lüneburg **D** 26-27 Ba 37
Lütfiye **TR** 82-83 Ch 52
Lütjenburg **D** 26-27 Ba 36
Lüttich = Liège **B** 42-43 Af 40
Luga **RUS** 18-19 Ck 32
Lugano **CH** 56-57 Ai 44
Lugansk = Luhans'k **UA** 48-49 Dk 42
Lugnvik **S** 8-9 Bh 28
Lugo **I** 56-57 Bb 46
Lugoj **RO** 58-59 Cb 45
Luh **RUS** 32-33 Ec 33
Luhačovice **CZ** 44-45 Bh 41
Luhans'k **UA** 48-49 Dk 42
Luhans'ke **UA** 48-49 Di 42
Luhans'ke, Stanyčno- **UA** 48-49 Dk 42
Luhmanskij Majdan **RUS** 32-33 Ee 37
Luhovicy **RUS** 32-33 Dk 36
Luhyny **UA** 46-47 Ci 39
Luik = Liège **B** 42-43 Af 40
Luikonlahti **FIN** 10-11 Ci 28
Luimneach = Limerick **IRL** 37 Sb 38
Luino **I** 56-57 Ai 45
Luka **UA** 46-47 Da 41
Luka **YU** 58-59 Cc 46
Luka-Bars'ka **UA** 46-47 Ch 41
Lukavac **BIH** 58-59 Bi 46
Lukojanov **RUS** 32-33 Ee 35
Lukovit **BG** 60-61 Ce 47
Lukovnikovo **RUS** 30-31 De 34
Lukovo **YU** 58-59 Cb 47
Lukovo Šugarje **HR** 58-59 Bf 46
Łuków **PL** 44-45 Cc 39
Łukta **PL** 28-29 Ca 37
Luleå **S** 10-11 Cc 25
Lumbovka **RUS** 4-5 Ea 23
Lumbrales **E** 68-69 Sd 50
Lumparland **FIN** 18-19 Ca 30
Lunca Corbului **RO** 60-61 Ce 46
Luncaviţa **RO** 60-61 Ci 45
Lund **S** 26-27 Bd 35
Lunda **S** 16-17 Bi 31
Lunde **N** 16-17 Ak 31
Lunde **S** 8-9 Bh 28
Lunderseter **N** 16-17 Bc 30
Lunel **F** 54-55 Ae 47
Lunéville **F** 42-43 Ag 42
Lunik **AL** 74-75 Ca 49
Lunin **BY** 46-47 Cg 38
Luninec **BY** 46-47 Cg 38
Lunino **RUS** 28-29 Cc 36
Lunino **RUS** 32-33 Ef 37
Lunz am See **A** 58-59 Bf 43
Luogosanto **I** 70-71 Ak 49
Luostari **RUS** 4-5 Db 21
Lupeni **RO** 60-61 Cd 45
Lure **F** 56-57 Ag 43
Lurgan **GB** 37 Sd 36
Luriya, al- **IRQ** 86-87 Eb 56
Lushnjë **AL** 74-75 Bk 50
Luso **P** 68-69 Sb 50
Lussac-les-Châteaux **F** 54-55 Aa 44
Lussan **F** 54-55 Ae 46
Lustad **N** 8-9 Bc 26
Luster **N** 16-17 Ah 29
Lutherstadt Eisleben **D** 42-43 Bb 39
Lutherstadt Wittenberg **D** 42-43 Bc 39
Lutnes **N** 16-17 Bc 29
Luton **GB** 40-41 Sk 39
Lutovino, Spasskoe- **RUS** 30-31 Dg 37
Lutuhyne **UA** 48-49 Dk 42
Lututów **PL** 44-45 Bi 39
Luumäki **FIN** 18-19 Ch 30
Luusalma **RUS** 10-11 Db 25
Luusua **FIN** 2-3 Ch 24
Luvozero **RUS** 10-11 Da 26
Luxembourg **L** 42-43 Ag 41
Luxeuil-les-Bains **F** 56-57 Ag 43
Luynes **F** 54-55 Aa 43
Luza **RUS** 22-23 Eh 30
Luzern **CH** 56-57 Ai 43
Lužica **RUS** 18-19 Ci 32
Lužki **BY** 30-31 Ch 35
Luz-Saint-Sauveur **F** 70-71 Aa 48
Luzy **F** 54-55 Ad 44
L'viv **UA** 44-45 Ce 41
L'vov = L'viv **UA** 44-45 Ce 41
Lwówek **PL** 44-45 Bg 38
Lwówek Śląski **PL** 44-45 Bf 39
Lychačiv **UA** 46-47 Db 39
Lychen **D** 26-27 Bd 37
Lychivka **UA** 46-47 Dd 42
Lyci **CY** 84-85 Dd 55
Lyckeby **S** 26-27 Bf 34
Lyčkovo **RUS** 18-19 Dc 33
Lycksele **S** 8-9 Bi 26
Lydd **GB** 40-41 Aa 40
Lydney **GB** 40-41 Sh 39
Lye **S** 16-17 Bi 33
Lyman **UA** 48-49 Di 41
Lyme Regis **GB** 40-41 Sh 40
Lymington **GB** 40-41 Si 40
Lyness **GB** 38-39 Sg 32
Lyngseidet **N** 2-3 Ca 21
Lynovycja **UA** 46-47 Dc 40
Lynton **GB** 40-41 Sg 39
Lyntupy **BY** 28-29 Cg 35
Lyon **F** 54-55 Ae 45
Lyons-la-Forêt **F** 40-41 Ab 41
Lypci **UA** 48-49 Dg 40
Lypova Dolyna **UA** 46-47 Dd 40
Lypovec' **UA** 46-47 Ck 41
Lyrma **RUS** 22-23 Fg 33
Lysekil **S** 16-17 Bb 32
Lysjanka **UA** 46-47 Da 41
Lyskovo **RUS** 32-33 Ef 34
Lysøysund **N** 8-9 Ak 27
Lys'va **RUS** 22-23 Fh 32
Lysvik **S** 16-17 Bd 30
Lysyčans'k **UA** 48-49 Di 42
Lysye Gory **RUS** 48-49 Ee 39
Łyszkowice **PL** 44-45 Bk 39
Lytham Saint Anne's **GB** 38-39 Sg 37
Lytkarino **RUS** 30-31 Dh 35
Lyža, Ust'- **RUS** 14-15 Fg 25

M

Maalahti = Malax **FIN** 10-11 Cb 28
Maam Cross = An Teach Doite **IRL** 37 Sa 37
Maaninka **FIN** 10-11 Ch 27
Maaninkavaara **FIN** 2-3 Ci 24
Maanselkä **FIN** 10-11 Ci 27
Maardu **EST** 18-19 Cf 31
Maarianhamina = Mariehamn **FIN** 18-19 Bk 30
Ma'arrat an-Nu'man **SYR** 86-87 Dg 55
Ma'arr Šahūr **SYR** 86-87 Dg 55
Maaseik **B** 42-43 Af 39
Maastricht **NL** 42-43 Af 40
Mablethorpe **GB** 38-39 Aa 37
Macau **F** 54-55 Sk 45
Macduff **GB** 38-39 Sh 33
Macedo de Cavaleiros **P** 68-69 Sd 49
Maceevičy **BY** 30-31 Ck 37
Macerata **I** 56-57 Bd 47
Macesta **RUS** 62-63 Dk 47
Machecoul **F** 54-55 Si 44
Machine, la **F** 54-55 Ad 44
Machynlleth **GB** 40-41 Sg 38
Măcin **RO** 60-61 Ci 45

Macinaggio **F** 70-71 Ak 48
Maçka **TR** 78-79 Dk 50
Macomér **I** 70-71 Ai 50
Mâcon **F** 54-55 Ae 44
Macroom = Maigh Chromtha **IRL** 37 Sb 39
Madaevo **RUS** 32-33 Ee 36
Madan **BG** 74-75 Ce 49
Madara **BG** 60-61 Ch 47
Maddalena, la **I** 70-71 Ak 49
Maden **TR** 78-79 Ea 50
Maden **TR** 84-85 De 53
Maden **TR** 86-87 Dk 52
Ma'din **SYR** 86-87 Di 55
Madinat at-Ṭaura **SYR** 86-87 Di 55
Madona **LV** 28-29 Cg 34
Mădrec **BG** 74-75 Cg 48
Mădrec **BG** 74-75 Cg 48
Madrid **E** 68-69 Sg 50
Madridejos **E** 68-69 Sg 51
Madrigal de las Altas Torres **E** 68-69 Se 49
Madrigalejo **E** 68-69 Se 51
Madroñera **E** 68-69 Se 51
Madža **RUS** 14-15 Fb 29
Madžarovo **BG** 74-75 Cf 49
Mæl **N** 16-17 Ai 31
Maella **E** 70-71 Aa 49
Mäntsälä **FIN** 18-19 Cf 30
Mänttä **FIN** 10-11 Ce 28
Mäntyharju **FIN** 18-19 Cg 29
Märjamaa **EST** 18-19 Ce 32
Märkisch Buchholz **D** 42-43 Bd 38
Märsta **S** 16-17 Bh 31
Mätäsvaara **FIN** 10-11 Ck 27
Maevo **RUS** 30-31 Ck 34
Mafra **P** 68-69 Sa 52
Magalluf **E** 70-71 Ac 51
Magdeburg **D** 42-43 Bb 38
Magenta **I** 56-57 Ai 45
Maghera **GB** 37 Sd 36
Maglaj **BIH** 58-59 Bi 46
Magliano in Toscana **I** 72-73 Bb 48
Máglie **I** 72-73 Bi 50
Măgliž **BG** 74-75 Cf 48
Magnaj **KA** 34-35 Gb 37
Magnetity **RUS** 4-5 Dd 22
Magnitka **RUS** 34-35 Fk 35
Magnitogorsk **RUS** 34-35 Fk 37
Magnor **N** 16-17 Bc 31
Magny-en-Vexin **F** 40-41 Ab 41
Măgurele **RO** 60-61 Cg 45
Mahala **YU** 74-75 Bk 48
Mahambet **KA** 66-67 Fb 43
Maharadze = Ozurgeti **GE** 78-79 Ec 49
Mahdalynivka **UA** 46-47 De 42
Maḥfar al-Ḥammām **SYR** 86-87 Di 55
Mahilëv **BY** 30-31 Da 37
Mahindzauri **GE** 78-79 Eb 49
Mahmudiye **TR** 76-77 Db 51
Mahmud Mekteb **RUS** 64-65 Ef 46
Maḥmūr **IRQ** 86-87 Ed 55
Mahmutlar **TR** 84-85 Da 53
Mahmutlar **TR** 84-85 Dc 54
Mahnevo **RUS** 24-25 Gb 32
Māḥūs **SYR** 84-85 Df 55
Maials **E** 70-71 Aa 49
Măicănești **RO** 60-61 Ch 45
Maîche **F** 56-57 Ag 43
Maidstone **GB** 40-41 Aa 39
Măieruș **RO** 60-61 Cf 45
Maigh Chromtha = Macroom **IRL** 37 Sb 39
Maighean Rátha **IRL** 37 Sc 37
Maigh Nuad = Maynooth **IRL** 37 Sd 37
Mailand = Milano **I** 56-57 Ak 45
Maillezais **F** 54-55 Sk 44
Mailly-Champagne **F** 40-41 Ae 41
Mailly-le-Camp **F** 40-41 Ae 42
Mainburg **D** 42-43 Bb 42
Mainistir an Corann **IRL** 37 Sb 39
Mainistir Eimhin **IRL** 37 Sc 37
Mainistir Fhear Maí = Fermoy **IRL** 37 Sb 38
Mainistir Laoise **IRL** 37 Sc 38
Mainistir na Búille = Boyle **IRL** 37 Sb 37
Mainistir na Féile = Abbeyfeale **IRL** 37 Sa 38
Maintenon **F** 40-41 Ab 42
Mainua **FIN** 10-11 Ch 26
Mainz **D** 42-43 Ai 41
Maišiagala **LT** 28-29 Cf 36
Majačnyj **RUS** 52-53 Ff 38
Majak Oktjabrja **RUS** 50-51 Ef 41
Majakovskij = Bagdati **GE** 78-79 Ec 48
Majaky **UA** 60-61 Da 44
Majda **RUS** 4-5 Eb 24
Majdan **RUS** 32-33 Ei 35
Majdan **UA** 44-45 Cd 42
Majdanpek **YU** 58-59 Cb 46
Majkop **RUS** 62-63 Ea 46
Majkor **RUS** 22-23 Ff 31
Majna **RUS** 32-33 Eh 36
Majorovskij **RUS** 48-49 Ed 42
Majorskij **RUS** 64-65 Ec 43
Majseevščyna **BY** 30-31 Ci 36
Majskij **RUS** 64-65 Ee 47
Makar'e **RUS** 22-23 Ei 32
Makar'ev **RUS** 20-21 Ed 33
Makar'evo **RUS** 32-33 Ef 34
Makar'evskaja **RUS** 20-21 Df 30
Makariv **UA** 46-47 Ck 40
Makarov Dvor **RUS** 20-21 Ea 29
Makarovo **RUS** 48-49 Ed 38
Makarska **HR** 58-59 Bh 47
Maḳat **KA** 66-67 Fd 43
Makeevka = Makijivka **UA** 48-49 Di 42
Makijivka **UA** 46-47 Db 40
Makijivka **UA** 48-49 Di 42
Makkola **FIN** 10-11 Ci 29
Maklaki **RUS** 30-31 De 36
Makó **H** 58-59 Ca 44
Makov **SK** 44-45 Bi 41
Makovo **RUS** 64-65 Ei 44
Maków Mazowiecki **PL** 28-29 Cb 38
Makrakómi **GR** 82-83 Cc 52
Makrany **BY** 44-45 Ce 39
Makrirráhi **GR** 74-75 Cd 51
Makrirráhi **GR** 74-75 Cc 51
Maksamaa = Maxmo **FIN** 10-11 Cc 27
Maksatiha **RUS** 20-21 Df 33
Maḳsüt **KA** 52-53 Gd 38
Maksymec' **UA** 44-45 Ce 42
Mäkü **IR** 78-79 Ee 51
Malå **S** 8-9 Bi 25
Mala = Mallow **IRL** 37 Sb 38
Malacky **SK** 44-45 Bh 42
Maladzečna **BY** 28-29 Cg 36
Málaga **E** 80-81 Sf 54
Malagón **E** 68-69 Sg 51
Malahide = Mullach Íde **IRL** 37 Sd 37
Malaja Azjas' **RUS** 32-33 Ed 36
Malaja Bykovka **RUS** 50-51 Eh 39
Malaja Dubna **RUS** 30-31 Di 35
Malaja Malyševka **RUS** 34-35 Fa 37
Malaja Purga **RUS** 34-35 Fd 34
Malaja Serdoba **RUS** 48-49 Ee 38
Malaja Višera **RUS** 18-19 Dc 32
Malaja Žokovo **RUS** 30-31 Di 36
Malăk Izvor **BG** 74-75 Cf 49
Malaryta **BY** 44-45 Ce 39
Malatya **TR** 86-87 Di 52
Malaucène **F** 56-57 Af 46
Mala Vovča **UA** 48-49 Dh 40
Mala Vyska **UA** 46-47 Db 42
Malax **FIN** 10-11 Cb 28
Malazgirt **TR** 78-79 Ec 51
Malbork **PL** 28-29 Bk 36
Malcesine **I** 56-57 Ba 45
Mal'cevo **RUS** 24-25 Ge 33
Malchin **D** 26-27 Bc 37
Malchow **D** 26-27 Bc 37
Maldegem **B** 40-41 Ad 39
Maldon **GB** 40-41 Aa 39
Malè **I** 56-57 Ba 44
Malebka **RUS** 22-23 Fh 33
Máleme **GR** 82-83 Cd 55
Malen'ga **RUS** 12-13 Dg 27
Malente **D** 26-27 Ba 36
Mälerås **S** 26-27 Bf 34
Máles **GR** 82-83 Cf 55
Malesherbes **F** 40-41 Ac 42
Malesína **GR** 82-83 Cd 52
Malestroit **F** 54-55 Sh 43
Malevo **BG** 74-75 Cf 49
Malfa **I** 72-73 Be 52
Malgobek **RUS** 64-65 Ee 47
Malgrat de Mar **E** 70-71 Ac 49
Mália **GR** 82-83 Cf 55
Malicorne-sur-Sarthe **F** 54-55 Sk 43
Mālikiya, al- **SYR** 86-87 Ec 53
Malikovka **RUS** 48-49 Ed 38
Målilla **S** 16-17 Bf 33
Mali Lošinj **HR** 58-59 Be 46
Malina **BG** 76-77 Ch 48
Malines = Mechelen **B** 40-41 Ae 39
Malingsbo **S** 16-17 Bf 31
Malino **RUS** 30-31 Di 35
Malinovka **RUS** 12-13 Ea 27
Malinovka **RUS** 24-25 Gi 33
Malinovka **RUS** 32-33 Eb 37
Malinska **HR** 58-59 Be 45
Maliq **AL** 74-75 Ca 50
Malka **RUS** 64-65 Ed 47
Malkara **TR** 74-75 Cg 50
Malko Gradište **BG** 74-75 Cf 49
Malko Tărnovo **BG** 76-77 Ch 49
Malko Tărnovo **BG** 76-77 Ch 49
Mallaig **GB** 38-39 Se 33
Mallaranny **IRL** 37 Sa 37
Malleray **CH** 56-57 Ah 43
Mallersdorf-Pfaffenberg **D** 42-43 Bc 42
Mallow = Mala **IRL** 37 Sb 38
Malm **N** 8-9 Bb 26
Malmbäck **S** 16-17 Be 33
Malmberget **S** 2-3 Ca 23
Malmédy **B** 42-43 Ag 40
Malmköping **S** 16-17 Bg 31
Malmö **S** 26-27 Bc 35
Malmyž **RUS** 34-35 Fa 34
Maloarhangel'sk **RUS** 48-49 Dg 38
Maloe Čuraševo **RUS** 32-33 Eg 35
Malojaroslavec **RUS** 30-31 Dg 35
Malojaroslavec' Peršyj **UA** 60-61 Ck 44
Malojaz **RUS** 34-35 Fi 35
Malokirsanovka **RUS** 62-63 Di 43
Måløy **N** 8-9 Af 29
Maložujka **RUS** 12-13 Dh 27
Malpartida de Plasencia **E** 68-69 Sd 51
Maltepe **TR** 82-83 Cg 52
Malton **GB** 38-39 Sk 36
Malung **S** 16-17 Bd 30
Malungen **S** 8-9 Bg 28
Malvik **N** 8-9 Ba 27
Malye Derbety **RUS** 64-65 Ee 43
Malyj Uzen' **RUS** 50-51 Eh 40
Malyn **UA** 46-47 Ck 40
Malyns'k **UA** 46-47 Cg 39
Malyševa **RUS** 24-25 Gb 33
Malyševo **RUS** 32-33 Eb 35
Mamadyš **RUS** 34-35 Fb 35
Mamaia **RO** 60-61 Ci 46
Mamak **TR** 76-77 Dc 51
Mamers **F** 40-41 Aa 42
Mamonovo **RUS** 32-33 Dk 37
Mamurras **AL** 74-75 Bk 49
Mamykovo **RUS** 34-35 Fa 36
Manacor **E** 70-71 Ad 51
Manamansalo **FIN** 10-11 Ch 26
Manavgat **TR** 84-85 Db 54
Manbiğ **SYR** 86-87 Dh 54
Mančaž **RUS** 34-35 Fi 34
Manchester **GB** 38-39 Sh 37
Manciano **I** 72-73 Bb 48
Mandač **RUS** 22-23 Fa 29
Mandal **N** 16-17 Ah 32
Mándas **I** 70-71 Ak 51
Mándra **GR** 74-75 Ce 50
Mandráki **GR** 82-83 Ch 54
Mandúria **I** 72-73 Bh 50
Manevyči **UA** 46-47 Cf 39
Manfredónia **I** 72-73 Bf 49
Mangalia **RO** 60-61 Ci 47
Manglisi **GE** 78-79 Ee 49
Mångsbodarna **S** 16-17 Bd 29
Mangualde **P** 68-69 Sc 50
Mangyšlak **KA** 66-67 Fb 47
Maniago **I** 56-57 Bc 44
Manino **RUS** 48-49 Eb 40
Manisa **TR** 82-83 Ch 52
Manises **E** 70-71 Sk 51
Manish **GB** 38-39 Sd 33
Man'kivka **UA** 46-47 Da 42
Manḳyšlaḳ **KA** 66-67 Fb 47
Manlan, Iki **RUS** 64-65 Ef 43
Manlleu **E** 70-71 Ac 48
Mannheim **D** 42-43 Ai 41
Manorhamilton = Cluainin **IRL** 37 Sb 36
Manosque **F** 56-57 Af 47
Manresa **E** 70-71 Ab 49
Mansfeld **D** 42-43 Bb 39
Mansfield **GB** 38-39 Si 37
Mansilla **E** 68-69 Sh 48
Mansilla de Burgos **E** 68-69 Sg 48
Mansilla de las Mulas **E** 68-69 Se 48
Mansiya **IRQ** 86-87 Ed 55
Mansle **F** 54-55 Aa 45
Mansurlu **TR** 84-85 Df 53
Mantamádos **GR** 74-75 Cg 51
Mantarlı **TR** 86-87 Dk 53
Mantasiá **GR** 74-75 Cc 51
Manteigas **P** 68-69 Sc 50
Mantes-la-Jolie **F** 40-41 Ab 42
Mantova **I** 56-57 Ba 45
Manturovo **RUS** 20-21 Ee 32
Mantyjärvi **FIN** 2-3 Ch 24
Manyas **TR** 76-77 Ch 50
Manyčskoe **RUS** 64-65 Ed 44
Manzanares **E** 80-81 Sg 52
Maó **E** 70-71 Ae 51
Maqueda **E** 68-69 Sf 50
Maradit **TR** 78-79 Eb 49
Maralik **AR** 78-79 Ed 50
Marans **F** 54-55 Si 44
Mărășești **RO** 60-61 Ch 45
Marateca **P** 80-81 Sb 52
Marathónas **GR** 82-83 Cd 52
Marbache **F** 42-43 Ag 42
Marbella **E** 80-81 Sf 54
Marburg (Lahn) **D** 42-43 Ai 40
Marcali **H** 58-59 Bh 44
Marčata **RUS** 22-23 Fa 33
March **GB** 40-41 Aa 38
Marche-en-Famenne **B** 42-43 Af 40
Marchena **E** 80-81 Se 53
Marcigny **F** 54-55 Ae 44
Marcillac-Vallon **F** 54-55 Ac 46
Marcinkonys **LT** 28-29 Ce 36
Mar de Cristal **E** 80-81 Sk 53
Mardin **TR** 86-87 Ea 53
Marennes **F** 54-55 Si 45
Mareuil **F** 54-55 Aa 45
Mar'evka **RUS** 50-51 Ek 38
Marevo **RUS** 18-19 Dc 33
Marfino **RUS** 64-65 Ei 44
Margan **IR** 78-79 Ee 51
Marganec = Marhanec' **UA** 62-63 De 43
Margaritovo **RUS** 62-63 Di 44
Margate **GB** 40-41 Ab 39
Margherita di Savóia **I** 72-73 Bg 49
Marghita **RO** 58-59 Cc 43
Marhanec' **UA** 62-63 De 43
Mari **CY** 84-85 Dd 56
Māri' **SYR** 86-87 Dh 54
Maria **E** 80-81 Sh 53
Mariager **DK** 26-27 Ak 34
Marialva **P** 68-69 Sc 50
Mariannelund **S** 16-17 Bf 33
Mariánské Lázně **CZ** 42-43 Bc 41
Mariazell **A** 58-59 Bf 43
Maribo **DK** 26-27 Bb 36
Maribor **SLO** 58-59 Bf 44
Marica **BG** 74-75 Cf 48
Mariec **RUS** 32-33 Ek 34
Mariefred **S** 16-17 Bh 31
Mariehamn **FIN** 18-19 Bk 30
Mariestad **S** 16-17 Bd 32
Marignane **F** 56-57 Af 47
Mariinsk **RUS** 34-35 Fk 34
Mariinskoe **RUS** 52-53 Gb 38
Marijampolė **LT** 28-29 Cd 36
Marín **E** 68-69 Sb 48
Marina di Campo **I** 72-73 Ba 48
Marina di Gioiosa Jónica **I** 72-73 Bg 52
Marina di Léuca **I** 72-73 Bi 51
Marina di Pisa **I** 56-57 Ba 47
Marina di Ragusa **I** 72-73 Be 54
Marina di Ravenna **I** 56-57 Bc 46
Mar'ina Horka **BY** 30-31 Ci 37
Marinella **I** 72-73 Bc 53
Marineo **I** 72-73 Bd 52
Marines **F** 40-41 Ab 41
Maringues **F** 54-55 Ad 45
Marinha Grande **P** 68-69 Sb 51
Mar'insko **RUS** 18-19 Ci 32
Mari-Turek **RUS** 32-33 Ek 34
Mariupol' = Maryupol' **UA** 62-63 Dh 43
Marjans'ke **UA** 62-63 Dd 43
Markara **AR** 78-79 Ee 50
Markaryd **S** 26-27 Bd 34
Market Drayton **GB** 38-39 Sh 38
Market Harborough **GB** 40-41 Sk 38
Market Rasen **GB** 38-39 Sk 37
Marki **RUS** 48-49 Dk 40
Markivka **UA** 48-49 Dk 41
Markkleeberg **D** 42-43 Bc 39
Markópoulo **GR** 82-83 Cd 53
Markovac **YU** 58-59 Cb 46
Markovo **BG** 60-61 Ch 47
Markovo **RUS** 20-21 Dg 30
Marks **RUS** 50-51 Eg 39
Marktheidenfeld **D** 42-43 Ak 41
Marktredwitz **D** 42-43 Bc 40
Marlborough **GB** 40-41 Si 39
Marle **F** 40-41 Ad 41
Marmande **F** 54-55 Aa 46
Marmara **TR** 76-77 Ch 50
Marmaraereğlisi **TR** 76-77 Ch 50
Marmara Ereğlisi **TR** 76-77 Ch 50
Marmaris **TR** 84-85 Ci 54
Mármaro **GR** 82-83 Cg 52
Marmaskogen **S** 16-17 Bh 30
Marnay **F** 56-57 Af 43
Marne **D** 26-27 Ak 37
Marqadā **SYR** 86-87 Ea 55
Marquise **F** 40-41 Ab 40
Marradi **I** 56-57 Bb 46
Marsala **I** 72-73 Bc 53
Maršavicy **RUS** 18-19 Ci 33
Marsciano **I** 72-73 Bc 48
Marseille **F** 56-57 Af 47
Marseille-en-Beauvaisis **F** 40-41 Ab 41
Mars-la-Tour **F** 42-43 Af 41
Marstal **DK** 26-27 Ba 36
Marstein **N** 8-9 Ah 28
Mart **TR** 76-77 Dd 50
Martano **I** 72-73 Bi 50
Martel **F** 54-55 Ab 46
Mártha **GR** 82-83 Cf 55
Martigné-Ferchaud **F** 54-55 Si 43
Martigny **CH** 56-57 Ah 44
Martigues **F** 56-57 Af 47
Martil **MA** 80-81 Se 55
Martin **SK** 44-45 Bi 41
Martina Franca **I** 72-73 Bh 50
Martinsberg **A** 44-45 Bf 42
Martinsicuro **I** 72-73 Bd 48
Mart'janovo **RUS** 30-31 Da 34
Martofte **DK** 26-27 Ba 35
Martok **KA** 52-53 Fg 40
Martorell **E** 70-71 Ab 49
Martos **E** 80-81 Sg 53
Martti **FIN** 2-3 Ci 23
Marttila **FIN** 18-19 Cc 30
Martvili **GE** 78-79 Ec 48
Martynovo **KA** 50-51 Fa 40
Marvão **P** 68-69 Sc 51
Marvejols **F** 54-55 Ad 46
Maryport **GB** 38-39 Sg 36
Maryupol' **UA** 62-63 Dh 43
Mas-d'Azil, le **F** 70-71 Ab 47
Masegoso de Tajuña **E** 68-69 Sh 50
Masel'gskaja **RUS** 12-13 De 27
Maševe **UA** 46-47 Dc 38
Masfjorden **N** 16-17 Af 30
Masi **N** 2-3 Cd 21
Masis **AR** 78-79 Ee 50
Mašivka **UA** 46-47 De 41
Maskanah **SYR** 86-87 Df 54
Maškino **RUS** 30-31 Dg 36
Masku **FIN** 18-19 Cc 30
Maslova **RUS** 24-25 Gb 31
Maslovare **BIH** 58-59 Bh 46
Massa **I** 56-57 Ba 46
Massafra **I** 72-73 Bh 50
Massa Marittima **I** 72-73 Ba 47
Massarosa **I** 56-57 Ba 47
Massat **F** 70-71 Ab 48
Massay **F** 54-55 Ab 43
Masseube **F** 54-55 Aa 47
Massiac **F** 54-55 Ad 45
Masty **BY** 28-29 Ce 37
Mas'ūd **IRQ** 86-87 Ec 54
Masugnsbyn **S** 2-3 Cc 23
Måsvik **N** 2-3 Bi 21
Masyaf **SYR** 84-85 Dg 55
Maszewo **PL** 26-27 Bf 37
Maszewo Lęborskie **PL** 28-29 Bh 36
Mataj **KA** 66-67 Fh 45
Matala **GR** 82-83 Ce 56
Mataporquera **E** 68-69 Sf 48
Mataró **E** 70-71 Ac 49
Matčerka **RUS** 32-33 Ec 37
Matélica **I** 56-57 Bd 47
Matera **I** 72-73 Bg 50
Mátészalka **H** 58-59 Cc 43
Matfors **S** 8-9 Bh 28
Matha **F** 54-55 Sk 45
Matignon **F** 40-41 Sh 42
Matiši **LV** 18-19 Cf 33
Matiši **LV** 28-29 Cg 35
Matlock **GB** 38-39 Si 37
Matoksa **RUS** 18-19 Da 30
Matosinhos **P** 68-69 Sb 49
Matrei in Osttirol **A** 56-57 Bc 44
Matrosy **RUS** 10-11 Dd 29
Mattersburg **A** 58-59 Bg 43
Mattighofen **A** 42-43 Bd 42
Mattmar **S** 8-9 Bd 27
Mattsmyra **S** 16-17 Bf 29
Matveeevskaja **RUS** 20-21 Ee 30
Matveevka **RUS** 32-33 Ek 36
Matveevka **RUS** 34-35 Fd 37
Matveev Kurgan **RUS** 62-63 Di 43
Matveevskoe **RUS** 20-21 Dk 31
Matvijivka **UA** 62-63 Df 43
Maubeuge **F** 40-41 Ad 40
Maulbronn **D** 42-43 Ai 41
Mauléon **F** 54-55 Sk 44
Maulévrier **F** 54-55 Sk 43
Maunu **S** 2-3 Cc 22
Mauriac **F** 54-55 Ac 45
Mauron **F** 40-41 Sh 42
Maurs **F** 54-55 Ac 46

Mauterndorf **A** 56-57 Bd 43
Mauvezin **F** 54-55 Aa 47
Mauzé-sur-le-Mignon **F** 54-55 Sk 44
Mavčadz' **BY** 28-29 Cf 37
Mavrothálassa **GR** 74-75 Cd 50
Maxmo **FIN** 10-11 Cc 27
Mayādin, al- **SYR** 86-87 Ea 55
Maybole **GB** 38-39 Sf 35
Mayen **D** 42-43 Ah 40
Mayenne **F** 40-41 Sk 42
Mayet-de-Montagne, le **F** 54-55 Ad 44
Maynooth = Maigh Nuad **IRL** 37 Sd 37
Mayorga **E** 68-69 Se 48
Mayrhofen **A** 56-57 Bb 43
Mazagón **E** 80-81 Sd 53
Mazamet **F** 54-55 Ac 47
Mazara del Vallo **I** 72-73 Bc 53
Mazarrón **E** 80-81 Si 53
Mažeikiai **LT** 28-29 Cc 34
Mazgirt **TR** 78-79 Dk 51
Mazı **TR** 82-83 Ch 53
Mazıdağı **TR** 86-87 Ea 53
Mazirbe **LV** 18-19 Cc 33
Māzna **IRQ** 86-87 Ee 54
Mazsalaca **LV** 18-19 Cf 33
Mazyr **BY** 46-47 Ck 38
Mcensk **RUS** 30-31 Dg 37
Mdina **M** 72-73 Be 55
Mdiq **MA** 80-81 Se 55
Mealhada **P** 68-69 Sb 50
Meathas Troim **IRL** 37 Sc 37
Meaux **F** 40-41 Ac 42
Mecamor **AR** 78-79 Ee 50
Mečetinskaja **RUS** 64-65 Ea 44
Mečetka **RUS** 48-49 Ea 40
Mečetlino **RUS** 34-35 Fh 35
Mechelen **B** 40-41 Ae 39
Mechra-Bel-Ksiri **MA** 80-81 Se 56
Mecitözü **TR** 76-77 Df 50
Mečka **BG** 60-61 Ce 47
Medank **HR** 58-59 Bf 46
Medemblik **NL** 26-27 Af 38
Medena Selišta **BIH** 58-59 Bg 46
Medet **TR** 84-85 Ck 53
Medevi **S** 16-17 Be 32
Medgidia **RO** 60-61 Ci 46
Mediaş **RO** 60-61 Ce 44
Medicina **I** 56-57 Bb 46
Medina del Campo **E** 68-69 Sf 49
Medina de Pomar **E** 68-69 Sg 48
Medina de Rioseco **E** 68-69 Se 49
Medina-Sidonia **E** 80-81 Se 54
Medininkai **LT** 28-29 Cf 36
Medjanka **RUS** 22-23 Fh 33
Medle **S** 10-11 Ca 26
Mednoe **RUS** 30-31 Df 34
Mednogorsk **RUS** 52-53 Fh 39
Međugorje **BIH** 72-73 Bh 47
Medveđa **YU** 74-75 Cb 48
Medvedka **RUS** 24-25 Fk 32
Medvedok **RUS** 22-23 Fa 33
Medvenka **RUS** 48-49 Dg 39
Medvež'egorsk **RUS** 12-13 De 28
Medvežka **RUS** 6-7 Fc 24
Medvežskaja **RUS** 14-15 Fh 26
Medyka **PL** 44-45 Cc 41
Medyn' **RUS** 30-31 Df 36
Medze **LV** 28-29 Cb 34
Medzilaborce **SK** 44-45 Cb 41
Medžybiž **UA** 46-47 Ch 41
Meeksi **EST** 18-19 Ch 32
Megalí Panagía **GR** 74-75 Cd 50
Méga Livádi **GR** 82-83 Ce 53
Megálo Horío **GR** 82-83 Ch 54
Megalópoli **GR** 82-83 Cc 53
Megara **GR** 82-83 Cd 53
Megard **N** 8-9 Bc 26
Megève **F** 56-57 Ag 45
Megorskij Pogost **RUS** 20-21 Df 30
Megra **RUS** 12-13 Eb 24
Megrozero **RUS** 20-21 Dd 29
Mehamn **N** 2-3 Ch 19
Mehun-sur-Yéyre **F** 54-55 Ac 43
Meinberg, Bad Horn- **D** 42-43 Ai 39
Meiningen **D** 42-43 Ba 40
Meißen **D** 42-43 Bd 39
Meknés = Miknās **MA** 80-81 Se 57
Melbu **N** 2-3 Be 22
Melby Ho **GB** 38-39 Si 30
Meldal **N** 8-9 Ak 27
Meldorf **D** 26-27 Ak 36
Melega-el-Ouidane **MA** 80-81 Sh 56
Melegnano **I** 56-57 Ak 45
Melehina **RUS** 22-23 Ff 31
Melehovo **RUS** 32-33 Eb 34
Melenci **YU** 58-59 Ca 45
Melenki **RUS** 32-33 Eb 35
Melent'evo **RUS** 14-15 Ei 27
Meleuz **RUS** 34-35 Ff 38
Melfi **I** 72-73 Bf 50
Melfjordbotn **N** 2-3 Bd 24
Melgaço **P** 68-69 Sb 48
Melgar de Fernamental **E** 68-69 Sf 48
Melgraseyri **IS** 36 Qh 24
Melhus **N** 8-9 Ba 27
Melide **E** 68-69 Sb 48
Melides **P** 80-81 Sb 52
Melíki **GR** 74-75 Cc 50
Melilia = Melilla **E** 80-81 Sh 55
Melilla **E** 80-81 Sh 55
Melineşti **RO** 60-61 Cd 46
Mélito di Porto Salvo **I** 72-73 Bf 53
Melitopol' **UA** 62-63 Df 44
Melívia **GR** 74-75 Cc 51
Melk **A** 44-45 Bf 42
Mellakoski **FIN** 2-3 Ce 24
Mellansel **S** 8-9 Bi 27
Mellanström **S** 8-9 Bi 25
Melle **D** 42-43 Ai 38
Melle **F** 54-55 Sk 44
Mellerud **S** 16-17 Bc 32
Melliera **M** 72-73 Be 55
Mellilä **FIN** 18-19 Cc 30
Melloussa **MA** 80-81 Se 55
Mellrichstadt **D** 42-43 Ba 40
Mělník **CZ** 42-43 Be 40
Meľnycja-Podil's'ka **UA** 46-47 Cg 42
Melovatka **RUS** 48-49 Ea 40
Meltaus **FIN** 2-3 Cf 24
Melton Mowbray **GB** 38-39 Sk 38
Meltosjärvi **FIN** 2-3 Ce 24
Melun **F** 40-41 Ac 42
Membrío **E** 68-69 Sc 51
Memmingen **D** 56-57 Ba 43
Mena **UA** 46-47 Dc 39
Mende **F** 54-55 Ad 46
Mendeleevo **RUS** 24-25 Gi 32
Mendeleevsk **RUS** 34-35 Fc 35
Menderes **TR** 82-83 Ch 52
Mendiya-Plage **MA** 80-81 Sd 56
Menemen **TR** 82-83 Ch 52
Menen **B** 40-41 Ad 40
Menesjärvi **FIN** 2-3 Cg 22
Ménestérol, Momtpon- **F** 54-55 Aa 45
Menfi **I** 72-73 Bc 53
Mengamuñoz **E** 68-69 Sf 50
Mengen **TR** 76-77 Dc 50
Mengíbar **E** 80-81 Sg 53
Menídi **GR** 74-75 Cb 51
Mens **F** 56-57 Af 46
Men'šikovo **RUS** 46-47 De 39
Menton **F** 56-57 Ah 47
Menzelinsk **RUS** 34-35 Fd 35
Meppel **NL** 26-27 Ag 38
Meppen **D** 26-27 Ah 38
Mequinenza **E** 70-71 Aa 49
Mer **F** 54-55 Ab 43
Meråker **N** 8-9 Bb 27
Meran = Merano **I** 56-57 Bb 44
Merano = Meran **I** 56-57 Bb 44
Mercadal, Es **E** 70-71 Ae 51
Mercimekkale **TR** 86-87 Eb 52
Merdrignac **F** 40-41 Sh 42
Merefa **UA** 48-49 Dg 41
Merelbeke **B** 40-41 Ad 40
Mergenev **KA** 50-51 Fb 41
Mergentheim, Bad **D** 42-43 Ak 41
Meriç **TR** 74-75 Cg 49
Meričleri **BG** 74-75 Cf 48
Mérida **E** 80-81 Sd 52
Mérignac **F** 54-55 Sk 46
Merijärvi **FIN** 10-11 Ce 26
Merikarvia **FIN** 10-11 Cb 29
Merimasku **FIN** 18-19 Cb 30
Merişani **RO** 60-61 Ce 46
Merkinė **LT** 28-29 Ce 36
Merlerault, le **F** 40-41 Aa 42
Mermer **TR** 86-87 Ea 52
Mernye **H** 58-59 Bh 44
Mersch **L** 42-43 Ag 41
Merseburg **D** 42-43 Bb 39
Mersin = İçel **TR** 84-85 De 54
Mērsrags **LV** 18-19 Cd 33
Merthyr Tydfil **GB** 40-41 Sg 39
Mértola **P** 80-81 Sc 53
Méru **F** 40-41 Ac 41
Mëry **BY** 30-31 Ch 35
Merzifon **TR** 76-77 Df 50
Merzig **D** 42-43 Ag 41
Mesagne **I** 72-73 Bh 50
Mesagrós **GR** 82-83 Cd 53
Meschede **D** 42-43 Ai 39
Meščovsk **RUS** 30-31 Df 36
Meseda **RUS** 34-35 Fi 36
Meselefors **S** 8-9 Bg 26
Meşelik **TR** 84-85 De 53
Mesjagutovo **RUS** 34-35 Fi 35
Meškovskaja **RUS** 48-49 Eb 41
Meslay-du-Maine **F** 54-55 Sk 43
Meşndiye **TR** 78-79 Dh 50
Mešnik **YU** 58-59 Bk 47
Mesocco **CH** 56-57 Ak 44
Mesogi **CY** 84-85 Dc 56
Mesohóri **GR** 74-75 Cc 51
Mésola **I** 56-57 Bc 46
Mesopótamo **GR** 74-75 Ca 51
Messina **I** 72-73 Bf 52
Messíni **GR** 82-83 Cc 53
Messlingen **S** 8-9 Bc 28
Messolóngi **GR** 82-83 Cb 52
Mestá **GR** 82-83 Cf 52
Mestanza **E** 80-81 Sf 52
Mésti **GR** 74-75 Cf 50
Mestia **GE** 78-79 Ec 48
Mestre **I** 56-57 Bc 45
Mešura **RUS** 14-15 Fa 27
Metaponto **I** 72-73 Bg 50
Méthana **GR** 82-83 Cd 53
Methóni **GR** 82-83 Cb 54
Metković **HR** 72-73 Bh 47
Metlika **SLO** 58-59 Bf 45
Metóhi **GR** 82-83 Cd 53
Metsäkylä **FIN** 10-11 Ci 25
Metsälä = Ömossa **FIN** 10-11 Cb 28
Metsämaa **FIN** 18-19 Cd 30
Métsovo **GR** 74-75 Cb 51
Mettet **B** 40-41 Ae 40
Metz **F** 42-43 Ag 41
Meung-sur-Loire **F** 54-55 Ab 43
Meximieux **F** 56-57 Af 45
Meydan **TR** 86-87 Eb 52
Meydancık **TR** 78-79 Ec 49
Meyenburg **D** 26-27 Bc 37
Meymac **F** 54-55 Ac 45
Meyrueis **F** 54-55 Ad 46
Mežador **RUS** 22-23 Fa 29
Mezdra **BG** 74-75 Cd 47
Meždurečensk **RUS** 32-33 Ek 37
Mezen' **RUS** 12-13 Ee 25
Mezenivka **UA** 48-49 Df 40
Meževoj **RUS** 34-35 Fi 35
Mezga **RUS** 20-21 Dg 32
Mezguiten **MA** 80-81 Sg 56
Mézier, Charleville- **F** 40-41 Ae 41
Mézières-sur-Issoire **F** 54-55 Aa 44
Mézin **F** 54-55 Aa 46
Mežog **RUS** 14-15 Ek 28
Mezőkövesd **H** 58-59 Ca 43
Mézos **F** 54-55 Si 46
Mezőtúr **H** 58-59 Ca 43
Mežova **UA** 48-49 Dg 42
Mežozernyj **RUS** 34-35 Fk 36
Mezraa **TR** 76-77 Df 49
Mezraa **TR** 78-79 Ed 50
Mezzaselva = Mittewald **I** 56-57 Bb 44
Mga **RUS** 18-19 Db 31
Mglin **RUS** 30-31 Dc 37
Miajadas **E** 68-69 Se 51
Mianowice **PL** 28-29 Bh 36
Miass **RUS** 34-35 Ga 35
Miasskoe **RUS** 34-35 Gb 35
Miastko **PL** 28-29 Bg 36
Micfalău **RO** 60-61 Cf 44
Michalovce **SK** 44-45 Cb 42
Michelstadt **D** 42-43 Ak 41
Mičurinsk **RUS** 32-33 Ea 38
Mičurinskoe **RUS** 18-19 Ck 30
Midar **MA** 80-81 Sg 56
Middelburg **NL** 40-41 Ad 39
Middelfart **DK** 26-27 Ak 35
Middelharnis **NL** 40-41 Ae 39
Middelkerke **B** 40-41 Ac 39
Middlesbrough **GB** 38-39 Si 36
Midhurst **GB** 40-41 Sk 40
Midleton = Mainistir an Corann **IRL** 37 Sb 39
Miðsandur **IS** 36 Qi 26
Midsund **N** 8-9 Ag 28
Midyat **TR** 86-87 Eb 53
Miechów **PL** 44-45 Ca 40
Międzychód **PL** 44-45 Bf 38
Międzyrzec Podlaski **PL** 44-45 Cc 39
Międzyrzecz **PL** 44-45 Bf 38
Międzyzdroje **PL** 26-27 Be 37
Miélan **F** 54-55 Aa 47
Mielec **PL** 44-45 Cb 40
Miercurea-Ciuc **RO** 60-61 Cf 44
Mieron **N** 2-3 Cd 21
Mieszkowice **PL** 26-27 Be 38
Mietaa **FIN** 10-11 Cc 28
Mietoinen **FIN** 18-19 Cb 30
Migennes **F** 54-55 Ad 43
Migliónico **I** 72-73 Bg 50
Migološči **RUS** 20-21 De 32
Mihăileşti **RO** 60-61 Cf 46
Mihăileşti **RO** 60-61 Cg 46
Mihail Kogălniceanu **RO** 60-61 Ci 46
Mihajlov **RUS** 32-33 Dk 36
Mihajlovgrad = Montana **BG** 60-61 Cd 47
Mihajlovka **KA** 34-35 Gb 37
Mihajlovka **KA** 52-53 Ff 40
Mihajlovka **RUS** 20-21 Ed 30
Mihajlovka **RUS** 30-31 Dc 36
Mihajlovka **RUS** 34-35 Fc 36
Mihajlovka **RUS** 34-35 Fh 36
Mihajlovka **RUS** 48-49 Ed 40
Mihajlovka **RUS** 64-65 Eh 43
Mihajlovka, Podyem- **RUS** 50-51 Fa 38
Mihajlovo **BG** 60-61 Cd 47
Mihajlovsk **RUS** 34-35 Fk 34
Mihajlovskoe **RUS** 20-21 Dd 32
Mihajlovskoe **RUS** 32-33 Ef 34
Mihalgazi (Gümele) **TR** 76-77 Da 50
Mihali **RUS** 30-31 De 35
Mihalıççık **TR** 76-77 Db 51
Mihas **GR** 82-83 Cb 52
Miheevo **RUS** 20-21 Eb 31
Mihnevo **RUS** 30-31 Dh 35
Mihninskaja **RUS** 22-23 Eg 30
Mijaki, Kirgiz- **RUS** 34-35 Fe 37
Mijaly **KA** 50-51 Fd 42
Mikaševičy **BY** 46-47 Ch 38
Mikkeli **FIN** 18-19 Ch 29
Mikkelvik **N** 2-3 Bk 20
Miknās **MA** 80-81 Se 57
Mikolajivka **UA** 60-61 Da 43
Míkonos **GR** 82-83 Cf 53
Mikrevo **BG** 74-75 Cd 49
Mikró Dério **GR** 74-75 Cg 49
Mikšino **RUS** 20-21 Df 33
Mikulino **RUS** 30-31 Df 34
Mikulov **CZ** 44-45 Bg 42
Mikun' **RUS** 14-15 Fa 28
Mila **RUS** 12-13 Ef 28
Miłakowo **PL** 28-29 Ca 36
Milano **I** 56-57 Ak 45
Milas **TR** 82-83 Ch 53
Milazzo **I** 72-73 Bf 52
Milestone **IRL** 37 Sb 38
Milford **GB** 40-41 Sk 39
Milford Haven **GB** 40-41 Se 39
Milhāt **IRQ** 86-87 Ec 56
Milicz **PL** 44-45 Bh 39
Miljutinka **KA** 52-53 Gb 39
Millas **F** 70-71 Ac 48
Millau **F** 54-55 Ad 46
Millerovo **RUS** 48-49 Ea 42
Millford = Baile na nGallóglach **IRL** 37 Sc 35
Millom **GB** 38-39 Sg 36
Milltown Malbay = Sraid na Cathrach **IRL** 37 Sa 38
Milna **HR** 58-59 Bg 47
Milopótamos **GR** 82-83 Cc 54
Milos **GR** 82-83 Ce 54
Miloševa Kula **YU** 58-59 Cc 46
Milot **AL** 74-75 Bk 49
Miltenberg **D** 42-43 Ak 41
Milton Keynes **GB** 40-41 Sk 38
Mimizan **F** 54-55 Si 46
Mimoň **CZ** 42-43 Be 40
Mina de São Domingos **P** 80-81 Sc 53
Mînăstirea **RO** 60-61 Cg 46
Mindelheim **D** 42-43 Ba 42
Minden **D** 42-43 Ai 38
Mindjak **RUS** 34-35 Fi 36
Minehead **GB** 40-41 Sg 39
Mineral'nye Vody **RUS** 64-65 Ed 46
Mingorría **E** 68-69 Sf 50
Minićevo **YU** 58-59 Cc 47
Min'jar **RUS** 34-35 Fh 35
Min'kino **RUS** 20-21 Dk 32
Minnibaevo **RUS** 34-35 Fc 36
Minsk **BY** 30-31 Ch 37
Mińsk Mazowiecki **PL** 44-45 Cb 38
Mintlaw **GB** 38-39 Si 33
Mionica **YU** 58-59 Ca 46
Mioska **YU** 74-75 Bk 48
Mira **I** 56-57 Bc 45
Mira **P** 68-69 Sb 50
Miramas **F** 56-57 Af 47
Mirambeau **F** 54-55 Sk 45
Miramont-de-Guyenne **F** 54-55 Aa 46
Miranda de Ebro **E** 68-69 Sh 48
Miranda do Douro **P** 68-69 Sd 49
Mirande **F** 54-55 Aa 47
Mirandela **P** 68-69 Sc 49
Mirándola **I** 56-57 Bb 46
Mirano **I** 56-57 Bc 45
Miras **AL** 74-75 Ca 50
Mirebeau **F** 54-55 Aa 44
Mirebeau **F** 56-57 Af 43
Mirecourt **F** 42-43 Ag 42
Mirepoix **F** 70-71 Ab 47
Mirgorodka **KA** 50-51 Fd 40
Mírina **GR** 74-75 Cf 51
Mirnyj **RUS** 12-13 Ea 28
Mirnyj **RUS** 20-21 Ee 29
Mirnyj **RUS** 22-23 Ei 32
Miroševce **YU** 74-75 Cb 48
Mirosławiec **PL** 28-29 Bg 37
Mirow **D** 26-27 Bc 37
Mišeronskij **RUS** 32-33 Dk 35
Misi **FIN** 2-3 Cg 24
Mišino **RUS** 30-31 De 35
Miškino **RUS** 34-35 Ff 35
Miskolc **H** 44-45 Ca 42
Mistelbach an der Zaya **A** 44-45 Bg 42
Mistky **UA** 48-49 Di 41
Mistretta **I** 72-73 Be 53
Misvær **N** 2-3 Bf 23
Mitchelstown = Baile Mhistéala **IRL** 37 Sb 38
Míthimna **GR** 74-75 Cg 51
Mitilíni **GR** 74-75 Cg 51
Mitino **RUS** 20-21 Dg 30
Mitjušino **RUS** 32-33 Ee 34
Mitrofanovka **RUS** 48-49 Dk 41
Mitrofanovo **RUS** 14-15 Fg 27
Mittelberg **A** 56-57 Ba 43
Mittersill **A** 56-57 Bc 43
Mittewald = Mezzaselva **I** 56-57 Bb 44
Mižhir'a **UA** 44-45 Cd 42
Mizija **BG** 60-61 Cd 47
Mizil **RO** 60-61 Cg 45
Mizur **RUS** 78-79 Ee 48
Mjadzel **BY** 28-29 Cg 36
Mjällom **S** 8-9 Bi 28
Mjaksa **RUS** 20-21 Di 32
Mjakur'e **RUS** 12-13 Eb 27
Mjasnaja **RUS** 22-23 Fh 30
Mjatlevo **RUS** 30-31 Df 36
Mjöback **S** 16-17 Bc 33
Mjölby **S** 16-17 Bf 32
Mjølfjell **N** 16-17 Ag 30
Mjøndalen **N** 16-17 Ba 31
Mladá Boleslav **CZ** 42-43 Be 40
Mladenovac **YU** 58-59 Ca 46
Mława **PL** 28-29 Ca 37
Mlebnikovo **RUS** 34-35 Fa 34
Mlinište **BIH** 58-59 Bg 46
Mlyniv **UA** 46-47 Cf 40
Mnichovo Hradiště **CZ** 42-43 Be 40
Mo **N** 16-17 Bb 30
Moara Vlăsiei **RO** 60-61 Cg 46
Moate = An Móta **IRL** 37 Sc 37
Modane **F** 56-57 Ag 45
Modena **I** 56-57 Ba 46
Módica **I** 72-73 Be 54
Modra **SK** 44-45 Bh 42
Modriča **BIH** 58-59 Bi 46
Modrište **MK** 74-75 Cb 49
Mödling **A** 44-45 Bg 42
Möllbrücke **A** 56-57 Bd 44
Mölle **S** 26-27 Bc 34
Mölln **D** 26-27 Ba 37
Mölltorp **S** 16-17 Be 32
Mölndal **S** 16-17 Bc 33
Mölnlycke **S** 16-17 Bc 33
Moelv **N** 16-17 Ba 30
Moen **N** 2-3 Bi 21
Mönchengladbach **D** 42-43 Ag 39
Mörbylånga **S** 28-29 Bg 34
Mörkret **S** 16-17 Bc 29
Moers **D** 42-43 Ag 39
Mörskom = Myrskylä **FIN** 18-19 Cf 30
Moffat **GB** 38-39 Sg 35
Mogadouro **P** 68-69 Sd 49
Moğāngūq **IR** 86-87 Ee 52
Moghānjuq **IR** 86-87 Ee 52
Mogilev = Mahilëv **BY** 30-31 Da 37
Mogilno **PL** 44-45 Bh 38
Mógoro **I** 70-71 Ai 51
Moguer **E** 80-81 Sd 53
Mogutovskij **RUS** 52-53 Ga 38
Mohács **H** 58-59 Bi 44
Mohammedia = al Muhammadiyah **MA** 80-81 Sc 57
Moheda **S** 26-27 Be 33
Mohelnice **CZ** 44-45 Bg 41
Mohon **F** 40-41 Sh 42
Mohyliv-Podil's'kyj **UA** 46-47 Ch 42

Moi **N** 16-17 Ag 32
Moimenta da Beira **P** 68-69 Sc 50
Moineşti **RO** 60-61 Cg 44
Móinteach Mílic **IRL** 37 Sc 37
Mo i Rana **N** 2-3 Be 24
Moirans-en-Montagne **F** 56-57 Af 44
Mõisaküla **EST** 18-19 Cf 32
Moiseevskaja **RUS** 20-21 Eb 30
Moisei **RO** 60-61 Ce 43
Moisiovaara **FIN** 10-11 Ck 26
Moissac **F** 54-55 Ab 46
Mojácar **E** 80-81 Si 53
Mojados **E** 68-69 Sf 49
Mojkovac **YU** 74-75 Bk 48
Mokraja Ol'hovka **RUS** 50-51 Ef 40
Mokra Kalihyrka **UA** 46-47 Db 42
Mokren **BG** 74-75 Cg 48
Mokrin **YU** 58-59 Ca 45
Mokrissèt **MA** 80-81 Se 56
Mokroe **RUS** 32-33 Eb 36
Mokrous **RUS** 50-51 Eh 39
Mokšan **RUS** 32-33 Ee 37
Mokvin **UA** 62-63 Dh 43
Mol **B** 42-43 Af 39
Mola di Bari **I** 72-73 Bh 49
Molde **N** 8-9 Ah 28
Molėtai **LT** 28-29 Cf 35
Molfetta **I** 72-73 Bg 49
Molières **F** 54-55 Ab 46
Molina de Segura **E** 80-81 Si 52
Molini **CY** 84-85 Dd 56
Molini di Tùres = Mühlen in Taufers **I** 56-57 Bb 44
Molinillo, El **E** 68-69 Sf 51
Moliterno **I** 72-73 Bf 50
Molkom **S** 16-17 Bd 31
Mollafeneri **TR** 76-77 Ck 50
Mollakasım **TR** 86-87 Ed 52
Mollakendi **TR** 86-87 Dk 52
Mollas **AL** 74-75 Ca 50
Mollerusa = Mollerussa **E** 70-71 Aa 49
Mollerussa **E** 70-71 Aa 49
Mollösund **S** 16-17 Bb 32
Moločans'k **UA** 62-63 Df 43
Moločnoe **RUS** 20-21 Dk 31
Molodečno = Maladzečna **BY** 28-29 Cg 36
Molokovo **RUS** 20-21 Dg 32
Mólos **GR** 82-83 Cc 52
Moloskovicy **RUS** 18-19 Ck 31
Molsheim **F** 42-43 Ah 42
Molvoticy **RUS** 18-19 Dc 33
Mombeltrán **E** 68-69 Se 50
Mombuey **E** 68-69 Sd 48
Momčilgrad **BG** 74-75 Cf 49
Mommark **DK** 26-27 Ba 36
Monaco **MC** 56-57 Ah 47
Monaghan = Muineachán **IRL** 37 Sd 36
Monaši **UA** 60-61 Da 44
Monasterace Marina **I** 72-73 Bg 52
Monasterevin = Mainistir Eimhin **IRL** 37 Sc 37
Monastyr' **RUS** 12-13 Eg 28
Monastyrščina **RUS** 30-31 Db 36
Monastyryšče **UA** 46-47 Ck 42
Monastyryšče **UA** 46-47 Dc 40
Monastyrys'ka **UA** 46-47 Cf 41
Moncada **E** 70-71 Sk 51
Moncalieri **I** 56-57 Ah 45
Monção **P** 68-69 Sb 48
Mončegorsk **RUS** 4-5 Dc 23
Monchique **P** 80-81 Sb 53
Moncontour **F** 40-41 Sh 42
Moncoutant **F** 54-55 Sk 44
Mondéjar **E** 68-69 Sg 50
Mondello **I** 72-73 Bd 52
Mondim de Basto **P** 68-69 Sc 49
Mondoubleau **F** 54-55 Aa 43
Mondovì **I** 56-57 Ah 46
Mondragone **I** 72-73 Bd 49
Mondsee **A** 56-57 Bd 43
Monein **F** 54-55 Sk 47
Monemvassía **GR** 82-83 Cd 54
Monesterio **E** 80-81 Sd 52
Monetnyj **RUS** 34-35 Ga 33
Moneymore **GB** 37 Sd 36
Monfalcone **I** 56-57 Bd 45
Monforte **P** 68-69 Sc 51
Monforte (Monforte de Lemos) **E** 68-69 Sc 48
Monistrol-sur-Loire **F** 54-55 Ae 45
Mońki **PL** 28-29 Cc 37
Monmouth **GB** 40-41 Sh 39
Monodéndri **GR** 74-75 Ca 51
Monólithos **GR** 82-83 Ch 54
Monópoli **I** 72-73 Bh 50
Monor **H** 58-59 Bk 43
Monor **RO** 60-61 Ce 44
Monóvar **E** 80-81 Sk 52
Monreale **I** 72-73 Bd 52
Monroy **E** 68-69 Sd 51
Monroyo **E** 70-71 Sk 50
Mons **B** 40-41 Ad 40
Monsanto **P** 68-69 Sc 50
Monsaraz **P** 80-81 Sc 52
Monschau **D** 42-43 Ag 40
Monsélice **I** 56-57 Bb 45
Montabaur **D** 42-43 Ah 40
Montagnac **F** 54-55 Ad 47
Montagnana **I** 56-57 Bb 45
Montaigu **F** 54-55 Si 44
Montalbán **E** 70-71 Sk 50
Montalbo **E** 68-69 Sh 51
Montalcino **I** 72-73 Bb 47
Montalegre **P** 68-69 Sc 49
Montalto di Castro **I** 72-73 Bb 48
Montalto Uffugo **I** 72-73 Bg 51
Montamarta **E** 68-69 Se 49
Montana **BG** 60-61 Cd 47
Montánchez **E** 68-69 Sd 51
Montanejos **E** 70-71 Sk 50
Montargil **P** 68-69 Sb 51
Montargis **F** 54-55 Ac 43
Montataire **F** 40-41 Ac 41
Montauban **F** 40-41 Sh 42
Montauban **F** 54-55 Ab 46
Montbard **F** 54-55 Ae 43
Montbazon **F** 54-55 Aa 43
Montbéliard **F** 56-57 Ag 43
Montblanc **E** 70-71 Ab 49
Montbrison **F** 54-55 Ae 45
Montceau-les-Mines **F** 54-55 Ae 44
Montchanin **F** 54-55 Ae 44
Montcuq **F** 54-55 Ab 46
Mont-de-Marsan **F** 54-55 Sk 47
Montdidier **F** 40-41 Ac 41
Mont-Dore, le **F** 54-55 Ac 45
Montealegre del Castillo **E** 80-81 Si 52
Montebelluna **I** 56-57 Bc 45
Monte-Carlo **MC** 56-57 Ah 47
Montecatini Terme **I** 56-57 Ba 47
Montech **F** 54-55 Ab 47
Montefalco **I** 72-73 Bc 48
Montefalcone nel Sánnio **I** 72-73 Be 49
Montefiorino **I** 56-57 Ba 46
Montefrío **E** 80-81 Sf 53
Montéglin, Laragne- **F** 56-57 Af 46
Montehermoso **E** 68-69 Sd 50
Montélimar **F** 54-55 Ae 46
Montella **I** 72-73 Bf 50
Montellano **E** 80-81 Se 54
Montemor-o-Novo **P** 80-81 Sb 52
Montendre **F** 54-55 Sk 45
Montepulciano **I** 72-73 Bb 47
Montereau-faut-Yonne **F** 40-41 Ac 42
Monteriggioni **I** 56-57 Bb 47
Monterotondo **I** 72-73 Bc 48
Monterrubio de la Serena **E** 80-81 Se 52
Montesano sulla Marcellana **I** 72-73 Bf 50
Monte Sant'Ángelo **I** 72-73 Bf 49
Montesárchio **I** 72-73 Be 49
Montesquieu-Volvestre **F** 70-71 Ab 47
Montevarchi **I** 56-57 Bb 47
Montfaucon-en-Velay **F** 54-55 Ae 45
Montfort **F** 40-41 Si 42
Montfort-le-Rotrou **F** 40-41 Aa 42
Montguyon **F** 54-55 Sk 45
Monti **I** 70-71 Ak 50
Monticiano **I** 72-73 Bb 47
Montier-en-Der **F** 40-41 Ae 42
Montignac **F** 54-55 Ab 45
Montigny-le-Roi **F** 42-43 Af 43
Montijo **E** 80-81 Sd 52
Montijo **P** 80-81 Sb 52
Montilla **E** 80-81 Sf 53
Montivilliers **F** 40-41 Aa 41
Mont-Louis **F** 70-71 Ac 48
Montluçon **F** 54-55 Ac 44
Montmarault **F** 54-55 Ac 44
Montmirail **F** 40-41 Ad 42
Montmoreau-Saint-Cybard **F** 54-55 Aa 45
Montmorillon **F** 54-55 Aa 44
Montoire-sur-le-Loir **F** 54-55 Aa 43
Montoro **E** 80-81 Sf 52
Montpellier **F** 54-55 Ad 47
Montpon-Ménestérol **F** 54-55 Aa 45
Montréjeau **F** 70-71 Aa 47
Montreuil **F** 40-41 Ab 40
Montreuil-Bellay **F** 54-55 Sk 43
Montreux **CH** 56-57 Ag 44
Montrichard **F** 54-55 Ab 43
Montrose **GB** 38-39 Sh 34
Montroy **E** 70-71 Sk 51
Mont-Saint-Michel, le **F** 40-41 Si 42
Montseny **E** 70-71 Ac 49
Mont-sous-Vaudrey **F** 56-57 Af 44
Montsûrs **F** 40-41 Sk 42
Montuïri **E** 70-71 Ac 51
Montville **F** 40-41 Ab 41
Monza **I** 56-57 Ak 45
Monzón **E** 70-71 Aa 49
Moormerland **D** 26-27 Ah 37
Moos in Passeier = Moso in Passiria **I** 56-57 Bb 44
Moosburg an der Isar **D** 42-43 Bb 42
Moosing **A** 58-59 Bf 44
Mór **H** 58-59 Bi 43
Mora **E** 68-69 Sg 51
Mora **P** 68-69 Sb 52
Mora **S** 16-17 Be 29
Móra d'Ebre **E** 70-71 Aa 49
Mora de Rubielos **E** 70-71 Sk 50
Morąg **PL** 28-29 Bk 37
Moraice **YU** 58-59 Bk 47
Moraïtika **GR** 74-75 Bk 51
Morakovo **YU** 74-75 Bk 48
Moral, El **E** 80-81 Sh 53
Moral de Calatrava **E** 80-81 Sg 52
Moraleja **E** 68-69 Sd 50
Morano Cálabro **I** 72-73 Bg 51
Morărești **RO** 60-61 Ce 45
Moratalla **E** 80-81 Si 52
Moravița **RO** 58-59 Cb 45
Moravská Třebová **CZ** 44-45 Bg 41
Moravské Budějovice **CZ** 44-45 Bf 41
Morawica **PL** 44-45 Ca 40
Morbach **D** 42-43 Ah 41
Morbegno **I** 56-57 Ak 44
Morcenx **F** 54-55 Sk 46
Mordoğan **TR** 82-83 Cg 52
Mordovo **RUS** 48-49 Ea 38
Mor'e **RUS** 18-19 Db 30
Morecambe **GB** 38-39 Sh 36
Moreda **E** 80-81 Sg 53
Morella **E** 70-71 Sk 50
Moreni **RO** 60-61 Cf 46
Moretta **I** 56-57 Ah 46
Moreuil **F** 40-41 Ac 41
Mórfi **GR** 74-75 Ca 51
Morfou **TR** 84-85 Dc 55
Morfou Bay **CY** 84-85 Dc 55
Morges **CH** 56-57 Ag 44
Moriani-Plage **F** 70-71 Ak 48
Morino **RUS** 18-19 Da 33
Morjärv **S** 10-11 Cc 24
Morkabygd **N** 8-9 Bb 27
Morki **RUS** 32-33 Ek 34
Morkiny Gory **RUS** 20-21 Dg 33
Morkovice-Slížany **CZ** 44-45 Bh 41
Morlaàs **F** 54-55 Sk 47
Morlaix **F** 40-41 Sg 42
Mormanno **I** 72-73 Bf 51
Moročne **UA** 46-47 Cf 39
Morón de la Frontera **E** 80-81 Se 53
Morozkovo **RUS** 24-25 Gb 31
Morozovsk **RUS** 48-49 Eb 42
Morpeth **GB** 38-39 Si 35
Morša **RUS** 50-51 Fa 38
Moršank **RUS** 32-33 Eb 37
Morsø **DK** 26-27 Ai 34
Morsovo **RUS** 32-33 Ec 37
Mørsvikbotn **N** 2-3 Bf 23
Moršyn **UA** 44-45 Cd 41
Mortagne-au-Perche **F** 40-41 Aa 42
Mortagne-sur-Sèvre **F** 54-55 Sk 44
Mortara **I** 56-57 Ai 45
Morteau **F** 56-57 Ag 43
Mortrée **F** 40-41 Aa 42
Morty **RUS** 34-35 Fb 35
Morygino **RUS** 30-31 Dc 36
Mosal'sk **RUS** 30-31 De 36
Mosbach **D** 42-43 Ak 41
Mosby **N** 16-17 Ah 32
Moščenička Draga **HR** 58-59 Be 45
Moseevo **RUS** 12-13 Eg 25
Moseevo **RUS** 20-21 Ec 30
Mosina **PL** 44-45 Bg 38
Mosino **RUS** 34-35 Fh 34
Mosjøen **N** 8-9 Bd 25
Moskakasy **RUS** 32-33 Eg 34
Moskalevka **KA** 52-53 Gd 38
Moški **RUS** 30-31 Df 34
Moskosel **S** 10-11 Bk 25
Moskovo **RUS** 34-35 Ff 35
Moskva **RUS** 30-31 Dh 35
Mošnikovskaja **RUS** 20-21 Dg 30
Mošny **UA** 46-47 Db 41
Moso in Passiria = Moos in Passeier **I** 56-57 Bb 44
Mošok **RUS** 32-33 Eb 35
Mosonmagyaróvár **H** 58-59 Bh 43
Moss **N** 16-17 Ba 31
Mossah Kānli **SYR** 86-87 Dg 54
Most **CZ** 42-43 Bd 40
Most **RUS** 12-13 Dk 28
Mostar **BIH** 58-59 Bh 47
Moșteni, Trivalea- **RO** 60-61 Cf 46
Móstoles **E** 68-69 Sg 50
Mostovaja **RUS** 22-23 Fe 33
Mostovskoj **RUS** 64-65 Ea 46
Mostys'ka **UA** 44-45 Cd 41
Mosul = al-Mauṣil **IRQ** 86-87 Ed 54
Mota del Cuervo **E** 68-69 Sh 51
Mota del Marqués **E** 68-69 Se 49
Motal' **BY** 46-47 Cf 38
Motala **S** 16-17 Bf 32
Mothe-Achard, la **F** 54-55 Si 44
Motherwell **GB** 38-39 Sg 35
Motril **E** 80-81 Sg 54
Motru **RO** 58-59 Cc 46
Móttola **I** 72-73 Bh 50
Moudon **CH** 56-57 Ag 44
Moúdros **GR** 74-75 Cf 51
Mougins **F** 56-57 Ag 47
Mouhijärvi **FIN** 18-19 Cc 29
Moulay-Bousselham **MA** 80-81 Sd 56
Moulay-Idriss **MA** 80-81 Se 56
Moulins **F** 54-55 Ad 44
Mount Bellew Bridge = An Creagán **IRL** 37 Sb 37
Mountmellick = Móinteach Mílic **IRL** 37 Sc 37
Mountrath = Maighean Rátha **IRL** 37 Sc 37
Moura **P** 80-81 Sc 52
Mourão **P** 80-81 Sc 52
Mourenx **F** 54-55 Sk 47
Mourési **GR** 74-75 Cd 51
Moustiers-Sainte-Marie **F** 56-57 Ag 47
Moûtiers **F** 56-57 Ag 45
Moutiers-les-Mauxfaits **F** 54-55 Si 44
Moutsoúna **GR** 82-83 Cf 53
Mouy **F** 40-41 Ac 41
Mouzáki **GR** 74-75 Cb 51
Movila **RO** 60-61 Ch 46
Movila Miresii **RO** 60-61 Ch 45
Movilița **RO** 60-61 Cg 46
Moville **IRL** 37 Sc 35
Movríki **GR** 82-83 Cd 52
Moyeuvre-Grande **F** 42-43 Ag 41
Moyuela **E** 70-71 Sk 49
Možaisk **RUS** 30-31 Dg 35
Mozdok **RUS** 64-65 Ee 47
Možga **RUS** 34-35 Fc 34
Mozyr' = Mazyr **BY** 46-47 Ck 38
Mrągowo **PL** 28-29 Cb 37
Mrakovo **RUS** 52-53 Fg 38
Mrčajevci **YU** 58-59 Ca 47
Mrežičko **MK** 74-75 Cb 49
Mrjasimovo **RUS** 34-35 Fg 35
Mrkalji **BIH** 58-59 Bi 46
Mrkonjić Grad **BIH** 58-59 Bh 46
Mrzeżyno **PL** 26-27 Bf 36
Msâasada **MA** 80-81 Se 56
Mscislav **BY** 30-31 Db 36
Msciž **BY** 30-31 Ci 36
Mšinskaja **RUS** 18-19 Ck 31
Msta **RUS** 20-21 De 33
Mstera **RUS** 32-33 Eb 34
Mszczonów **PL** 44-45 Ca 39
Mučkapskij **RUS** 48-49 Ec 39
Mučkas **RUS** 14-15 Ei 26
Mucur **TR** 76-77 De 51
Mudanya **TR** 76-77 Ci 50
Mud'juga **RUS** 12-13 Dk 27
Mudurnu **TR** 76-77 Db 50
Mühlacker **D** 42-43 Ai 42
Mühldorf am Inn **D** 42-43 Bc 42
Mühlen in Taufers = Molini di Tures **I** 56-57 Bb 44
Mühlhausen **D** 42-43 Ba 39
Müllheim **D** 56-57 Ah 43
Münchberg **D** 42-43 Bb 40
Müncheberg **D** 42-43 Be 38
München **D** 42-43 Bb 42
Münden = Hann Münden **D** 42-43 Ak 39
Münsingen **CH** 56-57 Ah 44
Münster **D** 42-43 Ah 39
Münster = Müstair **CH** 56-57 Ba 44
Mürefte **TR** 76-77 Ch 50
Mürşitpınar **TR** 86-87 Di 54
Mürzzuschlag **A** 58-59 Bf 43
Müstair = Münster **CH** 56-57 Ba 44
Muezerskij **RUS** 10-11 Dc 27
Muftjuga **RUS** 12-13 Eg 26
Mugalžar **KA** 52-53 Fi 42
Múggia **I** 56-57 Bd 45
Muğla **TR** 84-85 Ci 53
Mugreevskij **RUS** 32-33 Ec 34
Muḥammad 'Imrān **IRQ** 86-87 Ed 55
Muhammadiyah, al-= Mohammedia **MA** 80-81 Sc 57
Muḥarram al-Fauqānī, al- **SYR** 86-87 Dh 56
Muhos **FIN** 10-11 Cg 26
Muhtolovo **RUS** 32-33 Ed 35
Muinchille **IRL** 37 Sc 36
Muineachán = Monaghan **IRL** 37 Sd 36
Muir of Ord **GB** 38-39 Sf 33
Mukačeve **UA** 44-45 Cc 42
Mukačevo = Mukačeve **UA** 44-45 Cc 42
Mükyr **KA** 52-53 Ge 40
Mula **E** 80-81 Si 52
Mulhouse **F** 56-57 Ah 43
Mullach Íde **IRL** 37 Sd 37
Mullingar = An Muileann-gCearr **IRL** 37 Sc 37
Mullovka **RUS** 32-33 Ek 36
Mullsjö **S** 16-17 Bd 33
Multia **FIN** 10-11 Ce 28
Mumra **RUS** 64-65 Eh 45
Mūnajly **KA** 66-67 Fe 44
Mūnajšy **KA** 66-67 Fc 47
Mundesley **GB** 38-39 Ab 38
Mungia **E** 54-55 Sh 47
Muniesa **E** 70-71 Sk 49
Munka-Ljungby **S** 26-27 Bc 34
Munkedal **S** 16-17 Bb 32
Munkfors **S** 16-17 Bd 31
Munster **D** 26-27 Ba 38
Munster **F** 42-43 Ah 42
Munsvattnet **S** 8-9 Be 26
Munți, Rușii- **RO** 60-61 Ce 44
Muodoslompolo **S** 2-3 Cd 23
Muonio **FIN** 2-3 Cd 23
Muradiye **TR** 82-83 Ch 52
Muradiye **TR** 86-87 Ed 52
Mürak **SYR** 86-87 Dg 55
Muraši **RUS** 22-23 Ei 31
Murat **F** 54-55 Ac 45
Murat **TR** 78-79 Ed 51
Muratlı **TR** 76-77 Ch 49
Murato **F** 70-71 Ak 48
Murat-sur-Vèbre **F** 54-55 Ac 47
Murau **A** 58-59 Be 43
Muravera **I** 70-71 Ak 51
Murça **P** 68-69 Sc 49
Murcia **E** 80-81 Si 53
Mur-de-Barrez **F** 54-55 Ac 46
Mur-de-Bretagne **F** 40-41 Sh 42
Mure, la **F** 56-57 Af 46
Mureck **A** 58-59 Bf 44
Mureşenii Bîrgăului **RO** 60-61 Ce 43
Muret **F** 54-55 Ab 47
Murgeni **RO** 60-61 Ci 44
Murgul **TR** 78-79 Eb 49
Murino **RUS** 34-35 Gb 34
Murjek **S** 2-3 Ca 24
Murmansk **RUS** 4-5 Dd 22
Murmaši **RUS** 4-5 Dc 22
Murmino **RUS** 32-33 Ea 36
Muro **E** 70-71 Ad 51
Muro del Acoy = Muro del Comtat **E** 70-71 Sk 52
Murole **FIN** 10-11 Cd 29
Muro Lucano **I** 72-73 Bf 50
Murom **RUS** 32-33 Ec 35
Murom **RUS** 48-49 Dg 40
Muros **E** 68-69 Sa 48
Murovani Kurylivci **UA** 46-47 Ch 42
Murowana Goślina **PL** 44-45 Bh 38
Murrhardt **D** 42-43 Ak 42
Mursal **TR** 78-79 Dh 51
Mursalimkino **RUS** 34-35 Fi 35
Murska Sobota **SLO** 58-59 Bg 44
Murtovaara **FIN** 10-11 Ck 25
Murygino **RUS** 22-23 Ek 32
Muş **TR** 86-87 Eb 52
Muša **RUS** 22-23 Ei 33
Musabeyli **TR** 76-77 De 51
Musabeyli **TR** 86-87 Dg 54
Mušaifira, al- **SYR** 86-87 Dk 54
Mūsā Lakā **IRQ** 86-87 Ed 54
Muslimiya **SYR** 86-87 Dh 54
Musljumkino **RUS** 34-35 Fa 35
Musljumovo **RUS** 34-35 Fd 35
Musljumovo **RUS** 34-35 Gb 35
Musorka **RUS** 32-33 Ek 37

Musselburgh **GB** 38-39 Sg 35
Mussidan **F** 54-55 Aa 45
Mustaevo **RUS** 50-51 Fd 39
Mustafakemalpaşa **TR** 76-77 Ci 50
Mustér, Disentis/ **CH** 56-57 Ai 44
Mustjala **EST** 18-19 Cc 32
Mustla **EST** 18-19 Cf 32
Mustvee **EST** 18-19 Cg 32
Muszyna **PL** 44-45 Ca 41
Mut **TR** 84-85 Dd 54
Mutki **TR** 86-87 Eb 52
Mutlaq, Tall **IRQ** 86-87 Ec 54
Mutnyj Materik **RUS** 14-15 Ff 25
Muttalip **TR** 76-77 Da 51
Mutyn **UA** 46-47 Dd 39
Muurasjärvi **FIN** 10-11 Cf 27
Muurola **FIN** 2-3 Cf 24
Muuruvesi **FIN** 10-11 Ci 27
Muzairi'a **SYR** 84-85 Dg 55
Mužič'e **RUS** 48-49 Eb 40
Muzillac **F** 54-55 Sh 43
Muzyvalen **RUS** 32-33 Eg 34
Mychajlivka **UA** 48-49 Df 42
Mychajlivka **UA** 62-63 Df 43
Mychajlivka **UA** 62-63 Di 43
Myckelgensjö **S** 8-9 Bh 27
Myeldino **RUS** 14-15 Fe 29
Myjava **SK** 44-45 Bh 42
Mykland **N** 16-17 Ai 32
Mykolajiv **UA** 44-45 Cd 41
Mykolajiv **UA** 62-63 Db 44
Mykolajivka **UA** 46-47 De 42
Mykolajivka **UA** 62-63 Dd 46
Myktyköl **KA** 52-53 Gb 39
Myla **RUS** 14-15 Fa 25
Mynämäki **FIN** 18-19 Cb 30
Myrdal **N** 16-17 Ah 30
Myre **N** 2-3 Bf 22
Myrheden **S** 10-11 Ca 25
Myrhorod **UA** 46-47 Dd 41
Mýri **IS** 36 Rc 25
Myrne **UA** 62-63 Dd 44
Myronivka **UA** 46-47 Da 41
Myrskylä **FIN** 18-19 Cf 30
Myrtou **CY** 84-85 Dc 55
Myrviken **S** 8-9 Be 28
Mys **RUS** 22-23 Fe 30
Mysen **N** 16-17 Bb 31
Myškin **RUS** 20-21 Di 33
Myškino = Myškin **RUS** 20-21 Di 33
Myślenice **PL** 44-45 Bk 41
Myślibórz **PL** 26-27 Be 38
Mysłowice **PL** 44-45 Bk 40
Myszyniec **PL** 28-29 Cb 37
Myt **RUS** 32-33 Ec 34
Mytišči **RUS** 30-31 Dh 35
Mytišino **RUS** 30-31 De 36
Mzefroun **MA** 80-81 Se 56

N

Naantali **FIN** 18-19 Cc 30
Naarajärvi **FIN** 10-11 Ch 28
Naarden **NL** 42-43 Af 38
Naarva **FIN** 10-11 Db 27
Naas = An Nás **IRL** 37 Sd 37
Nabburg **D** 42-43 Bc 41
Naberežnye Čelny **RUS** 34-35 Fc 35
Načalovo **RUS** 64-65 Ei 44
Na Ceala Beaga **IRL** 37 Sb 36
Náchod **CZ** 44-45 Bg 40
Na Clocha Liatha **IRL** 37 Sd 37
Nadeždinka **RUS** 50-51 Ei 38
Nădlac **RO** 58-59 Ca 44
Nador **MA** 80-81 Sh 55
Nadporož'e **RUS** 20-21 Di 31
Nadvirna **UA** 44-45 Ce 42
Nadvojcy **RUS** 12-13 De 27
Näätämö **FIN** 2-3 Ck 21
Näljänkä **FIN** 10-11 Ci 25
Nærbø **N** 16-17 Af 32
Närpes **FIN** 10-11 Cb 28
Närpiö = Närpes **FIN** 10-11 Cb 28
Näsåker **S** 8-9 Bg 27
Nässjö **S** 16-17 Be 33
Næstved **DK** 26-27 Bb 35
Náfpaktos **GR** 82-83 Cb 52
Nafplio **GR** 82-83 Cc 53
Nagaevo **RUS** 34-35 Fg 36
Nagajbakovo **RUS** 34-35 Fd 35
Nagavskaja **RUS** 64-65 Ec 43
Naggen **S** 8-9 Bf 28
Nagold **D** 42-43 Ai 42
Nagor'e **RUS** 30-31 Di 34
Nagornskij **RUS** 22-23 Fh 32
Nagorsk **RUS** 22-23 Fa 31
Nagutskoe **RUS** 64-65 Ec 46
Nagyatád **H** 58-59 Bh 44
Nagygéc **H** 58-59 Cc 43
Nagykálló **H** 58-59 Cb 43
Nagykanizsa **H** 58-59 Bg 44
Nagykáta **H** 58-59 Bk 43
Nagykőrös **H** 58-59 Bk 43
Nagyszénás **H** 58-59 Ca 44
Naila **D** 42-43 Bb 40
Naintré **F** 54-55 Aa 44
Nairn **GB** 38-39 Sg 33
Najac **F** 54-55 Ab 46
Nájera **E** 68-69 Sh 48
Najstenjarvi **RUS** 10-11 Dc 28
Nakło nad Notecią **PL** 28-29 Bh 37
Nakskov **DK** 26-27 Bb 36
Nalbant **RO** 60-61 Ci 45
Nal'čik **RUS** 64-65 Ed 47
Nalibaki **BY** 28-29 Cg 37
Nallıhan **TR** 76-77 Db 50
Namen = Namur **B** 40-41 Ae 40
Námestovo **SK** 44-45 Bk 41
Namliya, an- **SYR** 86-87 Ea 55
Namsos **N** 8-9 Bb 26
Namsskogan **N** 8-9 Bd 26
Namsvassgardan **N** 8-9 Bd 26
Namur **B** 40-41 Ae 40
Namysłów **PL** 44-45 Bh 39
Nancy **F** 42-43 Ag 42
Nangis **F** 40-41 Ad 42
Nannestad **N** 16-17 Bb 30
Nant **F** 54-55 Ad 46
Nanterre **F** 40-41 Ac 42
Nantes **F** 54-55 Si 43
Nanteuil-le-Haudouin **F** 40-41 Ac 41
Nantwich **GB** 38-39 Sh 37
Náousa **GR** 82-83 Cf 53
Náoussa **GR** 74-75 Cc 50
Napoca, Cluj- **RO** 60-61 Cd 44
Nápoli **I** 72-73 Be 50
Narač **BY** 28-29 Cg 36
Naratasty **RUS** 34-35 Fd 36
Naratasty **RUS** 34-35 Fe 36
Narberth **GB** 40-41 Sf 39
Narbonne **F** 70-71 Ac 47
Narbuvoll **N** 8-9 Bb 28
Nardò **I** 72-73 Bi 50
Narečenski Bani **BG** 74-75 Ce 49
Narezka **RUS** 18-19 Dc 33
Nargiliya **IRQ** 86-87 Ed 54
Narimanov **RUS** 64-65 Eh 44
Narince **TR** 86-87 Di 53
Nar'jan-Mar **RUS** 6-7 Fc 23
Narlı **TR** 86-87 Dh 53
Narlı **TR** 86-87 Ec 53
Narlıdere **TR** 86-87 Eb 52
Narlık **TR** 84-85 Df 54
Narman **TR** 78-79 Eb 50
Narni **I** 72-73 Bc 48
Narodyči **UA** 46-47 Ck 39
Naro-Fominsk **RUS** 30-31 Dg 35
Narovčat **RUS** 32-33 Ed 37
Narovlja **BY** 46-47 Ck 39
Nartkala **RUS** 64-65 Ed 47
Naruksovo **RUS** 32-33 Ee 36
Narva **EST** 18-19 Ci 31
Narva **FIN** 18-19 Cd 29
Narva-Jõesuu **EST** 18-19 Ci 31
Narvik **N** 2-3 Bh 22
Naryn-Huduk **RUS** 64-65 Eg 45
Naryškino **RUS** 30-31 Df 38
Nasafjäll **S** 2-3 Bf 24
Năsăud **RO** 60-61 Ce 43
Na Sceiri **IRL** 37 Sd 37
Našice **HR** 58-59 Bi 45
Naşidiye **TR** 84-85 Df 53
Nasielsk **PL** 44-45 Ca 38
Naslednickoe **RUS** 52-53 Ga 38
Nassereith **A** 56-57 Ba 43
Nästansjö **S** 8-9 Bg 26
Nastola **FIN** 18-19 Cf 30
Nasva **RUS** 30-31 Da 34
Natal'in Jar **RUS** 50-51 Fa 39
Natal'ino **RUS** 32-33 Ek 38
Nattavaara **S** 2-3 Ca 24
Naturno = Naturns **I** 56-57 Ba 44
Naturns = Naturno **I** 56-57 Ba 44
Naucelle **F** 54-55 Ac 46
Naučnyj **UA** 62-63 De 46
Nauen **D** 42-43 Bc 38
Naujoji Akmenė **LT** 28-29 Cc 34
Naumburg (Saale) **D** 42-43 Bb 39
Naumovskaja **RUS** 20-21 Ed 30
Naumovskij **RUS** 64-65 Eb 43
Nauryzym **KA** 52-53 Ge 39
Nausta **S** 2-3 Bk 24
Naustdal **N** 16-17 Af 29
Nautijaur **S** 2-3 Bk 24
Nautsi **RUS** 2-3 Ck 21
Navacëlki **BY** 46-47 Ci 38
Nava de la Asunción **E** 68-69 Sf 49
Nava del Rey **E** 68-69 Se 49
Nava de Ricomalillo, La **E** 68-69 Sf 51
Nava de Santiago, La **E** 68-69 Sd 51
Navael'nja **BY** 28-29 Cf 37
Navahermosa **E** 68-69 Sf 51
Navahrudak **BY** 28-29 Cf 37
Navalcarnero **E** 68-69 Sf 50
Navalmanzano **E** 68-69 Sf 49
Navalmoral de la Mata **E** 68-69 Se 51
Navalmorales, Los **E** 68-69 Sf 51
Navalvillar de Pela **E** 68-69 Se 51
Navan = An Uaimh **IRL** 37 Sd 37
Navapolack **BY** 30-31 Ci 35
Navarrés **E** 70-71 Sk 51
Navas de la Concepción, Las **E** 80-81 Se 53
Navas del Madroño **E** 68-69 Sd 51
Navasëlki **BY** 28-29 Cg 38
Navašino **RUS** 32-33 Ec 35
Navesnoe **RUS** 48-49 Dh 38
Navlja **RUS** 30-31 De 38
Năvodari **RO** 60-61 Ci 46
Navoloki **RUS** 20-21 Eb 33
Náxos **GR** 82-83 Cf 53
Nay-Bourdettes **F** 70-71 Sk 47
Nazaré **P** 68-69 Sa 51
Nazdür **IRQ** 86-87 Ed 53
Nazija **RUS** 18-19 Db 31
Nazilli **TR** 84-85 Ci 53
Nazimiye **TR** 78-79 Dk 51
Néa Apolonía **GR** 74-75 Cd 50
Néa Kalikrátia **GR** 74-75 Cd 50
Néa Mákri **GR** 82-83 Cd 52
Néa Mihanióna **GR** 74-75 Cc 50
Néa Moudania **GR** 74-75 Cd 50
Neamț, Piatra- **RO** 60-61 Cg 44
Neápoli **GR** 74-75 Cb 50
Neápoli **GR** 82-83 Cd 54
Neápoli **GR** 82-83 Cf 55
Néa Potídea **GR** 74-75 Cd 50
Neath **GB** 40-41 Sg 39
Néa Zíhni **GR** 74-75 Cd 49
Nebiler **TR** 74-75 Cg 51
Nebolči **RUS** 20-21 Dd 31
Nečaevka **RUS** 32-33 Ee 37
Nechvoroša **UA** 46-47 De 41
Neckargemünd **D** 42-43 Ai 41
Nedelino **BG** 74-75 Cf 49
Nedel'noe **RUS** 30-31 Dg 36
Nedobojivci **UA** 46-47 Cg 42
Nedryhajliv **UA** 46-47 Dd 40
Nedstrand **N** 16-17 Af 31
Nedvigouka **RUS** 62-63 Dk 43
Neftegorsk **RUS** 34-35 Fb 38
Neftegorsk **RUS** 62-63 Dk 46
Neftekamsk **RUS** 34-35 Fe 34
Neftekumsk **RUS** 64-65 Ee 46
Neftekumsk **RUS** 64-65 Ef 46
Negonovo **RUS** 30-31 De 34
Negotin **YU** 58-59 Cc 46
Negotino **MK** 74-75 Cc 49
Negraşi **RO** 60-61 Cf 46
Negreira **E** 68-69 Sb 48
Nègrepelisse **F** 54-55 Ab 46
Negreşti-Oaş **RO** 60-61 Cd 43
Negru Vodă **RO** 60-61 Ci 47
Nehaevskij **RUS** 48-49 Eb 40
Nehoiu **RO** 60-61 Cg 45
Neiden **N** 2-3 Ck 21
Neidín = Kenmare **IRL** 37 Sa 39
Neja **RUS** 20-21 Ed 32
Nejvinskij, Verh- **RUS** 24-25 Ga 33
Nejvo-Rudjanka **RUS** 24-25 Ga 33
Nekljudovo **RUS** 20-21 Dh 33
Nekljudovo **RUS** 32-33 Ed 34
Nekrasovo **RUS** 34-35 Gb 34
Nekrasovskoe **RUS** 20-21 Ea 33
Neksø **DK** 26-27 Bf 35
Nelas **P** 68-69 Sc 50
Nelidovo **RUS** 30-31 Dc 34
Neljubinka **KA** 52-53 Gd 38
Nellimö **FIN** 2-3 Ci 22
Nema **RUS** 22-23 Fa 33
Neman **RUS** 28-29 Cc 35
Neméa **GR** 82-83 Cc 53
Nemenčinė **LT** 28-29 Cf 36
Nemnjuga **RUS** 12-13 Ee 27
Nemours **F** 40-41 Ac 42
Nemyriv **UA** 44-45 Cd 40
Nemyriv **UA** 46-47 Ci 42
Nenagh = An tAonach **IRL** 37 Sb 38
Nenitoúria **GR** 82-83 Cf 52
Nenoksa **RUS** 12-13 Dk 26
Neohóri **GR** 74-75 Ca 51
Neohóri **GR** 74-75 Cb 51
Neohóri **GR** 82-83 Cb 52
Néo Petrítsi **GR** 74-75 Cd 49
Néos Marmarás **GR** 74-75 Cd 50
Nepljuevo **RUS** 30-31 Dg 38
Nepomuk **CZ** 42-43 Bd 41
Nérac **F** 54-55 Aa 46
Neraída **GR** 74-75 Cb 51
Neratovice **CZ** 42-43 Be 40
Nerdva **RUS** 22-23 Ff 32
Nerehta **RUS** 20-21 Ea 33
Neresnica **YU** 58-59 Cb 46
Nereta **LV** 28-29 Cf 34
Nerl' **RUS** 30-31 Dh 33
Nerl' **RUS** 32-33 Ea 34
Nérondes **F** 54-55 Ac 44
Nerva **E** 80-81 Sd 53
Nes **N** 16-17 Ak 30
Nes' **RUS** 4-5 Ee 24
Nesbyen **N** 16-17 Ak 30
Nesebăr **BG** 76-77 Ch 48
Nesflaten **N** 16-17 Ag 31
Nesna **N** 2-3 Bd 24
Nesoddtangen **N** 16-17 Ba 31
Nesseby **N** 2-3 Ci 20
Nesterov **RUS** 28-29 Cc 36
Nesterov = Žovka **UA** 44-45 Cd 40
Nesterovka **RUS** 50-51 Fd 38
Nestiary **RUS** 32-33 Ef 34
Nestório **GR** 74-75 Cb 50
Nesvetajskaja, Rodionovo- **RUS** 62-63 Dk 43
Neubrandenburg **D** 26-27 Bd 37
Neubukow **D** 26-27 Bb 36
Neuburg an der Donau **D** 42-43 Bb 42
Neuchâtel **CH** 56-57 Ag 43
Neuenahr-Ahrweiler, Bad **D** 42-43 Ah 40
Neuenburg = Neuchâtel **CH** 56-57 Ag 43
Neuenhagen bei Berlin **D** 42-43 Bd 38
Neuenhaus **D** 42-43 Ag 38
Neufchâteau **B** 42-43 Af 41
Neufchâteau **F** 42-43 Af 42
Neufchâtel-en-Bray **F** 40-41 Ab 41
Neufchâtel-sur-Aisne **F** 40-41 Ae 41
Neuhaus am Rennweg **D** 42-43 Bb 40
Neuillé-Pont-Pierre **F** 54-55 Aa 43
Neukloster **D** 26-27 Bb 37
Neum **BIH** 72-73 Bh 48
Neumarkt im Hausruckkreis **A** 42-43 Bd 42
Neumarkt in der Oberpfalz **D** 42-43 Bb 41
Neumünster **D** 26-27 Ak 36
Neung-sur-Beuvron **F** 54-55 Ab 43
Neunkirchen **A** 58-59 Bg 43
Neunkirchen **D** 42-43 Ah 41
Neuruppin **D** 26-27 Bc 38
Neusiedl an der Zaya **A** 44-45 Bg 42
Neuss **D** 42-43 Ag 39
Neustadt am Rübenberge **D** 42-43 Ak 38
Neustadt an der Aisch **D** 42-43 Ba 41
Neustadt an der Donau **D** 42-43 Bb 42
Neustadt an der Weinstraße **D** 42-43 Ai 41
Neustadt (Dosse) **D** 26-27 Bc 38
Neustadt in Holstein **D** 26-27 Ba 36
Neustadt (Orla) **D** 42-43 Bb 40
Neustadt, Titisee- **D** 56-57 Ai 43
Neustrelitz **D** 26-27 Bd 37
Neu-Ulm **D** 42-43 Ba 42
Neuve-Lyre, la **F** 40-41 Aa 42
Neuvic **F** 54-55 Ac 45
Neuville-de-Poitou **F** 54-55 Aa 44
Neuville-sur-Saône **F** 54-55 Ae 45
Neuvy-Saint-Sépulchre **F** 54-55 Ab 44
Neuvy-sur-Barangeon **F** 54-55 Ac 43
Neuwied **D** 42-43 Ah 40
Nevel' **RUS** 30-31 Ck 34
Nevers **F** 54-55 Ad 44
Nevesinje **BIH** 58-59 Bi 47
Nevestino **BG** 74-75 Cc 48
Nevinnomyssk **RUS** 64-65 Eb 46
Nev'jansk **RUS** 24-25 Ga 33
Nevşehir **TR** 84-85 De 52
Nevskij, Aleksandro **RUS** 32-33 Ea 37
Newark on Trent **GB** 38-39 Sk 37
Newbiggin-by-the-Sea **GB** 38-39 Si 35
Newcastle **GB** 37 Se 36
Newcastle upon Tyne **GB** 38-39 Si 36
Newcastle West = An Caisleán Nua **IRL** 37 Sa 38
New Galloway **GB** 38-39 Sf 35
Newhaven **GB** 40-41 Aa 40
Newmarket **GB** 40-41 Aa 38
Newport **GB** 38-39 Sh 38
Newport **GB** 40-41 Sh 39
Newport **GB** 40-41 Si 40
Newquay **GB** 40-41 Se 40
New Quay **GB** 40-41 Sf 38
New Romney **GB** 40-41 Aa 40
New Ross = Ros Mhic Thriúin **IRL** 37 Sd 38
Newry **GB** 37 Sd 36
New Tolsta **GB** 38-39 Sd 32
Newton **GB** 38-39 Sc 33
Newton Abbot **GB** 40-41 Sg 40
Newton Stewart **GB** 38-39 Sf 36
Newtown **GB** 40-41 Sg 38
Newtownabbey **GB** 37 Se 36
Newtownards **GB** 37 Se 36
Newtownsteward **GB** 37 Sc 36
Nexon **F** 54-55 Ab 45
Nezamaevskaja **RUS** 64-65 Ea 44
Nežin = Nižyn **UA** 46-47 Db 39
Nežinka **RUS** 52-53 Ff 39
Neznanovo **RUS** 32-33 Ea 36
Nezvys'ko **UA** 46-47 Cf 42
Niáta **GR** 82-83 Cc 54
Nibe **DK** 26-27 Ak 34
Nicaj-Shalë **AL** 74-75 Bk 48
Nicastro **I** 72-73 Bg 52
Nice **F** 56-57 Ah 47
Nicinskoe, Ust'- **RUS** 24-25 Ge 33
Nicolo-Berezovec **RUS** 20-21 Ec 32
Nicosia **I** 72-73 Be 53
Nicótera **I** 72-73 Bf 52
Nida **LT** 28-29 Cb 35
Nida, Ruciane- **PL** 28-29 Cb 37
Nídri **GR** 82-83 Ca 52
Nidzica **PL** 28-29 Ca 37
Niebüll **D** 26-27 Ai 36
Niechorze **PL** 26-27 Bf 36
Niederbronn-les-Bains **F** 42-43 Ah 42
Niemegk **D** 42-43 Bc 38
Niemisel **S** 10-11 Cc 24
Nienburg (Weser) **D** 42-43 Ak 38
Niesky **D** 42-43 Be 39
Nieuwpoort **B** 40-41 Ac 39
Niğde **TR** 84-85 De 52
Nigríta **GR** 74-75 Cd 50
Níjar **E** 80-81 Sh 54
Nijemci **HR** 58-59 Bk 45
Nijkerk **NL** 42-43 Af 38
Nijmegen **NL** 42-43 Af 39
Nijverdal **NL** 42-43 Ag 38
Nikel' **RUS** 4-5 Da 21
Nikel'tau **KA** 52-53 Fi 40
Nikifarovo **RUS** 34-35 Fe 37
Nikiforovo **RUS** 20-21 Di 29
Nikitino **RUS** 20-21 Ee 33
Nikitovka **RUS** 48-49 Di 40
Nikkaluokta **S** 2-3 Bi 23
Nikolaev = Mykolajiv **UA** 62-63 Db 44
Nikolaevka **RUS** 30-31 Dc 37
Nikolaevka **RUS** 32-33 Eh 37
Nikolaevka **RUS** 34-35 Ff 37
Nikolaevka **RUS** 50-51 Ei 38
Nikolaevo **RUS** 18-19 Ck 32
Nikolaevsk **RUS** 50-51 Ef 40
Nikoliskoe **RUS** 20-21 Ee 32
Nikologry **RUS** 32-33 Ec 34
Nikolo-Pavlovskoe **RUS** 24-25 Ga 33
Nikolo-Šanga **RUS** 22-23 Ef 32
Nikol'sk **RUS** 22-23 Ef 31
Nikol'sk **RUS** 32-33 Eg 37
Nikol'skaja **RUS** 34-35 Fd 37
Nikol'skij Toržok **RUS** 20-21 Di 31
Nikol'skoe **RUS** 20-21 Ec 31
Nikol'skoe **RUS** 20-21 Ee 31
Nikol'skoe **RUS** 32-33 Ee 38
Nikol'skoe **RUS** 48-49 Dg 38
Nikol'skoe **RUS** 48-49 Dk 38
Nikol'skoe **RUS** 50-51 Fe 39
Nikol'skoe **RUS** 52-53 Ff 38
Nikols'koe **RUS** 64-65 Ee 46
Nikol'skoe **RUS** 64-65 Eg 43

Nikol'skoe-na-Čeremšane **RUS** 32-33 Ek 36
Nikopol **BG** 60-61 Ce 47
Nikopol' **UA** 62-63 De 43
Niksar **TR** 78-79 Dg 50
Nikšič **YU** 74-75 Bi 48
Nikulino **RUS** 20-21 Ee 32
Nikuljata **RUS** 22-23 Ei 33
Nikul'skoe **RUS** 20-21 Dk 33
Nilivaara **S** 2-3 Cb 23
Nil'maguba **RUS** 10-11 Dc 25
Nilsiä **FIN** 10-11 Ci 27
Nimen'ga **RUS** 12-13 Dh 27
Nîmes **F** 54-55 Ae 47
Nin **HR** 58-59 Bf 46
Ninocminda **GE** 78-79 Ed 49
Niort **F** 54-55 Sk 44
Niš **YU** 58-59 Cb 47
Nisa **P** 68-69 Sc 51
Niscemi **I** 72-73 Be 53
Nisko **PL** 44-45 Cc 40
Nisporen' = Nisporeni **MD** 60-61 Ci 43
Nisporeni **MD** 60-61 Ci 43
Nisporeny = Nisporeni **MD** 60-61 Ci 43
Nissedal **N** 16-17 Ai 31
Nissilä **FIN** 10-11 Cg 27
Nitaure **LV** 28-29 Cf 33
Nitra **SK** 44-45 Bi 42
Nitrianske Pravno **SK** 44-45 Bi 42
Nitry **F** 54-55 Ad 43
Nittedal **N** 16-17 Ba 30
Nivala **FIN** 10-11 Ce 27
Nivenskoe **RUS** 28-29 Ca 36
Nivšera **RUS** 14-15 Fc 28
Nivskij **RUS** 4-5 Dc 23
Niz **RUS** 12-13 Eb 28
Niz **RUS** 20-21 Df 31
Niža **RUS** 4-5 Ed 24
Nizip **TR** 86-87 Dh 53
Nižmozero **RUS** 12-13 Dh 26
Nižnee Al'keevo **RUS** 34-35 Fa 36
Nižnee Ust'e **RUS** 12-13 Di 28
Nižneirginskoe **RUS** 34-35 Fh 34
Nižneivkino **RUS** 22-23 Ek 32
Nižnekamsk **RUS** 34-35 Fb 35
Nižnepavlovka **RUS** 50-51 Fe 39
Nižnetroickij **RUS** 34-35 Fd 36
Nižnie Kigi **RUS** 34-35 Fi 35
Nižnie Sergi **RUS** 34-35 Fk 34
Nižnie Vjazovye **RUS** 32-33 Ei 35
Nižnij Bajgora **RUS** 48-49 Dk 39
Nižnij Baskunčak **RUS** 50-51 Eg 42
Nižnij Čir **RUS** 48-49 Ec 42
Nižnij Duvanka **UA** 48-49 Di 41
Nižnij Enagsk **RUS** 22-23 Eg 31
Nižnij Kisljaj **RUS** 48-49 Ea 40
Nižnij Lomov **RUS** 32-33 Ed 37
Nižnij Luh **RUS** 22-23 Fg 32
Nižnij Novgorod **RUS** 32-33 Ed 34
Nižnij Odes **RUS** 14-15 Fe 27
Nižnij Tagil **RUS** 24-25 Fk 33
Nižnij Takanyš **RUS** 34-35 Fb 35
Nižnij Ufalej **RUS** 34-35 Fk 35
Nižnij Veduga **RUS** 48-49 Di 39
Nižnij Voč' **RUS** 22-23 Fe 29
Nižnij Zaramag **RUS** 78-79 Ee 48
Nižnjaja **RUS** 12-13 Eg 26
Nižnjaja Maktama **RUS** 34-35 Fc 36
Nižnjaja Mgla **RUS** 4-5 Ee 24
Nižnjaja Mondoma **RUS** 20-21 Dh 30
Nižnjaja Omra **RUS** 14-15 Ff 28
Nižnjaja Peša **RUS** 6-7 Eh 24
Nižnjaja Pokrovka **RUS** 50-51 Fa 39
Nižnjaja Salda **RUS** 24-25 Ga 32
Nižnjaja Sanarka **RUS** 34-35 Gb 36
Nižnjaja Stanovaja **RUS** 20-21 Ec 31
Nižnjaja Tavda **RUS** 24-25 Gg 33
Nižnjaja Tura **RUS** 24-25 Fk 32
Nižnjaja Zolotica **RUS** 12-13 Ea 25
Nižyn **UA** 46-47 Db 39
Njalinskoe **RUS** 24-25 Gk 29
Njandoma **RUS** 20-21 Ea 29
Njarðvik **IS** 36 Qh 27
Njašabož **RUS** 14-15 Fd 25
Njasviž **BY** 28-29 Cg 37
Njazepetrovsk **RUS** 34-35 Fk 34
Njučpas **RUS** 22-23 Fb 30
Njuhča **RUS** 12-13 Dg 27
Njuhča **RUS** 12-13 Eg 27
Njuksenica **RUS** 20-21 Ee 30
Njunnas **FIN** 2-3 Ce 22
Njurunda **S** 8-9 Bh 28
Njuvčim **RUS** 22-23 Fa 29
Noasca **I** 56-57 Ah 45
Nocera Inferiore **I** 72-73 Be 50
Nocera Umbra **I** 56-57 Bc 47
Nodeland **N** 16-17 Ah 32
Nördlingen **D** 42-43 Ba 42
Nogajty **KA** 66-67 Ff 45
Nogales **E** 80-81 Sd 52
Nogent **F** 42-43 Af 42
Nogent-le-Roi **F** 40-41 Ab 42
Nogent-le-Rotrou **F** 40-41 Aa 42
Nogent-sur-Seine **F** 40-41 Ad 42
Nogersund **S** 26-27 Be 34
Noginsk **RUS** 30-31 Di 35
Noia **E** 68-69 Sb 48
Noirétable **F** 54-55 Ad 45
Noirmoutier-en-l'Île **F** 54-55 Sh 43
Nokia **FIN** 18-19 Cd 29
Nol **S** 16-17 Bc 33
Nola **I** 72-73 Be 50
Nolinsk **RUS** 22-23 Fa 33
Nolvik **S** 8-9 Bf 25
Nonancourt **F** 40-41 Ab 42
Nonburg **RUS** 14-15 Fa 25
Nontron **F** 54-55 Aa 45
Noordwijk aan Zee **NL** 40-41 Ae 38
Noormarkku **FIN** 18-19 Cb 29
Nora **S** 16-17 Bf 31
Nor Ačin **AR** 78-79 Ee 50
Norberg **N** 8-9 Ai 29
Norberg **S** 16-17 Bf 30
Norcia **I** 72-73 Bd 48
Nordborg **DK** 26-27 Ak 35
Nordby **DK** 26-27 Ba 35
Norddal **N** 16-17 Af 29
Norden **D** 26-27 Ah 37
Nordenham **D** 26-27 Ai 37
Norderhov **N** 16-17 Ba 30
Norderney **D** 26-27 Ah 37
Norderö **S** 8-9 Be 27
Norderstedt **D** 26-27 Ak 37
Nordfjord **N** 4-5 Da 20
Nordfjordeid **N** 8-9 Af 29
Nordfold **N** 2-3 Bf 23
Nordhausen **D** 42-43 Ba 39
Nordhorn **D** 42-43 Ah 38
Nordkjosbotn **N** 2-3 Bk 21
Nordli **N** 8-9 Bd 26
Nordmaling **S** 10-11 Bk 27
Nordmark **S** 16-17 Be 31
Nordmela **N** 2-3 Bf 21
Nordneidet **N** 2-3 Bk 21
Nordovka **RUS** 34-35 Ff 37
Nordreisa **N** 2-3 Cb 21
Nordsjö **S** 16-17 Bg 29
Norðurfjörður **IS** 36 Qi 24
Nord-Vågsøy **N** 8-9 Af 29
Nore **N** 16-17 Ak 30
Noresund **N** 16-17 Ak 30
Nor Harberd **AR** 78-79 Ee 50
Norheimsund **N** 16-17 Ag 30
Norra Fjällnäs **S** 8-9 Bf 25
Norrahammar **S** 16-17 Be 33
Norråker **S** 8-9 Bf 26
Norra Ny **S** 16-17 Bd 30
Norrby **S** 8-9 Bi 26
Nørre Alslev **DK** 26-27 Bb 36
Nørre Nebel **DK** 26-27 Ai 35
Nørresundby **DK** 26-27 Ak 33
Nørre Vorupør **DK** 26-27 Ai 34
Norrfors **S** 8-9 Bi 27
Norrhult-Klavreström **S** 16-17 Bf 33
Norrköping **S** 16-17 Bg 32
Norrnäs **FIN** 10-11 Cb 28
Norrtälje **S** 16-17 Bi 31
Norsholm **S** 16-17 Bf 32
Norsjö **S** 10-11 Bk 26
Northallerton **GB** 38-39 Si 36
Northampton **GB** 40-41 Sk 38
North Berwick **GB** 38-39 Sh 34
Northeim **D** 42-43 Ak 39
North Sunderland **GB** 38-39 Si 35
North Walsham **GB** 38-39 Ab 38
Northwich **GB** 38-39 Sh 37
Nortorf **D** 26-27 Ak 36
Nort-sur-Erdre **F** 54-55 Si 43
Norwich **GB** 40-41 Ab 38
Nosivka **UA** 46-47 Db 40
Nosly **RUS** 34-35 Fa 34
Nosovaja **RUS** 6-7 Fe 22
Nosovaja **RUS** 22-23 Ef 33
Nosovskaja **RUS** 12-13 Ed 29
Nossebro **S** 16-17 Bc 32
Nošul' **RUS** 22-23 Ek 30
Noto **I** 72-73 Bf 54
Notodden **N** 16-17 Ak 31
Nottingham **GB** 38-39 Si 38
Nouans-les-Fontaines **F** 54-55 Ab 43
Nova Astrachan **UA** 48-49 Di 41
Nova Basan' **UA** 46-47 Db 40
Nova Borova **UA** 46-47 Ci 40
Novačene **BG** 74-75 Cd 48
Novaci **MK** 74-75 Cb 49
Novaféltria **I** 56-57 Bc 47
Nova Gradiška **HR** 58-59 Bh 45
Nova Haleščyna **UA** 46-47 Dd 41
Novaja **RUS** 12-13 Eb 29
Novaja Kahovka = Nova Kachovka **UA** 62-63 Dd 44
Novaja Kalitva **RUS** 48-49 Ea 40
Novaja Kriuša **RUS** 48-49 Eb 40
Novaja Ladoga **RUS** 18-19 Dc 30
Novaja Lavela **RUS** 12-13 Ef 27
Novaja Ljada **RUS** 48-49 Eb 38
Novaja Ljalja **RUS** 24-25 Ga 31
Novaja Majna **RUS** 32-33 Ek 36
Novaja Poltavka **RUS** 50-51 Eg 40
Novaja Porubežka **RUS** 50-51 Ek 39
Novaja Usman' **RUS** 48-49 Dk 39
Nova Kachovka **UA** 62-63 Dd 44
Novalukoml' **BY** 30-31 Ck 36
Nova Majačka **UA** 62-63 Dd 44
Nova Odesa **UA** 62-63 Db 43
Novara **I** 56-57 Ai 45
Nova Radča **UA** 46-47 Ck 39
Novara di Sicilia **I** 72-73 Bf 52
Nova Rjabyna **UA** 48-49 Df 40
Nova Sloboda **UA** 46-47 De 39
Novate Mezzola **I** 56-57 Ak 44
Nova Topola **BIH** 58-59 Bh 45
Nova Ušycja **UA** 46-47 Ch 42
Nova Varoš **YU** 58-59 Bk 47
Nova Vodolaha **UA** 48-49 Df 41
Nova Zagora **BG** 74-75 Cg 48
Nové Město nad Moravě **CZ** 44-45 Bg 41
Nové Mesto nad Váhom **SK** 44-45 Bh 42
Noven'kij **KA** 50-51 Fa 39
Nové Zámky **SK** 58-59 Bi 43
Novgorod **RUS** 18-19 Db 32
Novgorodka **RUS** 30-31 Ci 33
Novhorodka **UA** 46-47 Dc 42
Novhorod-Siver'skyj **UA** 46-47 Dd 38
Novhorods'ke, Znob'- **UA** 46-47 Dd 38
Novi Bečej **YU** 58-59 Ca 45
Novi Belokorovyči **UA** 46-47 Ci 39
Novigrad **HR** 56-57 Bd 45
Novi Iskăr **BG** 74-75 Cd 48
Novi Jarylovyči **BY** 46-47 Db 38
Novi Jarylovyči **UA** 46-47 Db 38
Novikbož **RUS** 14-15 Fg 24
Novi Lígure **I** 56-57 Ai 46
Novi Pazar **BG** 60-61 Ch 47
Novi Pazar **YU** 74-75 Ca 47
Novi Sad **YU** 58-59 Bk 45
Novi Sanžary **UA** 46-47 De 41
Novi Vinodolski **HR** 58-59 Be 45
Novlenskoe **RUS** 20-21 Dk 31
Novoadjar **UA** 48-49 Dk 42
Novoaleksandrovka **RUS** 50-51 Fc 38
Novoaleksandrovsk **RUS** 64-65 Eb 45
Novoalekseevka **KA** 52-53 Ge 38
Novoalekseevka = Karagandysay **KA** 52-53 Ff 40
Novoalekseevskaja **RUS** 64-65 Ea 46
Novoanninskij **RUS** 48-49 Ec 40
Novoaptula **RUS** 24-25 Gi 33
Novoarchanhel's'k **UA** 46-47 Da 42
Novoarhangelovka **RUS** 34-35 Ff 38
Novoazovs'k **UA** 62-63 Di 43
Novobaltačevo **RUS** 34-35 Fe 35
Novobelokataj **RUS** 34-35 Fi 35
Novobogat **KA** 66-67 Fb 43
Novoborovyci **UA** 62-63 Dk 43
Novočeboksarsk **RUS** 32-33 Eh 34
Novočeremšansk **RUS** 34-35 Fa 36
Novočerkassk **RUS** 52-53 Fg 39
Novočerkassk **RUS** 64-65 Ea 43
Novocimljanskaja **RUS** 64-65 Ec 43
Novodevič'e **RUS** 32-33 Ei 37
Novodon **KA** 52-53 Fg 40
Novodugino **RUS** 30-31 De 35
Novodvinsk **RUS** 12-13 Ea 26
Novoe Bajbatyrevo **RUS** 32-33 Eh 35
Novoe Ermakovo **RUS** 34-35 Fb 36
Novoe Mansurkino **RUS** 34-35 Fb 37
Novoe Mašozero **RUS** 10-11 Dd 26
Novofedorivka **UA** 62-63 Dc 44
Novogornyj **RUS** 34-35 Ga 35
Novograd-Volynskij = Novohrad-Volyns'kyj **UA** 46-47 Ch 40
Novohoperskij **RUS** 48-49 Eb 39
Novohrad-Volyns'kyj **UA** 46-47 Ch 40
Novoil'inskij **RUS** 22-23 Ff 33
Novojantuzovo **RUS** 34-35 Ff 35
Novokašpirskij **RUS** 32-33 Ei 37
Novokubansk **RUS** 64-65 Eb 45
Novokujbyševsk **RUS** 32-33 Ek 37
Novol'vovsk **RUS** 30-31 Di 37
Novomalorossijskaja **RUS** 62-63 Dk 45
Novomar'evka **RUS** 52-53 Ff 40
Novo Mesto **SLO** 58-59 Bf 45
Novomičurinsk **RUS** 32-33 Dk 36
Novomihajlovskij **RUS** 62-63 Di 46
Novominskaja **RUS** 62-63 Di 44
Novomoskovsk **RUS** 30-31 Di 36
Novomoskovs'k **UA** 48-49 Df 42
Novomoskovsk = Novomoskovs'k **UA** 48-49 Df 42
Novomuraptalovo **RUS** 52-53 Ff 38
Novomusino **RUS** 34-35 Fe 38
Novomykolajivka **UA** 62-63 Dc 44
Novomykolajivka **UA** 62-63 Df 43
Novomyrhorod **UA** 46-47 Db 42
Novonadeždinka **KA** 50-51 Fe 40
Novonežinka **KA** 52-53 Ge 38
Novonikolaevka **RUS** 50-51 Eg 42
Novonikolaevskaja **RUS** 62-63 Di 45
Novonikolaevskij **RUS** 48-49 Ec 40
Novooleksijivka **UA** 62-63 De 44
Novoorenburg **RUS** 52-53 Fk 38
Novoorsk **RUS** 52-53 Fk 39
Novopavlivka **UA** 48-49 Dg 42
Novopavlovsk **RUS** 64-65 Ed 47
Novopetrivka **UA** 62-63 Dg 44
Novopetrovo **RUS** 24-25 Gk 33
Novopetrovskoe **RUS** 30-31 Dg 35
Novopetrykivka **UA** 62-63 Dg 43
Novopokrovka **RUS** 52-53 Fh 39
Novopokrovka **UA** 46-47 De 42
Novopokrovskaja **RUS** 64-65 Ea 45
Novopokrovskoe **RUS** 48-49 Ed 39
Novopolevodino **RUS** 50-51 Eh 39
Novopoljan'e **RUS** 32-33 Dk 37
Novopolock = Navapolack **BY** 30-31 Ci 35
Novopskov **UA** 48-49 Dk 41
Novorepnoe **RUS** 50-51 Ei 39
Novorossijsk **RUS** 62-63 Dh 46
Novorossijskoe **KA** 52-53 Fi 40
Novorossošanskij **RUS** 64-65 Eb 43
Novoržev **RUS** 30-31 Ck 33
Novosadkovskij **RUS** 64-65 Eb 43
Novošahtinsk **RUS** 62-63 Dk 43
Novoščerbinovskaja **RUS** 62-63 Di 44
Novosel'cy **RUS** 18-19 Db 32
Novoselë **AL** 74-75 Bk 50
Novosel'e **RUS** 18-19 Ci 32
Novoselec **BG** 74-75 Cg 48
Novoselickoe **RUS** 64-65 Ed 46
Novoselivs'ke **UA** 62-63 Dd 45
Novoselka **RUS** 34-35 Ff 38
Novo Selo **MK** 74-75 Cc 49
Novosel'skoe **RUS** 48-49 Ed 39
Novoselycja **UA** 46-47 Cg 42
Novosemejkino **RUS** 34-35 Fa 37
Novosergievka **RUS** 50-51 Fd 38
Novošešminsk **RUS** 34-35 Fb 35
Novosil' **RUS** 30-31 Dh 38
Novosil'skoe **RUS** 48-49 Di 39
Novosineglazovskij **RUS** 34-35 Gb 35
Novosokol'niki **RUS** 30-31 Da 34
Novospasskoe **RUS** 32-33 Eh 37
Novospasskoe **RUS** 50-51 Fe 38
Novosvitlivka **UA** 48-49 Dk 42
Novotaimasovo **RUS** 34-35 Ff 38
Novotitarovskaja **RUS** 62-63 Di 45
Novot'jalovo **RUS** 24-25 Gg 33
Novotroick **RUS** 52-53 Fi 39
Novotroickaja **RUS** 64-65 Eb 45
Novotroickoe **RUS** 22-23 Eh 32
Novotroickoe **RUS** 32-33 Ee 36
Novotroji'cke **UA** 62-63 De 44
Novotulka **RUS** 50-51 Eh 40
Novoukrajinka **UA** 46-47 Db 42
Novoul'janovsk **RUS** 32-33 Ei 36
Novouspenskoe **RUS** 22-23 Eg 33
Novoutkinsk **RUS** 34-35 Fk 34
Novouzensk **RUS** 50-51 Ei 40
Novovasylivka **UA** 62-63 Df 44
Novov'azivs'ke **UA** 48-49 Df 42
Novovil'venskij **RUS** 24-25 Fi 32
Novovjatsk **RUS** 22-23 Ek 32
Novovladimirovskaja **RUS** 64-65 Ea 45
Novovolyns'k **UA** 44-45 Ce 40
Novovolynsk = Novovolyns'k **UA** 44-45 Ce 40
Novovoroncovka **UA** 62-63 Dd 43
Novozavidovskij **RUS** 30-31 Dg 34
Novozedrino **RUS** 34-35 Fd 37
Novozizevka **RUS** 50-51 Ei 40
Novozybkov **BY** 46-47 Db 38
Novska **HR** 58-59 Bg 45
Nový Bor **CZ** 42-43 Be 40
Nový Bydžov **CZ** 44-45 Bf 40
Novye Aneny = Anenii Noi **MD** 60-61 Ck 44
Novye Burasy **RUS** 50-51 Eg 38

Novye Ljady RUS 22-23 Fg 32
Novye Selo RUS 20-21 Dd 31
Novye Zjatcy RUS 22-23 Fc 33
Novyi Oskol RUS 48-49 Dh 40
Novyj RUS 64-65 Ef 45
Novyj Afon GE 78-79 Ea 47
Novyj Bor RUS 6-7 Fc 24
Novyj Buh UA 62-63 Dc 43
Novyj Bujan RUS 34-35 Fa 37
Novyj Byt RUS 32-33 Eb 35
Novyj Egorlyk RUS 64-65 Eb 44
Nový Jičín CZ 44-45 Bi 41
Novyj Karačaj RUS 64-65 Eb 47
Novyj Kiner RUS 32-33 Ek 34
Novyj Multan RUS 22-23 Fc 33
Novyj Nekouz RUS 20-21 Di 33
Novyj Rozdol UA 44-45 Ce 41
Novyj Sinec RUS 30-31 Dg 37
Novyj Skrebel' RUS 20-21 Dd 33
Novyj Subaj RUS 34-35 Fh 35
Novyj Tap RUS 24-25 Gh 33
Novyj Tor"jal RUS 22-23 Ei 33
Novyj Uzen' KA 66-67 Fc 47
Novy Pahost BY 30-31 Ch 35
Nowa Karczma PL 28-29 Bi 36
Nowa Ruda PL 44-45 Bg 40
Nowa Sól PL 44-45 Bf 39
Nowe PL 28-29 Bi 37
Nowe Brzesko PL 44-45 Ca 40
Nowe Miasteczko PL 44-45 Bf 39
Nowe Miasto Lubawskie PL 28-29 Bk 37
Nowe Miasto nad Pilicą PL 44-45 Ca 39
Nowe Warpno PL 26-27 Be 37
Nowogard PL 26-27 Bf 37
Nowogród Bobrzański PL 44-45 Bf 39
Nowy Dwór Gdański PL 28-29 Bk 36
Nowy Dwór Mazowiecki PL 44-45 Ca 38
Nowy Sącz PL 44-45 Ca 41
Nowy Targ PL 44-45 Ca 41
Nowy Tomyśl PL 44-45 Bg 38
Noyant F 54-55 Aa 43
Noyers F 54-55 Ad 43
Noyon F 40-41 Ad 41
Nozay F 54-55 Si 43
Nubarašen AR 78-79 Ee 50
Nudol' RUS 30-31 Dg 34
Nürnberg D 42-43 Bb 41
Nürtingen D 42-43 Ak 42
Nuevo Riaño E 68-69 Sf 48
Nuguš RUS 34-35 Fg 37
Nuits-Saint-Georges F 54-55 Ae 43
Nules E 70-71 Sk 51
Nu'mān, Ma'arrat an- SYR 86-87 Dg 55
Nuneaton GB 40-41 Si 38
Nunnanen FIN 2-3 Ce 22
Nunspeet NL 42-43 Af 38
Nuorgam FIN 2-3 Ch 20
Nuoro I 70-71 Ak 50
Núpsdalstunga IS 36 Qk 25
Nur, Cagan- RUS 64-65 Ef 43
Nūra KA 52-53 Gc 42
Nurhak TR 86-87 Dh 53
Nurlat RUS 34-35 Fa 36
Nurlaty RUS 32-33 Ei 35
Nurmes FIN 10-11 Ck 27
Nurmijärvi FIN 10-11 Ck 27
Nurmijärvi FIN 18-19 Ce 30
Nusaybin TR 86-87 Eb 53
Nyåker S 10-11 Bk 27
Ny Ålesund N 2-3 I B 2
Nybergsund N 16-17 Bc 29
Nybor RUS 22-23 Fg 30
Nyborg DK 26-27 Ba 35
Nyborg S 10-11 Cd 25
Nybro S 26-27 Bf 34
Nyékládháza H 58-59 Ca 43
Nyhammar S 16-17 Be 30
Nyirád H 58-59 Bh 43
Nyíradony H 58-59 Cb 43
Nyírbátor H 58-59 Cc 43
Nyíregyháza H 58-59 Cb 43
Nykarleby FIN 10-11 Cc 27
Nykirke N 16-17 Ba 30
Nykøbing Falster DK 26-27 Bb 36
Nykøbing Mors DK 26-27 Ai 34
Nykøbing Sjælland DK 26-27 Bb 35
Nyköping S 16-17 Bh 32
Nykroppa S 16-17 Be 31
Nyland S 8-9 Bh 27
Nylga RUS 34-35 Fc 34
Nymburk CZ 44-45 Bf 40
Nymoen N 8-9 Be 25
Nynäshamn S 16-17 Bh 32
Nyneset N 8-9 Bc 26
Nyon CH 56-57 Ag 44
Nyons F 56-57 Af 46
Nyr RUS 22-23 Eh 33
Nyrud RUS 2-3 Ck 21
Nysa PL 44-45 Bh 40
Nyša RUS 34-35 Fb 34
Nysäter S 16-17 Bc 31
Nysted DK 26-27 Bb 36
Nytva RUS 22-23 Ff 33
Nyvoll N 2-3 Cd 20
Nyžankovyči UA 44-45 Cc 41
Nyžni Sirohozy UA 62-63 De 44
Nyžni Torhaji UA 62-63 De 44
Nyžni Vorota UA 44-45 Cd 42
Nyžn'ohirs'kyj UA 62-63 De 45

O

Oakham GB 38-39 Sk 38
Oancea RO 60-61 Ci 45
Obal' BY 30-31 Ck 35
Oban GB 38-39 Se 34
Obbola S 10-11 Ca 27
Obeliai LT 28-29 Cf 35
Oberammergau D 56-57 Bb 43
Oberdrauburg A 56-57 Bc 44
Oberhausen D 42-43 Ag 39
Oberkirch D 42-43 Ai 42
Obernai F 42-43 Ah 42
Oberndorf bei Salzburg A 42-43 Bc 43
Oberpullendorf A 58-59 Bg 43
Oberstdorf D 56-57 Ba 43
Oberstein, Idar- D 42-43 Ah 41
Obervellach A 56-57 Bd 44
Oberwart A 58-59 Bg 43
Oberwölz Stadt A 58-59 Be 43
Oberzeiring A 58-59 Be 43
Óbidos P 68-69 Sa 51
Obil'noe RUS 64-65 Ee 43
Ob"jačevo RUS 22-23 Ek 30
Oblastnaja RUS 34-35 Fc 34
Obninsk RUS 30-31 Dg 35
Obnova BG 60-61 Ce 47
Obodivka UA 46-47 Ck 42
Obojan RUS 48-49 Dg 39
Obolensk RUS 30-31 Dh 36
Obolon' UA 46-47 Dc 41
Obón E 70-71 Sk 50
Oborniki PL 44-45 Bg 38
Oborniki Śląskie PL 44-45 Bg 39
Obozerskij RUS 12-13 Ea 27
Obrenovac YU 58-59 Ca 46
Obročište BG 60-61 Ci 47
Obrovac HR 58-59 Bf 46
Obručevka RUS 52-53 Fk 38
Obruk TR 84-85 Dd 52
Obšarovka RUS 32-33 Ei 37
Obuchiv UA 46-47 Da 40
Obval RUS 32-33 Ed 38
Obvinsk RUS 22-23 Fe 32
Obža RUS 18-19 Dc 30
Obzon BG 76-77 Ch 48
Očakiv UA 62-63 Db 44
Ocaklı TR 78-79 Ed 50
Očamčira GE 78-79 Eb 48
Ocaña E 68-69 Sg 51
Očer RUS 22-23 Fe 33
Očeretuvate UA 62-63 Df 43
Očevlje BIH 58-59 Bi 46
Ochsenfurt D 42-43 Ba 41
Ochtrup D 42-43 Ah 38
Ochtyrka UA 46-47 De 40
Ockelbo S 16-17 Bg 30
Ocna Mureş RO 60-61 Cd 44
Ocna Sibiului RO 60-61 Ce 45
Octovcy RUS 30-31 Dd 34
Odda N 16-17 Ag 30
Odder DK 26-27 Ba 35
Odeceixe P 80-81 Sb 53
Odeleite P 80-81 Sc 53
Odemira P 80-81 Sb 53
Odensbacken S 16-17 Bf 31
Odense DK 26-27 Ba 35
Oderzo I 56-57 Bc 45
Odesa UA 60-61 Da 44
Odessa = Odesa UA 60-61 Da 44
Odincovo RUS 30-31 Dh 35
Odobeşti RO 60-61 Ch 45
Odoev RUS 30-31 Dg 37
Odomlja RUS 20-21 Df 33
Odorheiu Secuiesc RO 60-61 Cf 44
Odrzywół PL 44-45 Ca 39
Odunboğazı TR 76-77 Dd 51
Odžaci YU 58-59 Bk 45
Odžak BIH 58-59 Bi 45
Öbektaş TR 84-85 Dd 53
Oebisfelde D 42-43 Ba 38
Ödemiş TR 82-83 Ch 52
Ödenburg = Sopron H 58-59 Bg 43
Ödeshög S 16-17 Be 32
Öğdem TR 78-79 Eb 50
Öğütlü TR 86-87 Eb 53
Ögur IS 36 Qh 24
Oeiras P 80-81 Sa 52
Öja FIN 10-11 Cc 27
Öje S 16-17 Bd 30
Öjung S 16-17 Bf 29
Oelsnitz D 42-43 Bc 40
Ölüdeniz TR 84-85 Ck 54
Ömerli TR 76-77 Ck 49
Ömerli TR 86-87 Ea 53
Ömossa FIN 10-11 Cb 28
Önege KA 50-51 Eh 41
Ördekçi TR 84-85 Db 52
Örebro S 16-17 Bf 31
Öregrund S 16-17 Bi 30
Ören TR 82-83 Ch 53
Örencik TR 76-77 Ck 51
Örenköy TR 86-87 Dh 52
Örenşehir TR 86-87 Dg 51
Örgütlü TR 86-87 Di 53
Örkelljunga S 26-27 Bd 34
Örkény H 58-59 Bk 43
Örnek KA 34-35 Gb 37
Örnsköldsvik S 8-9 Bi 27
Örsjö S 26-27 Bf 34
Örsundsbro S 16-17 Bh 31
Örträsk S 10-11 Bk 26
Ösmo S 16-17 Bh 32
Östansjö S 8-9 Bi 25
Östavall S 8-9 Bf 28
Österbybruk S 16-17 Bh 30
Österbymo S 16-17 Bf 33
Österfärnebo S 16-17 Bg 30
Östersund S 8-9 Be 27
Östersundom FIN 18-19 Cf 30
Östhammar S 16-17 Bi 30
Östra Ed S 16-17 Bg 32
Östra Frölunda S 16-17 Bd 33
Oettingen in Bayern D 42-43 Ba 42
Oever, Den NL 26-27 Af 38
Överkalix S 2-3 Cc 24
Övermark FIN 10-11 Cb 28
Övertorneå S 2-3 Cd 24
Överturingen S 8-9 Be 28
Överum S 16-17 Bg 33
Övre Soppero S 2-3 Cb 22
Özalp TR 86-87 Ed 52
Özbaşı TR 82-83 Ch 53
Özen KA 66-67 Fc 47
Özkonak TR 84-85 De 52
Özlüce TR 78-79 Ea 51
Özpınar TR 86-87 Ec 52
Of TR 78-79 Ea 50
Offenbach am Main D 42-43 Ai 40
Offenburg D 42-43 Ah 42
Offranville F 40-41 Ab 41
Ogarkovo RUS 20-21 Di 32
Ogorelyši RUS 12-13 Df 27
Ogre LV 28-29 Ce 34
Oğulcak TR 76-77 Df 51
Ogulin HR 58-59 Bf 45
Oğuz TR 78-79 Di 51
Oğuz TR 86-87 Eb 53
Ohansk RUS 22-23 Ff 33
Ohlebinino RUS 34-35 Fg 36
Ohotino RUS 20-21 Di 33
Ohrid MK 74-75 Ca 49
Ohtoma RUS 20-21 Eb 29
Oijärvi FIN 10-11 Cf 25
Oikarainen FIN 2-3 Cg 24
Oileán Ciarrai IRL 37 Sa 38
Oissel F 40-41 Ab 41
Ojmauyt KA 66-67 Fg 43
Ojyl KA 50-51 Fe 41
Okehampton GB 40-41 Sf 40
Okladnevo RUS 20-21 Dd 32
Okorš BG 60-61 Ch 47
Oksajärvi S 2-3 Cc 23
Oksbøl DK 26-27 Ai 35
Oksby DK 26-27 Ai 35
Øksfjord N 2-3 Cc 20
Oksino RUS 6-7 Fc 23
Oksovskij RUS 12-13 Dk 28
Oktarbr'skij RUS 48-49 Dg 40
Oktemberjan AR 78-79 Ee 50
Oktjabr' KA 52-53 Fh 41
Oktjabr'sk RUS 32-33 Ei 37
Oktjabr'sk = Oktjabr' KA 52-53 Fh 41
Oktjabr'skaja RUS 12-13 Dg 28
Oktjabr'skaja RUS 62-63 Dk 44
Oktjabr'skij RUS 4-5 De 23
Oktjabr'skij RUS 20-21 Dg 29
Oktjabr'skij RUS 20-21 Ed 29
Oktjabr'skij RUS 30-31 Di 36
Oktjabr'skij RUS 32-33 Dk 37
Oktjabr'skij RUS 32-33 Ei 34
Oktjabr'skij RUS 32-33 Ei 36
Oktjabr'skij RUS 32-33 Bh 41
Oktjabr'skij RUS 34-35 Fd 36
Oktjabr'skij RUS 34-35 Fh 34
Oktjabr'skij RUS 64-65 Ed 43
Oktjabr'skoe KA 52-53 Fi 41
Oktjabr'skoe RUS 48-49 Eb 39
Oktjabr'skoe RUS 52-53 Ff 38
Oktjabr'skoe RUS 64-65 Ec 45
Okučami HR 58-59 Bh 45
Okuklje HR 72-73 Bh 48
Okulovka RUS 20-21 Dd 32
Okulovo RUS 12-13 Ee 24
Okulovo RUS 34-35 Gb 34
Okulovskaja RUS 20-21 Ed 30
Okunev Nos RUS 6-7 Fc 24
Okurcalar TR 84-85 Db 54
Ola, Joškar- RUS 32-33 Eh 34
Ólafsfjörður IS 36 Rb 24
Ólafsvík IS 36 Qg 26
Olaine LV 28-29 Cd 34
Olargues F 54-55 Ac 47
Oława PL 44-45 Bh 40
Olbernhau D 42-43 Bd 40
Ólbia I 70-71 Ak 50
Olden N 8-9 Ag 29
Oldenburg D 26-27 Ai 37
Oldenburg (Holstein) D 26-27 Ba 36
Olderdalen N 2-3 Ca 21
Olderfjord N 2-3 Cf 20
Oldervik N 2-3 Bk 21
Oldham GB 38-39 Sh 37
Oldmeldrum GB 38-39 Sh 33
Olecko PL 28-29 Cc 36
Oleiros P 68-69 Sc 51
Oleksandrivika, Lozno- UA 48-49 Di 41
Oleksandrivka UA 46-47 Db 42
Oleksandrivka UA 46-47 Dc 42
Oleksandrivka UA 46-47 Dd 42
Oleksandrivka UA 48-49 Dg 42
Oleksandrivka UA 62-63 Db 43
Oleksandrivka UA 62-63 Dc 44
Oleksandrivka UA 62-63 Dh 43
Olema RUS 12-13 Eg 26
Ølen N 16-17 Af 31
Olenica RUS 4-5 Df 24
Olenino RUS 30-31 Dd 34
Olenivka UA 62-63 Dc 45
Olenivka UA 62-63 Dh 43
Olenogorsk RUS 4-5 Dd 22
Oles'ko UA 44-45 Ce 41
Oleśnica PL 44-45 Bh 39
Olesno PL 44-45 Bi 40
Olevs'k UA 46-47 Ch 39
Ol'ginka RUS 62-63 Di 46
Ol'gino RUS 32-33 Ea 36
Ølgod DK 26-27 Ai 35
Olhão P 80-81 Sc 53
Olhava FIN 10-11 Cf 25
Ol'hi RUS 32-33 Eb 37
Ol'hovatka RUS 48-49 Dk 40
Ol'hovatka UA 48-49 Dh 40
Ol'hovka RUS 48-49 Ee 41
Olib HR 58-59 Be 46
Olìena I 70-71 Ak 50
Olimbía GR 82-83 Cb 53
Ólimbos GR 82-83 Ch 55
Olingskog S 16-17 Be 29
Oliva E 70-71 Sk 52
Oliva de la Frontera E 80-81 Sd 52
Oliveira de Azeméis P 68-69 Sb 50
Oliveira do Hospital P 68-69 Sc 50
Olivenza E 80-81 Sc 52
Olkusz PL 44-45 Bk 40
Ollerton GB 38-39 Sk 37
Olmedo E 68-69 Sf 49
Olmillos de Sasamón E 68-69 Sf 48
Olofström S 26-27 Be 34
Olomouc CZ 44-45 Bh 41
Olonec RUS 18-19 Dc 30
Olonzac F 54-55 Ac 47
Oloron-Sainte-Marie F 70-71 Sk 47
Olot E 70-71 Ac 48
Olovo BIH 58-59 Bi 46
Olpe D 42-43 Ah 39
Ol'ša RUS 30-31 Db 36
Ol'šanka RUS 48-49 Dh 40
Olsztyn PL 28-29 Ca 37
Olsztynek PL 28-29 Ca 37
Olt, Drăgăneşti RO 60-61 Ce 46
Oltedal N 16-17 Ag 32
Olten CH 56-57 Ah 43
Olteniţa RO 60-61 Cg 46
Oltina RO 60-61 Ch 46
Oltinkül US 66-67 Fi 47
Oltu TR 78-79 Ec 50
Oluközü TR 76-77 Df 51
Olukpınar TR 84-85 Dc 54
Olur TR 78-79 Ec 50
Olymskij RUS 48-49 Di 39
Oma RUS 6-7 Eg 24
Omagh GB 37 Sc 36
Omanišara GE 78-79 Eb 47
Omegna I 56-57 Ai 45
Omel'nyk UA 46-47 Dd 41
Omiš HR 58-59 Bg 47
Omitrovsk-Orlovskij RUS 48-49 Df 38
Ommen NL 42-43 Ag 38
Omólio GR 74-75 Cc 51
Omoljica YU 58-59 Ca 46
Omurtag BG 74-75 Cg 47
Omutninsk RUS 22-23 Fc 32
Oña E 68-69 Sg 48
Oñati E 68-69 Sh 47
Onbirnisan TR 86-87 Di 53
Onda E 70-71 Sk 51
Ondarroa E 54-55 Sh 47
Ondokuzmayıs TR 78-79 Dg 49
Ondozero RUS 10-11 Dd 27
Onega RUS 12-13 Di 27
Oneşti RO 60-61 Cg 44
Onež'e RUS 14-15 Fa 28
Oni GE 78-79 Ed 48
Onkamo FIN 10-11 Da 28
Onolva, Ust'- RUS 22-23 Fe 31
Ontinyent E 70-71 Sk 52
Ontojoki FIN 10-11 Ci 26
Ontur E 80-81 Si 52
Oostende B 40-41 Ac 39
Oosterhout NL 40-41 Ae 39
Opaka BG 60-61 Cg 47
Opanözü TR 76-77 Ck 51
Oparino RUS 22-23 Ei 31
Opatija HR 58-59 Be 45
Opatów PL 44-45 Cb 40
Opava CZ 44-45 Bh 41
Opečenskij Posad RUS 20-21 De 32
Opejica MK 74-75 Ca 49
Opišn'a UA 46-47 De 41
Opočka RUS 30-31 Ci 34
Opoczno PL 44-45 Ca 39
Opole PL 44-45 Bh 40
Opole Lubelskie PL 44-45 Cb 39
Opornyj KA 66-67 Fe 44
Oppdal N 8-9 Ak 28
Oppenheim D 42-43 Ai 41
Oppstryn N 8-9 Ah 29
Opsa BY 28-29 Cg 35
Ora = Auer I 56-57 Bb 44
Oradea RO 58-59 Cb 43
Orahovac YU 74-75 Ca 48
Orahov Do BIH 72-73 Bh 48
Orahovica HR 58-59 Bh 45
Oral KA 50-51 Fb 39
Orange F 54-55 Ae 46
Orani I 70-71 Ak 50
Oranienburg D 26-27 Bd 38
Oran Mór IRL 37 Sb 37
Oranmore = Oran Mór IRL 37 Sb 37
Oranžeri RUS 64-65 Eh 45
Orašje BIH 58-59 Bi 45
Orăştie RO 60-61 Cd 45
Orativ UA 46-47 Ck 41
Oravainen = Oravais FIN 10-11 Cc 27
Oravais FIN 10-11 Cc 27
Oraviţa RO 58-59 Cb 45
Orb, Bad D 42-43 Ak 40
Ørbæk DK 26-27 Ba 35
Orbeasca de Jos RO 60-61 Cf 46
Orbec F 40-41 Aa 41
Orbetello I 72-73 Bb 48
Orchies F 40-41 Ad 40
Orda KA 50-51 Eh 42
Orda RUS 22-23 Fg 33
Ordu TR 78-79 Dh 50
Orduña E 68-69 Sg 48
Ordžonikidze UA 62-63 De 43
Ordžonikidze = Haragauli GE 78-79 Ed 49
Ordžonikidze = Vladikavkaz RUS 78-79 Ee 48
Ordžonikidzevskij RUS 64-65 Eb 47
Orebić HR 72-73 Bh 48
Oredež RUS 18-19 Da 32
Orehovka RUS 52-53 Ga 39
Orehovo-Zuevo RUS 30-31 Di 35
Orel RUS 22-23 Fg 31
Orel RUS 30-31 Dg 38
Orellana la Vieja E 68-69 Se 51
Orenburg RUS 52-53 Ff 39
Orense = Ourense E 68-69 Sc 48
Orestiáda GR 74-75 Cg 49
Orfáni GR 74-75 Cd 50
Orford GB 40-41 Ab 38
Orgáni GR 74-75 Cf 49
Organyà E 70-71 Ab 48

Orgaz **E** 68-69 Sg 51
Orgeev = Orhei **MD** 60-61 Ci 43
Orgósolo **I** 70-71 Ak 50
Orhaneli **TR** 76-77 Ci 51
Orhangazi **TR** 76-77 Ck 50
Orhanlı **TR** 84-85 Ck 53
Orhei **MD** 60-61 Ci 43
Orhej = Orhei **MD** 60-61 Ci 43
Orhomenós **GR** 82-83 Cc 52
Oria **E** 80-81 Sh 53
Orichiv **UA** 62-63 Df 43
Oriči **RUS** 22-23 Ek 32
Orihuela **E** 80-81 Sk 52
Oril'ka **UA** 48-49 Dg 42
Orimattila **FIN** 18-19 Cf 30
Oripää **FIN** 18-19 Cc 30
Orissaare **EST** 18-19 Cd 32
Oristano **I** 70-71 Ai 51
Orivesi **FIN** 18-19 Ce 29
Orjahovo **BG** 60-61 Cd 47
Ørje **N** 16-17 Bb 31
Órjiva **E** 80-81 Sg 54
Orkanger **N** 8-9 Ak 27
Orléans **F** 54-55 Ab 43
Orlecy **RUS** 22-23 Fb 31
Orleşti **RO** 60-61 Ce 46
Orlik **KA** 50-51 Fb 42
Orlivka **UA** 60-61 Ci 45
Orlov Gaj **RUS** 50-51 Ei 40
Orlovka **KA** 52-53 Gf 39
Orlovo **RUS** 48-49 Dk 39
Orlovskij **RUS** 64-65 Ec 44
Orlovskij, Omitrovsk- **RUS** 48-49 Df 38
Órma **GR** 74-75 Cb 50
Ormanlı **TR** 76-77 Db 49
Ormanözü **TR** 76-77 Df 50
Ormea **I** 56-57 Ah 46
Órmos **GR** 82-83 Ce 53
Órmos Panórmou **GR** 82-83 Cf 53
Ormož **SLO** 58-59 Bg 44
Ornans **F** 56-57 Ag 43
Ørnes **N** 2-3 Bd 24
Orneta **PL** 28-29 Ca 36
Orodel **RO** 60-61 Cd 46
Oropesa **E** 68-69 Se 51
Orosei **I** 70-71 Ak 50
Orosháza **H** 58-59 Ca 44
Oroszlány **H** 58-59 Bi 43
Orpesa **E** 70-71 Aa 50
Orša **BY** 30-31 Da 36
Orsa **S** 16-17 Be 29
Oršanka **RUS** 32-33 Eh 34
Orsk **RUS** 52-53 Fi 39
Orşova **RO** 58-59 Cc 46
Ørstavik **N** 8-9 Ag 28
Ørsted **DK** 26-27 Ba 34
Orta **TR** 76-77 Dd 50
Ortabağ **TR** 86-87 Ec 53
Ortaca **TR** 84-85 Ci 54
Ortacalar **TR** 78-79 Eb 49
Ortadirek **TR** 78-79 Ed 51
Ortakent **TR** 78-79 Di 50
Ortakent **TR** 82-83 Ch 53
Ortaklar **TR** 82-83 Ch 53
Ortaklı **TR** 86-87 Dg 54
Ortaköy **TR** 76-77 Df 50
Ortaköy **TR** 78-79 Dg 51
Ortaköy **TR** 78-79 Eb 49
Ortaköy **TR** 84-85 De 52
Orta Nova **I** 72-73 Bf 49
Ortatjube **RUS** 64-65 Ef 46
Orte **I** 72-73 Bc 48
Orth an der Donau **A** 44-45 Bg 42
Orthez **F** 54-55 Sk 47
Ortnevik **N** 16-17 Ag 29
Ortona **I** 72-73 Be 48
Orusjarvi **RUS** 18-19 Dc 29
Orvieto **I** 72-73 Bc 48
Orzinuovi **I** 56-57 Ak 45
Orživ **UA** 46-47 Cg 40
Orzysz **PL** 28-29 Cb 37
Os **N** 8-9 Bb 28
Osa **RUS** 22-23 Ff 33
Osada, Czyżew- **PL** 28-29 Cc 38
Osby **S** 26-27 Bd 34
Oschatz **D** 42-43 Bd 39
Oschersleben **D** 42-43 Bb 38
Öschiri **I** 70-71 Ak 50
Osečina **YU** 58-59 Bk 46
Osica de Sus **RO** 60-61 Ce 46
Osie **PL** 28-29 Bi 37
Osija **RUS** 18-19 Db 32
Osijek **HR** 58-59 Bi 45
Ósilo **I** 70-71 Ai 50
Osincevo **RUS** 22-23 Fh 33
Osinki **RUS** 32-33 Ek 38
Osinovo **RUS** 12-13 Ec 28
Oš'ja **RUS** 34-35 Fe 34
Osjatkino **RUS** 12-13 Eg 28
Oskarshamn **S** 16-17 Bg 33
Oskarström **S** 26-27 Bc 34
Os'kino **RUS** 48-49 Di 39
Oslo **N** 16-17 Ba 31
Osmancalı **TR** 82-83 Ch 52
Osmancık **TR** 76-77 De 50
Osmaneli **TR** 76-77 Da 50
Osmaniye **TR** 84-85 Dg 53
Osmankalfalar **TR** 84-85 Ck 53
Osmanpaşa **TR** 76-77 De 51
Os'mino **RUS** 18-19 Ck 31
Ošminskoe **RUS** 22-23 Eh 33
Osnabrück **D** 42-43 Ai 38
Osorno **E** 68-69 Sf 48
Osovik **RUS** 30-31 Dd 37
Osøyra **N** 16-17 Af 30
Oss **NL** 42-43 Af 39
Ossa de Montiel **E** 68-69 Sh 52
Oššepkovo **RUS** 22-23 Fg 31
Ostaševo **RUS** 30-31 Df 35
Ostaškov **RUS** 20-21 Dd 33
Østby **N** 8-9 Bb 27
Østby **N** 16-17 Bc 29
Oster **UA** 46-47 Da 40
Osterburg (Altmark) **D** 26-27 Bb 38
Osterholz-Scharmbeck **D** 26-27 Ai 37
Osterode am Harz **D** 42-43 Ba 39
Øster Vrå **DK** 16-17 Ba 33
Osterwieck **D** 42-43 Ba 39
Osthofen **D** 42-43 Ai 41
Óstia **I** 72-73 Bc 49
Ostíglia **I** 56-57 Bb 45
Oštinskij Pogost **RUS** 20-21 Df 30
Østnes **N** 8-9 Bd 26
Ostoženka **RUS** 22-23 Ff 33
Ostrava **CZ** 44-45 Bi 41
Ostróda **PL** 28-29 Bk 37
Ostrogožsk **RUS** 48-49 Dk 40
Ostroh **UA** 46-47 Cg 40
Ostrołęka **PL** 28-29 Cb 37
Ostrolenskij **RUS** 34-35 Fk 37
Ostrov **RO** 60-61 Ch 46
Ostrov **RO** 60-61 Ci 46
Ostrov **RUS** 18-19 Ci 33
Ostrov **RUS** 20-21 Dg 29
Ostrov **RUS** 20-21 Dh 30
Ostrovnoe **RUS** 52-53 Fg 39
Ostrovskaja **RUS** 48-49 Ee 40
Ostrovskoe **RUS** 20-21 Ec 33
Ostrowiec Świętokrzyski **PL** 44-45 Cb 40
Ostrów Mazowiecka **PL** 28-29 Cb 38
Ostrów Wielkopolski **PL** 44-45 Bh 39
Ostrzeszów **PL** 44-45 Bh 39
Ostseebad Binz **D** 26-27 Bd 36
Ostseebad Kühlungsborn **D** 26-27 Bb 36
Ostseebad Wustrow **D** 26-27 Bc 36
Ostseebad Zingst am Darß **D** 26-27 Bc 36
Ostseebad Zinnowitz **D** 26-27 Bd 36
Ostuni **I** 72-73 Bh 50
Osujskoe **RUS** 30-31 De 34
Osuna **E** 80-81 Se 53
Oswestry **GB** 38-39 Sg 38
Oświęcim **PL** 44-45 Bk 40
Osypenko **UA** 62-63 Dg 44
Otanmäki **FIN** 10-11 Ch 26
Ot"assy **RUS** 32-33 Eb 37
Oteren **N** 2-3 Bk 21
Otmanlar **TR** 84-85 Ci 53
Otnes **N** 16-17 Bb 29
Otočac **HR** 58-59 Bf 46
Otok **HR** 58-59 Bi 45
Otopeni **RO** 60-61 Cg 46
Otradinskij **RUS** 30-31 Dg 37
Otradnaja **RUS** 30-31 Dd 34
Otradnaja **RUS** 64-65 Eb 46
Otradnovo **RUS** 24-25 Gc 32
Otradnyj **KA** 50-51 Fe 40
Otradnyj **RUS** 34-35 Fb 37
Ótranto **I** 72-73 Bi 50
Otta **N** 16-17 Ak 29
Ottana **I** 70-71 Ak 50
Ottenby **S** 28-29 Bg 34
Otterndorf **D** 26-27 Ai 37
Otterup **DK** 26-27 Ba 35
Ottsjö **S** 8-9 Bd 27
Otwock **PL** 44-45 Cb 38
Otynja **UA** 44-45 Ce 42
Oued-El-Heimer **MA** 80-81 Si 56
Ouezzane **MA** 80-81 Se 56
Oughterard = Uachtar Ard **IRL** 37 Sa 37
Ouillins **F** 54-55 Ae 45
Ouistreham **F** 40-41 Sk 41
Oujda = Ujdah **MA** 80-81 Si 56
Oulainen **FIN** 10-11 Ce 26
Oulart = An tAbhallort **IRL** 37 Sd 38
Oulu **FIN** 10-11 Cf 25
Oulx **I** 56-57 Ag 45
Ouranópoli **GR** 74-75 Cd 50
Ourense (Orense) **E** 68-69 Sc 48
Ourique **P** 80-81 Sb 53
Ourtzarh **MA** 80-81 Sf 56
Outakoski **FIN** 2-3 Cg 21
Outes **E** 68-69 Sb 48
Outokumpu **FIN** 10-11 Ck 28
Ouzouer-le-Marché **F** 54-55 Ab 43
Ouzouer-sur-Loire **F** 54-55 Ac 43
Ovabağ **TR** 86-87 Dk 53
Ovacık **TR** 76-77 Dc 49
Ovacık **TR** 78-79 Dk 51
Ovacık **TR** 78-79 Eb 50
Ovacık **TR** 84-85 Dd 54
Ovacık **TR** 86-87 Di 53
Ovacık **TR** 86-87 Ed 53
Ovada **I** 56-57 Ai 46
Ovakışla **TR** 86-87 Ec 52
Ovar **P** 68-69 Sb 50
Ovečkino **RUS** 32-33 Ea 35
Overath **D** 42-43 Ah 40
Øvergård **N** 2-3 Bk 21
Overjata **RUS** 22-23 Ff 32
Ovidiopol' **UA** 60-61 Da 44
Ovidiu **RO** 60-61 Ci 46
Ovino **RUS** 20-21 Dd 31
Ovišu **LV** 18-19 Cb 33
Ovošči **RUS** 64-65 Ed 45
Ovražno-Travino **RUS** 64-65 Eh 45
Øvre Årdal **N** 16-17 Ah 29
Øvre Rendal **N** 8-9 Bb 29
Ovruč **UA** 46-47 Ci 39
Oxelösund **S** 16-17 Bh 32
Oxford **GB** 40-41 Si 39
Oyaca **TR** 76-77 Dc 51
Oyalı **TR** 86-87 Eb 53
Øye **N** 16-17 Ai 29
Oyonnax **F** 56-57 Af 44
Ożarów **PL** 44-45 Cb 40
Özd **H** 44-45 Ca 42
Ožerel'e **RUS** 30-31 Di 36
Ozerki **RUS** 32-33 Eg 34
Ozerki **RUS** 32-33 Eg 37
Ozerki **RUS** 50-51 Ef 38
Ozerki **RUS** 50-51 Fe 39
Ozernoe **RUS** 50-51 Fb 39
Ozërnyj **RUS** 24-25 Gb 33
Ozërnyj **RUS** 30-31 Dc 35
Ozernyj **RUS** 52-53 Ga 39
Ozersk **RUS** 28-29 Cc 36
Ozery **RUS** 30-31 Di 36
Ozieri **I** 70-71 Ak 50
Ozimek **PL** 44-45 Bi 40
Ozinki **RUS** 50-51 Ek 39
Ožmegovo **RUS** 22-23 Fc 31
Ozora **H** 58-59 Bi 44
Ozorków **PL** 44-45 Bk 39
Ozurgeti **GE** 78-79 Ec 49

P

Paavola **FIN** 10-11 Cf 26
Pabianice **PL** 44-45 Bk 39
Pabradė **LT** 28-29 Cf 36
Paca, La **E** 80-81 Si 53
Pacaudière, la **F** 54-55 Ad 44
Pačelma **RUS** 32-33 Ed 37
Pachino **I** 72-73 Bf 54
Pačiha **RUS** 12-13 Ee 27
Pacov **CZ** 44-45 Bf 41
Paczków **PL** 44-45 Bh 40
Padany **RUS** 10-11 Dd 27
Padarosk **BY** 28-29 Ce 38
Padasjoki **FIN** 18-19 Cf 29
Padborg **DK** 26-27 Ak 36
Paderborn **D** 42-43 Ai 39
Padiham **GB** 38-39 Sh 37
Padina **RO** 60-61 Ch 46
Padova **I** 56-57 Bb 45
Padovka **RUS** 50-51 Ek 38
Padrón **E** 68-69 Sb 48
Padsville **BY** 30-31 Ch 35
Padula **I** 72-73 Bf 50
Pälkäne **FIN** 18-19 Ce 29
Päntäne **FIN** 10-11 Cc 28
Pärispea **EST** 18-19 Cf 31
Pärnu **EST** 18-19 Ce 32
Pärnu-Jaagupi **EST** 18-19 Ce 32
Pafos **CY** 84-85 Dc 56
Pag **HR** 58-59 Bf 46
Pagėgiai **LT** 28-29 Cb 35
Pahomovo **RUS** 30-31 Dh 36
Pahraničny **BY** 28-29 Ce 37
Paide **EST** 18-19 Cf 32
Paijärvi **FIN** 18-19 Ch 30
Paimio **FIN** 18-19 Cc 30
Paimpol **F** 40-41 Sg 42
Paisley **GB** 38-39 Sf 35
Paittasjärvi **S** 2-3 Cc 22
Paj **RUS** 20-21 De 29
Pajala **S** 2-3 Cd 23
Pajgiševo **RUS** 22-23 Ei 33
Pakali **RUS** 22-23 Eg 33
Pakosze **PL** 28-29 Ca 36
Pakrac **HR** 58-59 Bh 45
Pakruojis **LT** 28-29 Cd 35
Paks **H** 58-59 Bi 44
Palace House **GB** 40-41 Si 40
Palacios y Villafranca, Los **E** 80-81 Se 53
Palafrugell **E** 70-71 Ad 49
Palais, le **F** 54-55 Sg 43
Palamàs **GR** 74-75 Cc 51
Palamós **E** 70-71 Ad 49
Palamut **TR** 82-83 Ch 52
Palamut = Zeytinliova **TR** 82-83 Ch 52
Palanga **LT** 28-29 Cb 35
Palau **I** 70-71 Ak 49
Palazzolo Acréide **I** 72-73 Be 53
Palazzolo sull'Oglio **I** 56-57 Ak 45
Paldiski **EST** 18-19 Ce 31
Pale **BIH** 58-59 Bi 47
Paleá Epídavros **GR** 82-83 Cd 53
Paleh **RUS** 32-33 Eb 34
Palékastro **GR** 82-83 Cg 55
Palencia **E** 68-69 Sf 48
Paleohóra **GR** 82-83 Cd 55
Paleokastrítsa **GR** 74-75 Bk 51
Paleópoli **GR** 74-75 Cf 50
Palermo **I** 72-73 Bd 52
Páleros **GR** 82-83 Ca 52
Palesse **BY** 30-31 Db 37
Palestrina **I** 72-73 Bc 49
Paleva **RUS** 22-23 Fh 30
Paliki **RUS** 30-31 De 37
Palinges **F** 54-55 Ae 44
Palinuro **I** 72-73 Bf 50
Palioúri **GR** 74-75 Cd 51
Palkino **RUS** 18-19 Ci 33
Palkino **RUS** 20-21 Ec 32
Palkino **RUS** 20-21 Ee 32
Pallasovka **RUS** 50-51 Eg 40
Palma del Condado, La **E** 80-81 Sd 53
Palma del Río **E** 80-81 Se 53
Palma de Mallorca **E** 70-71 Ac 51
Palmela **P** 80-81 Sb 52
Palmi **I** 72-73 Bf 52
Palmyra = Tadmur **SYR** 86-87 Di 56
Palnosiai **LT** 28-29 Cc 34
Palojärvi **FIN** 2-3 Cd 22
Palojoensuu **FIN** 2-3 Cd 22
Palokastër **AL** 74-75 Ca 50
Palomas **E** 80-81 Sd 52
Paloščel'e **RUS** 12-13 Eh 26
Palova **RUS** 12-13 Eg 28
Paltamo **FIN** 10-11 Ch 26
Paltaniemi **FIN** 10-11 Ch 26
Pältinoasa **RO** 60-61 Cf 43
Palu **TR** 86-87 Dk 52
Paluga **RUS** 12-13 Ef 25
Pamhagen **A** 58-59 Bg 43
Pamiers **F** 70-71 Ab 47
Pampilhosa da Serra **P** 68-69 Sc 50
Pamucak **TR** 82-83 Ch 53
Pamukkale **TR** 84-85 Ck 53
Pamukova **TR** 76-77 Da 50
Panagjurište **BG** 74-75 Ce 48
Pančevo **YU** 58-59 Ca 46
Panciu **RO** 60-61 Ch 45
Pancorvo **E** 68-69 Sg 48
Pandėlys **LT** 28-29 Cf 34
Pan'ël' **RUS** 22-23 Fa 29
Panes (Penamellera Baja) **E** 54-55 Sf 47
Panevėžys **LT** 28-29 Ce 35
Panfilova **KA** 52-53 Gf 39
Paničerevo **BG** 74-75 Cf 48
Panikovec **RUS** 48-49 Di 38
Panino **RUS** 48-49 Ea 39
Pankakoski **FIN** 10-11 Da 27
Pankratovo **RUS** 20-21 Ed 31
Panne, De **B** 40-41 Ac 39
Pano Panagia **CY** 84-85 Dc 56
Pano Platres **CY** 84-85 Dc 56
Pánormos **GR** 82-83 Ce 55
Pánormos **GR** 82-83 Cf 53
Panozero **RUS** 10-11 Dc 26
Pan'šino **RUS** 32-33 Ei 38
Pantelleria **I** 72-73 Bb 54
Pantyj **RUS** 14-15 Ei 28
Páola **I** 72-73 Bg 51
Pápa **H** 58-59 Bh 43
Papadiánika **GR** 82-83 Cc 54
Paparzyn **PL** 28-29 Bi 37
Papenburg **D** 26-27 Ah 37
Papilys **LT** 28-29 Cf 34
Paporotno **RUS** 18-19 Db 32
Papuševo **RUS** 32-33 Ea 36
Paraćin **YU** 58-59 Cb 47
Parada **P** 68-69 Sc 49
Parada **P** 68-69 Sd 49
Paradísi **GR** 84-85 Ci 54
Parafijivka **UA** 46-47 Dc 40
Parainen **FIN** 18-19 Cc 30
Parákila **GR** 74-75 Cg 51
Parakka **S** 2-3 Cb 23
Paralia **GR** 82-83 Cc 54
Paralimni **TR** 84-85 Dd 56
Páramo del Sil **E** 68-69 Sd 48
Paramonov **RUS** 64-65 Eb 43
Paramonove **RUS** 30-31 Dh 37
Paranésti **GR** 74-75 Ce 49
Paran'ga **RUS** 32-33 Ek 34
Paraspuar **AL** 74-75 Ca 50
Paray-le-Monial **F** 54-55 Ae 44
Parcele-Przewodowo **PL** 28-29 Ca 38
Parchim **D** 26-27 Bb 37
Parczew **PL** 44-45 Cc 39
Pardubice **CZ** 44-45 Bf 40
Paredes de Nava **E** 68-69 Sf 48
Parentis-en-Born **F** 54-55 Si 46
Parfen'evo **RUS** 20-21 Ed 32
Parfino **RUS** 18-19 Db 33
Párga **GR** 74-75 Ca 51
Pargas = Parainen **FIN** 18-19 Cc 30
Pargolovo **RUS** 18-19 Da 30
Parigné-l'Évêque **F** 54-55 Aa 43
Parikkala **FIN** 18-19 Ck 29
Paris **F** 40-41 Ac 42
Parkalompolo **S** 2-3 Cc 23
Parkano **FIN** 10-11 Cd 28
Parma **I** 56-57 Ba 46
Parma **RUS** 22-23 Fh 32
Párnica **SK** 44-45 Bk 41
Páros **GR** 82-83 Cf 53
Parsberg **D** 42-43 Bb 41
Paršikov **RUS** 64-65 Eb 43
Parskij Ugol **RUS** 32-33 Eb 37
Partakko **FIN** 2-3 Ch 21
Partenkirchen, Garmisch- **D** 56-57 Bb 43
Parthenay **F** 54-55 Sk 44
Parthéni **GR** 82-83 Cg 53
Partille **S** 16-17 Bc 33
Partinico **I** 72-73 Bd 52
Partizani **YU** 58-59 Ca 46
Partizánske **SK** 44-45 Bi 42
Pärvomaj **BG** 74-75 Cf 48
Paryčy **BY** 30-31 Ck 38
Påryd **S** 26-27 Bf 34
Paša **RUS** 20-21 Dd 30
Pasanauri **GE** 78-79 Ee 48
Paşcani **RO** 60-61 Cg 43
Pasewalk **D** 26-27 Bd 37
Pasiene **LV** 30-31 Ci 34
Pašija **RUS** 24-25 Fi 32
Pasinler **TR** 78-79 Eb 51
Påskallavik **S** 16-17 Bg 33
Paškovo **RUS** 32-33 Ec 37
Paškovskij **RUS** 62-63 Dk 45
Pasłęk **PL** 28-29 Bi 36
Passau **D** 42-43 Bd 42
Passignano sul Trasimeno **I** 56-57 Bc 47
Pastavy **BY** 28-29 Cg 35
Pastrana **E** 68-69 Sh 50
Pas'va **RUS** 20-21 Ec 29
Pasvalys **LT** 28-29 Ce 34
Patay **F** 40-41 Ab 42
Paternó **I** 72-73 Be 53
Pátmos **GR** 82-83 Cg 53
Patnos **TR** 78-79 Ec 51
Patoniva **FIN** 2-3 Ch 21
Patos **AL** 74-75 Bk 50
Pátra **GR** 82-83 Cb 52
Patrakeevka **RUS** 12-13 Ea 26
Patreksfjörður **IS** 36 Qg 25
Patti **I** 72-73 Be 52
Pătulele **RO** 58-59 Cc 46
Pau **F** 54-55 Sk 47
Pauillac **F** 54-55 Sk 45
Paulhaguet **F** 54-55 Ad 45
Paúliani **GR** 82-83 Cc 52
Păuliş **RO** 58-59 Cb 44
Pauträsk **S** 8-9 Bh 26
Pavda **RUS** 24-25 Fk 31
Pavia **I** 56-57 Ak 45
Pavia **P** 68-69 Sb 52
Pāvilosta **LV** 28-29 Cb 34
Pavino **RUS** 22-23 Eg 31
Pavinskoe, Unže- **RUS** 24-25 Gd 32
Pavlikeni **BG** 60-61 Cf 47
Pavlivka **UA** 62-63 Dh 43
Pavlograd = Pavlohrad **UA** 48-49 Df 42
Pavlohrad **UA** 48-49 Df 42
Pavlovac **HR** 58-59 Bh 45
Pavlov Huter **RUS** 30-31 Di 37
Pavlovka **KA** 52-53 Fh 41
Pavlovka **RUS** 34-35 Fg 35
Pavlovka **RUS** 50-51 Eh 38
Pavlovo **RUS** 32-33 Ed 35
Pavlovsk **RUS** 18-19 Da 31
Pavlovsk **RUS** 48-49 Ea 40
Pavlovskaja **RUS** 62-63 Dk 44
Pavlovskij **KA** 52-53 Gd 38
Pavlovskij Posad **RUS** 30-31 Di 35
Pavlovskoe **RUS** 32-33 Eb 34
Pavlovskoe, Nikolo- **RUS** 24-25 Ga 33
Pavlyš **UA** 46-47 Dd 42
Pavullo nel Frignano **I** 56-57 Ba 46
Payamlı **TR** 86-87 Di 53
Payerne **CH** 56-57 Ag 44
Paymogo **E** 80-81 Sc 53
Pazar **TR** 76-77 Dc 50

Pazar **TR** 78-79 Dg 50
Pazar **TR** 78-79 Ea 49
Pazarcık **TR** 78-79 Dg 51
Pazarcık **TR** 78-79 Ed 50
Pazarcık **TR** 86-87 Dh 53
Pazardzik **BG** 74-75 Ce 48
Pazardžik **BG** 74-75 Ce 48
Pazarköy **TR** 76-77 Dc 50
Pazarlar **TR** 76-77 Ck 51
Pazarören **TR** 84-85 Dg 52
Pazaryeri **TR** 76-77 Ck 50
Pazaryolu **TR** 78-79 Ea 50
Pazin **SLO** 56-57 Bd 45
Paznaun **A** 56-57 Ba 43
Peal de Becerro **E** 80-81 Sg 53
Peć **YU** 74-75 Ca 48
Peçenek **TR** 76-77 Dc 50
Pečenga **RUS** 4-5 Db 21
Pečengskoe, Ust'- **RUS** 20-21 Ec 31
Pečeničino **RUS** 30-31 Dc 35
Pečenjevce **YU** 74-75 Cb 47
Pečerniki **RUS** 32-33 Dk 36
Pecka **YU** 58-59 Bk 46
Pečmen' **RUS** 34-35 Fg 34
Pečora **RUS** 14-15 Fh 25
Pečory **RUS** 18-19 Ch 33
Pécs **H** 58-59 Bi 44
Pedrafita do Cebreiro **E** 68-69 Sc 48
Pedraza de la Sierra **E** 68-69 Sg 49
Pedro Muñoz **E** 68-69 Sh 51
Pedroñeras, Las **E** 68-69 Sh 51
Pedroso, El **E** 80-81 Se 53
Peebles **GB** 38-39 Sg 35
Peel **GBM** 38-39 Sf 36
Peenemünde **D** 26-27 Bd 36
Peganovo **RUS** 22-23 Eg 30
Pegau **D** 42-43 Bc 39
Pegnitz **D** 42-43 Bb 41
Pego **E** 70-71 Sk 52
Pegyš **RUS** 14-15 Fa 27
Pehčevo **MK** 74-75 Cc 49
Pehlivanköy **TR** 74-75 Cg 49
Peine **D** 42-43 Ba 38
Peipohja **FIN** 18-19 Cc 29
Peitz **D** 42-43 Be 39
Peklino **RUS** 30-31 Dd 37
Pektubaevo **RUS** 32-33 Ei 33
Pelasgía **GR** 82-83 Cc 52
Pelhřimov **CZ** 44-45 Bf 41
Pelitbükü **TR** 76-77 Df 49
Pelkosenniemi **FIN** 2-3 Ch 23
Pello **FIN** 2-3 Cd 24
Pelovo **BG** 60-61 Ce 47
Peltovuoma **FIN** 2-3 Ce 22
Pelym **RUS** 22-23 Fe 31
Pembecik **TR** 84-85 Dd 54
Pembroke **GB** 40-41 Sf 39
Peñafiel **E** 68-69 Sf 49
Penafiel **P** 68-69 Sb 49
Peñaflor **E** 80-81 Se 53
Penamacor **P** 68-69 Sc 50
Peñaranda de Bracamonte **E** 68-69 Se 50
Peñaranda de Duero **E** 68-69 Sg 49
Peñarroya-Pueblonueva **E** 80-81 Se 52
Penarth **GB** 40-41 Sg 39
Peñas de San Pedro **E** 80-81 Si 52
Peñausende **E** 68-69 Se 49
Pendéli **GR** 82-83 Cd 52
Penela **P** 68-69 Sb 50
Penfro = Pembroke **GB** 40-41 Sf 39
Peniche **P** 68-69 Sa 51
Penig **D** 42-43 Bc 40
Peninga **RUS** 10-11 Dc 27
Penkino **RUS** 32-33 Ea 34
Penmarc'h **F** 54-55 Sf 43
Penne **I** 72-73 Bd 48
Peno **RUS** 30-31 Dc 34
Penrith **GB** 38-39 Sh 36
Pentálofos **GR** 74-75 Cb 50
Penza **RUS** 32-33 Ef 37
Penzance **GB** 40-41 Se 40
Penzberg **D** 56-57 Bb 43
Peqin **AL** 74-75 Bk 49
Pér **H** 58-59 Bh 43
Pêra **P** 80-81 Sb 53
Perä-Posio **FIN** 2-3 Ch 24
Peräseinäjoki **FIN** 10-11 Cd 28
Perahóra **GR** 82-83 Cc 52
Peraleda de la Mata **E** 68-69 Se 51
Peraleda de Zaucejo **E** 80-81 Se 52
Pérama **GR** 82-83 Ce 55
Peranka **FIN** 10-11 Ci 25
Peranzanes **E** 68-69 Sd 48
Pérdika **GR** 74-75 Ca 51
Pérdika **GR** 82-83 Cd 53
Perečyn **UA** 44-45 Cc 42
Perehins'ke **UA** 44-45 Ce 42
Perejaslav-Chmel'nyc'kyj **UA** 46-47 Db 40
Perejaslovskaja **RUS** 62-63 Dk 45
Perekopka **RUS** 48-49 Ed 41
Perelešinskij **RUS** 48-49 Ea 39
Pereljub **RUS** 50-51 Fa 39
Pereljubovka **KA** 52-53 Fg 41
Peremetnoe **KA** 50-51 Fa 39
Peremoha **UA** 46-47 Db 40
Peremyšl' **RUS** 30-31 Dg 36
Peremyšljany **UA** 44-45 Ce 41
Pereščepyne **UA** 48-49 Df 41
Peresecina **MD** 60-61 Ci 43
Pereslavl'-Zalesskij **RUS** 30-31 Di 34
Peresypkino Pervoe **RUS** 32-33 Ec 38
Per'evo **RUS** 20-21 Dk 31
Perevolockij **RUS** 50-51 Fe 39
Perevoz **RUS** 32-33 Ee 35
Pèrgine Valsugana **I** 56-57 Bb 44
Pérgola **I** 56-57 Bc 47
Perho **FIN** 10-11 Ce 27
Periam **RO** 58-59 Ca 44
Périers **F** 40-41 Si 41
Perieţi **RO** 60-61 Ch 46
Périgueux **F** 54-55 Aa 45
Perişoru **RO** 60-61 Ch 46
Perleberg **D** 26-27 Bb 37
Perlevka **RUS** 48-49 Di 39
Perm' **RUS** 22-23 Fg 32
Permas **RUS** 22-23 Ef 31
Përmet **AL** 74-75 Ca 50
Pernik **BG** 74-75 Cd 48
Perniö **FIN** 18-19 Cd 30
Péronne **F** 40-41 Ac 41
Përparim **AL** 74-75 Bk 51
Perpignan **F** 70-71 Ac 48
Perros-Guirec **F** 40-41 Sg 42
Persåsen **S** 8-9 Be 28
Perşembe **TR** 78-79 Dh 49
Peršinskaja **RUS** 20-21 Ea 30
Peršotravneve = Mokvin **UA** 62-63 Dh 43
Peršotravnevoe = Mokvin **UA** 62-63 Dh 43
Perstorp **S** 26-27 Bd 34
Pertek **TR** 86-87 Dk 52
Perth **GB** 38-39 Sg 34
Pertjugskij **RUS** 22-23 Eg 31
Pertominsk **RUS** 12-13 Di 26
Pertuis **F** 56-57 Af 47
Pertunmaa **FIN** 18-19 Cg 29
Perúgia **I** 72-73 Bc 47
Perušić **HR** 58-59 Bf 46
Pervari **TR** 86-87 Ec 53
Pervoavgustovskij **RUS** 48-49 Df 38
Pervomaiskyj **UA** 48-49 Dg 41
Pervomajsk **RUS** 32-33 Ed 36
Pervomajs'k **UA** 46-47 Da 42
Pervomajs'k **UA** 48-49 Di 42
Pervomajsk = Pervomajs'k **UA** 46-47 Da 42
Pervomajs'ke **UA** 62-63 Dc 43
Pervomajs'ke **UA** 62-63 Dd 45
Pervomajskij **RUS** 20-21 Ee 29
Pervomajskij **RUS** 32-33 Ea 37
Pervomajskij **RUS** 34-35 Fb 37
Pervomajskij **RUS** 34-35 Gb 36
Pervomajskij **RUS** 48-49 Ee 38
Pervomajskij **RUS** 50-51 Ei 39
Pervomajskij **RUS** 50-51 Fb 39
Pervomajskoe **RUS** 18-19 Ck 30
Pervomajskoe **RUS** 48-49 Eb 42
Pervomajskoe **RUS** 50-51 Eh 39
Pervosovetsk **KA** 50-51 Fa 39
Pervoural'sk **RUS** 34-35 Fk 34
Pésaro **I** 56-57 Bc 47
Pesčanoe **RUS** 12-13 Df 28
Pesčanokopskoe **RUS** 64-65 Eb 44
Pescara **I** 72-73 Be 48
Peščera **RUS** 22-23 Fc 31
Péschici **I** 72-73 Bg 49
Peschiera del Garda **I** 56-57 Ba 45
Pescina **I** 72-73 Bd 48
Pescočnja **RUS** 30-31 Dd 37
Pesenec **RUS** 12-13 Ec 28
Pēš Ḫābūr **IRQ** 86-87 Ec 53
Peshkëpi **AL** 74-75 Bk 50
Peshkopi **AL** 74-75 Ca 49
Pesiökylä **FIN** 10-11 Ci 26
Peski **RUS** 30-31 Di 35
Peski **RUS** 48-49 Ea 40
Peskovka **RUS** 22-23 Fc 31
Peškovo **RUS** 48-49 Dh 38
Pesočani **MK** 74-75 Ca 49
Pesočnja **RUS** 32-33 Ea 36
Pesocnoe **RUS** 18-19 Ck 30
Peso da Régua **P** 68-69 Sc 49
Pessac **F** 54-55 Sk 46
Peštani **MK** 74-75 Ca 49
Peštera **BG** 74-75 Ce 48
Pestjaki **RUS** 32-33 Ec 34
Pestovo **RUS** 20-21 Df 32
Pestravka **RUS** 50-51 Ek 38
Petäiskylä **FIN** 10-11 Ck 27
Petäjävesi **FIN** 10-11 Cf 28
Petalax **FIN** 10-11 Cb 28
Petalidi **GR** 82-83 Cb 54
Peterborough **GB** 40-41 Sk 38
Peterculter **GB** 38-39 Sh 33
Peterhead **GB** 38-39 Si 33
Peterlee **GB** 38-39 Si 36
Petersfield **GB** 40-41 Sk 39
Pétervására **H** 44-45 Ca 42
Petín **E** 68-69 Sc 48
Petit-Quevilly, le **F** 40-41 Ab 41
Petkula **FIN** 2-3 Cg 23
Petolahti = Petalax **FIN** 10-11 Cb 28
Pétra **GR** 74-75 Cg 51
Petreto-Bicchisano **F** 70-71 Ai 49
Petrič **BG** 74-75 Cd 49
Petrila **RO** 60-61 Cd 45
Petrinja **HR** 58-59 Bg 45
Petriščevo **RUS** 30-31 Dc 35
Petrivka **UA** 46-47 Db 40
Petrivka **UA** 48-49 Dk 42
Petrivka **UA** 60-61 Da 44
Petrivka **UA** 62-63 De 44
Petrjaevskij **RUS** 22-23 Ef 31
Petrodvorec **RUS** 18-19 Ck 31
Petrokamenskoe **RUS** 24-25 Ga 33
Petrokrepost' = Šlissel'burg **RUS** 18-19 Db 31
Petronell **A** 44-45 Bg 42
Petropavlika **UA** 48-49 Dh 41
Petropavlivka **UA** 48-49 Dg 42
Petropavlovka **KA** 52-53 Fh 40
Petropavlovka **RUS** 34-35 Fk 35
Petropavlovka **RUS** 48-49 Ea 40
Petropavlovka **RUS** 50-51 Eh 40
Petropavlovsk **RUS** 22-23 Fe 33
Petropavlovsk **RUS** 34-35 Fh 34
Petropavlovskij **RUS** 34-35 Fk 36
Petropavlovskoe **RUS** 64-65 Ee 45
Petroşani **RO** 60-61 Cd 45
Petrova **RUS** 12-13 Ed 26
Petrova Buda **BY** 30-31 Db 38
Petrovac **YU** 58-59 Cb 46
Petrovac na moru **YU** 74-75 Bi 48
Petrovcy **RUS** 22-23 Fd 32
Petrove **UA** 46-47 Dd 42
Petroviči **RUS** 30-31 Dc 37
Petrovka **RUS** 34-35 Fb 37
Petrovka **RUS** 48-49 Ea 40
Petrovo **RUS** 20-21 Df 32
Petrovsk **RUS** 50-51 Ef 38
Petrovskaja **RUS** 62-63 Dh 45
Petrovskij **RUS** 32-33 Ea 34
Petrovskoe **RUS** 32-33 Dk 33
Petrovskoe **RUS** 34-35 Fg 37
Petrovskoe **RUS** 48-49 Ea 38
Petrov Val **RUS** 50-51 Ef 40
Petrozavodsk **RUS** 12-13 De 29
Petrušino **RUS** 32-33 Dk 35
Petrykav **BY** 46-47 Ci 38
Petrykivka **UA** 46-47 De 42
Petuški **RUS** 32-33 Dk 35
Peuerbach **A** 42-43 Bd 42
Peyrehorade **F** 54-55 Si 47
Pezë e Vogël **AL** 74-75 Bk 49
Pézenas **F** 54-55 Ad 47
Pezinok **CZ** 44-45 Bh 42
Pezmog **RUS** 14-15 Fb 29
Pfaffenberg, Mallersdorf- **D** 42-43 Bc 42
Pfarrkirchen **D** 42-43 Bc 42
Pforzheim **D** 42-43 Ai 42
Pfullendorf **D** 56-57 Ak 43
Pfunds **A** 56-57 Ba 44
Phalsbourg **F** 42-43 Ah 42
Philippeville **B** 40-41 Ae 40
Piacenza **I** 56-57 Ak 45
Piadena **I** 56-57 Ba 45
Pianoro **I** 56-57 Bb 46
Pianosa **I** 72-73 Ba 48
Pias **P** 80-81 Sc 52
Piaseczno **PL** 44-45 Cb 38
Piaski **PL** 44-45 Cc 39
Piątek **PL** 44-45 Bk 38
Piatra **RO** 60-61 Cf 47
Piatra-Neamţ **RO** 60-61 Cg 44
Piazza Armerina **I** 72-73 Be 53
Piazza Brembana **I** 56-57 Ak 45
Pičaevo **RUS** 32-33 Ec 37
Pičiha **RUS** 20-21 Dk 30
Pickering **GB** 38-39 Sk 36
Pičkirjaevo **RUS** 32-33 Ec 36
Picnjo = Peitz **D** 42-43 Be 39
Pičori **GE** 78-79 Eb 48
Picquigny **F** 40-41 Ac 41
Picunda **GE** 78-79 Ea 47
Pidhajci **UA** 46-47 Cf 41
Pid'ma **RUS** 20-21 De 30
Piedimonte Matese **I** 72-73 Be 49
Piedrabuena **E** 68-69 Sf 51
Piedrahita **E** 68-69 Se 50
Pieksämäki **FIN** 10-11 Ch 28
Pielavesi **FIN** 10-11 Cg 27
Pieniężno **PL** 28-29 Ca 36
Pieńsk **PL** 44-45 Bf 39
Pienza **I** 72-73 Bb 47
Pierowall **GB** 38-39 Sh 31
Pierrefort **F** 54-55 Ac 46
Pierrelatte **F** 54-55 Ae 46
Piešt'any **SK** 44-45 Bh 42
Pietarsaari = Jakobstad **FIN** 10-11 Cc 27
Pietra Ligure **I** 56-57 Ai 46
Pietrasanta **I** 56-57 Ba 47
Pietroşani **RO** 60-61 Cf 47
Pieve di Teco **I** 56-57 Ah 46
Pigari **RUS** 50-51 Ek 39
Pihlajavesi **FIN** 10-11 Ce 28
Pihtipudas **FIN** 10-11 Cf 27
Piippola **FIN** 10-11 Cf 26
Piittisjärvi **FIN** 2-3 Cg 24
Pikalevo **RUS** 20-21 De 31
Pikasilla **EST** 18-19 Cg 32
Piła **PL** 28-29 Bg 37
Pil'na **RUS** 32-33 Ef 35
Pilorí **GR** 74-75 Cb 50
Pílos **GR** 82-83 Cb 54
Piltene **LV** 18-19 Cb 33
Pilzno **PL** 44-45 Cb 41
Pınarbaşı **TR** 84-85 Dd 53
Pınarbaşı **TR** 86-87 Dg 52
Pınarbaşı **TR** 86-87 Ea 53
Pınarcık **TR** 82-83 Ch 53
Pinarellu **F** 70-71 Ak 49
Pınarhisar **TR** 76-77 Ch 49
Pınarlar **TR** 86-87 Dk 52
Pîncota **RO** 58-59 Cb 44
Pińczów **PL** 44-45 Ca 40
Pinduši **RUS** 12-13 De 28
Pinega **RUS** 12-13 Ed 26
Pinerolo **I** 56-57 Ah 46
Pineto **I** 72-73 Be 48
Piney **F** 40-41 Ae 42
Þingeyri **IS** 36 Qg 25
Þingvellir **IS** 36 Qi 26
Pinhel **P** 68-69 Sc 50
Pinjug **RUS** 22-23 Eh 30
Pinneberg **D** 26-27 Ak 37
Pinoso **E** 80-81 Si 52
Pinsk **BY** 46-47 Cg 38
Pintamo **FIN** 10-11 Ch 25
Pinto **E** 68-69 Sg 50
Piombino **I** 72-73 Ba 48
Pionerskij **RUS** 28-29 Ca 36
Piotrków Trybunalski **PL** 44-45 Bk 39
Piove di Sacco **I** 56-57 Bc 45
Pipriac **F** 54-55 Si 43
Piqeras **AL** 74-75 Bk 50
Piraziz **TR** 78-79 Di 50
Pireás **GR** 82-83 Cd 53
Pirgí **GR** 82-83 Cf 52
Pírgos **GR** 82-83 Cb 53
Pírgos **GR** 82-83 Cf 55
Pirinçlik **TR** 86-87 Ea 53
Pirinem **RUS** 12-13 Ee 26
Pirki **UA** 46-47 Da 39
Pirkkiö **FIN** 10-11 Ce 25
Pîrliţa **MD** 60-61 Ch 43
Pirmasens **D** 42-43 Ah 41
Pirna **D** 42-43 Bd 40
Pirot **YU** 58-59 Cc 47
Pirovac **HR** 58-59 Bf 47
Pirsógiani **GR** 74-75 Ca 50
Pirttikoski **FIN** 2-3 Ch 24
Pisa **I** 56-57 Ba 47
Pisarovina **HR** 58-59 Bf 45
Pišča **UA** 44-45 Cd 39
Piščane **UA** 46-47 Db 41
Piščanka **UA** 46-47 Ci 42
Piščanyj Brid **UA** 46-47 Db 42
Piscovo **RUS** 20-21 Ea 33
Piscu Vechi **RO** 60-61 Cd 47
Písek **CZ** 42-43 Be 41
Piski-Rad'kivis'ki **UA** 48-49 Dh 41
Piskivka **UA** 46-47 Ck 40
Pišnur **RUS** 22-23 Eh 33
Pisses **GR** 82-83 Ce 53
Pissos **F** 54-55 Sk 46
Pisticci **I** 72-73 Bg 50
Pistóia **I** 56-57 Ba 47
Pisz **PL** 28-29 Cb 37
Piteå **S** 10-11 Cb 25
Pitelino **RUS** 32-33 Eb 36
Piterka **RUS** 50-51 Eh 40
Piteşti **RO** 60-61 Ce 46
Pithagório **GR** 82-83 Cg 53
Pithiviers **F** 40-41 Ac 42
Pitigliano **I** 72-73 Bb 48
Pititsa **GR** 82-83 Cb 52
Pitkjaranta **RUS** 18-19 Db 29
Pitkul' **RUS** 4-5 Dd 23
Pitlochry **GB** 38-39 Sg 34
Pitomača **HR** 58-59 Bh 45
Pivka **SLO** 58-59 Be 45
Piwniczna **PL** 44-45 Ca 41
Pižanka **RUS** 22-23 Ei 33
Pižma **RUS** 22-23 Eh 33
Pizzo **I** 72-73 Bg 52
Pjalica **RUS** 12-13 Dk 24
Pjalka **RUS** 4-5 Ea 24
Pjal'ma **RUS** 12-13 Df 28
Pjanda **RUS** 12-13 Ec 28
Pjanteg **RUS** 22-23 Fg 30
Pjaozerskij **RUS** 10-11 Db 25
Pjašnica **RUS** 20-21 Dg 31
Pjatigorsk **RUS** 64-65 Ed 46
Pjatimarskoe **KA** 50-51 Fa 41
Pjatychatky **UA** 46-47 Dd 42
Pjaželka **RUS** 20-21 Df 30
Pláka **GR** 74-75 Cf 50
Pláka **GR** 82-83 Cc 53
Plana **BIH** 72-73 Bi 48
Plancoët **F** 40-41 Sh 42
Plandište **YU** 58-59 Cb 45
Planers'ke **UA** 62-63 Df 46
Plasë **AL** 74-75 Ca 50
Plasencia **E** 68-69 Sd 50
Plaški **HR** 58-59 Bf 45
Plassen **N** 16-17 Bc 29
Plast **RUS** 34-35 Ga 36
Plastmass **RUS** 30-31 Dh 36
Platanistós **GR** 82-83 Ce 52
Plattling **D** 42-43 Bc 42
Plau **D** 26-27 Bc 37
Plauen **D** 42-43 Bc 40
Plav **YU** 74-75 Bk 48
Plavinas **LV** 28-29 Cf 34
Plavsk **RUS** 30-31 Dh 37
Pleaux **F** 54-55 Ac 45
Ples **RUS** 20-21 Eb 33
Plešanovo **RUS** 34-35 Fd 38
Pleščanicy **BY** 30-31 Ch 36
Pleseck **RUS** 12-13 Ea 28
Pleški **RUS** 30-31 De 34
Plëso **RUS** 20-21 Df 31
Pleszew **PL** 44-45 Bh 39
Pleternica **HR** 58-59 Bh 45
Pleven **BG** 60-61 Ce 47
Pleyben **F** 40-41 Sg 42
Plisa **BY** 30-31 Ch 35
Plitvica **HR** 58-59 Bf 46
Pljevlja **YU** 58-59 Bk 47
Pljussa **RUS** 18-19 Ck 32
Ploče **HR** 72-73 Bh 47
Płock **PL** 44-45 Bk 38
Plön **D** 26-27 Ba 36
Ploërmel **F** 54-55 Sh 43
Ploieşti **RO** 60-61 Cg 46
Plomári **GR** 82-83 Cg 52
Płońsk **PL** 44-45 Ca 38
Ploska **RUS** 20-21 Ee 33
Ploskoe **RUS** 30-31 Df 36
Ploskoš' **RUS** 30-31 Db 34
Plotniki **RUS** 20-21 Dg 33
Płoty **PL** 26-27 Bf 37
Plouaret **F** 40-41 Sg 42
Plouay **F** 54-55 Sg 43
Ploudalmézeau **F** 40-41 Sf 42
Plouézec **F** 40-41 Sh 42
Plouguer, Carhaix- **F** 40-41 Sg 42
Plouha **F** 40-41 Sh 42
Plovdiv **BG** 74-75 Ce 48
Plozévet **F** 40-41 Sf 43
Plumbridge **GB** 37 Sc 36
Plungė **LT** 28-29 Cb 35
Pluvigner **F** 54-55 Sg 43
Plymouth **GB** 40-41 Sf 40
Plzeň **CZ** 42-43 Bd 41
Pniewy **PL** 44-45 Bg 38
Pobeda **BG** 74-75 Cg 48
Pobeda **RUS** 32-33 Ec 34
Pobedino **RUS** 28-29 Cc 36
Pobla de Lillet, la **E** 70-71 Ab 48
Pobla de Segur, la **E** 70-71 Aa 48
Poboišče **RUS** 52-53 Fh 38
Pobuz'ke **UA** 46-47 Da 42
Poča **RUS** 12-13 Di 28
Počajiv **UA** 46-47 Cf 40
Počapynci **UA** 46-47 Da 41
Počep **RUS** 30-31 Dd 38
Počiniki **RUS** 32-33 Ee 36
Počinok **RUS** 20-21 De 33
Počinok **RUS** 30-31 Dc 36
Počitelj **BIH** 72-73 Bh 47
Pocklington **GB** 38-39 Sk 37
Počtovskij, Kletsko- **RUS** 48-49 Ed 41

Podari **RO** 60-61 Cd 46
Podbel'sk **RUS** 34-35 Fb 37
Podberez'e **RUS** 18-19 Db 32
Podberez'e **RUS** 30-31 Da 34
Podbolot'e **RUS** 20-21 Ee 31
Podbořany **CZ** 42-43 Bd 40
Podborka **RUS** 12-13 Ea 26
Podborov'e **RUS** 18-19 Ci 33
Podbožur **YU** 74-75 Bi 48
Podčer'e **RUS** 14-15 Fh 27
Poddębice **PL** 44-45 Bi 39
Poddor'e **RUS** 18-19 Db 33
Poděbrady **CZ** 44-45 Bf 40
Podgorac **HR** 58-59 Bi 45
Podgorenski **RUS** 48-49 Dk 40
Podgorica **YU** 74-75 Bk 48
Podgorje **AL** 74-75 Ca 50
Podgornaja **RUS** 48-49 Eb 40
Podgornoe **RUS** 64-65 Ed 44
Podhožee **RUS** 30-31 Di 36
Podhum **BIH** 58-59 Bh 47
Podil **UA** 46-47 Dd 41
Podjuga **RUS** 20-21 Ea 29
Podkova **BG** 74-75 Cf 49
Podogorá **GR** 82-83 Cb 52
Podol'sk **RUS** 30-31 Dh 35
Podol'sk **RUS** 52-53 Fi 38
Podol'skaja **RUS** 12-13 Eg 28
Podomskoe, Il'insko- **RUS** 22-23 Eh 29
Podophaj **RUS** 30-31 Dd 36
Podora **RUS** 14-15 Fe 28
Podosinovec **RUS** 22-23 Eg 30
Podporož'e **RUS** 20-21 De 30
Podravska Slatina **HR** 58-59 Bh 45
Podrezčiha **RUS** 22-23 Fb 31
Podromanija **BIH** 58-59 Bi 47
Podsnežnoe **RUS** 50-51 Ef 38
Podstepnyj **KA** 50-51 Fb 39
Podu Iloaiei **RO** 60-61 Ch 43
Podu Turcului **RO** 60-61 Ch 44
Podvislovo **RUS** 32-33 Ea 37
Podvoloč'e **RUS** 12-13 Ea 28
Podyem-Mihajlovka **RUS** 34-35 Fa 38
Podymalovo **RUS** 34-35 Ff 36
Podyvot'e **RUS** 46-47 De 38
Podz' **RUS** 22-23 Fa 30
Pörtom **FIN** 10-11 Cb 28
Pößneck **D** 42-43 Bb 40
Pötürge **TR** 86-87 Di 52
Pöytyä **FIN** 18-19 Cc 30
Pogar **RUS** 46-47 Dd 38
Poggibonsi **I** 56-57 Bb 47
Póggio Rusco **I** 56-57 Bb 46
Pogoanele **RO** 60-61 Cg 46
Pogodaevo **KA** 50-51 Fa 39
Pogorelec **RUS** 12-13 Ef 25
Pogorelka **RUS** 20-21 Dh 31
Pogoreloe Gorodišče **RUS** 30-31 De 34
Pogost **RUS** 12-13 Di 29
Pogost **RUS** 12-13 Eb 27
Pogradec **AL** 74-75 Ca 50
Pograničnoe **RUS** 50-51 Ei 40
Pogromnoe **RUS** 50-51 Fc 38
Pogruznaja **RUS** 34-35 Fa 36
Pohjaslahti **FIN** 10-11 Ce 28
Pohjois-li **FIN** 10-11 Cf 25
Pohořelice **CZ** 44-45 Bg 42
Pohrebyšče **UA** 46-47 Ck 41
Pohvistnevo **RUS** 34-35 Fc 37
Poiana Mare **RO** 60-61 Cd 47
Poiana Stampei **RO** 60-61 Cf 43
Poiana Teiului **RO** 60-61 Cf 43
Poim **RUS** 52-53 Fh 39
Poisevo **RUS** 34-35 Fd 35
Poissy **F** 40-41 Ac 42
Poitiers **F** 54-55 Aa 44
Poix-de-Picardie **F** 40-41 Ab 41
Poix-Terron **F** 40-41 Ae 41
Pojate **YU** 58-59 Cb 47
Pokka **FIN** 2-3 Cf 22
Pokoinoe **RUS** 64-65 Ee 46
Pokrov **RUS** 32-33 Dk 35
Pokrovka **KA** 52-53 Fh 41
Pokrovka **KA** 52-53 Gc 38
Pokrovka **KA** 52-53 Gd 38
Pokrovka **RUS** 32-33 Ek 38
Pokrovka **RUS** 34-35 Fd 37
Pokrovka **RUS** 34-35 Fg 37
Pokrovka **RUS** 50-51 Eg 42
Pokrovka **RUS** 50-51 Fd 39
Pokrovskaja Arčada **RUS** 32-33 Ee 38
Pokrovs'ke **UA** 48-49 Di 41
Pokrovs'ke **UA** 62-63 Dg 43
Pokrovskoe **RUS** 12-13 Di 26
Pokrovskoe **RUS** 24-25 Gg 33
Pokrovskoe **RUS** 30-31 Dg 35
Pokrovskoe **RUS** 34-35 Gb 34
Pokrovskoe **RUS** 48-49 Dg 38
Pokrovskoe **RUS** 62-63 Di 43
Pokrovsk-Ural'skij **RUS** 24-25 Fk 30
Pola **RUS** 18-19 Db 33
Polače **HR** 72-73 Bh 48
Polack **BY** 30-31 Ci 35
Pola de Gordón, La **E** 68-69 Se 48
Polanów **PL** 28-29 Bg 36
Polateli **TR** 86-87 Dh 54
Polatlar **TR** 76-77 Dc 51
Polatlı **TR** 76-77 Dc 51
Polazna **RUS** 22-23 Fg 32
Polbino **RUS** 32-33 Eh 36
Połczyn Zdrój **PL** 28-29 Bg 37
Poldarsa **RUS** 22-23 Ef 30
Poldnevaja **RUS** 34-35 Ga 34
Polessk **RUS** 28-29 Cb 36
Polevskoj **RUS** 34-35 Ga 34
Polga **RUS** 12-13 De 27
Polgár **H** 58-59 Cb 43
Poli **CY** 84-85 Dc 55
Poliçan **AL** 74-75 Ca 50
Police **PL** 26-27 Be 37
Policoro **I** 72-73 Bg 50
Polígiros **GR** 74-75 Cd 50
Polignano a Mare **I** 72-73 Bh 50
Poligny **F** 56-57 Af 44
Polihnítos **GR** 74-75 Cg 51
Polikastro **GR** 74-75 Cc 50
Polino-Ašlyk **RUS** 24-25 Gk 33
Polis'ke **UA** 46-47 Ck 39
Polístena **I** 72-73 Bg 52
Politovo **RUS** 14-15 Ei 26
Poljakovka **RUS** 34-35 Fk 36
Poljana, Bedeeva- **RUS** 34-35 Fg 35
Poljana, Jasnaja **RUS** 30-31 Dh 36
Poljany **RUS** 18-19 Ck 30
Poljarnye Zori **RUS** 4-5 Dc 23
Poljarnyj **RUS** 4-5 Dd 21
Poljico **BIH** 58-59 Bi 46
Polkova **UA** 48-49 Df 40
Polla **I** 72-73 Bf 50
Pollença **E** 70-71 Ad 51
Polmak **N** 2-3 Ci 20
Polock = Polack **BY** 30-31 Ci 35
Polockoe **RUS** 52-53 Fk 38
Polohy **UA** 62-63 Dg 43
Polom **RUS** 22-23 Fa 31
Polom **RUS** 22-23 Fd 33
Polom **RUS** 22-23 Fe 32
Polonne **UA** 46-47 Ch 40
Polotnjanyj Zavod **RUS** 30-31 Df 36
Polovisčenskij **RUS** 22-23 Eg 30
Polovniki **RUS** 14-15 Fa 28
Polovnikovka **KA** 52-53 Gd 38
Polski Gradec **BG** 74-75 Cg 48
Polski Trămbeš **BG** 60-61 Cf 47
Poltava **UA** 46-47 De 41
Poltavka **KA** 50-51 Fd 40
Poltavka **KA** 52-53 Fg 40
Põltsamaa **EST** 18-19 Cf 32
Põlva **EST** 18-19 Ch 32
Pomarance **I** 56-57 Ba 47
Pomarkku **FIN** 18-19 Cb 29
Pombal **P** 68-69 Sb 51
Pomorie **BG** 76-77 Ch 48
Pomorjany **UA** 44-45 Ce 41
Pomos **CY** 84-85 Dc 55
Ponazyrevo **RUS** 22-23 Eg 32
Ponferrada **E** 68-69 Sd 48
Ponga **RUS** 12-13 Di 27
Ponikve **MK** 74-75 Cc 48
Ponino **RUS** 22-23 Fc 32
Ponizov'e **RUS** 30-31 Db 35
Ponoj **RUS** 4-5 Eb 23
Ponomarevka **RUS** 34-35 Fe 37
Pons **F** 54-55 Sk 45
Pontacq **F** 70-71 Sk 47
Pont-à-Mousson **F** 42-43 Ag 42
Pontarlier **F** 56-57 Ag 44
Pontassieve **I** 56-57 Bb 47
Pont-Audemer **F** 40-41 Aa 41
Pontaumur **F** 54-55 Ac 45
Pontcharra **F** 56-57 Ag 45
Pontchâteau **F** 54-55 Sh 43
Pont-d'Ain **F** 56-57 Af 44
Pont-de-Beauvoisin, le **F** 56-57 Af 45
Pont de Suert, el **E** 70-71 Aa 48
Pont-de-Veyle **F** 54-55 Ae 44
Pont-du-Sebou **MA** 80-81 Se 56
Ponteareas **E** 68-69 Sb 48
Ponte da Barca **P** 68-69 Sb 49
Ponte de Lima **P** 68-69 Sb 49
Pontedera **I** 56-57 Ba 47
Ponte de Sor **P** 68-69 Sb 51
Pontefract **GB** 38-39 Si 37
Ponteland **GB** 38-39 Si 35
Ponte Leccia **F** 70-71 Ak 48
Ponte nelle Alpi **I** 56-57 Bc 44
Pontevedra **E** 68-69 Sb 48
Pontivy **F** 40-41 Sh 42
Pont-l'Abbé **F** 54-55 Sf 43
Pont-l'Évêque **F** 40-41 Aa 41
Pontoise **F** 40-41 Ac 41
Pontokerasía **GR** 74-75 Cd 49
Pontorson **F** 40-41 Si 42
Pontrémoli **I** 56-57 Ak 46
Pontresina **CH** 56-57 Ak 44
Pontrieux **F** 40-41 Sg 42
Ponts **E** 70-71 Ab 49
Pont-Sainte-Maxence **F** 40-41 Ac 41
Pont-Saint-Esprit **F** 54-55 Ae 46
Ponts-de-Cé, Les **F** 54-55 Sk 43
Pont-sur-Yonne **F** 40-41 Ad 42
Pontvallain **F** 54-55 Aa 43
Pontypool **GB** 40-41 Sg 39
Pontypwl **GB** 40-41 Sg 39
Ponurovka **RUS** 46-47 Dc 38
Ponyri **RUS** 48-49 Dg 38
Ponza **I** 72-73 Bc 50
Poole **GB** 40-41 Si 40
Popča **RUS** 14-15 Fc 27
Pope **LV** 18-19 Cb 33
Popeni **RO** 60-61 Ch 44
Poperinge **B** 40-41 Ac 40
Popil'nja **UA** 46-47 Ck 41
Popinci **BG** 74-75 Ce 48
Poplevinskij **RUS** 32-33 Dk 37
Pópoli **I** 72-73 Bd 48
Popovica **BG** 74-75 Cf 48
Popovka **RUS** 34-35 Fd 36
Popovka **RUS** 48-49 Eb 41
Popovo **BG** 60-61 Cg 47
Popov Porog **RUS** 12-13 De 27
Poppi **I** 56-57 Bb 47
Poprad **SK** 44-45 Ca 41
Poputnaja **RUS** 64-65 Eb 46
Porazava **BY** 28-29 Ce 38
Porcuna **E** 80-81 Sf 53
Pordenone **I** 56-57 Bc 45
Pordim **BG** 60-61 Ce 47
Poreč **HR** 56-57 Bd 45
Poreč'e **RUS** 20-21 Dg 32
Poreč'e **RUS** 30-31 Df 35
Poreč'e-Rybnoe **RUS** 32-33 Dk 33
Poreckoe **RUS** 32-33 Eg 35
Porez **RUS** 22-23 Fb 33
Porhov **RUS** 18-19 Ck 33
Pori **FIN** 18-19 Cb 29
Por'jaguba **RUS** 4-5 Dd 24
Porjus **S** 2-3 Bk 24
Porkala = Porkkala **FIN** 18-19 Ce 31
Porkkala **FIN** 18-19 Ce 31
Porlakshöfn **IS** 36 Qi 27
Pornic **F** 54-55 Sh 43
Pornichet **F** 54-55 Sh 43
Porog **RUS** 12-13 Di 27
Póros **GR** 82-83 Ca 52
Porosozero **RUS** 10-11 Dc 28
Porožsk **RUS** 14-15 Fd 27
Porrentruy **CH** 56-57 Ah 43
Porrétta Terme **I** 56-57 Ba 46
Porriño, O **E** 68-69 Sb 48
Porsgrunn **N** 16-17 Ak 31
Þórshöfn **IS** 36 Re 24
Port an Salainn **IRL** 37 Sc 35
Portadown **GB** 37 Sd 36
Portaferry **GB** 37 Se 36
Portalegre **P** 68-69 Sc 51
Port-Artur **KA** 50-51 Ek 41
Port Askaig **GB** 37 Sd 35
Portbou **E** 70-71 Ad 48
Port-de-Bouc **F** 54-55 Ae 47
Port de Pollença **E** 70-71 Ad 51
Portel **P** 80-81 Sc 52
Port Ellen **GB** 37 Sd 35
Port-en-Bessin-Huppain **F** 40-41 Sk 41
Port Erin **GBM** 38-39 Sf 36
Porthcawl **GB** 40-41 Sg 39
Porthmadog **GB** 38-39 Sf 38
Portimão **P** 80-81 Sb 53
Portimo **FIN** 10-11 Cg 24
Portknockie **GB** 38-39 Sh 33
Port Láirge = Waterford **IRL** 37 Sc 38
Port-la-Nouvelle **F** 70-71 Ad 47
Port Laoise **IRL** 37 Sc 37
Port-Louis **F** 54-55 Sg 43
Portmagee = An Caladh **IRL** 37 Rk 39
Porto **F** 70-71 Ai 48
Porto **P** 68-69 Sb 49
Porto Azzurro **I** 72-73 Ba 48
Porto Cervo **I** 70-71 Ak 49
Porto Cesáreo **I** 72-73 Bh 50
Porto Cristo **E** 70-71 Ad 51
Porto d'Áscoli **I** 72-73 Bd 48
Porto do Son **E** 68-69 Sa 48
Porto Empédocle **I** 72-73 Bd 53
Portoferráio **I** 72-73 Ba 48
Portofino **I** 56-57 Ak 46
Port of Ness **GB** 38-39 Sd 32
Portogruaro **I** 56-57 Bc 45
Pórto Kágio **GR** 82-83 Cc 54
Porto Levante **I** 72-73 Be 52
Port Omna = Portumna **IRL** 37 Sb 37
Porto Recanati **I** 56-57 Bd 47
Portorož **SLO** 56-57 Bd 45
Porto San Giórgio **I** 56-57 Bd 47
Porto Santo Stéfano **I** 72-73 Bb 48
Portoscuso **I** 70-71 Ai 51
Porto Tolle **I** 56-57 Bc 46
Porto Tórres **I** 70-71 Ai 50
Porto-Vecchio **F** 70-71 Ak 49
Portovénere **I** 56-57 Ak 46
Portpatrick **GB** 38-39 Se 36
Portree **GB** 38-39 Sd 33
Portrush **GB** 37 Sd 35
Port-Saint-Louis-du-Rhône **F** 54-55 Ae 47
Portsalon = Port an Salainn **IRL** 37 Sc 35
Portsmouth **GB** 40-41 Si 40
Port Talbot **GB** 40-41 Sg 39
Port Tywyn = Burry Port **GB** 40-41 Sf 39
Portugalete **E** 54-55 Sg 47
Portumna = Port Omna **IRL** 37 Sb 37
Port-Vendres **F** 70-71 Ad 48
Poryš, Ust'- **RUS** 22-23 Fd 30
Porzdni **RUS** 32-33 Ec 33
Porzuna **E** 68-69 Sf 51
Posad **RUS** 12-13 Dk 27
Posadas **E** 80-81 Se 53
Pošegda **RUS** 12-13 Ed 28
Pošehon'e **RUS** 20-21 Dk 32
Poshnje **AL** 74-75 Bk 50
Posio **FIN** 2-3 Ci 24
Positano **I** 72-73 Be 50
Possidonía **GR** 82-83 Ce 53
Possoš' **RUS** 48-49 Dk 40
Postojna **SLO** 58-59 Be 45
Posušje **BIH** 58-59 Bh 47
Potamós **GR** 82-83 Cd 55
Potcoava **RO** 60-61 Ce 46
Potenza **I** 72-73 Bf 50
Potes **E** 54-55 Sf 47
Poti **GE** 78-79 Eb 48
Potijivka **UA** 46-47 Ci 40
Potok **HR** 58-59 Bg 45
Potós **GR** 74-75 Ce 50
Potsdam **D** 42-43 Bd 38
Pouancé **F** 54-55 Si 43
Pouilly-en-Auxois **F** 54-55 Ae 43
Pouzauges **F** 54-55 Sk 44
Póvoa de Lanhoso **P** 68-69 Sb 49
Póvoa de Varzim **P** 68-69 Sb 49
Poyraz **TR** 76-77 Dc 51
Poyraz **TR** 86-87 Dk 52
Poza de la Sal **E** 68-69 Sg 48
Pozantı **TR** 84-85 De 53
Požarevac **YU** 58-59 Cb 46
Požarišče **RUS** 20-21 De 31
Požeg **RUS** 14-15 Fe 28
Požega **YU** 58-59 Ca 47
Poznań **PL** 44-45 Bg 38
Požnja **RUS** 30-31 Db 34
Pozo Alcón **E** 80-81 Sh 53
Pozo-Cañada **E** 80-81 Si 52
Pozuelo de Alarcón **E** 68-69 Sg 50
Požva **RUS** 22-23 Fg 31
Požva, Ust'- **RUS** 22-23 Fg 31
Pozzuoli **I** 72-73 Be 50
Prabuty **PL** 28-29 Bk 37
Prača **BIH** 58-59 Bi 47
Prachatice **CZ** 42-43 Bd 41
Prades **E** 70-71 Aa 49
Prades **F** 70-71 Ac 48
Prado del Rey **E** 80-81 Se 54
Pradoluengo **E** 68-69 Sg 48
Præstø **DK** 26-27 Bc 35
Praha **CZ** 42-43 Be 40
Prahovo **YU** 58-59 Cc 46
Práia a Mare **I** 72-73 Bf 51
Praia de Mira **P** 68-69 Sb 50
Praid **RO** 60-61 Cf 44
Pralognan-la-Vanoise **F** 56-57 Ag 45
Prámanda **GR** 74-75 Cb 51
Praskoveja **RUS** 64-65 Ee 46
Prastio **TR** 84-85 Dd 55
Praszka **PL** 44-45 Bi 39
Prato **I** 56-57 Bb 47
Prats de Lluçanès **E** 70-71 Ac 48
Prats de Llusanés = Prats de Lluçanès **E** 70-71 Ac 48
Prats-de-Mollo-la-Preste **F** 70-71 Ac 48
Pravdinsk **RUS** 28-29 Cb 36
Pravdinsk **RUS** 32-33 Ed 34
Pravdzinski **BY** 30-31 Ch 37
Pravec **BG** 74-75 Cd 48
Prazaroki **BY** 30-31 Ci 35
Prečistoe **RUS** 20-21 Ea 32
Prečistoe **RUS** 30-31 Dc 35
Predazzo **I** 56-57 Bb 44
Predeal **RO** 60-61 Cf 45
Predlitz-Turrach **A** 56-57 Bd 43
Pré-en-Pail **F** 40-41 Sk 42
Preetz **D** 26-27 Ba 36
Pregarten **A** 42-43 Be 42
Pregradnaja **RUS** 64-65 Eb 47
Pregradnoe **RUS** 64-65 Eb 45
Preiļi **LV** 28-29 Cg 34
Preljina **YU** 58-59 Ca 47
Prémery **F** 54-55 Ad 43
Prenzlau **D** 26-27 Bd 37
Přerov **CZ** 44-45 Bh 41
Pré-Saint-Didier **I** 56-57 Ag 45
Preselenci **BG** 60-61 Ci 47
Preševo **YU** 74-75 Cb 48
Preslav = Veliki Preslav **BG** 74-75 Cg 47
Prešov **SK** 44-45 Cb 42
Prestfoss **N** 16-17 Ak 30
Přeštice **CZ** 42-43 Bd 41
Preston **GB** 38-39 Sh 37
Prestwick **GB** 38-39 Sf 35
Preuilly-sur-Claise **F** 54-55 Aa 44
Préveza **GR** 82-83 Ca 52
Priazovskaja **RUS** 62-63 Di 45
Pribel'skij **RUS** 34-35 Fg 36
Priboj **YU** 58-59 Bk 47
Pribojska Goleša **YU** 58-59 Bk 47
Příbram **CZ** 42-43 Be 41
Pridvorci **BIH** 58-59 Bi 47
Priego de Córdoba **E** 80-81 Sf 53
Priekulė **LT** 28-29 Cb 35
Priekule **LV** 28-29 Cb 34
Prien am Chiemsee **D** 56-57 Bc 43
Prienai **LT** 28-29 Cd 36
Prievidza **SK** 44-45 Bi 42
Prijedor **BIH** 58-59 Bg 46
Prijepolje **YU** 58-59 Bk 47
Prijutnoe **RUS** 64-65 Ed 44
Prijutovo **RUS** 34-35 Fd 37
Prikumskij **RUS** 64-65 Ef 45
Prilep **BG** 74-75 Cg 48
Prilep **MK** 74-75 Cb 49
Priluki **RUS** 12-13 Dk 27
Priluki **RUS** 20-21 Ec 29
Priluki **RUS** 20-21 Ed 29
Priluki = Pryluky **UA** 46-47 Dc 40
Primorsk **RUS** 18-19 Ci 30
Primorsk **RUS** 28-29 Ca 36
Primorsk **RUS** 50-51 Ef 41
Primorsko **BG** 76-77 Ch 48
Primorsko-Ahtarsk **RUS** 62-63 Di 44
Primorsko Kiten **BG** 76-77 Ch 48
Primošten **HR** 58-59 Bf 47
Priozërsk **RUS** 18-19 Da 29
Prirečnyj **KA** 50-51 Fc 39
Prirečnyj **RUS** 4-5 Da 21
Prisal'skij **RUS** 64-65 Ed 43
Priselci **BG** 60-61 Ch 47
Prisoje **BIH** 58-59 Bh 47
Prissac **F** 54-55 Ab 44
Pristan' **RUS** 34-35 Fi 34
Pristen **RUS** 48-49 Dg 39
Priština **YU** 74-75 Cb 48
Pritzwalk **D** 26-27 Bc 37
Priural'skoe **RUS** 14-15 Fh 26
Privas **F** 54-55 Ae 46
Priverno **I** 72-73 Bd 49
Privodino **RUS** 22-23 Eg 29
Privokzal'nyj **RUS** 24-25 Ga 32
Privol'naja **RUS** 62-63 Di 44
Privol'nyj **RUS** 64-65 Ef 44
Privolž'e **RUS** 32-33 Ei 38
Privolžsk **RUS** 20-21 Eb 33
Privolžskoe **RUS** 50-51 Ef 39
Prizren **YU** 74-75 Ca 48
Prizzi **I** 72-73 Bd 53
Prjamicino **RUS** 48-49 Df 39
Prjaža **RUS** 20-21 Dd 29
Prnjavor **BIH** 58-59 Bh 46
Probstzella **D** 42-43 Bb 40
Prochowice **PL** 44-45 Bg 39
Produjevo **YU** 74-75 Cb 48
Proença-a-Nova **P** 68-69 Sc 51
Prohladnyj **RUS** 64-65 Ee 47
Prohladyj **RUS** 64-65 Ee 47
Prohor Pčinjski **YU** 74-75 Cb 48
Prokop'evka **RUS** 14-15 Fa 29

Prokop'evka **RUS** 22-23 Ek 31
Prokop'evskaja Salda **RUS** 24-25 Gb 32
Prokoševo **RUS** 32-33 Ee 35
Prokuplje **YU** 58-59 Cb 47
Proletarij **RUS** 18-19 Db 32
Proletarka **RUS** 12-13 De 28
Proletarsk **RUS** 64-65 Eb 44
Proletarskij **RUS** 48-49 Df 40
Promysla **RUS** 24-25 Fk 32
Promyslovka **RUS** 64-65 Eg 45
Pronin **RUS** 48-49 Ec 41
Pronino **RUS** 20-21 Ec 32
Pronsk **RUS** 32-33 Dk 36
Propaštica **YU** 74-75 Cb 48
Propriano **F** 70-71 Ai 49
Prosenik **BG** 76-77 Ch 48
Prosnica **RUS** 22-23 Fa 32
Prossotsáni **GR** 74-75 Cd 49
Prostějov **CZ** 44-45 Bh 41
Proussós **GR** 82-83 Cb 52
Provadija **BG** 76-77 Ch 47
Provins **F** 40-41 Ad 42
Prozor **BIH** 58-59 Bh 47
Prozorovo **RUS** 22-23 Ek 33
Prudentov **RUS** 50-51 Eg 41
Prudišči **RUS** 32-33 Ef 34
Prudki **RUS** 30-31 Dg 36
Prudnik **PL** 44-45 Bh 40
Prüm **D** 42-43 Ag 40
Prundu **RO** 60-61 Cg 46
Prunişor **RO** 58-59 Cc 46
Pruszcz Gdański **PL** 28-29 Bi 36
Prutz **A** 56-57 Ba 43
Pružany **BY** 44-45 Ce 38
Pružinki **RUS** 32-33 Dk 38
Pryazovs'ke **UA** 62-63 Df 44
Pryluky **UA** 46-47 Dc 40
Prymors'k **UA** 62-63 Dg 44
Prymors'ke **UA** 62-63 Dh 44
Pryp'jat' **UA** 46-47 Da 39
Pryvitne **UA** 62-63 De 46
Przasnysz **PL** 28-29 Ca 37
Przedbórz **PL** 44-45 Bk 39
Przemyśl **PL** 44-45 Cc 41
Przewodowo, Parcele- **PL** 28-29 Ca 38
Przeworsk **PL** 44-45 Cc 40
Przewóz **PL** 42-43 Be 39
Psahná **GR** 82-83 Cd 52
Psará **GR** 82-83 Cf 52
Psarádes **GR** 74-75 Cb 50
Psári **GR** 82-83 Cc 53
Psebaj **RUS** 64-65 Ea 46
Psihro **GR** 82-83 Cf 55
Pskov **RUS** 18-19 Ci 33
Pskovskij **KA** 52-53 Gb 40
Pszczyna **PL** 44-45 Bi 41
Ptolemaïda **GR** 74-75 Cb 50
Ptuj **SLO** 58-59 Bf 44
Pucarevo **BIH** 58-59 Bh 46
Pūceskrogs **LV** 28-29 Cc 34
Pučež **RUS** 32-33 Ed 34
Puchenii Mari **RO** 60-61 Cg 46
Puchivka **UA** 46-47 Da 40
Pucioasa **RO** 60-61 Cf 45
Puçol **E** 70-71 Sk 51
Pudasjärvi **FIN** 10-11 Ch 25
Pudem **RUS** 22-23 Fc 32
Pudož **RUS** 12-13 Dg 29
Puebla de Alcocer **E** 68-69 Se 52
Puebla de Don Fadrique **E** 80-81 Sh 53
Puebla de Don Rodrigo **E** 68-69 Sf 51
Puebla de Guzmán **E** 80-81 Sc 53
Puebla del Río, La **E** 80-81 Sd 53
Puebla de Montalbán, La **E** 68-69 Sf 51
Puebla de Sanabria **E** 68-69 Sd 48
Puebla de Valverde, La **E** 70-71 Sk 50
Pühajärve **EST** 18-19 Cg 32
Pülümür **TR** 78-79 Dk 51
Puente del Arzobispo, El **E** 68-69 Se 51
Puente-Genil **E** 80-81 Sf 53
Puerto de Santa María, El **E** 80-81 Sd 54
Puertollano **E** 80-81 Sf 52
Puerto Lumbreras **E** 80-81 Si 53
Puerto Real **E** 80-81 Sd 54
Püspökladány **H** 58-59 Cb 43
Pugačev **RUS** 50-51 Ei 38
Pugačevo **RUS** 34-35 Fd 34
Pugačevskij **RUS** 52-53 Ff 39
Puhnovo **RUS** 30-31 Db 35
Puhos **FIN** 10-11 Ch 25
Puhos **FIN** 10-11 Ck 28
Puiatu **EST** 18-19 Cf 32
Puieşti **RO** 60-61 Ch 44
Puigcerdà **E** 70-71 Ab 48
Puig-Reig **E** 70-71 Ab 49
Puigreig = Puig-Reig **E** 70-71 Ab 49
Pukavik **S** 26-27 Be 34
Pukë **AL** 74-75 Bk 48
Pukšen'ga **RUS** 12-13 Eb 27
Pula **HR** 56-57 Bd 46
Pula **I** 70-71 Ai 51
Pulaj **AL** 74-75 Bk 49
Puławy **PL** 44-45 Cb 39
Pulkkila **FIN** 10-11 Cf 26
Pulonga **RUS** 4-5 Dk 24
Pulozero **RUS** 4-5 Dd 22
Pulpí **E** 80-81 Si 53
Pulsujärvi **S** 2-3 Cb 22
Pułtusk **PL** 28-29 Cb 38
Pummanki **RUS** 4-5 Db 21
Pumpėnai **LT** 28-29 Ce 35
Punkaharju **FIN** 18-19 Ck 29
Punkalaidun **FIN** 18-19 Cd 29
Punkasalmi = Punkaharju **FIN** 18-19 Ck 29
Punta Umbría **E** 80-81 Sd 53
Puokio **FIN** 10-11 Ch 26
Puolanka **FIN** 10-11 Ch 26
Puoltikasvaara **S** 2-3 Cb 23
Puottaure **S** 10-11 Ca 24
Purchena **E** 80-81 Sh 53
Purdoški **RUS** 32-33 Ed 36
Pureh **RUS** 32-33 Ed 34
Purmerend **NL** 40-41 Ae 38
Purnema **RUS** 12-13 Dh 26
Pusatlı **TR** 84-85 Df 52
Puščino **RUS** 30-31 Dh 36
Puškin **RUS** 18-19 Da 31
Puškino **RUS** 30-31 Df 34
Puškino **RUS** 30-31 Dh 34
Puškino **RUS** 50-51 Eh 39
Puškinskie Gory **RUS** 30-31 Ci 33
Pušlahta **RUS** 12-13 Dg 26
Pušnoj **RUS** 12-13 De 26
Pustaja Guba **RUS** 4-5 Dd 23
Pusterno **I** 56-57 Bb 45
Pustoška **RUS** 30-31 Ck 34
Putbus **D** 26-27 Bd 36
Putineiu **RO** 60-61 Ce 47
Putjanino **RUS** 32-33 Eb 36
Putjaševo **RUS** 22-23 Fd 30
Putlitz **D** 26-27 Bc 37
Puttgarden **D** 26-27 Bb 36
Putyvl' **UA** 46-47 Dd 39
Puukkokumpu **FIN** 10-11 Cf 25
Puumala **FIN** 18-19 Ci 29
Puy-en-Velay, le **F** 54-55 Ad 45
Puy-L'Evêque **F** 54-55 Ab 46
Puzači **RUS** 48-49 Dh 39
Pwllheli **GB** 38-39 Sf 38
Pyčas **RUS** 34-35 Fc 34
Pyhäjärvi **FIN** 2-3 Ch 23
Pyhäjärvi **FIN** 10-11 Cf 27
Pyhäjoki **FIN** 10-11 Ce 26
Pyhäkylä **FIN** 10-11 Ci 25
Pyhäntä **FIN** 10-11 Cg 26
Pyhäranta **FIN** 18-19 Cb 30
Pyhäselkä **FIN** 10-11 Ck 28
Pyhtää **FIN** 18-19 Cg 30
Þykkvibær **IS** 36 Qk 27
Pylema **RUS** 12-13 Ef 26
Pylemec **RUS** 6-7 Fc 23
Pylkönmäki **FIN** 10-11 Ce 28
Pyramiden **N** 2-3 I E 2
Pyrižky **UA** 46-47 Cd 40
Pyrjatyn **UA** 46-47 Dc 40
Pyrmont, Bad **D** 42-43 Ak 39
Pyrzyce **PL** 26-27 Be 37
Pyščug **RUS** 22-23 Ef 32
Pyš'ja, Ust'- **RUS** 22-23 Ff 31
Pyskowice **PL** 44-45 Bi 40
Pys'menne **UA** 48-49 Df 42
Pyšna **BY** 30-31 Ci 36
Pytalovo = Abrene **RUS** 30-31 Ch 33
Pyttis = Pyhtää **FIN** 18-19 Cg 30
Pyzdry **PL** 44-45 Bh 38

Q

Qabāqib, Bi'r **SYR** 86-87 Dk 55
Qādiriya **IRQ** 86-87 Ed 54
Qadmūş, al- **IRQ** 84-85 Dg 55
Qaf-Mollë **AL** 74-75 Bk 49
Qal'at al-'Uraima **SYR** 84-85 Dg 56
Qāmišli, al- **SYR** 86-87 Eb 53
Qanāt, al- **IRQ** 86-87 Ec 54
Qantāri **SYR** 86-87 Dk 54
Qardāha **SYR** 84-85 Dg 55
Qare Bāgh **IR** 86-87 Ee 51
Qare Kelisā **IR** 86-87 Ee 51
Qare Quš **IR** 86-87 Ee 52
Qare Tappe **IR** 86-87 Ee 52
Qaşr Ibn Wardān **SYR** 86-87 Dh 55
Qaşrik **IR** 86-87 Ee 52
Qaţ'ā, al- **SYR** 86-87 Ea 56
Qayyara **IRQ** 86-87 Ed 55
Qeparo **AL** 74-75 Bk 50
Qizil Yār **IRQ** 86-87 Ee 55
Q'nitra, Al- **MA** 80-81 Se 56
Qoţūr **IR** 86-87 Ee 52
Quakenbrück **D** 26-27 Ah 38
Quariat Arkmane **MA** 80-81 Sh 55
Quarteira **P** 80-81 Sb 53
Quartu Sant'Elena **I** 70-71 Ak 51
Qubayyat, al- **RL** 84-85 Dg 56
Quedlinburg **D** 42-43 Bb 39
Queensferry **GB** 38-39 Sg 35
Quelaines-Saint-Gault **F** 54-55 Sk 43
Querfurt **D** 42-43 Bb 39
Quettehou **F** 40-41 Si 41
Quezel Surl **IR** 78-79 Ee 51
Quiberon **F** 54-55 Sg 43
Quickborn **D** 26-27 Ak 37
Quillan **F** 70-71 Ac 48
Quimper **F** 40-41 Sf 43
Quimperlé **F** 54-55 Sg 43
Quintana del Castillo **E** 68-69 Sd 48
Quintanar de la Orden **E** 68-69 Sg 51
Quintanilla del Coco **E** 68-69 Sg 49
Quintin **F** 40-41 Sh 42
Quinto **E** 70-71 Sk 49
Quissac **F** 54-55 Ae 47
Qukës-Skënderbej **AL** 74-75 Ca 49
Qūlī Bak **IRQ** 86-87 Ee 55
Qunayya **SYR** 86-87 Dh 56
Quşair, al- **SYR** 86-87 Dg 56
Quwair, al- **IRQ** 86-87 Ed 54
Qyrsaç **AL** 74-75 Bk 48
Qyteti Stalin = Kuçovë **AL** 74-75 Bk 50

R

Raab = Győr **H** 58-59 Bh 43
Raabs an der Thaya **A** 44-45 Bf 42
Raahe **FIN** 10-11 Ce 26
Raalte **NL** 42-43 Ag 38
Raanujärvi **FIN** 2-3 Ce 24
Raattama **FIN** 2-3 Ce 22
Rab **HR** 58-59 Be 46
Răbăgani **RO** 58-59 Cc 44
Rabat **M** 72-73 Be 55
Rabat = Ar-Ribāt **MA** 80-81 Sd 57
Rabat = Victoria **M** 72-73 Be 54
Rabī'a **IRQ** 86-87 Ec 54
Rabka **PL** 44-45 Bk 41
Rabočeostrovsk **RUS** 12-13 De 26
Rabrovo **YU** 58-59 Cb 46
Răcăciuni **RO** 60-61 Cg 44
Răcăşdia **RO** 58-59 Cb 46
Rachiv **UA** 44-45 Ce 42
Raciąż **PL** 28-29 Ca 38
Racibórz **PL** 44-45 Bi 40
Radaškoviči **BY** 30-31 Ch 36
Rădăuţi **RO** 60-61 Cf 43
Radeberg **D** 42-43 Bd 39
Radeče **SLO** 58-59 Bf 44
Radechiv **UA** 44-45 Ce 40
Radica-Krylovka **RUS** 30-31 De 37
Radiščevo **RUS** 32-33 Eg 37
Radiščevo **RUS** 32-33 Eh 38
Rad'kivis'ki, Piski- **UA** 48-49 Dh 41
Radnevo **BG** 74-75 Cf 48
Radohova **BIH** 58-59 Bh 46
Radolfzell am Bodensee **D** 56-57 Ai 43
Radom **PL** 44-45 Cb 39
Radomir **BG** 74-75 Cc 48
Radomireşti **RO** 60-61 Ce 46
Radomsko **PL** 44-45 Bk 39
Radomyšl' **UA** 46-47 Ck 40
Radovan **RO** 60-61 Cd 46
Radovec **BG** 74-75 Cg 49
Radoviš **MK** 74-75 Cc 49
Radstadt **A** 56-57 Bd 43
Radviliškis **LT** 28-29 Cd 35
Radymno **PL** 44-45 Cc 41
Radziejów **PL** 44-45 Bi 38
Radzyń Chełmiński **PL** 28-29 Bi 37
Radzyń Podlaski **PL** 44-45 Cc 39
Rääkkylä **FIN** 10-11 Ck 28
Räpina **EST** 18-19 Ch 32
Raesfeld **D** 42-43 Ag 39
Rätansbyn **S** 8-9 Be 28
Rättvik **S** 16-17 Bf 30
Rävemåla **S** 26-27 Bf 34
Raevskij **RUS** 34-35 Fe 36
Raffadali **I** 72-73 Bd 53
Rafína **GR** 82-83 Ce 52
Rafsaï **MA** 80-81 Sf 56
Ragana **LV** 18-19 Ce 33
Raglicy **RUS** 18-19 Da 32
Raguli **RUS** 64-65 Ed 45
Ragusa **I** 72-73 Be 54
Rahačav **BY** 30-31 Da 37
Rahāl **IR** 86-87 Ee 52
Rahden **D** 42-43 Ai 38
Rah'ja **RUS** 18-19 Da 30
Rahmanovka **RUS** 50-51 Ek 38
Rahmanovka **RUS** 50-51 Ek 39
Rahmet **KA** 52-53 Gf 41
Råholt **N** 16-17 Bb 30
Rain **D** 42-43 Ba 42
Raisio **FIN** 18-19 Cc 30
Raivala **FIN** 10-11 Cc 29
Raja-Jooseppi **FIN** 2-3 Ci 22
Rajala **FIN** 2-3 Cg 23
Rajhorodka **UA** 48-49 Di 42
Rakav **BY** 30-31 Ch 37
Rakitovo **BG** 74-75 Ce 49
Rakkestad **N** 16-17 Bb 31
Rakovica **BG** 58-59 Cc 47
Rakovník **CZ** 42-43 Bd 40
Rakovskaja **RUS** 12-13 Eb 28
Rakovski **BG** 74-75 Ce 48
Rakvere **EST** 18-19 Cg 31
Rakytne **UA** 46-47 Da 41
Ralja **YU** 58-59 Ca 46
Ralppaluoto = Repolt **FIN** 10-11 Cb 27
Ramales de la Victoria **E** 54-55 Sg 47
Ramasuha **RUS** 30-31 Dd 38
Rambervillers **F** 42-43 Ag 42
Rambouillet **F** 40-41 Ab 42
Ramen'e **RUS** 20-21 Df 33
Ramen'e **RUS** 20-21 Ea 32
Ramenskoe **RUS** 30-31 Di 35
Raml **IRQ** 86-87 Ed 55
Rammersdorf **A** 44-45 Bf 42
Ramnäs **S** 16-17 Bg 31
Ramnes **N** 2-3 Bg 22
Ramni **BY** 30-31 Da 35
Ramon' **RUS** 48-49 Dk 39
Ramsberg **S** 16-17 Bf 31
Ramsele **S** 8-9 Bg 27
Ramsey **GB** 38-39 Sf 36
Ramsgate **GB** 40-41 Ab 39
Ramsjö **S** 8-9 Bf 28
Ramundberget **S** 8-9 Bc 28
Ramuševo **RUS** 18-19 Db 33
Ramvik **S** 8-9 Bh 28
Ramygala **LT** 28-29 Ce 35
Rancevo **RUS** 30-31 Dd 34
Randalstown **GB** 37 Sd 36
Randazzo **I** 72-73 Be 53
Rånddalen **S** 8-9 Bd 28
Randers **DK** 26-27 Ba 34
Randijaur **S** 2-3 Bk 24
Råneå **S** 10-11 Cc 25
Ranemsletta **N** 8-9 Bb 26
Ranish **GB** 38-39 Sd 32
Rannee **RUS** 50-51 Fc 39
Rånön **S** 10-11 Cc 25
Rantajärvi **S** 2-3 Cd 24
Rantasalmi **FIN** 10-11 Ci 28
Rantsila **FIN** 10-11 Cf 26
Ranua **FIN** 10-11 Cg 25
Rapallo **I** 56-57 Ak 46
Rapla **EST** 18-19 Ce 31
Rapperswil (SG) **CH** 56-57 Ai 43
Raqqa, ar- **SYR** 86-87 Dk 55
Raša **HR** 58-59 Be 45
Ra's al-'Ain **SYR** 86-87 Ea 54
Ra's al-Basiţ **SYR** 84-85 Df 55
Raseiniai **LT** 28-29 Cd 35
Ras-el-Oued **MA** 80-81 Se 56
Rašidiya **SYR** 86-87 Ea 54
Raška **YU** 58-59 Ca 47
Raškin **IRQ** 86-87 Ed 54
Rasna **BY** 30-31 Db 37
Rasony **BY** 30-31 Ci 35
Rasova **RO** 60-61 Ch 46
Ra's Šamra **SYR** 84-85 Df 55
Rasskazovo **RUS** 48-49 Eb 38
Rassypnaja **RUS** 50-51 Fd 39
Rastān, ar- **SYR** 86-87 Dg 56
Rastatt **D** 42-43 Ai 42
Rastede **D** 26-27 Ai 37
Răstoci **RO** 60-61 Cd 43
Ratčino **RUS** 32-33 Dk 37
Ráth Caola **IRL** 37 Sb 38
Ráth Droma **IRL** 37 Sd 38
Rathdrum = Ráth Droma **IRL** 37 Sd 38
Rathenow **D** 42-43 Bc 38
Rathfriland **GB** 37 Sd 36
Rathkeale = Ráth Caola **IRL** 37 Sb 38
Rath Luirc **IRL** 37 Sb 38
Ratingen **D** 42-43 Ag 39
Ratne **UA** 44-45 Ce 39
Ratten **A** 58-59 Bf 43
Rattenberg **A** 56-57 Bb 43
Ratzeburg **D** 26-27 Ba 37
Raudonė **LT** 28-29 Cd 35
Raufarhöfn **IS** 36 Re 24
Raufoss **N** 16-17 Ba 30
Rauland **N** 16-17 Ai 31
Rauma **FIN** 18-19 Cb 29
Rautalampi **FIN** 10-11 Cg 28
Rautavaara **FIN** 10-11 Ci 27
Rautjärvi **FIN** 18-19 Ck 29
Rava-Rus'ka **UA** 44-45 Cd 40
Ravenna **I** 56-57 Bc 46
Ravensburg **D** 56-57 Ak 43
Rawa Mazowiecka **PL** 44-45 Ca 39
Rāwandūz **IRQ** 86-87 Ee 54
Rawicz **PL** 44-45 Bg 39
Razeni **MD** 60-61 Ci 44
Razgort **RUS** 14-15 Ei 27
Razgrad **BG** 60-61 Cg 47
Razlog **BG** 74-75 Cd 49
Reading **GB** 40-41 Sk 39
Reale, la **I** 70-71 Ai 49
Réalmont **F** 54-55 Ac 47
Reboly **RUS** 10-11 Da 27
Rebordelo **P** 68-69 Sc 49
Rebrovo **BG** 74-75 Cd 48
Rečane **RUS** 30-31 Db 34
Recaş **RO** 58-59 Cb 45
Recey-sur-Ource **F** 54-55 Ae 43
Rečica = Rèčyca **BY** 46-47 Da 38
Recke **D** 42-43 Ah 38
Recklinghausen **D** 42-43 Ah 39
Recogne **B** 42-43 Af 41
Rèčyca **BY** 46-47 Da 38
Recz **PL** 26-27 Bf 37
Reda **PL** 28-29 Bi 36
Redcar **GB** 38-39 Si 36
Redditch **GB** 40-41 Si 38
Rédics **H** 58-59 Bg 44
Redkino **RUS** 30-31 Dg 34
Red'kino **RUS** 34-35 Fe 35
Redon **F** 54-55 Sh 43
Redondela **E** 68-69 Sb 48
Redondo **P** 80-81 Sc 52
Refahiye **TR** 78-79 Di 51
Reftele **S** 16-17 Bd 33
Reftinskij **RUS** 24-25 Gb 33
Regaïa **MA** 80-81 Se 55
Regen **D** 42-43 Bd 42
Regensburg **D** 42-43 Bc 41
Regenstauf **D** 42-43 Bc 41
Réggio di Calábria **I** 72-73 Bf 52
Réggio nell'Emilia **I** 56-57 Ba 46
Reghin **RO** 60-61 Ce 44
Regna **S** 16-17 Bf 32
Reguby **FIN** 18-19 Cc 31
Reguengos de Monsaraz **P** 80-81 Sc 52
Rehau **D** 42-43 Bc 40
Rehburg-Loccum **D** 42-43 Ak 38
Rehna **D** 26-27 Bb 37
Reigate **GB** 40-41 Sk 39
Reims **F** 40-41 Ae 41
Reinbek **D** 26-27 Ba 37
Reine **N** 2-3 Bd 23
Reinosa **E** 54-55 Sf 47
Reinsvoll **N** 16-17 Ba 30
Reis **TR** 84-85 Db 52
Reisjärvi **FIN** 10-11 Ce 27
Rękoraj **PL** 44-45 Bk 39
Rekovac **YU** 58-59 Cb 47
Relleu **E** 70-71 Sk 52
Rémalard **F** 40-41 Aa 42
Remennikovo **RUS** 30-31 Ci 34
Remeskylä **FIN** 10-11 Cg 27
Remiremont **F** 42-43 Ag 42
Remontnoe **RUS** 64-65 Ed 44
Remscheid **D** 42-43 Ah 39
Rena **N** 16-17 Bb 29
Renaix = Ronse **B** 40-41 Ad 40
Renålandet **S** 8-9 Bf 26
Renceni **LV** 18-19 Cf 33
Renda **LV** 18-19 Cc 33
Rendsburg **D** 26-27 Ak 36
Reni **UA** 60-61 Ci 45
Rennebu **N** 8-9 Ak 28
Rennes **F** 40-41 Si 42
Reno **IR** 86-87 Ee 51
Rensjön **S** 2-3 Bk 22
Rentína **GR** 74-75 Cb 51
Rentína **GR** 74-75 Cd 50
Réole, la **F** 54-55 Sk 46
Répcelak **H** 58-59 Bh 43
Rep'evka **RUS** 48-49 Di 39
Repino **RUS** 18-19 Ck 30
Replot **FIN** 10-11 Cb 27
Reppen **N** 2-3 Bd 24
Repvåg **N** 2-3 Cf 20
Réquista **F** 54-55 Ac 46
Reşadiye **TR** 78-79 Dh 50
Reşadiye **TR** 86-87 Ec 52
Resanovci **BIH** 58-59 Bg 46
Resavica **YU** 58-59 Cb 46
Resen **BG** 60-61 Cf 47
Resen **MK** 74-75 Cb 49
Resende **P** 68-69 Sc 49
Rešetnikovo **RUS** 30-31 Dg 34
Rešetylivka **UA** 46-47 De 41
Reşiţa **RO** 58-59 Cb 45
Resko **PL** 26-27 Bf 37
Reszel **PL** 28-29 Cb 36
Rethel **F** 40-41 Ae 41
Réthimno **GR** 82-83 Ce 55
Retiers **F** 54-55 Si 43
Retournac **F** 54-55 Ae 45

Retuerta del Bullaque **E** 68-69 Sf 51
Retz **A** 44-45 Bf 42
Reus **E** 70-71 Ab 49
Reutec **RUS** 48-49 Df 39
Reuterstadt Stavenhagen **D** 26-27 Bc 37
Reutlingen **D** 42-43 Ak 42
Revda **RUS** 4-5 De 23
Revda **RUS** 34-35 Fk 34
Revel **F** 54-55 Ac 47
Revigny-sur-Ornain **F** 40-41 Ae 42
Revin **F** 40-41 Ae 41
Reyhanlı **TR** 86-87 Dg 54
Reykhólar **IS** 36 Qh 25
Reykholt **IS** 36 Qi 26
Reykjahlíð **IS** 36 Rd 25
Reykjavík **IS** 36 Qi 26
Rež **RUS** 24-25 Gb 33
Rezé **F** 54-55 Si 43
Rēzekne **LV** 30-31 Ch 34
Rezina **MD** 60-61 Ci 43
Rezovo **BG** 76-77 Ch 48
Rgotina **YU** 58-59 Cc 46
Rhayader **GB** 40-41 Sg 38
Rheda-Wiedenbrück **D** 42-43 Ai 39
Rheine **D** 42-43 Ah 38
Rheinfelden (Baden) **D** 56-57 Ah 43
Rheinsberg **D** 26-27 Bc 37
Rhiconich **GB** 38-39 Sf 32
Rhinow **D** 26-27 Bc 38
Rho **I** 56-57 Ak 45
Rhondda **GB** 40-41 Sg 39
Rhydaman = Ammanford **GB** 40-41 Sg 39
Rhyl **GB** 38-39 Sg 37
Riákia **GR** 74-75 Cc 50
Riaza **E** 68-69 Sg 49
Ribadavia **E** 68-69 Sb 48
Ribare **YU** 58-59 Cb 47
Ribarica **BG** 74-75 Ce 48
Ribariće **YU** 74-75 Ca 48
Ribe **DK** 26-27 Ai 35
Ribeauvillé **F** 42-43 Ah 42
Ribeira de Pena **P** 68-69 Sc 49
Ribera **I** 72-73 Bd 53
Ribérac **F** 54-55 Aa 45
Ribes de Freser **E** 70-71 Ac 48
Ribnica **BIH** 58-59 Bi 46
Ribnica **SLO** 58-59 Be 45
Rîbnița **MD** 60-61 Ck 43
Ribnitz-Damgarten **D** 26-27 Bc 36
Ribnovo **BG** 74-75 Cd 49
Říčany **CZ** 42-43 Be 41
Riccione **I** 56-57 Bc 46
Riceys, les **F** 40-41 Ae 43
Richelieu **F** 54-55 Aa 43
Richmond **GB** 38-39 Si 36
Ried im Innkreis **A** 42-43 Bd 42
Riedenburg **D** 42-43 Bb 42
Riedlingen **D** 42-43 Ak 42
Riesa **D** 42-43 Bd 39
Riesi **I** 72-73 Be 53
Rietavas **LT** 28-29 Cb 35
Rieti **I** 72-73 Bc 48
Rieumes **F** 54-55 Ab 47
Riez **F** 56-57 Ag 47
Rif'at, Tall **SYR** 86-87 Dh 54
Riga **LV** 28-29 Ce 34
Rigozero **RUS** 12-13 De 27
Riguldi **EST** 18-19 Cd 31
Riihimäki **FIN** 18-19 Ce 30
Riistavesi **FIN** 10-11 Ci 28
Rijeka **HR** 58-59 Be 45
Rijsenburg, Driebergen- **NL** 42-43 Af 38
Rila **BG** 74-75 Cd 48
Rimavská Sobota **SK** 44-45 Ca 42
Rimbo **S** 16-17 Bi 31
Rimforsa **S** 16-17 Bf 32
Rímini **I** 56-57 Bc 46
Rîmnicu de Jos **RO** 60-61 Ci 46
Rîmnicu Sărat **RO** 60-61 Ch 45
Rîmnicu Vîlcea **RO** 60-61 Ce 45
Rimsko-Korsakovka **RUS** 50-51 Ei 39
Rindal **N** 8-9 Ak 27
Ringarum **S** 16-17 Bg 32
Ringe **DK** 26-27 Ba 35
Ringkøbing **DK** 26-27 Ai 34
Ringsted **DK** 26-27 Bb 35
Ringwood **GB** 40-41 Si 40
Rintala **RUS** 18-19 Ck 29
Rinteln **D** 42-43 Ak 38
Río **GR** 82-83 Cb 52
Riom **F** 54-55 Ad 45
Rio Maior **P** 68-69 Sb 51
Riom-ès-Montagnes **F** 54-55 Ac 45
Rionero in Vúlture **I** 72-73 Bf 50
Ripanj **YU** 58-59 Ca 46
Ripky **UA** 46-47 Db 39
Ripoll **E** 70-71 Ac 48
Ripon **GB** 38-39 Si 36
Risan **YU** 74-75 Bi 48
Risbäck **S** 8-9 Bf 26
Rîşcani **MD** 60-61 Ch 43
Riscle **F** 54-55 Sk 47
Rîşnov **RO** 60-61 Cf 45
Risør **N** 16-17 Ak 32
Risøyhamn **N** 2-3 Bf 22
Rissa **N** 8-9 Ba 27
Rissna **S** 8-9 Bf 27
Risti **EST** 18-19 Ce 32
Ristiina **FIN** 18-19 Ch 29
Ristijärvi **FIN** 10-11 Ci 26
Riva del Garda **I** 56-57 Ba 45
Rive-de-Gier **F** 54-55 Ae 45
Rivergaro **I** 56-57 Ak 46
Rivesaltes **F** 70-71 Ac 48
Rivne **UA** 46-47 Cg 40
Rivnoe **UA** 46-47 Db 42
Rívoli **I** 56-57 Ah 45
Rize **TR** 78-79 Ea 49
Rizokarpaso **TR** 84-85 De 55
Rjabinino **RUS** 22-23 Fg 30
Rjabovo **RUS** 18-19 Db 31
Rjabovskij **RUS** 48-49 Eb 40
Rjapusovskij Pogost **RUS** 12-13 Di 28
Rjazan' **RUS** 32-33 Dk 36
Rjazancevo **RUS** 32-33 Dk 34
Rjazanka **RUS** 48-49 Ec 38
Rjazanovka **RUS** 34-35 Fd 37
Rjazanovskij **RUS** 32-33 Dk 35
Rjazanskaja **RUS** 62-63 Dk 46
Rjazap, Iske- **RUS** 32-33 Ek 36
Rjažsk **RUS** 32-33 Ea 37
Rjukan **N** 16-17 Ai 31
Roa **E** 68-69 Sg 49
Roald **N** 8-9 Ag 28
Roanne **F** 54-55 Ae 44
Robertsfors **S** 10-11 Ca 26
Robin Hood's Bay **GB** 38-39 Sk 36
Robla, La **E** 68-69 Se 48
Roca de la Sierra, La **E** 68-69 Sd 51
Rochdale **GB** 38-39 Sh 37
Roche-Bernard, la **F** 54-55 Sh 43
Roche-Chalais, la **F** 54-55 Aa 45
Rochechouart **F** 54-55 Aa 45
Rochefort **B** 42-43 Af 40
Rochefort **F** 54-55 Sk 45
Rochelle, la **F** 54-55 Si 44
Roche-Posay, la **F** 54-55 Aa 44
Rocheservière **F** 54-55 Si 44
Rochester **GB** 40-41 Aa 39
Roche-sur-Foron, la **F** 56-57 Ag 44
Roche-sur-Yon, la **F** 54-55 Si 44
Rochlitz **D** 42-43 Bc 39
Rocío, El **E** 80-81 Sd 53
Rocroi **F** 40-41 Ae 41
Rødberg **N** 16-17 Ai 30
Rødby **DK** 26-27 Bb 36
Rødbyhavn **DK** 26-27 Bb 36
Rødekro **DK** 26-27 Ak 35
Rodel **GB** 38-39 Sd 33
Rodellar **E** 70-71 Sk 48
Roden **NL** 26-27 Ag 37
Rodez **F** 54-55 Ac 46
Roding **D** 42-43 Bc 41
Rodinka **RUS** 20-21 Ed 33
Rodionovo-Nesvetajskaja **RUS** 62-63 Dk 43
Rodna **RO** 60-61 Ce 43
Rodniki **KA** 52-53 Fi 41
Rodniki **RUS** 20-21 Eb 33
Rodnikovka **KA** 52-53 Fh 40
Rodnja **BY** 30-31 Dc 37
Rodolívos **GR** 74-75 Cd 50
Ródos **GR** 84-85 Ci 54
Rødvig **DK** 26-27 Bc 35
Rodyns'ke **UA** 48-49 Dh 42
Röbel **D** 26-27 Bc 37
Rönas **S** 8-9 Be 25
Rönnöfors **S** 8-9 Bd 27
Roermond **NL** 42-43 Ag 39
Roeselare **B** 40-41 Ad 40
Röstånga **S** 26-27 Bd 34
Rötviken **S** 8-9 Be 27
Rötz **D** 42-43 Bc 41
Rogač **HR** 58-59 Bg 47
Rogačevka **RUS** 48-49 Dk 39
Rogačica **YU** 58-59 Bk 46
Rogaška Slatina **SLO** 58-59 Bf 44
Rogatica **BIH** 58-59 Bi 47
Rogliano **I** 72-73 Bg 51
Rognan **N** 2-3 Bf 23
Rogne **N** 16-17 Ak 29
Rognedino **RUS** 30-31 Dd 37
Rognli **N** 2-3 Ca 21
Rogoznica **HR** 58-59 Bf 47
Rogoźno **PL** 28-29 Bg 38
Rogu **AL** 74-75 Ca 50
Rohatyn **UA** 44-45 Ce 41
Rohrbach in Oberösterreich **A** 42-43 Bd 42
Rohuküla **EST** 18-19 Cd 32
Roja **LV** 18-19 Cc 33
Rokiškis **LT** 28-29 Cf 35
Roknäs **S** 10-11 Cb 25
Rokycany **CZ** 42-43 Bd 41
Rokytne **UA** 46-47 Ch 39
Røldal **N** 16-17 Ag 31
Rollag **N** 16-17 Ak 31
Rolle **CH** 56-57 Ag 44
Rølvåg **N** 2-3 Bc 24
Rom = Roma **I** 72-73 Bc 49
Roma **I** 72-73 Bc 49
Roma **S** 16-17 Bi 33
Roman **BG** 74-75 Cd 47
Roman **RO** 60-61 Cg 44
Romănaşi **RO** 60-61 Cd 43
Romankivci **UA** 46-47 Ch 42
Romanovce **MK** 74-75 Cb 48
Romanovka **RUS** 48-49 Ec 39
Romanovka **RUS** 50-51 Eh 39
Romanovo **RUS** 24-25 Gb 31
Romanovskoe **RUS** 20-21 Dh 32
Romanshorn **CH** 56-57 Ak 43
Romans-sur-Isère **F** 56-57 Af 45
Romaškino **RUS** 50-51 Fb 38
Romenay **F** 56-57 Af 44
Romilly-sur-Seine **F** 40-41 Ad 42
Romny **UA** 46-47 Dd 40
Romodan **UA** 46-47 Dd 40
Romodanovo **RUS** 32-33 Ef 36
Romorantin-Lanthenay **F** 54-55 Ab 43
Roncade **I** 56-57 Bc 45
Roncesvalles **E** 68-69 Si 47
Ronchamp **F** 56-57 Ag 43
Ronda **E** 80-81 Se 54
Rønde **DK** 26-27 Ba 34
Rõngu **EST** 18-19 Cg 32
Rønne **DK** 26-27 Be 35
Ronneby **S** 26-27 Bf 34
Rønnede **DK** 26-27 Bc 35
Ronquillo, El **E** 80-81 Sd 53
Ronse **B** 40-41 Ad 40
Roosendaal **NL** 40-41 Ae 39
Ropeid **N** 16-17 Ag 31
Ropelv **N** 4-5 Da 21
Ropša **RUS** 18-19 Ck 31
Roquefort **F** 54-55 Sk 46
Roquemaure **F** 54-55 Ae 46
Roquetas de Mar **E** 80-81 Sh 54
Roquetes **E** 70-71 Aa 50
Røros **N** 8-9 Bb 28
Rorschach **CH** 56-57 Ak 43
Rørvik **N** 8-9 Bb 26
Ros' **BY** 28-29 Ce 37
Rošal' **RUS** 32-33 Dk 35
Rosal de la Frontera **E** 80-81 Sc 53
Rosarno **I** 72-73 Bf 52
Rošča **RUS** 24-25 Fi 33
Roščino **RUS** 18-19 Ck 30
Roscoff **F** 40-41 Sg 42
Ros Comáin = Roscommon **IRL** 37 Sb 37
Roscommon = Ros Comáin **IRL** 37 Sb 37
Ros Cré = Roscrea **IRL** 37 Sc 38
Roscrea = Ros Cré **IRL** 37 Sc 38
Rosenberg, Sulzbach- **D** 42-43 Bb 41
Rosendal **N** 16-17 Ag 31
Rosenheim **D** 56-57 Bc 43
Roses **E** 70-71 Ad 48
Roseți **RO** 60-61 Ch 46
Roseto degli Abruzzi **I** 72-73 Be 48
Roșia **RO** 58-59 Cc 44
Rosica **BG** 60-61 Ch 47
Rosice **CZ** 44-45 Bg 41
Rosignano Marittima **I** 56-57 Ba 47
Roșiori de Vede **RO** 60-61 Ce 46
Roskilde **DK** 26-27 Bc 35
Ros Láir = Rosslare **IRL** 37 Sd 38
Roslavl' **RUS** 30-31 Dc 37
Ros Mhic Thriúin = New Ross **IRL** 37 Sd 38
Rossano **I** 72-73 Bg 51
Rossio ão Sui do Tejo **P** 68-69 Sb 51
Rosslare = Ros Láir **IRL** 37 Sd 38
Roßlau (Elbe) **D** 42-43 Bc 39
Rossoha **RUS** 12-13 Ed 29
Rossolovo **RUS** 20-21 Eb 32
Ross-on-Wye **GB** 40-41 Sh 39
Rossoši **RUS** 48-49 Di 39
Røst **N** 2-3 Bc 23
Rostock **D** 26-27 Bc 36
Rostoši **RUS** 48-49 Ea 39
Rostov **RUS** 20-21 Dk 33
Rostov-na-Donu **RUS** 62-63 Dk 43
Rostrenen **F** 40-41 Sg 42
Røsvik **N** 2-3 Bf 23
Rosvik **S** 10-11 Cb 25
Rota **E** 80-81 Sd 54
Rotenburg (Wümme) **D** 26-27 Ak 37
Rothbury **GB** 38-39 Si 35
Rothenburg ob der Tauber **D** 42-43 Ba 41
Rothenburg/ Oberlausitz **D** 42-43 Be 39
Rotherham **GB** 38-39 Si 37
Rothesay **GB** 38-39 Se 35
Rotterdam **NL** 40-41 Ae 39
Rottneros **S** 16-17 Bd 31
Rottweil **D** 42-43 Ai 42
Roubaix **F** 40-41 Ad 40
Roudnice nad Labem **CZ** 42-43 Be 40
Rouen **F** 40-41 Ab 41
Rouillac **F** 54-55 Sk 45
Roussillon **F** 54-55 Ae 45
Rovaniemi **FIN** 2-3 Cf 24
Rovdino **RUS** 20-21 Ec 29
Roven'ki **UA** 48-49 Di 41
Roven'ky **UA** 48-49 Dk 42
Rovereto **I** 56-57 Bb 45
Roverud **N** 16-17 Bc 30
Rovigo **I** 56-57 Bb 45
Rovinari **RO** 60-61 Cd 46
Rovinj **HR** 56-57 Bd 45
Rovno = Rivne **UA** 46-47 Cg 40
Rovnoe **RUS** 50-51 Eg 40
Royal Leamington Spa **GB** 40-41 Si 38
Royal Tunbrigde Wells **GB** 40-41 Aa 39
Royan **F** 54-55 Si 45
Roye **F** 40-41 Ac 41
Røyken **N** 16-17 Ba 31
Røyrvik **N** 8-9 Bd 26
Royston **GB** 40-41 Sk 38
Rožaje **YU** 74-75 Ca 48
Różan **PL** 28-29 Cb 38
Rozay-en-Brie **F** 40-41 Ac 42
Roždestveno **RUS** 30-31 Dg 34
Roždestveno **RUS** 34-35 Fa 37
Roždestvensk **RUS** 22-23 Ff 32
Roždestvenskoe **RUS** 22-23 Ef 32
Rozdol'ne **UA** 62-63 Dd 45
Rozdyl'na **UA** 60-61 Da 44
Rožencovo **RUS** 32-33 Eg 33
Rozier, le **F** 54-55 Ad 46
Rozivka **UA** 62-63 Dh 43
Rožki **RUS** 34-35 Fa 34
Rožmitál pod Třemšínem **CZ** 42-43 Bd 41
Rožňava **SK** 44-45 Ca 42
Rožnov pod Radhoštěm **CZ** 44-45 Bi 41
Rozogi **PL** 28-29 Cb 37
Rožok **RUS** 32-33 Ed 35
Rozovec **BG** 74-75 Cf 48
Rožyšče **UA** 46-47 Cf 40
Rrëshen **AL** 74-75 Bk 49
Rsaevo **RUS** 34-35 Fe 35
Rtiščevo **RUS** 48-49 Ed 38
Ruba **BY** 30-31 Da 35
Rubail, ar- **SYR** 86-87 Dh 55
Rubanivka **UA** 62-63 De 43
Rubena **E** 68-69 Sg 48
Rubeži **YU** 74-75 Bk 48
Rubežinskij **RUS** 50-51 Fc 39
Rubežinskoe **KA** 50-51 Fb 39
Rubio, El **E** 80-81 Sf 53
Rucava **LV** 28-29 Cb 34
Ruč'i **RUS** 12-13 Eb 24
Ruciane-Nida **PL** 28-29 Cb 37
Ruda **S** 16-17 Bg 33
Rūdiškės **LT** 28-29 Ce 36
Rudjanka, Nejvo- **RUS** 24-25 Ga 33
Rudkøbing **DK** 26-27 Ba 36
Rudky **UA** 44-45 Cd 41
Rudne **UA** 44-45 Cd 41
Rudničnyj **RUS** 22-23 Fc 31
Rudničnyj **RUS** 24-25 Ga 31
Rudnik **YU** 58-59 Ca 46
Rudnja **RUS** 30-31 Db 36
Rudnja **UA** 46-47 Ci 39
Rudnyj **KA** 52-53 Gd 38
Rudo **BIH** 58-59 Bk 47
Rudolstadt **D** 42-43 Bb 40
Rudozem **BG** 74-75 Ce 49
Rudzāti **LV** 28-29 Cg 34
Rudzensk **BY** 30-31 Ch 37
Rueda **E** 68-69 Sf 49
Rüdersdorf bei Berlin **D** 42-43 Bd 38
Rüdesheim am Rhein **D** 42-43 Ah 41
Ruelle-sur-Touvre **F** 54-55 Aa 45
Rüsselsheim **D** 42-43 Ai 40
Ruffec **F** 54-55 Aa 44
Rugāji **LV** 18-19 Ch 33
Rugby **GB** 40-41 Si 38
Rugince **MK** 74-75 Cb 48
Ruguj **RUS** 18-19 Dc 31
Ruhan' **RUS** 30-31 Dc 37
Ruhland **D** 42-43 Bd 39
Ruidera **E** 68-69 Sh 52
Rūjiena **LV** 18-19 Cf 33
Ruka **FIN** 2-3 Ck 24
Rukopol' **RUS** 50-51 Ei 39
Rum **H** 58-59 Bg 43
Ruma **YU** 58-59 Bk 45
Rumailān **SYR** 86-87 Eb 54
Rumburk **CZ** 42-43 Be 40
Rummāna **IRQ** 86-87 Ed 55
Runcorn **GB** 38-39 Sh 37
Ruokojarvi **FIN** 2-3 Ce 23
Ruokolahti **FIN** 18-19 Ci 29
Ruokto **S** 2-3 Bk 23
Ruoms **F** 54-55 Ae 46
Ruovesi **FIN** 18-19 Ce 29
Rupea **RO** 60-61 Cf 44
Ruṣāfa, ar- **SYR** 86-87 Di 55
Rusanovo **RUS** 6-7 Fg 20
Ruse **BG** 60-61 Cf 47
Rusele **S** 8-9 Bi 26
Rushden **GB** 40-41 Sk 38
Ruşii-Munți **RO** 60-61 Ce 44
Rus'ka **UA** 60-61 Cf 43
Rus'ka, Rava- **UA** 44-45 Cd 40
Ruskeala **RUS** 10-11 Da 29
Rusksele **S** 8-9 Bi 26
Ruskträsk **S** 8-9 Bi 26
Rusnė **LT** 28-29 Cb 35
Rusoma **RUS** 12-13 Ef 26
Rusovce **SK** 44-45 Bh 42
Russelv **N** 2-3 Ca 21
Russi **I** 56-57 Bc 46
Russkaja Tavra **RUS** 34-35 Fh 34
Russkajy Žuravka **RUS** 48-49 Ea 40
Russkij Aktaš **RUS** 34-35 Fc 35
Russkij Barmak **RUS** 52-53 Fh 39
Russkij Brod **RUS** 48-49 Dh 38
Russkij Kameškir **RUS** 32-33 Eg 38
Rustefjelbma **N** 2-3 Ci 20
Ruszów **PL** 44-45 Bf 39
Ruukki **FIN** 10-11 Cf 26
Ruuvaoja **FIN** 2-3 Ci 23
Ruza **RUS** 30-31 Dg 35
Ruzaevka **RUS** 32-33 Ee 36
Ružany **BY** 28-29 Ce 38
Ružinci **BG** 58-59 Cc 47
Ružomberok **SK** 44-45 Bk 41
Ružyn **UA** 46-47 Ck 41
Ry **DK** 26-27 Ak 34
Rybačij **RUS** 28-29 Ca 35
Rybakovka **KA** 52-53 Fg 39
Rybinsk **RUS** 20-21 Di 32
Rybnaja Sloboda **RUS** 34-35 Fa 35
Rybnica = Rîbnița **MD** 60-61 Ck 43
Rybnik **PL** 44-45 Bi 40
Rybnoe **RUS** 32-33 Dk 36
Rybreka **RUS** 20-21 Df 29
Rychnov nad Kněžnou **CZ** 44-45 Bg 40
Rychwał **PL** 44-45 Bi 38
Ryčkovo **RUS** 24-25 Gb 32
Rydaholm **S** 26-27 Be 34
Ryde **GB** 40-41 Si 40
Rygge **N** 16-17 Ba 31
Rykene **N** 16-17 Ai 32
Ryki **PL** 44-45 Cb 39
Ryl'sk **RUS** 46-47 De 39
Rymättylä **FIN** 18-19 Cb 30
Rýmařov **CZ** 44-45 Bh 41
Rymnikskij **RUS** 52-53 Ga 38
Rynda **RUS** 4-5 Dg 22
Rynok **RUS** 64-65 Eh 45
Rypefjord **N** 2-3 Cd 20
Rypin **PL** 28-29 Bk 37
Ryssby **S** 26-27 Be 34
Rytinki **FIN** 10-11 Ch 25
Ryžanivka **UA** 46-47 Da 41
Ryzyne **UA** 46-47 Da 41
Rżaksa **RUS** 48-49 Ec 38
Rzeczenica **PL** 28-29 Bh 37
Rzepin **PL** 42-43 Be 38
Rzeszów **PL** 44-45 Cc 40
Ržev **RUS** 30-31 De 34
Ržyščiv **UA** 46-47 Db 41

S

Saalfeld **D** 42-43 Bb 40
Şa'an, aş- **SYR** 86-87 Dh 55
Saanen **CH** 56-57 Ah 44
Saarbrücken **D** 42-43 Ah 41
Saarburg **D** 42-43 Ag 41
Saarijärvi **FIN** 10-11 Cf 28
Saariselkä **FIN** 2-3 Ch 22
Saarlouis **D** 42-43 Ag 41

Saas im Prättigau **CH** 56-57 Ak 44
Saas Fee **CH** 56-57 Ah 44
Šabac **YU** 58-59 Bk 46
Sabadell **E** 70-71 Ac 49
Šaban **KA** 52-53 Gd 40
Şabanözü **TR** 76-77 Dc 51
Sabanözü **TR** 76-77 Dc 51
Şabanözü **TR** 76-77 Dd 50
Šabanovskoe **RUS** 62-63 Di 46
Săbăoani **RO** 60-61 Cg 43
Šabatlīya, aš- **SYR** 84-85 Df 55
Sabáudia **I** 72-73 Bd 49
Sabbioneta **I** 56-57 Ba 45
Sabḫa, as- **SYR** 86-87 Dk 55
Sabiles **LV** 18-19 Cc 33
Sabiñánigo **E** 70-71 Sk 48
Šabla **BG** 60-61 Ci 47
Sables-d'Olonne, les **F** 54-55 Si 44
Sablé-sur-Sarthe **F** 54-55 Sk 43
Sablinskoe **RUS** 64-65 Ed 46
Šablykino **RUS** 30-31 Df 38
Sabres **F** 54-55 Sk 46
Šabrovskij **RUS** 34-35 Ga 34
Sabugal **P** 68-69 Sc 50
Sabuncu **TR** 76-77 Da 51
Sacedón **E** 68-69 Sh 50
Săcel **RO** 60-61 Ce 43
Săcele **RO** 60-61 Cf 45
Sačhere **GE** 78-79 Ed 48
Sachnovščyna **UA** 48-49 Df 41
Šachtars'k **UA** 48-49 Di 42
Sacile **I** 56-57 Bc 45
Sack **BY** 30-31 Ch 37
Šack **RUS** 32-33 Eb 36
Šac'k **UA** 44-45 Cd 39
Sacu **RO** 58-59 Cc 45
Šaddādī **SYR** 86-87 Ea 54
Sadova **RO** 60-61 Cd 47
Sadove **UA** 62-63 De 45
Sadovec **BG** 60-61 Ce 47
Sadovo **BG** 74-75 Ce 48
Sadovoe **RUS** 64-65 Ee 43
Sadovyj **RUS** 48-49 Ee 39
Šadriči **RUS** 22-23 Ei 32
Šadrino **RUS** 22-23 Eh 31
Sääksjärvi **FIN** 10-11 Cd 27
Sääre **EST** 18-19 Cc 33
Sæbø **N** 8-9 Ag 28
Sæból **IS** 36 Qg 24
Sæby **DK** 16-17 Ba 33
Săedinenie **BG** 74-75 Ce 48
Săedinenie **BG** 74-75 Ce 48
Säffle **S** 16-17 Bc 31
Säkylä **FIN** 18-19 Cc 29
Sälen **S** 16-17 Bd 29
Saelices **E** 68-69 Sh 51
Sänna **S** 16-17 Be 32
Säräisniemi **FIN** 10-11 Cg 26
Särkisalmi **FIN** 18-19 Ck 29
Särna **S** 16-17 Bd 29
Särnstugan **S** 16-17 Bd 29
Särvsjön **S** 8-9 Bd 28
Säter **S** 16-17 Bf 30
Sætre **N** 16-17 Ba 31
Sävar **S** 10-11 Ca 27
Sävsjö **S** 16-17 Be 33
Säyneinen **FIN** 10-11 Ci 27
Säytsjärvi **FIN** 2-3 Ch 21
Safara **P** 80-81 Sc 52
Şafāyā **SYR** 86-87 Ea 54
Saffron Walden **GB** 40-41 Aa 38
Şāfiḥ, aṣ- **SYR** 86-87 Ea 54
Safina **IRQ** 86-87 Ed 55
Safira, as- **SYR** 86-87 Dh 54
Šāfītā **SYR** 84-85 Dg 56
Safonove, Trojic'ko- **UA** 62-63 Dc 43
Safonovo **RUS** 12-13 Eh 25
Safonovo **RUS** 30-31 Dd 35
Safranbolu **TR** 76-77 Dc 49
Saga **KA** 52-53 Gd 42
Saga **KA** 52-53 Ge 40
Sagarčin **RUS** 52-53 Ff 40
Sågen **S** 16-17 Be 30
Sagiáda **GR** 74-75 Ca 51
Sağınlı **TR** 86-87 Ec 52
Šāğir Bāzār, Tall **SYR** 86-87 Ea 54
Sağkaya **TR** 84-85 Df 53
Sagone **F** 70-71 Ai 48
Sağpazar **TR** 76-77 De 50
Sagres **P** 80-81 Sb 53
Sagunt **E** 70-71 Sk 51
Sagunto = Sagunt **E** 70-71 Sk 51
Saguny **RUS** 48-49 Dk 40
Sağyz **KA** 50-51 Fe 42
Sahagún **E** 68-69 Se 48
Šahar, Erken- **RUS** 64-65 Eb 46
Šahīdān **IR** 86-87 Ee 52
Şahin **TR** 74-75 Cg 49
Şahnalar **TR** 78-79 Ed 50
Šahovskaja **RUS** 30-31 Df 34
Šāhpūr = Salmās **IR** 86-87 Ee 52
Šahta **RUS** 22-23 Fh 31
Šahtinskij, Kamensk- **RUS** 48-49 Ea 42
Šahtnyj **RUS** 22-23 Fh 32
Šahty **RUS** 64-65 Ea 43
Šahun'ja **RUS** 22-23 Eg 33
Šahy **SK** 44-45 Bi 42
Saïdia **MA** 80-81 Sh 55
Šaiḫ **IRQ** 86-87 Ed 55
Šaiḫāne **IRQ** 86-87 Ee 53
Šaiḫ Ibrāhīm **IRQ** 86-87 Ec 54
Saija **FIN** 2-3 Ci 23
Saillans **F** 56-57 Af 46
Saimbeyli **TR** 84-85 Dg 52
Saint-Affrique **F** 54-55 Ac 47
Saint-Aignan **F** 54-55 Ab 43
Saint Albans **GB** 40-41 Sk 39
Saint-Amand-en-Puisaye **F** 54-55 Ad 43
Saint-Amand-les-Eaux **F** 40-41 Ad 40
Saint-Amand-Montrond **F** 54-55 Ac 44
Saint-Amour **F** 56-57 Af 44
Saint-André-de-Cubzac **F** 54-55 Sk 46
Saint Andrews **GB** 38-39 Sh 34
Saint-Aubin-du-Cormier **F** 40-41 Si 42
Saint-Aulaye **F** 54-55 Aa 45
Saint Austell **GB** 40-41 Sf 40
Saint-Avold **F** 42-43 Ag 41
Saint-Béat **F** 70-71 Aa 48
Saint-Brieuc **F** 40-41 Sh 42
Saint-Calais **F** 54-55 Aa 43
Saint-Céré **F** 54-55 Ab 46
Saint-Chamond **F** 54-55 Ae 45
Saint-Chély-d'Apcher **F** 54-55 Ad 46
Saint-Chinian **F** 54-55 Ac 47
Saint-Claude **F** 56-57 Af 44
Saint-Cybard, Montmoreau- **F** 54-55 Aa 45
Saint David's **GB** 40-41 Se 39
Saint-Denis **F** 40-41 Ac 42
Saint-Dié **F** 42-43 Ag 42
Saint-Dizier **F** 40-41 Ae 42
Sainte-Foy-la-Grande **F** 54-55 Aa 46
Sainte-Hermine **F** 54-55 Si 44
Saint-Eloy-les-Mines **F** 54-55 Ac 44
Sainte-Maure-de-Touraine **F** 54-55 Aa 43
Sainte-Maxime **F** 56-57 Ag 47
Sainte-Menehould **F** 40-41 Ae 41
Saintes **F** 54-55 Sk 45
Saintes-Maries-de-la-Mer **F** 54-55 Ae 47
Saint-Étienne **F** 54-55 Ae 45
Saint-Fargeau **F** 54-55 Ad 43
Saintfield **GB** 37 Se 36
Saint-Florent **F** 70-71 Ak 48
Saint-Florentin **F** 54-55 Ad 43
Saint-Florent-sur-Cher **F** 54-55 Ac 44
Saint-Flour **F** 54-55 Ad 45
Saint-Gaudens **F** 70-71 Aa 47
Saint-Gaultier **F** 54-55 Ab 44
Saint-Germain-du-Bois **F** 56-57 Af 44
Saint-Germain-les-Belles **F** 54-55 Ab 45
Saint-Gervais-d'Auvergne **F** 54-55 Ac 44
Saint-Géry **F** 54-55 Ab 46
Saint-Gilles **F** 54-55 Ae 47
Saint-Gilles-Croix-de-Vie **F** 54-55 Si 44
Saint-Gingolph **CH** 56-57 Ag 44
Saint-Gingolph **F** 56-57 Ag 44
Saint-Girons **F** 70-71 Ab 48
Saint-Gravé **F** 54-55 Sh 43
Saint Helens **GB** 38-39 Sh 37
Saint-Helier **GBJ** 40-41 Sh 41
Saint-Herblain **F** 54-55 Si 43
Saint-Hilaire, Talmont- **F** 54-55 Si 44
Saint-Hilaire-Bonneval **F** 54-55 Ab 45
Saint-Hilaire-du-Harcouët **F** 40-41 Si 42
Saint-Hippolyte-du-Fort **F** 54-55 Ad 47
Saint-Hubert **B** 42-43 Af 40
Saint Ives **GB** 40-41 Se 40
Saint Ives **GB** 40-41 Sk 38
Saint-Jean-d'Angély **F** 54-55 Sk 45
Saint-Jean-de-Bournay **F** 56-57 Af 45
Saint-Jean-de-Losne **F** 56-57 Af 43
Saint-Jean-de-Luz **F** 54-55 Si 47
Saint-Jean-de-Monts **F** 54-55 Sh 44
Saint-Jean-Pied-de-Port **F** 68-69 Si 47
Saint John's Chapel **GB** 38-39 Sh 36
Saint-Juéry **F** 54-55 Ac 47
Saint-Junien **F** 54-55 Aa 45
Saint-Just-en-Chausée **F** 40-41 Ac 41
Saint-Just-Saint-Rambert **F** 54-55 Ae 45
Saint-Lary-Soulan **F** 70-71 Aa 48
Saint-Laurent-de-la-Salanque **F** 70-71 Ac 48
Saint-Laurent-en-Grandvaux **F** 56-57 Af 44
Saint-Laurent-Médoc **F** 54-55 Sk 45
Saint-Léonard-de-Noblat **F** 54-55 Ab 45
Saint-Lô **F** 40-41 Si 41
Saint-Loup-sur-Semouse **F** 56-57 Ag 43
Saint-Maixent-l'École **F** 54-55 Sk 44
Saint-Malo **F** 40-41 Sh 42
Saint-Mamet-la-Salvetat **F** 54-55 Ac 46
Saint-Marcellin **F** 56-57 Af 45
Saint-Martin-de-Londres **F** 54-55 Ad 47
Saint-Martin-de-Ré **F** 54-55 Si 44
Saint-Martin-du-Var **F** 56-57 Ah 47
Saint-Maurice-sur-Moselle **F** 56-57 Ag 43
Saint-Maximin-la-Sainte-Baume **F** 56-57 Af 47
Saint-Méen-le-Grand **F** 40-41 Sh 42
Saint-Michel-de-Maurienne **F** 56-57 Ag 45
Saint-Mihiel **F** 42-43 Af 42
Saint-Nazaire **F** 54-55 Sh 43
Saint Neots **GB** 40-41 Sk 38
Saint-Nicolas-de-Port **F** 42-43 Ag 42
Saint-Omer **F** 40-41 Ac 40
Saint-Palais **F** 54-55 Si 47
Saint-Paul-de-Fenouillet **F** 70-71 Ac 48
Saint-Paul-lès-Dax **F** 54-55 Si 47
Saint-Péray **F** 54-55 Ae 46
Saint Peter Port **GBG** 40-41 Sh 41
Saint-Philbert-de-Grand-Lieu **F** 54-55 Si 43
Saint-Pierre-d'Oléron **F** 54-55 Si 45
Saint-Pierre-le-Moûtier **F** 54-55 Ad 44
Saint-Pierre-sur-Dives **F** 40-41 Sk 41
Saint-Pol-de-Léon **F** 40-41 Sg 42
Saint-Pol-sur-Ternoise **F** 40-41 Ac 40
Saint-Pons-de-Thomières **F** 54-55 Ac 47
Saint-Pourçain-sur-Sioule **F** 54-55 Ad 44
Saint-Quentin **F** 40-41 Ad 41
Saint-Rambert-d'Albon **F** 54-55 Ae 45
Saint-Raphaël **F** 56-57 Ag 47
Saint-Rémy-de-Provence **F** 54-55 Ae 47
Saint-Saulge **F** 54-55 Ad 43
Saint-Saveur-sur-Tinée **F** 56-57 Ah 46
Saint-Savin **F** 54-55 Aa 44
Saint-Sever **F** 54-55 Sk 47
Saint-Sulpice **F** 54-55 Ab 47
Saint-Symphorien **F** 54-55 Sk 46
Saint-Trond = Sint-Truiden **B** 42-43 Af 40
Saint-Tropez **F** 56-57 Ag 47
Saint-Valéry-en-Caux **F** 40-41 Aa 41
Saint-Valery-sur-Somme **F** 40-41 Ab 40
Saint-Vallier **F** 54-55 Ae 44
Saint-Vallier **F** 54-55 Ae 45
Saint-Vaury **F** 54-55 Ab 44
Saint-Vincent-de-Tyrosse **F** 54-55 Si 47
Saint-Vith **B** 42-43 Ag 40
Saint-Vivien-de-Médoc **F** 54-55 Si 45
Saint-Yrieix-la-Perche **F** 54-55 Ab 45
Ša'īr, Tall aš- **IRQ** 86-87 Ec 54
Saissac **F** 54-55 Ac 47
Saitbaba **RUS** 34-35 Fg 36
Saittarova **S** 2-3 Cc 23
Saja **RUS** 22-23 Fh 33
Šajduriha **RUS** 24-25 Ga 33
Šajgino **RUS** 22-23 Eg 33
Šajince **YU** 74-75 Cc 48
Sajküdyk **KA** 50-51 Fc 40
Sajkyn **KA** 50-51 Eg 42
Sajószentpéter **H** 44-45 Ca 42
Saj-Utes **KA** 66-67 Fd 46
Saj-Utjës **KA** 66-67 Fd 46
Saka **MA** 80-81 Sg 56
Sakaevi **TR** 76-77 Dd 50
Sakaltutan **TR** 84-85 Df 52
Sakarya **TR** 76-77 Da 50
Sakçagöz **TR** 86-87 Dg 53
Šakiai **LT** 28-29 Cd 36
Šakin **RUS** 48-49 Ec 41
Sakız **TR** 76-77 Ch 49
Sakmara **RUS** 52-53 Ff 39
Sakony **RUS** 32-33 Ed 35
Sakskøbing **DK** 26-27 Bb 36
Saky **UA** 62-63 Dd 45
Sakyatan **TR** 84-85 Dc 53
Sakyz **KA** 66-67 Fd 43
Sala **S** 16-17 Bg 31
Šaľa **SK** 44-45 Bh 42
Salacgrīva **LV** 18-19 Ce 33
Sala Consilina **I** 72-73 Bf 50
Şalāḥaddin **IRQ** 86-87 Ee 54
Sálakos **GR** 82-83 Ch 54
Šalakuša **RUS** 12-13 Ea 28
Salamanca **E** 68-69 Se 50
Salamat **RUS** 34-35 Gb 37
Salamína **GR** 82-83 Cd 53
Salamiya **SYR** 86-87 Dh 55
Salantai **LT** 28-29 Cb 34
Salas de los Infantes **E** 68-69 Sg 48
Salau **F** 70-71 Ab 48
Salavat **RUS** 34-35 Ff 37
Salbaş **TR** 84-85 Df 53
Salbris **F** 54-55 Ac 43
Šalčininkai **LT** 28-29 Cf 36
Saldaña **E** 68-69 Sf 48
Šaldež **RUS** 32-33 Ee 34
Saldus **LV** 28-29 Cc 34
Salé = Slā **MA** 80-81 Sd 56
Salema **P** 80-81 Sb 53
Salemi **I** 72-73 Bc 53
Salernes **F** 56-57 Ag 47
Salerno **I** 72-73 Be 50
Salgan **RUS** 32-33 Ef 35
Salgótarján **H** 44-45 Bk 42
Šalgovaara **RUS** 10-11 Dd 27
Sali **HR** 58-59 Bf 47
Šali **RUS** 32-33 Ek 35
Salies-de-Béarn **F** 54-55 Sk 47
Salihler **TR** 74-75 Cg 51
Salihler **TR** 76-77 Db 51
Salihli **TR** 82-83 Ci 52
Salihorsk **BY** 30-31 Ch 38
Salino **RUS** 30-31 De 34
Salins-les-Bains **F** 56-57 Af 44
Salıpazarı **TR** 76-77 De 49
Salisbury **GB** 40-41 Si 39
Săliște **RO** 60-61 Cd 45
Šalja **RUS** 24-25 Fi 33
Šalkar **KA** 50-51 Fb 40
Sal'kove **UA** 46-47 Ck 42
Salla **FIN** 2-3 Ci 24
Sallanches **F** 56-57 Ag 45
Sallent **E** 70-71 Ab 49
Salles **F** 54-55 Sk 46
Salmanlı **TR** 76-77 De 51
Salmās **IR** 86-87 Ee 52
Salmi **RUS** 18-19 Db 29
Salo **FIN** 18-19 Cd 30
Salò **I** 56-57 Ba 45
Salon-de-Provence **F** 56-57 Af 47
Salonta **RO** 58-59 Cb 44
Şalpazarı **TR** 78-79 Dk 50
Salqīn **SYR** 86-87 Dg 54
Salsbruket **N** 8-9 Bb 26
Salses **F** 70-71 Ac 48
Sal'sk **RUS** 64-65 Eb 44
Šal'skij **RUS** 12-13 Dg 29
Salsomaggiore Terme **I** 56-57 Ak 46
Saltash **GB** 40-41 Sf 40
Saltburn-by-the-Sea **GB** 38-39 Sk 36
Saltfleet **GB** 38-39 Aa 37
Saltoluoktafjällstation **S** 2-3 Bi 23
Saltsjöbaden **S** 16-17 Bi 31
Saltvik **FIN** 18-19 Ca 30
Šalty **RUS** 34-35 Fd 36
Šalty **RUS** 34-35 Fd 37
Saltyki **RUS** 32-33 Dk 37
Saltykovo, Karaja- **RUS** 48-49 Ec 38
Salūq **SYR** 86-87 Dk 54
Salur **TR** 86-87 Dk 53
Saluzzo **I** 56-57 Ah 46
Salva **RO** 60-61 Ce 43
Salvaterra de Magos **P** 68-69 Sb 51
Salvatierra de los Barros **E** 80-81 Sd 52
Salviac **F** 54-55 Ab 46
Saly, Sultan- **RUS** 62-63 Dk 43
Šalyhyne **UA** 46-47 De 39
Salzburg **A** 56-57 Bd 43
Salzgitter **D** 42-43 Ba 38
Salzungen, Bad **D** 42-43 Ba 40
Salzwedel **D** 26-27 Bb 38
Samachvalavičy **BY** 30-31 Ch 37
Samaili **TR** 84-85 Ci 52
Samandağ **TR** 84-85 Df 54
Samandere **TR** 76-77 Db 50
Samara **RUS** 34-35 Fa 37
Samarskoe **RUS** 52-53 Fi 39
Samarskoe **RUS** 62-63 Dk 44
Šamary **RUS** 24-25 Fi 33
Samatan **F** 54-55 Aa 47
Şambayat **TR** 86-87 Di 53
Sambir **UA** 44-45 Cd 41
Sambir **UA** 46-47 Dd 39
Samedan **CH** 56-57 Ak 44
Sámi **GR** 82-83 Ca 52
Samino **RUS** 22-23 Ei 29
Şamlı **TR** 76-77 Ch 51
Samlik **AR** 78-79 Ee 49
Samobor **HR** 58-59 Bf 45
Samoded **RUS** 12-13 Ea 27
Samofalovka **RUS** 48-49 Ee 42
Samojlovka **RUS** 48-49 Ed 39
Samokov **BG** 74-75 Cd 48
Šamorín **SK** 44-45 Bh 42
Sámos **GR** 82-83 Cg 53
Samothráki **GR** 74-75 Cf 50
Samovol'no-Ivanovka **RUS** 50-51 Fa 38
Sampèyre **I** 56-57 Ah 46
Sampur **RUS** 48-49 Eb 38
Samsun **TR** 78-79 Dg 49
Samtredia **GE** 78-79 Ee 48
Samugheo **I** 70-71 Ai 51
Samylovo **RUS** 20-21 Ee 32
San Bartolomé de la Torre **E** 80-81 Sc 53
San Bartolomeo in Galdo **I** 72-73 Bf 49
San Benedetto del Tronto **I** 72-73 Bd 48
San Benedetto Po **I** 56-57 Ba 45
San Bonifácio **I** 56-57 Bb 45
Sancak **TR** 78-79 Ea 51
Sancerre **F** 54-55 Ac 43
Sanchidrián **E** 68-69 Sf 50
Sancoins **F** 54-55 Ac 44
Sancti-Spíritus **E** 68-69 Sd 50
Sančursk **RUS** 32-33 Eh 34
Sand **N** 16-17 Ag 31
Sand **N** 16-17 Bb 30
Sandane **N** 8-9 Ag 29
Sandanski **BG** 74-75 Cd 49
Sandared **S** 16-17 Bc 33
Sandata **RUS** 64-65 Eb 44
Sandbukta **N** 2-3 Cb 21
Sande **D** 26-27 Ai 37
Sande **N** 16-17 Af 29
Sande **N** 16-17 Ba 31
Sandefjord **N** 16-17 Ba 31
Sandgerði **IS** 36 Qh 26
Sandhammaren **S** 26-27 Be 35
Şandi **SYR** 86-87 Dh 54
Sandıklı **TR** 84-85 Da 52
Sandnäset **S** 8-9 Bg 28
Sandnes **N** 16-17 Af 32
Sandneshamn **N** 2-3 Bi 21
Sandnessjøen **N** 2-3 Bc 24
Sandomierz **PL** 44-45 Cb 40
San Donà di Piave **I** 56-57 Bc 45
Sandovo **RUS** 20-21 Dg 32
Šandrivka **UA** 48-49 Df 42
Sandsjö **S** 16-17 Be 29
Sandstad **N** 8-9 Ak 27
Sandvig **DK** 26-27 Be 35
Sandvik **S** 16-17 Bg 33
Sandvika **S** 8-9 Bc 27
Sandviken **S** 16-17 Bg 30
San Esteban de Gormaz **E** 68-69 Sg 49
San Felice Circeo **I** 72-73 Bd 49
San Felices de los Gallegos **E** 68-69 Sd 50
San Fernando **E** 80-81 Sd 54
Šanga, Nikola- **RUS** 22-23 Ef 32
Sangerhausen **D** 42-43 Bb 39
San Gimignano **I** 56-57 Bb 47
San Ginésio **I** 72-73 Bd 47
Sanginkylä **FIN** 10-11 Cg 26
San Giórgio Iónico **I** 72-73 Bh 50
San Giovanni in Fiore **I** 72-73 Bg 51
San Giovanni in Persiceto **I** 56-57 Bb 46
San Giovanni Rotondo **I** 72-73 Bf 49
Sangis **S** 10-11 Cd 25
San Ildefonso o La Granja **E** 68-69 Sf 50
San Janvier **E** 80-81 Sk 53
San José **E** 80-81 Sh 54
San Juan de Alacant **E** 80-81 Sk 52

San Juan de Alicante = San Juan de Alacant **E** 80-81 Sk 52
Sankok **TR** 84-85 Db 53
Sankt Aegyd am Neuwalde **A** 58-59 Bf 43
Sankt Anton am Arlberg **A** 56-57 Ba 43
Sankt Gallen **CH** 56-57 Ak 43
Sankt Gilgen **A** 56-57 Bd 43
Sankt Goar **D** 42-43 Ah 40
Sankt Johann im Pongau **A** 56-57 Bd 43
Sankt Michaelisdonn **D** 26-27 Ak 37
Sankt Moritz **CH** 56-57 Ak 44
Sankt-Peterburg **RUS** 18-19 Da 31
Sankt Peter-Ording **D** 26-27 Ai 36
Sankt Pölten **A** 44-45 Bf 42
Sankt Veit an der Glan **A** 58-59 Be 44
Sankt-Vith = Saint-Vith **B** 42-43 Ag 40
Sankt Wendel **D** 42-43 Ah 41
San Leonardo de Yagüe **E** 68-69 Sg 49
Şanlıca **TR** 78-79 Eb 51
Şanlı Urfa **TR** 86-87 Di 53
San Lorenzo **E** 68-69 Sf 50
San Lorenzo de Calatrava **E** 80-81 Sg 52
Sanlúcar de Barrameda **E** 80-81 Sd 54
Sanlúcar de Guadiana **E** 80-81 Sc 53
Sanlúcar la Mayor **E** 80-81 Sd 53
Sanluri **I** 70-71 Ai 51
San Marcello Pistoiese **I** 56-57 Ba 46
San Marino **RSM** 56-57 Bc 47
San Martín de Castañeda **E** 68-69 Sd 48
San Martín de Montalbán **E** 68-69 Sf 51
San Martín de Valdeiglesias **E** 68-69 Sf 50
San Martino di Castrozza **I** 56-57 Bb 44
San Miguel de Salinas **E** 80-81 Sk 53
Sanniki **PL** 44-45 Bk 38
Sanok **PL** 44-45 Cc 41
San Pedro del Pinatar **E** 80-81 Sk 53
San Remo **I** 56-57 Ah 47
San Roque **E** 80-81 Se 54
San Sebastián = Donostia **E** 54-55 Si 47
San Sebastián de los Reyes **E** 68-69 Sg 50
Sansepolcro **I** 56-57 Bc 47
San Severino Marche **I** 56-57 Bd 47
San Severo **I** 72-73 Bf 49
Šanskij Zavod **RUS** 30-31 Df 35
Sanski Most **BIH** 58-59 Bg 46
San Stino di Livenza **I** 56-57 Bc 45
Santa Amalia **E** 68-69 Sd 51
Santa Bárbara de Casa **E** 80-81 Sc 53
Santa Caterina di Pittinuri **I** 70-71 Ai 50
Santa Cesárea Terme **I** 72-73 Bi 50
Santa Clara-a-Velha **P** 80-81 Sb 53
Santa Coloma de Farners **E** 70-71 Ac 49
Santa Comba Dão **P** 68-69 Sb 50
Santa Cristina Valgardena = Sankt Christina in Gröden **I** 56-57 Bb 44
Santa Croce Camerina **I** 72-73 Be 54
Santa Cruz de Mudela **E** 80-81 Sg 52
Santa Doménica Taláo **I** 72-73 Bf 51
Santa Eufemia **E** 80-81 Sf 52
Santa Eugenia (Ribeira) **E** 68-69 Sb 48
Santa Eulália **P** 68-69 Sc 51
Santa Fé **E** 80-81 Sg 53
Sant'Ágata di Militelo **I** 72-73 Be 52
Santa Margherita Lígure **I** 56-57 Ak 46
Santa Maria Cápua Vetere **I** 72-73 Be 49
Santa Maria de Arzua **E** 68-69 Sb 48
Santa Maria del Camí **E** 70-71 Ac 51
Santa María del Páramo **E** 68-69 Se 48
Santa Marta **E** 80-81 Sd 52
Santana **E** 68-69 Sf 48
Santana da Serra **P** 80-81 Sb 53
Santander **E** 54-55 Sg 47
Sant'Ángelo dei Lombardi **I** 72-73 Bf 50
Sant'Ángelo Lodigiano **I** 56-57 Ak 45
Sant'Antíoco **I** 70-71 Ai 51
Santa Olalla del Cala **E** 80-81 Sd 53
Santa Pau **E** 70-71 Ac 48
Santa Pola **E** 80-81 Sk 52
Sant'Arcángelo **I** 72-73 Bg 50
Santarém **P** 68-69 Sb 51
Santa Sofia **I** 56-57 Bb 47
Santa Teresa di Gallura **I** 70-71 Ak 49
Sant Carles de la Ràpita **E** 70-71 Aa 50
Sant Celoni **E** 70-71 Ac 49
San Teodoro **I** 70-71 Ak 50
Santesteban **E** 68-69 Si 47
Sant'Eufémia Lamézia **I** 72-73 Bg 52
Sant Feliu de Guíxols **E** 70-71 Ad 49
Santiago de Alcántara **E** 68-69 Sc 51
Santiago de Compostela **E** 68-69 Sb 48
Santiago do Cacém **P** 80-81 Sb 53
Santibáñez de la Sierra **E** 68-69 Se 50
Sant Mateu **E** 70-71 Aa 50
Santo Domingo de la Calzada **E** 68-69 Sh 48
Santoméri **GR** 82-83 Cb 53
Santoña **E** 54-55 Sg 47
Santo Stéfano di Camastra **I** 72-73 Be 52
Santo Tirso **P** 68-69 Sb 49
San Vincente de Alcántara **E** 68-69 Sc 51
San Vincenzo **I** 72-73 Ba 47
San Vito lo Capo **I** 72-73 Bc 52
São Bartolomeu de Messines **P** 80-81 Sb 53
São Brás de Alportel **P** 80-81 Sc 53
São João da Madeira **P** 68-69 Sb 50
São Martinho do Porto **P** 68-69 Sa 51
São Teotónio **P** 80-81 Sb 53
São Vicente da Beira **P** 68-69 Sc 50
Sapanca **TR** 76-77 Da 50
Sapërnoe **RUS** 18-19 Ck 30
Sápes **GR** 74-75 Cf 49
Şaphane **TR** 76-77 Ck 51
Šapki **RUS** 18-19 Db 31
Šapkino **RUS** 48-49 Ec 39
Sapmaz **TR** 78-79 Di 50
Šapošnikovo **RUS** 50-51 Fb 39
Sapožok **RUS** 32-33 Ea 37
Sappemeer, Hoogezand- **NL** 26-27 Ag 37
Sapri **I** 72-73 Bf 50
Sāqiya **IRQ** 86-87 Ed 56
Šaqlāwa **IRQ** 86-87 Ee 54
Sara **FIN** 10-11 Cc 28
Sara **RUS** 32-33 Eg 36
Sara **RUS** 52-53 Fh 39
Sarabikulovo **RUS** 34-35 Fb 36
Saraby **N** 2-3 Cd 20
Saraevo **RUS** 22-23 Ef 30
Saragulka **RUS** 24-25 Ge 32
Sarai **RUS** 32-33 Ea 37
Saraiu **RO** 60-61 Ci 46
Sarajärvi **FIN** 10-11 Ch 25
Sarajevo **BIH** 58-59 Bi 47
Saraj-Gir **RUS** 34-35 Fd 37
Sarajšyķ **KA** 66-67 Fb 43
Sarakiniko **GR** 82-83 Cd 52
Saraktaš **RUS** 52-53 Fg 39
Saralžyn **KA** 50-51 Ek 41
Saralžynköl **KA** 50-51 Ei 41
Šaran **RUS** 34-35 Fe 36
Sarana **RUS** 34-35 Fh 34
Saranci **BG** 74-75 Cd 48
Sarandë **AL** 74-75 Ca 51
Šaranga **RUS** 22-23 Eg 33
Saranpaul' **RUS** 14-15 Ga 26
Saransk **RUS** 32-33 Ef 36
Saransko **BG** 74-75 Cg 48
Šarapovo **RUS** 32-33 Ee 35
Sarapul **RUS** 34-35 Fd 34
Sarāqib **SYR** 86-87 Dg 55
Šaraqraq **SYR** 86-87 Di 54
Sarašenskij **RUS** 48-49 Ec 40
Saraši **RUS** 34-35 Ff 34
Šarašova **BY** 44-45 Ce 38
Sarat **KA** 52-53 Gb 40
Sarata **UA** 60-61 Ck 44
Sărăţel **RO** 60-61 Ce 43
Saratov **RUS** 50-51 Eg 39
Saravakpınar = Sırpsındığı **TR** 74-75 Cg 49
Saray **TR** 76-77 Ch 49
Saray **TR** 76-77 De 51
Saray **TR** 86-87 Ee 52
Saraycık **TR** 76-77 Df 50
Saraydüzü **TR** 76-77 De 49
Sarayköy **TR** 76-77 Db 51
Sarayköy **TR** 84-85 Ci 53
Sarayönü **TR** 84-85 Dc 52
Sarbala **RUS** 20-21 Ed 30
Šardonem' **RUS** 12-13 Ee 27
Sargans **CH** 56-57 Ak 43
Sargin **TR** 76-77 Df 49
Šarhorod **UA** 46-47 Ci 42
Saria **GR** 82-83 Ch 55
Sarıbeyler **TR** 76-77 Ch 51
Sarıbuğday **TR** 76-77 Df 50
Sarıcakaya **TR** 76-77 Da 50
Sarıgöl **TR** 78-79 Eb 50
Sarıgöl **TR** 84-85 Ci 52
Sarıkamış **TR** 78-79 Ec 50
Sarıkavak **TR** 84-85 Dd 54
Sarıkaya **TR** 76-77 Df 51
Sarıkaya **TR** 84-85 Ci 52
Sarıkaya **TR** 84-85 Dc 52
Sarıköy **TR** 76-77 Ch 50
Sarıkonak **TR** 86-87 Eb 52
Sarılar **TR** 86-87 Dh 53
Sarımazı **TR** 84-85 Df 54
Sariñena **E** 70-71 Sk 49
Sarıoba **TR** 76-77 Dc 51
Sarıoğlan **TR** 84-85 Df 51
Šaripovo **RUS** 34-35 Ff 36
Sarısu = Aktepe **TR** 78-79 Ec 51
Sarıveliler **TR** 84-85 Dc 54
Sariyar **TR** 76-77 Ck 49
Sarıyar **TR** 76-77 Db 50
Sariyatak **IRQ** 86-87 Eb 54
Sarız **TR** 86-87 Dg 52
Sar'ja **RUS** 18-19 Dc 31
Šar'ja **RUS** 22-23 Ef 32
Sarkad **H** 58-59 Cb 44
Šarkan **RUS** 22-23 Fd 33
Šarkavščyna **BY** 30-31 Ch 35
Şarkîkaraağaç **TR** 84-85 Db 52
Šarkin **KA** 50-51 Fb 42
Şarkışla **TR** 78-79 Dg 51
Şarköy **TR** 76-77 Ch 50
Sarkovo **BG** 74-75 Cg 48
Šarkovo **BG** 74-75 Cg 48
Şarlakköy **TR** 86-87 Dg 52
Sarlat-la-Canéda **F** 54-55 Ab 46
Šarlyk **RUS** 34-35 Fe 38
Sarmakovo **RUS** 64-65 Ed 47
Sarmanaj **RUS** 34-35 Fe 37
Sarmanovo **RUS** 34-35 Fc 35
Sărmăşel Gară **RO** 60-61 Ce 44
Sarmizegetusa **RO** 58-59 Cc 45
Sarnen **CH** 56-57 Ai 44
Sârnica **BG** 74-75 Cd 49
Sărnica **BG** 74-75 Ce 49
Šarnut **RUS** 64-65 Ed 43
Sarny **UA** 46-47 Cg 39
Saronno **I** 56-57 Ak 45
Sarot **TR** 76-77 Db 50
Sarova **RUS** 32-33 Ed 36
Šarovce **SK** 44-45 Bi 42
Sarpa **RUS** 64-65 Ef 43
Sarpi **GE** 78-79 Eb 49
Sarpsborg **N** 16-17 Bb 31
Šarqāt, aš- **IRQ** 86-87 Ed 55
Šarqiya, 'Ain aš- **SYR** 84-85 Dg 55
Sarrebourg **F** 42-43 Ah 42
Sarreguemines **F** 42-43 Ah 41
Sarre-Union **F** 42-43 Ah 42
Sarria **E** 68-69 Sc 48
Sarrión **E** 70-71 Sk 50
Sarroch **I** 70-71 Ak 51
Sarsina **I** 56-57 Bc 47
Sartène **F** 70-71 Ai 49
Sárti **GR** 74-75 Cd 50
Sartilly **F** 40-41 Si 42
Saruhanlı **TR** 82-83 Ch 52
Saruj **RUS** 32-33 Eh 35
Sárvár **H** 58-59 Bg 43
Sarvela **FIN** 10-11 Cc 28
Sarybūlak **KA** 52-53 Ff 41
Sarykūdyk **KA** 50-51 Ek 41
Sarykūm **KA** 66-67 Fg 44
Saryömir **KA** 50-51 Fb 40
Sarytogaj **KA** 66-67 Fb 43
Sarzeau **F** 54-55 Sh 43
Sasallı **TR** 82-83 Cg 52
Sásd **H** 58-59 Bi 44
Sason **TR** 86-87 Eb 52
Sasovo **RUS** 32-33 Eb 36
Sàssari **I** 70-71 Ai 50
Sassenage **F** 56-57 Af 45
Sassnitz **D** 26-27 Bd 36
Saßnitz = Sassnitz **D** 26-27 Bd 36
Sassuolo **I** 56-57 Ba 46
Sasykoli **RUS** 64-65 Eh 43
Sataniv **UA** 46-47 Cg 41
Sätenäs **S** 16-17 Bc 32
Satıköy **TR** 86-87 Ea 53
Satino **RUS** 22-23 Fd 32
Satka **RUS** 34-35 Fk 35
Šatki **RUS** 32-33 Ee 35
Sátoraljaújhely **H** 44-45 Cb 42
Satovča **BG** 74-75 Cd 49
Satpaev **KA** 52-53 Fh 42
Satu Mare **RO** 58-59 Cc 43
Šatura **RUS** 32-33 Dk 35
Sauda **N** 16-17 Ag 31
Sauðárkrkur **IS** 36 Ra 25
Saugues **F** 54-55 Ad 46
Saujon **F** 54-55 Sk 45
Saukkola **FIN** 18-19 Cd 30
Saulieu **F** 54-55 Ae 43
Saulkrasti **LV** 18-19 Ce 33
Sault **F** 56-57 Af 46
Saumjani **GE** 78-79 Ee 49
Saumur **F** 54-55 Sk 43
Saunajärvi **FIN** 10-11 Ck 27
Šaur, Tall aš- **IRQ** 86-87 Ec 54
Saura **KA** 66-67 Fa 46
Sauveterre-de-Guyenne **F** 54-55 Sk 46
Sauvo **FIN** 18-19 Cc 30
Sauzé-Vaussais **F** 54-55 Aa 44
Sauzon **F** 54-55 Sg 43
Sava **BY** 30-31 Da 36
Šavaržakovo **RUS** 22-23 Ei 33
Savaştepe **TR** 76-77 Ch 51
Savcılı **TR** 76-77 Dd 51
Savcyno **RUS** 20-21 Dh 33
Savenay **F** 54-55 Si 43
Săveni **RO** 60-61 Cg 43
Saverdun **F** 54-55 Ab 47
Saverne **F** 42-43 Ah 42
Savigliano **I** 56-57 Ah 46
Savikylä **FIN** 10-11 Ci 27
Savinka **RUS** 50-51 Eh 40
Savino **RUS** 20-21 Dg 30
Savino **RUS** 32-33 Eb 34
Savinobor **RUS** 14-15 Fg 27
Savinskij **RUS** 12-13 Ea 28
Savitaipale **FIN** 18-19 Ch 29
Šavnik **YU** 74-75 Bk 48
Savona **I** 56-57 Ai 46
Savonlinna **FIN** 10-11 Ci 29
Savonranta **FIN** 10-11 Ck 28
Savran' **UA** 46-47 Da 42
Şavşat **TR** 78-79 Ec 49
Savukoski **FIN** 2-3 Ci 23
Savur **TR** 86-87 Ea 53
Savynci **UA** 48-49 Dh 41
Saxmundham **GB** 40-41 Ab 38
Saxnäs **S** 8-9 Bf 26
Sayyāl, as- **SYR** 86-87 Ea 56
Sayyid 'Ubaid **IRQ** 86-87 Ed 55
Sazan **RUS** 52-53 Fg 39
Sazdy Žana **KA** 64-65 Ek 44
Sazilar **TR** 76-77 Dc 51
Sažino **RUS** 34-35 Fi 34
Sazonovo **RUS** 20-21 Df 31
Scaër **F** 40-41 Sg 42
Scalasaig **GB** 38-39 Sd 34
Scalby **GB** 38-39 Sk 36
Scalloway **GB** 38-39 Si 30
Scansano **I** 72-73 Bb 48
Scarborough **GB** 38-39 Sk 36
Scarinish **GB** 38-39 Sd 34
Scarriff = An Scairbh **IRL** 37 Sb 38
Ščekino **RUS** 30-31 Dh 36
Ščel' **RUS** 14-15 Fd 26
Ščel'jabož **RUS** 6-7 Fg 24
Ščeljajur **RUS** 14-15 Fd 25
Ščelkovo **RUS** 30-31 Di 35
Ščerbinka **RUS** 30-31 Dh 35
Schachendorf **A** 58-59 Bg 43
Schärding **A** 42-43 Bd 42
Schaffhausen **CH** 56-57 Ai 43
Schagen **NL** 26-27 Ae 38
Schanf **CH** 56-57 Ak 44
Scharnitz **A** 56-57 Bb 43
Scheibbs **A** 44-45 Bf 43
Scherfede **D** 42-43 Ak 39
Schio **I** 56-57 Bb 45
Schkeuditz **D** 42-43 Bc 39
Schladming **A** 56-57 Bd 43
Schlanders = Silandro **I** 56-57 Ba 44
Schleiden **D** 42-43 Ag 40
Schleiz **D** 42-43 Bb 40
Schleswig **D** 26-27 Ak 36
Schleusingen **D** 42-43 Ba 40
Schlierbach **A** 42-43 Be 43
Schlotheim **D** 42-43 Ba 39
Schluderns = Sluderno **I** 56-57 Ba 44
Schlüchtern **D** 42-43 Ak 40
Schmalkalden, Kurort **D** 42-43 Ba 40
Schmiedeberg, Bad **D** 42-43 Bc 39
Schnackenburg **D** 26-27 Bb 37
Schnever-Dingen **D** 26-27 Ak 37
Schönberg **D** 26-27 Ba 37
Schönberg (Holstein) **D** 26-27 Ba 36
Schönebeck (Elbe) **D** 42-43 Bb 38
Schönsee **D** 42-43 Bc 41
Schongau **D** 56-57 Ba 43
Schopfheim **D** 56-57 Ah 43
Schramberg **D** 42-43 Ai 42
Schrobenhausen **D** 42-43 Bb 42
Schruns **A** 56-57 Ak 43
Schuls, Scuols/ **CH** 56-57 Ba 44
Schussenried, Bad **D** 42-43 Ak 42
Schwaan **D** 26-27 Bc 37
Schwabach **D** 42-43 Bb 41
Schwabmünchen **D** 42-43 Ba 42
Schwäbisch Gmünd **D** 42-43 Ak 42
Schwäbisch Hall **D** 42-43 Ak 41
Schwandorf **D** 42-43 Bc 41
Schwarmstedt **D** 42-43 Ak 38
Schwarzenbek **D** 26-27 Ba 37
Schwaz **A** 56-57 Bb 43
Schwechat **A** 44-45 Bg 42
Schwedt **D** 26-27 Be 37
Schweinfurt **D** 42-43 Ba 40
Schwenningen, Villingen- **D** 42-43 Ai 42
Schwerin **D** 26-27 Bb 37
Schwetzingen **D** 42-43 Ai 41
Schwyz **CH** 56-57 Ai 43
Sciacca **I** 72-73 Bd 53
Ščigry **RUS** 48-49 Dg 39
Scînteia **RO** 60-61 Ch 46
Scordia **I** 72-73 Be 53
Scornicești **RO** 60-61 Ce 46
Ščors **UA** 46-47 Db 39
Scorţeni **RO** 60-61 Cg 44
Scourie **GB** 38-39 Se 32
Ščuč'e Ozero **RUS** 34-35 Fg 34
Ščučyn **BY** 28-29 Ce 37
Scunthorpe **GB** 38-39 Sk 37
Scuol/ Schuls **CH** 56-57 Ba 44
Ščurovo **RUS** 20-21 Di 33
Ščutenskie Peski **RUS** 48-49 Ea 39
Searcóck **IRL** 37 Sd 37
Seascale **GB** 38-39 Sg 36
Sebdou **DZ** 80-81 Si 56
Šebekino **RUS** 48-49 Dg 40
Seben **TR** 76-77 Db 50
Šeber **KA** 66-67 Fc 46
Sebeş **RO** 60-61 Cd 45
Sebeusad **RUS** 32-33 Ei 34
Sebež **RUS** 30-31 Ci 34
Şebinkarahisar **TR** 78-79 Di 50
Šebir **KA** 66-67 Fc 46
Sebiş **RO** 58-59 Cc 44
Sebnitz **D** 42-43 Be 40
Sebta = Ceuta **E** 80-81 Se 55
Sebta = Ceuta **E** 80-81 Sf 55
Sečenovo **RUS** 32-33 Ef 35
Secondigny **F** 54-55 Sk 44
Sečovce **SK** 44-45 Cb 42
Secuieni **RO** 60-61 Ch 44
Seda **LT** 28-29 Cc 34
Sedan **F** 40-41 Ae 41
Séderon **F** 56-57 Af 46
Sedgefield **GB** 38-39 Si 36
Sedlčany **CZ** 42-43 Be 41
Šedok **RUS** 64-65 Ea 46
Sedtydin **RUS** 14-15 Fe 29
Šeduva **LT** 28-29 Cd 35
Sędziszów Małopolski **PL** 44-45 Cb 40
Seebad Ahlbeck **D** 26-27 Be 37
Seebad Bansin **D** 26-27 Be 37
Seehausen (Altmark) **D** 26-27 Bb 38
Seelow **D** 42-43 Be 38
Sées **F** 40-41 Aa 42
Seesen **D** 42-43 Ba 39
Seewiesen **A** 58-59 Bf 43
Şefaatli **TR** 76-77 De 51
Seferihisar **TR** 82-83 Cg 52
Segalstad **N** 16-17 Ba 29
Segangane **MA** 80-81 Sg 55
Segarcea **RO** 60-61 Cd 46
Segeža **RUS** 12-13 De 27
Seglvik **N** 2-3 Cb 20
Šegmas **RUS** 14-15 Ek 26
Segonzac **F** 54-55 Sk 45
Segorbe **E** 70-71 Sk 51
Segovia **E** 68-69 Sf 50
Segré **F** 54-55 Sk 43
Segura **P** 68-69 Sd 51
Şehit Nusretbey **TR** 86-87 Di 54
Seia **P** 68-69 Sc 50
Seiches-sur-le-Loir **F** 54-55 Sk 43
Seilhac **F** 54-55 Ab 45
Seinäjoki **FIN** 10-11 Cc 28
Seini **RO** 60-61 Cd 43
Seirijai **LT** 28-29 Cd 36
Seitķali **KA** 50-51 Eh 42

Šeitovka **RUS** 64-65 Ei 44
Sejny **PL** 28-29 Cd 36
Sejtjakovo **RUS** 34-35 Ff 35
Sëjva **RUS** 22-23 Fd 30
Sekači **RUS** 48-49 Ed 40
Şekerli **TR** 86-87 Dk 53
Seki **TR** 84-85 Ck 54
Sekili **TR** 76-77 De 51
Sekizli **TR** 84-85 Dd 53
Šekovići **BIH** 58-59 Bi 46
Šekšema **RUS** 22-23 Ef 32
Šeksna **RUS** 20-21 Di 31
Şelaru **RO** 60-61 Cf 46
Šelaša **RUS** 12-13 Ec 29
Selb **D** 42-43 Bc 40
Selbekken **N** 8-9 Ak 27
Selbu **N** 8-9 Bb 27
Selby **GB** 38-39 Si 37
Sel'co **RUS** 30-31 De 37
Selçuk **TR** 82-83 Ch 53
Sel'cy **RUS** 20-21 Df 33
Selehovskaja **RUS** 12-13 Di 29
Selendi **TR** 84-85 Ci 52
Selenicë **AL** 74-75 Bk 50
Sélero **GR** 74-75 Ce 49
Sélestat **F** 42-43 Ah 42
Selevac **YU** 58-59 Ca 46
Selfoss **IS** 36 Qi 27
Sel'gi **RUS** 10-11 Dd 27
Selib **RUS** 14-15 Ei 27
Seligenstadt **D** 42-43 Ai 40
Selim **TR** 78-79 Ec 50
Selimiye **TR** 82-83 Ch 53
Selino **RUS** 46-47 De 38
Seliščí **RUS** 32-33 Ef 36
Seliše **RUS** 12-13 Eg 26
Selishtë **AL** 74-75 Ca 49
Selitrennoe **RUS** 64-65 Eh 43
Selivanovskaja **RUS** 48-49 Eb 42
Seližarovo **RUS** 30-31 Dd 34
Seljatyn **UA** 60-61 Cf 43
Selje **N** 8-9 Af 28
Seljelvnes **N** 2-3 Bk 21
Seljord **N** 16-17 Ai 31
Selkirk **GB** 38-39 Sh 35
Selkopp **N** 2-3 Ce 20
Selles-sur-Cher **F** 54-55 Ab 43
Sellía **GR** 82-83 Ce 55
Selo **RUS** 20-21 Di 29
Selonnet **F** 56-57 Ag 46
Selsviken **S** 8-9 Bf 27
Seltjarnarnes **IS** 36 Qh 26
Selty **RUS** 22-23 Fc 33
Seltz **F** 42-43 Ai 42
Selydove **UA** 48-49 Dh 42
Sem **N** 16-17 Ba 31
Šemaniha **RUS** 22-23 Ef 33
Şemdinli **TR** 86-87 Ee 53
Semenivka **UA** 46-47 Dc 38
Semenivka **UA** 46-47 Dd 41
Semenov **RUS** 32-33 Ee 34
Semenovka **KA** 52-53 Gd 38
Semënovka **RUS** 48-49 Ee 41
Semenovskoe **RUS** 20-21 Dk 32
Semenovskoe **RUS** 30-31 Df 35
Šemetovo **RUS** 30-31 Di 36
Semibalki **RUS** 62-63 Dk 44
Semibratovo **RUS** 20-21 Dk 33
Semibugry **RUS** 64-65 Ei 44
Semičnyj **RUS** 64-65 Ec 43
Semigorodnjaja **RUS** 20-21 Ea 31
Semikarakorsk **RUS** 64-65 Ea 43
Semiluki **RUS** 48-49 Di 39
Semily **CZ** 44-45 Bf 40
Semiozernoe **KA** 52-53 Ge 38
Semizovac **BIH** 58-59 Bi 47
Semlevo **RUS** 30-31 Dd 35
Semmering **A** 58-59 Bf 43
Šemordan **RUS** 34-35 Fa 34
Šemurša **RUS** 32-33 Eh 36
Semyduby **UA** 46-47 Da 42
Semypolky **UA** 46-47 Da 40
Šemyšejka **RUS** 32-33 Ef 38
Sëmža **RUS** 4-5 Ee 24
Senaki **GE** 78-79 Ec 48
Šenbertal **KA** 52-53 Ga 42
Senek **KA** 66-67 Fd 47
Senftenberg **D** 42-43 Be 39
Sénia, la **E** 70-71 Aa 50
Senica **SK** 44-45 Bh 42
Senigállia **I** 56-57 Bd 47
Senirce **TR** 84-85 Da 53
Senirkent **TR** 84-85 Da 52
Senj **HR** 58-59 Be 46
Şenkaya **TR** 78-79 Ec 50
Şenköy **TR** 86-87 Eb 53
Sen'kove **UA** 48-49 Dh 41
Šenkursk **RUS** 12-13 Ec 28
Senlis **F** 40-41 Ac 41
Sennen **GB** 40-41 Se 40
Sennoj **RUS** 48-49 Ed 40
Sennoj **RUS** 50-51 Eg 38
Senokos **BG** 60-61 Ci 47
Senorbì **I** 70-71 Ak 51
Sens **F** 40-41 Ad 42
Senta **YU** 58-59 Ca 45
Šentala **RUS** 34-35 Fb 36
Şenyurt **TR** 78-79 Eb 50
Şenyurt **TR** 86-87 Ea 53
Seoane **E** 68-69 Sc 48
Sepetçi **TR** 76-77 Da 51
Šepetivka **UA** 46-47 Ch 40
Šepit **UA** 60-61 Cf 43
Sępólno Krajeńskie **PL** 28-29 Bh 37
Septe **KA** 66-67 Fc 46
Septemvri **BG** 74-75 Ce 48
Sepúlveda **E** 68-69 Sg 49
Sepyč **RUS** 22-23 Fe 32
Serafimovič **RUS** 48-49 Ec 41
Serafimovskij **RUS** 34-35 Fd 36
Seraing **B** 42-43 Af 40
Şerbăneşti **RO** 60-61 Ce 46
Sercaia **RO** 60-61 Cf 45
Serdobsk **RUS** 48-49 Ee 38
Serebrjanka **RUS** 24-25 Fk 33
Serebrjanskij **RUS** 18-19 Ck 32
Serebrjanye Prudy **RUS** 30-31 Di 36
Sered' **SK** 44-45 Bh 42
Sereda **RUS** 30-31 Df 35
Seredka **RUS** 18-19 Ci 32
Serednikovo **RUS** 32-33 Dk 35
Seredskaja **RUS** 20-21 Ec 30
Seredyna Buda **UA** 46-47 De 38
Şerefiye **TR** 78-79 Dh 50
Şereflikoçhisar **TR** 84-85 Dd 52
Seregovo **RUS** 14-15 Fa 28
Šeremet'evka **RUS** 34-35 Fb 35
Séres **GR** 74-75 Cd 49
Serga **RUS** 22-23 Fg 33
Sergač **RUS** 32-33 Ef 35
Sergeevsk **RUS** 34-35 Fb 37
Sergeevskij **RUS** 22-23 Fe 30
Sergen **TR** 76-77 Ch 49
Sergen **TR** 86-87 Dk 53
Sergievka **RUS** 50-51 Fb 39
Sergievo **RUS** 12-13 Dg 28
Sergiev Posad **RUS** 30-31 Di 34
Sergievskoe **RUS** 64-65 Ec 46
Serhijivka **UA** 48-49 Dh 42
Serhijivka **UA** 60-61 Da 44
Serik **TR** 84-85 Db 54
Serinhisar **TR** 84-85 Ck 53
Serinkum **TR** 86-87 Ec 52
Serinyol **TR** 84-85 Dg 54
Ser'jag **RUS** 22-23 Fe 29
Serkova **RUS** 24-25 Gc 33
Sermenevo **RUS** 34-35 Fi 37
Sernancelhe **P** 68-69 Sc 50
Sernovodsk **RUS** 34-35 Fb 37
Sernur **RUS** 32-33 Ek 34
Serock **PL** 44-45 Cb 38
Seroglazka **RUS** 64-65 Eh 44
Serón **E** 80-81 Sh 53
Serou **IR** 86-87 Ee 53
Serov **RUS** 24-25 Ga 31
Serpa **P** 80-81 Sc 53
Serpejsk **RUS** 30-31 De 36
Serpuhov **RUS** 30-31 Dh 36
Serra de Outes, A (Outes) **E** 68-69 Sb 48
Serradilla **E** 68-69 Sd 51
Serra San Bruno **I** 72-73 Bg 52
Serres **F** 56-57 Af 46
Sertã **P** 68-69 Sb 51
Servi **TR** 86-87 Ea 52
Sérvia **GR** 74-75 Cc 50
Sesimbra **P** 80-81 Sa 52
Seskarö **S** 10-11 Cd 25
Sessa Aurunca **I** 72-73 Bd 49
Šestakovo **RUS** 22-23 Fa 32
Šestovoe **RUS** 24-25 Gi 33
Sestriere **I** 56-57 Ag 46
Sestri Levante **I** 56-57 Ak 46
Sestroreck **RUS** 18-19 Ck 30
Šešurga **RUS** 22-23 Eh 33
Séta **GR** 82-83 Cd 52
Šeta **LT** 28-29 Ce 35
Sète **F** 54-55 Ad 47
Setermoen **N** 2-3 Bi 22
Setraki **RUS** 48-49 Ea 41
Šetre **KA** 66-67 Fc 46
Séttimo Torinese **I** 56-57 Ah 45
Settle **GB** 38-39 Sh 36
Setúbal **P** 80-81 Sb 52
Seu d'Urgell, la **E** 70-71 Ab 48
Seui **I** 70-71 Ak 51
Sevastopol' **UA** 62-63 Dd 46
Ševčenkivskyj, Korsun'- **UA** 46-47 Db 41
Ševčenko = Aktau **KA** 66-67 Fb 47
Ševčenko, Fort- **KA** 66-67 Fa 46
Ševčenkovo **UA** 48-49 Dh 41
Ševelevskaja **RUS** 20-21 Ee 30
Sevenoaks **GB** 40-41 Aa 39
Sever **RUS** 22-23 Fd 32
Sévérac-le-Château **F** 54-55 Ad 46
Severka **RUS** 34-35 Ga 34
Severnoe **RUS** 34-35 Fc 36
Severnoe **RUS** 64-65 Ec 46
Severnyj **KA** 52-53 Gb 39
Severnyj **RUS** 6-7 Gd 23
Severnyj **RUS** 10-11 Dc 26
Severnyj **RUS** 64-65 Ef 43
Severnyj Kolčim **RUS** 22-23 Fh 30
Severodonec'k **UA** 48-49 Di 42
Severodvinsk **RUS** 12-13 Dk 26
Severo-Kospašskij **RUS** 22-23 Fh 31
Severomorsk **RUS** 4-5 Dd 21
Severoural'sk **RUS** 24-25 Ga 30
Severo-Zadonsk **RUS** 30-31 Di 36
Sevettijärvi **FIN** 2-3 Ci 21
Sevgáraki **GR** 82-83 Cb 52
Sevilla **E** 80-81 Se 53
Sevindikli **TR** 76-77 Ck 50
Şevketiye **TR** 76-77 Ch 50
Sevlievo **BG** 60-61 Cf 47
Sevnica **SLO** 58-59 Bf 44
Sevrjukovo **RUS** 30-31 Dg 36
Sevsk **RUS** 46-47 De 38
Sevštari **BG** 60-61 Cg 47
Seydim **TR** 76-77 De 50
Seydişehir **TR** 84-85 Db 53
Seyfeköy **TR** 76-77 De 51
Şeyhali **TR** 76-77 Dc 51
Şeyhli **TR** 78-79 Dg 50
Şeyhmehmet **TR** 86-87 Eb 53
Seyitgazi **TR** 76-77 Da 51
Seyitoba **TR** 82-83 Ch 52
Seyne-sur-Mer, la **F** 56-57 Af 47
Seyssel **F** 56-57 Af 45
Sežana **SLO** 56-57 Bd 45
Sézanne **F** 40-41 Ad 42
Sezze **I** 72-73 Bd 49
Sfakia **GR** 82-83 Ce 55
Sfinári **GR** 82-83 Cd 55
Sfîntu Gheorghe **RO** 60-61 Cf 45
Sfîntu Gheorghe **RO** 60-61 Ck 46
's-Gravenhage = Den Haag **NL** 40-41 Ae 38
Shader **GB** 38-39 Sd 32
Shaftesbury **GB** 40-41 Sh 39
Shannon = Sionainn **IRL** 37 Sb 38
Sheerness **GB** 40-41 Aa 39
Sheffield **GB** 38-39 Si 37
Shegra **GB** 38-39 Se 32
Shëngjin **AL** 74-75 Bk 49
Shënmëri = Buçimas **AL** 74-75 Ca 49
Sherborne **GB** 40-41 Sh 40
Sheringham **GB** 38-39 Ab 38
's-Hertogenbosch **NL** 42-43 Af 39
Shifshawn = Chefschaouene **MA** 80-81 Se 55
Shijak **AL** 74-75 Bk 49
Shkodër **AL** 74-75 Bk 48
Shrewsbury **GB** 38-39 Sh 38
Sianów **PL** 28-29 Bg 36
Šiaulėnai **LT** 28-29 Cd 35
Šiauliai **LT** 28-29 Cd 35
Sibaj **RUS** 50-51 Fi 38
Sibari **I** 72-73 Bg 51
Šibenik **HR** 58-59 Bf 47
Sibiu **RO** 60-61 Ce 45
Šičuga **RUS** 22-23 Eg 29
Šid **YU** 58-59 Bk 45
Sidaravičy **BY** 30-31 Da 37
Side **TR** 84-85 Db 54
Sidel'kino **RUS** 34-35 Fb 36
Siders = Sierre **CH** 56-57 Ah 44
Sidi-Allal-el-Babravi **MA** 80-81 Sd 57
Sidi-Bou-Beker **MA** 80-81 Si 56
Sidi-Kacem **MA** 80-81 Se 56
Sidira **GR** 82-83 Cb 52
Sidirókastro **GR** 74-75 Cd 49
Sidi-Slimane **MA** 80-81 Se 56
Sidi-Yahya-du Rharb **MA** 80-81 Sd 56
Sidlyšče **UA** 46-47 Cf 39
Sidmouth **GB** 40-41 Sg 40
Sidorovo **RUS** 20-21 Di 33
Sidorovo **RUS** 22-23 Fa 30
Šidrovo **RUS** 12-13 Ec 28
Siedlce **PL** 44-45 Cc 38
Siegburg **D** 42-43 Ah 40
Siegen **D** 42-43 Ai 40
Siemiatycze **PL** 44-45 Cc 38
Siena **I** 56-57 Bb 47
Sieppijärvi **FIN** 2-3 Cd 23
Sieradz **PL** 44-45 Bi 39
Sieraków **PL** 44-45 Bg 38
Sierpc **PL** 28-29 Bk 38
Sierre **CH** 56-57 Ah 44
Sievi **FIN** 10-11 Ce 27
Sifni, 'Ain **IRQ** 86-87 Ed 54
Sig **RUS** 12-13 De 25
Sigdal **N** 16-17 Ak 30
Sigean **F** 70-71 Ac 47
Sigerfjord **N** 2-3 Bf 22
Sighetu Marmaţiei **RO** 60-61 Cd 43
Sighişoara **RO** 60-61 Ce 44
Siglufjörður **IS** 36 Rb 24
Sigmaringen **D** 42-43 Ak 42
Šigony **RUS** 32-33 Ei 37
Sígri **GR** 74-75 Cf 51
Sigtuna **S** 16-17 Bh 31
Sigulda **LV** 18-19 Ce 33
Šihany **RUS** 50-51 Eh 38
Šihtovo **RUS** 30-31 Dc 35
Siikainen **FIN** 10-11 Cb 29
Siilinjärvi **FIN** 10-11 Ch 27
Siirt **TR** 86-87 Eb 53
Siivikko **FIN** 10-11 Ch 25
Sikfors **S** 10-11 Cb 25
Sikia **GR** 74-75 Cd 50
Síkinos **GR** 82-83 Cf 54
Siklós **H** 58-59 Bi 45
Sil Âğa **SYR** 86-87 Eb 54
Šilalė **LT** 28-29 Cc 35
Silandro = Schlanders **I** 56-57 Ba 44
Šil'da **RUS** 52-53 Fk 39
Şile **TR** 76-77 Ck 49
Šilega **RUS** 12-13 Ee 26
Šilekša **RUS** 20-21 Ec 33
Šili **KA** 52-53 Gc 40
Silifke **TR** 84-85 Dd 54
Silikatnyj **RUS** 32-33 Ei 37
Silíqua **I** 70-71 Ai 51
Siliştea **RO** 60-61 Cf 46
Silistraru **RO** 60-61 Ch 45
Silivri **TR** 76-77 Ci 49
Siljan **N** 16-17 Ak 31
Silkeborg **DK** 26-27 Ak 34
Silla **E** 70-71 Sk 51
Sillamäe **EST** 18-19 Ch 31
Sille **TR** 84-85 Dc 53
Silleda **E** 68-69 Sb 48
Sillé-le-Guillaume **F** 40-41 Sk 42
Silli **GR** 74-75 Ce 49
Sillian **A** 56-57 Bc 44
Šil'naja Balka **KA** 50-51 Ek 40
Silopi **TR** 86-87 Ec 53
Šilovo **RUS** 30-31 Di 37
Šilovo **RUS** 32-33 Ea 36
Silsand **N** 2-3 Bh 21
Šilutė **LT** 28-29 Cb 35
Silván **E** 68-69 Sd 48
Silvan **TR** 86-87 Eb 52
Silvāne **IR** 86-87 Ee 53
Silves **P** 80-81 Sb 53
Sim **RUS** 22-23 Fh 31
Sim **RUS** 34-35 Fh 35
Sima **RUS** 32-33 Dk 34
Simakivka **UA** 46-47 Ci 40
Simancas **E** 68-69 Sf 49
Şimand **RO** 58-59 Cb 44
Simav **TR** 76-77 Ci 51
Simbirsk **RUS** 32-33 Ei 36
Simejkyne **UA** 48-49 Dk 42
Simeria **RO** 60-61 Cd 45
Simferopol' **UA** 62-63 De 46
Sími **GR** 82-83 Ch 54
Simi **GR** 82-83 Ch 54
Simitli **BG** 74-75 Cd 49
Simkaičiai **LT** 28-29 Cc 35
Şimleu Silvaniei **RO** 58-59 Cc 43
Simnas **LT** 28-29 Cd 36
Simo **FIN** 10-11 Cf 25
Simontornya **H** 58-59 Bi 44
Simpele = Rautjärvi **FIN** 18-19 Ck 29
Simrishamn **S** 26-27 Be 35
Šimsk **RUS** 18-19 Da 32
Simuna **EST** 18-19 Cg 31
Sinalunga **I** 56-57 Bb 47
Sinan **TR** 86-87 Ea 53
Sınanpaşa **TR** 84-85 Da 52
Sincan **TR** 76-77 Dc 51
Sincan **TR** 78-79 Dh 51
Sincik **TR** 86-87 Di 52
Sindal **DK** 16-17 Ba 33
Sindelfingen **D** 42-43 Ai 42
Sindi **EST** 18-19 Ce 32
Sindía **I** 70-71 Ai 50
Sındırgı **TR** 76-77 Ci 51
Sindor **RUS** 14-15 Fa 28
Sinegor'e **RUS** 22-23 Fa 31
Sinegorskij **RUS** 24-25 Fk 33
Sinegorskij **RUS** 48-49 Ea 42
Sinekçi **TR** 76-77 Ch 50
Sinekli **TR** 76-77 Ci 49
Sines **P** 80-81 Sb 53
Sineşti **RO** 60-61 Cd 46
Sinettä **FIN** 2-3 Cf 24
Sinéu **E** 70-71 Ad 51
Sinezerki **RUS** 30-31 De 37
Sinğar **SYR** 86-87 Dg 55
Sinğār, Balad **IRQ** 86-87 Eb 54
Singen (Hohentwiel) **D** 56-57 Ai 43
Sîngerei **MD** 60-61 Ci 43
Sîngeru **RO** 60-61 Cg 45
Singilej **RUS** 32-33 Ei 37
Singistugorna **S** 2-3 Bi 23
Singsås **N** 8-9 Ba 28
Sinie Lipjagi **RUS** 48-49 Di 39
Sinirli **TR** 82-83 Ch 52
Siniscóla **I** 70-71 Ak 50
Sinj **HR** 58-59 Bg 47
Sinjavka **BY** 28-29 Cg 38
Sinjavka **RUS** 48-49 Ea 39
Sînnicolau Mare **RO** 58-59 Ca 44
Sinodskoe **RUS** 50-51 Eg 39
Sinop **TR** 76-77 Df 48
Šinšār **SYR** 86-87 Dg 56
Sinsheim **D** 42-43 Ai 41
Sint-Niklaas **B** 40-41 Ae 39
Sintra **P** 68-69 Sa 52
Sint-Truiden **B** 42-43 Af 40
Siófok **H** 58-59 Bi 44
Sion **CH** 56-57 Ah 44
Sionainn = Shannon **IRL** 37 Sb 38
Šipicyno **RUS** 22-23 Eg 29
Šipka **BG** 74-75 Cf 48
Šipunovskaja **RUS** 12-13 Ec 28
Sira **N** 16-17 Ag 32
Siracusa **I** 72-73 Bf 53
Şiran **TR** 78-79 Dk 50
Širāniš Islām **IRQ** 86-87 Ec 53
Sırcalı **TR** 76-77 Df 51
Širega **RUS** 20-21 Eb 30
Siret **RO** 60-61 Cg 43
Sirevåg **N** 16-17 Af 32
Širinquši **RUS** 32-33 Ec 37
Sirkeli **TR** 76-77 Dc 50
Sirkka **FIN** 2-3 Ce 23
Şırnak **TR** 86-87 Ec 53
Sirocina **BY** 30-31 Ck 35
Široki Brijeg **BIH** 58-59 Bh 47
Širokij Karamyš **RUS** 50-51 Ef 39
Širokij Ustup **RUS** 48-49 Ee 39
Širokovskij **RUS** 22-23 Fh 32
Sirotinskaja **RUS** 48-49 Ed 41
Sırpsındığı **TR** 74-75 Cg 49
Sırtköy **TR** 84-85 Db 53
Sirvan **TR** 86-87 Ec 52
Sīrvān-e Māzin **IRQ** 86-87 Ee 54
Širvintos **LT** 28-29 Ce 35
Sisak **HR** 58-59 Bg 45
Šiškeevo **RUS** 32-33 Ee 36
Sissach **CH** 56-57 Ah 43
Sísses **GR** 82-83 Ce 55
Sisteron **F** 56-57 Af 46
Sitges **E** 70-71 Ab 49
Sitía **GR** 82-83 Cg 55
Sitojaurestugorna **S** 2-3 Bi 23
Šitovo **RUS** 22-23 Fa 32
Sittard **NL** 42-43 Af 39
Sitten = Sion **CH** 56-57 Ah 44
Siuč **RUS** 20-21 Dg 31
Siva **RUS** 22-23 Fe 32
Sivac **YU** 58-59 Bk 45
Sivakka **FIN** 10-11 Ck 27
Sivas **TR** 78-79 Dh 51
Sivaslı **TR** 84-85 Ck 52
Siverek **TR** 86-87 Dk 53
Siverskij **RUS** 18-19 Da 31
Siver'skyj, Novhorod- **UA** 46-47 Dd 38
Sivomaskinskij **RUS** 6-7 Gc 24
Sivrice **TR** 86-87 Dk 52
Sivrihisar **TR** 76-77 Db 51
Siyān Češme **IR** 78-79 Ee 51
Sızır **TR** 78-79 Df 51
Siz'ma **RUS** 20-21 Di 31
Sızma **TR** 84-85 Dc 52
Sizun **F** 40-41 Sf 42
Sjamža **RUS** 20-21 Eb 30
Sjanno **BY** 30-31 Ck 36
Sjas'stroj **RUS** 18-19 Dc 30
Sjava **RUS** 22-23 Eg 32
Sjenica **YU** 58-59 Ca 47
Sjöbo **S** 26-27 Bd 35
Sjötorp **S** 16-17 Bd 32
Sjøholt **N** 8-9 Ag 28
Sjoneidet **N** 2-3 Bd 24
Sjoutnäs **S** 8-9 Be 26
Sjøvegan **N** 2-3 Bh 22
Sjumsi **RUS** 22-23 Fb 33
Sjundeå = Siuntio **FIN** 18-19 Ce 30
Sjursvik **N** 2-3 Bg 21
Sjus'ma **RUS** 12-13 Dk 26
Sjuzva **RUS** 22-23 Fd 31
Skadovs'k **UA** 62-63 Dc 44
Skælskør **DK** 26-27 Bb 35
Skänninge **S** 16-17 Bf 32
Skär **S** 18-19 Bk 33
Skærbæk **DK** 26-27 Ai 35
Skärplinge **S** 16-17 Bh 30
Skaftafell **IS** 36 Rc 26
Skagaströnd **IS** 36 Qk 25

Skagaströnd = Höfðakaupstaður **IS** 36 Qk 25
Skagen **DK** 16-17 Ba 33
Skagshamn **S** 10-11 Bk 27
Skaidi **N** 2-3 Ce 20
Skaill **GB** 38-39 Sg 31
Skaill **GB** 38-39 Sh 32
Skaistgirys **LT** 28-29 Cd 34
Skaistkalne **LV** 28-29 Ce 34
Skála **GR** 82-83 Cc 54
Skala Eressós **GR** 74-75 Cf 51
Skaláni **GR** 82-83 Cf 55
Skála Oropoú **GR** 82-83 Cd 52
Skala-Podil's'ka **UA** 46-47 Cg 42
Skálavik **FR** 38-39 Sd 29
Skålevik **N** 16-17 Ai 32
Skálholt **IS** 36 Qk 26
Skalía **GR** 82-83 Cg 53
Skaljap **RUS** 14-15 Fg 27
Skal'nyj **RUS** 24-25 Fi 32
Skalohóri **GR** 74-75 Cb 50
Skaloti **GR** 74-75 Ce 49
Skanderborg **DK** 26-27 Ak 34
Skånes-Fagerhult **S** 26-27 Bd 34
Skånevik **N** 16-17 Af 31
Skanör med Falsterbo **S** 26-27 Bc 35
Skansnäs **S** 8-9 Bh 25
Skanvik **N** 4-5 Da 21
Skara **S** 16-17 Bd 32
Skarberget **N** 2-3 Bg 22
Skare **N** 16-17 Ag 31
Skåre **S** 16-17 Bd 31
Skarnes **N** 16-17 Bb 30
Skarsvåg **N** 2-3 Cf 19
Skårup **DK** 26-27 Ba 35
Skarvsjöby **S** 8-9 Bh 26
Skarżysko-Kamienna **PL** 44-45 Ca 39
Skattkärr **S** 16-17 Bd 31
Skatval **N** 8-9 Ba 27
Skaudvilė **LT** 28-29 Cc 35
Skaulo **S** 2-3 Cb 23
Skavšyn **BY** 46-47 Ch 38
Skebrobuk **S** 16-17 Bi 31
Skegness **GB** 38-39 Aa 37
Skei **N** 8-9 Ai 28
Skei **N** 16-17 Ag 29
Skellefteå **S** 10-11 Ca 26
Skelleftehamn **S** 10-11 Cb 26
Skender Vakuf **BIH** 58-59 Bh 46
Skępe **PL** 28-29 Bk 38
Skerries = Na Sceiri **IRL** 37 Sd 37
Skhirat **MA** 80-81 Sd 57
Ski **N** 16-17 Ba 31
Skíathos **GR** 74-75 Cd 51
Skibbereen = An Sciobairin **IRL** 37 Sa 39
Skibby **DK** 26-27 Bb 35
Skibotn **N** 2-3 Ca 21
Skídra **GR** 74-75 Cc 50
Skien **N** 16-17 Ak 31
Skierniewice **PL** 44-45 Ca 39
Skillingaryd **S** 16-17 Be 33
Skillinge **S** 26-27 Be 35
Skipton **GB** 38-39 Sh 37
Skiptvet **N** 16-17 Bb 31
Skíros **GR** 82-83 Ce 52
Skive **DK** 26-27 Ak 34
Skjånes **N** 2-3 Ci 20
Skjern **DK** 26-27 Ai 35
Skjerstad **N** 2-3 Bf 23
Skjervøy **N** 2-3 Ca 20
Skjolden **N** 16-17 Ah 29
Skjomen **N** 2-3 Bh 22
Škło **UA** 44-45 Cd 41
Šklov **BY** 30-31 Da 36
Skoczów **PL** 44-45 Bi 41
Sköllersta **S** 16-17 Bf 31
Skövde **S** 16-17 Bd 32
Škofja Loka **SLO** 58-59 Be 44
Skog **S** 16-17 Bg 29
Skoganvarra **N** 2-3 Cf 21
Skógar **IS** 36 Ra 27
Skogfoss **N** 2-3 Ck 21
Skoghall **S** 16-17 Bd 31
Skole **UA** 44-45 Cd 41
Skollenborg **N** 16-17 Ak 31
Skópelos **GR** 74-75 Cd 51
Skopin **RUS** 32-33 Dk 37
Skopje **MK** 74-75 Cb 48
Skopos **GR** 74-75 Ce 49
Skopun **FR** 38-39 Sd 29
Skórcz **PL** 28-29 Bi 37
Skorlyvanovo **RUS** 20-21 Ec 33
Skorodnoe **RUS** 48-49 Df 39
Skorodonoe **RUS** 48-49 Dh 39
Skorovatn **N** 8-9 Bd 26
Skorped **S** 8-9 Bh 27
Skosyrskaja **RUS** 48-49 Eb 42
Skotterud **N** 16-17 Bc 31
Skoulikariá **GR** 74-75 Cb 51
Skrad **HR** 58-59 Be 45
Skradin **HR** 58-59 Bf 47
Skradnik **HR** 58-59 Bf 45
Skråmträsk **S** 10-11 Ca 26
Skreia **N** 16-17 Ba 30
Skriveri **LV** 28-29 Cf 34
Skrunda **LV** 28-29 Cc 34
Skrydleva **BY** 30-31 Da 35
Skudeneshavn **N** 16-17 Af 31
Skulgam **N** 2-3 Bk 21
Skuljabiha **RUS** 22-23 Ef 33
Skull = An Scoil **IRL** 37 Sa 39
Skultorp **S** 16-17 Bd 32
Skultuna **S** 16-17 Bg 31
Škunovka **RUS** 52-53 Ff 40
Skuodas **LT** 28-29 Cb 34
Skuratovskij **RUS** 30-31 Dh 36
Škurinskaja **RUS** 62-63 Dk 44
Skurup **S** 26-27 Bd 35
Skutvik **N** 2-3 Bf 22
Skvyra **UA** 46-47 Ck 41
Skwierzyna **PL** 44-45 Bf 38
Skyttmon **S** 8-9 Bf 27
Slâ **MA** 80-81 Sd 56
Slagelse **DK** 26-27 Bb 35
Slagnäs **S** 8-9 Bi 25
Slancy **RUS** 18-19 Ci 31
Šlanga **RUS** 32-33 Eh 36
Slano **HR** 72-73 Bh 48
Slaný **CZ** 42-43 Be 40
Slatina **RO** 60-61 Ce 46
Slattum **N** 16-17 Ba 30
Slautino **RUS** 18-19 Dc 33
Slavharad **BY** 30-31 Da 37
Slavhorod **UA** 48-49 Df 42
Slavinja **YU** 58-59 Cc 47
Slavjanovo **BG** 60-61 Cg 47
Slavjansk = Slovjans'k **UA** 48-49 Dh 42
Slavjansk-na-Kubani **RUS** 62-63 Di 45
Slavkoviči **RUS** 18-19 Ck 33
Slavkov u Brna **CZ** 44-45 Bg 41
Slavnoe **RUS** 30-31 Dg 34
Slavonice **CZ** 44-45 Bf 42
Slavonska Požega **HR** 58-59 Bh 45
Slavonski Brod **HR** 58-59 Bi 45
Slavsk **RUS** 28-29 Cb 35
Slavuta **UA** 46-47 Cg 40
Slavutyč **UA** 46-47 Da 39
Sławatycze **PL** 44-45 Cd 39
Sławno **PL** 28-29 Bg 36
Sleaford **GB** 38-39 Sk 38
Sleights **GB** 38-39 Sk 36
Ślesin **PL** 44-45 Bi 38
Slevik **N** 16-17 Ba 31
Sligeach = Sligo **IRL** 37 Sb 36
Sligo = Sligeach **IRL** 37 Sb 36
Šlissel'burg **RUS** 18-19 Db 31
Slite **S** 16-17 Bi 33
Sliven **BG** 74-75 Cg 48
Slivnica **BG** 74-75 Cd 48
Slivo Pole **BG** 60-61 Cg 47
Slížany, Morkovice- **CZ** 44-45 Bh 41
Sloboda **RUS** 48-49 Ea 39
Sloboda **UA** 46-47 Dd 38
Slobodskoj **RUS** 22-23 Fa 32
Slobozia **RO** 60-61 Ch 46
Slobozia Mîndra **RO** 60-61 Ce 47
Słomniki **PL** 44-45 Ca 40
Slonim **BY** 28-29 Cf 37
Slonovka **RUS** 48-49 Dh 40
Slough **GB** 40-41 Sk 39
Slovečne **UA** 46-47 Ci 39
Slovenj Gradec **SLO** 58-59 Bf 44
Slovenska Bistrica **SLO** 58-59 Bf 44
Slovenske Konjice **SLO** 58-59 Bf 44
Slovinka **RUS** 20-21 Ed 32
Slovjanohirs'k **UA** 48-49 Dh 41
Slovjanoserbs'k **UA** 48-49 Di 42
Slovjans'k **UA** 48-49 Dh 42
Slovjans'ke **UA** 62-63 Dd 45
Słubice **PL** 42-43 Be 38
Sluck **BY** 30-31 Ch 37
Sluderno = Schluderns **I** 56-57 Ba 44
Sludka **RUS** 22-23 Fg 32
Sluis **NL** 40-41 Ad 39
Slunj **HR** 58-59 Bf 45
Słupca **PL** 44-45 Bh 38
Słupsk **PL** 28-29 Bh 36
Slussfors **S** 8-9 Bg 25
Smailovka **KA** 52-53 Gc 38
Smålandsstenar **S** 16-17 Bd 33
Smalininkai **LT** 28-29 Cc 35
Smaljany **BY** 30-31 Da 36
Smarhon' **BY** 28-29 Cg 36
Smederevo **YU** 58-59 Ca 46
Smederevska Palanka **YU** 58-59 Ca 46
Smedjebacken **S** 16-17 Bf 30
Smedsbyn **S** 10-11 Cc 25
Smela = Smila **UA** 46-47 Db 41
Smila **UA** 46-47 Db 41
Smilavičy **BY** 30-31 Ci 37
Smilde **NL** 26-27 Ag 38
Smiltene **LV** 18-19 Cf 33
Smîrdioasa **RO** 60-61 Cf 47
Smirnenski **BG** 60-61 Cg 47
Smirnovo **RUS** 32-33 Ee 35
Smir-Restinga **MA** 80-81 Se 55
Smjadovo **BG** 74-75 Cg 47
Smokvica **MK** 74-75 Cc 49
Smolenec **RUS** 12-13 Ef 26
Smolenice **SK** 44-45 Bh 42
Smolensk **RUS** 30-31 Dc 36
Smoleviči **BY** 30-31 Ci 36
Smoljan **BG** 74-75 Ce 49
Smolník **SK** 44-45 Ca 42
Smolyn **UA** 46-47 Da 39
Smolyno **UA** 46-47 Db 42
Smotryč **UA** 46-47 Cg 42
Smygehamn **S** 26-27 Bd 35
Smyrnove **UA** 62-63 Dg 43
Smyšljaevsk **RUS** 34-35 Fa 37
Snåsa **N** 8-9 Bc 26
Sneek **NL** 26-27 Af 37
Sneem = An Snaidhm **IRL** 37 Sa 39
Snihurivka **UA** 62-63 Dc 43
Snina **SK** 44-45 Cc 42
Snižne **UA** 48-49 Di 42
Snjatyn **UA** 46-47 Cf 42
Snøfjord **N** 2-3 Ce 20
Snopa **RUS** 6-7 Eh 24
Sobernheim **D** 42-43 Ah 41
Soběslav **CZ** 42-43 Be 41
Sobinka **RUS** 32-33 Ea 35
Sobolevo **RUS** 30-31 Di 35
Sobolevo **RUS** 32-33 Ea 36
Sochaczew **PL** 44-45 Ca 38
Soči **RUS** 62-63 Dk 47
Socuéllamos **E** 68-69 Sh 51
Sodankylä **FIN** 2-3 Cg 23
Söderala **S** 16-17 Bh 29
Söderfors **S** 16-17 Bh 30
Söderhamn **S** 16-17 Bh 29
Söderköping **S** 16-17 Bg 32
Södertälje **S** 16-17 Bh 31
Södra Möckleby **S** 28-29 Bg 34
Södra Vallgrund **FIN** 10-11 Cb 27
Sögel **D** 26-27 Ah 38
Söğüt **TR** 76-77 Da 50
Söğüt **TR** 84-85 Ck 53
Söğüt **TR** 84-85 Ck 54
Söğütalan **TR** 76-77 Ci 50
Söğütlü **TR** 76-77 Da 50
Söğütlü **TR** 86-87 Ea 52
Söke **TR** 82-83 Ch 53
Sölöz **TR** 76-77 Ck 50
Sölvesborg **S** 26-27 Be 34
Sömmerda **D** 42-43 Bb 39
Söråker **S** 8-9 Bh 28
Sörbygden **S** 8-9 Bg 28
Sörfors **S** 10-11 Ca 27
Sörmjöle **S** 10-11 Bk 27
Soest **D** 42-43 Ai 39
Söylemez **TR** 78-79 Eb 51
Sofádes **GR** 74-75 Cc 51
Sofija **BG** 74-75 Cd 48
Sofijivka **UA** 46-47 Dd 42
Sofporog **RUS** 10-11 Db 25
Soğanlı **TR** 84-85 Da 53
Sogndal **N** 16-17 Ah 29
Søgne **N** 16-17 Ah 32
Sogra **RUS** 12-13 Eg 28
Soğukpınar **TR** 76-77 Ck 50
Soğuksu **TR** 76-77 Da 50
Sohós **GR** 74-75 Cd 50
Soignies **B** 40-41 Ae 40
Soini **FIN** 10-11 Ce 28
Soissons **F** 40-41 Ad 41
Sojala **RUS** 12-13 Ed 26
Sojana **RUS** 12-13 Ed 25
Sojju **RUS** 14-15 Fg 27
Šojna **RUS** 4-5 Ee 23
Sojuznoe **KA** 52-53 Ga 40
Sokal' **UA** 44-45 Ce 40
Sokna **N** 16-17 Ak 30
Soknedal **N** 8-9 Ba 28
Soko Banja **YU** 58-59 Cb 47
Sokol **RUS** 20-21 Ea 31
Sokółka **PL** 28-29 Cd 37
Sokolka **RUS** 34-35 Fb 35
Sokol'nikovo **RUS** 20-21 Dk 30
Sokolov **CZ** 42-43 Bc 40
Sokołów Podlaski **PL** 44-45 Cc 38
Sokol'skoe **RUS** 20-21 Ed 33
Sokoły **PL** 28-29 Cc 37
Sokrutovka **RUS** 64-65 Eg 43
Šokša **RUS** 20-21 Df 29
Sokur **RUS** 50-51 Ef 39
Sokyrjany **UA** 46-47 Ch 42
Solaķ ķopa **KA** 52-53 Gd 39
Šolaķsaj **KA** 52-53 Ge 39
Solana, La **E** 80-81 Sg 52
Solana del Pino **E** 80-81 Sf 52
Solares **E** 54-55 Sg 47
Solberg **S** 8-9 Bh 27
Solca **RO** 60-61 Cf 43
Sol'cy **RUS** 18-19 Da 32
Soldato Aleksandrovskoe **RUS** 64-65 Ed 46
Soldatskaja **RUS** 64-65 Ed 47
Soldatskaja Tašla **RUS** 32-33 Ei 37
Soldatskoe **RUS** 48-49 Di 39
Soldatsko-Stepnoe **RUS** 50-51 Ef 41
Soledar **UA** 48-49 Di 42
Solem **N** 8-9 Bb 26
Solënoe **RUS** 64-65 Ec 44
Solënoe Zajmišče **RUS** 64-65 Eg 43
Solënyj **RUS** 64-65 Eg 44
Solenzara **F** 70-71 Ak 49
Solesmes **F** 40-41 Ad 40
Soleure = Solothurn **CH** 56-57 Ah 43
Solginskij **RUS** 20-21 Eb 29
Solhan **TR** 86-87 Eb 52
Solheim **N** 16-17 Af 30
Solidars'k = Soledar **UA** 48-49 Di 42
Soligalič **RUS** 20-21 Ec 31
Soligorsk = Salihorsk **BY** 30-31 Ch 38
Solihull **GB** 40-41 Si 38
Solikamsk **RUS** 22-23 Fg 31
Sol'-Ileck **RUS** 50-51 Fe 39
Solin **HR** 58-59 Bg 47
Solingen **D** 42-43 Ah 39
Soljanka **RUS** 50-51 Fa 39
Sollebrunn **S** 16-17 Bc 32
Sollefteå **S** 8-9 Bh 27
Sollentuna **S** 16-17 Bh 31
Sóller **E** 70-71 Ac 51
Sollerön **S** 16-17 Be 30
Søllested **DK** 26-27 Bb 36
Solncevo **RUS** 48-49 Dg 39
Solnečnogorsk **RUS** 30-31 Dg 34
Solnik **BG** 76-77 Ch 48
Solodča **RUS** 48-49 Ee 41
Solodniki **RUS** 50-51 Ef 42
Soloh-Aul **RUS** 62-63 Dk 47
Solohaul **RUS** 62-63 Dk 47
Šolohovskij **RUS** 48-49 Eb 42
Solone **UA** 46-47 De 42
Solotča **RUS** 32-33 Dk 36
Solothurn **CH** 56-57 Ah 43
Solovatovo **RUS** 20-21 Ed 33
Soloveckie **RUS** 12-13 Df 25
Soloveckoe **RUS** 22-23 Eh 31
Soloveckoe **RUS** 22-23 Ei 32
Solozero **RUS** 12-13 Di 26
Solsem **N** 8-9 Bb 25
Solsona **E** 70-71 Ab 49
Solsvik **N** 16-17 Ae 30
Solt **H** 58-59 Bk 44
Soltanovo **RUS** 20-21 Ed 32
Soltau **D** 26-27 Ak 38
Sol'vyčegodsk **RUS** 22-23 Eg 29
Solynieve **E** 80-81 Sg 53
Solza **RUS** 12-13 Dk 26
Soma **TR** 76-77 Ch 51
Sombor **YU** 58-59 Bk 45
Šombozero **RUS** 10-11 Dc 25
Somero **FIN** 18-19 Cd 30
Somino **RUS** 20-21 Df 31
Sommen **S** 16-17 Be 32
Sommepy-Tahure **F** 40-41 Ae 41
Sommières **F** 54-55 Ae 47
Somova **RO** 60-61 Ci 45
Sompolno **PL** 44-45 Bi 38
Soncillo **E** 68-69 Sg 48
Søndeled **N** 16-17 Ak 32
Sønderborg **DK** 26-27 Ak 36
Sønder Omme **DK** 26-27 Ai 35
Sondershausen **D** 42-43 Ba 39
Søndersø **DK** 26-27 Ba 35
Søndervig **DK** 26-27 Ai 34
Sondrio **I** 56-57 Ak 44
Šonga **RUS** 22-23 Ef 31
Songe **N** 16-17 Ak 32
Sonkajärvi **FIN** 10-11 Ch 27
Sonkovo **RUS** 20-21 Dh 33
Sonneberg **D** 42-43 Bb 40
Sonogno **CH** 56-57 Ai 44
Šonoša, Ust'- **RUS** 20-21 Eb 29
Sonostrov **RUS** 12-13 De 24
Sonseca **E** 68-69 Sg 51
Sonthofen **D** 56-57 Ba 43
Soorts-Hossegor **F** 54-55 Si 47
Sopki **RUS** 18-19 Da 33
Sopoha **RUS** 10-11 Dd 28
Sopot **PL** 28-29 Bi 36
Sopron **H** 58-59 Bg 43
Šopša **RUS** 20-21 Dk 33
Sora **I** 72-73 Bd 49
Šorapani **GE** 78-79 Ed 48
Sorbas **E** 80-81 Sh 53
Sørbøvåg **N** 16-17 Af 29
Sore **F** 54-55 Sk 46
Sør-Flatanger **N** 8-9 Ba 26
Sorgono **I** 70-71 Ak 50
Sorgun **TR** 76-77 Df 51
Sorgun **TR** 84-85 De 54
Sørgutvik **N** 8-9 Bb 25
Soriano nel Cimino **I** 72-73 Bc 48
Sørli **N** 8-9 Bd 26
Sørmoen **N** 8-9 Bc 27
Sorø **DK** 26-27 Bb 35
Soroca **MD** 46-47 Ci 42
Soroč'i Gory **RUS** 34-35 Fa 35
Soročinsk **RUS** 50-51 Fd 38
Soroka = Soroca **MD** 46-47 Ci 42
Soroki = Soroca **MD** 46-47 Ci 42
Sorokino **RUS** 18-19 Ck 33
Sorokovaja **RUS** 22-23 Ff 31
Sørreisa **N** 2-3 Bi 21
Sorrento **I** 72-73 Be 50
Sorsele **S** 8-9 Bh 25
Sorso **I** 70-71 Ai 50
Sørstraumen **N** 2-3 Cb 21
Sort **E** 70-71 Ab 48
Sortavala **RUS** 18-19 Da 29
Sortland **N** 2-3 Bf 22
Sør Tverrfjord **N** 2-3 Cb 20
Sorunda **S** 16-17 Bh 31
Sørværøy **N** 2-3 Bc 23
Sørvågen **N** 2-3 Bd 23
Sørvágur **FR** 38-39 Sc 28
Sørvika **N** 8-9 Bb 28
Sosedka **RUS** 32-33 Ec 37
Sosenskij **RUS** 30-31 Df 36
Soskovo **RUS** 30-31 Df 38
Sosnivka **UA** 44-45 Ce 40
Sosnogorsk **RUS** 14-15 Fd 27
Sosnovaja Maza **RUS** 32-33 Eh 38
Sosnove **UA** 46-47 Ch 40
Sosnovec **RUS** 12-13 De 26
Sosnovice **PL** 44-45 Bk 40
Sosnovka **RUS** 4-5 Ea 24
Sosnovka **RUS** 32-33 Eb 37
Sosnovka **RUS** 34-35 Fb 34
Sosnovka **RUS** 34-35 Fb 37
Sosnovka **RUS** 48-49 Ed 38
Sosnovoborsk **RUS** 32-33 Eg 37
Sosnovskoe **RUS** 32-33 Ed 35
Sosnovyj **RUS** 10-11 Dc 24
Sosnovyj Bor **RUS** 18-19 Ck 31
Sosnovyj Bor **RUS** 22-23 Ff 33
Sosnovyj Solonec **RUS** 32-33 Ek 37
Sosnycja **UA** 46-47 Dc 39
Sospel **F** 56-57 Ah 47
Šostka **UA** 46-47 Dd 39
Sos'va **RUS** 24-25 Gb 31
Sotkamo **FIN** 10-11 Ci 26
Sotnicyno **RUS** 32-33 Eb 36
Sotnikov Oskoe **RUS** 64-65 Ed 46
Sotnikovskoe **RUS** 64-65 Ed 45
Soudozero **RUS** 10-11 Dd 28
Soufli **GR** 74-75 Cg 49
Soúgia **GR** 82-83 Cd 55
Souillac **F** 54-55 Ab 46
Souk-el-Arab-des-Beni-Hassan **MA** 80-81 Se 55
Souk-el-Arab-du-Gharb **MA** 80-81 Sd 56
Souk-el-Arba-Ayacha **MA** 80-81 Se 55
Souk-el-Arba-des-Beni-Kassan **MA** 80-81 Se 55
Souk-el-Had-de-Ikauen **MA** 80-81 Sf 56
Souk-el-Had-el-Gharbia **MA** 80-81 Se 55
Souk-el-Kella **MA** 80-81 Se 55
Souk-Khemis-des-Beni-Arouss **MA** 80-81 Se 55
Soulac-sur-Mer **F** 54-55 Si 45
Sousel **P** 68-69 Sc 52
Soustons **F** 54-55 Si 47
Souterraine, la **F** 54-55 Ab 44
Southampton **GB** 40-41 Si 40
Southend-on-Sea **GB** 40-41 Aa 39
Southport **GB** 38-39 Sg 37
South Shields **GB** 38-39 Si 35
Sovata **RO** 60-61 Cf 44
Sov'e **RUS** 22-23 Ek 32
Soverato **I** 72-73 Bg 52
Soveria Mannelli **I** 72-73 Bg 51
Sovetašen = Nubarašen **AR** 78-79 Ee 50
Sovetsk **RUS** 22-23 Ei 33
Sovetsk **RUS** 28-29 Cb 35
Sovetskaja **RUS** 48-49 Ec 42
Sovetskaja **RUS** 64-65 Eb 46
Sovetskaja **RUS** 64-65 Ee 47

Sovetskij **RUS** 18-19 Ci 30
Sovetskij **RUS** 24-25 Gd 29
Sovetskij **RUS** 32-33 Ei 34
Sovetskoe **RUS** 32-33 Eb 37
Sovetskoe **RUS** 34-35 Fc 37
Sovetskoe **RUS** 48-49 Di 40
Sovetskoe **RUS** 50-51 Fb 38
Sovetskoe **RUS** 52-53 Fg 39
Sovetskoe = Kašhatau **RUS** 78-79 Ed 47
sovhoz Zilairskij **RUS** 52-53 Fi 38
Sovhoz Zilairskij **RUS** 52-53 Fi 38
Sovi **GE** 78-79 Ed 48
Sovpol'e **RUS** 12-13 Ee 25
Sozonovo **RUS** 24-25 Gg 33
Sozopol **BG** 76-77 Ch 48
Spa **B** 42-43 Af 40
Spakojnaja **RUS** 64-65 Eb 46
Špakovskoe **RUS** 64-65 Ec 45
Spalding **GB** 38-39 Sk 38
Spalt **D** 42-43 Ba 41
Sparbu **N** 8-9 Bb 27
Spárti **GR** 82-83 Cc 53
Spas **RUS** 20-21 Ea 33
Spas-Demensk **RUS** 30-31 De 36
Spas-Klepiki **RUS** 32-33 Ea 35
Spasovo **BG** 60-61 Ci 47
Spasporub **RUS** 22-23 Ek 30
Spasskaja Guba **RUS** 10-11 Dd 28
Spasskij **RUS** 34-35 Fk 37
Spasskoe **RUS** 22-23 Eg 31
Spasskoe **RUS** 32-33 Ef 35
Spasskoe **RUS** 52-53 Fg 38
Spasskoe-Lutovino **RUS** 30-31 Dg 37
Spassk-Rjazanskij **RUS** 32-33 Ea 36
Spean Bridge **GB** 38-39 Sf 34
Speyer **D** 42-43 Ai 41
Spezzano Albanese **I** 72-73 Bg 51
Spiddal = An Spideal **IRL** 37 Sa 37
Spielfeld **A** 58-59 Bf 44
Spiez **CH** 56-57 Ah 44
Spilimbergo **I** 56-57 Bc 44
Spinazzola **I** 72-73 Bg 50
Špindlerův Mlýn **CZ** 44-45 Bf 40
Spirovo **RUS** 20-21 De 33
Spišská Nová Ves **SK** 44-45 Ca 42
Spišské Podhradie **SK** 44-45 Ca 42
Spitak **AR** 78-79 Ee 50
Spittal an der Drau **A** 56-57 Bd 44
Splavnoj **RUS** 12-13 Ee 28
Split **HR** 58-59 Bg 47
Splügen **CH** 56-57 Ak 44
Spóa **GR** 82-83 Ch 55
Spodsbjerg **DK** 26-27 Ba 36
Špogi **LV** 30-31 Ch 34
Špola **UA** 46-47 Db 41
Spoleto **I** 72-73 Bc 48
Spremberg **D** 42-43 Be 39
Springe **D** 42-43 Ak 38
Sprova **N** 8-9 Bb 26
Spydeberg **N** 16-17 Bb 31
Špykiv **UA** 46-47 Ci 42
Squinzano **I** 72-73 Bi 50
Sraid na Cathrach **IRL** 37 Sa 38
Šramkivka **UA** 46-47 Dc 40
Srbica **YU** 74-75 Ca 48
Srbobran **YU** 58-59 Bk 45
Srebrenica **BIH** 58-59 Bk 46
Sred Apočki **RUS** 48-49 Dh 39
Sredec **BG** 74-75 Cf 48
Sredec **BG** 76-77 Ch 48
Sredneivkino **RUS** 22-23 Ek 32
Sredneural'sk **RUS** 34-35 Ga 33
Srednij Bugalyš **RUS** 34-35 Fh 34
Srednij Egorlyk **RUS** 64-65 Ea 44
Srednij Ikorec **RUS** 48-49 Dk 39
Srednjaja Tereška **RUS** 32-33 Eh 38
Srednjaja Us'va **RUS** 24-25 Fk 32
Srednogorie = Pirdop + Zlatica **BG** 74-75 Ce 48
Śrem **PL** 44-45 Bh 38
Sremska Mitrovica **YU** 58-59 Bk 46
Sretenskoe **RUS** 22-23 Ff 32
Sribne **UA** 46-47 Dc 40
Środa Wielkopolska **PL** 44-45 Bh 38
Srokowo **PL** 28-29 Cb 36
Stade **D** 26-27 Ak 37
Stadskanaal **NL** 26-27 Ag 38
Stadtroda **D** 42-43 Bb 40
Staffanstorp **S** 26-27 Bd 35
Stafford **GB** 38-39 Sh 38
Stahanov = Kadijivka **UA** 48-49 Di 42
Staicele **LV** 18-19 Ce 33
Staines **GB** 40-41 Sk 39
Stainz **A** 58-59 Bf 44
Stakčín **SK** 44-45 Cc 42
Stalbe **LV** 18-19 Cf 33
Staloluoktastugorna **S** 2-3 Bg 23
Stambolijski **BG** 74-75 Ce 48
Stamford **GB** 40-41 Sk 38
Stamnes **N** 16-17 Af 30
Stamsund **N** 2-3 Bd 22
Stancija **KA** 52-53 Gd 41
Stange **N** 16-17 Bb 30
Stanhope **GB** 38-39 Sh 36
Stanilovo **RUS** 20-21 Dh 32
Stanke Dimitrov = Dupnica **BG** 74-75 Cd 48
Stanley **GB** 38-39 Si 36
Stanovoe **RUS** 48-49 Di 38
Stanovoj Kolodez' **RUS** 30-31 Dg 38
Stans **CH** 56-57 Ai 44
Stanyčno-Luhans'ke **UA** 48-49 Dk 42
Staraja Belogorka **RUS** 50-51 Fd 38
Staraja Ivanovka **RUS** 34-35 Fa 36
Staraja Kalitva **RUS** 48-49 Dk 40
Staraja Kulatka **RUS** 32-33 Eh 38
Staraja Ljalja **RUS** 24-25 Fk 31
Staraja Majna **RUS** 32-33 Ek 36
Staraja Matveevka **RUS** 34-35 Fd 35
Staraja Poltavka **RUS** 50-51 Eg 40
Staraja Račejka **RUS** 32-33 Ei 37
Staraja Russa **RUS** 18-19 Db 33
Staraja Sahča **RUS** 34-35 Fa 36
Staraja Toropa **RUS** 30-31 Db 34
Staraja Vičuga **RUS** 20-21 Eb 33
Stará Ľubovňa **SK** 44-45 Ca 41
Stara Novalja **HR** 58-59 Be 46
Stara Oržyc'a **UA** 46-47 Dc 41
Stara Reka **BG** 74-75 Cg 48
Stara Synjava **UA** 46-47 Ch 41
Staravina **MK** 74-75 Cb 49
Stara Vyživka **UA** 44-45 Ce 39
Stara Zagora **BG** 74-75 Cf 48
Stargard Szczeciński **PL** 26-27 Bf 37
Stårheim **N** 8-9 Af 29
Stari Bar **YU** 74-75 Bk 48
Starica **RUS** 30-31 De 34
Starica **RUS** 30-31 Df 37
Starica **RUS** 50-51 Ef 42
Starickoe **RUS** 52-53 Ff 39
Starie Saviny **RUS** 48-49 Dh 39
Starigrad **HR** 72-73 Bg 47
Starigrad-Paklenica **HR** 58-59 Bf 46
Stari Mikanovci **HR** 58-59 Bi 45
Starkovo **RUS** 32-33 Ea 35
Starnberg **D** 42-43 Bb 42
Starobaltačevo **RUS** 34-35 Ff 34
Starobeševe **UA** 62-63 Di 43
Starobil's'k **UA** 48-49 Di 41
Starobin **BY** 30-31 Ch 38
Staročerkasskaja **RUS** 64-65 Ea 43
Starodub **RUS** 46-47 Dc 38
Staroe **RUS** 32-33 Dk 35
Staroe Bajsarovo **RUS** 34-35 Fd 35
Staroe Šajgovo **RUS** 32-33 Ee 36
Staroe Šajmyrzino **RUS** 32-33 Eh 36
Staroe Slavkino **RUS** 50-51 Ef 38
Staroe Soljakovo **RUS** 34-35 Fd 34
Starogard Gdański **PL** 28-29 Bi 37
Starogol'skoe **RUS** 30-31 Dh 37
Starojur'evo **RUS** 32-33 Ea 37
Starokostjantyniv **UA** 46-47 Ch 41
Starokozače **UA** 60-61 Ck 44
Starokuručevo **RUS** 34-35 Fe 35
Starominskaja **RUS** 62-63 Dk 44
Staronikol'skoe **RUS** 48-49 Di 39
Staronižesteblievskaja **RUS** 62-63 Di 45
Staro Orjahovo **BG** 76-77 Ch 47
Staroščerbinovskaja **RUS** 62-63 Di 44
Staroseľe **RUS** 30-31 Dg 37
Starošešminsk **RUS** 34-35 Fb 35
Starosubhangulovo **RUS** 34-35 Fh 37
Starotimoškino **RUS** 32-33 Eh 37
Starotitarovskaja **RUS** 62-63 Dh 45
Staroutkinsk **RUS** 24-25 Fk 33
Staroverčeskaja **RUS** 22-23 Ei 31
Starovo **RUS** 20-21 Dd 33
Starožilovo **RUS** 32-33 Dk 36
Staryca **BY** 30-31 Ch 37
Staryči **UA** 44-45 Cd 41
Starye Maklauši **RUS** 32-33 Eh 36
Starye Tukmakly **RUS** 34-35 Ff 36
Starye Zjatcy **RUS** 22-23 Fc 33
Staryi Oskol **RUS** 48-49 Dh 39
Staryja Darohi **BY** 30-31 Ci 37
Staryj Dvor **RUS** 32-33 Ea 34
Staryj Krym **UA** 62-63 Df 45
Staryj Kurdym **RUS** 34-35 Ff 34
Staryj Lesken **RUS** 64-65 Ed 47
Staryj Ostropil' **UA** 46-47 Ch 41
Staryj Rjab **RUS** 20-21 De 32
Staryj Sambir **UA** 44-45 Cc 41
Starý Smokovec **SK** 44-45 Ca 41
Stary Węgliniec **PL** 44-45 Bf 39
Staßfurt **D** 42-43 Bb 39
Staszów **PL** 44-45 Cb 40
Stathelle **N** 16-17 Ak 31
Stavanger **N** 16-17 Af 32
Stavaträsk **S** 10-11 Ca 25
Stavenhagen, Reuterstadt **D** 26-27 Bc 37
Staverci **BG** 60-61 Ce 47
Stavern **N** 16-17 Ba 31
Stavkino **RUS** 32-33 Eh 38
Stavoren **NL** 26-27 Af 38
Stavropol' **RUS** 64-65 Eb 45
Stavrós **GR** 74-75 Cd 50
Stavroúpoli **GR** 74-75 Ce 49
Stavrovo **RUS** 32-33 Ea 34
Stavyšče **UA** 46-47 Da 41
Stawiski **PL** 28-29 Cc 37
Stawiszyn **PL** 44-45 Bi 39
Steenbergen **NL** 40-41 Ae 39
Steenvoorde **F** 40-41 Ac 40
Steenwijk **NL** 26-27 Ag 38
Stefáni **GR** 74-75 Ca 51
Ştefan Vodă **MD** 60-61 Ck 44
Stege **DK** 26-27 Bc 36
Stegrimovo **RUS** 30-31 Db 36
Ştei **RO** 58-59 Cc 44
Stein am Rhein **CH** 56-57 Ai 43
Steinamanger = Szombathely **H** 58-59 Bg 43
Steine **N** 2-3 Be 22
Steinfeld (Oldenburg) **D** 42-43 Ai 38
Steinfurt **D** 42-43 Ah 38
Steinkjer **N** 8-9 Bb 26
Steinshamn **N** 8-9 Ag 28
Steinsland **N** 2-3 Bg 22
Steklino **RUS** 30-31 Dc 34
Stendal **D** 42-43 Bb 38
Stende **LV** 18-19 Cc 33
Steneby **S** 16-17 Bc 32
Stení Dírfios **GR** 82-83 Cd 52
Stensele **S** 8-9 Bh 25
Stenstorp **S** 16-17 Bd 32
Stenudden **S** 2-3 Bh 24
Stenungsund **S** 16-17 Bb 32
Stepan' **UA** 46-47 Cg 39
Stepanavan **AR** 78-79 Ee 50
Stepanivka I-a (Perša) **UA** 62-63 Df 44
Stepanovka **KA** 52-53 Fg 40
Stepanščino **RUS** 30-31 Di 35
Štepivka **UA** 46-47 De 40
Stepnaja **RUS** 62-63 Di 45
Stepnoe **RUS** 32-33 Eh 37
Stepnoe **RUS** 34-35 Fb 36
Stepnoe **RUS** 34-35 Ga 36
Stepnoe **RUS** 50-51 Eg 39
Stepnoe **RUS** 64-65 Ee 46
Stepnoe, Soldatsko- **RUS** 50-51 Ef 41
Stepnoe Matjunico **RUS** 32-33 Eh 37
Stepnoj **RUS** 48-49 Ea 38
Stërblevë **AL** 74-75 Ca 49
Sterlibaševo **RUS** 34-35 Ff 37
Sterlitamak **RUS** 34-35 Ff 37
Sternberg **D** 26-27 Bb 37
Šternberk **CZ** 44-45 Bh 41
Stérnes **GR** 82-83 Ce 55
Sterzing = Vipiteno **I** 56-57 Bb 44
Steševskaja **RUS** 12-13 Dh 29
Stevenage **GB** 40-41 Sk 39
Steyr **A** 42-43 Be 42
Stilída **GR** 82-83 Cc 52
Stilo **I** 72-73 Bg 52
Štimlje **YU** 74-75 Cb 48
Stintino **I** 70-71 Ai 50
Štip **MK** 74-75 Cc 49
Stíra **GR** 82-83 Ce 52
Stirling **GB** 38-39 Sg 34
Štíty **CZ** 44-45 Bg 41
Stjørdalshalsen **N** 8-9 Ba 27
Stockach **D** 56-57 Ak 43
Stockerau **A** 44-45 Bg 42
Stockholm **S** 16-17 Bi 31
Stockport **GB** 38-39 Sh 37
Stockton-on-Tees **GB** 38-39 Si 36
Stoczek Łukowski **PL** 44-45 Cb 39
Stod **CZ** 42-43 Bd 41
Stöde **S** 8-9 Bg 28
Stöpen **S** 16-17 Bd 32
Stoke-on-Trent **GB** 38-39 Sh 37
Stokite **BG** 74-75 Cf 48
Stokkseyri **IS** 36 Qi 27
Stokksund **N** 8-9 Ba 26
Stokkvågen **N** 2-3 Bd 24
Stokmarknes **N** 2-3 Be 22
Stolac **BIH** 72-73 Bh 47
Stolberg (Rheinland) **D** 42-43 Ag 40
Stolbišče **RUS** 32-33 Ek 35
Stolbovaja **RUS** 30-31 Dh 35
Stolin **BY** 46-47 Cg 39
Stollberg (Erzgebirge) **D** 42-43 Bc 40
Ston **HR** 72-73 Bh 48
Stone **GB** 38-39 Sh 38
Stonehaven **GB** 38-39 Sh 34
Stoneybreck **GB** 38-39 Si 31
Stonglandet **N** 2-3 Bh 21
Stopnica **PL** 44-45 Ca 40
Stora Blåsjön **S** 8-9 Be 26
Stora Forsa **S** 16-17 Be 32
Storbakken **N** 8-9 Ah 27
Storberg **S** 8-9 Bi 25
Storby **FIN** 18-19 Bk 30
Stordal **N** 8-9 Ag 28
Store Heddinge **DK** 26-27 Bc 35
Støren **N** 8-9 Ba 27
Storerikvollen **N** 8-9 Bb 27
Storfors **S** 16-17 Be 31
Storforshei **N** 2-3 Be 24
Storjord **N** 2-3 Bf 24
Storjuktan **S** 8-9 Bh 25
Storlien **S** 8-9 Bc 27
Stornoway **GB** 38-39 Sd 32
Storoževsk **RUS** 14-15 Fc 28
Storožynec' **UA** 46-47 Cf 42
Storsätern **S** 8-9 Bc 28
Storsjö **S** 8-9 Bd 28
Storuman **S** 8-9 Bh 25
Storvik **S** 16-17 Bg 30
Stouby **DK** 26-27 Ak 35
Stovbcy **BY** 28-29 Cg 37
Støvring **DK** 26-27 Ak 34
Stowmarket **GB** 40-41 Aa 38
Strabane **GB** 37 Sc 36
Stradella **I** 56-57 Ak 45
Strängnäs **S** 16-17 Bh 31
Štrăklevo **BG** 60-61 Cg 47
Strakonice **CZ** 42-43 Bd 41
Straldža **BG** 74-75 Cg 48
Stralki **BY** 30-31 Ci 35
Stralsund **D** 26-27 Bd 36
Stranda **N** 8-9 Ag 28
Strangford **GB** 37 Se 36
Stranraer **GB** 38-39 Se 36
Strasbourg **F** 42-43 Ah 42
Strasburg **D** 26-27 Bd 37
Straßwalchen **A** 42-43 Bd 43
Stratford-upon-Avon **GB** 40-41 Si 38
Strathaven **GB** 38-39 Sf 35
Stratóni **GR** 74-75 Cd 50
Straubing **D** 42-43 Bc 42
Straumen **N** 2-3 Bf 23
Straumen **N** 2-3 Bi 21
Straumen **N** 8-9 Bb 27
Straumsjøen **N** 2-3 Be 22
Strausberg **D** 26-27 Bd 38
Stravropol'-na-Volgi **RUS** 32-33 Ek 37
Strehaia **RO** 60-61 Cd 46
Strelča **BG** 74-75 Ce 48
Streľna **RUS** 12-13 Di 24
Strenči **LV** 18-19 Cf 33
Stresa **I** 56-57 Ai 45
Strèšin **BY** 30-31 Da 38
Stříbro **CZ** 42-43 Bd 41
Striži **RUS** 22-23 Ek 32
Strömma **FIN** 18-19 Cc 30
Strömsbruk **S** 8-9 Bh 29
Strömsnäsbruk **S** 26-27 Bd 34
Strömstad **S** 16-17 Bb 32
Strömsund **S** 8-9 Bf 27
Strömsund **S** 8-9 Bg 25
Strofiliá **GR** 82-83 Cd 52
Strokestown = Tuilsce **IRL** 37 Sb 37
Stromness **GB** 38-39 Sg 32
Stróngoli **I** 72-73 Bh 51
Stroud **GB** 40-41 Sh 39
Struer **DK** 26-27 Ai 34
Struga **MK** 74-75 Ca 49
Strugi Krasnye **RUS** 18-19 Ck 32
Strukovo **RUS** 50-51 Fe 39
Strumica **MK** 74-75 Cc 49
Strumień **PL** 44-45 Bi 41
Strycksele **S** 10-11 Bk 26
Stryj **UA** 44-45 Cd 41
Strykowo **PL** 44-45 Bg 38
Strzegom **PL** 44-45 Bg 40
Strzelce Krajeńskie **PL** 26-27 Bf 38
Strzelce Opolskie **PL** 44-45 Bi 40
Strzelin **PL** 44-45 Bh 40
Strzelno **PL** 44-45 Bi 38
Stubbekøbing **DK** 26-27 Bc 36
Studenčeskoe **KA** 52-53 Fh 40
Studencovo **RUS** 20-21 Ec 30
Studenica **YU** 58-59 Ca 47
Studenka **RUS** 32-33 Eh 34
Studina **RO** 60-61 Ce 47
Stugudalen **N** 8-9 Bb 28
Stugun **S** 8-9 Bf 27
Stupari **BIH** 58-59 Bi 46
Stupino **RUS** 30-31 Di 36
Stupino **RUS** 50-51 Ef 42
Stupinskaja **RUS** 12-13 Ea 28
Štúrovo **SK** 58-59 Bi 43
Stuttgart **D** 42-43 Ak 42
Stykkishólmsbær **IS** 36 Qh 25
Styrksvik **N** 2-3 Bf 23
Šuahevi **GE** 78-79 Ec 49
Suances **E** 54-55 Sf 47
Subačius **LT** 28-29 Ce 35
Šubarkuduk = Šubarķüdyķ **KA** 52-53 Fg 41
Šubarķüdyķ **KA** 52-53 Fg 41
Šūbarši **KA** 52-53 Fh 42
Šubarši = Šūbarši **KA** 52-53 Fh 42
Subaşı **TR** 78-79 Dg 51
Subate **LV** 28-29 Cf 34
Subiaco **I** 72-73 Bd 49
Subotica **YU** 58-59 Bk 44
Subutak **RUS** 34-35 Fk 37
Suceava **RO** 60-61 Cg 43
Sucha Beskidzka **PL** 44-45 Bk 41
Suchań **PL** 26-27 Bf 37
Suchary **BY** 30-31 Da 37
Suchorze **PL** 28-29 Bh 36
Suchowola **PL** 28-29 Cd 37
Suchumi = Suhumi **GE** 64-65 Eb 47
Sućuraj **HR** 72-73 Bh 47
Suda **RUS** 20-21 Dh 31
Sudaj **RUS** 20-21 Ed 32
Sudak **UA** 62-63 De 46
Súðavík **IS** 36 Qh 24
Sud'bodarovka **RUS** 50-51 Fe 38
Sudbury **GB** 40-41 Aa 38
Suddesjaur **S** 10-11 Bk 25
Sudimir **RUS** 30-31 De 37
Sudislavľ **RUS** 20-21 Eb 33
Sudogda **RUS** 32-33 Ea 35
Sudok **S** 2-3 Ca 24
Sudova Vyšnja **UA** 44-45 Cd 41
Sudskoe, Borisovo- **RUS** 20-21 Dg 31
Suduraǧı **TR** 84-85 Dd 53
Suðureyri **IS** 36 Qg 24
Sudža **RUS** 48-49 Df 39
Sueca **E** 70-71 Sk 51
Süderbrarup **D** 26-27 Ak 36
Süleler **TR** 76-77 Db 50
Süleymanlı **TR** 76-77 Dd 51
Süleymanlı **TR** 86-87 Dg 53
Süloğlu **TR** 74-75 Cg 49
Sülüklü **TR** 84-85 Dc 52
Sülze, Bad **D** 26-27 Bc 36
Sümeg **H** 58-59 Bh 44
Šuereckoe **RUS** 12-13 De 26
Sürgü **TR** 86-87 Dh 52
Sürgücü **TR** 86-87 Ea 53
Sürmene **TR** 78-79 Ea 50
Sürügüden **TR** 86-87 Eb 52

Sütçüler TR 84-85 Da 53
Sütlüce TR 78-79 Dk 51
Sufarlı TR 86-87 Dh 53
Şugag RO 60-61 Cd 45
Sugözü TR 84-85 Dc 54
Šugozero RUS 20-21 De 31
Šugurovo RUS 32-33 Eg 36
Šugurovo RUS 34-35 Fc 36
Suhaja RUS 22-23 Fh 31
Suhaja Atja RUS 34-35 Fh 36
Suhindol BG 74-75 Cf 47
Suhiniči RUS 30-31 Df 36
Suhl D 42-43 Ba 40
Suḫna, as- SYR 86-87 Di 56
Suhodol RUS 32-33 Ek 36
Suhodol RUS 34-35 Fb 37
Suhoj Donec RUS 48-49 Ea 41
Suhoj Log RUS 34-35 Gb 34
Suhokumsk, Južno- RUS 64-65 Ef 46
Suhonkino RUS 34-35 Fg 36
Suho Polje BIH 58-59 Bk 46
Suhorečka RUS 34-35 Fc 38
Suhovarino RUS 30-31 Dc 35
Suhtelinskij RUS 34-35 Ga 37
Suhumi = Suchumi GE 64-65 Eb 47
Şuhut TR 84-85 Da 52
Šuica BIH 58-59 Bh 47
Suippes F 40-41 Ae 41
Šuja RUS 12-13 De 29
Šuja RUS 32-33 Eb 34
Šujga RUS 12-13 Ef 27
Sujindik KA 50-51 Eh 42
Šujskoe RUS 20-21 Eb 31
Sujutkino RUS 64-65 Eh 46
Sukeva FIN 10-11 Ch 27
Sukkar,as- SYR 86-87 Ea 55
Sukkozero RUS 10-11 Dc 27
Suksun RUS 22-23 Fh 33
Sula RUS 6-7 Fb 23
Sulak RUS 50-51 Ei 39
Sulakyurt TR 76-77 Dd 50
Sulâmo N 8-9 Bb 27
Sul'ca RUS 12-13 Eg 27
Sulda GE 78-79 Ed 49
Sulechów PL 44-45 Bf 38
Sulęcin PL 44-45 Bf 38
Sulejów PL 44-45 Bk 39
Šul'hinka UA 48-49 Di 41
Sulina RO 60-61 Ck 45
Sulingen D 26-27 Ai 38
Sulitjelma N 2-3 Bg 23
Sulkava FIN 10-11 Ci 29
Sully-sur-Loire F 54-55 Ac 43
Sulmona I 72-73 Bd 48
Sulṭān 'Abdallāh IRQ 86-87 Ed 55
Sultandağı TR 84-85 Db 52
Sultanhanı TR 84-85 Dd 52
Sultanhanı TR 84-85 Df 52
Sultanhisar TR 84-85 Ci 53
Sultan-Saly RUS 62-63 Dk 43
Suluçam TR 78-79 Ed 51
Suluova TR 76-77 Df 50
Sulusaray TR 78-79 Dg 50
Sulzbach-Rosenberg D 42-43 Bb 41
Šumaiṭ IRQ 86-87 Ed 55
Šumaiṭiya SYR 86-87 Dk 55
Sumartin HR 58-59 Bg 47
Šumayyil IRQ 86-87 Ec 54
Sumburgh GB 38-39 Si 31
Šumen BG 60-61 Cg 47
Sumeriči RUS 12-13 De 27
Šumerlja RUS 32-33 Eg 35
Šumihinskij RUS 22-23 Fh 32
Šumilina BY 30-31 Ck 35
Šumilinskaja RUS 48-49 Eb 41
Sumkino RUS 24-25 Gi 32
Šumperk CZ 44-45 Bg 41
Sumskij Posad RUS 12-13 Df 26
Sumy UA 46-47 De 40
Šumysker KA 66-67 Fb 43
Suna RUS 22-23 Fa 33
Suna RUS 22-23 Fb 32
Sundby DK 26-27 Ai 34
Sunde N 16-17 Af 31
Sunde N 16-17 Ak 32
Sunderland GB 38-39 Si 36
Sundet N 8-9 Ba 26
Sundom S 10-11 Cc 25
Sundre S 28-29 Bi 34
Sundsvall S 8-9 Bh 28
Šun'ga RUS 12-13 De 28
Šüngaj KA 50-51 Eg 42
Sungurlare BG 74-75 Cg 48
Sungurlu TR 76-77 De 50
Sunndalsøra N 8-9 Ai 28
Sunne S 16-17 Bd 31
Sunnersta S 16-17 Bh 31
Sunnhordland N 16-17 Af 31
Suntaži LV 28-29 Ce 34
Suojarvi RUS 10-11 Dc 28
Suomussalmi FIN 10-11 Ci 26
Suonenjoki FIN 10-11 Ch 28
Suoperja RUS 10-11 Da 25
Šuošjavrre N 2-3 Ce 21
Šupariha RUS 20-21 Eb 29
Supetar HR 58-59 Bg 47
Supuru de Jos RO 58-59 Cc 43
Supuru de Sus RO 58-59 Cc 43
Suqailibiya SYR 84-85 Dg 55
Šūrā, aš- IRQ 86-87 Ed 55
Surami GE 78-79 Ed 49
Šurany SK 44-45 Bi 42
Suraž BY 30-31 Da 35
Suraž RUS 30-31 Dc 37
Surduc RO 60-61 Cd 43
Surdulica YU 74-75 Cc 48
Surgères F 54-55 Sk 44
Sūri IRQ 86-87 Ed 53
Súria E 70-71 Ab 49
Šurik IR 86-87 Ee 52
Surkovo RUS 20-21 Di 32
Šurma RUS 34-35 Fa 34
Surok RUS 32-33 Ei 34
Surovikino RUS 48-49 Ec 42
Sursee CH 56-57 Ai 43
Sursk RUS 32-33 Ef 37
Surskoe RUS 32-33 Eg 36
Surte S 16-17 Bc 33
Suruç TR 86-87 Di 54
Susa I 56-57 Ah 45
Susanino RUS 20-21 Eb 32
Suşehri TR 78-79 Di 50
Šušer RUS 32-33 Eh 34
Sušice CZ 42-43 Bd 41
Šūšin IRQ 86-87 Ee 54
Šuškodom RUS 20-21 Eb 32
Suslonger RUS 32-33 Ei 34
Susteren NL 42-43 Af 39
Susurluk TR 76-77 Ci 51
Susuz TR 76-77 Da 50
Susz PL 28-29 Bk 37
Šut IR 78-79 Ee 51
Şuteşti RO 60-61 Ch 45
Sutme S 8-9 Be 26
Sutomore YU 74-75 Bk 48
Sutri I 72-73 Bc 48
Suttikendi KA 50-51 Fb 40
Suuraho FIN 10-11 Ci 28
Suure-Jaani EST 18-19 Cf 32
Suva Reka YU 74-75 Ca 48
Šuvary RUS 32-33 Ee 36
Suveren TR 78-79 Ee 51
Suvodi RUS 22-23 Ei 32
Suvorov RUS 30-31 Dg 36
Suvorove UA 60-61 Ci 45
Suvorovo BG 60-61 Ch 47
Suvorovo = Ştefan Vodă MD 60-61 Ck 44
Suvorovskaja RUS 64-65 Ec 46
Suvorovskij, Il'men'- RUS 48-49 Ed 42
Suwałki PL 28-29 Cc 36
Şuwār, as- SYR 86-87 Ea 55
Suzdal' RUS 32-33 Ea 34
Suzemka RUS 46-47 De 38
Svabensverk S 16-17 Bf 29
Svärdsjö S 16-17 Bf 30
Svaipavalle S 2-3 Bg 24
Švakino RUS 12-13 Ea 27
Svaljava UA 44-45 Cc 42
Svalöv S 26-27 Bd 35
Svanabyn S 8-9 Bg 26
Svaneke DK 26-27 Bf 35
Svannäs S 8-9 Bi 24
Svappavaara S 2-3 Cb 23
Svapušča RUS 18-19 Dc 33
Svartå S 16-17 Be 31
Svartevatn N 16-17 Ag 32
Svartisdalen N 2-3 Be 24
Svartlå S 10-11 Cb 24
Svartnäs S 16-17 Bg 30
Svatove UA 48-49 Di 41
Sveagruva N 2-3 I E 3
Sveča RUS 22-23 Eh 32
Svedala S 26-27 Bd 35
Svėdasai LT 28-29 Cf 35
Sveg S 8-9 Be 28
Švekšna LT 28-29 Cb 35
Svelgen N 8-9 Af 29
Švenčionėliai LT 28-29 Cf 35
Švenčionys LT 28-29 Cg 35
Svendborg DK 26-27 Ba 35
Svenes N 16-17 Ai 32
Svenljunga S 16-17 Bd 33
Svensby N 2-3 Bk 21
Svenstavik S 8-9 Be 28
Šventoji LT 28-29 Cb 34
Sverdlove UA 60-61 Da 44
Sverdlovs'k UA 48-49 Dk 42
Sverdlovsk = Ekaterinburg RUS 34-35 Ga 34
Sverdlovsk = Sverdlovs'k UA 48-49 Dk 42
Sverdlovskoe RUS 34-35 Fi 34
Sveštari BG 60-61 Cg 47
Sveti Nikola YU 74-75 Bk 49
Sveti Nikole MK 74-75 Cb 49
Sveti Stefan YU 74-75 Bi 48
Svetlahorsk BY 46-47 Ck 38
Svetloe RUS 34-35 Fd 33
Svetlogorsk RUS 28-29 Ca 36
Svetlogorsk = Svetlahorsk BY 46-47 Ck 38
Svetlograd RUS 64-65 Ec 45
Svetlovodsk = Svitlovods'k UA 46-47 Dd 41
Svetlyj RUS 28-29 Ca 36
Svetlyj RUS 52-53 Ga 40
Svetlyj Jar RUS 48-49 Ee 42
Svetogorsk RUS 18-19 Ci 29
Svetozarevo = Jagodina YU 58-59 Cb 47
Svidník SK 44-45 Cb 41
Sviibi EST 18-19 Cd 32
Svilajnac YU 58-59 Cb 46
Svilengrad BG 74-75 Cg 49
Sviniţa RO 58-59 Cc 46
Svir BY 28-29 Cg 36
Svir'stroj RUS 20-21 Dd 30
Sviščevka RUS 32-33 Ed 38
Svislač BY 28-29 Ce 37
Svislač BY 30-31 Ci 37
Svištov BG 60-61 Cf 47
Svitavy CZ 44-45 Bg 41
Svitlohirs'ke UA 46-47 De 42
Svitlovods'k UA 46-47 Dd 41
Svity RUS 30-31 Dc 35
Svjacilavičy BY 30-31 Db 38
Svjatogorka KA 52-53 Gf 38
Svjatoslavka RUS 48-49 Ed 39
Svobody RUS 64-65 Ed 46
Svoboda BG 60-61 Ch 47
Svođe YU 74-75 Cc 47
Svoge BG 74-75 Cd 48
Svolvær N 2-3 Be 22
Svrljig YU 58-59 Cc 47
Svullrya N 16-17 Bc 30
Swanage GB 40-41 Si 40
Swansea GB 40-41 Sg 39
Swarzędz PL 44-45 Bh 38
Świdnica PL 44-45 Bg 40
Świdwin PL 26-27 Bf 37
Świebodzice PL 44-45 Bg 40
Świebodzin PL 44-45 Bf 38
Świecie PL 28-29 Bi 37
Świeradów-Zdrój PL 44-45 Bf 40
Swindon GB 40-41 Si 39
Świnoujście PL 26-27 Be 37
Syčevka RUS 30-31 De 35
Syčevo RUS 24-25 Gk 33
Syčevo RUS 30-31 Dg 35
Syców PL 44-45 Bh 39
Sydänmaa FIN 10-11 Cd 28
Syke D 26-27 Ai 38
Sykkylven N 8-9 Ag 28
Syktyvkar RUS 22-23 Fa 29
Sylarna Fjällstation S 8-9 Bc 27
Syloga RUS 12-13 Ed 27
Symbister GB 38-39 Si 30
Šymküdyķ KA 50-51 Fa 40
Synel'nykove UA 48-49 Df 42
Šyngyrlau KA 50-51 Fe 39
Synivka UA 46-47 De 40
Synja RUS 14-15 Fh 25
Synžerej = Sîngerei MD 60-61 Ci 43
Syötekylä FIN 10-11 Ch 25
Šyrjajeve UA 60-61 Da 43
Šyroke UA 62-63 Dd 43
Šyrokolanivka UA 62-63 Db 43
Šyšaky UA 46-47 Dd 41
Šyščycy BY 30-31 Ch 37
Sysert' RUS 34-35 Ga 34
Sysmä FIN 18-19 Cf 29
Sysoevo RUS 20-21 Dg 31
Sysoevo RUS 20-21 Dk 31
Sysslebäck S 16-17 Bc 30
Syterstugan S 8-9 Bf 25
Syväjärvi FIN 2-3 Cf 23
Syvas'ke UA 62-63 De 44
Šyža vtoroi KA 50-51 Ek 40
Syzran' RUS 32-33 Ei 37
Szadek PL 44-45 Bi 39
Szamotuły PL 44-45 Bg 38
Szarvas H 58-59 Ca 44
Szczecin PL 26-27 Be 37
Szczecinek PL 28-29 Bg 37
Szczekociny PL 44-45 Bk 40
Szczerców PL 44-45 Bk 39
Szczucin PL 44-45 Cb 40
Szczuczyn PL 28-29 Cc 37
Szczytno PL 28-29 Ca 37
Szécsény H 44-45 Bk 42
Szeged H 58-59 Ca 44
Szeghalom H 58-59 Cb 43
Székesfehérvár H 58-59 Bi 43
Szekszárd H 58-59 Bi 44
Szendrő H 44-45 Ca 42
Szentendre H 58-59 Bk 43
Szentes H 58-59 Ca 44
Szentgotthárd H 58-59 Bg 44
Szentlőrinc H 58-59 Bh 44
Szigetvár H 58-59 Bh 44
Szin H 44-45 Ca 42
Szlichtyngowa PL 44-45 Bg 39
Szolnok H 58-59 Ca 43
Szombathely H 58-59 Bg 43
Szprotawa PL 44-45 Bf 39
Sztabin PL 28-29 Cd 37
Sztum PL 28-29 Bk 37
Sztutowo PL 28-29 Bk 36
Szubin PL 28-29 Bh 37

T

Taalintehdas = Dalsbruk FIN 18-19 Cc 30
Taavetti = Luumäki FIN 18-19 Ch 30
Ṭābān SYR 86-87 Ea 54
Tabanovce MK 74-75 Cb 48
Ṭabaqa SYR 86-87 Di 55
Tábara E 68-69 Se 49
Taberg S 16-17 Be 33
Tábor CZ 42-43 Be 41
Tabory RUS 24-25 Ge 32
Tabynskoe RUS 34-35 Fg 36
Tachov CZ 42-43 Bc 41
Tacinskij RUS 48-49 Eb 42
Tādif SYR 86-87 Dh 54
Tadmur (Palmyra) SYR 86-87 Di 56
Täby S 16-17 Bi 31
Tännäs S 8-9 Bc 28
Tänndalen S 8-9 Bc 28
Tärendö S 2-3 Cc 23
Tärnaby S 8-9 Bf 25
Tärnsjö S 16-17 Bg 30
Tāzah = Taza MA 80-81 Sf 56
Taforalt MA 80-81 Sh 56
Taftanāz SYR 86-87 Dg 54
Taga RO 60-61 Ce 44
Tagaj RUS 32-33 Eh 36
Taganrog RUS 62-63 Di 43
Tàggia I 56-57 Ah 47
Taglio di Po I 56-57 Bc 45
Tahanča UA 46-47 Db 41
Tahar-Souk MA 80-81 Sf 56
Tahir TR 78-79 Ec 51
Tahta RUS 64-65 Ec 45
Tahtaköprü TR 76-77 Ck 51
Tahtköy TR 78-79 Ea 50
Taibeart = Tarbert IRL 37 Sa 38
Tain GB 38-39 Sf 33
Taineste MA 80-81 Sf 56
Taiševo RUS 34-35 Fi 35
Taivalkoski FIN 10-11 Ci 25
Taivassalo FIN 18-19 Cb 30
Tajmeevo RUS 34-35 Fh 35
Takazlı TR 76-77 Dd 51
Takovo YU 58-59 Ca 46
Takrit IRQ 86-87 Ed 56
Takyrköl KA 52-53 Gf 38
Talačyn BY 30-31 Ck 36
Talakivka UA 62-63 Dh 43
Talalajivka UA 46-47 Dd 40
Talarrubias E 68-69 Se 51
Talas TR 84-85 Df 52
Talavera de la Reina E 68-69 Sf 51
Taldom RUS 30-31 Dh 34
Taldyapan KA 50-51 Eh 42
Taldyapan KA 50-51 Fa 41
Taldyküdyķ KA 50-51 Ek 40
Taldyküm KA 52-53 Fk 42
Taldysaj KA 52-53 Ff 40
Talembote MA 80-81 Se 55
Talence F 54-55 Sk 46
Talica RUS 22-23 Fb 32
Talica RUS 24-25 Gc 33
Talica RUS 24-25 Gd 33
Talickij RUS 48-49 Ea 38
Talin AR 78-79 Ed 50
Talkajran KA 66-67 Fc 43
Tall 'Abṭa IRQ 86-87 Ec 55
Tall Abū Far' SYR 86-87 Eb 54
Tall aḍ-Ḍamān SYR 86-87 Dh 55
Tall 'Afar IRQ 86-87 Ec 54
Tall al-Abyaḍ SYR 86-87 Di 54
Tall 'Alī IRQ 86-87 Ed 55
Tall aš-Ša'ir IRQ 86-87 Ec 54
Tall aš-Šaur IRQ 86-87 Ec 54
Tall Bāz SYR 86-87 Ea 54
Tall Birāk SYR 86-87 Eb 54
Tall Bīsa SYR 86-87 Dg 56
Tall Daww SYR 86-87 Dg 56
Tall Ḥalaf SYR 86-87 Ea 54
Tall Ḥuqna IRQ 86-87 Ec 54
Tallinn EST 18-19 Ce 31
Tall Kaif IRQ 86-87 Ed 54
Tall-Kalaḫ SYR 84-85 Dg 56
Tall Kūšik SYR 86-87 Ec 54
Tall Mutlaq IRQ 86-87 Ec 54
Tall Rif'at SYR 86-87 Dh 54
Tall Šāgir Bāzār SYR 86-87 Ea 54
Tallsjö S 8-9 Bi 26
Tall Tamr SYR 86-87 Ea 54
Tall Tunainir SYR 86-87 Ea 54
Talluskylä FIN 10-11 Cg 27
Tall 'Uwaināt IRQ 86-87 Ec 54
Tally RUS 34-35 Fd 37
Tălmaciu RO 60-61 Ce 45
Talmont-Saint-Hilaire F 54-55 Si 44
Tal'ne UA 46-47 Da 42
Talovaja RUS 48-49 Ea 39
Talovka KA 50-51 Eh 40
Talsi LV 18-19 Cc 33
Taly RUS 48-49 Ea 41
Tamala RUS 48-49 Ed 38
Tamames E 68-69 Sd 50
Taman RUS 22-23 Fg 31
Taman' RUS 62-63 Dg 45
Tamarë AL 74-75 Bk 48
Tamarinda E 70-71 Ad 51
Tamarite de Litera E 70-71 Aa 49
Tamási H 58-59 Bi 44
Tambicy RUS 12-13 Df 28
Tambov RUS 32-33 Eb 38
Tambovka RUS 64-65 Eh 43
Tamdysaj RUS 52-53 Ff 40
Tamica RUS 12-13 Di 26
Tammisaari = Ekenäs FIN 18-19 Cd 31
Tampere FIN 18-19 Cd 29
Tamr, Tall SYR 86-87 Ea 54
Tamsalu EST 18-19 Cg 31
Tamsweg A 56-57 Bd 43
Tamworth GB 40-41 Si 38
Tamyrly KA 66-67 Fc 43
Tanabru N 2-3 Ci 20
Tandaj KA 66-67 Fb 43
Ţăndărei RO 60-61 Ch 46
Tandsjöborg S 16-17 Be 29
Tangen N 16-17 Bb 30
Tanger = Tanjah MA 80-81 Se 55
Tangerhütte D 42-43 Bb 38
Tangermünde D 42-43 Bb 38
Tanhua FIN 2-3 Ch 23
Tanır TR 86-87 Dg 52
Tanjah MA 80-81 Se 55
Tankavaara FIN 2-3 Ch 22
Tann (Rhön) D 42-43 Ba 40
Tannila FIN 10-11 Cf 25
Tanumshede S 16-17 Bb 32
Tanyeri TR 78-79 Dk 51
Tanyeri TR 78-79 Ec 51
Tanyolu TR 78-79 Ef 51
Taormina I 72-73 Bf 53
Taounate MA 80-81 Sf 56
Taourirt MA 80-81 Sh 56
Tapa EST 18-19 Cf 31
Tapakej AR 78-79 Ed 49
Tapiau = Gvardejsk RUS 28-29 Cb 36
Tápiószecső H 58-59 Bk 43
Tapolca H 58-59 Bh 44
Taqtaq IRQ 86-87 Ee 55
Taraclia MD 60-61 Ck 44
Taraklı TR 76-77 Da 50
Taraksu TR 86-87 Dk 52
Tarancón E 68-69 Sg 50
Taranivka UA 48-49 Dg 41
Taranovskij KA 52-53 Gc 38
Táranto I 72-73 Bh 50
Tarare F 54-55 Ae 45
Taraščа UA 46-47 Da 41
Tarascon F 54-55 Ae 47
Tarasiha RUS 32-33 Ee 34
Tarasivka UA 62-63 Dg 43
Tarasove, Klavdijevo- UA 46-47 Da 40
Tarasovo RUS 6-7 Eg 24
Tarasovskij RUS 48-49 Ea 42
Taratuhino RUS 30-31 Dg 37
Tarbert GB 38-39 Sd 33
Tarbert IRL 37 Sa 38
Tarbes F 54-55 Aa 47
Tarcento I 56-57 Bd 44
Tarčin BIH 58-59 Bi 47
Tardajos E 68-69 Sg 48
Targa MA 80-81 Se 55
Târgovište BG 60-61 Cg 47
Targuist MA 80-81 Sf 56
Tarhany RUS 32-33 Eh 35
Tarhilest MA 80-81 Sh 56
Tarifa E 80-81 Se 54
Tarkazy RUS 34-35 Fd 37
Tarlakovo RUS 30-31 Dg 34
Tarm DK 26-27 Ai 35
Tarnobrzeg PL 44-45 Cb 40
Tarnogród PL 44-45 Cc 40
Tarnogskij Gorodok RUS 20-21 Ed 30
Tarnów PL 44-45 Ca 40
Tärnvik N 2-3 Bf 23
Tarouca P 68-69 Sc 49
Tarquinia I 72-73 Bb 48
Tarragona E 70-71 Ab 49
Tärrajaur S 2-3 Bk 24
Tàrrega E 70-71 Ab 49
Tårs DK 26-27 Bb 36
Tarsus TR 84-85 De 54
Tartas F 54-55 Sk 47
Tărtăşeşti RO 60-61 Cf 46
Tartu EST 18-19 Cg 32
Tartūs SYR 84-85 Df 56
Tarumovka RUS 64-65 Eg 46
Tarusa RUS 30-31 Dh 36
Tarutino RUS 34-35 Ga 37
Tarutyne UA 60-61 Ck 44
Tarxien M 72-73 Be 55
Taşağıl TR 84-85 Db 54
Taşağıl TR 84-85 Dd 53
Tašan' UA 46-47 Db 40
Taşbaşı TR 78-79 Ed 50
Taşbükü TR 84-85 Ci 54
Taşburun TR 78-79 Ee 51
Taşçapı TR 78-79 Ed 51

Taşdelen **TR** 86-87 Di 52
Taşevi **TR** 84-85 Da 52
Tašir **AR** 78-79 Ee 49
Tåsjö **S** 8-9 Bf 26
Taşkent **TR** 84-85 Dc 54
Taşköprü **TR** 84-85 Db 52
Tašla **RUS** 50-51 Fc 39
Taşlıçay **TR** 78-79 Ed 51
Tăşnad **RO** 58-59 Cc 43
Tasötkel **KA** 52-53 Fk 40
Taşoluk **TR** 78-79 Dg 50
Taşoluk **TR** 84-85 Da 52
Taşova **TR** 78-79 Dg 50
Taşpınar **TR** 84-85 De 52
Tassin-la-Demi-Lune **F** 54-55 Ae 45
Taštimerovo **RUS** 34-35 Fi 37
Tastuba **RUS** 34-35 Fh 35
Taşucu **TR** 84-85 Dd 54
Tata **H** 58-59 Bi 43
Tatabánya **H** 58-59 Bi 43
Tatal **RUS** 64-65 Eg 43
Tatanovo **RUS** 32-33 Eb 38
Tatarbunary **UA** 60-61 Ck 45
Tatarinka **RUS** 30-31 Dd 35
Tatarino **RUS** 48-49 Dk 40
Tatarka **BY** 30-31 Ci 37
Tatarka **RUS** 64-65 Eb 46
Tatarlı **TR** 84-85 Da 52
Tatarlı **TR** 84-85 De 53
Tatarskaja Dymskaja **RUS** 34-35 Fc 36
Tatarskaja Karabolka **RUS** 34-35 Gb 35
Tatarskaja Kargala **RUS** 52-53 Ff 39
Tatarskij Sajman **RUS** 32-33 Eh 37
Tataurovo **RUS** 20-21 Ed 32
Tataurovo **RUS** 22-23 Ek 33
Tatiščevo **RUS** 34-35 Ga 37
Tatiščevo **RUS** 50-51 Ef 39
Tatköy **TR** 84-85 Da 53
Tatlıkuyu **TR** 84-85 Dd 53
Tatvan **TR** 86-87 Ec 52
Tau **N** 16-17 Af 31
Tauberbischofsheim **D** 42-43 Ak 41
Taucha **D** 42-43 Bc 39
Taučik **KA** 66-67 Fb 46
Taular **KA** 50-51 Fb 42
Taunton **GB** 40-41 Sg 39
Tauragė **LT** 28-29 Cc 35
Taušyk **KA** 52-53 Gd 40
Taušyk **KA** 66-67 Fb 46
Tautušiai **LT** 28-29 Cd 35
Tavaklı İskele **TR** 74-75 Cg 51
Tavas **TR** 84-85 Ck 53
Tavda **RUS** 24-25 Gf 32
Tavelsjö **S** 10-11 Ca 26
Tavernes de la Valldigna **E** 70-71 Sk 51
Tavira **P** 80-81 Sc 53
Tavistock **GB** 40-41 Sf 40
Tavşançalı **TR** 84-85 Dd 52
Tavşanlı **TR** 76-77 Ck 51
Ţawūq **IRQ** 86-87 Ee 55
Taxiárhes **GR** 82-83 Ce 52
Tayfur **TR** 74-75 Cg 50
Tayyāna **SYR** 86-87 Ea 56
Taza **MA** 80-81 Sf 56
Tāze Ḫūrmātū **IRQ** 86-87 Ee 55
Tāze Šahr **IR** 86-87 Ee 52
Tczew **PL** 28-29 Bi 36
Teaca **RO** 60-61 Ce 44
Teano **I** 72-73 Be 49
Tearce **MK** 74-75 Cb 48
Teba **E** 80-81 Sf 54
Teberda **RUS** 64-65 Eb 47
Tecirli **TR** 84-85 Dg 53
Tecuci **RO** 60-61 Ch 45
Tefenni **TR** 84-85 Ck 53
Tegelen **NL** 42-43 Ag 39
Tegelträsk **S** 8-9 Bh 27
Tegernsee **D** 56-57 Bb 43
Tëgrozëro **RUS** 20-21 Eb 29
Tehumardi **EST** 18-19 Cc 32
Teil, le **F** 54-55 Ae 46
Teisko **FIN** 18-19 Cd 29
Teiuş **RO** 60-61 Cd 44
Tejkovo **RUS** 32-33 Ea 34
Teke **TR** 76-77 Ck 49
Tekeli **KA** 52-53 Ga 42
Tekeli **TR** 86-87 Ee 53
Tekirdağ **TR** 76-77 Ch 50
Tekke **TR** 78-79 Dg 50
Tekkeköy **TR** 78-79 Dg 49
Tekkeköy **TR** 78-79 Dh 51
Tekkiraz **TR** 78-79 Dh 50
Tekman **TR** 78-79 Eb 51
Teknepınar **TR** 84-85 Df 54
Tekun **RUS** 20-21 Ed 33
Tekun **RUS** 32-33 Ef 34
Telč **CZ** 44-45 Bf 41
Tel'č'e **RUS** 30-31 Dg 37
Telciu **RO** 60-61 Ce 43
Teleneşt' = Teleneşti **MD** 60-61 Ci 43
Teleneşti **MD** 60-61 Ci 43
Telenešty = Teleneşti **MD** 60-61 Ci 43
Telford **GB** 38-39 Sh 38
Telgte **D** 42-43 Ah 39
Teljak, Ulu- **RUS** 34-35 Fg 36
Tel'manove **UA** 62-63 Di 43
Telšiai **LT** 28-29 Cc 35
Teltow **D** 42-43 Bd 38
Tembleque **E** 68-69 Sg 51
Temelli **TR** 76-77 Dc 51
Temerin **YU** 58-59 Bk 45
Temir **KA** 52-53 Fh 41
Temjasovo **RUS** 34-35 Fi 38
Temmes **FIN** 10-11 Cf 26
Temnikov **RUS** 32-33 Ed 36
Témpio Pausània **I** 70-71 Ak 50
Templemore = An Teampall Mór **IRL** 37 Sc 38
Templin **D** 26-27 Bd 37
Temrjuk **RUS** 62-63 Dh 45
Temse **B** 40-41 Ae 39
Temska **YU** 58-59 Cc 47
Tenay **F** 56-57 Af 44
Tenby **GB** 40-41 Sf 39
Tende **F** 56-57 Ah 46
Tenhola = Tenalo **FIN** 18-19 Cd 30
Tenhult **S** 16-17 Be 33
Tenja **HR** 58-59 Bi 45
Ten'ki **RUS** 32-33 Ek 35
Tennäng **S** 16-17 Bd 29
Tennevoll **N** 2-3 Bh 22
Tenterden **GB** 40-41 Aa 39
Teofipol' **UA** 46-47 Cg 41
Tepasto **FIN** 2-3 Ce 23
Tepe **TR** 86-87 Ea 53
Tepecik **TR** 84-85 Da 53
Tepecikören **TR** 84-85 Df 53
Tepehan **TR** 86-87 Di 52
Tepelenë **AL** 74-75 Ca 50
Teplá **CZ** 42-43 Bc 41
Teplaja Gora **RUS** 24-25 Fk 32
Teplice **CZ** 42-43 Bd 40
Tepljaki **RUS** 34-35 Ff 34
Teploe **RUS** 30-31 Dh 37
Teplyj Stan **RUS** 34-35 Fa 36
Teplyk **UA** 46-47 Ck 42
Tepsa **FIN** 2-3 Cf 23
Téramo **I** 72-73 Bd 48
Ter Apel **NL** 26-27 Ah 38
Teratyn **PL** 44-45 Cd 40
Terbuny **RUS** 48-49 Di 38
Tercan **TR** 78-79 Ea 51
Terebovlja **UA** 46-47 Cf 41
Terebuš **RUS** 30-31 Di 36
Teregova **RO** 58-59 Cc 45
Terek **RUS** 78-79 Ee 47
Terekli-Mekteb **RUS** 64-65 Ef 46
Teren'ga **RUS** 32-33 Ei 37
Terenķüdyķ **KA** 50-51 Ei 42
Terenķüdyķ **KA** 66-67 Fi 43
Terensaj **RUS** 52-53 Fk 39
Terespol **PL** 44-45 Cd 38
Teresva **UA** 44-45 Cd 42
Tereze **RUS** 64-65 Ec 47
Teriberka **RUS** 4-5 Df 21
Terjaevo **RUS** 30-31 Dg 34
Terlemez **TR** 84-85 De 52
Termachivka **UA** 46-47 Ck 39
Terme **TR** 78-79 Dg 49
Términi Imerese **I** 72-73 Bd 53
Térmoli **I** 72-73 Be 48
Ternberg **A** 58-59 Be 43
Terneuzen **NL** 40-41 Ad 39
Terni **I** 72-73 Bc 48
Ternivka **UA** 48-49 Dg 42
Ternivka **UA** 62-63 Dc 43
Ternopil' **UA** 46-47 Cf 41
Ternopol' = Ternopil' **UA** 46-47 Cf 41
Ternovka **RUS** 48-49 Eb 39
Ternovka **RUS** 48-49 Ec 39
Ternuvate **UA** 62-63 Dg 43
Terny **UA** 46-47 Dd 39
Teroual **MA** 80-81 Se 56
Terpinn'a **UA** 62-63 Df 44
Terracina **I** 72-73 Bd 49
Terråk **N** 8-9 Bc 25
Terralba **I** 70-71 Ai 51
Terranova di Pollino **I** 72-73 Bg 51
Terrassa **E** 70-71 Ac 49
Terrasson-la-Villedieu **F** 54-55 Ab 45
Tersa **RUS** 50-51 Eh 38
Tersi **RUS** 34-35 Fc 34
Tertenía **I** 70-71 Ak 51
Tervel **BG** 60-61 Ch 47
Tērvete **LV** 28-29 Cd 34
Tervo **FIN** 10-11 Cg 28
Tervola **FIN** 10-11 Ce 24
Terzola **GE** 78-79 Ed 48
Tešanj **BIH** 58-59 Bi 46
Teslić **BIH** 58-59 Bh 46
Tesovo **RUS** 30-31 De 35
Tesovo-Netyl'skij **RUS** 18-19 Db 32
Tessin **D** 26-27 Bc 36
Teste, la **F** 54-55 Si 46
Tét **H** 58-59 Bh 43
Teterow **D** 26-27 Bc 37
Teteven **BG** 74-75 Ce 48
Tetijiv **UA** 46-47 Ck 41
Tetjuši **RUS** 32-33 Ei 36
Tetjušskoe **RUS** 32-33 Ei 36
Tëtkino **RUS** 46-47 De 39
Tetouan = Titwān **MA** 80-81 Se 55
Tetovo **BG** 60-61 Cg 47
Tetovo **MK** 74-75 Ca 48
Tetri Ckaro **GE** 78-79 Ee 49
Tetrino **RUS** 12-13 Di 24
Teučežsk = Adygejsk **RUS** 62-63 Dk 46
Teulada **I** 70-71 Ai 52
Teuva **FIN** 10-11 Cb 28
Tewkesbury **GB** 40-41 Sh 39
Thafmakó **GR** 74-75 Cc 51
Thale **D** 42-43 Bb 39
Thame **GB** 40-41 Sk 39
Thaon-les-Vosges **F** 42-43 Ag 42
Tharsis **E** 80-81 Sc 53
Thássos **GR** 74-75 Ce 50
Thenon **F** 54-55 Ab 45
Theológos **GR** 74-75 Ce 50
Thérmo **GR** 82-83 Cb 52
Thérouanne **F** 40-41 Ac 40
Thessaloníki **GR** 74-75 Cc 50
Thetford **GB** 40-41 Aa 38
Theth **AL** 74-75 Bk 48
Thiene **I** 56-57 Bb 45
Thionville **F** 42-43 Ag 41
Thiorihia Milou **GR** 82-83 Ce 54
Thíra **GR** 82-83 Cf 54
Thirsk **GB** 38-39 Si 36
Thísbi **GR** 82-83 Cc 52
Thisted **DK** 26-27 Ai 34
Thíva **GR** 82-83 Cd 52
Thiviers **F** 54-55 Aa 45
Thizy **F** 54-55 Ae 44
Thoissey **F** 54-55 Ae 44
Tholária **GR** 82-83 Cf 54
Thomas-Müntzer-Stadt Mühlhausen = Mühlhausen **D** 42-43 Ba 39
Thomastown = Baile Mhic Andáin **IRL** 37 Sc 38
Thonon-les-Bains **F** 56-57 Ag 44
Thorame-Haute **F** 56-57 Ag 46
Thorne **GB** 38-39 Sk 37
Thornhill **GB** 38-39 Sg 35
Thorshavn = Tórshavn **FR** 38-39 Sd 28
Thouars **F** 54-55 Sk 44
Thourie **F** 54-55 Si 43
Thourout = Torhout **B** 40-41 Ad 39
Thun **CH** 56-57 Ah 44
Thurles = Durlas **IRL** 37 Sc 38
Thurso **GB** 38-39 Sg 32
Thury-Harcourt **F** 40-41 Sk 42
Thyborøn **DK** 26-27 Ai 34
Tiainen **FIN** 2-3 Cg 24
Tibava **SK** 44-45 Cc 42
Tibni **SYR** 86-87 Di 55
Tibro **S** 16-17 Be 32
Tichileşti **RO** 60-61 Ch 45
Tidaholm **S** 16-17 Bd 32
Tidan **S** 16-17 Be 32
Tiedra **E** 68-69 Se 49
Tiefencastel **CH** 56-57 Ak 44
Tiel **NL** 42-43 Af 39
Tielt **B** 40-41 Ad 40
Tienen **B** 40-41 Ae 40
Tiengen, Waldshut- **D** 56-57 Ai 43
Tierp **S** 16-17 Bh 30
Tiflét **MA** 80-81 Sd 57
Tigen **KA** 66-67 Fc 46
Tigharry **GB** 38-39 Sc 33
Tignăşi **RO** 58-59 Cc 46
Tihany **H** 58-59 Bh 44
Tihonovka **KA** 50-51 Fc 39
Tihonovka **KA** 50-51 Fc 40
Tihoreck **RUS** 64-65 Ea 45
Tihvin **RUS** 20-21 Dd 31
Tihvin Bor **RUS** 12-13 Df 28
Tiinsk **RUS** 32-33 Ek 36
Tiistenjoki **FIN** 10-11 Cd 28
Tikša **RUS** 10-11 Dc 26
Tilburg **NL** 42-43 Af 39
Tilbury **GB** 40-41 Aa 39
Tilisos **GR** 82-83 Cf 55
Tilža **LV** 30-31 Ch 34
Tim **RUS** 48-49 Dh 39
Timar **TR** 86-87 Ed 52
Timaševsk **RUS** 62-63 Di 45
Timbáki **GR** 82-83 Ce 55
Timişoara **RO** 58-59 Cb 45
Timmendorfer Strand **D** 26-27 Ba 37
Timofeevka **KA** 52-53 Gd 38
Timohino **RUS** 20-21 Dg 31
Timonino **RUS** 20-21 Eb 29
Timošino **RUS** 20-21 Dg 30
Timošino **RUS** 20-21 Ee 33
Timrå **S** 8-9 Bh 28
Timsgarry **GB** 38-39 Sc 32
Tinca **RO** 58-59 Cb 44
Tinchebray **F** 40-41 Sk 42
Tinglev **DK** 26-27 Ak 36
Tingsryd **S** 26-27 Be 34
Tingstäde **S** 16-17 Bi 33
Tingvoll **N** 8-9 Ai 28
Tinishidi **GE** 78-79 Ee 49
Tínos **GR** 82-83 Cf 53
Ţinţăreni **RO** 60-61 Cd 46
Tinténiac **F** 40-41 Si 42
Tiobraid Árann = Tipperary **IRL** 37 Sb 38
Tione di Trento **I** 56-57 Ba 44
Tiouli **MA** 80-81 Si 56
Tipperary = Tiobraid Árann **IRL** 37 Sb 38
Tiranë **AL** 74-75 Bk 49
Tirano **I** 56-57 Ba 44
Tiraspol **MD** 60-61 Ck 44
Tire **TR** 82-83 Ch 52
Tirebolu **TR** 78-79 Di 49
Tîrgovişte **RO** 60-61 Cf 46
Tîrgu Bujor **RO** 60-61 Ch 45
Tîrgu Cărbuneşti **RO** 60-61 Cd 46
Tîrgu Frumos **RO** 60-61 Ch 43
Tîrgu Jiu **RO** 60-61 Cd 45
Tîrgu Lăpuş **RO** 60-61 Cd 43
Tîrgu Mureş **RO** 60-61 Ce 44
Tîrgu Neamţ **RO** 60-61 Cg 43
Tîrgu Secuiesc **RO** 60-61 Cg 44
Tirljanskij **RUS** 34-35 Fi 36
Tîrnăveni **RO** 60-61 Ce 44
Tírnavos **GR** 74-75 Cc 51
Tîrnova **MD** 46-47 Ch 42
Tirro **FIN** 2-3 Cg 22
Tirschenreuth **D** 42-43 Bc 41
Tirstrup **DK** 26-27 Ba 34
Tišanka **RUS** 48-49 Ea 39
Tiškovo **RUS** 64-65 Ei 44
Tišnov **CZ** 44-45 Bg 41
Tissa **MA** 80-81 Se 56
Tiszaföldvár **H** 58-59 Ca 44
Tiszakécske **H** 58-59 Ca 44
Tiszavasvári **H** 58-59 Cb 43
Titaševo **RUS** 34-35 Fb 37
Titel **YU** 58-59 Ca 45
Titisee-Neustadt **D** 56-57 Ai 43
Titograd = Podgorica **YU** 74-75 Bk 48
Titova, Ljalja- **RUS** 24-25 Gb 31
Titova Mitrovica = Kosovska Mitrovica **YU** 74-75 Ca 48
Titov Drvar **BIH** 58-59 Bg 46
Titovo **RUS** 32-33 Ed 37
Titovo Užice = Užice **YU** 58-59 Cb 47
Titov Veles **MK** 74-75 Cb 49
Titran **N** 8-9 Ai 27
Tittmoning **D** 42-43 Bc 42
Titu **RO** 60-61 Cf 46
Titwān **MA** 80-81 Se 55
Tiukka = Tjöck **FIN** 10-11 Cb 28
Tivat **YU** 74-75 Bi 48
Tiverton **GB** 40-41 Sg 40
Tivoli **I** 72-73 Bc 49
Tiyās **SYR** 86-87 Dh 56
Tiztoutine **MA** 80-81 Sg 56
Tjällmö **S** 16-17 Bf 32
Tjahynka **UA** 62-63 Dc 44
Tjålme **S** 2-3 Ca 22
Tjåmotis **S** 2-3 Bi 24
Tjarnir **IS** 36 Rb 25
Tjater-Araslanovo **RUS** 34-35 Fe 37
Tjautjas **S** 2-3 Ca 23
Tjentište **BIH** 58-59 Bi 47
Tjöck **FIN** 10-11 Cb 28
Tjörn **IS** 36 Qk 25
Tjøme **N** 16-17 Ba 31
Tjøtta **N** 8-9 Bc 25
Tjourenstugorna **S** 8-9 Bd 27
Tjubuk **RUS** 34-35 Ga 34
Tjul'gan **RUS** 52-53 Fg 38
Tjuli **RUS** 24-25 Gk 30
Tjuljači **RUS** 34-35 Fa 35
Tjuljuk **RUS** 34-35 Fi 36
Tjul'kino **RUS** 22-23 Fg 31
Tjumen' **RUS** 24-25 Gf 33
Tjunevo **RUS** 24-25 Gf 33
Tjurjuševo **RUS** 34-35 Fe 36
Tkibuli **GE** 78-79 Ec 48
Tkibuli **GE** 78-79 Ed 48
Tkon **HR** 58-59 Bf 47
Tkvarčeli **GE** 78-79 Eb 48
Tlemcen **DZ** 80-81 Si 56
Tleta-Rissana **MA** 80-81 Se 55
Tljaumbetovo **RUS** 52-53 Fg 38
Tlumač **UA** 46-47 Cf 42
Tobahčo **GE** 78-79 Ec 49
Tobar an Choire **IRL** 37 Sb 36
Tobarra **E** 80-81 Si 52
Tobercurry = Tobar an Choire **IRL** 37 Sb 36
Tobermory **GB** 38-39 Sd 34
Toblach = Dobbiaco **I** 56-57 Bc 44
Tobol'sk **RUS** 24-25 Gi 32
Tobol'skij **RUS** 52-53 Gb 39
Toboltura **RUS** 24-25 Gi 33
Tobseda **RUS** 6-7 Fc 22
Tobyl **KA** 52-53 Gc 38
Tobys' **RUS** 14-15 Fc 27
Todal **N** 8-9 Ai 28
Todi **I** 72-73 Bc 48
Todtnau **D** 56-57 Ah 43
Töcksfors **S** 16-17 Bb 31
Tölz, Bad **D** 56-57 Bb 43
Tönning **D** 26-27 Ai 36
Töre **S** 10-11 Cc 25
Töreboda **S** 16-17 Be 32
Törmänen **FIN** 2-3 Ch 22
Törökszentmiklós **H** 58-59 Ca 43
Töysä **FIN** 10-11 Cd 28
Tofickoe **RUS** 64-65 Ed 45
Toft **GB** 38-39 Si 30
Tofte **N** 16-17 Ba 31
Toftlia **N** 2-3 Be 24
Toftlund **DK** 26-27 Ak 35
Toganas **KA** 50-51 Fc 40
Toholampi **FIN** 10-11 Ce 27
Tohumluk **TR** 78-79 Di 50
Toijala **FIN** 18-19 Cd 29
Toivakka **FIN** 10-11 Cg 28
Toivala **FIN** 10-11 Ch 28
Tokaj **H** 44-45 Cb 42
Tokarevka **RUS** 48-49 Eb 38
Tokari **RUS** 20-21 De 29
Tokari **RUS** 22-23 Fe 33
Tokat **TR** 78-79 Dg 50
Toklar **TR** 84-85 Dg 52
Tokluman **TR** 76-77 Dd 51
Tokmak **UA** 62-63 Df 43
Tokmaklı **TR** 86-87 Dg 53
Toksovo **RUS** 18-19 Da 30
Toktar **KA** 52-53 Gb 38
Tolbazy **RUS** 34-35 Ff 36
Tolbuhin = Dobrič **BG** 60-61 Ch 47
Toledo **E** 68-69 Sf 51
Tolfa **I** 72-73 Bb 48
Tol'jatti = Stavropol'-na-Volgi **RUS** 32-33 Ek 37
Tolkmicko **PL** 28-29 Bk 36
Tollarp **S** 26-27 Bd 35
Tolmači **RUS** 20-21 Df 33
Tolmačovo **RUS** 18-19 Ck 32
Tolmezzo **I** 56-57 Bc 44
Tolmin **SLO** 56-57 Bd 44
Tolna **H** 58-59 Bi 44
Tolosa **E** 68-69 Sh 47
Tolva **FIN** 2-3 Ci 24
Tolvojarvi **RUS** 10-11 Db 28
Tolvuja **RUS** 12-13 Df 28
Tolybaj **KA** 52-53 Gc 40
Tomakivka **UA** 62-63 De 43
Tomar **P** 68-69 Sb 51
Tomarovka **RUS** 48-49 Dg 40
Tomarza **TR** 84-85 Df 52
Tomaševka **BY** 44-45 Cd 39
Tomašpil' **UA** 46-47 Ci 42
Tomaszów Lubelski **PL** 44-45 Cd 40
Tomaszów Mazowiecki **PL** 44-45 Bk 39
Tomelilla **S** 26-27 Bd 35
Tomelloso **E** 68-69 Sg 51
Tomintoul **GB** 38-39 Sg 33
Tømmervåg **N** 8-9 Ah 27
Tonbridge **GB** 40-41 Aa 39
Tondela **P** 68-69 Sb 50
Tønder **DK** 26-27 Ai 36
Tongeren **B** 42-43 Af 40
Tongue **GB** 38-39 Sf 32
Tonkino **RUS** 22-23 Eg 33
Tonkopura **FIN** 2-3 Ci 24
Tonnay-Charente **F** 54-55 Sk 45
Tonneins **F** 54-55 Aa 46
Tonnerre **F** 54-55 Ad 43
Tonšaevo **RUS** 22-23 Eg 33
Tønsberg **N** 16-17 Ba 31
Tonstad **N** 16-17 Ag 32
Tonya **TR** 78-79 Dk 50
Tõstamaa **EST** 18-19 Cd 32
Topaklı **TR** 76-77 De 51
Topalki **RUS** 20-21 Dg 32
Topçam **TR** 78-79 Dh 50
Topliţa **RO** 60-61 Cf 44
Topola **YU** 58-59 Ca 46
Topolčani **MK** 74-75 Cb 49
Topoľčany **SK** 44-45 Bi 42
Topolog **RO** 60-61 Ci 46
Topoloveni **RO** 60-61 Cf 46
Topolovgrad **BG** 74-75 Cg 48
Topolovo **BG** 74-75 Cf 49
Toporu **RO** 60-61 Cf 46
Topraisar **RO** 60-61 Ci 46
Toprakkale **TR** 78-79 Ec 51
Toprakkale **TR** 84-85 Dg 53
Topsakal **TR** 86-87 Ee 52
Toptaş **TR** 78-79 Ec 50
Torà **E** 70-71 Ab 49
Torbalı **TR** 82-83 Ch 52
Torbay **GB** 40-41 Sg 40
Torbeevo **RUS** 32-33 Ed 36
Tørberget **N** 16-17 Bc 29
Tordehúmos **E** 68-69 Se 49
Tordesillas **E** 68-69 Se 49
Torekov **S** 26-27 Bc 34
Torelló **E** 70-71 Ac 48
Toreno **E** 68-69 Sd 48

Torǵaj **KA** 52-53 Gd 41
Torgaj Sartulšek **KA** 50-51 Eg 42
Torgau **D** 42-43 Bc 39
Torgelow **D** 26-27 Be 37
Torhamn **S** 26-27 Bf 34
Torhout **B** 40-41 Ad 39
Torigni-sur-Vire **F** 40-41 Sk 41
Torija **E** 68-69 Sg 50
Torino **I** 56-57 Ah 45
Tormosin **RUS** 48-49 Ec 42
Tornaľa **SK** 44-45 Ca 42
Torneträsk **S** 2-3 Bk 22
Tornio **FIN** 10-11 Ce 25
Toro **E** 68-69 Se 49
Toropec **RUS** 30-31 Db 34
Torošino **RUS** 18-19 Ci 33
Torpo **N** 16-17 Ai 30
Torpshammar **S** 8-9 Bg 28
Torrão **P** 80-81 Sb 52
Torreblanca **E** 70-71 Aa 50
Torrecampo **E** 80-81 Sf 52
Torre de la Higuera **E** 80-81 Sd 53
Torre del Greco **I** 72-73 Be 50
Torre de Moncorvo **P** 68-69 Sc 49
Torredonjimeno **E** 80-81 Sg 53
Torreira **P** 68-69 Sb 50
Torrejón de Ardoz **E** 68-69 Sg 50
Torrelaguna **E** 68-69 Sg 50
Torrelavega **E** 54-55 Sf 47
Torrelobatón **E** 68-69 Se 49
Torremocha **E** 68-69 Sd 51
Torremolinos **E** 80-81 Sf 54
Torremormojón **E** 68-69 Sf 49
Torrent **E** 70-71 Sk 51
Torre-Pacheco **E** 80-81 Sk 53
Torre Pellice **I** 56-57 Ah 46
Torres Novas **P** 68-69 Sb 51
Torres Vedras **P** 68-69 Sa 51
Torrevieja **E** 80-81 Sk 53
Torridon **GB** 38-39 Se 33
Torríglia **I** 56-57 Ak 46
Torrijas **E** 70-71 Sk 50
Torrijos **E** 68-69 Sf 51
Tørring **DK** 26-27 Ak 35
Torroella de Montgrí **E** 70-71 Ad 48
Torsås **S** 28-29 Bg 34
Torsby **S** 16-17 Bd 30
Tórshavn **FR** 38-39 Sd 28
Tórtoles de Esgueva **E** 68-69 Sf 49
Tortolì **I** 70-71 Ak 51
Tortona **I** 56-57 Ai 46
Tortosa **E** 70-71 Aa 50
Tortum **TR** 78-79 Eb 50
Torul **TR** 78-79 Dk 50
Toruń **PL** 28-29 Bi 37
Torup **S** 26-27 Bd 34
Tõrva **EST** 18-19 Cf 32
Toržok **RUS** 30-31 De 33
Torzym **PL** 44-45 Bf 38
Tosbotn **N** 8-9 Bc 25
Toškurovo **RUS** 34-35 Fg 34
Tosno **RUS** 18-19 Da 31
Tossa de Mar **E** 70-71 Ac 49
Tostedt **D** 26-27 Ak 37
Tošviska **RUS** 6-7 Fc 23
Tosya **TR** 76-77 De 49
Totana **E** 80-81 Si 53
Tôtes **F** 40-41 Ab 41
Tótkomlós **H** 58-59 Ca 44
Tot'ma **RUS** 20-21 Ec 31
Totnes **GB** 40-41 Sg 40
Toucy **F** 54-55 Ad 43
Toul **F** 42-43 Af 42
Toulon **F** 56-57 Af 47
Toulouse **F** 54-55 Ab 47
Touquet-Paris-Plage, le **F** 40-41 Ab 40
Tourcoing **F** 40-41 Ad 40
Tour-du-Pin, la **F** 56-57 Af 45
Tournai **B** 40-41 Ad 40
Tournon-sur-Rhône **F** 54-55 Ae 45
Tournus **F** 54-55 Ae 44
Tourouvre **F** 40-41 Aa 42
Tours **F** 54-55 Aa 43
Toury **F** 40-41 Ab 42
Tova **RUS** 12-13 Ea 25
Tovarkovskij **RUS** 30-31 Di 37
Tovste **UA** 46-47 Cf 42
Tøymskardia **N** 8-9 Bd 25
Trabanca **E** 68-69 Sd 49
Trabzon **TR** 78-79 Dk 50
Trácino **I** 72-73 Bc 54
Traiguera **E** 70-71 Aa 50
Traisen **A** 44-45 Bf 42
Traiskirchen **A** 58-59 Bg 43
Trait, le **F** 40-41 Aa 41
Trakai **LT** 28-29 Ce 36
Trakt **RUS** 14-15 Fb 28
Tralee = Trá Li **IRL** 37 Sa 38
Trá Li = Tralee **IRL** 37 Sa 38
Trallwng = Welshpool **GB** 40-41 Sg 38
Tramaríglio **I** 70-71 Ai 50
Trá Mhór **IRL** 37 Sc 38
Tramore = Trá Mhór **IRL** 37 Sc 38
Trän **BG** 74-75 Cc 48
Tranås **S** 16-17 Be 32
Tranche-sur-Mer, la **F** 54-55 Si 44
Trancoso **P** 68-69 Sc 50
Tranebjerg **DK** 26-27 Ba 35
Tranemo **S** 16-17 Bd 33
Trani **I** 72-73 Bg 49
Tranøy **N** 2-3 Bf 22
Transtrand **S** 16-17 Bd 29
Trápani **I** 72-73 Bc 52
Trăstenik **BG** 60-61 Ce 47
Trăstikovo **BG** 76-77 Ch 48
Traun **A** 42-43 Be 42
Traunkirchen **A** 56-57 Bd 43
Traunstein **D** 56-57 Bc 43
Travemünde **D** 26-27 Ba 37
Travers **CH** 56-57 Ag 44
Travnik **BIH** 58-59 Bh 46
Trbovlje **SLO** 58-59 Be 44
Třebíč **CZ** 44-45 Bf 41
Trebinje **BIH** 72-73 Bi 48
Trebisacce **I** 72-73 Bg 51
Trebnje **SLO** 58-59 Be 45
Třeboň **CZ** 42-43 Be 42
Tredegar **GB** 40-41 Sg 39
Trefyclawdd = Knigthon **GB** 40-41 Sg 38
Trefynwy = Monmouth **GB** 40-41 Sh 39
Tregaron **GB** 40-41 Sg 38
Tréguier **F** 40-41 Sg 42
Trehörningsjö **S** 8-9 Bi 27
Treignac **F** 54-55 Ab 45
Trélazé **F** 54-55 Sk 43
Trelleborg **S** 26-27 Bd 35
Tremblade, la **F** 54-55 Si 45
Tremblois-lès-Rocroi **F** 40-41 Ae 41
Tremp **E** 70-71 Aa 48
Trenčianska Teplá **SK** 44-45 Bi 42
Trenčín **SK** 44-45 Bi 42
Trento **I** 56-57 Bb 44
Trepča **YU** 74-75 Ca 48
Tréport, Le **F** 40-41 Ab 40
Tresfjord **N** 8-9 Ah 28
Trespaderne **E** 68-69 Sg 48
Třešť **CZ** 44-45 Bf 41
Trestino **RUS** 20-21 Dd 33
Trestna **RUS** 20-21 Df 33
Tretnica **RUS** 20-21 Ee 30
Trets **F** 56-57 Af 47
Tretten **N** 16-17 Ba 29
Treuchtlingen **D** 42-43 Ba 42
Treuenbrietzen **D** 42-43 Bc 38
Treviglio **I** 56-57 Ak 45
Treviso **I** 56-57 Bc 45
Trévoux **F** 54-55 Ae 45
Treysa **D** 42-43 Ak 40
Trgovište **YU** 74-75 Cc 48
Trialeti **GE** 78-79 Ee 49
Triánda = Ialissos **GR** 84-85 Ci 54
Tribsees **D** 26-27 Bc 36
Tricárico **I** 72-73 Bg 50
Tricase **I** 72-73 Bi 51
Trieben **A** 58-59 Be 43
Trier **D** 42-43 Ag 41
Triest = Trieste **I** 56-57 Bd 45
Trieste **I** 56-57 Bd 45
Trie-sur-Baïse **F** 54-55 Aa 47
Trigonon **GR** 74-75 Cb 50
Trikala **GR** 74-75 Cb 51
Trikéri **GR** 74-75 Cd 51
Trilj **HR** 58-59 Bg 47
Trim = Baile Átha Troim **IRL** 37 Sd 37
Trimouille, la **F** 54-55 Ab 44
Trino **I** 56-57 Ai 45
Trípoli **GR** 82-83 Cc 53
Tripótama **GR** 82-83 Cb 53
Tristomo **GR** 82-83 Ch 55
Trivalea-Moşteni **RO** 60-61 Cf 46
Trivento **I** 72-73 Be 49
Trjavna **BG** 74-75 Cf 48
Trnava **SK** 44-45 Bh 42
Trnovo **BIH** 58-59 Bi 47
Trockoe **RUS** 50-51 Fc 38
Trödje **S** 16-17 Bh 30
Troekurovo **RUS** 30-31 Dh 37
Troekurovo **RUS** 32-33 Dk 37
Trönninge **S** 26-27 Bc 34
Trofors **N** 8-9 Bd 25
Trogir **HR** 58-59 Bg 47
Tróia **I** 72-73 Bf 49
Troick **RUS** 34-35 Gb 36
Troick **RUS** 50-51 Fe 40
Troickaja **RUS** 62-63 Dk 46
Troickij **RUS** 24-25 Gd 33
Troickij Sungur **RUS** 32-33 Eh 37
Troickoe **RUS** 24-25 Gc 31
Troickoe **RUS** 34-35 Fc 37
Troickoe **RUS** 50-51 Fd 38
Troickoe **RUS** 52-53 Fg 38
Troickoe **RUS** 64-65 Ee 44
Troicko-Pečorsk **RUS** 14-15 Fg 28
Troina **I** 72-73 Be 53
Troisdorf **D** 42-43 Ah 40
Trois-Ponts **B** 42-43 Af 40
Trojaci **MK** 74-75 Cb 49
Trojan **BG** 74-75 Ce 48
Trojic'ke **UA** 48-49 Di 41
Trojic'ke **UA** 60-61 Da 43
Trojic'ko-Safonove **UA** 62-63 Dc 43
Trollhättan **S** 16-17 Bc 32
Tromsø **N** 2-3 Bk 21
Tromvik **N** 2-3 Bi 21
Trondheim **N** 8-9 Ba 27
Tronvik **N** 16-17 Af 29
Tropea **I** 72-73 Bf 52
Tropojë **AL** 74-75 Ca 48
Trosa **S** 16-17 Bh 32
Troškūnai **LT** 28-29 Ce 35
Trosna **RUS** 48-49 Df 38
Trostan' **RUS** 46-47 Dc 38
Trostjanec' **UA** 46-47 Ck 42
Trostjanec' **UA** 46-47 De 40
Trostjanskij **RUS** 48-49 Ed 40
Trouville-sur-Mer **F** 40-41 Aa 41
Trowbridge **GB** 40-41 Sh 39
Troyes **F** 40-41 Ae 42
Trpanj **HR** 72-73 Bh 47
Trsa **YU** 74-75 Bi 47
Trstenik **HR** 72-73 Bh 48
Trstenik **YU** 58-59 Cb 47
Trstenik **YU** 74-75 Ca 48
Trsteno **HR** 72-73 Bh 48
Trubčevsk **RUS** 46-47 Dd 38
Trubetčino **RUS** 32-33 Dk 38
Trudfront **RUS** 64-65 Eh 45
Trufanova **RUS** 12-13 Ee 26
Trujillo **E** 68-69 Se 51
Truro **GB** 40-41 Se 40
Truşeşti **RO** 60-61 Ch 43
Truskavec' **UA** 44-45 Cd 41
Trusovo **RUS** 14-15 Fb 25
Trutnov **CZ** 44-45 Bf 40
Tryškiai **LT** 28-29 Cc 34
Trzcianka **PL** 28-29 Bg 37
Trzcianka **PL** 44-45 Cb 39
Trzciel **PL** 44-45 Bf 38
Trzebiatów **PL** 26-27 Bf 36
Trzebnica **PL** 44-45 Bh 39
Trzemeszno **PL** 44-45 Bh 38
Tsamantás **GR** 74-75 Ca 51
Tscheljabinsk = Čeljabinsk **RUS** 34-35 Gb 35
Tschernobyl = Čornobyl' **UA** 46-47 Da 39
Tshinval **GE** 78-79 Ed 48
Tuaim = Tuam **IRL** 37 Sb 37
Tuam = Tuaim **IRL** 37 Sb 37
Tuapse **RUS** 62-63 Dk 46
Tubinskij **RUS** 34-35 Fi 38
Tuchan **F** 70-71 Ac 48
Tuchola **PL** 28-29 Bh 37
Tuchoľka **UA** 44-45 Cd 42
Tučkovo **RUS** 30-31 Dg 35
Tuczno **PL** 28-29 Bg 37
Tudela de Duero **E** 68-69 Sf 49
Tudu **EST** 18-19 Cg 31
Tübingen **D** 42-43 Ak 42
Tüntüngyr **KA** 52-53 Gf 38
Türi **EST** 18-19 Cf 32
Türje **H** 58-59 Bh 44
Türkmen **TR** 76-77 Df 49
Türkoğlu **TR** 86-87 Dg 53
Tuffé **F** 40-41 Aa 42
Tufjord **N** 2-3 Cd 19
Tugolukovo **RUS** 48-49 Eb 39
Tugulym **RUS** 24-25 Ge 33
Tugunt **MA** 80-81 Sg 55
Tugustemir **RUS** 52-53 Fg 38
Tuhkakylä **FIN** 10-11 Ci 26
Tuhkala **RUS** 10-11 Da 25
Tui **E** 68-69 Sb 48
Tuilsce **IRL** 37 Sb 37
Tujemojnak **KA** 52-53 Gc 41
Tujmazy **RUS** 34-35 Fd 36
Tukan **RUS** 34-35 Fh 37
Tukmačevo **RUS** 22-23 Ff 31
Tukums **LV** 28-29 Cd 34
Tula **RUS** 30-31 Dh 36
Tulach Mhór = Tullamore **IRL** 37 Sc 37
Tulcea **RO** 60-61 Ci 45
Tuľčyn **UA** 46-47 Ci 42
Tulgheş **RO** 60-61 Cf 44
Tullamore = Tulach Mhór **IRL** 37 Sc 37
Tulle **F** 54-55 Ab 45
Tullins **F** 56-57 Af 45
Tulln **A** 44-45 Bg 42
Tullow = An Tulach **IRL** 37 Sd 38
Tulos **RUS** 10-11 Da 27
Tulpan **RUS** 22-23 Fh 29
Tulppio **FIN** 2-3 Ck 23
Tuľskij **RUS** 62-63 Ea 46
Tuma **RUS** 32-33 Ea 35
Tumak **RUS** 64-65 Ei 44
Tumanjan **AR** 78-79 Ee 50
Tumannyj **RUS** 4-5 Df 22
Tumanovo **RUS** 30-31 De 35
Tumba **S** 16-17 Bh 31
Tumbotino **RUS** 32-33 Ed 35
Tumutuk **RUS** 34-35 Fd 35
Tuna-Hästberg **S** 16-17 Bf 30
Tunaiir, Tall **SYR** 86-87 Ea 54
Tunçbilek **TR** 76-77 Ck 51
Tunceli **TR** 78-79 Dk 51
Tundra **RUS** 12-13 Ea 26
Tungozero **RUS** 10-11 Db 25
Tunnhovd **N** 16-17 Ai 30
Tuntsa **FIN** 2-3 Ck 23
Tuohikotti **FIN** 18-19 Ch 29
Turaif **SYR** 86-87 Dk 55
Turav **BY** 46-47 Ch 38
Turba **EST** 18-19 Ce 31
Turbe **BIH** 58-59 Bh 46
Turbiv **UA** 46-47 Ci 41
Turda **RO** 60-61 Cd 44
Turégano **E** 68-69 Sf 49
Turek **PL** 44-45 Bi 38
Turek, Mari- **RUS** 32-33 Ek 34
Turgaj = Torǵaj **KA** 52-53 Gd 41
Turgenevo **RUS** 32-33 Eb 35
Turgut **TR** 84-85 Ci 53
Turgut **TR** 84-85 Db 52
Turgutlu **TR** 82-83 Ch 52
Turgutreis **TR** 82-83 Ch 54
Turhal **TR** 78-79 Dg 50
Turijs'k **UA** 44-45 Ce 39
Turin = Torino **I** 56-57 Ah 45
Turinsk **RUS** 24-25 Gd 32
Turinskaja Sloboda **RUS** 24-25 Ge 33
Turís **E** 70-71 Sk 51
Turiščevo **RUS** 30-31 De 38
Tur'ja **RUS** 14-15 Fa 28
Turka **UA** 44-45 Cd 41
Turki **RUS** 48-49 Ed 39
Turksad **RUS** 64-65 Ee 45
Turku **FIN** 18-19 Cc 30
Turkumān, Hammān at **SYR** 86-87 Dk 54
Turlen **KA** 66-67 Fb 46
Turlu **TR** 86-87 Dh 53
Turmantas **LT** 28-29 Cg 35
Turnaeva **RUS** 24-25 Gg 33
Turnagöl **TR** 78-79 Ec 51
Turnhout **B** 40-41 Ae 39
Turnov **CZ** 44-45 Bf 40
Turnovo **RUS** 32-33 Eb 36
Turnu Măgurele **RO** 60-61 Ce 47
Turrach, Predlitz- **A** 56-57 Bd 44
Turriff **GB** 38-39 Sh 33
Türuš **KA** 66-67 Fg 45
Turzovka **SK** 44-45 Bi 41
Tuscánia **I** 72-73 Bb 48
Tut **TR** 86-87 Dh 53
Tutaev **RUS** 20-21 Dk 33
Tutak **TR** 78-79 Ec 51
Tutin **YU** 74-75 Ca 48
Tutrakan **BG** 60-61 Cg 46
Tuttlingen **D** 56-57 Ai 43
Tuusniemi **FIN** 10-11 Ci 28
Tuusula **FIN** 18-19 Cf 30
Tuutisjarvi **RUS** 2-3 Ck 24
Tuygun **TR** 78-79 Ec 50
Tūz, Umm at- **IRQ** 86-87 Ec 56
Tuža **RUS** 22-23 Eh 33
Tuzi **YU** 74-75 Bk 48
Tuzla **BIH** 58-59 Bi 46
Tuzla **RO** 60-61 Ci 46
Tuzla **TR** 84-85 De 52
Tuzla **TR** 84-85 Df 54
Tuzlagözü **TR** 86-87 Eb 52
Tuzluca **TR** 78-79 Ed 50
Tuzlukçu **TR** 84-85 Db 52
Tuzly **UA** 60-61 Da 45
Tuzyaka **TR** 84-85 Dd 52
Tvååker **S** 26-27 Bc 33
Tværá **FR** 38-39 Sd 29
Tvärålund **S** 10-11 Bk 26
Tvail **RUS** 14-15 Fe 27
Tvărdica **BG** 74-75 Cf 48
Tvedestrand **N** 16-17 Ai 32
Tveitsund **N** 16-17 Ai 31
Tver' **RUS** 30-31 Df 34
Tverrelvmo **N** 2-3 Bk 22
Tvøroyri = Tværá **FR** 38-39 Sd 29
Tvrdošín **SK** 44-45 Bk 41
Twardogóra **PL** 44-45 Bh 39
Tychonovyči **UA** 46-47 Dc 39
Tychy **PL** 44-45 Bk 40
Tyddewi = Saint David's **GB** 40-41 Se 39
Tyfors **S** 16-17 Be 30
Tykovo **RUS** 20-21 Eb 32
Tylawa **PL** 44-45 Cb 41
Tylösand **S** 26-27 Bc 34
Tylovaj **RUS** 22-23 Fd 33
Tyndrum **GB** 38-39 Sf 34
Tynemouth **GB** 38-39 Si 35
Tyngsjö **S** 16-17 Bd 30
Tynset **N** 8-9 Ba 28
Tyrävaara **FIN** 10-11 Ci 25
Tyringe **S** 26-27 Bd 34
Tyristrand **N** 16-17 Ba 30
Tyrnävä **FIN** 10-11 Cf 26
Tyrnovo **RUS** 30-31 Df 36
Tyrnyauz **RUS** 64-65 Ec 47
Tyškanbaj **KA** 52-53 Gc 40
Tyškivka **UA** 46-47 Da 42
Tysmenycja **UA** 44-45 Ce 42
Tysse **N** 16-17 Af 30
Tyssedal **N** 16-17 Ag 30
Tytuvėnai **LT** 28-29 Cd 35
Tyvriv **UA** 46-47 Ci 41
Tywyn **GB** 40-41 Sf 38

U

Uachtar Ard = Oughterard **IRL** 37 Sa 37
Ub **YU** 58-59 Ca 46
Úbeda **E** 80-81 Sg 52
Ubrique **E** 80-81 Se 54
Učaly **RUS** 34-35 Fk 36
Ucero **E** 68-69 Sg 49
Uchte **D** 42-43 Ai 38
Uchvala **BY** 30-31 Ck 36
Učkeken **RUS** 64-65 Ec 47
Uckfield **GB** 40-41 Aa 40
Učkulan **RUS** 64-65 Ec 47
Učsaj **US** 66-67 Fi 47
Udačnoe **RUS** 64-65 Eg 43
Udbina **HR** 58-59 Bf 46
Uddeholm **S** 16-17 Bd 30
Uddevalla **S** 16-17 Bb 32
Uddheden **S** 16-17 Bc 31
Udeľno-Duvanej **RUS** 34-35 Ff 35
Údine **I** 56-57 Bd 44
Udobnaja **RUS** 64-65 Eb 46
Ūdri **LV** 18-19 Ce 33
Udy **UA** 48-49 Dg 40
Übelbach **A** 58-59 Bf 43
Überlingen **D** 56-57 Ak 43
Üçdam **TR** 78-79 Ea 51
Üçgözeler **TR** 78-79 Ee 51
Üçharman **TR** 84-85 Dd 53
Ueckermünde **D** 26-27 Be 37
Üçpınar **TR** 84-85 Dc 53
Ülken Šagan **KA** 50-51 Fa 40
Uelzen **D** 26-27 Ba 38
Ünye **TR** 78-79 Dh 49
Ürgüp **TR** 84-85 De 52
Ürpek **KA** 52-53 Gf 40
Üründü **TR** 84-85 Db 53
Üsküdar **TR** 76-77 Ck 49
Üzümlü **TR** 78-79 Dk 51
Üzümlü **TR** 84-85 Ck 54
Üzümlü **TR** 84-85 Db 53
Ufa **RUS** 34-35 Ff 36
Uffenheim **D** 42-43 Ba 41
Ufimskij **RUS** 34-35 Fi 34
Ugāle **LV** 18-19 Cc 33
Ugao **YU** 74-75 Ca 47
Ugento **I** 72-73 Bi 51
Uggerby **DK** 16-17 Ba 33
Ugíjar **E** 80-81 Sg 54
Ugine **F** 56-57 Ag 45
Ugleural'skij **RUS** 22-23 Fh 32
Uglič **RUS** 20-21 Di 33
Uglickij **RUS** 34-35 Ga 37
Ugljan **HR** 58-59 Bf 46
Uglovka **RUS** 20-21 Dd 32
Ugra **RUS** 30-31 De 36
Uğurludağ **TR** 76-77 De 50
Uherské Hradiště **CZ** 44-45 Bh 41
Uherský Brod **CZ** 44-45 Bh 41
Uholovo **RUS** 32-33 Ea 37
Uhta **RUS** 14-15 Fd 27
Uig **GB** 38-39 Sd 33
Uil = Ojyl **KA** 50-51 Fe 41
Uimaharju **FIN** 10-11 Da 28
Uinskoe **RUS** 34-35 Fg 34
Uithuizen **NL** 26-27 Ag 37
Üjaly **KA** 66-67 Fe 46
Ujdah **MA** 80-81 Si 56
Ujście **PL** 28-29 Bg 37
Ujskoe **RUS** 34-35 Ga 36
Ukmergė **LT** 28-29 Ce 35
Ukrainka **RUS** 50-51 Fb 38
Ukrajinka **UA** 46-47 Da 40
Uksora **RUS** 12-13 Eb 28
Ula **BY** 30-31 Ck 35
Ula **TR** 84-85 Ci 53
Uladivka **UA** 46-47 Ci 41
Ulan Èrge **RUS** 64-65 Ee 44
Ulan-Hol **RUS** 64-65 Eg 45
Uľanivs'ke **UA** 62-63 Di 43
Ulaş **TR** 76-77 Ch 49
Ulaş **TR** 78-79 Dh 51
Ulaşar **TR** 86-87 Ed 52
Ulcinj **YU** 74-75 Bk 49
Uleåborg **FIN** 10-11 Cf 25
Ulefoss **N** 16-17 Ak 31
Uleila del Campo **E** 80-81 Sh 53
Ulfborg **DK** 26-27 Ai 34
Ulgardereköy **TR** 74-75 Cg 50
Ulitino **RUS** 12-13 Dk 28
Uľjaniha **RUS** 20-21 Dh 32
Uljanivka **UA** 46-47 Da 42
Uľjanovo **RUS** 28-29 Cc 36
Uľjanovsk = Simbirsk **RUS** 32-33 Ei 36

Ulkensor KA 52-53 Gd 39
Ullånger S 8-9 Bi 27
Ullapool GB 38-39 Se 33
Ullared S 16-17 Bc 33
Ullatti S 2-3 Cb 23
Ullava FIN 10-11 Cd 27
Ulldecona E 70-71 Aa 50
Ullfors S 16-17 Bh 30
Ulm D 42-43 Ak 42
Ulmu RO 60-61 Ch 46
Ulog BIH 58-59 Bi 47
Ulricehamn S 16-17 Bd 33
Ulrum NL 26-27 Ag 37
Ulsta GB 38-39 Si 30
Ulsteinvik N 8-9 Af 28
Ulubey TR 78-79 Dh 50
Ulubey TR 84-85 Ck 52
Uluborlu TR 84-85 Da 52
Uluçayır TR 76-77 Da 51
Uluçınar TR 84-85 Df 54
Uluderbent TR 84-85 Ci 52
Uludere TR 86-87 Ec 53
Ulukışla TR 84-85 De 53
Uluköy TR 74-75 Cg 51
Ulu-Teljak RUS 34-35 Fg 36
Ulverston GB 38-39 Sg 36
Ulvik N 16-17 Ag 30
Ulvöhamn S 8-9 Bi 27
Ulvsvåg N 2-3 Bf 22
Umag HR 56-57 Bd 45
Uman' UA 46-47 Da 42
Umba RUS 4-5 De 24
Umeå S 10-11 Ca 27
Umet RUS 48-49 Ec 38
Umm at-Tūz IRQ 86-87 Ec 56
Umraniye TR 76-77 Db 51
'Umr Ḫān IRQ 86-87 Ed 54
Umurbey TR 74-75 Cg 50
Umurca TR 78-79 Dh 50
Umurlu TR 86-87 Ec 53
Una RUS 12-13 Di 26
Unaðsdalur IS 36 Qh 24
Unaja FIN 18-19 Cb 29
Unari FIN 2-3 Cf 23
Unčen' = Ungheni MD 60-61 Ch 43
Unčeny = Ungheni MD 60-61 Ch 43
Undenäs S 16-17 Be 32
Undersåker S 8-9 Bd 27
Undersvik S 16-17 Bg 29
Unduksa RUS 12-13 De 25
Uneča RUS 30-31 Dc 38
Unežma RUS 12-13 Dg 27
Ungheni MD 60-61 Ch 43
Ungheni RO 60-61 Ce 46
Ungor RUS 32-33 Eb 36
Uni RUS 22-23 Fb 33
Uničov CZ 44-45 Bh 41
Uniechowo PL 28-29 Bh 36
Uniejów PL 44-45 Bi 39
Unión, La E 80-81 Sk 53
Unkurda RUS 34-35 Fk 35
Unna D 42-43 Ah 39
Unterhaching D 42-43 Bb 42
Unža RUS 20-21 Ed 32
Unže-Pavinskoe RUS 24-25 Gd 32
Upolokša RUS 4-5 Db 23
Upornaja RUS 64-65 Ea 46
Uppsala S 16-17 Bh 31
Uraguba RUS 4-5 Dc 21
'Uraima, Qal'at al- SYR 84-85 Dg 56
Uraj RUS 24-25 Ge 30
Ural'sk RUS 34-35 Fk 36
Ural'skij RUS 22-23 Ff 33
Ural'skij RUS 50-51 Fb 39
Ural'skij, Kamensk- RUS 34-35 Gb 34
Ural'skij, Pokrovsk- RUS 24-25 Fk 30
Ural'skoe RUS 52-53 Fi 38
Uranbaš RUS 50-51 Fe 38
Urazmet'evo RUS 34-35 Fg 34
Urazmetovo RUS 34-35 Ff 37
Urazovka RUS 32-33 Ef 35
Urazovo RUS 48-49 Di 40
Urban RUS 64-65 Ed 47
Urbino I 56-57 Bc 47
Urçay F 54-55 Ac 44
Urcel F 40-41 Ad 41
Urdoma RUS 22-23 Ei 29
Ureki GE 78-79 Eb 49
Uren' RUS 22-23 Ef 33
Urfa = Şanlı Urfa TR 86-87 Di 53
Urga US 66-67 Fi 47
Urgala RUS 34-35 Fk 35
Urjala FIN 18-19 Cd 29
Urjupinsk RUS 48-49 Ec 40
Urk NL 26-27 Af 38
Ürkaš KA 52-53 Gc 39
Urla TR 82-83 Cg 52
Urlați RO 60-61 Cg 46
Urlingford = Áth na nUrlainn IRL 37 Sc 38
Urljadinskij RUS 34-35 Fk 36
Urmary RUS 32-33 Eh 35
Urnes N 16-17 Ah 29
Urodovo RUS 20-21 Ee 31
Urolka RUS 22-23 Ff 31
Uroševac YU 74-75 Cb 48
Urosozero RUS 12-13 De 27
Uršakbaškaramaly RUS 34-35 Ff 37
Uršel'skij RUS 32-33 Ea 35
Urtazy RUS 52-53 Fi 38
Uruč'e RUS 30-31 Dd 38
Urum as-Suġrā SYR 86-87 Dg 54
Urup RUS 64-65 Eb 47
Urus TR 76-77 Dc 50
Urusova RUS 24-25 Gd 32
Urussu RUS 34-35 Fd 36
Urziceni RO 60-61 Cg 46
Uržum RUS 22-23 Fa 33
Us RUS 24-25 Fk 32
Usačevskaja RUS 20-21 Di 29
Ušačy BY 30-31 Ci 35
Usadišče RUS 20-21 Dd 31
Usagre E 80-81 Sd 52
Uşak TR 84-85 Ck 52
Usakly RUS 34-35 Fh 36
Usčal US 66-67 Fi 47
Ušće YU 58-59 Ca 47
Uschodni BY 30-31 Ch 37
Usedom D 26-27 Bd 37
Useninovo RUS 24-25 Gd 32
Usen'-Ivanovskoe RUS 34-35 Fe 36
Usinsk RUS 14-15 Fh 25
Uskedalen N 16-17 Af 31
Uslar D 42-43 Ak 39
Usman' RUS 48-49 Dk 38
Usmyn' RUS 30-31 Db 35
Usol'e RUS 32-33 Ek 37
Usol'e RUS 22-23 Fg 31
Usovo RUS 22-23 Eg 29
Usovo RUS 32-33 Ec 38
Uspenivka UA 62-63 Dg 43
Uspenka UA 48-49 Dk 42
Uspenskaja RUS 64-65 Eb 45
Uspenskij RUS 48-49 Eb 40
Uspenskoe RUS 48-49 Dh 38
Uspenskoe RUS 64-65 Eb 46
Ussel F 54-55 Ac 45
Uštagan KA 64-65 Fc 47
Ust'-Bagarjak RUS 34-35 Gb 34
Ust'-Černaja RUS 22-23 Fc 30
Ust'-Cil'ma RUS 14-15 Fc 25
Ust'-Čorna UA 44-45 Cd 42
Ust'-Dolyssy RUS 30-31 Ck 34
Ust'-Doneckij RUS 64-65 Ea 43
Ust'-Džeguta RUS 64-65 Eb 46
Ust-Džeguta RUS 64-65 Eb 46
Ust'e RUS 20-21 Dk 31
Uster CH 56-57 Ai 43
Ust'-Grjaznovskij RUS 48-49 Ec 42
Ust'-Ilyč RUS 14-15 Fg 28
Ústí nad Labem CZ 42-43 Be 40
Ústí nad Orlicí CZ 44-45 Bg 41
Ustinov = Iževsk RUS 34-35 Fd 34
Ustiprača BIH 58-59 Bk 47
Ust'-Ižma RUS 14-15 Fc 25
Ustjurt, Komsomol'sk- US 66-67 Fi 46
Ust'-Jutuz RUS 34-35 Fh 34
Ustjužina RUS 20-21 Dg 32
Ustka PL 28-29 Bg 36
Ust'-Katav RUS 34-35 Fi 36
Ust'-Kil'mez' RUS 34-35 Fa 34
Ust'-Kišert' RUS 22-23 Fh 33
Ust'-Koin RUS 14-15 Fb 27
Ust'-Konža RUS 12-13 Di 27
Ust'-Kulom RUS 22-23 Fd 29
Ust'-Labinsk RUS 62-63 Dk 45
Ust'-Luga RUS 18-19 Ci 31
Ust'-Lyža RUS 14-15 Fg 25
Ust'-Nem RUS 22-23 Fe 29
Ust'-Nicinskoe RUS 24-25 Ge 33
Ust'-Njafta RUS 12-13 Ee 25
Ust'-Očeja RUS 14-15 Ei 28
Ust'-Onolva RUS 22-23 Fe 31
Ust'-Pečengskoe RUS 20-21 Ec 31
Ust'-Pinega RUS 12-13 Eb 26
Ust'-Poča RUS 12-13 Ed 26
Ust'-Poryš RUS 22-23 Fd 30
Ust'-Požva RUS 22-23 Fg 31
Ust'-Pyš'ja RUS 22-23 Ff 31
Ustreka RUS 20-21 De 32
Ust'-Reka RUS 20-21 Dh 29
Ustronie Morskie PL 26-27 Bf 36
Ustrzyki Dolne PL 44-45 Cc 41
Ustrzyki Górne PL 44-45 Cc 41
Ust'-Šonoša RUS 20-21 Eb 29
Ust'-Un'ja RUS 14-15 Fh 29
Ust'-Utka RUS 24-25 Fk 33
Ust'-Vačerga RUS 12-13 Eh 27
Ust'-Vaen'ga RUS 12-13 Ec 27
Ust'-Vaga RUS 12-13 Ec 28
Ust'-Voja RUS 14-15 Fh 26
Ust'-Vyjskaja RUS 12-13 Eg 28
Ust'-Vym' RUS 14-15 Fa 28
Ustyluh UA 44-45 Ce 40
Ustynivka UA 62-63 Dc 43
Ust'-Zula RUS 22-23 Fe 31
Ušur RUS 22-23 Fd 33
Us'va RUS 22-23 Fh 32
Usvjaty RUS 30-31 Da 35
Utajärvi FIN 10-11 Cg 26
Utena LT 28-29 Cf 35
Utera E 80-81 Se 53
Utevka RUS 34-35 Fa 38
Utka, Ust'- RUS 24-25 Fk 33
Utorgoš RUS 18-19 Da 32
Utrecht NL 42-43 Af 38
Utsjoki FIN 2-3 Ch 21
Utta RUS 64-65 Ef 44
Uttoxeter GB 38-39 Si 38
Utvik N 8-9 Ag 29
Uuksu RUS 18-19 Db 29
Uurainen FIN 10-11 Cf 28
Uusikaarlepyy = Nykarleby FIN 10-11 Cc 27
Uusikaupunki FIN 18-19 Cb 30
Uva RUS 34-35 Fc 34
Uvaravičy BY 46-47 Da 38
Uvarovica RUS 20-21 Eb 31
Uvarovka RUS 30-31 Df 35
Uvarovo RUS 32-33 Ee 37
Uvarovo RUS 48-49 Ec 39
Uvat RUS 24-25 Gi 31
Uvdal N 16-17 Ai 30
Uvel'skij RUS 34-35 Gb 36
'Uwaināt, Tall IRQ 86-87 Ec 54
Uzda BY 30-31 Ch 37
Uzerche F 54-55 Ab 45
Uzès F 54-55 Ae 46
Užgorod = Užhorod UA 44-45 Cc 42
Užhorod UA 44-45 Cc 42
Užice YU 58-59 Cb 47
Uzjan RUS 34-35 Fh 37
Uzjanbaš RUS 34-35 Fi 37
Uzjukovo RUS 32-33 Ek 37
Uzlovaja RUS 30-31 Di 37
Užovka RUS 32-33 Ee 36
Uzunburun TR 76-77 Db 51
Uzuncaburç TR 84-85 Dd 54
Uzundere TR 78-79 Eb 50
Uzungöl TR 78-79 Ea 50
Uzunköprü TR 74-75 Cg 49
Uzunkuyu TR 82-83 Cg 52
Uzunkuyu TR 84-85 Dd 53
Uzunpınar TR 84-85 Da 52
Uzunpınar TR 86-87 Dg 52
Uzunyol TR 78-79 Ee 51
Užventis LT 28-29 Cc 35
Uzyn UA 46-47 Da 41
Üzynköl KA 50-51 Eh 41

V

Vaala FIN 10-11 Cg 26
Vaalajärvi FIN 2-3 Cg 23
Vaalimaa FIN 18-19 Ch 30
Vaasa FIN 10-11 Cb 27
Vabalninkas LT 28-29 Ce 35
Vác H 58-59 Bk 43
Vača RUS 10-11 Dd 27
Vača RUS 32-33 Ec 35
Vacar, El E 80-81 Sf 52
Vacha D 42-43 Ba 40
Vad RUS 32-33 Ee 35
Vadheim N 16-17 Af 29
Vadino RUS 30-31 Dd 35
Vadinsk RUS 32-33 Ed 37
Vadsø N 2-3 Ck 20
Vadstena S 16-17 Be 32
Vadul lui Voda MD 60-61 Ck 43
Vaduz FL 56-57 Ak 43
Vääksy = Asikkala FIN 18-19 Cf 29
Væggerløse DK 26-27 Bb 36
Vägsele S 8-9 Bi 26
Vägsjöfors S 16-17 Bd 30
Vähäkyrö FIN 10-11 Cc 27
Vändra EST 18-19 Cf 32
Vänersborg S 16-17 Bc 32
Vängel S 8-9 Bg 27
Vännäs S 10-11 Bk 27
Vännäsby S 10-11 Bk 27
Värnamo S 16-17 Be 33
Väsby S 16-17 Bh 31
Västansjö S 8-9 Bf 25
Västbacka S 16-17 Be 29
Västerås S 16-17 Bg 31
Västergarn S 16-17 Bi 33
Västerhaninge S 16-17 Bi 31
Västervik S 16-17 Bg 33
Västra Ämtervik S 16-17 Bd 31
Västra Ritjemjåkk S 2-3 Bh 23
Växjö S 26-27 Be 34
Vågaholmen N 2-3 Bd 24
Vagaj RUS 24-25 Gi 33
Vågåmo N 8-9 Ak 29
Våge N 16-17 Ah 33
Vaggeryd S 16-17 Be 33
Väglevci BG 74-75 Cf 48
Vagnhärad S 16-17 Bh 32
Vágur FR 38-39 Sd 29
Vahnevo RUS 22-23 Ef 31
Vahnovo RUS 48-49 Dh 38
Vahruši RUS 22-23 Fa 32
Vahtan RUS 22-23 Eg 33
Vai GR 82-83 Cg 55
Vaiges F 40-41 Sk 42
Vaihingen an der Enz D 42-43 Ai 42
Vaiņode LV 28-29 Cb 34
Vaisaluoktastugan S 2-3 Bh 23
Vaison-la-Romaine F 56-57 Af 46
Vajdaguba RUS 4-5 Dc 21
Vakarel BG 74-75 Cd 48
Vakıf TR 74-75 Cg 50
Vaklino BG 60-61 Ci 47
Vaksdal N 16-17 Af 30
Vålådalen S 8-9 Bc 27
Valandovo MK 74-75 Cc 49
Valašské Meziříčí CZ 44-45 Bh 41
Valbo S 16-17 Bh 30
Vălčedrăm BG 60-61 Cd 47
Vălčidol BG 60-61 Ch 47
Valdagno I 56-57 Bb 45
Valdaj RUS 12-13 Df 27
Valdaj RUS 20-21 Dd 33
Val-d'Ajol, le F 56-57 Ag 43
Valdemārpils LV 18-19 Cc 33
Valdemarsvik S 16-17 Bg 32
Valdepeñas E 80-81 Sg 52
Valdepeñas de Jaén E 80-81 Sg 53
Valderas E 68-69 Se 48
Valderrobres E 70-71 Aa 50
Valdieri I 56-57 Ah 46
Val-d'Isère F 56-57 Ag 45
Val'divatskoe RUS 32-33 Eg 36
Vale GE 78-79 Ec 49
Valea Argovei RO 60-61 Cg 46
Valea lui Mihai RO 58-59 Cc 43
Valea Mărului RO 60-61 Ch 45
Valença do Minho P 68-69 Sb 48
Valençay F 54-55 Ab 43
Valence F 54-55 Aa 46
Valence F 54-55 Ae 46
Valence-sur-Baïse F 54-55 Aa 47
València E 70-71 Sk 51
Valencia = València E 70-71 Sk 51
Valencia de Alcántara E 68-69 Sc 51
Valencia de Don Juan E 68-69 Se 48
Valenciennes F 40-41 Ad 40
Văleni RO 60-61 Ce 46
Valenza I 56-57 Ai 45
Våler N 16-17 Bb 30
Valerianovsk RUS 24-25 Fk 32
Valerovka KA 52-53 Gc 38
Valga EST 18-19 Cg 33
Valjala EST 18-19 Cc 32
Valjevo YU 58-59 Bk 46
Valjok N 2-3 Cf 21
Valka LV 18-19 Cg 33
Valkeakoski FIN 18-19 Ce 29
Valkenswaard NL 42-43 Af 39
Valki RUS 32-33 Ee 34
Valkininkai LT 28-29 Ce 36
Valky UA 48-49 Df 41
Valladolid E 68-69 Sf 49
Valldemosa E 70-71 Ac 51
Vall d'Uixó, La E 70-71 Sk 51
Valle N 16-17 Ah 31
Valle (Valle de Cabuérniga) E 54-55 Sf 47
Vallen S 10-11 Cb 26
Vallendar D 42-43 Ah 40
Vallentuna S 16-17 Bi 31
Vallet F 54-55 Si 43
Valletta M 72-73 Be 55
Vallières F 54-55 Ac 45
Vallo della Lucània I 72-73 Bf 50
Vallorbe CH 56-57 Ag 44
Valls E 70-71 Ab 49
Valmiera LV 18-19 Cf 33
Valognes F 40-41 Si 41
Valøy N 8-9 Ba 26
Valožyn BY 28-29 Cg 36
Valpaços P 68-69 Sc 49
Valpovo HR 58-59 Bi 45
Valréas F 54-55 Ae 46
Valset N 8-9 Ak 27
Valsjöbyn S 8-9 Be 26
Vals-les-Bains F 54-55 Ae 46
Valtimo FIN 10-11 Ci 27
Valujki RUS 48-49 Di 40
Valverde del Camino E 80-81 Sd 53
Valverde de Leganés E 80-81 Sd 52
Valverde del Fresno E 68-69 Sd 50
Valyevka RUS 64-65 Ed 44
Vama Veche RO 60-61 Ci 47
Vammala FIN 18-19 Cc 29
Vámos GR 82-83 Ce 55
Vampula FIN 18-19 Cc 29
Van TR 86-87 Ed 52
Vanda RUS 20-21 Dg 31
Vanda = Vantaa FIN 18-19 Ce 30
Vandyš RUS 22-23 Ei 29
Vang N 16-17 Ai 29
Vangaži LV 18-19 Ce 33
Vangsnes N 16-17 Ag 29
Vani GE 78-79 Ec 48
Vannareid N 2-3 Bk 20
Vannes F 54-55 Sh 43
Vannvikan N 8-9 Ba 27
Vans, les F 54-55 Ae 46
Vansbro S 16-17 Be 30
Vanse N 16-17 Ag 32
Vantaa FIN 18-19 Ce 30
Vanttauskoski FIN 2-3 Cg 24
Vapna RUS 12-13 Ee 27
Vapnjarka UA 46-47 Ci 42
Vara S 16-17 Bc 32
Varaaslahti FIN 10-11 Cg 27
Varades F 54-55 Si 43
Varallo I 56-57 Ai 45
Varandej RUS 6-7 Fi 22
Varangerbotn N 2-3 Ci 20
Varapaeva BY 30-31 Ch 35
Varaždin HR 58-59 Bg 44
Varazze I 56-57 Ai 46
Varberg S 26-27 Bc 33
Vărbica BG 60-61 Cg 47
Vårby S 16-17 Bh 31
Varde DK 26-27 Ai 35
Vardø N 4-5 Db 20
Vardzia GE 78-79 Ed 49
Varegovo RUS 20-21 Dk 33
Varejoki FIN 10-11 Ce 24
Varel D 26-27 Ai 37
Varėna LT 28-29 Ce 36
Varenikovskaja RUS 62-63 Dh 45
Varenikovskij RUS 64-65 Ee 46
Varenikovskoe RUS 64-65 Ee 46
Varennes-sur-Allier F 54-55 Ad 44
Vareš BIH 58-59 Bi 46
Varese I 56-57 Ai 45
Vårgårda S 16-17 Bc 32
Vargiádes GR 74-75 Ca 51
Vargön S 16-17 Bc 32
Varhaug N 16-17 Af 32
Varilhes F 70-71 Ab 47
Varislahti FIN 10-11 Ci 28
Varkaus FIN 10-11 Ch 28
Varlamovo RUS 34-35 Ga 36
Varmahlíð IS 36 Ra 25
Varna BG 60-61 Ch 47
Varna RUS 34-35 Gb 37
Varnavino RUS 22-23 Ef 33
Varnek RUS 6-7 Ga 21
Varnhem S 16-17 Bd 32
Varniai LT 28-29 Cc 35
Varnja EST 18-19 Ch 32
Varnjany BY 28-29 Cg 36
Varnsdorf CZ 42-43 Be 40
Varntresk N 8-9 Be 25
Varpaisjärvi FIN 10-11 Ch 27
Várpalota H 58-59 Bi 43
Văršec BG 60-61 Cd 47
Vartdal N 8-9 Ag 28
Vartiala FIN 10-11 Ci 28
Varto TR 78-79 Eb 51
Varva UA 46-47 Dc 40
Varvarin YU 58-59 Cb 47
Varzi I 56-57 Ak 46
Varzino RUS 4-5 Di 22
Varzuga RUS 4-5 Dg 24
Varzy F 54-55 Ad 43
Vasa = Vaasa FIN 10-11 Cb 27
Vásárosnamény H 44-45 Cc 42
Vasilevičy BY 46-47 Ck 38
Vasil'evka RUS 48-49 Ea 40
Vasil'evo RUS 18-19 Ch 33
Vasilevo RUS 30-31 Dd 35
Vasil'evo RUS 32-33 Ei 35
Vasil'evskoe RUS 32-33 Eb 34
Vasil'evskoe RUS 32-33 Ef 34
Vasiljata RUS 22-23 Fd 32
Vasil'ki RUS 20-21 Dh 32
Vasil'ki RUS 20-21 Di 33
Vasil'kovo RUS 22-23 Ei 33
Vasil'sursk RUS 32-33 Eg 34
Vasiščeve UA 48-49 Dg 41
Vaškai LT 28-29 Ce 34
Vaskelovo RUS 18-19 Da 30
Vaškivci UA 46-47 Cf 42

Vasknarva EST 18-19 Ch 31
Vas'kovo RUS 12-13 Ea 26
Vas'kovyči UA 46-47 Ci 39
Vaslui RO 60-61 Ch 44
Vassaräs GR 82-83 Cc 53
Vassiliká GR 74-75 Cd 50
Vassiliká GR 82-83 Cd 52
Vassmolösa S 28-29 Bg 34
Vasto I 72-73 Be 48
Vasvár H 58-59 Bg 43
Vasylivka UA 62-63 Df 43
Vasyl'kiv UA 46-47 Da 40
Vasyl'kivka UA 48-49 Dg 42
Vatan F 54-55 Ab 43
Vathí GR 82-83 Ce 54
Vathí GR 82-83 Cg 53
Vathí GR 82-83 Cg 54
Vatólakos GR 74-75 Cb 50
Vatra Dornei RO 60-61 Cf 43
Vattholma S 16-17 Bh 30
Vatutine UA 46-47 Db 42
Vaucouleurs F 42-43 Af 42
Vauvert F 54-55 Ae 47
Vavkalata BY 30-31 Ch 36
Vavkavysk BY 28-29 Ce 37
Vavož RUS 34-35 Fb 34
Vâxtorp S 26-27 Bd 34
Vazerki RUS 32-33 Ef 37
Važgort RUS 12-13 Eh 26
Včorajše UA 46-47 Ck 41
Veavågen N 16-17 Af 31
Vechta D 26-27 Ai 38
Vecinos E 68-69 Se 50
Vecpiebalga LV 28-29 Cf 33
Vecumnieci LV 28-29 Ce 34
Veddige S 16-17 Bc 33
Vede LV 18-19 Cb 33
Vedea RO 60-61 Ce 46
Vedea RO 60-61 Cf 47
Vedevåg S 16-17 Bf 31
Vedi AR 78-79 Ee 51
Vedrina BG 60-61 Ch 47
Vedrovo RUS 20-21 Ec 33
Veendam NL 26-27 Ag 37
Veenendaal NL 42-43 Af 38
Vegarienza E 68-69 Sd 48
Veghel NL 42-43 Af 39
Véglie I 72-73 Bh 50
Vehmaa FIN 18-19 Cb 30
Veidholmen N 8-9 Ah 27
Veidnes N 2-3 Cg 20
Veiga, A E 68-69 Sc 48
Veisiejai LT 28-29 Cd 36
Veitsiluoto FIN 10-11 Ce 25
Veiviržėnai LT 28-29 Cb 35
Vejbystrand S 26-27 Bc 34
Vejdelevka RUS 48-49 Di 40
Vejen DK 26-27 Ak 35
Vejer de la Frontera E 80-81 Se 54
Vejle DK 26-27 Ak 35
Vejno RUS 30-31 Df 37
Vekike Gradište YU 58-59 Cb 46
Vekšino RUS 18-19 Db 33
Vela Luka HR 72-73 Bg 48
Velanídia GR 82-83 Cd 54
Veldor'ja RUS 22-23 Ek 30
Veldozero RUS 18-19 Dc 29
Velēna LV 18-19 Cg 33
Velenje SLO 58-59 Bf 44
Vélez Blanco E 80-81 Sh 53
Vélez Rubio E 80-81 Sh 53
Velgast D 26-27 Bc 36
Veličaevskoe RUS 64-65 Ef 46
Velika HR 58-59 Bh 45
Velika Gorica HR 58-59 Bg 45
Velikaja RUS 6-7 Eh 23
Velikaja Guba RUS 12-13 Df 28
Velika Kladuša BIH 58-59 Bf 45
Velika Plana YU 58-59 Cb 47
Velikie Luki RUS 30-31 Da 34
Velikij Dvor RUS 20-21 De 31
Velikij Topal' RUS 46-47 Dc 38
Velikij Ustjug RUS 22-23 Eg 30
Veliki Preslav BG 74-75 Cg 47
Velikodvorskij RUS 32-33 Ea 35
Velikoe RUS 20-21 Dh 31
Velikoe Selo RUS 20-21 Dk 32
Veliköy TR 78-79 Ec 49
Velikomihajlovka RUS 48-49 Dh 40
Veliko Plana YU 58-59 Cb 46
Veliko Tărnovo BG 74-75 Cf 47
Velikovskoe RUS 32-33 Ef 34
Velimlje YU 72-73 Bi 48
Velingrad BG 74-75 Cd 48
Veliž RUS 30-31 Db 35
Veľké Kapušany SK 44-45 Cc 42
Velké Meziříčí CZ 44-45 Bg 41
Veľký Meder SK 58-59 Bh 43
Velletri I 72-73 Bc 49
Vellinge S 26-27 Bd 35
Velošel'e RUS 12-13 Eg 26
Velsen NL 40-41 Ae 38
Vel'sk RUS 20-21 Ec 29
Velventós GR 74-75 Cc 50
Velyka Bahačka UA 46-47 Dd 41
Velyka Bilozerka UA 62-63 De 43
Velyka Hluša UA 46-47 Cf 39
Velyka Lepetycha UA 62-63 Dd 43
Velyka Mychajlivka UA 60-61 Ck 43
Velyka Novosilka UA 62-63 Dg 43
Velyka Oleksandrivka UA 62-63 Dd 43
Velyka Pysarivka UA 48-49 Df 40
Velyka Rublivka UA 46-47 De 41
Velyka Vil'šanka UA 46-47 Da 40
Velyka Vil'šanycja UA 44-45 Ce 41
Velyka Zahorivka UA 46-47 Dc 39
Velyki Dederkaly UA 46-47 Cg 40
Velykij Bereznyj UA 44-45 Cc 42
Velykij Byčkiv UA 44-45 Ce 42
Velykij Dobron' = Dobron' UA 44-45 Cc 42
Velyki Krynky UA 46-47 Dd 41
Velyki Mosty UA 44-45 Ce 40
Velyki Soročynci UA 46-47 Dd 40
Velykodolyns'ke UA 60-61 Da 44
Velykyj Ljubin' UA 44-45 Cd 41
Velytkyi Burluk UA 48-49 Dh 40
Vemhån S 8-9 Be 28
Vemsdalen S 8-9 Bd 28
Vena S 16-17 Bf 33
Venafro I 72-73 Be 49
Vence F 56-57 Ah 47
Vendas Novas P 80-81 Sb 52
Vendinga RUS 12-13 Eh 27
Vendôme F 54-55 Ab 43
Vendrell, el E 70-71 Ab 49
Venec BG 74-75 Cg 48
Venedig = Venézia I 56-57 Bc 45
Venev RUS 30-31 Di 36
Venézia I 56-57 Bc 45
Vénissieux F 54-55 Ae 45
Venjan S 16-17 Bd 30
Venlo NL 42-43 Ag 39
Vennesla N 16-17 Ah 32
Venosa I 72-73 Bf 50
Venray NL 42-43 Af 39
Venta LT 28-29 Cc 34
Ventas con Peña Aguilera, Las E 68-69 Sf 51
Ventimíglia I 56-57 Ah 47
Ventnor GB 40-41 Si 40
Ventspils LV 18-19 Cb 33
Vepryk UA 46-47 De 40
Ver, Horej- RUS 6-7 Fh 23
Vera E 80-81 Si 53
Verba UA 44-45 Ce 40
Verbánia I 56-57 Ai 45
Vercelli I 56-57 Ai 45
Verchivceve UA 46-47 De 42
Verchnéfilatovo RUS 24-25 Gi 32
Verchne Syn'ovydne UA 44-45 Cd 41
Verchnij Rohačyk UA 62-63 De 43
Verchnjadzvimsk BY 30-31 Ch 35
Verchn'odniprovs'k UA 46-47 De 42
Verchovyna UA 44-45 Ce 42
Verdalsøra N 8-9 Bb 27
Verden (Aller) D 26-27 Ak 38
Verdon-sur-Mer, le F 54-55 Si 45
Verdun F 42-43 Af 41
Vereb'e RUS 18-19 Dc 32
Vereja RUS 30-31 Dg 35
Vereščagino RUS 22-23 Fe 32
Vergi EST 18-19 Cg 31
Vergt F 54-55 Aa 45
Verhnečirskij RUS 48-49 Eb 41
Verhnečirskij RUS 48-49 Ed 42
Verhnečusovskie Gorodki RUS 22-23 Fh 32
Verhnee Nil'dino RUS 14-15 Gb 27
Verhnee Šilovo RUS 22-23 Ef 29
Verhnee Talyzino RUS 32-33 Ef 35
Verhnejarkeevo RUS 34-35 Fe 35
Verh-Nejvinskij RUS 24-25 Ga 33
Verhnekardil'skij RUS 48-49 Ec 39
Verhnelal'sk RUS 22-23 Eh 30
Verhnelebjaž'e RUS 64-65 Eh 44
Verhnespasskoe RUS 22-23 Ef 32
Verhnetulomskij RUS 4-5 Db 22
Verhneturovo RUS 48-49 Di 39
Verhneural'sk RUS 34-35 Fk 37
Verhnie Kigi RUS 34-35 Fi 35
Verhnie Sergi RUS 34-35 Fk 34
Verhnie Tatyšly RUS 34-35 Ff 34
Verhnie Važiny RUS 20-21 Dd 29
Verhnij Avzjan RUS 34-35 Fh 37
Verhnij Baskunčak RUS 50-51 Eg 42
Verhnij Čegem RUS 78-79 Ed 47
Verhnij Fiagdon RUS 78-79 Ee 48
Verhnij Lomov RUS 32-33 Ed 37
Verhnij Mamon RUS 48-49 Ea 40
Verhnij Tagil RUS 24-25 Fk 33
Verhnij Ufalej RUS 34-35 Ga 34
Verhnij Uslon RUS 32-33 Ek 35
Verhnij Vjalozerskij RUS 4-5 Df 24
Verhnjaja Baksan RUS 64-65 Ec 47
Verhnjaja Balkarija RUS 78-79 Ed 48
Verhnjaja Buzinovka RUS 48-49 Ed 41
Verhnjaja Čegem RUS 78-79 Ed 47
Verhnjaja In'va RUS 22-23 Fe 32
Verhnjaja Jus'va RUS 22-23 Fe 32
Verhnjaja Mara RUS 64-65 Ec 47
Verhnjaja Maza RUS 32-33 Eh 37
Verhnjaja Orljanka RUS 34-35 Fb 37
Verhnjaja Osljanka RUS 24-25 Fi 33
Verhnjaja Palen'ga RUS 12-13 Ec 26
Verhnjaja Peša RUS 6-7 Eh 24
Verhnjaja Pyšma RUS 34-35 Ga 34
Verhnjaja Salda RUS 24-25 Ga 32
Verhnjaja Sanarka RUS 34-35 Ga 36
Verhnjaja Sinjačiha RUS 24-25 Gb 32
Verhnjaja Storona RUS 20-21 Ea 31
Verhnjaja Tojma RUS 12-13 Ef 28
Verhnjaja Tura RUS 24-25 Fk 32
Verhnjaja Vollmanga RUS 22-23 Eh 31
Verhnjaja Zolotica RUS 12-13 Ea 25
Verhokam'e RUS 22-23 Fd 32
Verholuz'e RUS 22-23 Ei 31
Verhoramen'e RUS 22-23 Ei 31
Verhošižem'e RUS 22-23 Ek 32
Verhosun'e RUS 22-23 Fb 32
Verhotur'e RUS 24-25 Ga 32
Verhovaž'e RUS 20-21 Ec 30
Verhov'e RUS 30-31 Dh 38
Verhovino RUS 20-21 Ee 31
Verhovino-D'jakovo RUS 20-21 Ed 31
Verhovskij RUS 12-13 Ea 27
Verhozim RUS 32-33 Eg 38
Véria GR 74-75 Cc 50
Verigino RUS 32-33 Ea 35
Verín E 68-69 Sc 49
Verkola RUS 12-13 Ef 27
Vermenton F 54-55 Ad 43
Vernadovka RUS 32-33 Ec 37
Vernantes F 54-55 Aa 43
Vernár SK 44-45 Ca 42
Vernești RO 60-61 Cg 45
Verneuil-sur-Avre F 40-41 Aa 42
Vernon F 40-41 Ab 41
Verona I 56-57 Ba 45
Verrès I 56-57 Ah 45
Versailles F 40-41 Ac 42
Veršiny, Čelno- RUS 34-35 Fb 36
Versmold D 42-43 Ai 38
Vertelim RUS 32-33 Ee 36
Vertijievka UA 46-47 Db 39
Vertjačij RUS 48-49 Ed 42
Vërtop AL 74-75 Ca 50
Vertou F 54-55 Si 43
Verviers B 42-43 Af 40
Vervins F 40-41 Ad 41
Vesanto FIN 10-11 Cg 28
Veščevo RUS 18-19 Ck 30
Ves'egonsk RUS 20-21 Dh 32
Veselaja RUS 32-33 Ec 37
Veselaja RUS 48-49 Di 40
Vesele UA 62-63 De 43
Veselí nad Lužnicí CZ 42-43 Be 41
Veselí nad Moravou SK 44-45 Bh 42
Veselovka RUS 34-35 Fk 35
Vesëlyj RUS 64-65 Ea 43
Veselynove UA 62-63 Db 43
Vešenskaja RUS 48-49 Eb 41
Veškajma RUS 32-33 Eh 36
Veškoma RUS 12-13 Ed 26
Vesljana RUS 14-15 Fa 27
Vesmajärvi FIN 2-3 Cf 23
Vesoul F 56-57 Ag 43
Véssa GR 82-83 Cg 52
Vestbygd N 16-17 Ag 32
Vesterli N 2-3 Bf 23
Vesterø Havn DK 16-17 Ba 33
Vestmanhavn = Vestmanna FR 38-39 Sc 28
Vestmanna FR 38-39 Sc 28
Vestmannaeyjar IS 36 Qk 27
Vestnes N 8-9 Ah 28
Vestone I 56-57 Ba 45
Vestre Gausdal N 16-17 Ba 29
Vestre Jakobselv N 2-3 Ck 20
Veszprém H 58-59 Bh 43
Veszprémvarsány H 58-59 Bh 43
Vésztő H 58-59 Cb 44
Veteli FIN 10-11 Cd 27
Vet'ju RUS 14-15 Fa 28
Vetka BY 46-47 Db 38
Vetlanda S 16-17 Bf 33
Vetluga RUS 22-23 Ef 33
Vetlužskij RUS 22-23 Ef 33
Vetovo BG 60-61 Cg 47
Vetralla I 72-73 Bc 48
Vetrino BG 60-61 Ch 47
Vetryna BY 30-31 Ci 35
Vetsikko FIN 2-3 Ch 21
Veurne = Furnes B 40-41 Ac 39
Vevey CH 56-57 Ag 44
Vévi GR 74-75 Cb 50
Veynes F 56-57 Af 46
Veža RUS 20-21 Ed 29
Vezdino RUS 14-15 Ek 28
Vézelay F 54-55 Ad 43
Vezirköprü TR 76-77 Df 49
Vi S 8-9 Bh 28
Viana do Alentejo P 80-81 Sb 52
Viana do Bolo E 68-69 Sc 48
Viana do Castelo P 68-69 Sb 49
Viaréggio I 56-57 Ba 47
Vias F 54-55 Ad 47
Viborg DK 26-27 Ak 34
Vibo Valéntia I 72-73 Bg 52
Vibraye F 40-41 Aa 42
Vic E 70-71 Ac 49
Vicdessos F 70-71 Ab 48
Vicebck BY 30-31 Da 35
Vic-en-Bigorre F 54-55 Aa 47
Vicenza I 56-57 Bb 45
Vic-Fezensac F 54-55 Aa 47
Vichy F 54-55 Ad 44
Vico F 70-71 Ai 48
Vicovu de Sus RO 60-61 Cf 43
Vic-sur-Cère F 54-55 Ac 46
Victoria M 72-73 Be 54
Victoria RO 60-61 Ce 45
Vičuga RUS 20-21 Eb 33
Vidamlja BY 44-45 Cd 38
Viðareiði FR 38-39 Sd 28
Videbæk DK 26-27 Ai 34
Videle RO 60-61 Cf 46
Vidhareidhi = Viðareiði FR 38-39 Sd 28
Vidigueira P 80-81 Sc 52
Vidin BG 58-59 Cc 47
Vidlica RUS 18-19 Dc 29
Vidra RO 60-61 Cg 45
Vidra RO 60-61 Cg 46
Vidsel S 10-11 Ca 25
Viduklė LT 28-29 Cc 35
Vidzy BY 28-29 Cg 35
Viechtach D 42-43 Bc 41
Vieira de Leiria P 68-69 Sb 51
Viekšniai LT 28-29 Cc 34
Vielha e Mijaran E 70-71 Aa 48
Viella-Mitg Arán = Vielha e Mijaran E 70-71 Aa 48
Vienenburg D 42-43 Ba 39
Vienne F 54-55 Ae 45
Vieremä FIN 10-11 Ch 27
Vierumäki FIN 18-19 Cf 29
Vierzon F 54-55 Ac 43
Viesite LV 28-29 Cf 34
Vieste I 72-73 Bg 49
Vietas S 2-3 Bi 23
Vievis LT 28-29 Ce 36
Vif F 56-57 Af 45
Vig DK 26-27 Bb 35
Vigan, le F 54-55 Ad 47
Vigeland N 16-17 Ah 32
Vigévano I 56-57 Ai 45
Vignacourt F 40-41 Ac 40
Vignola I 56-57 Ba 46
Vigo E 68-69 Sb 48
Vigrestad N 16-17 Af 32
Vihanti FIN 10-11 Ce 26
Vihiers F 54-55 Sk 43
Vihtari FIN 10-11 Ci 28
Vihti FIN 18-19 Ce 30
Viiala FIN 18-19 Cd 29
Viisanmäki FIN 10-11 Cg 28
Viitasaari FIN 10-11 Cf 27
Viitna EST 18-19 Cg 31
Viivikonna EST 18-19 Ch 31
Vijtivci UA 46-47 Cg 41
Vík IS 36 Rb 27
Vik N 8-9 Bc 25
Vik N 16-17 Ag 29
Vikajärvi FIN 2-3 Cg 24
Vikanes N 16-17 Af 30
Vikastir S 16-17 Be 30
Vike N 16-17 Af 30
Viksjö S 8-9 Bh 28
Viksøyri N 16-17 Ag 29
Vila de Rei P 68-69 Sb 51
Vila do Bispo P 80-81 Sb 53
Vila do Conde P 68-69 Sb 49
Vila Flor P 68-69 Sc 49
Vilafranca del Penedès E 70-71 Ab 49
Vila Franca de Xira P 80-81 Sb 52
Vilagarcía de Arousa E 68-69 Sb 48
Vila Joiosa, la E 70-71 Sk 52
Viļaka LV 18-19 Ch 33
Viļāni LV 28-29 Cg 34
Vila Nova de Cerveira P 68-69 Sb 49
Vila Nova de Famalicão P 68-69 Sb 49
Vila Nova de Foz Côa P 68-69 Sc 49
Vila Nova de Gaia P 68-69 Sb 49
Vila Nova de Milfontes P 80-81 Sb 53
Vila Nova de Ourém P 68-69 Sb 51
Vila Nova de Paiva P 68-69 Sc 50
Vilanova i la Geltrú E 70-71 Ab 49
Vila Pouca de Aguiar P 68-69 Sc 49
Vila-real E 70-71 Sk 51
Vila Real P 68-69 Sc 49
Vila Real de Santo António P 80-81 Sc 53
Vilar Formoso P 68-69 Sd 50
Vila Velha de Ródão P 68-69 Sc 51
Vila Verde de Ficalho P 80-81 Sc 53
Vila Viçosa P 80-81 Sc 52
Vilches E 80-81 Sg 52
Vilejka BY 28-29 Cg 36
Vil'gort RUS 22-23 Fg 30
Vilhelmina S 8-9 Bg 26
Viljamsa KA 52-53 Gf 39
Viljandi EST 18-19 Cf 32
Vilkaviškis LT 28-29 Cd 36
Vilkija LT 28-29 Cd 35
Villablino E 68-69 Sd 48
Villacañas E 68-69 Sg 51
Villacarriedo E 54-55 Sg 47
Villacarrillo E 80-81 Sg 52
Villacastín E 68-69 Sf 50
Villach A 56-57 Bd 44
Villacidro I 70-71 Ai 51
Villada E 68-69 Sf 48
Villa del Río E 80-81 Sf 53
Villadiego E 68-69 Sf 48
Villafranca del Bierzo E 68-69 Sd 48
Villafranca del Cid E 70-71 Sk 50
Villafranca de los Barros E 80-81 Sd 52
Villafranca de los Caballeros E 68-69 Sg 51

Villafranca del Panadés = Vilafranca del Penedès E 70-71 Ab 49
Villafranca di Verona I 56-57 Ba 45
Villafruela E 68-69 Sg 49
Villaharta E 80-81 Sf 52
Villahermosa E 80-81 Sh 52
Villahoz E 68-69 Sg 48
Villaines-la-Juhel F 40-41 Sk 42
Villajoyosa = Vila Joiosa, la E 80-81 Sk 52
Villalón de Campos E 68-69 Se 48
Villalpando E 68-69 Se 49
Villamanrique E 80-81 Sg 52
Villamartín E 80-81 Se 54
Villamayor E 68-69 Se 49
Villamayor de Santiago E 68-69 Sh 51
Villandraut F 54-55 Sk 46
Villanova Monteleone I 70-71 Ai 50
Villanubla E 68-69 Sf 49
Villanueva de Córdoba E 80-81 Sf 52
Villanueva de Gállego E 70-71 Sk 49
Villanueva de la Fuente E 80-81 Sh 52
Villanueva de la Serena E 68-69 Se 52
Villanueva de la Sierra E 68-69 Sd 50
Villanueva del Campo E 68-69 Se 49
Villanueva del Fresno E 80-81 Sc 52
Villanueva de los Castillejos E 80-81 Sc 53
Villanueva de los Infantes E 80-81 Sg 52
Villanueva del Rey E 80-81 Se 52
Villanueva del Río y Mina E 80-81 Se 53
Villanueva y Geltrú = Vilanova i la Geltrú E 70-71 Ab 49
Villány H 58-59 Bi 45
Villarcayo E 68-69 Sg 48
Villar-d'Arène F 56-57 Ag 45
Villard-Bonnet F 56-57 Af 45
Villard-de-Lans F 56-57 Af 45
Villardeciervos E 68-69 Sd 49
Villar del Arzobispo E 70-71 Sk 51
Villar del Rey E 68-69 Sd 51
Villarejo de Fuentes E 68-69 Sh 51
Villarejo de Salvanés E 68-69 Sg 50
Villarente E 68-69 Se 48
Villarreal de los Infantes = Vila-real E 70-71 Sk 51
Villarrín de Campos E 68-69 Se 49
Villarrubia de los Ojos E 68-69 Sg 51
Villars F 40-41 Ab 42
Villarta de los Montes E 68-69 Sf 51
Villasana de Mena E 68-69 Sg 47
Villa Santina I 56-57 Bc 44
Villasimíus I 70-71 Ak 51
Villaviciosa de Córdoba E 80-81 Se 52
Villé F 42-43 Ah 42
Villedieu-les-Poêles F 40-41 Si 42
Villefranche-de-Lauragais F 54-55 Ab 47
Villefranche-de-Rouergue F 54-55 Ac 46
Villefranche-sur-Saône F 54-55 Ae 45
Villena E 80-81 Sk 52
Villenauxe-la-Grande F 40-41 Ad 42
Villeneuve F 54-55 Ac 46
Villeneuve-de-Marsan F 54-55 Sk 47
Villeneuve-l'Archevêque F 40-41 Ad 42
Villeneuve-lès-Avignon F 54-55 Ae 47
Villeneuve-sur-Lot F 54-55 Aa 46
Villeneuve-sur-Yonne F 40-41 Ad 42
Villers-Cotterêts F 40-41 Ad 41
Villerupt F 42-43 Af 41
Villeurbanne F 54-55 Ae 45
Villingen-Schwenningen D 42-43 Ai 42
Vilnes N 16-17 Ae 29
Vilnius LT 28-29 Cf 36
Vil'njans'k UA 62-63 Df 43
Vil'nohirs'k UA 46-47 De 42
Vilppula FIN 10-11 Ce 28
Vil'šana UA 46-47 Dd 40
Vil'šanka UA 46-47 Da 42
Vil'šany UA 48-49 Df 40
Vilsbiburg D 42-43 Bc 42
Vilshofen D 42-43 Bd 42
Vilusi YU 72-73 Bi 48
Vil'va RUS 24-25 Fi 32
Vilvoorde B 40-41 Ae 40
Vimieiro P 80-81 Sc 52
Vimioso P 68-69 Sd 49
Vimmerby S 16-17 Bf 33
Vimoutiers F 40-41 Aa 42
Vimpeli FIN 10-11 Cd 27
Vimperk CZ 42-43 Bd 41
Vinaròs E 70-71 Aa 50
Viñas, Las E 80-81 Sg 53
Vinători RO 58-59 Cc 46
Vinci I 56-57 Ba 47
Vindeln S 10-11 Bk 26
Vinderup DK 26-27 Ai 34
Vindrej RUS 32-33 Ec 36
Vinga RO 58-59 Cb 44
Vingåker S 16-17 Bf 31
Vinhais P 68-69 Sc 49
Vinica MK 74-75 Cc 49
Vinje N 16-17 Ag 30
Vinju Mare RO 58-59 Cc 46
Vin'kivci UA 46-47 Ch 41
Vinkovci HR 58-59 Bi 45
Vinnica = Vinnycja UA 46-47 Ci 41
Vinnicy RUS 20-21 De 30
Vinnycja UA 46-47 Ci 41
Vinogradnoe RUS 64-65 Ee 47
Vinon-sur-Verdon F 56-57 Af 47
Vinslöv S 26-27 Bd 34
Vinstra N 16-17 Ak 29
Vintjärn S 16-17 Bg 30
Vinuesa E 68-69 Sh 49
Viny RUS 18-19 Dc 32
Vipiteno = Sterzing I 56-57 Bb 44
Virandozero RUS 12-13 Dg 26
Viranşehir TR 78-79 Ea 51
Viranşehir TR 84-85 De 54
Viranşehir TR 86-87 Dk 53
Vire F 40-41 Sk 42
Vireši LV 18-19 Cg 33
Vîrfu Cîmpului RO 60-61 Cg 43
Vîrfurile RO 58-59 Cc 44
Virga RUS 32-33 Ee 37
Virginia = Achadhan Iúir IRL 37 Sc 37
Virma RUS 12-13 Df 26
Virmutjoki FIN 18-19 Ci 29
Virojoki = Virolahti FIN 18-19 Ch 30
Virolahti FIN 18-19 Ch 30
Virovitica HR 58-59 Bh 45
Virpazar YU 74-75 Bk 48
Virrat FIN 10-11 Cd 28
Virserum S 16-17 Bf 33
Virtaniemi FIN 2-3 Ci 22
Virtoapele de Sus RO 60-61 Cf 46
Virton B 42-43 Af 41
Virtsu EST 18-19 Cd 32
Virttaa FIN 18-19 Cc 30
Vis HR 72-73 Bg 47
Vis RUS 14-15 Fe 27
Visaginas LT 28-29 Cg 35
Visby S 16-17 Bi 33
Visé B 42-43 Af 40
Višegrad BIH 58-59 Bk 47
Viseu P 68-69 Sc 50
Vişeu de Sus RO 60-61 Ce 43
Visim RUS 24-25 Fk 33
Vişina RO 60-61 Ce 47
Vişina RO 60-61 Cf 46
Visjuij Bor RUS 18-19 Dc 33
Viskafors S 16-17 Bc 33
Viškil' RUS 22-23 Ei 32
Vislanda S 26-27 Be 34
Višneva BY 28-29 Cg 36
Višnevaja RUS 30-31 Dh 36
Višnevka RUS 50-51 Eg 41
Višnevka RUS 62-63 Dk 47
Višnevoe RUS 48-49 Ed 38
Višnevogorsk RUS 34-35 Ga 34
Viso, El E 80-81 Sf 52
Viso del Marqués E 80-81 Sg 52
Visoko BIH 58-59 Bi 47
Visp CH 56-57 Ah 44
Vissefjärda S 26-27 Bf 34
Visselhövede D 26-27 Ak 38
Visso I 72-73 Bd 48
Vistabella del Maestrat E 70-71 Sk 50
Vistheden S 10-11 Ca 25
Vištytis LT 28-29 Cc 36
Vitanovac YU 58-59 Ca 47
Vitebsk = Vicebck BY 30-31 Da 35
Viterbo I 72-73 Bc 48
Vitez BIH 58-59 Bh 46
Vithkuq AL 74-75 Ca 50
Vitigudino E 68-69 Sd 49
Vitina BIH 58-59 Bh 47
Vitína GR 82-83 Cc 53
Vitina YU 74-75 Cb 48
Vitolište MK 74-75 Cb 49
Vitoria = Gasteiz E 68-69 Sh 48
Vitré F 40-41 Si 42
Vitry-le-François F 40-41 Ae 42
Vitry-sur-Seine F 40-41 Ac 42
Vittangi S 2-3 Cb 23
Vitteaux F 54-55 Ae 43
Vittel F 42-43 Af 42
Vittória I 72-73 Be 54
Vittorio Vèneto I 56-57 Bc 44
Vivario F 70-71 Ak 48
Vivel del Río Martín E 70-71 Sk 50
Viviers F 54-55 Ae 46
Vivonne F 54-55 Aa 44
Vižaj RUS 24-25 Ga 29
Vižas RUS 4-5 Ef 24
Vize TR 76-77 Ch 49
Vizille F 56-57 Af 45
Vizim'jary RUS 32-33 Eg 34
Vižinada HR 56-57 Bd 45
Vizinga RUS 22-23 Fa 29
Viziru RO 60-61 Ch 45
Vizovice CZ 44-45 Bh 41
Vizzini I 72-73 Be 53
Vjalikaja Berestavica BY 28-29 Ce 37
Vjalikie Čunaviči BY 46-47 Cg 38
Vjartsilja RUS 10-11 Da 28
Vjatskie Poljany RUS 34-35 Fb 34
Vjatskoe RUS 20-21 Ea 33
Vjaz'ma RUS 30-31 De 35
Vjazniki RUS 32-33 Ec 34
Vjazovka RUS 32-33 Ei 38
Vjazovka RUS 50-51 Ef 42
Vjazovka RUS 50-51 Eg 38
Vjazovo RUS 32-33 Dk 37
Vjazovoe RUS 48-49 Dg 39
Vjazovoe RUS 50-51 Fd 39
Vlaardingen NL 40-41 Ae 39
Vlad AL 74-75 Ca 48
Vladaja BG 74-75 Cd 48
Vladičin Han YU 74-75 Cc 48
Vladikavkaz KA 52-53 Gb 38
Vladikavkaz RUS 78-79 Ee 48
Vladimir RUS 32-33 Ea 34
Vladimir YU 74-75 Bk 48
Vladimirovka KA 50-51 Fa 40
Vladimirovo BG 60-61 Cd 47
Vladimirskoe RUS 30-31 Dd 35
Vlad Tepeş RO 60-61 Ch 46
Vladyčnoe RUS 20-21 Dk 32
Vladyslavivka UA 62-63 Df 45
Vlaşca, Drăgăneşti- RO 60-61 Cf 46
Vlase YU 74-75 Cb 48
Vlasenica BIH 58-59 Bi 46
Vlašim CZ 42-43 Be 41
Vlaşin RO 60-61 Cf 46
Vlasotince YU 74-75 Cc 48
Vlissingen NL 40-41 Ad 39
Vlkolínec SK 44-45 Bk 41
Vlorë AL 74-75 Bk 50
Vnukovo RUS 30-31 Dh 35
Voč' RUS 22-23 Fe 29
Voćin HR 58-59 Bh 45
Vodice HR 58-59 Bf 47
Vodla RUS 12-13 Dh 28
Vodňany CZ 42-43 Be 41
Vodnjan HR 56-57 Bd 46
Vodnyj RUS 14-15 Fd 27
Voe GB 38-39 Si 30
Vöcklabruck A 42-43 Bd 43
Völkermarkt A 58-59 Be 44
Völklingen D 42-43 Ag 41
Voerså DK 16-17 Ba 33
Vogar IS 36 Qh 26
Vogatsikó GR 74-75 Cb 50
Voghera I 56-57 Ai 46
Vogulka RUS 22-23 Fg 31
Vogulka RUS 24-25 Fi 33
Vogvazdino RUS 14-15 Fa 28
Vohenstrauß D 42-43 Bc 41
Võhma EST 18-19 Cc 32
Võhma EST 18-19 Cf 32
Vohma RUS 22-23 Eg 32
Vohtoga RUS 20-21 Eb 32
Vohtozero RUS 10-11 Dd 28
Voineşti RO 60-61 Cf 45
Voiron F 56-57 Af 45
Voja, Ust'- RUS 14-15 Fh 26
Vojakkala FIN 18-19 Ce 30
Vojens DK 26-27 Ak 35
Vojinka UA 62-63 Dd 45
Vojkove UA 62-63 Dd 45
Vojnić HR 58-59 Bf 45
Vojnica RUS 10-11 Da 25
Vojnovo BG 60-61 Ch 47
Vojvož RUS 14-15 Ff 28
Voknavolok RUS 10-11 Da 26
Volary CZ 42-43 Bd 42
Volčansk RUS 24-25 Ga 31
Volčki RUS 48-49 Ea 38
Volda N 8-9 Ag 28
Vol'dino RUS 14-15 Fe 28
Voldozero RUS 10-11 Dd 27
Volga RUS 20-21 Di 33
Volgino RUS 20-21 Dd 32
Volgodonsk RUS 64-65 Ec 43
Volgograd = Zarizyn RUS 48-49 Ee 42
Volgogradskij KA 52-53 Gb 39
Volgorečensk RUS 20-21 Eb 33
Volhov RUS 18-19 Dc 31
Volímes GR 82-83 Ca 53
Volintiri MD 60-61 Ck 44
Volissós GR 82-83 Cf 52
Volkach D 42-43 Ba 41
Volkonskoe RUS 30-31 Df 37
Volkovija MK 74-75 Ca 49
Vol'noe RUS 64-65 Eh 43
Volnovacha UA 62-63 Dh 43
Voločaevskij RUS 64-65 Ec 44
Voločys'k UA 46-47 Cg 41
Volodarka UA 46-47 Ck 41
Volodarsk RUS 32-33 Ed 34
Volodars'ke UA 62-63 Dh 43
Volodarskij RUS 64-65 Ei 44
Volodars'k-Volynskyj UA 46-47 Ci 40
Volodymyrec' UA 46-47 Cg 39
Volodymyr-Volyns'kyj UA 44-45 Ce 40
Voloe RUS 30-31 De 36
Vologda RUS 20-21 Dk 31
Volohiv Jar UA 48-49 Dg 41
Volokolamsk RUS 30-31 Df 34
Volokonovka RUS 48-49 Dh 40
Volokonovka RUS 48-49 Dk 41
Volokovaja RUS 6-7 Ei 24
Volokovye RUS 22-23 Fc 32
Voloma RUS 10-11 Db 27
Volonga RUS 6-7 Eh 23
Vólos GR 74-75 Cc 51
Volosovo RUS 18-19 Ck 31
Volost' RUS 12-13 Dk 26
Vološyno RUS 48-49 Dk 42
Volot RUS 18-19 Da 33
Volotovo RUS 48-49 Di 40
Volovec' UA 44-45 Cd 42
Volovo RUS 30-31 Di 37
Volovo RUS 48-49 Dh 38
Vol'sk RUS 50-51 Eh 38
Volterra I 56-57 Ba 47
Volyns'kyj, Novohrad- UA 46-47 Ch 40
Volynskyj, Volodars'k- UA 46-47 Ci 40
Volyns'kyj, Volodymyr- UA 44-45 Ce 40
Volžsk RUS 32-33 Ei 35
Volžskij RUS 48-49 Ee 42
Vondanka RUS 22-23 Eh 31
Von'ga RUS 12-13 De 25
Vonga RUS 12-13 Ed 26
Vónitsa GR 82-83 Ca 52
Vonozero RUS 20-21 De 30
Voranava BY 28-29 Cf 36
Vorb'evka RUS 48-49 Ea 40
Vorčanka RUS 22-23 Ek 31
Vordingborg DK 26-27 Bb 35
Vorë AL 74-75 Bk 49
Vorenža RUS 12-13 Df 27
Voreppe F 56-57 Af 45
Vorga RUS 30-31 Dc 37
Vorgašor RUS 6-7 Gd 23
Vorkuta RUS 6-7 Gd 23
Vorob'ëbo RUS 22-23 Fe 31
Voroncovka RUS 48-49 Ea 40
Voron'e RUS 20-21 Ec 32
Voroneţ RO 60-61 Cf 43
Voronež RUS 48-49 Dk 39
Voronežskaja RUS 62-63 Dk 45
Voroniž UA 46-47 Dd 39
Voronovycja UA 46-47 Ci 41
Vorošilovgrad = Luhans'k UA 48-49 Dk 42
Vorotynec RUS 32-33 Ef 34
Vorožba UA 46-47 De 39
Vorožba UA 46-47 De 40
Vorožgora RUS 12-13 Df 27
Vorsma RUS 32-33 Ed 35
Võru EST 18-19 Ch 33
Vorzogory RUS 12-13 Dh 27
Voshod RUS 32-33 Ec 36
Voshod RUS 64-65 Ef 43
Voskopojë AL 74-75 Ca 50
Voskresenka UA 62-63 De 44
Voskresensk RUS 30-31 Di 35
Voskresenskoe RUS 20-21 Dh 33
Voskresenskoe RUS 20-21 Di 32
Voskresenskoe RUS 30-31 Di 37
Voskresenskoe RUS 32-33 Ef 34
Voskresenskoe RUS 34-35 Fg 37
Vospuška RUS 32-33 Dk 34
Vossavangen N 16-17 Ag 30
Vostočnaja Lica RUS 4-5 Dh 22
Vostočnoe Munozero RUS 4-5 De 23
Vostočnyj RUS 24-25 Gb 32
Votice CZ 42-43 Be 41
Votkinsk RUS 34-35 Fe 34
Vouliagméni GR 82-83 Cd 53
Voulte-sur-Rhône, la F 54-55 Ae 46
Vouzela P 68-69 Sb 50
Vouziers F 40-41 Ae 41
Vovčans'k UA 48-49 Dg 40
Vovna UA 46-47 Dd 38
Voxna S 16-17 Bf 29
Vožael' RUS 14-15 Fb 28
Vozdviženka RUS 34-35 Fe 37
Vozdviženskoe RUS 30-31 Dg 34
Vozdviženskoe RUS 32-33 Ef 34
Vožega RUS 20-21 Ea 30
Vožgaly RUS 22-23 Fa 32
Vožgora RUS 14-15 Ei 26
Voznesen'e RUS 20-21 Df 29
Voznesens'k UA 62-63 Db 43
Voznesenskaja RUS 64-65 Eb 46
Voznesenskoe RUS 22-23 Fe 32
Voznesenskoe RUS 32-33 Ec 36
Vozroždenie RUS 32-33 Ei 38
Vozsijats'ke UA 62-63 Dc 43
Vrå S 26-27 Bd 34
Vráble SK 44-45 Bi 42
Vraca BG 60-61 Cd 47
Vrácevšnica YU 58-59 Ca 46
Vrådal N 16-17 Ai 31
Vradijivka UA 60-61 Da 43
Vrana HR 58-59 Bf 47
Vranduk BIH 58-59 Bh 46
Vranino BG 60-61 Ci 47
Vranje YU 74-75 Cb 48
Vranjska Banja YU 74-75 Cc 48
Vratarnica YU 58-59 Cc 47
Vrbno pod Pradědem CZ 44-45 Bh 40
Vrbové SK 44-45 Bh 42
Vrbovec HR 58-59 Bg 45
Vrbovsko HR 58-59 Bf 45
Vrchlabí CZ 44-45 Bf 40
Vrelo YU 58-59 Cb 47
Vrginmost HR 58-59 Bf 45
Vrgorac HR 72-73 Bh 47
Vrhnika SLO 58-59 Be 45
Vriezenveen NL 42-43 Ag 38
Vrigstad S 16-17 Be 33
Vríssa GR 74-75 Cg 51
Vrlika HR 58-59 Bg 47
Vrnjačka Banja YU 58-59 Ca 47
Vrondádos GR 82-83 Cg 52
Vrondoú GR 74-75 Cc 50
Vrouhas GR 82-83 Cf 55
Vrpolje HR 58-59 Bi 45
Vršac YU 58-59 Cb 45
Vrtoče BIH 58-59 Bg 46
Vsetín CZ 44-45 Bh 41
Vsevolodo-Vil'va RUS 22-23 Fh 31
Vsevoložsk RUS 18-19 Da 30
Vshody RUS 30-31 De 36
Vtoraja Pjatiletka RUS 48-49 Ec 38
Vtory Lev. Lamki RUS 32-33 Eb 37
Vučitrn YU 74-75 Ca 48
Vught NL 42-43 Af 39
Vukovar HR 58-59 Bi 45
Vukpalaj-Bajzë AL 74-75 Bk 48
Vuktyl RUS 14-15 Fh 27
Vuku N 8-9 Bb 27
Vulcăneşti MD 60-61 Ci 45
Vuohtomäki FIN 10-11 Cg 27
Vuokatti FIN 10-11 Ci 26
Vuolijoki FIN 10-11 Cg 26
Vuollerim S 2-3 Ca 24
Vuonatjviken S 2-3 Bh 24
Vuorijarvi RUS 4-5 Da 24
Vuostimo FIN 2-3 Ch 24
Vuotso FIN 2-3 Ch 22
Vuottas S 2-3 Cb 24
Vuovdakuoihka FIN 2-3 Cg 21
Vurnary RUS 32-33 Eg 35
Vurpăr RO 60-61 Ce 45
Vuzlovyj, Kup'jans'k- UA 48-49 Dh 41
Vybor RUS 18-19 Ck 33
Vyborg RUS 18-19 Ci 30
Vydropužsk RUS 20-21 De 33
Vyezdnoe RUS 32-33 Ed 35
Vygoniči RUS 30-31 De 37
Vyksa RUS 32-33 Ed 35
Vylkove UA 60-61 Ck 45

Vynnyky UA 44-45 Ce 41
Vynogradiv = Vynohradiv UA 44-45 Cd 42
Vynohradiv UA 44-45 Cd 42
Vypolzovo RUS 20-21 Dd 33
Vyra RUS 18-19 Ck 31
Vyrica RUS 18-19 Da 31
Vyrišal'ne UA 46-47 Dd 40
Vyša RUS 32-33 Ec 37
Vyšča Dubečnja UA 46-47 Da 40
Vyščetarasivka UA 62-63 De 43
Vyselki RUS 62-63 Dk 45
Vyšhorod UA 46-47 Da 40
Vyška RUS 22-23 Ef 32
Vyškiv UA 44-45 Cd 42
Vyskod' RUS 18-19 Da 33
Vyškov BY 46-47 Db 38
Vyškov CZ 44-45 Bh 41
Vyškove UA 44-45 Cd 42
Vyšnie Dereven'ki RUS 48-49 Df 39
Vyšnij Voloček RUS 20-21 De 33
Vyšnivec' UA 46-47 Cg 41
Vysokae BY 44-45 Cd 38
Vysokaja RUS 12-13 Ee 26
Vysokaja RUS 22-23 Ef 31
Vysokaja RUS 22-23 Eh 32
Vysokaja Gora RUS 32-33 Ek 35
Vysoka Pič UA 46-47 Ci 40
Vysoké Mýto CZ 44-45 Bg 41
Vysokiniči RUS 30-31 Dg 36
Vysokoe RUS 20-21 Dk 31
Vysokoe RUS 30-31 De 34
Vysokoe RUS 32-33 Eb 37
Vysokopil'l'a UA 62-63 Dd 43
Vysokovsk RUS 30-31 Dg 34
Vyšši Brod CZ 42-43 Be 42
Vytegra RUS 20-21 Dg 29
Vyučeskij RUS 6-7 Ek 23
Vyžnycja UA 46-47 Cf 42

W

Waalwijk NL 42-43 Af 39
Wąbrzeźno PL 28-29 Bi 37
Wadowice PL 44-45 Bk 41
Wädenswil CH 56-57 Ai 43
Waǧnām, Abū IRQ 86-87 Ec 54
Wągrowiec PL 28-29 Bh 38
Waiblingen D 42-43 Ak 42
Waidhofen an der Thaya A 44-45 Bf 42
Waidhofen an der Ybbs A 58-59 Be 43
Wakefield GB 38-39 Si 37
Wałbrzych PL 44-45 Bg 40
Wałcz PL 28-29 Bg 37
Waldbröl D 42-43 Ah 40
Waldsee, Bad D 56-57 Ak 43
Wallasey GB 38-39 Sg 37
Walldürn D 42-43 Ak 41
Walsall GB 40-41 Si 38
Walsrode D 26-27 Ak 38
Waltershausen D 42-43 Ba 40
Walton-on-the-Naze GB 40-41 Ab 39
Wāna IRQ 86-87 Ec 54
Wangen im Allgäu D 56-57 Ak 43
Wanzleben D 42-43 Bb 38
Warburg D 42-43 Ak 39
Wardān, Qaṣr Ibn SYR 86-87 Dh 55
Wardenburg D 26-27 Ai 37
Ware GB 40-41 Sk 39
Wāre IRQ 86-87 Ee 54
Waregem B 40-41 Ad 40
Waren (Müritz) D 26-27 Bc 37
Warendorf D 42-43 Ah 39
Warka PL 44-45 Cb 39
Warminster GB 40-41 Sh 39
Warnemünde D 26-27 Bc 36
Warrington GB 38-39 Sh 37
Warstein D 42-43 Ai 39
Warszawa PL 44-45 Cb 38
Warta PL 44-45 Bi 39
Warwick GB 40-41 Si 38
Wassen CH 56-57 Ai 44
Wassenaar NL 40-41 Ae 38
Wasserburg am Inn D 42-43 Bc 42
Watchet GB 40-41 Sg 39
Waterford = Port Láirge IRL 37 Sc 38
Waterloo B 40-41 Ae 40
Waterville = An Coireán IRL 37 Rk 39
Watford GB 40-41 Sk 39
Watten F 40-41 Ac 40
Wattwil CH 56-57 Ak 43
Wazān = Ouezzane MA 80-81 Se 56
Węchadłów PL 44-45 Ca 40
Weert NL 42-43 Af 39
Węgorzewo PL 28-29 Cb 36
Węgorzynowo PL 26-27 Bf 37
Węgrów PL 44-45 Cc 38
Weida D 42-43 Bc 40
Weiden in der Oberpfalz D 42-43 Bc 41
Weikersheim D 42-43 Ak 41
Weilburg D 42-43 Ai 40
Weilheim in Oberbayern D 56-57 Bb 43
Weimar D 42-43 Bb 40
Weinheim D 42-43 Ai 41
Weißenburg in Bayern D 42-43 Ba 41
Weißenfels D 42-43 Bb 39
Weißenhorn D 42-43 Ba 42
Weißwasser D 42-43 Be 39
Weitra A 42-43 Be 42
Weiz A 58-59 Bf 43
Wejherowo PL 28-29 Bi 36
Wellington GB 40-41 Sg 40
Wells GB 40-41 Sh 39
Wells-next-the-Sea GB 38-39 Aa 38
Wels A 42-43 Be 42
Welshpool GB 38-39 Sg 38
Werder (Havel) D 42-43 Bc 38
Werlte D 26-27 Ah 38
Werne D 42-43 Ah 39
Wernigerode D 42-43 Ba 39
Wertheim D 42-43 Ak 41
Wesel D 42-43 Ag 39
Wesselburen D 26-27 Ai 36
Westbury GB 40-41 Sh 39
Westerburg D 42-43 Ah 40
Westerland D 26-27 Ai 36
Westerstede D 26-27 Ah 37
Weston-Super-Mare GB 40-41 Sh 39
Westport = Cathair na Mairt IRL 37 Sa 37
Wetherby GB 38-39 Si 37
Wetteren B 40-41 Ad 39
Wetzlar D 42-43 Ai 40
Wexford = Loch Garman IRL 37 Sd 38
Weyer Markt A 58-59 Be 43
Weymouth GB 40-41 Sh 40
Whitby GB 38-39 Sk 36
Whitchurch GB 38-39 Sh 38
Whitehall GB 38-39 Sh 31
Whitehaven GB 38-39 Sg 36
Whithorn, Isle of GB 38-39 Sf 36
Wick GB 38-39 Sg 32
Wicklow = Cill Mhantáin IRL 37 Sd 38
Wicko PL 28-29 Bh 36
Więcbork PL 28-29 Bh 37
Wielbark PL 28-29 Ca 37
Wieleń PL 28-29 Bg 38
Wieliczka PL 44-45 Ca 41
Wieluń PL 44-45 Bi 39
Wien A 44-45 Bg 42
Wiener Neustadt A 58-59 Bg 43
Wies A 58-59 Bf 44
Wiesbaden D 42-43 Ai 40
Wieselburg A 44-45 Bf 42
Wiesmoor D 26-27 Ah 37
Wietze D 42-43 Ak 38
Wigan GB 38-39 Sh 37
Wiggen CH 56-57 Ah 44
Wigton GB 38-39 Sg 36
Wigtown GB 38-39 Sf 36
Wil (SG) CH 56-57 Ak 43
Wilczęta PL 28-29 Bk 36
Wildeshausen D 26-27 Ai 38
Wilhelm-Pieck-Stadt Guben = Guben D 42-43 Be 39
Wilhelmshaven D 26-27 Ai 37
Wilhering A 42-43 Be 42
Wilkau-Haßlau D 42-43 Bc 40
Willebroek B 40-41 Ae 39
Willenberg PL 28-29 Ca 37
Willisau CH 56-57 Ah 43
Wimbledon GB 40-41 Sk 39
Wimborne Minster GB 40-41 Si 40
Winchester GB 40-41 Si 39
Windermere GB 38-39 Sh 36
Windischgarsten A 58-59 Be 43
Windsor GB 40-41 Sk 39
Winschoten NL 26-27 Ah 37
Winsen (Luhe) D 26-27 Ba 37
Winsum NL 26-27 Ag 37
Winterberg D 42-43 Ai 39
Winterswijk NL 42-43 Ag 39
Winterthur CH 56-57 Ai 43
Wipperfürth D 42-43 Ah 39
Wisbech GB 40-41 Aa 38
Wishaw GB 38-39 Sg 35
Wiślica PL 44-45 Ca 40
Wismar D 26-27 Bb 37
Wissembourg F 42-43 Ah 41
Wisznice PL 44-45 Cd 39
Withernsea GB 38-39 Aa 37
Witney GB 40-41 Si 39
Witnica PL 26-27 Be 38
Wittenberge D 26-27 Bb 38
Wittenburg D 26-27 Bb 37
Wittingen D 26-27 Ba 38
Wittlich D 42-43 Ag 41
Wittmund D 26-27 Ah 37
Wittstock D 26-27 Bc 37
Władysławowo PL 28-29 Bi 36
Włocławek PL 44-45 Bk 38
Włodawa PL 44-45 Cd 39
Włoszczowa PL 44-45 Bk 40
Wodzisław PL 44-45 Ca 40
Wörgl A 56-57 Bc 43
Woking GB 40-41 Sk 39
Wolbórz PL 44-45 Bk 39
Wolbrom PL 44-45 Bk 40
Woldegk D 26-27 Bd 37
Wolfach D 42-43 Ai 42
Wolfenbüttel D 42-43 Ba 38
Wolfsberg A 58-59 Be 44
Wolfsburg D 42-43 Ba 38
Wolgast D 26-27 Bd 36
Wolin PL 26-27 Be 37
Wołów PL 44-45 Bg 39
Wolsztyn PL 44-45 Bg 38
Wolverhampton GB 40-41 Sh 38
Woodbridge GB 40-41 Ab 38
Worcester GB 40-41 Sh 38
Workington GB 38-39 Sg 36
Worksop GB 38-39 Si 37
Workum NL 26-27 Af 38
Worms D 42-43 Ai 41
Worpswede D 26-27 Ai 37
Worthing GB 40-41 Sk 40
Wrexham GB 38-39 Sh 37
Wrocław PL 44-45 Bh 39
Wronki PL 28-29 Bg 38
Września PL 44-45 Bh 38
Wschowa PL 44-45 Bg 39
Würzburg D 42-43 Ak 41
Wuppertal D 42-43 Ah 39
Wuqūf SYR 86-87 Dh 54
Wurzen D 42-43 Bc 39
Wustrow, Ostseebad D 26-27 Bc 36
Wyk auf Föhr D 26-27 Ai 36
Wylatowo PL 44-45 Bh 38
Wyrzysk PL 28-29 Bh 37
Wysokie PL 44-45 Cc 40
Wyszków PL 44-45 Cb 38
Wyszogród PL 44-45 Ca 38
Wyszyna Rudzka PL 44-45 Ca 39

X

Xanten D 42-43 Ag 39
Xánthi GR 74-75 Ce 49
Xàtiva E 70-71 Sk 52
Xerokambos GR 82-83 Cg 55
Xert E 70-71 Aa 50
Xerta E 70-71 Aa 50
Xilagani GR 74-75 Cf 50
Xilókastro GR 82-83 Cc 52
Xinóvrisi GR 74-75 Cd 51
Xinzo de Limia E 68-69 Sc 48

Y

Yağcılar TR 76-77 Ci 51
Yağcılar TR 86-87 Eb 52
Yağlıdere TR 78-79 Di 50
Yağlıdere TR 78-79 Dk 50
Yağmuralan TR 86-87 Di 54
Yağmurdede TR 76-77 Dc 50
Yağmurdere TR 78-79 Dk 50
Yahşihan TR 76-77 Dd 51
Yahyalı TR 84-85 Df 52
Yakacık TR 84-85 Dg 54
Yakapınar TR 84-85 Df 54
Yakfıkebir TR 78-79 Dk 49
Yakupoğlan TR 78-79 Dg 50
Yalakdere TR 76-77 Ck 50
Yalankoz TR 86-87 Dg 54
Yalıhüyük TR 84-85 Dc 53
Yalıköy TR 76-77 Ci 49
Yalınca TR 86-87 Ed 53
Yalıntaş TR 86-87 Db 52
Yalnızçam TR 78-79 Ec 49
Yalova TR 76-77 Ck 50
Yalvaç TR 84-85 Db 52
Yamaç TR 86-87 Ea 52
Yamak TR 76-77 Dc 51
Yamanlar TR 84-85 Ck 52
Yanarsu TR 86-87 Eb 52
Yanık TR 76-77 Df 51
Yapıldak TR 76-77 Da 51
Yapraklı TR 76-77 Dd 50
Yarbasan TR 84-85 Ci 52
Yardımcı TR 86-87 Dk 53
Yarıkkaya TR 84-85 Db 52
Yarımca TR 86-87 Dh 52
Yarma TR 84-85 Dc 53
Yarpuz TR 84-85 Db 53
Yarpuz TR 86-87 Dg 53
Yatağan TR 82-83 Ci 53
Yavacık TR 78-79 Ed 51
Yavşan Tuzlası TR 84-85 Dd 52
Yavuzeli TR 86-87 Dh 53
Yavuzkemal TR 78-79 Di 50
Yavuzlu TR 86-87 Dh 54
Yaygın TR 86-87 Eb 52
Yayla TR 86-87 Ea 52
Yaylacık TR 84-85 Dc 53
Yayladağı TR 84-85 Dg 55
Yayladere TR 78-79 Ea 51
Yaylak TR 86-87 Di 53
Yaylakonak TR 86-87 Di 53
Yazıçayırı TR 76-77 Dd 51
Yazıhan TR 86-87 Di 52
Yazılı TR 84-85 Dd 53
Yazılı TR 86-87 Dh 54
Yazılıkaya TR 76-77 Da 51
Yazır TR 84-85 Ck 53
Yazır TR 84-85 Ck 54
Yazıtepe TR 78-79 Dg 50
Ybbsitz A 58-59 Be 43
Y Drenewydd = Newtown GB 40-41 Sg 38
Yébenes, Los E 68-69 Sg 51
Yecla E 80-81 Si 52
Yedisalkım TR 86-87 Ed 52
Yedisu TR 78-79 Ea 51
Yeditepe TR 84-85 Df 54
Yeleğen TR 84-85 Ci 52
Yemişendere TR 84-85 Ci 53
Yemişli TR 84-85 Df 54
Yenibaşak TR 86-87 Eb 52
Yenice TR 76-77 Ch 51
Yenice TR 76-77 Dc 49
Yenice TR 76-77 Dc 51
Yenice TR 84-85 Ci 53
Yenice TR 84-85 Df 54
Yenicekale TR 86-87 Dg 53
Yeniceoba TR 84-85 Dc 52
Yenidoğan TR 78-79 Ee 51
Yenifoça TR 82-83 Cg 52
Yenihisar TR 82-83 Ch 53
Yenikarpuzlu TR 74-75 Cg 50
Yenikent TR 76-77 Dc 50
Yenikent TR 84-85 Dd 52
Yeniköy TR 76-77 Ch 50
Yeniköy TR 76-77 Ch 51
Yeniköy TR 82-83 Ci 52
Yeniköy TR 82-83 Ci 53
Yeniköy Plajı TR 76-77 Ci 50
Yenipazar TR 76-77 Da 50
Yenipazar TR 76-77 Df 51
Yenipazar TR 82-83 Ci 53
Yenişar-Bademli TR 84-85 Db 53
Yenişehir TR 76-77 Ck 50
Yenişehir TR 84-85 Ck 52
Yenisu TR 86-87 Ea 52
Yeniyıldız TR 84-85 De 53
Yenizengen TR 84-85 De 53
Yeovil GB 40-41 Sh 40
Yerköy TR 76-77 De 51
Yeşilbağ TR 84-85 Db 53
Yeşilbahçe TR 86-87 Ea 52
Yeşilce TR 78-79 Dh 50
Yesildağ TR 84-85 Db 53
Yeşildağ TR 84-85 Db 53
Yeşildere TR 84-85 Dd 53
Yeşilhisar TR 84-85 Df 52
Yeşilköy TR 86-87 Dg 52
Yeşilköy TR 86-87 Dk 52
Yeşilöz TR 76-77 Dc 51
Yeşilova TR 84-85 Ck 53
Yeşilova TR 84-85 Dd 52
Yeşilvadı TR 76-77 Ck 49
Yeşilyazı TR 78-79 Dk 51
Yeşilyurt TR 76-77 Dc 51
Yeşilyurt TR 84-85 Ci 52
Yeşilyurt TR 86-87 Di 52
Yeşilyurt (Sulusaray) TR 78-79 Dg 51
Y-Fenni = Abergavenny GB 40-41 Sg 39
Yığılca TR 76-77 Db 50
Yığınlı TR 86-87 Ed 53
Yiğitler TR 78-79 Dg 51
Yiğitler TR 86-87 Dh 53
Yılanlı TR 86-87 Dg 52
Yıldızeli TR 78-79 Dg 51
Ylämaa FIN 18-19 Ch 30
Yläne FIN 18-19 Cc 30
Ylakiai LT 28-29 Cb 34
Yli-Kärppä FIN 10-11 Cf 25
Ylikiiminki FIN 10-11 Cg 25
Yli-Ii FIN 10-11 Cf 25
Ylimarkku = Övermark FIN 10-11 Cb 28
Yli-Muonio FIN 2-3 Cd 22
Ylistaro FIN 10-11 Cc 28
Ylitornio FIN 2-3 Cd 24
Ylivieska FIN 10-11 Ce 26
Ylläsjärvi FIN 2-3 Ce 23
Ylöjärvi FIN 18-19 Cd 29
Yoğun TR 86-87 Dk 52
Yoğuntaş TR 76-77 Ch 49
Yolağzı TR 86-87 Dh 54
Yolüstü TR 84-85 Ci 53
Yomra TR 78-79 Dk 50
Yoncalı TR 78-79 Di 51
Yoncalı TR 78-79 Ea 50
Yoncalık TR 78-79 Ea 50
Yorazlar TR 84-85 Db 52
York GB 38-39 Si 37
Youghal = Eochaill IRL 37 Sc 39
Yozgat TR 76-77 De 51
Yrgyz KA 52-53 Gb 42
Yssingeaux F 54-55 Ae 45
Ystad S 26-27 Bd 35
Ystradgynlais GB 40-41 Sg 39
Ytre Arna N 16-17 Af 30
Ytterån S 8-9 Be 27
Ytteresse FIN 10-11 Cd 27
Ytterhogdal S 8-9 Be 28
Yttermalung S 16-17 Bd 30
Yücebağ TR 86-87 Eb 52
Yüksekoba TR 78-79 Eb 49
Yüksekova TR 86-87 Ee 53
Yürük TR 76-77 Ch 50
Yukarı Göklü TR 86-87 Dh 53
Yukarı Ilıpınar TR 76-77 Dd 49
Yukarı Kızılca TR 78-79 Ec 51
Yumrukaya TR 86-87 Ec 52
Yumurtalık TR 84-85 Df 54
Yunak TR 84-85 Db 52
Yuncos E 68-69 Sg 50
Yuntdağ TR 82-83 Ch 52
Yunusemre TR 76-77 Db 51
Yusufeli TR 78-79 Eb 50
Yūsuf Milyān IRQ 86-87 Ed 54
Yuva TR 86-87 Dh 52
Yuvacık TR 78-79 Dk 51
Yuvacık TR 86-87 Eb 52
Yuvalı TR 84-85 Df 52
Yverdon-les-Bains CH 56-57 Ag 44
Yvetot F 40-41 Aa 41
Yxnö S 16-17 Bg 32

Z

Zaajakskij KA 52-53 Gb 38
Zaanstad NL 40-41 Ae 38
Zabad SYR 86-87 Dh 55
Zabalac' BY 28-29 Ce 37
Žabalj YU 58-59 Ca 45
Zabalocce BY 30-31 Da 38
Žabari YU 58-59 Cb 46
Žabasak KA 52-53 Gb 40
Žabinka BY 44-45 Ce 38
Ząbkowice Śląskie PL 44-45 Bg 40
Žabljak YU 74-75 Bk 47
Žabljano BG 74-75 Cc 48
Zabłudów PL 28-29 Cd 37
Zabłudów PL 28-29 Cd 38
Žabno HR 58-59 Bg 45
Zabok HR 58-59 Bf 44
Zabolot'e RUS 30-31 Dd 36
Zabor'e RUS 20-21 Df 31
Zabor'e RUS 22-23 Fg 33
Zaborovka RUS 32-33 Ei 37
Zaborskoe, Il'inskoe- RUS 20-21 Ee 33
Zábřeh CZ 44-45 Bg 41
Zaburun'e KA 66-67 Fa 44
Začač'e RUS 12-13 Eb 27
Začativka UA 62-63 Dh 43
Zadar HR 58-59 Bf 46
Zadnevo RUS 18-19 Dc 31
Zadonsk RUS 48-49 Di 38
Zadonsk, Severo- RUS 30-31 Di 36
Zadzežža BY 30-31 Ci 35
Zaem'e RUS 20-21 Ea 32
Zafferana Étnea I 72-73 Bf 53
Zafra E 80-81 Sd 52
Žagabulak KA 52-53 Fh 42
Żagań PL 44-45 Bf 39
Žagarė LT 28-29 Cd 34
Zagès GE 78-79 Ee 49
Zagljadino RUS 34-35 Fc 37
Zagorci BG 76-77 Ch 48
Zagorsk = Sergiev Posad RUS 30-31 Di 34
Zagoskino RUS 32-33 Ee 37
Zagreb HR 58-59 Bf 45
Žagubica YU 58-59 Cb 46
Zagvozd HR 58-59 Bh 47
Zaharovo RUS 32-33 Dk 36
Zāhū IRQ 86-87 Ec 53
Zăicani MD 60-61 Ch 43
Zainsk RUS 34-35 Fc 35
Zaïo MA 80-81 Sh 56
Žaiyk KA 50-51 Fb 39
Zajač'e RUS 48-49 Dg 40
Zaječar YU 58-59 Cc 47
Zajkava BY 30-31 Da 35
Zajkovo RUS 24-25 Gc 33
Zajmišče RUS 22-23 Ef 31
Zajmišči RUS 20-21 Di 31
Žajsan KA 52-53 Fg 40
Žajsanbaj KA 52-53 Gc 42
Žajylma KA 52-53 Gb 39
Zákinthos GR 82-83 Ca 53
Zakobjakino RUS 20-21 Ea 32
Zakopane PL 44-45 Bk 41
Žaktilik US 66-67 Fi 47
Zakupne UA 46-47 Cg 41
Zalaapáti H 58-59 Bh 44
Zalaegerszeg H 58-59 Bg 44
Zalalövő H 58-59 Bg 44
Zalamea de la Serena E 80-81 Se 52

Zalamea la Real **E** 80-81 Sd 53
Zalău **RO** 60-61 Cd 43
Zalazna **RUS** 22-23 Fc 32
Zalegošč' **RUS** 30-31 Dg 38
Zaleščyky **UA** 46-47 Cf 42
Zales'e **RUS** 20-21 Dg 32
Zalesskij, Pereslavl'- **RUS** 30-31 Di 34
Zalewo **PL** 28-29 Bk 37
Zalivnoj **RUS** 64-65 Ee 43
Žalkyzķan **KA** 52-53 Gf 38
Založci **UA** 46-47 Cf 41
Zaluč'e **RUS** 18-19 Db 33
Žaludok **BY** 28-29 Ce 37
Zalukokoaže **RUS** 64-65 Ed 47
Zalužne **UA** 46-47 Ch 40
Žambejiti **KA** 50-51 Fc 40
Zambrów **PL** 28-29 Cc 38
Zamežnoe **RUS** 14-15 Fc 25
Zam'jany **RUS** 64-65 Eh 44
Zammār **IRQ** 86-87 Ec 54
Zamora **E** 68-69 Se 49
Zamość **PL** 44-45 Cd 40
Zamoš'e **RUS** 18-19 Ci 31
Žana Baza **KA** 52-53 Fi 42
Žanadauir **KA** 52-53 Gb 40
Žanaķala **KA** 50-51 Fa 41
Žaņaķamys **KA** 66-67 Fa 44
Žana Ķazan **KA** 50-51 Ek 42
Žaņa Üštaġan **KA** 64-65 Ei 43
Zandvoort **NL** 40-41 Ae 38
Zanglivéri **GR** 74-75 Cd 50
Žankeldino **KA** 50-51 Fd 42
Zanul'e **RUS** 22-23 Ek 30
Žanybek **KA** 50-51 Eg 41
Zaokskij **RUS** 30-31 Dh 36
Zaovraž'e **RUS** 30-31 De 34
Zaozernyj **RUS** 12-13 Ea 29
Zapadnaja Dvina **RUS** 30-31 Dc 34
Zapol'e **RUS** 18-19 Ck 32
Zapoljarnyj **RUS** 4-5 Da 21
Zaporižž'a **UA** 62-63 Df 43
Zaporož'e = Zaporižž'a **UA** 62-63 Df 43
Zaporožskoe **RUS** 18-19 Da 30
Zaprešić **HR** 58-59 Bf 45
Zaprudnja **RUS** 30-31 Dh 34
Zara **TR** 78-79 Dh 51
Zaragoza **E** 70-71 Sk 49
Zarajsk **RUS** 30-31 Di 36
Zarasai **LT** 28-29 Cg 35
Zarautz **E** 54-55 Sh 47
Zarečensk **RUS** 4-5 Db 24
Zarečnyj **RUS** 34-35 Gb 34
Zarevo **RUS** 62-63 Ea 46
Zaričanka **UA** 46-47 Cg 42
Zarične **UA** 46-47 Cg 39
Zarizyn **RUS** 48-49 Ee 42
Zarja **RUS** 50-51 Ef 42
Žarķamys **KA** 66-67 Fg 43
Žarkamys = Žarķamys **KA** 66-67 Fg 43
Žarki **PL** 44-45 Bk 40
Žarkovskij **RUS** 30-31 Dc 35
Žarmyš **KA** 66-67 Fc 46
Žarnovica **SK** 44-45 Bi 42
Zarós **GR** 82-83 Ce 55
Zaroúhla **GR** 82-83 Cc 53
Zarrentin **D** 26-27 Ba 37
Zaruba **RUS** 12-13 Ef 28
Zarubiha **RUS** 4-5 De 21
Zarubino **RUS** 20-21 Dd 32
Žary **PL** 44-45 Bf 39
Žaryn' **RUS** 30-31 Dd 37
Zarza de Granadilla **E** 68-69 Sd 50
Zašeek **RUS** 4-5 Db 24
Zašeek **RUS** 4-5 Dc 23
Zašeek **RUS** 4-5 De 23
Zaškiv **UA** 46-47 Da 41
Zaslav'e **BY** 30-31 Ch 36
Zasosna **RUS** 48-49 Di 40
Zastavna **UA** 46-47 Cf 42
Zasul'e **RUS** 12-13 Eh 26
Žatec **CZ** 42-43 Bd 40
Zaterečnyj **RUS** 64-65 Ef 46
Zatoka **UA** 60-61 Da 44
Zaton **YU** 58-59 Bk 48
Zator **PL** 44-45 Bk 41
Zaube **LV** 28-29 Cf 34
Zau de Cîmpie **RO** 60-61 Ce 44
Zaural'skij **RUS** 34-35 Gb 36
Zavet **BG** 60-61 Cg 47
Zavetnoe **RUS** 64-65 Ed 43
Zavidovići **BIH** 58-59 Bi 46
Zavitne **UA** 62-63 Dg 45
Zav'jalovo **RUS** 34-35 Fd 34
Zavlaka **YU** 58-59 Bk 46
Zavodčik **RUS** 22-23 Ff 33
Zavod Mihajlovskij **RUS** 34-35 Fe 34
Zavolž'e **RUS** 32-33 Ed 34
Zavolžsk **RUS** 20-21 Ec 33
Zavolžskoe **RUS** 64-65 Eh 44
Zawadzkie **PL** 44-45 Bi 40
Zawiercie **PL** 44-45 Bk 40
Zāwita **IRQ** 86-87 Ed 54
Zban **KA** 52-53 Gd 42
Zbaraž **UA** 46-47 Cf 41
Zbąszyń **PL** 44-45 Bf 38
Zberoaia **MD** 60-61 Ci 44
Zblewo **PL** 28-29 Bi 37
Zboriv **UA** 46-47 Cf 41
Ždamirovo **RUS** 32-33 Eg 36
Ždánice **CZ** 44-45 Bh 41
Ždanov = Maryupol' **UA** 62-63 Dh 43
Ždanovka **RUS** 50-51 Eh 39
Ždanovka **RUS** 50-51 Fe 38
Ždanovo **RUS** 32-33 Eb 36
Ždany **UA** 46-47 Dd 40
Žd'ár nad Sázavou **CZ** 44-45 Bf 41
Zdice **CZ** 42-43 Bd 41
Zdolbuniv **UA** 46-47 Cg 40
Zdrój, Duszniki **PL** 44-45 Bg 40
Zdrój, Lądek **PL** 44-45 Bg 40
Zdrój, Świeradów- **PL** 44-45 Bf 40
Zeebrugge **B** 40-41 Ad 39
Zehdenick **D** 26-27 Bd 38
Zeist **NL** 42-43 Af 38
Zeitz **D** 42-43 Bc 39
Zelënaja Rošča **RUS** 34-35 Fc 36
Zelenčukskaja **RUS** 64-65 Eb 47
Zelencyno **RUS** 20-21 Ec 32
Zelenec **RUS** 14-15 Ff 28
Zelenik **RUS** 12-13 Ee 28
Zeleninskaja **RUS** 12-13 Ec 28
Zelenivka **UA** 62-63 Dg 44
Zelenoborskij **RUS** 4-5 Dc 24
Zelenodol'sk **RUS** 32-33 Ei 35
Zelenodol's'k **UA** 62-63 Dd 43
Zelenoe **KA** 50-51 Fb 42
Zelenogorsk **RUS** 18-19 Ck 30
Zelenograd **RUS** 30-31 Dh 35
Zelenogradsk **RUS** 28-29 Ca 36
Zelenokumsk **RUS** 64-65 Ed 46
Zelenyj Mys **UA** 46-47 Da 39
Železná Ruda **CZ** 42-43 Bd 41
Železnodorožnyj **RUS** 28-29 Cb 36
Železnogorsk **RUS** 48-49 Df 38
Železnovodsk **RUS** 64-65 Ed 46
Železnyj, Gus'- **RUS** 32-33 Eb 35
Zelina **HR** 58-59 Bg 45
Želino **MK** 74-75 Cb 49
Zélio **GR** 82-83 Cc 52
Zell am See **A** 56-57 Bc 43
Zeltiņi **LV** 18-19 Cg 33
Zeltinskij **RUS** 34-35 Fk 37
Žëltoe **RUS** 52-53 Fg 39
Žëltye Vody = Žovti Vody **UA** 46-47 Dd 42
Zël'va **BY** 28-29 Ce 37
Želva **LT** 28-29 Cf 35
Zelzate **B** 40-41 Ad 39
Žemaičiu (Varduva) **LT** 28-29 Cc 34
Žemaičiu Naumiestis **LT** 28-29 Cb 35
Zembin **BY** 30-31 Ci 36
Zemetčino **RUS** 32-33 Ec 37
Zemite **LV** 28-29 Cc 34
Zenica **BIH** 58-59 Bh 46
Zenkovo **RUS** 24-25 Gk 29
Žeņterek **KA** 66-67 Fe 43
Zenzeli **RUS** 64-65 Eg 45
Žepa **BIH** 58-59 Bk 47
Žepče **BIH** 58-59 Bi 46
Zerbst **D** 42-43 Bc 39
Žerd' **RUS** 12-13 Ee 25
Žerdevka **RUS** 48-49 Eb 39
Zerklo **RUS** 34-35 Fe 38
Zermatt **CH** 56-57 Ah 44
Žermenke **KA** 50-51 Eh 42
Zernez **CH** 56-57 Ba 44
Zernograd **RUS** 64-65 Ea 44
Zerzjaib **RUS** 14-15 Ek 27
Žešart **RUS** 14-15 Ek 28
Zestafoni **GE** 78-79 Ed 48
Žestjanka **RUS** 50-51 Ek 39
Žetibaj **KA** 50-51 Ei 42
Žetiķara **KA** 52-53 Gb 38
Žetiköl **KA** 50-51 Fc 41
Žetybaj **KA** 66-67 Fc 47
Zeulenroda **D** 42-43 Bb 40
Zeven **D** 26-27 Ak 37
Zevenaar **NL** 42-43 Ag 39
Zeytinbağı **TR** 76-77 Ci 50
Zeytindağ **TR** 82-83 Ch 52
Zeytinli **TR** 74-75 Cg 51
Zeytinlik **TR** 78-79 Eb 49
Zeytinliova **TR** 82-83 Ch 52
Zgierz **PL** 44-45 Bk 39
Zgornje Jezersko **SLO** 58-59 Be 44
Zgorzelec **PL** 44-45 Bf 39
Zgurița **MD** 46-47 Ci 42
Zhurivka **UA** 46-47 Db 40
Ziamet **TR** 76-77 Da 49
Žiar nad Hronom **SK** 44-45 Bi 42
Ziča **YU** 58-59 Ca 47
Zicavo **F** 70-71 Ak 49
Žičicy **RUS** 30-31 Db 35
Ziębice **PL** 44-45 Bh 40
Zielona Góra **PL** 44-45 Bf 39
Zierikzee **NL** 40-41 Ad 39
Ziesar **D** 42-43 Bc 38
Zigaza **RUS** 34-35 Fh 37
Žigulevsk **RUS** 32-33 Ek 37
Zijančurino **RUS** 52-53 Fh 39
Zilair **RUS** 52-53 Fh 38
Zil'djarovo **RUS** 34-35 Fe 37
Zile **TR** 76-77 Df 50
Žilina **SK** 44-45 Bi 41
Žilino **RUS** 20-21 Dd 33
Žilino **RUS** 20-21 Eb 32
Zilkale **TR** 78-79 Ea 50
Žiloj Bor **RUS** 20-21 De 31
Žilotkovo **RUS** 20-21 De 33
Zilupe **LV** 30-31 Ci 34
Zimbor **RO** 60-61 Cd 43
Zimijiv **UA** 48-49 Dg 41
Zimnica **BG** 74-75 Cg 48
Zimnicea **RO** 60-61 Cf 47
Zimnjackij **RUS** 48-49 Ec 41
Zimovniki **RUS** 64-65 Ec 43
Zingst am Darß, Ostseebad **D** 26-27 Bc 36
Žiniške **KA** 66-67 Fi 43
Zin'kiv **UA** 46-47 De 40
Zinnik = Soignies **B** 40-41 Ae 40
Zinnowitz, Ostseebad **D** 26-27 Bd 36
Žinvali **GE** 78-79 Ee 48
Zirc **H** 58-59 Bh 43
Žireņkopa **KA** 52-53 Ff 40
Zirgan **RUS** 34-35 Ff 37
Žirjakovo **RUS** 24-25 Gf 33
Žirjatino **RUS** 30-31 Dd 37
Žirkovskij, Holm- **RUS** 30-31 Dd 35
Zirndorf **D** 42-43 Ba 41
Žirnov **RUS** 48-49 Eb 42
Žirnovsk **RUS** 48-49 Ee 40
Žiteli **RUS** 12-13 Eh 25
Zitni Potok **YU** 74-75 Cb 47
Žitomir = Žytomyr **UA** 46-47 Ci 40
Žitovo Glagolevo **RUS** 30-31 Dh 37
Zittau **D** 42-43 Be 40
Živajkino **RUS** 32-33 Eh 37
Živi Bunari **HR** 58-59 Be 46
Živinice **BIH** 58-59 Bi 46
Žizdra **RUS** 30-31 De 37
Zjaleny Bor **BY** 30-31 Ci 36
Zjukajka **RUS** 22-23 Fe 32
Zjuratkul' **RUS** 34-35 Fk 36
Zjuzjuno **RUS** 22-23 Fe 33
Zlatarica **BG** 60-61 Cf 47
Zlaté Hory **CZ** 44-45 Bh 40
Zlatica **BG** 74-75 Ce 48
Zlatna **RO** 60-61 Cd 44
Zlatna Panega **BG** 60-61 Ce 47
Zlatograd **BG** 74-75 Cf 49
Zlatoust **RUS** 34-35 Fk 35
Zlín **CZ** 44-45 Bh 41
Žlobin **BY** 30-31 Da 38
Złocieniec **PL** 28-29 Bg 37
Złoczew **PL** 44-45 Bi 39
Zlot **YU** 58-59 Cb 46
Złotoryja **PL** 44-45 Bf 39
Złotów **PL** 28-29 Bh 37
Zlynka **BY** 46-47 Db 38
Žmerynka **UA** 46-47 Ci 41
Zmiev = Zimijiv **UA** 48-49 Dg 41
Zmievka **RUS** 48-49 Dg 38
Żmigród **PL** 44-45 Bg 39
Znamenka **RUS** 14-15 Fg 29
Znamenka **RUS** 22-23 Ei 32
Znamenka **RUS** 30-31 De 36
Znamenka **RUS** 48-49 Eb 38
Znamensk **RUS** 28-29 Cb 36
Znamenskoe **RUS** 24-25 Gd 33
Znamenskoe **RUS** 30-31 Df 37
Znamjanka **UA** 46-47 Dc 42
Znauri **GE** 78-79 Ed 48
Žnin **PL** 28-29 Bh 38
Znob'-Novhorods'ke **UA** 46-47 Dd 38
Znojmo **CZ** 44-45 Bg 42
Žodino = Žodzina **BY** 30-31 Ci 36
Žodzina **BY** 30-31 Ci 36
Zogno **I** 56-57 Ak 45
Zoločiv **UA** 44-45 Ce 41
Zoločiv **UA** 48-49 Df 40
Zolotaja Step' **RUS** 50-51 Eg 39
Zolote **UA** 48-49 Di 42
Zolotonoša **UA** 46-47 Dc 41
Zolotuha **RUS** 64-65 Eg 43
Zolotuhino **RUS** 48-49 Dg 38
Zonguldak **TR** 76-77 Db 49
Zonza **F** 70-71 Ak 49
Zorita **E** 68-69 Se 51
Żory **PL** 44-45 Bi 40
Zossen **D** 42-43 Bd 38
Zottegem **B** 40-41 Ad 40
Zovka **RUS** 18-19 Ci 32
Žovkva = Nesterov **UA** 44-45 Cd 40
Žovti Vody **UA** 46-47 Dd 42
Žovtneve **UA** 44-45 Ce 40
Žovtneve **UA** 46-47 De 40
Žovtneve **UA** 62-63 Dd 43
Žovtyj Jar **UA** 60-61 Ck 45
Zrenjanin **YU** 58-59 Ca 45
Zruč nad Sázavou **CZ** 44-45 Bf 41
Zschopau **D** 42-43 Bd 40
Žualyoj **KA** 50-51 Ek 42
Zubcov **RUS** 30-31 De 34
Zubova Poljana **RUS** 32-33 Ec 36
Zubovka **RUS** 34-35 Fb 36
Zubovo **RUS** 20-21 Dh 30
Zubovo **RUS** 30-31 Df 36
Zülpich **D** 42-43 Ag 40
Zuera **E** 70-71 Sk 49
Zürich **CH** 56-57 Ai 43
Züssow **D** 26-27 Bd 37
Zuevka **RUS** 22-23 Fb 32
Zufre **E** 80-81 Sd 53
Zug **CH** 56-57 Ai 43
Zugdidi **GE** 78-79 Eb 48
Žuklino **RUS** 30-31 Di 34
Zukovka **RUS** 30-31 Dd 37
Žukovo **RUS** 20-21 Dg 32
Žukovskaja **RUS** 64-65 Ec 43
Žukovskoe **RUS** 24-25 Gc 32
Zula, Ust'- **RUS** 22-23 Fe 31
Žüldyz **KA** 50-51 Ek 41
Žumaly **KA** 50-51 Ek 40
Zundert **NL** 40-41 Ae 39
Župrany **BY** 28-29 Cg 36
Žur **YU** 74-75 Ca 48
Zura **RUS** 22-23 Fd 33
Žuravne **UA** 44-45 Ce 41
Žuravskoe **RUS** 64-65 Ed 46
Žuromin **PL** 28-29 Bk 37
Żurrieq **M** 72-73 Be 55
Žüryn **KA** 52-53 Fh 41
Žuta Lokva **HR** 58-59 Bf 46
Zutphen **NL** 42-43 Ag 38
Zvenigorod **RUS** 30-31 Dg 35
Zvenigovo **RUS** 32-33 Ei 34
Zvenyhorodka **UA** 46-47 Da 41
Zvezdec **BG** 76-77 Ch 48
Zvezdel **BG** 74-75 Cf 49
Zvjančatka **BY** 30-31 Dc 37
Zvolen **SK** 44-45 Bk 42
Zvonce **YU** 74-75 Cc 48
Zvornik **BIH** 58-59 Bk 46
Zweibrücken **D** 42-43 Ah 41
Zwenkau **D** 42-43 Bc 39
Zwettl **A** 44-45 Bf 42
Zwickau **D** 42-43 Bc 40
Zwierzyniec **PL** 44-45 Cc 40
Zwiesel **D** 42-43 Bd 41
Zwischenahn, Bad **D** 26-27 Ai 37
Zwoleń **PL** 44-45 Cb 39
Zwolle **NL** 42-43 Ag 38
Zybino, Libicy- **RUS** 30-31 Dh 37
Zybkove **UA** 46-47 Dd 42
Žydačiv **UA** 44-45 Ce 41
Zykovo **RUS** 22-23 Ek 33
Zykovo, Efremo- **RUS** 34-35 Fd 37
Żyrardów **PL** 44-45 Ca 38
Zyrjanovskij **RUS** 24-25 Gb 33
Žytkavičy **BY** 46-47 Ch 38
Žytnyky **UA** 46-47 Da 41
Žytomyr **UA** 46-47 Ci 40
Żywiec **PL** 44-45 Bk 41

Citypläne · City maps · Plans de villes · Stadsplattegronden
Piante di città · Planos de ciudades · Byplaner · Stadskartor
Plany miast · Plány měst · Várostérképek · Планы городов
1:20.000

D	GB	F	NL
Autobahn	Motorway	Autoroute	Autosnelweg
Vierspurige Straße	Road with four lanes	Route à quatre voies	Weg met vier rijstroken
Durchgangsstraße	Through road	Route de transit	Weg voor doorgaand verkeer
Hauptstraße	Main road	Route principale	Hoofdweg
Fußgängerzone	Pedestrian zone	Zone piétonne	Voetgangerszone
Hauptbahn	Main railway	Chemin de fer principal	Belangrijke spoorweg
Nebenbahn	Other railway	Chemin de fer secondaire	Lokale spoorweg
S-Bahn	Rapid city railway	Train de banlieue rapid	Stadbaan
U-Bahn	Underground	Métro	Ondergrondse spoorweg
Parkplatz - Information	Parking place - Information	Parking - Information	Parkeerplaats - Informatie
Polizeistation - Postamt	Police station - Post-office	Commissariat de police - Bureau de poste	Politie - Postkantoor
Denkmal	Monument	Monument	Monument
Krankenhaus - Jugendherberge	Hospital - Youth hostel	Hôpital - Auberge de jeunesse	Ziekenhuis - Jeugdherberg
Bebauung - Öffentliches Gebäude	Built-up area - Public building	Zone bâtie - Bâtiment public	Woongebied - Openbaar gebouw
Industriegebiet	Industrial area	Zone industrielle	Industriegebied
Park, Wald	Park, forest	Parc, bois	Park, bos

I	E	DK	S
Autostrada	Autopista	Motorvej	Motorväg
Strada a quattro corsie	Carretera de cuatro carriles	Firesporet vej	Väg med fyra körfält
Strada di attraversamento	Carretera de tránsito	Gennemfartsvej	Genomfartsled
Strada principale	Carretera principal	Hovedvej	Huvudled
Zona pedonale	Zona peatonal	Gågade	Gågata
Ferrovia principale	Ferrocarril principal	Hovedjernbanelinie	Huvudjärnväg
Ferrovia secondaria	Ferrocarril secundario	Sidebane	Mindre viktig järnväg
Ferrovia urbana	Metro	Bybane	Förortståg
Metropolitana	Subterráneo	Underjordisk bane	Tunnelbana
Parcheggio - Informazioni	Aparcamiento - Información	Parkere - Information	Parkering - Information
Posto di polizia - Ufficio postale	Comisaria de policia - Correos	Politi - Posthus	Poliskontor - Postkontor
Monumento	Monumento	Mindesmærke	Monument
Ospedale - Ostello della gioventù	Hospital - Albergue de juventud	Sygehus - Vandrerhjem	Sjukhus - Vandrarhem
Caseggiato - Edificio pubblico	Zona edificada - Edificio público	Bebyggelse - Offentlig bygning	Bebyggelse - Offentlig byggnad
Terreno industriale	Zona industrial	Industriområde	Industriområde
Parco, bosco	Parque, bosque	Park, skov	Park, skog

PL	CZ	H	RUS
Autostrady	Dálnice	Autópálya	Автострады
Drogi szybkiego ruchu	Čtyřpruhová silnice	Négysávos út	4-х полосные автодороги
Ulice przelotowe	Průjezdní silnice	Átmenő út	Магистральные улицы
Ulice głowne	Hlavní silnice	Főútvonal	Основные дороги
Strefa ruchu pieszego	Pěší zóna	Sétáló utca	Пешеходная зона
Koleje głòwne	Hlavní železniční trať	Fővasútvonal	Главные железные дороги
Koleje drugorzędne	Místní železniční trať	Mellékvasútvonal	Другие железные дороги
Szybkie koleje miejskie	Městska dráha	Gyorsvasút	Городские железные дороги
Metro	Metro	Metró, földalatti vasút	Метро
Parkingi - Informacja	Parkoviště - Informace	Parkolóhely - Információ	Парковка - Информация
Komisariaty - Poczty	Policie - Poštovní úřad	Rendőrség - Postahivatal	Полицейский участок - Почта
Pomniki	Pomník	Emlékmű	Памятник
Szpitale - Schroniska młodzieżowe	Nemocnice - Ubytovna mládeže	Kórház - Ifjúsági szálló	Госпиталь - Туристская база
Obszar zabudowany - Budynki użyteczności publicznej	Zastavěná plocha - Veřejná budova	Beépítés - Középületek	Застройка - общественные здании
Obszar zabudowy przemysłowej	Průmyslová plocha	Iparvidék	Промышленная область
Parki, lasy	Park, les	Park, erdő	Парк, лес

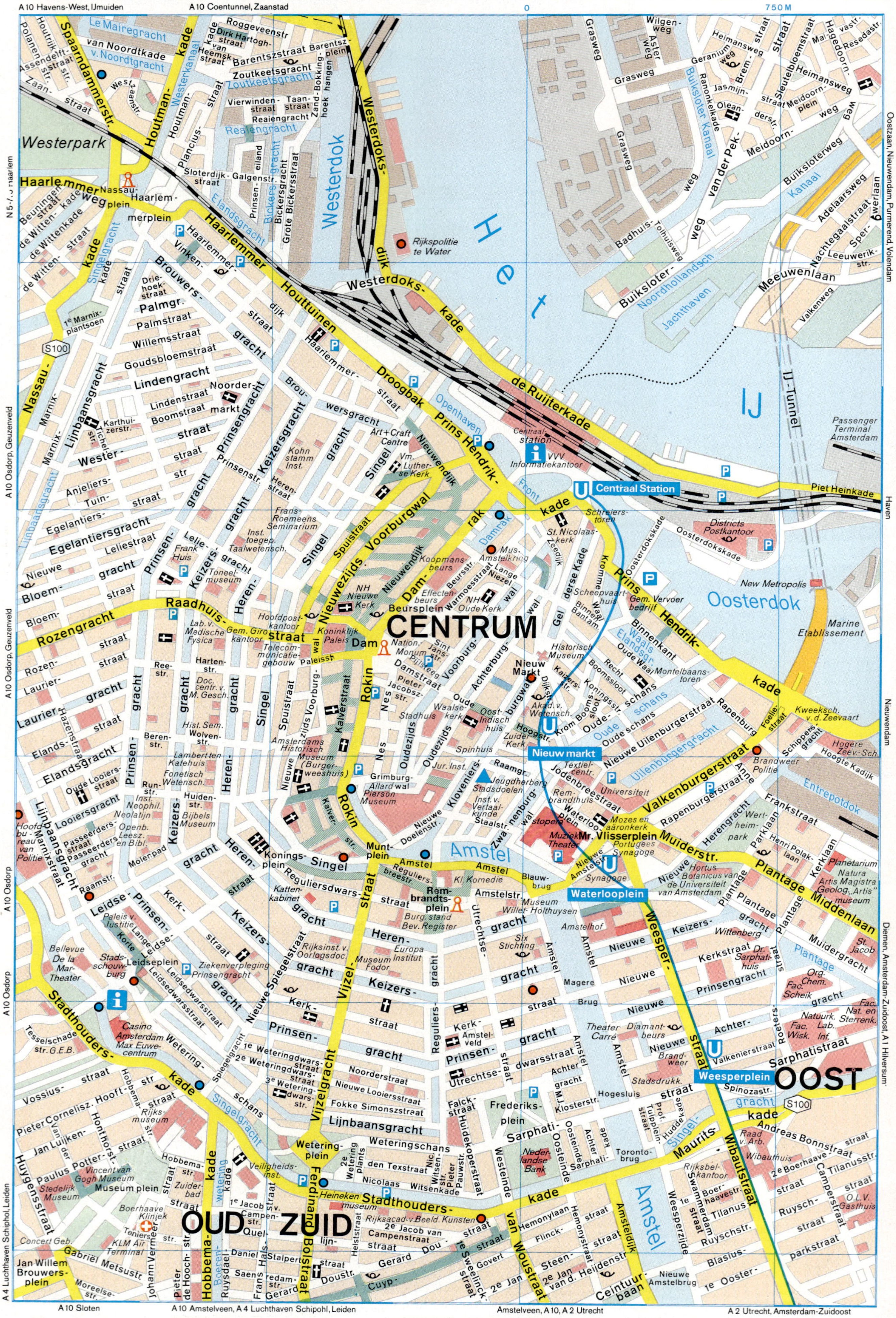
A 10 Havens-West, IJmuiden
A 10 Coentunnel, Zaanstad
0
750 M
Ostzaan, Nieuwendam, Purmerend, Volendam
Haven
Nieuwendam
Diemen, Amsterdam-Zuidoost, A 1 Hilversum
A 10 Sloten
A 10 Amstelveen, A 4 Luchthaven Schiphol, Leiden
Amstelveen, A 10, A 2 Utrecht
A 2 Utrecht, Amsterdam-Zuidoost
A 4 Luchthaven Schiphol, Leiden
A 10 Osdorp
A 10 Osdorp, Geuzenveld
Westerpark
Westerdok
Het
IJ
IJ-tunnel
Oosterdok
CENTRUM
OOST
OUD ZUID
Centraal Station
Centraal station
VVV Informatiekantoor
Nieuw markt
Waterlooplein
Weesperplein
Amstel
Dam
Rokin
Damrak
Singel
Herengracht
Keizersgracht
Prinsengracht
Spaarndammerstr.
Houtmankade
Haarlemmerweg
Haarlemmer Houttuinen
Westerdokskade
De Ruijterkade
Prins Hendrikkade
Piet Heinkade
Passenger Terminal Amsterdam
Rijkspolitie te Water
Raadhuisstraat
Rozengracht
Nieuwezijds Voorburgwal
Lindengracht
Egelantiersgracht
Bloemgracht
Lauriergracht
Elandsgracht
Leidseplein
Stadhouderskade
Vijzelgracht
Ferdinand Bolstraat
Muntplein
Rembrandtsplein
Valkenburgerstraat
Muiderstr.
Plantage Middenlaan
Weesperstraat
Wibautstraat
Sarphatistraat
Mauritskade
Rijksmuseum
Vincent van Gogh Museum
Stedelijk Museum
Concertgeb.
Heineken museum
Muziek Theater
Theater Carré
Hortus Botanicus van de Universiteit van Amsterdam
Artis Natura Artis Magistra Geolog. „Artis" museum
Amstelhof
Koninklijk Paleis
Nieuwe Kerk
Oude Kerk
Amsterdams Historisch Museum
Portugees Synagoge
Districts Postkantoor
New Metropolis
Marine Etablissement
Kweeksch. v.d. Zeevaart
Casino Amsterdam Max Euwe-centrum
Jan Willem Brouwersplein
Museumplein
S100

0
500
1000 M
Lamia Λαμία
Rafina Ραφήνα
Patra Πατρα
Pireas Πειραιας
Sounio, Pireas Σούνιο, Πειραιας
Aerodromion Ellinikou Αεροδρόμιον Ελληνικού
Sepolia
Attiki
ΑΤΤΙΚΗ
ATTIKI
Larisa
Viktoria
Metaxourghio
Omonia
Panepistimio
Evanggelismos
Sintagma
Thissio
Monastiraki
Akropoli
Siggrou - Fix
Neos Kosmos
Agios Ioannis
Αλσός Πεδίου Αρέως
Alsos Pedion Areos
Λεωφόρος Αλεξάνδρας
Leoforos Alexandras
Λοφός Στρεφη
Lofos Strefi
ΝΕΑΠΟΛΙ
NEAPOLI
Λυκαβηττός
Likavittos
Polytechneio
Plaka
Ακρόπολη
Akropoli
Εθνικός Κηπος
Ethnikos Kipos
Zappeio
Stadio Panathinaiko stadio
PANGRATI
MAKRIGIANNI
Λοφός Νυμφών
Lofos Nymfon
Pnyx
1ον Νεκροταφείον
1ον Nekrotafeio Athinon
Stadio Kalafeas
Dikastiria
Vas. Sofias
Ermou
Pireos
Athinas
Stadiou
Akadimias
Vas. Olgas
Vouliagmenis
Syngrou

Ankara TR

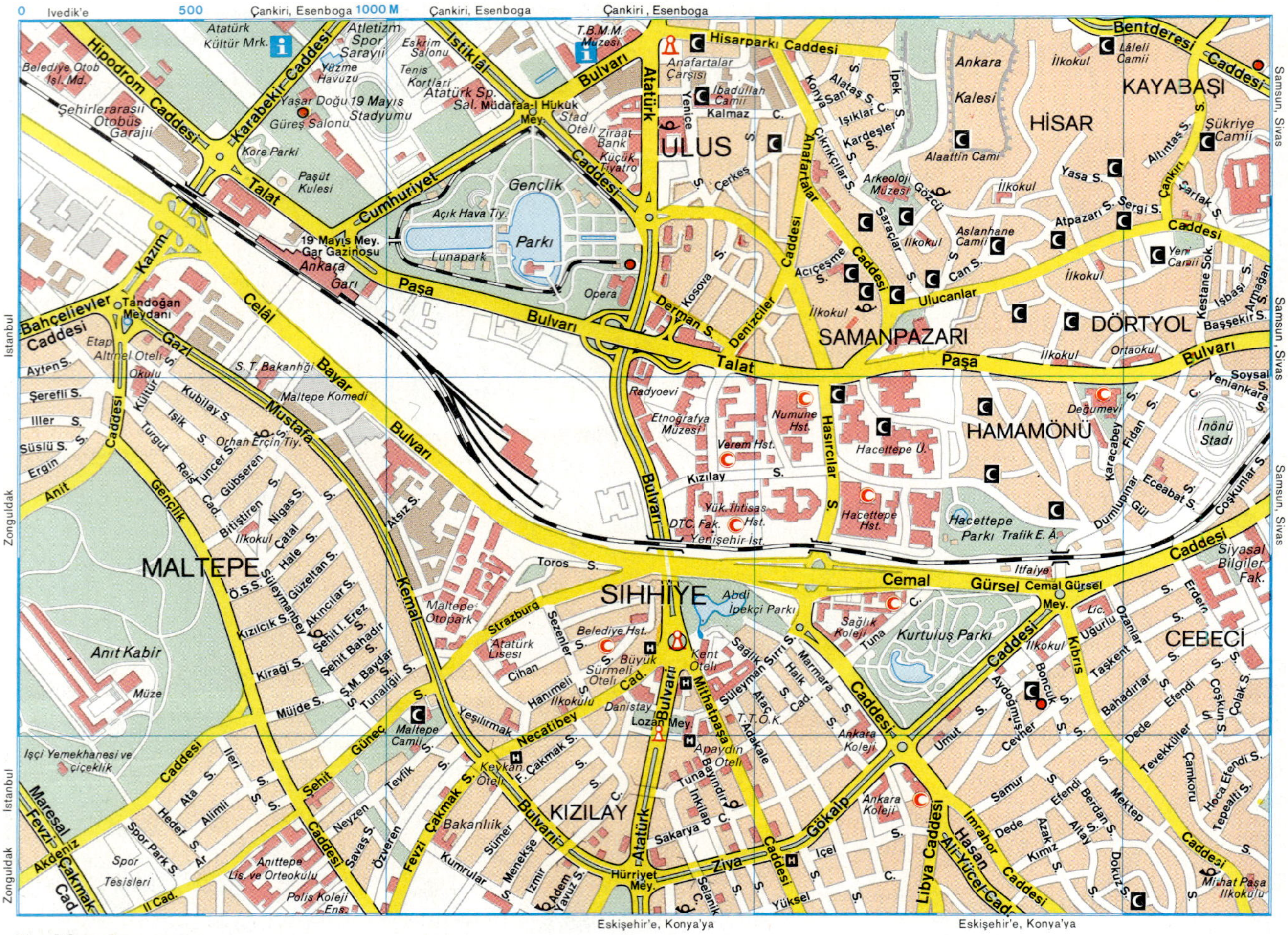

0
500
1000 M
Ivedik'e
Çankiri, Esenboga
Çankiri, Esenboga
Çankiri , Esenboga
Samsun, Sivas
Samsun, Sivas
Samsun, Sivas
Istanbul
Zonguldak
Istanbul
Zonguldak
Eskişehir'e, Konya'ya
Eskişehir'e, Konya'ya
Hipodrom Caddesi
Karabekir Caddesi
Atatürk Kültür Mrk.
Atletizm Spor Sarayii
Eskrim Salonu
Tenis Kortlari
Atatürk Sp. Sal.
İstiklal
Mudafaa-i Hukuk Mey.
T.B.M.M. Müzesi
Bulvari
Atatürk
Hisarparki Caddesi
Anafartalar Çarşısı
Abdullah Camii
Kalmaz
Ankara Kalesi
İlkokul
Lâleli Camii
Bentderesi Caddesi
KAYABAŞI
HİSAR
Şükriye Camii
Belediye Otob. İsl. Md.
Şehirlerarasi Otobüs Garajii
Yaşar Doğu Güreş Salonu
19 Mayis Stadyumu
Köre Parki
Pasüt Kulesi
Talat
Cumhuriyet
Gençlik Parki
Açık Hava Tiy.
Lunapark
Opera
19 Mayis Mey. Gar Gazinosu
Ankara Gari
Paşa
Bulvari
ULUS
Anafartalar Caddesi
Alaattin Camii
Arkeoloji Müzesi
Aslanhane Camii
Ulucanlar
SAMANPAZARI
Talat
Paşa
Bulvari
DÖRTYOL
Ortaokul
Bahçelievler Caddesi
Tandoğan Meydani
Kazim
Celal
Bayar
Bulvari
Gazi
Mustafa
Kemal
Bulvari
S.T. Bakanhğı
Maltepe Komedi
Radyoevi
Etnografya Müzesi
Numune Hst.
Verem Hst.
Hacettepe Ü.
HAMAMÖNÜ
Değumevi
İnönü Stadi
Hacettepe Hst.
Hacettepe Parki
Yüksek İhtisas Hst.
Yenişehir İst.
Ayten S.
Şerefli S.
Iller S.
Süslü S.
Ergin
Anit
Gençlik
MALTEPE
Anit Kabir
Müze
İşçi Yemekhanesi ve çiçeklik
Toros S.
SIHHİYE
Abdi İpekçi Parki
Cemal
Gürsel
Cemal Gürsel Mey.
Caddesi
Siyasal Bilgiler Fak.
Kurtuluş Parki
Sağlık Koleji
CEBECİ
Maltepe Otopark
Strazburg
Atatürk Lisesi
Belediye Hst.
Büyük Sürmeli Oteli
Maltepe Camii
Necatibey
Güneç
Kizilay
KIZILAY
Atatürk
Bulvari
Lozan Mey.
Mithatpaşa
Kent Oteli
Ankara Koleji
Gökalp
Ziya
Hürriyet Mey.
Libya Caddesi
Imrahor
Hasan Ali Yücel Cad.
Mihat Paşa İlkokulu
Maresal Fevzi Çakmak Cad.
Akdeniz
Spor Tesisleri
Anittepe Lis. ve Orteokulu
Polis Koleji Ens.
Bakanlık

Belfast GB

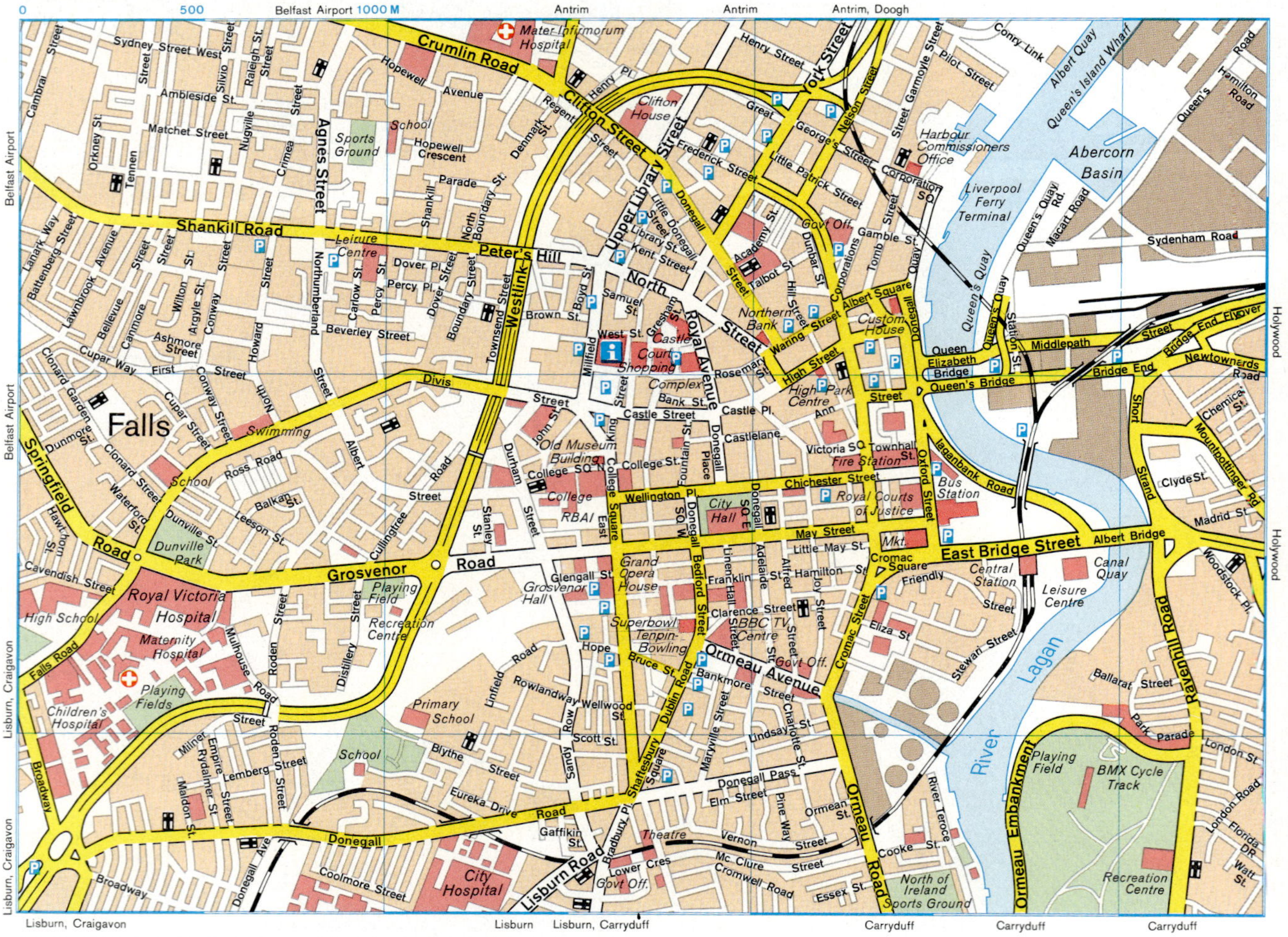

0
500
1000 M
Belfast Airport
Antrim
Antrim
Antrim, Doagh
Belfast Airport
Belfast Airport
Lisburn, Craigavon
Lisburn, Craigavon
Holywood
Holywood
Lisburn, Craigavon
Lisburn
Lisburn, Carryduff
Carryduff
Carryduff
Carryduff
Mater Infirmorum Hospital
Crumlin Road
Clifton Street
Clifton House
Henry Street
York Street
Corry Link
Albert Quay
Queen's Island Wharf
Harbour Commissioners Office
Abercorn Basin
Liverpool Ferry Terminal
Sydenham Road
Sydney Street West
Agnes Street
Sports Ground
School
Shankill Road
Leisure Centre
Peter's Hill
Westlink
Upper Library Street
North
Street
Royal Avenue
Donegall Street
Albert Square
Custom House
Queen Elizabeth Bridge
Queen's Bridge
Middlepath
Bridge End
Newtownards Road
Divis
Falls
Swimming
Castle Court Shopping Complex
Castle Pl.
High Street
Old Museum Building
College
RBAI
Wellington Pl.
City Hall
Chichester Street
Victoria Sq.
Fire Station
Royal Courts of Justice
Oxford Street
Bus Station
Laganbank Road
East Bridge Street
Albert Bridge
Springfield Road
Grosvenor Road
Dunville Park
Royal Victoria Hospital
Maternity Hospital
Playing Fields
Children's Hospital
Playing Field
Recreation Centre
Grand Opera House
Superbowl Tenpin Bowling
BBC TV Centre
Ormeau Avenue
Central Station
Leisure Centre
Canal Quay
River Lagan
Ravenhill Road
Primary School
School
Donegall Pass
Ormeau Road
Ormeau Embankment
Playing Field
BMX Cycle Track
Recreation Centre
Donegall Road
Broadway
Lisburn Road
Theatre
City Hospital
North of Ireland Sports Ground

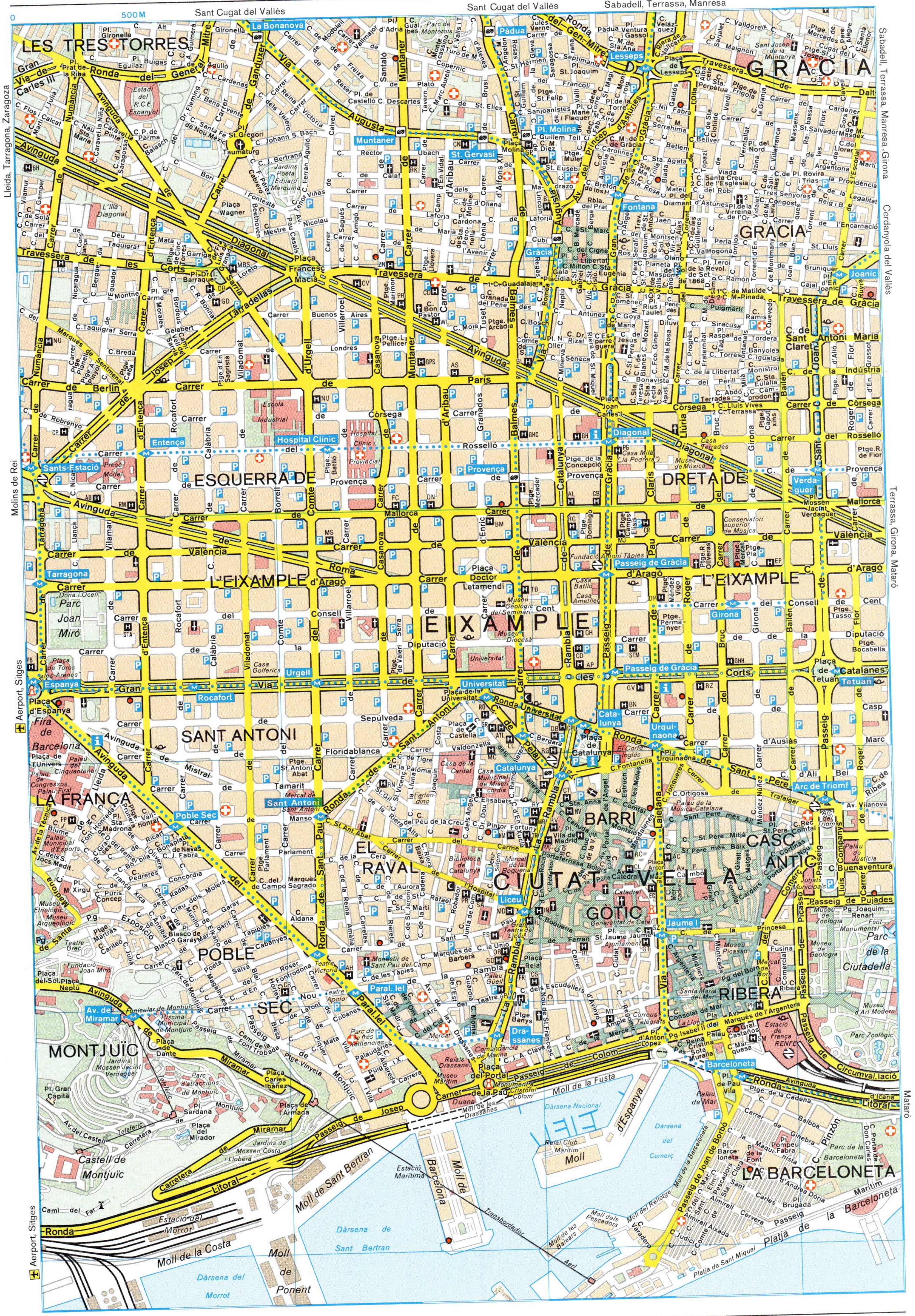
0
500 M
Sant Cugat del Vallès
Sant Cugat del Vallès
Sabadell, Terrassa, Manresa
Sabadell, Terrassa, Manresa, Girona
Cerdanyola del Vallès
Terrassa, Girona, Mataró
Mataró
Lleida, Tarragona, Zaragoza
Molins de Rei
Aeroport, Sitges
Aeroport, Sitges
LES TRES TORRES
GRÀCIA
GRÀCIA
ESQUERRA DE
DRETA DE
L'EIXAMPLE
L'EIXAMPLE
EIXAMPLE
SANT ANTONI
LA FRANÇA
EL RAVAL
BARRI
CIUTAT VELLA
GÒTIC
CASC ANTIC
RIBERA
POBLE
SEC
MONTJUÏC
LA BARCELONETA
Parc de la Ciutadella
Parc Joan Miró
Castell de Montjuïc
Moll de la Fusta
Moll de Sant Bertran
Moll de Barcelona
Moll de la Costa
Moll de Ponent
Dàrsena de Sant Bertran
Dàrsena del Morrot
Dàrsena Nacional
Dàrsena del Comerç
Transbordador Aeri
Travessera de Gràcia
Avinguda Diagonal
Gran Via de les Corts Catalanes
Passeig de Gràcia
Rambla de Catalunya
La Rambla
Via Laietana
Avinguda del Paral·lel
Ronda de Sant Antoni
Ronda de Sant Pau
Ronda Universitat
Passeig de Colom
Passeig de Joan de Borbó
Ronda del Litoral
Carretera de Miramar
Platja de Sant Miquel
Sants-Estació
Hospital Clínic
Universitat
Catalunya
Liceu
Drassanes
Barceloneta
Jaume I
Arc de Triomf
Espanya
Tarragona
Entença
Provença
Diagonal
Urquinaona
Paral·lel
Poble Sec
Rocafort
Urgell
Muntaner
St. Gervasi
Pl. Molina
Pàdua
Lesseps
Fontana
Joanic
Verdaguer
Girona
Tetuan
Marina
Av. de Miramar
La Bonanova

0
Wedding 500
1000 M
Wedding
Spandau
Charlottenburg
Wilmersdorf
Steglitz
Schöneberg
Westhafen
Becken I
Becken II
Becken III
Siemens-str.
Quitzow-str.
Putlitzbrücke
Rudolf Virchow Krankenhaus
Spandauer Pl.
Fenn-str.
Heide-str.
Nordhafen
Schulzendorfer Str.
Chaussee-str.
Eisstadion Wedding
Bundeswehr-krkhs.
Schiffahrtskanal
Invaliden Friedhof
Museum für Naturkunde
MOABIT
Perleberger Str.
Rathenower Str.
Krankenhaus Moabit
Fritz-Schloß-Park
Poststadion
Sportplatz
Amtsgericht
Justizvollzugsanstalt
Freibad Hallenbad
Turm-str.
Ottopl.
Kleiner Tiergarten
Alt Moabit
Invaliden-str.
Lehrter Stadtbahnhof
Humboldthafen
Charité (Universitäts-Kliniken)
Spree
TIERGARTEN
Bellevue
HANSA-VIERTEL
Hansa-Pl.
Akad. d. Künste
Schloßpark
Schloß Bellevue (Bundespräsidialamt)
Haus der Kulturen der Welt
Bundeskanzleramt
Platz der Republik
Reichstagsgebäude
Paul-Löbe-Haus
Scheidemann-str.
Brandenburger Tor
Unter den Linden
Pariser Pl.
Großer Stern
Siegessäule
Straße des 17. Juni
Tiergarten
Neuer See
Landwehrkanal
Zoologischer Garten
Zoolog. Garten
Aquarium
Hofjägerallee
Tiergartenstr.
Kemper-Pl.
Philharmonie
Kulturforum
Kunstbibliothek
Gemäldegalerie
Neue Nationalgalerie
Staatsbibl.
Wissenschaftszentrum
Potsdamer Pl.
Leipziger Platz
Potsdamer Platz i. Bau
IFAG Gedenkst. 20. Juli
BM für Verteidigung
Reichpietschufer
Schöneberger Ufer
Lützow-Pl.
Budapester Str.
Kaiser Wilh.-Gedächtnis-K.
Europa-Center
Kurfürstendamm
Tauentzien-str.
Kurfürsten-str.
Wittenbg.-Pl.
Nollendf.-Pl.
Bülow-str.
Kleist-str.
Anhalter Bhf.
Mendelssohn-Bartholdy-Park
Gleisdreieck
Mus. f. Verkehr u. Technik
Anhalter Güterbf.
Viktoria Luise-Pl.
Hohenstaufen-str.
Nachodstr.
Bundesallee
Potsdamer Str.
96
100
2
5
1

Wedding
Pankow
Pankow
Weißensee
Marzahn
Lichtenberg
Lichtenberg
Tempelhof
Tempelhof
Neukölln
Neukölln
ERNST-REUTER-SIEDL.
MITTE
KREUZBERG
OTTO-SUHR-SIEDL.
Volkspark Friedrichshain
Oranienburger Str.
Hackescher Markt
Alexanderpl.
Jannowitzbr.
Bln.-Hauptbf.
Alexanderplatz
Spree
Böckler-park
Urban-hafen
Invaliden-
Tor-
Karl-Marx-Allee
Holzmarkt-
Linden
Oranien-
Gitschiner
Skalitzer
Prenzlauer
Greifswalder
Friedenstr.
Lichtenberger
Heinrich-Heine-
Schönhauser
Brunnen-
Bernauer
Eberswalder
Dimitroff-
Friedrich-
Leipziger
Koch-
Köpenicker
Wiener Str.
Mehringplatz
Fernsehturm
Lustgarten
Berliner Dom
Marienkirche
Nikolai-Viertel
Rotes Rathaus
Humboldt-Univ.
Komische Oper
Moritz-pl.
Oranien-pl.
Heinrich-pl.
Wassertor-pl.
Lenin-Denkmal
Platz der Vereinigten Nationen
96A
109
2
5
1
96
179

Beograd YU-11000

0 500 1000 M

Dunav
DORĆOL
Sportski Centar "25. Maj"
Kalemegdan
Zooloski Vrt
STARI GRAD
Pristaniste Dunav
Zeleznicka Stanica "Dunav"
Dunavski trg
Pristaniste Sava
Sava
Trg Republike
Trg Marksa i Engelsa
Trg bratstva i jedinstva
Autobuska Stanica "Beograd"
Zeleznicka Stanica "Beograd"
Sportski centar Tašmajdan
Sportsko rekreativni centar Pionir
Novo groblje
Zrenjanin Pančevo
Smederevo
Novi Sad, Zagreb
Valjevo Užice
Banjica
Kragujevac
Niš

Bern CH-3000

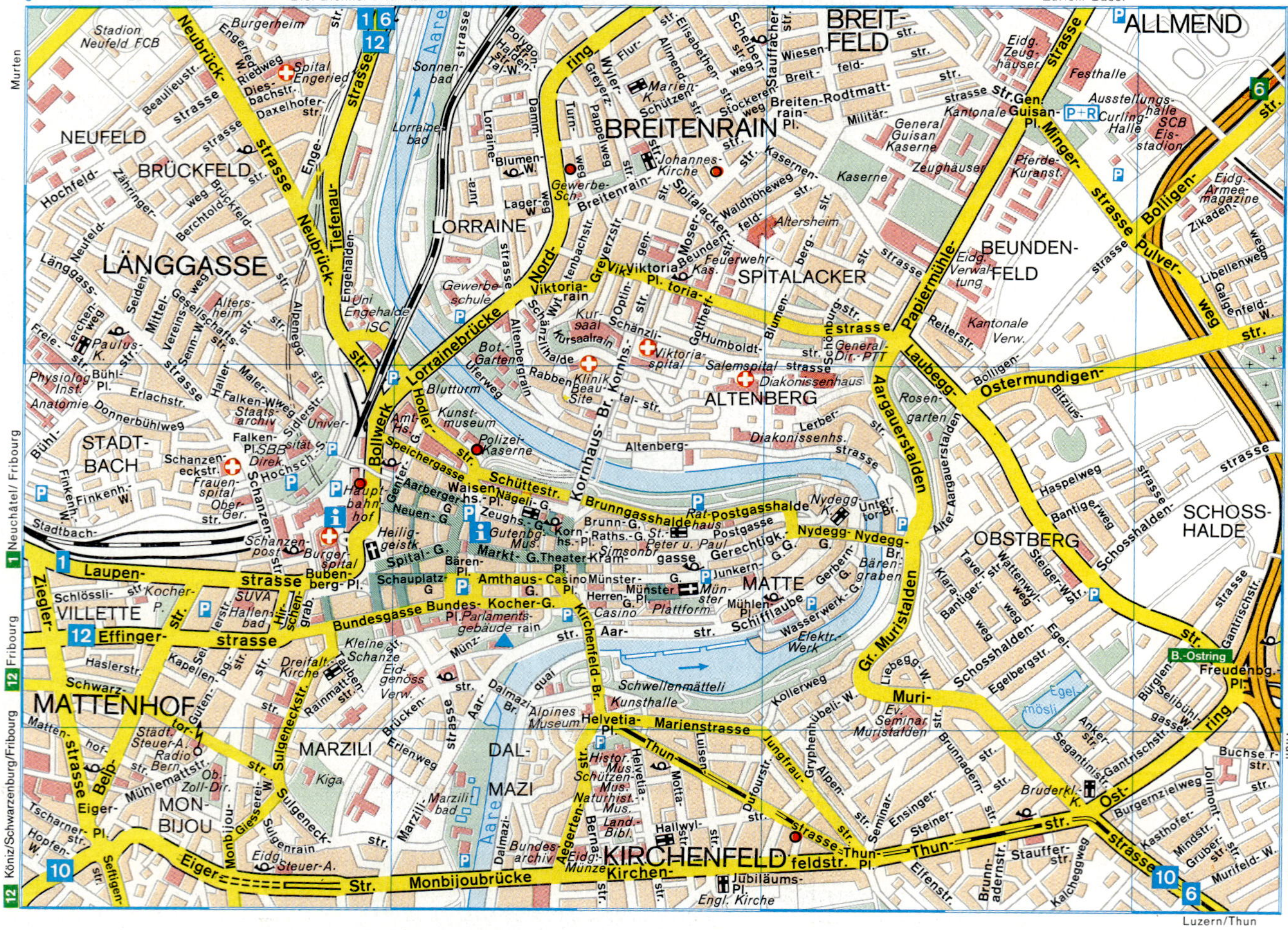
Zürich/ Basel
Biel-Bienne/ Olten/ Solothurn
BREITFELD
ALLMEND
NEUFELD
BRÜCKFELD
LÄNGGASSE
LORRAINE
BREITENRAIN
SPITALACKER
BEUNDENFELD
ALTENBERG
STADTBACH
VILLETTE
MATTENHOF
MARZILI
DALMAZI
MONBIJOU
MATTE
KIRCHENFELD
OBSTBERG
SCHOSSHALDE
Aare
Murten
Burgdorf
Neuchâtel/ Fribourg
Fribourg
Köniz/Schwarzenburg/Fribourg
Thun
Luzern/Thun

Wesseling/Köln
1000 M
59 Troisdorf, Köln
Köln
Bornheim
Alfter
Euskirchen
Koblenz
Meckenheim
BN-Röttgen
Venusberg
Dottendorf
Remagen, Koblenz
Siegburg
Köln/B.Honnef
B.Honnef
BN-B.Godesberg
NORD
NORDSTADT
WESTSTADT
SCHWARZ-RHEINDORF
BEUEL
POPPELSDORF
KESSENICH
Rhein
Nordfriedhof
Jüd. Friedhof
Kläranlage
Friedrich-Ebert-Brücke
Kennedybrücke
Bonn-Auerberg
Kreuz Bonn Nord
Verteilerkreis Bonn
Bonn-Endenich
Bonn-Poppelsdorf
Sportpark Nord
Rheinische Landesklinik
Römerbad
Universitäts-Inst.
Völkerkunde-Mus.
Päd. Fakultät
Augustusring
Kaiser-Karl-Ring
Hochstadenring
Oxfordstr.
Berliner Freiheit
Alter Friedhof
Münster
Markt
Hbf.
Kaiserplatz
Hofgarten
Poppelsdorfer Allee
Poppelsdorfer Schloß
Botan. Garten
Universitätsinstitute
Adenauerallee
Bundeszentralregister b. Generalbundesanwalt
Auswärtiges Amt (2. Dienstsitz)
Bundesmin. der Justiz
Bundesrechnungshof
Bundesministerium
Villa Hammerschmidt (2. Dienstsitz)
Palais Schaumburg
Bds.-Kanzler-A. (2. Dienstsitz)
Bundeskanzler-Pl.
Haus der Geschichte der BRD
Kunstmus.
Kunsthalle
Deutsches Inst. f. Entwicklungspolitik
Presseund Informationsamt (2. Dienstsitz)
Internat. Tagungs-u. Kongresszentr. „Deut. Bundestag"
Abgeordnetenhochhs.
Heussallee
Reuterstr.
Willy-Brandt-Allee
Friedrich-Ebert-Allee
Clem.-August-Str.
Meckenheimer Allee
Endenicher Allee
Poppelsdorfer Friedhof
Melbbad
Botanischer Garten
St.-Marien-Hosp.
Ippendorfer Allee
Robert-Koch-Str.
Personenfähre
Stresemannufer
Hermannstr.
Elsa-Brändström-Str.
Sport-Pl.
Bonner Talweg
Hausdorffstr.
Rheinweg
Karl-Barth-Str.
Rosenburg
Kais.-Wilh.-Stein

0
Koliba
500
1000 M
Modra
Vajnory
Vtáčnik
VINOHRADY
NOVÉ MESTO
Kalvária
NIVY
DUNAJ
PETRŽALKA
Háje
Ovsiště
Dvory
Incheba
Trnava
Pezinok
Brno
Dúbravka
Staré Mesto
Devín
Wien
Komárno
Győr, Kittsee
Rusovce
Győr
Bratislavský hrad múzeum galérie
Slavín
Prezidentský palác
Ministerstvo zahraničných vecí
Urad vlády Slov. rep.
Slovenská technická univerzita
Ondrejský cintorín
Medická záhrada
Námestie SNP
Hlavné nám.
Primac. nám.
Hviezdosl. nám.
Kamenné nám.
Kollárovo nám.
Slov. nár. galéria
Slov. filharmonia
SND
Slov. plavba dunajská
Nový most
Starý most
Prístavný most
sad Janka Kráľa
autobusová stanica
stadion Internacionál
Sport hala Mladosť
krytá plaváreň
Vajnorská
Trnavská cesta
Račianska
Šancová
Záhradnícka
Karadžičova
Mlynské nivy
Prievozská
Miletičova
Košická
Bajkalská
Prístavná
Dostojevského rad
Štúrova
Dunajská
Špitálska
Mickiewiczova
Štefánikova
Pražská
Staromestská
Palisády
Rázusovo nábr.
L. Svobodu
Vajanského nábr.
Viedenská cesta
Kopčianska
Rusovská cesta
Jantárová cesta
Bosákova
Panónska cesta
Krasovského
Klokočova
Šrobárovo nám.
Daliborovo nám.
Wolkrova
Vtáčnik
VŠE
SLOVNAFT BENZINOL
MILEX
Delfín
D2
D61
E65
E75
E58
61
63
2

0
Laken/Laeken
500
1000 M
Mechelen
Mechelen
Leuven
Leuven
Gent, Oostende
Gent, Oostende
Gent, Oostende, Brugge
Halle, Mons
Halle, Mons
Charleroi, Mons, Tournai
Liège/Luik
Liège/Luik
Wavre
Namur/Namen
Namur/Namen
Charleroi, Mons, Tournai
Uccle/Ukkel, Waterloo, Charleroi
Charleroi
Charleroi
Gare du Nord
Noordstation
Gare du Midi
Zuidstation
Gare Centr.
Centr. Station
Quartier Léopold
Leopoldswijk
BRUSSEL
ST.GILLES
ELSENE
IXELLES
BASCULE
Parc de Bruxelles
Park van Brussel
Parc de Forest
Park van Vorst
R20

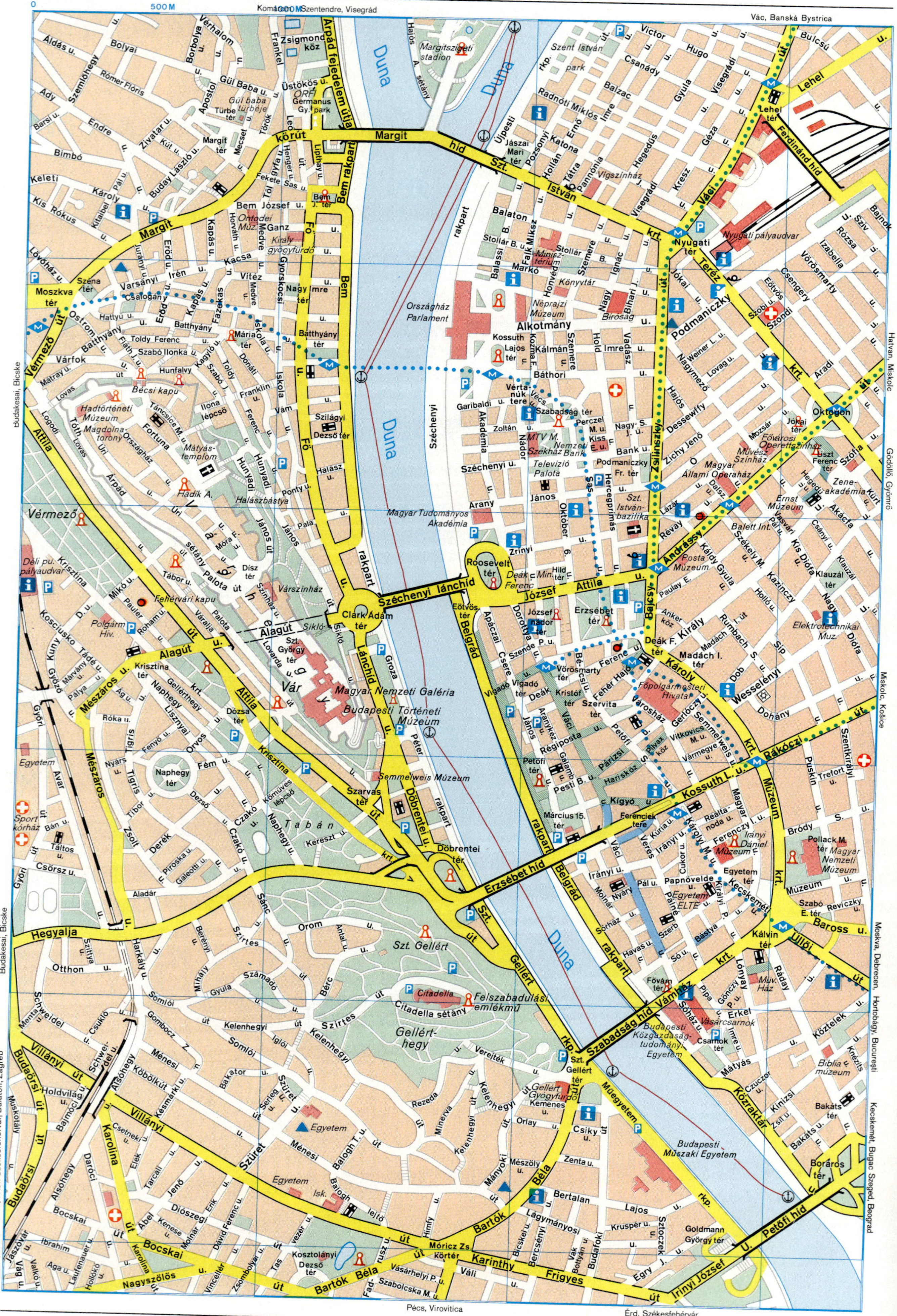
0
500 M
1000 M
Komárom, Szentendre, Visegrád
Vác, Banská Bystrica
Hatvan, Miskolc
Gödöllő, Gyömrő
Miskolc, Košice
Moskva, Debrecen, Hortobágy, Bucureşti
Kecskemét, Baja, Szeged, Beograd
Pécs, Virovitica
Érd, Székesfehérvár
Győr, Bratislava, Wien Székesfehérvár, Balaton, Zagreb
Budakeszi, Bicske
Duna
Margit híd
Margitszigeti stadion
Szent István park
Nyugati pályaudvar
Országház Parlament
Alkotmány
Kossuth Lajos tér
Szabadság tér
Magyar Tudományos Akadémia
Széchenyi lánchíd
Clark Ádám tér
Vár
Magyar Nemzeti Galéria
Budapesti Történeti Múzeum
Mátyás-templom
Halászbástya
Hadtörténeti Múzeum
Bécsi kapu
Moszkva tér
Vérmező
Déli pu. pályaudvar
Alagút
Semmelweis Múzeum
Tabán
Erzsébet híd
Szt. Gellért
Citadella
Felszabadulási emlékmű
Gellért-hegy
Szabadság híd
Budapesti Közgazdaság-tudományi Egyetem
Budapesti Műszaki Egyetem
Petőfi híd
Kálvin tér
Magyar Nemzeti Múzeum
Deák F. tér
Oktogon
Magyar Állami Operaház
Fővárosi Operettszínház
Rákóczi út
Kossuth L. u.
Múzeum krt.
Andrássy út
Bajcsy-Zsilinszky út
Teréz krt.
Erzsébet krt.
József krt.
Váci u.
Vörösmarty tér
Ferenciek tere
Móricz Zs. körtér
Bartók Béla út
Villányi út
Budaörsi út
Hegyalja út
Attila út
Krisztina krt.
Margit krt.
Fő u.
Bem rakpart
Lánchíd u.
Goldmann György tér
Boráros tér
Irinyi József u.
Karinthy Frigyes út

RO **București**

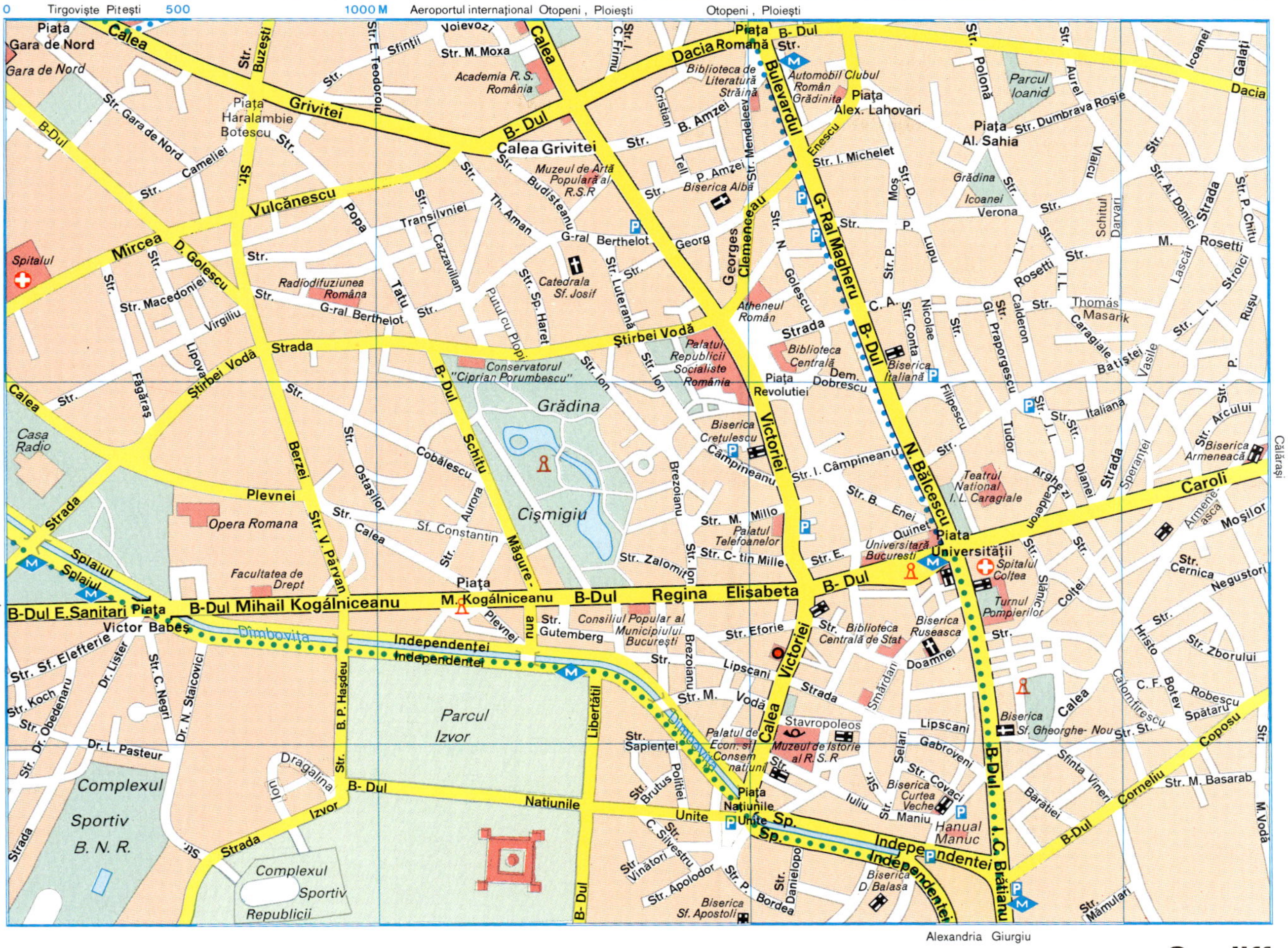
0
Tirgoviște Pitești
500
1000 M
Aeroportul internațional Otopeni, Ploiești
Otopeni, Ploiești
Piața Gara de Nord
Gara de Nord
Calea Griviței
Piața Haralambie Botescu
Vulcănescu
Spitalul
Mircea
D. Golescu
Radiodifuziunea Română
G-ral Berthelot
Știrbei Vodă
Calea
Casa Radio
Plevnei
Opera Romana
Facultatea de Drept
Splaiul
B-Dul Mihail Kogălniceanu
B-Dul E. Sanitari
Piața Victor Babeș
Dîmbovița
Independenței
Piața M. Kogălniceanu
B-Dul Regina Elisabeta
Str. Koch
Dr. Lister
Dr. N. Staicovici
Dr. L. Pasteur
Complexul Sportiv B. N. R.
Complexul Sportiv Republicii
Parcul Izvor
Strada Izvor
B-Dul Națiunile Unite
Libertății
B. P. Hasdeu
Berzei
Str. V. Pârvan
Grădina Cișmigiu
Conservatorul "Ciprian Porumbescu"
Schitu Măgureanu
Catedrala Sf. Iosif
Muzeul de Artă Populară al R.S.R
Calea Griviței
B-Dul Dacia
Piața Romană
Biblioteca de Literatură Străină
Academia R. S. România
Str. M. Moxa
Biserica Albă
Georges Clemenceau
Ateneul Român
Palatul Republicii Socialiste România
Calea Victoriei
Biserica Crețulescu
Palatul Telefoanelor
Bulevardul G. Ral Magheru
Automobil Clubul Român
Grădinița
Piața Alex. Lahovari
Biblioteca Centrală
Piața Revoluției
Biserica Italiană
N. Bălcescu
Universitatea București
Piața Universității
Spitalul Colțea
Turnul Pompierilor
Teatrul Național I.L. Caragiale
B-Dul Carol I
Consiliul Popular al Municipiului București
Biblioteca Centrală de Stat
Biserica Rusească
Stavropoleos
Muzeul de Istorie al R.S.R
Palatul de Econ. și Consem națiuni
Hanual Manuc
Biserica Curtea Veche
Piața Unirii
Splaiul Independenței
Biserica Sf. Apostoli
Biserica D. Balașa
B-Dul I. C. Brătianu
Biserica Sf. Gheorghe-Nou
B-Dul Cornelius Coposu
Str. M. Basarab
Parcul Ioanid
Piața Al. Sahia
Grădina Icoanei
Str. Dumbrava Roșie
Biserica Armenească
Mosilor
Rosetti
Thomas Masarik
Calea Călărași
Pitești
Alexandria Giurgiu

GB **Cardiff**

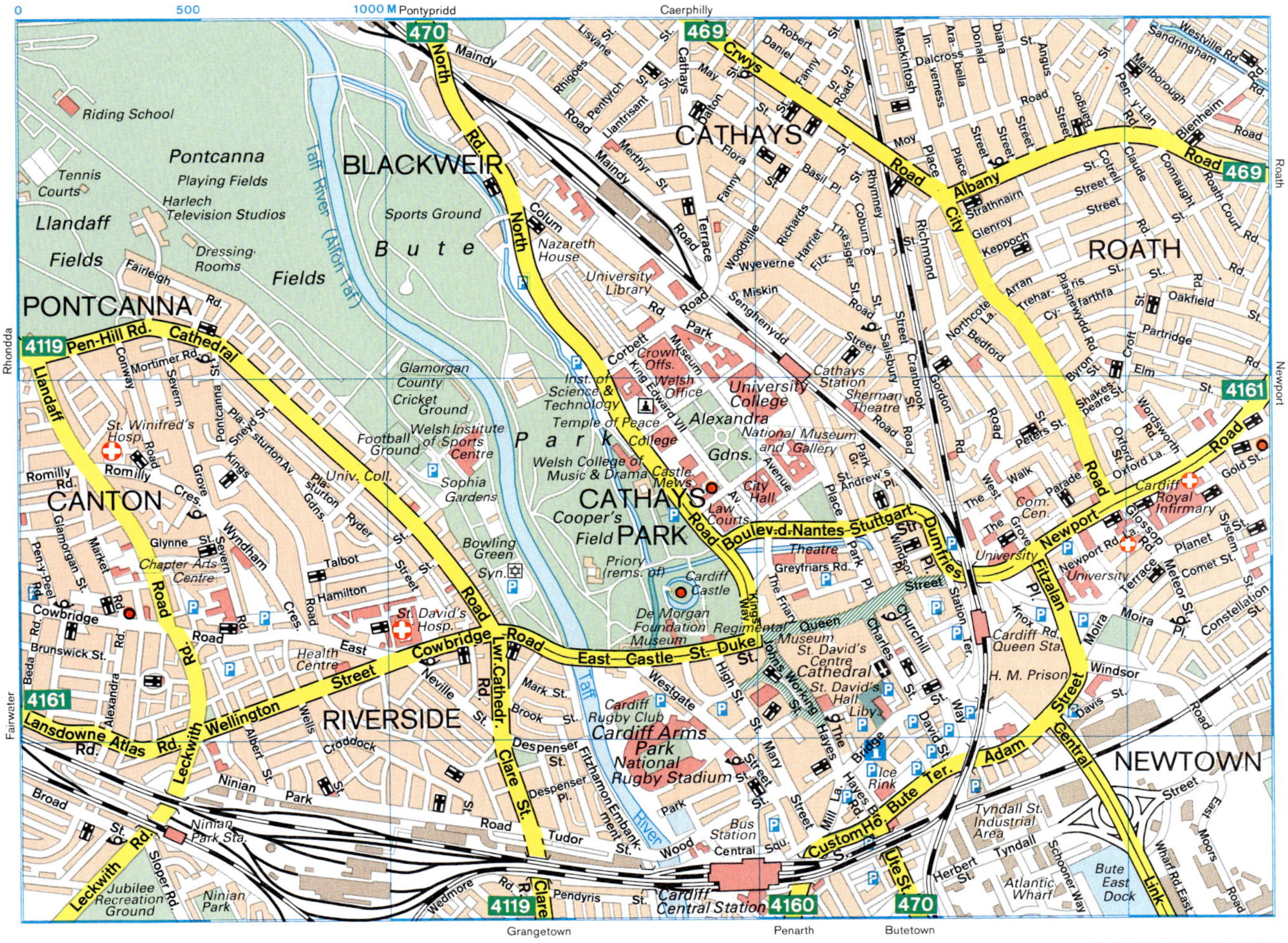
0
500
1000 M
Pontypridd
Caerphilly
470
469
Riding School
Pontcanna Playing Fields
Tennis Courts
Harlech Television Studios
Llandaff Fields
Dressing Rooms
BLACKWEIR
Sports Ground
Bute Fields
Taff River (Afon Taf)
PONTCANNA
4119
Pen-Hill Rd.
Cathedral Rd
Llandaff Rd.
CANTON
St. Winifred's Hosp.
Romilly Rd.
Glamorgan County Cricket Ground
Football Ground
Welsh Institute of Sports Centre
Sophia Gardens
Univ. Coll.
Chapter Arts Centre
Cowbridge Road
St. David's Hosp.
Health Centre
Cowbridge Road East
4161
Lansdowne Rd.
Atlas Rd.
Leckwith Rd.
Wellington Street
RIVERSIDE
Ninian Park Sta.
Ninian Park
Jubilee Recreation Ground
Sloper Rd.
Broad St.
North Rd
Colum Rd
Nazareth House
CATHAYS
Cathays Terrace
Crwys Road
University Library
Museum Av.
Crown Offs.
Welsh Office
Inst. of Science & Technology
Temple of Peace
Welsh College of Music & Drama
University College
Alexandra Gdns.
National Museum and Gallery
City Hall
Law Courts
Castle Mews
CATHAYS PARK
Cooper's Field
Bowling Green
Priory rems. of
Cardiff Castle
De Morgan Foundation Museum
Castle St.
Duke St.
East
Boulev. d. Nantes
Stuttgart Str.
Theatre
Greyfriars Rd.
Queen St.
St. David's Centre
St. David's Cathedral
St. David's Hall
Liby.
Cardiff Rugby Club
Cardiff Arms Park
National Rugby Stadium
Westgate St.
Despenser St.
Clare St.
Lwr. Cathedr. Rd.
Wood St.
Tudor
Central Station
Cardiff Central Station
Bus Station
4160
Custom Ho.
Bute Ter.
Bute St.
470
Ice Rink
Cathays Station
Sherman Theatre
Salisbury Rd
Richmond Rd
City Road
Albany Road
ROATH
469
Newport Rd
Cardiff Royal Infirmary
4161
University
Cardiff Queen Sta.
Queen St.
H. M. Prison
Fitzalan Pl.
Central Street
Adam St.
NEWTOWN
Tyndall St. Industrial Area
Atlantic Wharf
Schooner Way
Bute East Dock
Link
Rhondda
Fairwater
Roath
Newport
Grangetown
Penarth
Butetown

0
500
1000 M
Drogheda, Airport
Howth
Bray, Dún Laoghaire
Dundrum
Cabra
Phibsborough
Mountjoy Prison
Archbishop's House
Holy Cross College
Croke Park
Sports Gd.
Dalymount Park
Royal Canal
Tolka River
North Circular Road
Hospital
St. Brendan's Hospital
St. Bricin's Military Hospital
Collins Bks.
Mountjoy Square
Municipal Art Gall.
Ormonde House
Rotunda
King's Inns
Connolly Station
Bus Sta.
Custom House
Gen. Post Office
St. Mary's Pro Ch.
River Liffey
Four Courts
Tara Sta.
Heuston Sta.
Royal Hospital
St. James's Gate Brewery
Christch. Cath.
City Hall
Dublin Castle
Bank of Ireland
Trinity College
Pearse Sta.
Civic Museum
Nat. Library
Nat. Gallery
Leinster House
Mansion House
Merrion Square
St. Stephen's Green
St. Patrick's Ch.
Hospitals
Coombe Hospital
Meath Hospital
National Concert Hall
Fitzwilliam Sq.
Griffith Bks.
Grand Canal
Dolphin's Barn
Sports. Gd.
Cathal Brugha Barracks
Harold's Cross
Hospice
Mount Jerome Cemetery
Eamon Ceannt Park
Greymount Race Track
Rathmines
Town Hall
Ranelagh
Monastery
School
College
O'Connell Street
Cabra Road
Circular Road
Thomas Street
Dame Street
Nassau St.
Pearse Street
Westland Row
Harcourt Street
Leeson Street
Camden St.
Clanbrassil Street
Patrick St.
New Street
Parnell St.
Gardiner Street
Dorset Street
Amiens Street
Eden Qy.
Burgh Qy.
Wellington Qy.
Ormond Qy.
Inns Quay
Arran Quay
Usher's Quay
Merchants Qy.
Wolfe Tone Quay
Victoria Quay
Parkgate St.
Mespil Road
Wilton Terrace
Adelaide Road
Grand Parade
Charlemont Pl.
Portobello Road
Grove Road
Parnell Road
Rathmines Road
Ranelagh Road
Leinster Road
Mount Argus

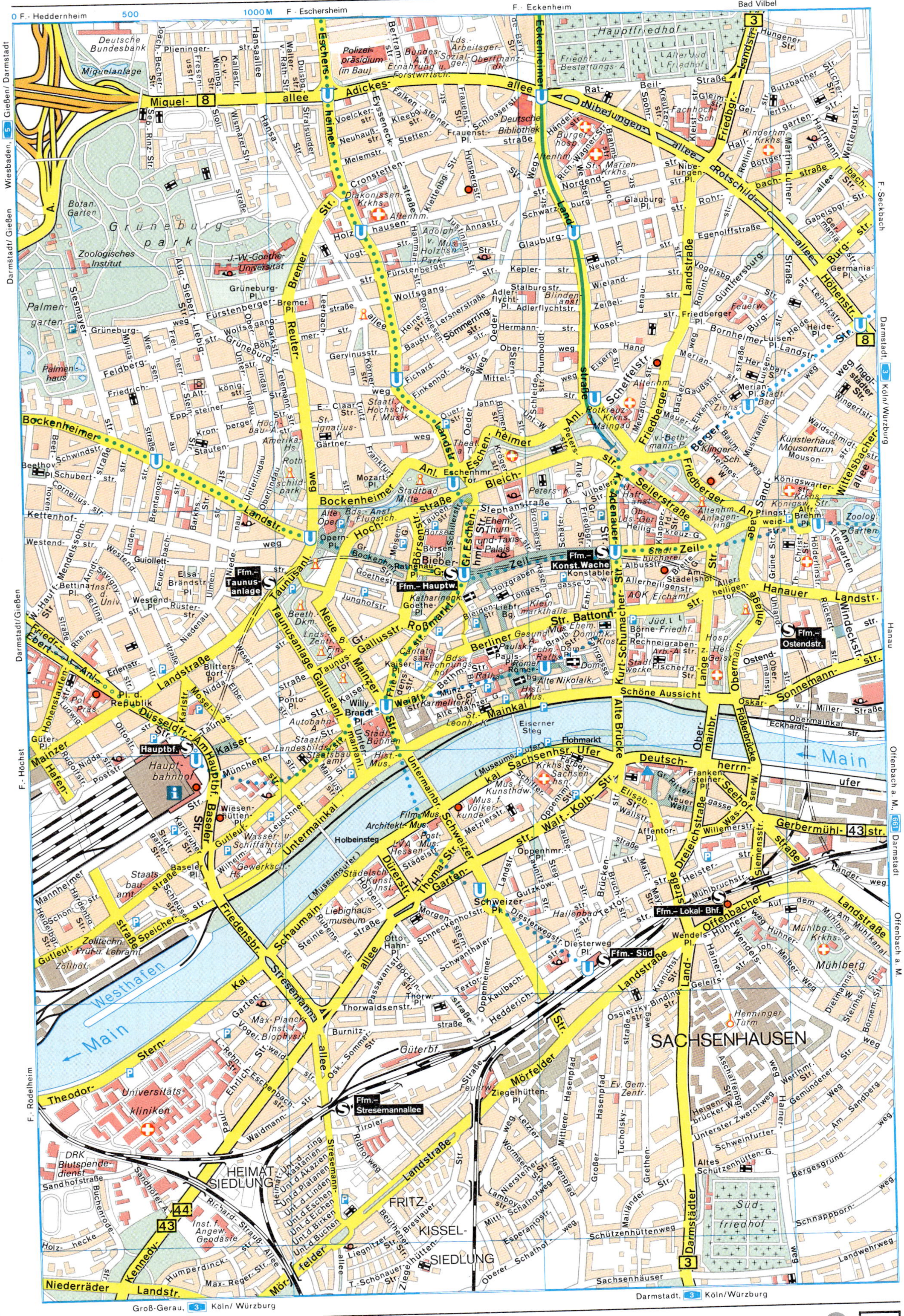

0 F.-Heddernheim 500 1000 M
F.-Eschersheim
F.-Eckenheim
Bad Vilbel
F.-Seckbach
Hanau
Offenbach a. M.
Darmstadt
Groß-Gerau
Köln/Würzburg
F.-Rödelheim
F.-Höchst
Wiesbaden
Gießen/Darmstadt
Darmstadt/Gießen
Deutsche Bundesbank
Miquelanlage
Miquel- allee
Adickes- allee
Nibelungen- allee
Hauptfriedhof
Polizei-präsidium (in Bau)
Deutsche Bibliothek
Grüneburgpark
Botan. Garten
Zoologisches Institut
J.-W.-Goethe-Universität
Palmengarten
Palmenhaus
Bockenheimer Landstr.
Bockenheimer Anl.
Eschenheimer Anl.
Eschenheimer Tor
Alte Oper
Opernpl.
Fressgass
Zeil
Ffm.-Konst.Wache
Ffm.-Hauptw.
Ffm.-Taunusanlage
Hauptbf.
Hauptbahnhof
Kaiserstr.
Mainzer Landstr.
Düsseldorfer Str.
Baseler Str.
Berliner Str.
Roßmarkt
Römer
Dom
Paulskirche
Kurt-Schumacher-Str.
Hanauer Landstr.
Ffm.-Ostendstr.
Sonnemannstr.
Schöne Aussicht
Alte Brücke
Eiserner Steg
Main
Untermainkai
Sachsenhäuser Ufer
Deutschherrnufer
Schaumainkai
Holbeinsteg
Städelsches Kunstinst.
Liebighausmuseum
Museumsufer
Schweizer Str.
Schweizer Pl.
Walter-Kolb-Str.
Gerbermühlstr.
Offenbacher Landstr.
Ffm.-Lokal-Bhf.
Ffm.-Süd
Darmstädter Landstr.
Mörfelder Landstr.
Stresemannallee
Ffm.-Stresemannallee
Friedensbr.
Westhafen
Theodor-Stern-Kai
Universitätskliniken
HEIMAT-SIEDLUNG
FRITZ-KISSEL-SIEDLUNG
SACHSENHAUSEN
Henninger Turm
Südfriedhof
Mühlberg
Zoolog. Garten
Friedberger Landstr.
Friedberger Anl.
Eckenheimer Landstr.
Oeder Weg
Eschersheimer Landstr.
Reuterweg
Bremer Str.
Senckenberganlage
Niederräder Landstr.
Kennedyallee

Genève CH-1200

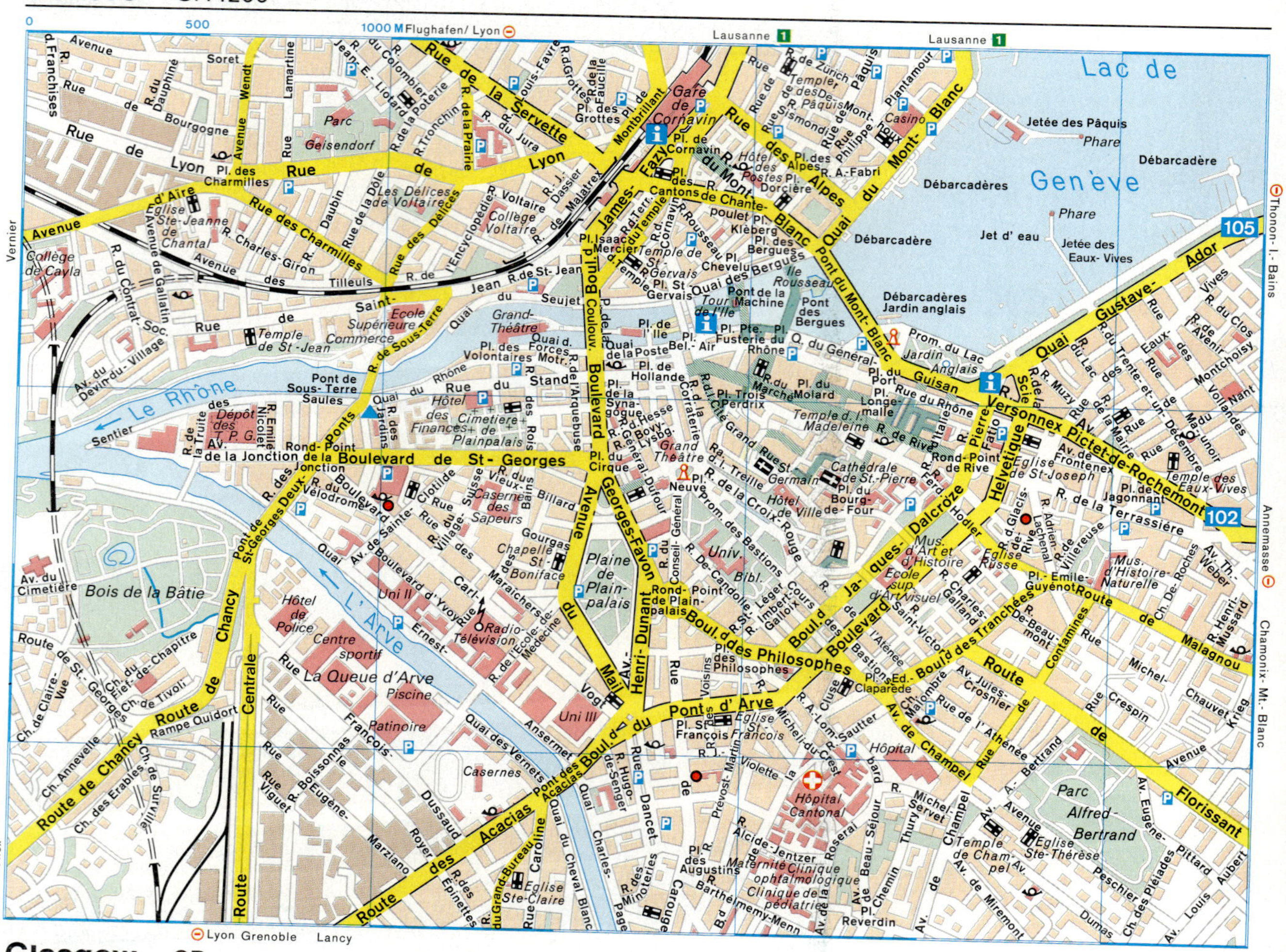
0
500
1000 M
Flughafen/ Lyon
Lausanne
Lac de Genève
Jetée des Pâquis
Phare
Débarcadère
Débarcadères
Jet d' eau
Jetée des Eaux- Vives
Débarcadères Jardin anglais
Thonon- l.- Bains
105
102
Annemasse
Chamonix- Mt.- Blanc
Vernier
Onex
Lyon Grenoble
Lancy
Rue de Lyon
Rue de la Servette
Rue de Lausanne
Rue des Alpes
Quai du Mont- Blanc
Pont du Mont- Blanc
Quai Gustave- Ador
Quai du Général- Guisan
Rue des Charmilles
Avenue d' Aire
Le Rhône
L' Arve
Boulevard de St- Georges
Boulevard Georges-Favon
Avenue du Mail
Pont d' Arve
Boul. des Philosophes
Boulevard Helvétique
Bd. Jaques- Dalcroze
Route de Chancy
Route des Acacias
Route de Florissant
Route de Malagnou
Rue de Carouge
Avenue Pictet-de-Rochemont
Gare de Cornavin
Pl. de Cornavin
Bois de la Bâtie
Plaine de Plainpalais
Parc Geisendorf
Parc Alfred- Bertrand
Hôpital Cantonal
Univ.
Grand Théâtre
Cathédrale de St-Pierre
Pl. du Bourg-de- Four
Hôtel de Ville
Mus. d'Art et d'Histoire
Mus. d'Histoire Naturelle
Centre sportif
La Queue d'Arve
Piscine
Patinoire
Casernes
Radio- Télévision
Uni II
Uni III
Temple de Plainpalais
Pont de Sous- Terre
Pont de l'Ile
Tour Machine
Jardin Anglais
Route des Jeunes
Chapelle St. Boniface
Eglise Ste-Jeanne de Chantal
Collège de Cayla
Collège Voltaire
Les Délices de Voltaire

Glasgow GB

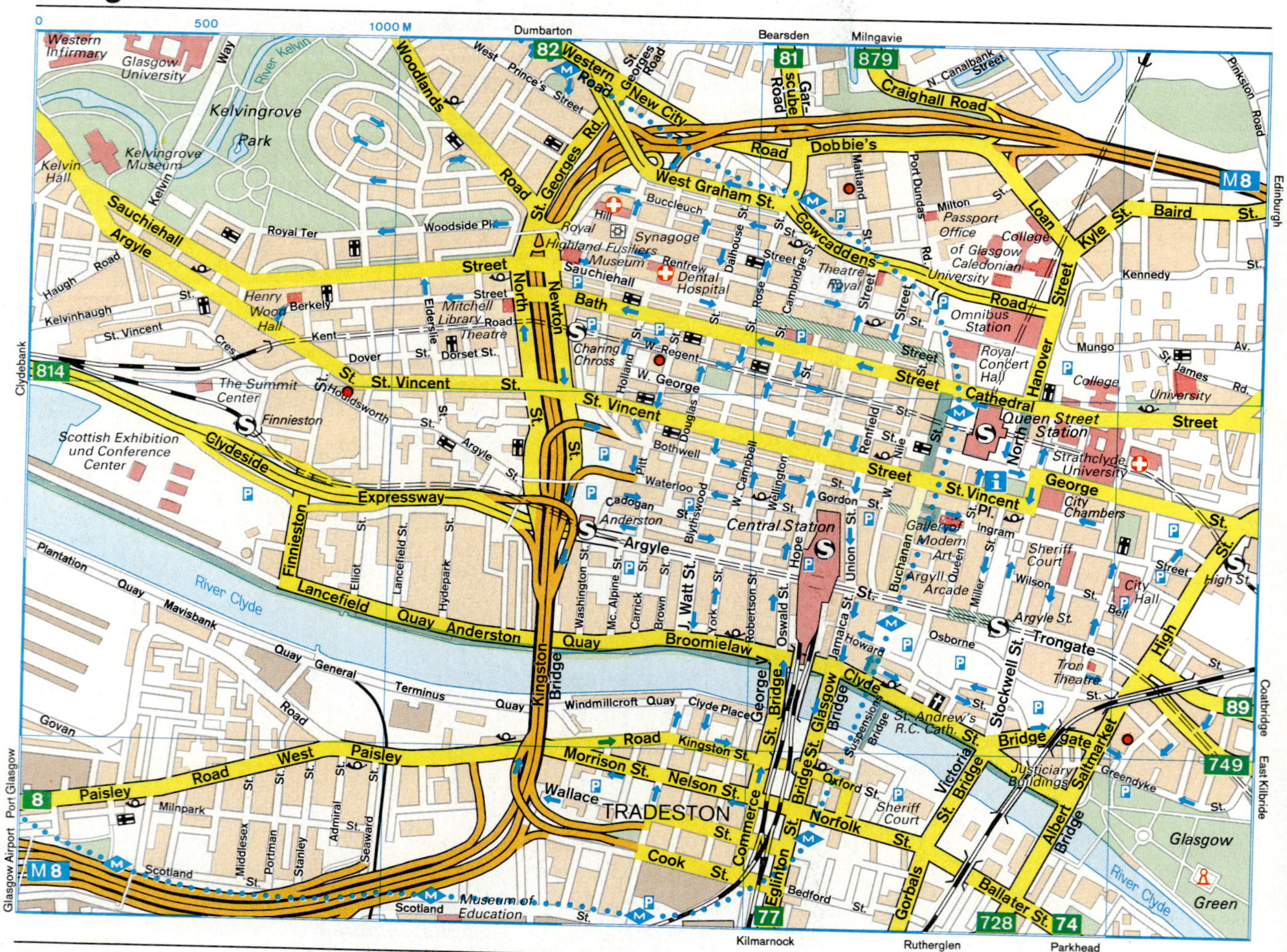
0
500
1000 M
Dumbarton
Bearsden
Milngavie
82
81
879
M8
Edinburgh
814
Clydebank
89
749
Coatbridge
East Kilbride
8
Port Glasgow
Glasgow Airport
77
728
74
Kilmarnock
Rutherglen
Parkhead
Western Infirmary
Glasgow University
Kelvingrove Park
Kelvingrove Museum
Kelvin Hall
River Kelvin
Woodlands Road
Sauchiehall Street
Argyle Street
St. Vincent Street
Bath Street
West Graham St.
Cowcaddens
Dobbie's Loan
Craighall Road
Kyle St.
Baird St.
Cathedral Street
George Street
Trongate
High St.
Saltmarket
Clydeside Expressway
Lancefield Quay
Anderston Quay
Broomielaw
Kingston Bridge
George V Bridge
Glasgow Bridge
Paisley Road West
Morrison St.
Nelson St.
Norfolk St.
Ballater St.
Gorbals St.
Eglinton St.
Commerce St.
Cook St.
TRADESTON
River Clyde
Central Station
Queen Street Station
Omnibus Station
Royal Concert Hall
City Chambers
Gallery of Modern Art
Argyll Arcade
Sheriff Court
Justiciary Buildings
Glasgow Green
Strathclyde University
Caledonian University
Mitchell Library
Henry Wood Hall
Charing Cross
Royal Highland Fusiliers Museum
Synagogue
Dental Hospital
Theatre Royal
Scottish Exhibition und Conference Center
The Summit Center
Finnieston
St. Andrew's R.C. Cath.
Tron Theatre
City Hall
Museum of Education
Passport Office
College of Glasgow

Norderstedt, 7 H.-Eppendorf/ Neumünster
1000 M
H.-Eppendorf/ H.-Winterhude
H.-Winterhude
Hannover/ Neumünster/ Itzehoe
Wedel (Holstein), 7 Hannover (Holstein)
Neumünster/ Itzehoe
Wedel (Holstein)
Bargteheide
Lübeck/ Berlin
Hannover/ Geesthacht/ Lübeck
H.-Wilhelmsburg, 7 Hannover/ Bremen
HOHELUFT-WEST
HARVESTEHUDE
ROTHERBAUM
ST.-PAULI
NEUSTADT
ALTSTADT
STEINWERDER
Außenalster
Binnenalster
Norderelbe
Sternschanze
Dammtor
Jungf.-stieg
Hauptbhf.
Steintor
Stadths.-Br.
Landungsbr.
Planten un Blomen
Congress Centrum Hamburg (CCH)
Universität
Rathaus
Kennedybrücke
Lombardsbrücke
Gurlitt-insel
Neues Metropol-Musicaltheater
Grasbrookhafen
Sandtorhafen
Brandenbgr. Hafen
Schiffbauer-hafen
Strandhafen
Niederhafen
Binnenhafen
St. Pauli-Landungsbrücken
St.-Pauli-Elbtunnel
Hoheluftchaussee
Rothenbaumchaussee
Grindelallee
Schäferkampsallee
Holstenwall
Glacischaussee
Reeperbahn
Ludwig-Erhard-Str.
Ost-West-Str.
Mönckebergstr.
Ballindamm
Kajen
Vorsetzen
Versmann-str.

Helsinki FIN-00100

0
500
1000 M
Tuusula- Tusby
Lahti- Lahtis
Hämeenlinna- Tavastehus
Turku- Åbo
Kirkkonummi- Kyrkslätt, Hanko- Hangö
Porvoo- Borgå
LAAKSO-DAL
VALLILA VALLGÅRD
ALPPIHARJU-ÅSHÖJDEN
KALLIO-BERGÄLL
TAKA TÖÖLÖ BORTRE TÖLÖ
ETU TÖÖLÖ FRÄMRE TÖLÖ
KLUUVI-GLOET
KRUUNUNHAKA-KRONOHAGEN
KAMPPI-KAMPEN
KAARTIN-KAUPUNKI
PUNAVUORI-RÖDBERGEN
ULLANLINNA-ULRIKSBORG
EIRE
LÄNSISATAMA-VÄSTRA HAMNEN
Eläintarha-Djurgården
Olympiastadion
Töölönlahti-Töölönviken
Eläintarhanlahti-Djurgårdsviken
Kaisaniemenlahti-Kaisaniemenviken
Taivallahti-Edesviken
Lapinlahti-Lapinviken
Ruoholahti-Gräsviken
Hietalahti-Sandviken
Pohjoissatama-Norrahamnen
Sörnäistensatama-Sörnäshamn
Eteläsatama-Södrahamnen
Merisatama-Havishamnen
Kaivopuisto-Brunnsparken
Hanasaari-Hanaholmen
Valkosaari-Blekholmen
Luoto-Klippan
Sirpalesaari-Flisholmen
E.Uunisaari-S.Ugnsholmen
Harakka-Stora Räntan
Särkkä-Långören
Hernesaari-Artholmen
Jätkäsaari-Busholmen
Mannerheimintie
Mannerheimvägen
Nordenskiöldinkatu
Hämeentie
Helsingintie
Sturenkatu
Mechelininkatu
Mechelingatan
Runeberginkatu
Hietaniemenkatu
Arkadiankatu
Pohjoisesplanadi-Norraesplanaden
Eteläesplanadi-S.esplanaden
Aleksanterinkatu
Unioninkatu
Bulevardi
Lönnrotinkatu
Fredrikinkatu
Porkkalankatu
Itämerenkatu
Tehtaankatu
Fabriksgatan
Merikatu
Pohjoisranta-Norrakajen
Sörnäisten rantatie
Teollisuuskatu
Mäkelänkatu
Aleksis Kivis gata
Kaivokatu
Rautatieasema-Järnvägsstation
Kauppatori
Olympia-terminaali
Katajanokanlaituri

0
500
1000 M
HALICIOĞLU
PİYALE PAŞA
KULAKSIZ
HASKÖY
KASIMPAŞA
KURTULUŞ
YAHYA
KATIP MUSTAFA
KABATAŞ
GÜMÜŞSUYU
CİHANGİR
BEYOĞLU
SAHKULU
TOPHANE
EMEKYEMEZ
KEMANKEŞ
KARAKÖY
UNKAPANI
KÜÇÜKPAZAR
EMİNÖNÜ
VEFA
SARAÇHANE
HOBYAR
BEYAZIT
CAĞALOĞLU
ÇAKIRAĞA
ÇARŞIKAPI
KUMKAPI
SULTANAHMET
Haliç
Boğaziçi
Marmara Denizi
Fener İskelesi
Ayakapı İskelesi
Cibali İskelesi
Kasımpaşa İskelesi
Haliç İskelesi
Yağkapanı İskelesi
Haydarpaşa- Kadıköy İskelesi
Üsküdar- Sirkeci İskelesi
Kabataş İskelesi
Atatürk Köprüsü
Galata Köprüsü
Aynali Karak Kasfi
Camialti Tersanesi
Deniz Hastanesi
Denizcilik Bankası Tersanesi
Taksim
Cumhuriyet Meydanı
Atatürk Kültür Merkezi
Askeri Müzesi
Orduevi
Radio Evi
Açıkhava Tiyatrosu
Spor ve Sergi Sarayı
Fransız Hastanesi
Teknik Üniversitesi Mimarlık Fakültesi
Mithat Paşa Stadyumu
Teknik Üniversite
Alman Başkonsolosluğu
Galatasaray Lisesi
Alman Hastahanesi
Devlet Güzel Sanatlar Akademisi
Atatürk Kız Lisesi
İtalyan Hastahanesi
Nusretiye Camii
Tophane Çeşmesi
Tünel
Şişhane Meydanı
Galata Kulesi
Sokollu Camii
Arap Camii
Merkez Bankası
Rüstem Paşa Camii
Yeni Camii
Mısır Çarşısı
Sirkeci Garı
Gülhane Parkı
Gotlar Sütunu
Topkapı Sarayı
Çinili Köşk
Sark Eserleri Müzesi
Arkeoloji Müzesi
Aya İrini
Atatürk Heykeli
Süleymaniye Camii
İstanbul Üniversitesi
Büyük Kapalı Çarşı
Beyazıt Camii
Belediye Müzesi
Belediye Sarayı
Şehzade Camii
Botanik Enstitüsü
Fatih Mehmet Camii
Sultan Selim Camii
Molla Zeyrek Camii
Ayasofya Müzesi
Sultanahmet Camii
Yılanlı Sütun
Örme Sütun
Dikilitaş
Sultan Ahmet Çeşmesi
Gülhane Hastanesi
Küçük Ayasofya Camii
Kennedy Cad.
Ordu Caddesi
Yeniçeriler Caddesi
Divan Yolu
Atatürk Bulvarı
Cumhuriyet Caddesi
Meclisi Mebusan Caddesi
Tersane Caddesi
Kabataş
Beşiktaş
Harem
Kadıköy
Marmara Akdeniz Hattı
Haydarpaşa Kadıköy
Bakırköy
Bostancı Moda
Fatih Köprüsü
Edirne
Kilyos

0
500
1000 M
KOŽUMJAKY
GONČARI
PAN'KIVŠČYNA
NOVE
BATYJEVA HORA
ZALIZNYČNYJ
STROJENIJE
LYPKY
KLOV
DNIPRO
Kontraktova plošča
Poštova plošča
Majdan Nezaležnosti
Chreščatyk
Teatral'na
Zoloti vorota
Unyversytet
Vokzal'na
Plošča L'va Tolstoho
Palac sportu
Klovs'ka
Respublikans'kyj stadion
Palac "Ukrajina"
vul. Artema
вул. Артема
Žytomyrs'ka
Velyka
bul'v. Tarasa Ševčenka
бульв. Тараса Шевченка
Peremohy
Hlybočyc'ka
Hlybočyc'ka vul.
Volodymyrs'ka
Nabrežne šose
Naberežno-Chreščatyc'ka vul.
vul. Petra Sahajdačnoho
Basejna
bul'v. Lesi Ukrajinky
Saksahans'koho
Žylians'ka vul.
Lybid'
Lukjanivs'ka
hora Jurkovyc'a
hora Ščekavyc'a
Vokzal'na pl.
Вокзальна пл.
Bessarabs'ka pl.
Бессарабська пл.
pl. Peremohy
пл. Перемоги
pl. L'va Tolstoho
пл. Льва Толстого
Mychajlivs'ka pl.
Михайлівська пл.
L'vivs'ka pl.
Львівська пл.
Volodymyrs'ka Hirka
Pionera'kyj PKtaV
Stadion "Dynamo"
Respublikans'kyj stadion
Lokomotiv
Kyjiv-Pasažyrs'kyj
vul. Dymytrova
вул. Димитрова
Ščors'a
Щорса

0 Hillerød, Helsingør
500
1000 M
Hørsholm, Helsingør
Kongens- Lyngby, Helsingør
Glostrup, Roskilde, Frederikssund
Glostrup, Roskilde
Brøndby, Strand
Hvidovre, Køge
København- Kastrup
Ryparken St.
Svanemøllen St.
Nordhavn St.
Frihavnen St.
Østerport St.
Nørreport St.
Vesterport St.
København
Strandvænget
Kalkbrænderihavnsgade
Strandboulevarden
Østerbrogade
Jagtvej
Lyngbyvej
Nørre Allé
Tagensvej
Fredensgade
Nørrebrogade
Fælledvej
Blegdamsvej
Øster Søgade
Dag Hammerskjölds Allé
Gothersgade
Frederiksborggade
Nørre Voldgade
Øster Voldgade
Store Kongensgade
Bredgade
Esplanaden
Grønningen
Vester Voldgade
H.C. Andersens Boulevard
Vesterbrogade
Gammel Kongevej
Bernstorffsgade
Tietgensgade
Kalvebod Brygge
Christians Brygge
Børsgade
Torvegade
Amager Boulevard
Vermlandsgade
Nordhavnen
Orientbassinet
Kronløbsbassinet
Nordbassinet
Mellembassinet
Yderhavnen
Skudeløbed
Svanemøllehavnen
Sortedams Sø
Peblinge Sø
Sankt Jørgens Sø
Inderhavnen
Sydhavnen
Stadsgraven
ØSTERBRO
NØRREBRO
CHRISTIANSHAVN
Fælledparken
Rigshospitalet
Kastellet
Den lille Havfrue
Refshaleøen
Nyholm
Dokøen
Frederiksholm
Arsenaløen
Botanisk Have
Kongens Have
Rosenborg Slot
Kongens Nytorv
Nyhavn
Amalienborg
Tivoli
Christiansborg
Slotsholmen
Langebro
Knippelsbro
Holmens Kirke
Vor Frelsers Kirke
Statens Museum for Kunst
Trianglen
Lille Triangel
Oslo Plads
Sankt Annæ Plads
Dronning Louises Bro
Vibenshus Runddel
Garnisons Kirkegård
Assistens Kirkegård
Østre Anlæg
Ørstedsparken
Langelinie
Amaliehaven
Christianshavn
19
02
16
156
151
2001

Kaliningrad RUS

0 500 1000 M

Svetlogorsk Светлогорск

Zelenogradsk Зеленоградск

Primorsk Приморск

Gvardejsk Гвардейск

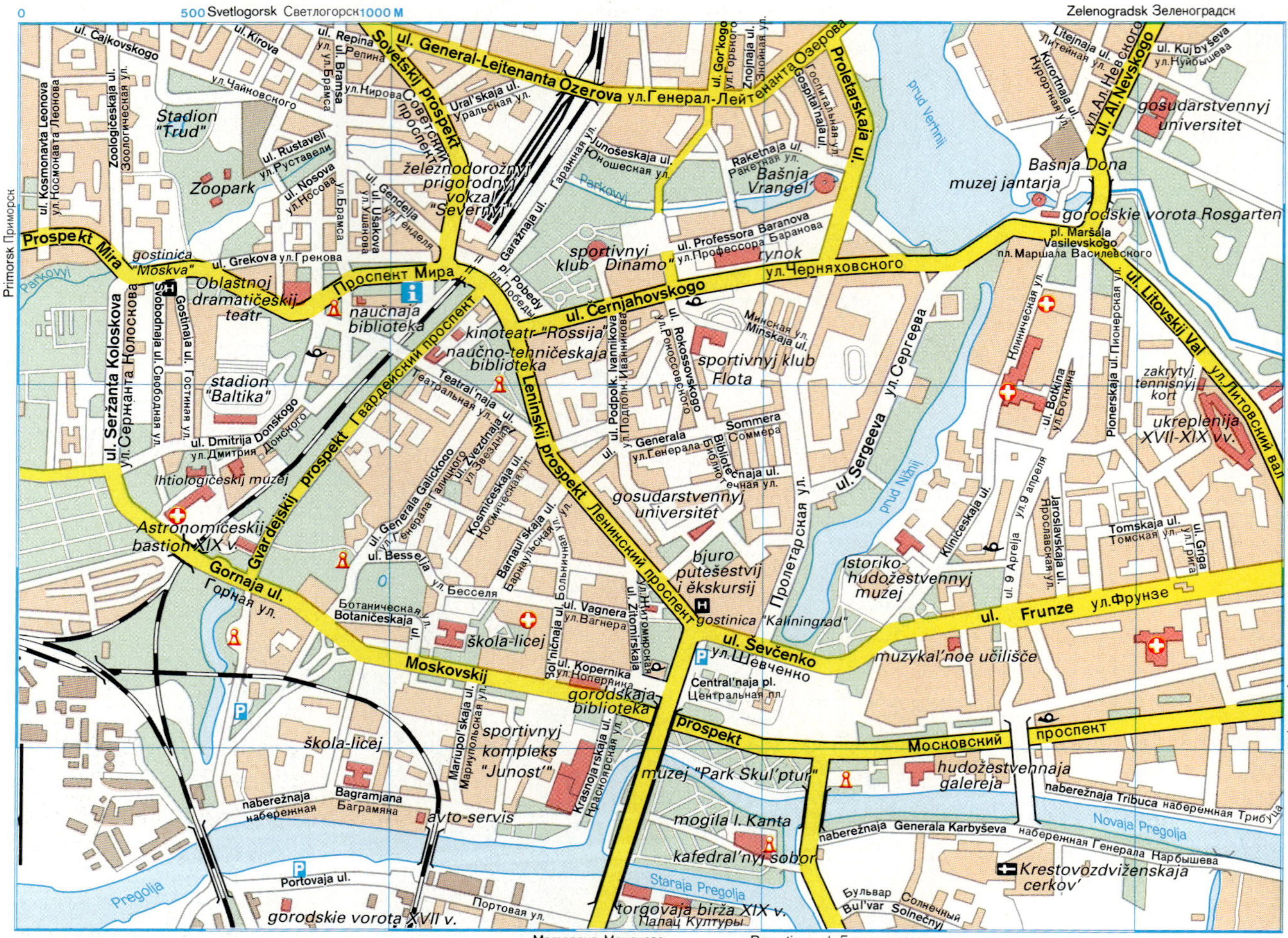

ul. General-Leitenanta Ozerova ул.Генерал-Лейтенанта Озерова
Sovetskij prospekt
Proletarskaja ul.
Stadion "Trud"
Zoopark
železnodorožnyj prigorodnyj vokzal "Severnyj"
Parkovyj
Raketnaja ul.
Bašnja Vrangel'
Bašnja Dona
muzej jantarja
gosudarstvennyj universitet
gorodskie vorota Rosgarten
pl. Maršala Vasilevskogo
Prospekt Mira
gostinica "Moskva"
ul. Grekova ул.Грекова
Oblastnoj dramatičeskij teatr
naučnaja biblioteka
kinoteatr "Rossija"
naučno-tehničeskaja biblioteka
sportivnyj klub "Dinamo"
ul. Professora Baranova
rynok
ul. Černjahovskogo ул.Черняховского
sportivnyj klub Flota
ul. Serženta Koloskova
stadion "Baltika"
ul. Dmitrija Donskogo
Ihtiologičeskij muzej
Astronomičeskij bastion XIX v.
Gvardejskij prospekt Гвардейский проспект
Leninskij prospekt Ленинский проспект
gosudarstvennyj universitet
ul. Sergeeva ул. Сергеева
prud Nižnij
prud Verhnij
ul. Litovskij Val
zakrytyj tennisnyj kort
ukreplenija XVII-XIX vv.
bjuro putešestvij i ėkskursij
gostinica "Kaliningrad"
Istoriko-hudožestvennyj muzej
ul. Frunze ул.Фрунзе
Gornaja ul.
Botaničeskaja
škola-licej
ul. Ševčenko ул.Шевченко
Central'naja pl.
muzykal'noe učilišče
Moskovskij prospekt Московский проспект
gorodskaja biblioteka
sportivnyj kompleks "Junost'"
muzej "Park Skul'ptur"
hudožestvennaja galereja
Bagramjana
avto-servis
mogila I. Kanta
kafedral'nyj sobor
naberežnaja Generala Karbyševa
Novaja Pregolja
Staraja Pregolja
Pregolja
Portovaja ul.
gorodskie vorota XVII v.
torgovaja birža XIX v.
Krestovozdviženskaja cerkov'
Bul'var Solnečnyj

Mamonovo Мамоново

Bagrationovsk Багратионовск

Ljubljana SLO

0 500 1000 M

Ljubelj, Kranj

Maribor, Celje, Aerodrom, Ljubljana

Trst, Postojna

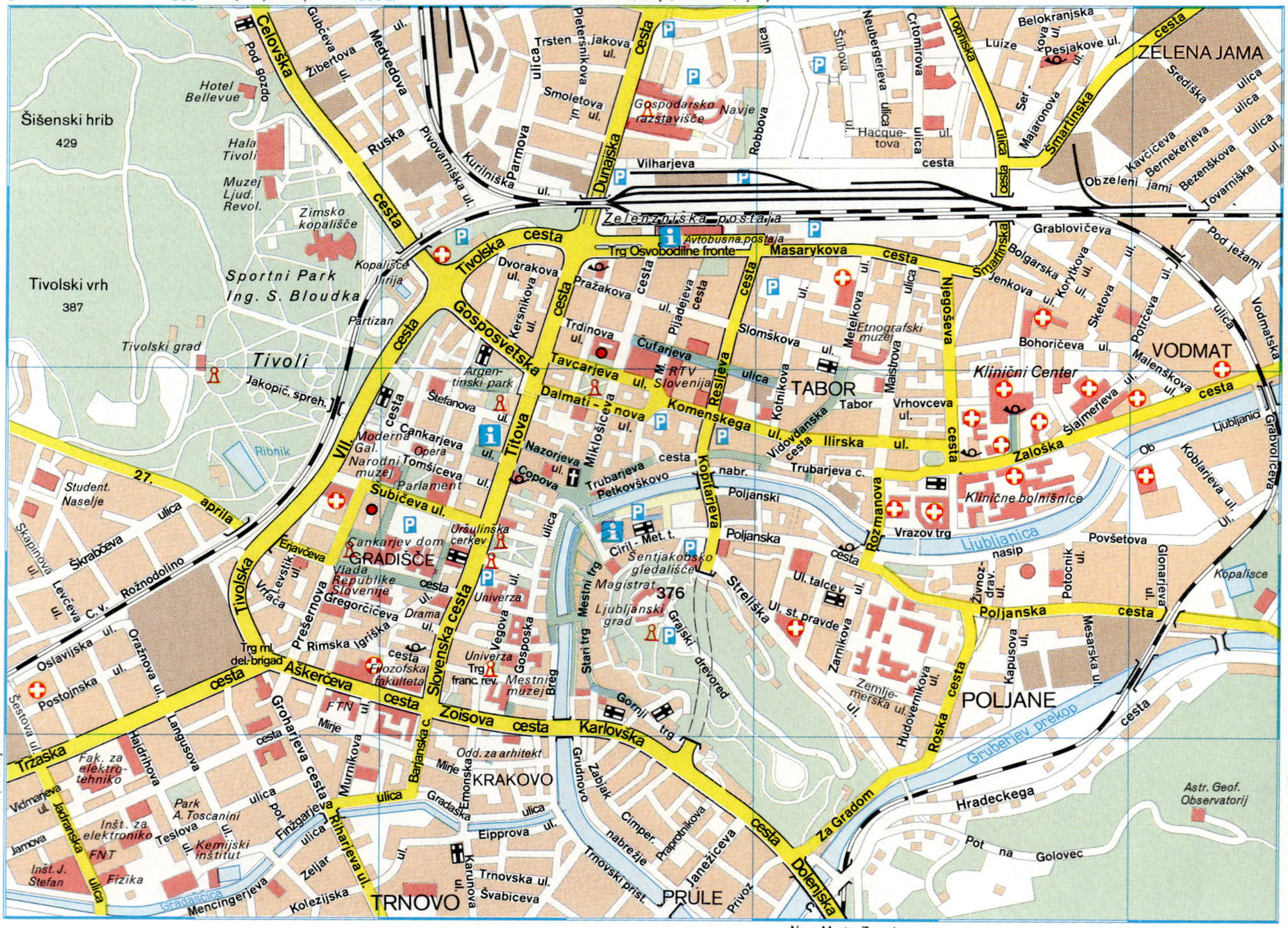

Celovška
Hotel Bellevue
Šišenski hrib
429
Hala Tivoli
Muzej Ljud. Revol.
Zimsko kopališče
Sportni Park Ing. S. Bloudka
Tivolski vrh
387
Tivolski grad
Tivoli
Jakopič. spreh.
Ribnik
Student. Naselje
27. aprila
Dunajska cesta
Gospodarsko razstavišče
Železniška postaja
Avtobusna postaja
Trg Osvoboditve fronte
Masarykova cesta
Vilharjeva
ZELENA JAMA
Šmartinska
Tivolska cesta
Gosposvetska
Argentinski park
Slovenska cesta
Titova
Čufarjeva
RTV Slovenija
TABOR
Etnografski muzej
Klinični Center
VODMAT
Zaloška
Klinične bolnišnice
Ljubljanica
Moderna Gal.
Narodni muzej
Opera
Parlament
Cankarjev dom
GRADIŠČE
Vlada Republike Slovenije
Univerza
Drama
Filozofska fakulteta
Mestni muzej
Šentjakobsko gledališče
Ljubljanski grad
376
Poljanska cesta
POLJANE
Aškerčeva
Zoisova cesta
Karlovška
Gruberjev prekop
Astr. Geof. Observatorij
Hradeckega
KRAKOVO
TRNOVO
PRULE
Dolenjska
Za Gradom
Tržaška
Fak. za elektrotehniko
Inšt. J. Stefan
Gradaščica

Novo Mesto, Zagreb

0
500
1000 M
Halle Flughafen Schkeuditz, Neue Messe
GOHLIS
Zoologischer Garten
Große Wiese
Rosental
NEUSTADT
NEU-
SCHÖNE
FELD
MITTE
Leipzig-Hauptbahnhof
Sachsenplatz
Markt
Augustusplatz
Neues Gewandhaus
Neues Rathaus
Johannapark
Clara-Zetkin-Park
Rennbahn Scheibenholz
Universitätskliniken
REUDNITZ
Friedenspark
THONBERG
Altes Messegelände
Deutscher Platz
SÜD
CONNEWITZ
Leipzig-Völkerschlachtdenkmal
Mariannenpark
Zoo
Eilenburg
Wurzen
Weißenfels Merseburg
Zeitz Markkleeberg

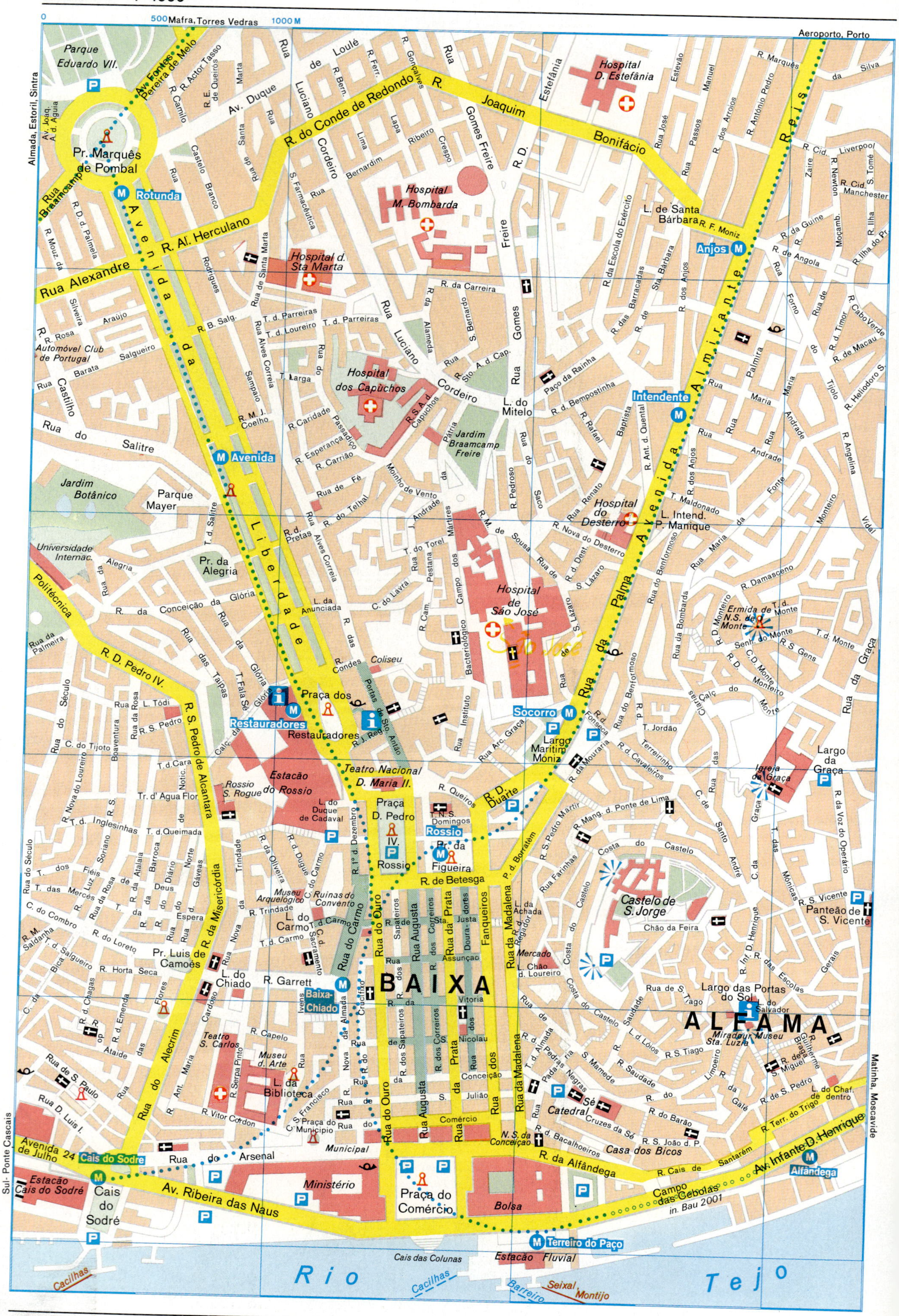
0
500
1000 M
Mafra, Torres Vedras
Aeroporto, Porto
Almada, Estoril, Sintra
Sul - Ponte Cascais
Matinha, Moscavide
Parque Eduardo VII.
Pr. Marquês de Pombal
Rotunda
Av. Fontes Pereira de Melo
Av. Duque de Loulé
R. do Conde de Redondo
R. Joaquim Bonifácio
Hospital D. Estefânia
Hospital M. Bombarda
Hospital d. Sta Marta
Hospital dos Capuchos
Hospital de São José
Hospital do Desterro
Rua Alexandre Herculano
R. Al. Herculano
Rua Braamcamp
Avenida da Liberdade
Avenida
Rua Gomes Freire
Rua Luciano Cordeiro
L. de Santa Bárbara
Anjos
Intendente
Avenida Almirante Reis
Automóvel Club de Portugal
Rua do Salitre
Jardim Botânico
Parque Mayer
Universidade Internac.
Politécnica
Pr. da Alegria
Jardim Braamcamp Freire
L. do Mitelo
Coliseu
Praça dos Restauradores
Restauradores
Teatro Nacional D. Maria II.
Estacão do Rossio
Praça D. Pedro IV
Rossio
Pr. da Figueira
R. de Betesga
R. S. Pedro de Alcântara
Rua da Misericórdia
L. do Carmo
Ruínas do Convento
Museu Arqueológico
Pr. Luís de Camões
L. do Chiado
R. Garrett
Baixa-Chiado
Teatro S. Carlos
Museu d. Arte
L. da Biblioteca
BAIXA
Rua Augusta
Rua da Prata
Rua do Ouro
Rua dos Fanqueiros
Rua da Madalena
Socorro
Largo Martim Moniz
Rua da Palma
Castelo de S. Jorge
Chão da Feira
Largo da Graça
Igreja da Graça
Ermida de N.S. do Monte
Panteão de S. Vicente
Largo das Portas do Sol
ALFAMA
Miradouro Sta. Luzia
Museu
Sé Catedral
Casa dos Bicos
Mercado
R. da Alfândega
Av. Infante D. Henrique
Alfândega
Campo das Cebolas
in Bau 2001
Praça do Comércio
Bolsa
Ministério
Municipal
Pr. do Município
Rua do Arsenal
Cais do Sodré
Estacão Cais do Sodré
Avenida 24 de Julho
Av. Ribeira das Naus
Rua do Alecrim
Terreiro do Paço
Estacão Fluvial
Cais das Colunas
Rio Tejo
Cacilhas
Barreiro
Seixal
Montijo

0
500
1000 M
REGENT'S PARK
ST. PANCRAS
CLERKENWELL
MARYLEBONE
BLOOMSBURY
SOHO
MAYFAIR
Hyde Park
Green Park
ST. JAMES'S
WESTMINSTER
SOUTH BANK
LAMBETH
BELGRAVIA
PIMLICO
VAUXHALL
Thames
River

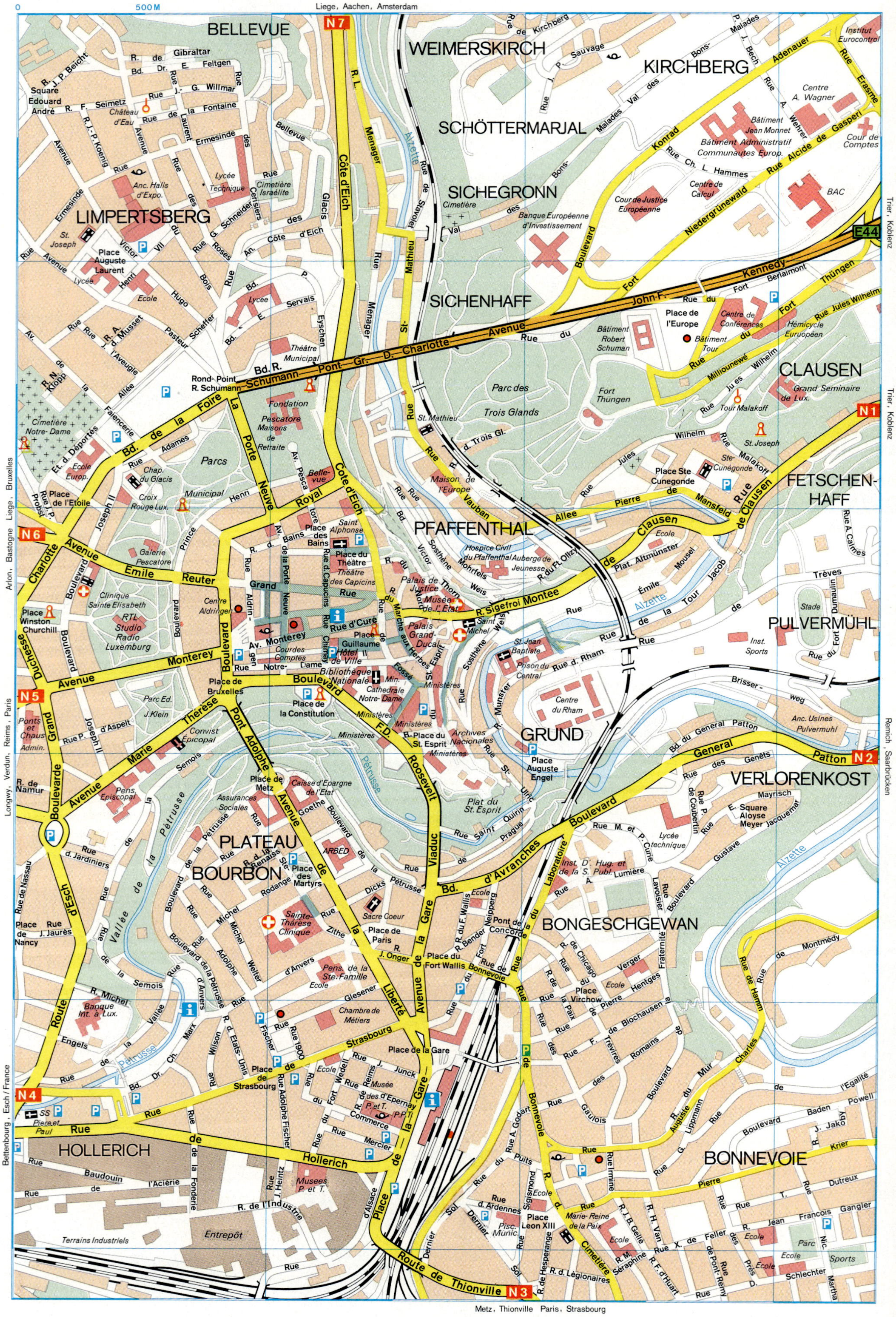
0
500 M
Liege, Aachen, Amsterdam
Trier, Koblenz
Trier, Koblenz
Remich, Saarbrücken
Metz, Thionville Paris, Strasbourg
Bettembourg, Esch / France
Longwy, Verdun, Reims, Paris
Arlon, Bastogne Liege, Bruxelles
N7
N1
N2
N3
N4
N5
N6
E44
BELLEVUE
WEIMERSKIRCH
KIRCHBERG
SCHÖTTERMARJAL
SICHEGRONN
LIMPERTSBERG
SICHENHAFF
CLAUSEN
FETSCHEN-HAFF
PFAFFENTHAL
PULVERMÜHL
GRUND
VERLORENKOST
PLATEAU BOURBON
BONGESCHGEWAN
BONNEVOIE
HOLLERICH
Institut Eurocontrol
Centre A. Wagner
Bâtiment Jean Monnet
Bâtiment Administratif Communautés Europ.
Cour de Comptes
BAC
Cour de Justice Européenne
Centre de Calcul
Banque Européenne d'Investissement
Cimetière
Square Edouard André
Château d'Eau
Anc. Halls d'Expo.
Lycée Technique
Cimetière Israélite
St. Joseph
Place Auguste Laurent
Lycée
Ecole
Théâtre Municipal
Rond-Point R. Schumann
Bd. R. Schumann
Pont Gr. D. Charlotte
Avenue John-F.-Kennedy
Place de l'Europe
Bâtiment Robert Schuman
Bâtiment Tour
Centre de Conférences
Hémicycle Européen
Grand Seminaire de Lux.
Fort Thüngen
Parc des Trois Glands
Tour Malakoff
St. Joseph
Place Ste Cunegonde
Ste-Cunegonde
Fondation Pescatore Maisons de Retraite
Cimetière Notre-Dame
Ecole Europ.
Chap. du Glacis
Croix Rouge Lux.
Parcs
Municipal
Place de l'Etoile
Belle-vue
Maison de l'Europe
St. Mathieu
Saint Alphonse
Place des Bains
Place du Théâtre
Théâtre des Capucins
Hospice Civil du Pfaffenthal
Auberge de Jeunesse
Galerie Pescatore
Avenue Emile Reuter
Clinique Sainte Elisabeth
RTL Studio Radio Luxemburg
Centre Aldringen
Place Winston Churchill
Grand Rue
Palais de Justice
Musée de l'Etat
Palais Grand Ducal
Place Guillaume
Hôtel de Ville
Courdes Comptes
Bibliothèque Nationale
Cathédrale Notre-Dame
Ministères
Saint Michel
St. Jean Baptiste
Prison du Centrale
Centre du Rham
Avenue Monterey
Boulevard Royal
Place de Bruxelles
Place de la Constitution
Parc Ed. J. Klein
Convist Episcopal
Ponts et Chaus. Admin.
Place du St. Esprit
Archives Nationales
Place Auguste Engel
Plat du St. Esprit
Anc. Usines Pulvermuhl
Inst. Sports
Stade
Boulevard F.D. Roosevelt
Place de Metz
Caisse d'Epargne de l'Etat
Assurances Sociales
ARBED
Place des Martyrs
Pens. Episcopal
Sainte-Thérèse Clinique
Sacre Coeur
Place de Paris
Pens. de la Ste. Famille
Chambre de Métiers
Banque Int. à Lux.
Place de Nancy
Place du Fort Wallis
Square Aloyse Meyer
Lycée technique
Inst. D. Hug. et de la S. Publ.
Place Virchow
Place de la Gare
Place de Strasbourg
Musée des P. et T.
P.&T.
Musées P. et T.
Terrains Industriels
Entrepôt
SS Pierre et Paul
Place Leon XIII
Marie-Reine de la Paix
Route de Thionville
Route d'Esch
Boulevard Grande-Duchesse Charlotte
Avenue Marie Thérèse
Pont Adolphe
Avenue de la Liberté
Avenue de la Gare
Bd. d'Avranches
Boulevard General Patton
Vallée de la Pétrusse
Alzette
Pétrusse
Parc
Sports
Ecole

0
500 M
Villefranche-s-Saône, Neuville-s-Saône
Bourg-en-Bresse-, Villefranche-s-Saône
Bourg-en-Bresse-, Villefranche-s-Saône
Genève, Pont d'Ain
Crémieu
Bourgoin-Jallieu
Satolas, Chambéry, Grenoble
Corbas
Vienne
Marseille, St.-Etienne
Givors, St.-Etienne
Chazelles-s-Lyon, Yseron
Tassin la Demi-Lune
Parc de la Tête d'Or
Rhône
Saône
Cité Internationale
Palais des Congrès
Interpol
Vélodrome
Grande Île
Île du Souvenir
Île des Tamaris
Jardin Zoologique
Jardin Botanique
Université Claude Bernard
Tennis club De Lyon
Hôpital de la Croix Rousse
Hôpital d'Enfants
Stade des Chartreux
Lycée
Maison de Retraite
Parc Fr. Popy
Institut Universitaire de formation des maîtres
Hôpital St. Joseph
Clinique
Lycée Technique
Jardin des Chartreux
Place de la Croix Rousse
Montée de la Boucle
Quai Pierre Scize
Pont de Lattre de Tassigny
Pont Morand
Pont Lafayette
Pont Wilson
Pont de la Guillotière
Pont Gallieni
Pont de l'Université
Pont W. Churchill
Place Adrien Godien
Place du Général Leclerc
Place du Maréchal Lyautey
Place Edgar Quinet
Place Bellecour
Place A. Poncet
Place Carnot
Place Ampère
Place Raspail
Place Jutard
Place G. Péri
Place V. Basch
Place Jean Macé
Place Jean Jaurès
Place Saint Louis
Pl. de Stalingrad
Pl. Bir Hakeim
Pl. Guichard
Pl. des Jacobins
Place de la Bourse
Pl. L. Pradel
H. de Ville
Musée St. Pierre
Lycée Ampère
Hôtel Dieu
Hôtel des Postes
Musée historique des Tissus
Lycée J. Récamier
Gare de Perrache
Université Lyon
Institute Pasteur
Musée Opéra
Quartier Général Frère
Cimetière Israélite
Gare de la Guillotière
Caserne Sergent Blandan
Ancien Cimetière de la Guillotière
Nouveau Cimetière de la Guillotière
Hôtel de police
Lycée Corbert
Université Lyon III Jean Moulin
Prison Montluc
Lycée privé St. Joseph
Bibliothèque
Maison de Radio
Centre Commercial
Auditorium
Cité Administrative d'Etat
Palais de Justice
Hôtel du Département
Halle
Pl. de la Villette
Cours Lafayette
Cours Vitton
Cours Roosevelt
Cours Gambetta
Cours de la Liberté
Cours A. Philip
Rue Garibaldi
Rue Duguesne
Bd. des Belges
Boulevard des Brotteaux
Avenue Jean Jaurès
Avenue Berthelot
Grande Rue de la Guillotière
Rue Paul Bert
Rue Servient
Ecole Catholique d'Arts et Métiers
Institute Ste. Marie
Grand théâtre
Théâtres Romains
Hôpital Antiquaille
Funiculaire
Palais de Justice
Cimetière
Pompiers
Stade
Lycée
L.E.P.

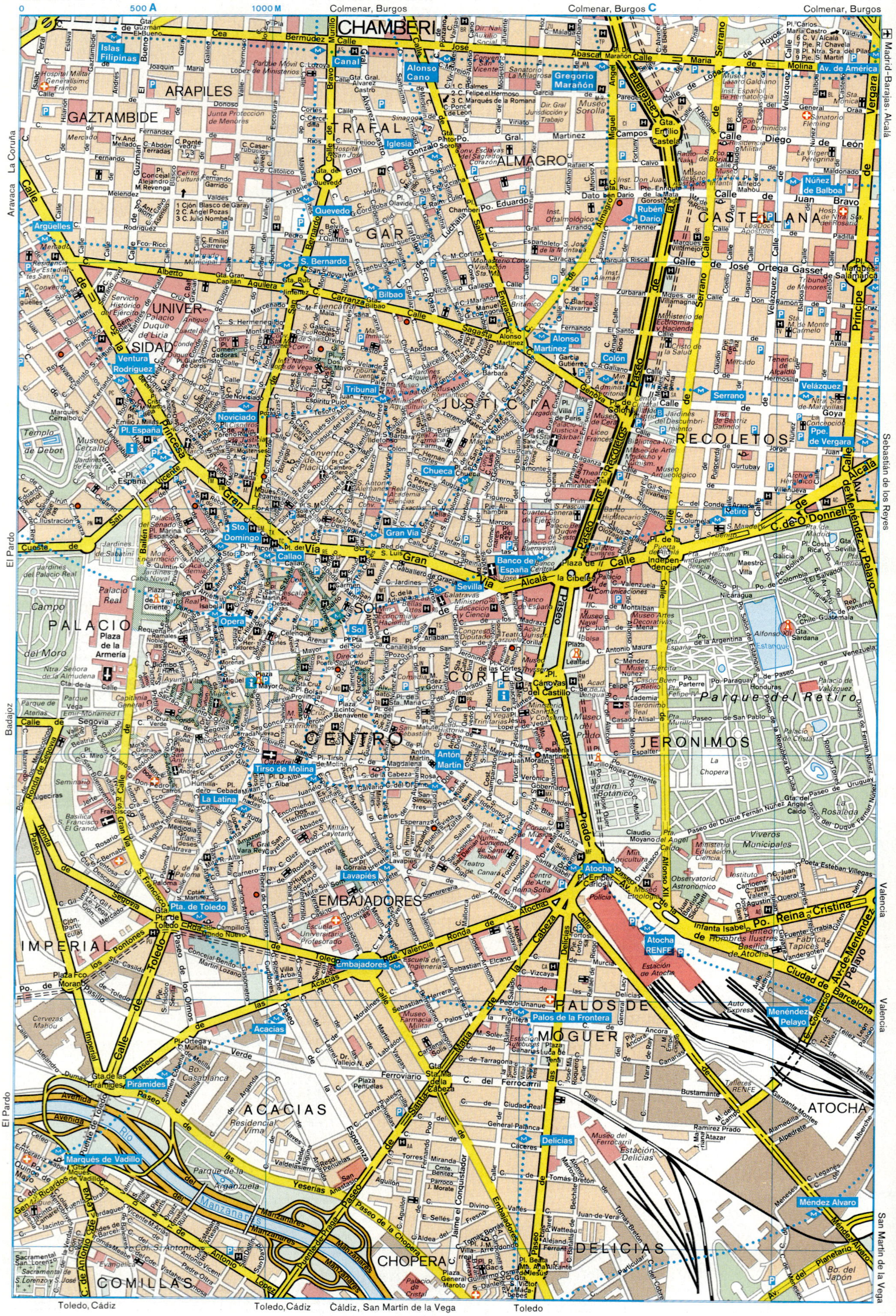
0
500 A
1000 M
Colmenar, Burgos
Colmenar, Burgos C
Colmenar, Burgos
Madrid-Barajas · Alcalá
Sebastián de los Reyes
Valencia
Valencia
San Martin de la Vega
Toledo, Cádiz
Toledo, Cádiz
Cáldiz, San Martin de la Vega
Toledo
El Pardo
Badajoz
El Pardo
Aravaca La Coruña
CHAMBERI
ARAPILES
GAZTAMBIDE
TRAFAL
GAR
ALMAGRO
CASTELLANA
UNIVER SIDAD
JUSTICIA
RECOLETOS
PALACIO
SOL
CORTES
CENTRO
JERONIMOS
EMBAJADORES
IMPERIAL
PALOS DE MOGUER
ACACIAS
ATOCHA
CHOPERA
DELICIAS
COMILLAS
Parque del Retiro
Islas Filipinas
Canal
Alonso Cano
Gregorio Marañón
Iglesia
Quevedo
S. Bernardo
Bilbao
Argüelles
Ventura Rodríguez
Alonso Martínez
Rubén Darío
Núñez de Balboa
Av. de América
Colón
Serrano
Velázquez
Ppe. de Vergara
Retiro
Noviciado
Tribunal
Pl. España
Chueca
Sto. Domingo
Callao
Gran Vía
Banco de España
Sevilla
Opera
Sol
Antón Martín
Tirso de Molina
La Latina
Lavapiés
Atocha
Atocha RENFE
Pta. de Toledo
Embajadores
Acacias
Palos de la Frontera
Menéndez Pelayo
Pirámides
Delicias
Marqués de Vadillo
Méndez Alvaro
Plaza de la Armería
Campo del Moro
Templo de Debot
Jardín Botánico
Estación de Atocha
Estación Delicias
Parque de la Arganzuela
Río Manzanares

F-13001 **Marseille**

0
500
1000 M
Aix- En- Provence
Arles
LA JOLIETTE
ST LAZARE
SAINT-CHARLES
Gare St Charles
Bassin de la Grande Joliette
Gare Maritime
LES GRDS. CARMES
HÔTEL DE VILLE
BELSUNCE
THIERS
LES 5 AVENUES
Vieux Port
Quai de Rive Neuve
LE PHARO
CONCEPTION
BAILLE
N.D.DUMONT
PREFECTURE
ST. VICTOR
LODI
LAMBERT
Canebière
Boulevard de la Liberation
Boulevard Longchamp
Frankl. Roosevelt
Rue de Rome
Rue Paradis
Boulevard Baille
Rue Roger Brun
Les Goudes
Toulon
Aubagne/ Toulon

MC-98.000 **Monte Carlo**

0
750M
la Turbie
Autoroute A8
N7
LA NOIX
TENAO
BEAUSOLEIL
GRIMA
Route de la Turbie
53
Moyenne Corniche
LES MONEGHETTI
LARVOTTO
Plages du Larvotto
Boulevard Princesse Charlotte
Bd de la République
MONTE CARLO
Casino
Port de Monaco
LA CONDAMINE
MONACO
Port de Fontvieille
FONTVIEILLE
Palais du Prince
Place du Palais
Musée Océanographique
Monte Carlo Sporting Club d'Eté
Menton, Italie
Eze, Nice
Nice, Beaulieu
Héliport
MONACO
Echelle 1: 7 500

0
500
1000 M
Erba Como
Lecco
Meda, Desio
Bergamo Brescia
Monza
Linate Aeroporto Forlanini
Locate Triulzi
Pavia
Autostrada dei Fiori Genova
Pavia Genova
Abbiategrasso
Novara Torino
Aeroporto Malpensa Gallarate Sempione
BULLONA
PORTA VOLTA
PORTA NUOVA
PORTA SEMPIONE
PORTA MAGENTA
PORTA VENEZIA
PORTA GENOVA
PORTA TICINESE
PORTA ROMANA
PORTA VIGENTINA
CONCHETTA
MORIVIONE
Stazione Centrale
Staz. Porta Garibaldi
Cimitero Monumentale
Parco Sempione
Castello Sforzesco
Stadio Civico
Arco della Pace
Giardini Pubblici
Piazza del Duomo
Duomo
Gal. Vitt. Emanuele
Teatro alla Scala
Pal. di Brera
Basilica d.S. Ambrogio
Università Cattolica
Ospedale Maggiore
Policlinico
Parco delle Basiliche
Piazza della Repubblica
Piazza Duca d'Aosta
Piazzale Cadorna
Staz. Nord
Staz. Genova
Scalo Merci Porta Romana

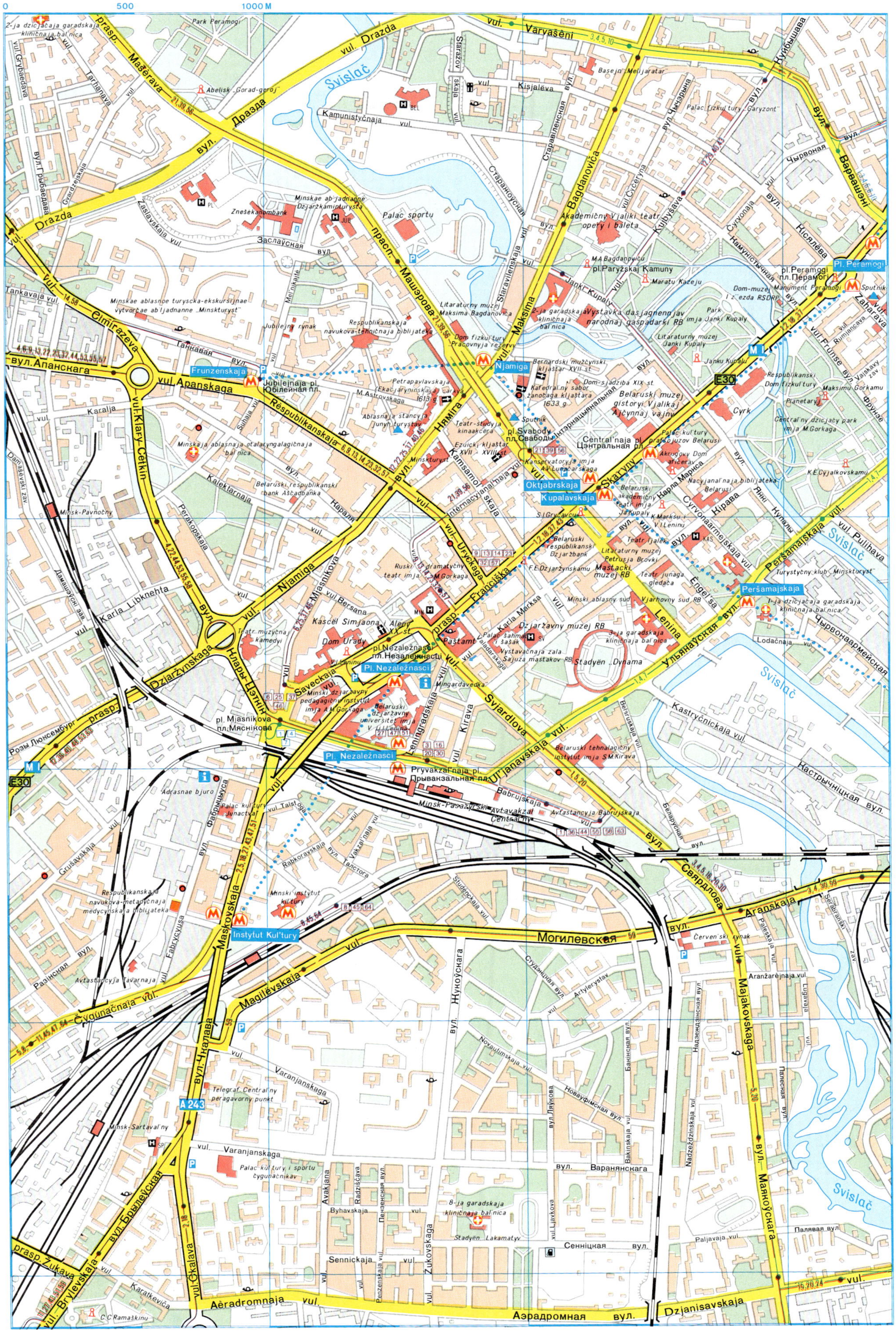
0
500
1000 M
vul. Drazda
vul. Varvašèni
Svislač
Park Peramogi
prasp. Mašerava
Abelisk „Gorad-geroj"
Kamunistyčnaja vul.
Kisjalëva
Starazov
Staravilenskaja vul.
Bagdanoviča
Maksima
Palac sportu
Minskae ab'jadnanne Dzjaržkamituryst"a
Znešekanombank
Zaslaŭskaja vul.
vul. Drazda
Tankavaja vul.
Cimirazeva
Jubilejny rynak
Frunzenskaja
Jubilejnaja pl.
vul. Apanskaga
Respublikanskaja
Njamiga
Kastryčnickaja vul.
Akademičny Vjaliki teatr opery i baleta
pl. Paryžskaj Kamuny
Maratu Kazeju
Janki Kupaly
Vystaŭka dasjagnenn jaŭ narodnaj gaspadarki RB
pl. Peramogi
Pl. Peramogi
Dom-muzej I z'ezda RSDRP
Monument Peramogi
Sputnik
Zacharava
Frunze
Cyrk
Maksimu Gorkamu
Central'ny dzicjačy park imja M.Gorkaga
Planetary
Respublikanski Dom fizkul'tury
pl. Svabody
Central'naja pl.
Oktjabrskaja
Kupalavskaja
Kastryčnickaja
Skaryny
Kamsamol'skaja
vul. Uryckaga
Francyska
Karla Marksa
Lenina
Engel'sa
Pershamajskaja
Pulihava
Svislač
Lodačnaja
Minski ablasny sud
Dzjaržaŭny muzej RB
Stadyën „Dynama"
Belaruski tehnalagičny instytut imja S.M.Kirava
Kirava
Sviardlova
Ul'janaŭskaja
Pl. Nezaležnasci
pl. Nezaležnasci
Dom Urada
Kascel Simjaona i Aleny XX st.
Mjasnikova
pl. Mjasnikova
Leningradskaja
Pryvakzal'naja pl.
Minsk-Pasažyrski
Avtavakzal Central'ny
Babrujskaja
Avtastancyja Babrujskaja
vul. Talstoga
Rabkoraŭskaja
Vakzal'naja vul.
Minski instytut kul'tury
Instytut Kul'tury
Maskoŭskaja
Minsk-Paŭnočny
Karla Libknehta
Klary Cetkin
Perakopskaja
Dzjaržynskaga
Grušaŭskaja
Fabryčnaja
Respublikanskaja navukova-metadyčnaja medycynskaja biblijateka
Avtastancyja Tavarnaja
Cvgunačnaja vul.
Magilëŭskaja
Varanjanskaga
vul. Čkalava
A 243
Telegraf Central'ny peragavorny punkt
Minsk-Sartaval'ny
Palac kul'tury i sportu čygunačnikaŭ
Žukoŭskaga
Sennickaja
Byhavskaja
8-ja garadskaja klinična ja bal'nica
Stadyën „Lakamatyŭ"
prasp. Žukava
Bryleŭskaja
Karatkeviča
Aèradromnaja vul.
Dzjanisavskaja
Majakoŭskaga
Aranskaja
Červen'ski rynak
Aranžarejnaja vul.
Nadeždinskaja vul.
Bakinskaja vul.
Novavilenskaja vul.
Artylerystaŭ
Svislač
M 1
E30

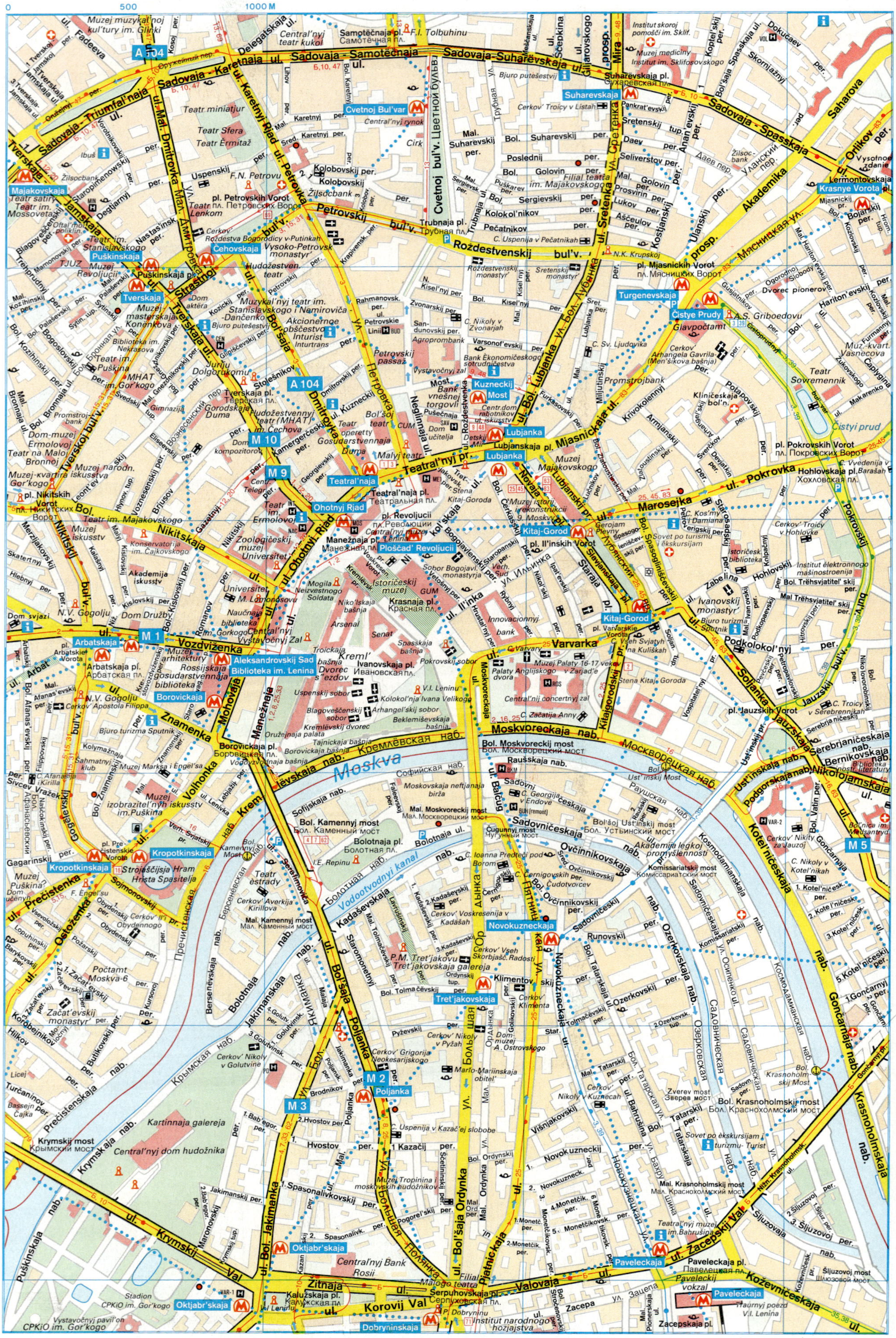
0
500
1000 M
Sadovaja-Samotečnaja ul.
Sadovaja-Suharevskaja ul.
Sadovaja-Spasskaja
Sadovaja-Karetnaja ul.
Sadovaja-Triumfal'naja ul.
Tverskaja ul.
Majakovskaja
Puškinskaja
Čehovskaja
Tverskaja
Suharevskaja
Cvetnoj Bul'var
Krasnye Vorota
Turgenevskaja
Čistye Prudy
Kuzneckij Most
Lubjanka
Teatral'naja
Ohotnyj Rjad
Ploščad' Revoljucii
Kitaj-Gorod
Arbatskaja
Aleksandrovskij Sad
Biblioteka im. Lenina
Borovickaja
Kropotkinskaja
Novokuzneckaja
Tret'jakovskaja
Poljanka
Oktjabr'skaja
Dobryninskaja
Paveleckaja
Rozdestvenskij bul'v.
Petrovskij bul'v.
Strastnoj bul'v.
Tverskoj bul'v.
Nikitskij bul'v.
Gogolevskij bul'v.
Čistoprudnyj bul'v.
Pokrovskij bul'v.
Jauzskij bul'v.
Mjasnickaja ul.
Varvarka
Maroseika
ul. Pokrovka
Vozdviženka
Znamenka
Volhonka
Prečistenka
Ostoženka
Moskvoreckaja nab.
Kremlëvskaja nab.
Sofijskaja nab.
Kotel'ničeskaja nab.
Vodootvodnyj kanal
Moskva
Kreml'
Bol. Kamennyj most
Bol. Moskvoreckij most
Krymskij most
Bol'šaja Ordynka
Pjatnickaja
Bol'šaja Poljanka
Bol. Jakimanka
Valovaja
Zacepskij Val
Koževničeskaja
Kaluzskaja pl.
Serpuhovskaja pl.
Paveleckij vokzal
Central'nyj dom hudožnika
Teatr im. Mossoveta
M 1
M 2
M 3
M 5
M 9
M 10
A 104

0
M-Feldmoching/Oberschleißheim,
1000 M
Unterschleißheim,
Nürnberg, Flughafen
Flughafen
Nürnberg
Dachau
Nürnberg
Olympiagelände
Stuttgart
M-Nymphenburg,
Wolfratshausen
Gräfelfing
Grünwald
Flughafen Mühldorf a. I.
Ismaning
Haar/Wasserburg a. Inn
M-Perlach/Neubiberg
SCHWABING
ALT-STADT
HAIDHAUSEN
AU
Englischer Garten
Maximilian-anlagen
Kleinhesseloher See
Hauptbahnhof
Karlsplatz
Marienplatz
Isartor
Rosenhmr. Platz
St.-Martin-Str.
Deutsches Museum
Ostfriedhof
Hohenzollern-str.
Franz-Joseph-str.
Elisabeth-str.
Theresien-str.
Gabelsberger-str.
Brienner-str.
Ludwig-str.
Leopold-str.
Prinzregenten-str.
Maximilians-str.
Schwanthaler-str.
Lindwurm-str.
Fraunhofer-str.
Erhardt-str.
Rosenheimer-str.
Innere Wiener-str.
Ismaninger-str.
Einstein-str.
Orleans-str.
Tassilo-str.
Welfen-str.
Humboldt-str.
Werinher-str.
Chinesischer Turm
Monopteros
Neue Pinakothek
Alte Pinakothek
Glyptothek
Universität
Staatsbibliothek
Viktual.-Mkt.
Alter Südl. Friedhof

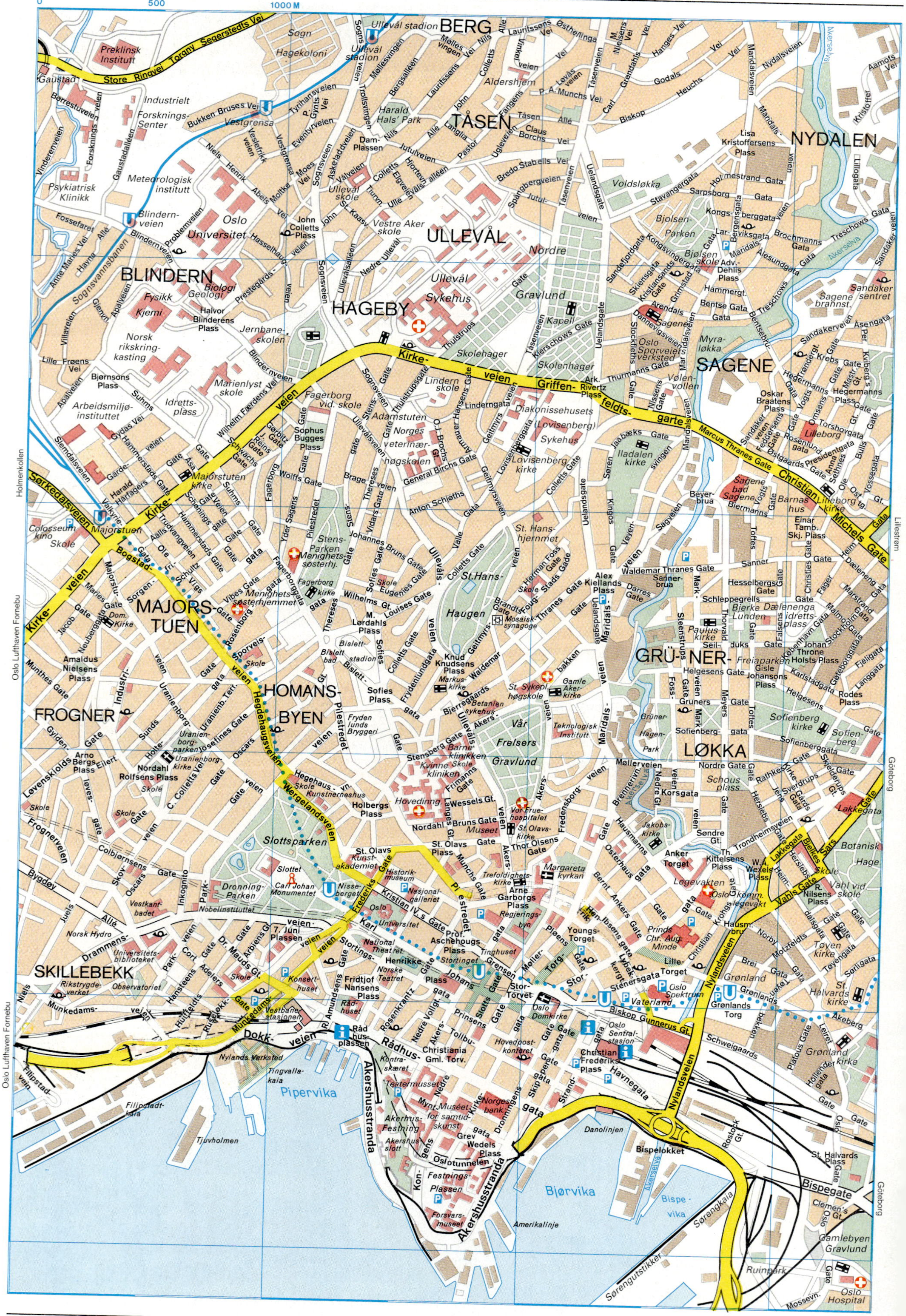
0
500
1000 M
BERG
TÅSEN
NYDALEN
ULLEVÅL
BLINDERN
HAGEBY
SAGENE
MAJORSTUEN
MAJORS-
TUEN
GRÜNER-
LØKKA
HOMANS-
BYEN
FROGNER
SKILLEBEKK
Oslo Universitet
Ullevål Sykehus
Vestre Aker skole
Nordre Gravlund
Slottsparken
Slottet
Pipervika
Bjørvika
Akershusstranda
Kirkeveien
Store Ringvei
Ring 3
Ullevål stadion
Preklinsk Institutt
Meteorologisk institutt
Psykiatrisk Klinikk
Norsk rikskringkasting
Marienlyst skole
Vår Frelsers Gravlund
St. Hanshaugen
Oslo Sentralstasjon
Oslo Spektrum
Oslo Domkirke
Akershus slott
Tjuvholmen
Gamlebyen Gravlund
Oslo Hospital
Vestbanestasjonen
Rådhusplassen
Nasjonalgalleriet
Stortinget
Nationaltheatret
Holmenkollen
Oslo Lufthavn Fornebu
Lillestrøm
Göteborg

0
500
1000 m
MONTMARTRE
ST GERMAIN DE PRÉS
QUARTIER LATIN
ÎLE DE LA CITÉ
ÎLE ST LOUIS
Seine
Jardin des Tuileries
Jardin du Luxembourg
Gare St Lazare
Place de la Concorde
Abbesses
Blanche
Pl. de Clichy
Pigalle
Anvers
Barbès Rochechouart
Villiers
Rome
Liège
Europe
Monceau
St Lazare
St Augustin
Havre Caumartin
Miromesnil
St. Ph. du Roule
Trinité
N. D. de Lorette
Le Peletier
Cadet
Poissonnière
Gare du Nord
St. Georges
Chaussée d'Antin
Rich. Drouot
Opéra
Quatre Sept.
Bonne Nouvelle
Rue Montmartre
Strasbourg St Denis
Madeleine
Champs Elysées Clemenceau
Concorde
Tuileries
Pyramides
Bourse
Sentier
Réaumur Sébastopol
E. Marcel
Les Halles
Palais Royal Musée d. Louvre
Louvre Rivoli
Rambuteau
Invalides
Assemblée Nationale
Solférino
Rue du Bac
La Tour Maubourg
Varenne
Pont Neuf
Châtelet
Hôtel de Ville
Cité
St Michel
Odéon
St Germain des Prés
Mabillon
Sèvres Babylone
St F. Xavier
St Sulpice
Cluny La Sorbonne
Maubert Mutualité
Vaneau
Rennes
Duroc
Sèvres Lecourbe
St Placide
N.-D. des Champs
Cardinal Lemoine
Falguière
Pasteur
Montparnasse
Bienvenue
Vavin
Edgar Quinet
Monge
Censier Daubenton
8
9
2
1
7
6
5

0
500
1000 M
Teplice
Mělník
Chomutov, Kralupy n.Vlt.
Karlovy Vary
Plzeň
Podebrady
Kutná Hora
Strakonice
Štěchovice
Čes. Budějovice, Brno
Benešov
BUBENEČ
Stromovka
HOLEŠOVICE
LETNÁ
Letenské sady
HRADČANY
JOSEFOV
MALÁ STRANA
ST. MĚSTO
VINOHRADY
NOVÉ MĚSTO
SMÍCHOV
VYŠEHRAD
VLTAVA
Nádraží Holešovice
Vltavská
Hradčanská
Malostranská
Staroměstská
Náměstí Republiky
Florenc
Můstek
Národní třída
Muzeum
Hlavní nádraží
Karlovo náměstí
Náměstí míru
I.P. Pavlova
Anděl
Vyšehrad
Karlův most
Pražský hrad
Petřínské sady
Výstaviště
Průmyslový palác

IS Reykjavík

0
500
1000 M
Höfn
Viðeyjorsund
Bátahöfn
Verbudir
Mýrar
Eiðsgrandi
Ánanaust
Vesturgata
Hafnarstræti
Austurstræti
Geirsgata
Tryggva
Tollstjóras-krifstofan
Tollbúð
Fiskifélagshúsið
Arnarhváll, stjórnarskrifstofur
Kalkofnsv.
Ingólfsstræti
Lindar
Pjóðleikhúsið
Klapparstígur
Hverfisgata
Laugavegur
Vatnsstígur
Rauðarávík
Saebraut
Skúlatorg
Skúla Gata
Borgartún
Samtún
Miðtún
Hátún
Höfðatún
Nóatún
Laugavegur
Stakkholt
Brautarholt
Skipholt
Rauðarárholt
Íþróttasvæði Fram
Sjómannaskóli
Vatnsgeymar
Kennaraskóli
Túngata
Landakot
Landssímastöð
Alpingishúsið
Dómkirkjan
Borgarskrifstofur
Tjarnarbær
Iðnó Leikhús
Miðbæjarskólinn
Kirkja Adventista
Fríkirkjan
Tjörnin
Listasafn Íslands
Skothúsvegur
Hljómskálagarður
Skólavörðustígur
Skólavörðuholt
Hallgrímskirkja
Skoli
Barónsstígur
Bergþórugata
Frakkastígur
Snorrabraut
Landspítali
Hringbraut
Umferðarmiðstöð
Vatnmýrarvegur
Miklatorg
Miklabraut
Miklatún
Sýningarskáli
Flókagata
Háteigsvegur
Langahlíð
Reykholt
Hlíðarendi
Íþróttasvæði Vals
Hjarðarholt
Slökkvistöð
Eskitorg
Hamrahlíð
Grænahlíð
Stigahlíð
Barmahlíð
Drápuhlíð
Blönduhlíð
Mávahlíð
Stakkahlíð
Bólst. Hl.
Úthlíð
Skógarhlíð
Flugvallarbraut
Flugvallarvegur
Vatnsmýri
Domestic Air Terminal
Air Terminal International Flights
Flugleiðir
Hótel Loftleiðir
Reykjavíkur Flugvöllur
Njarðargata
Eggertsgata
Sturlugata
Suðurgata
Aragata
Oddagata
Háskóli Íslands
Melatorg
Þjóðminjasafn
Íþróttavöllur
Hagatorg
Bændahöllin
Neskirkja
Skóli
Melarnir
Hofsvallagata
Kaplaskjól
Grímsstaðaholt
Brú
Hólar
Garðar
Lambhóll
Þormóðsstaðir
Skerjafjörður
Skildingsanes
Þorragata
Ægissíða
Tómasarhagi
Dunhagi
Fálkagata
Sundlaug
Einimelur
Nesvegur
Neshagi
Fornhagi
Meistaravellir
Kaplaskjólsvegur
Vesturborg barnaheimili
Íþróttasvæði K.R.
Grandavegur
Framnesvegur
Bræðraborgarstígur
Hringbraut
Elliheimili
Kirkjugarður
Tjarnargata
Laufásvegur
Fríkirkjuvegur
Sóleyjargata
Smáragata
Bergstaðastræti
Grettisgata
Njálsgata
Egilsgata
Eiríksgata
Leifsgata

LV Rīga

0
500
Tallinn
1000 M
Pskov
Jūrmala
Daugavpils
Viestura dārzs
Hanzas iela
Andrejosta
Jūras pasažieru stacija
Eksporta iela
1. Ganību dambis
Ugunsdzēsības muzejs
Skonto halle
"Dinamo" stadions
Hanzas iela
Krišjāņa Valdemāra iela
Vīzu reģistrācijas daļa
Brīvības iela
Baseins
LU stadions
Zinātniskā medicīnas bibliotēka
1. ātrās palīdzības slimnīca
Dailes teātris
Operetes teātris
Sporta pils
Bērnu pasaule
Dzejnieka A. Čaka piemineklis
Ziedondārzs
Aleksandra Čaka iela
Elizabetes iela
Kronvalda parks
P. Stradiņa medicīnas vēstures muzejs
Kongresu nams
Dzirnavu iela
Lāčplēša iela
Matīsa iela
vecā sv. Ģertrūdes baznīca
Zviedrijas vēstniecība
Kultūras un mākslas pils
Mākslas muzejs
Mākslas akadēmija
Esplanāde
Valūtas apmaiņas punkti
Aleksandra Ņevska baznīca
Ministru kabinets
Viesnīca "Latvija"
Rīgas 1. ģimnāzija
Jaunatnes teātris
Latvijas tautsaimniecības institūti
Viesnīca "Viktorija"
Republikas laukums
Mikela iela
Laukšaimnieku centrs
Nacionālais teātris
Muitas
Vanšu tilts
Banka
Jēkaba baznīca
Kara muzejs
Rīgas pils
Latvijas vēstures muzejs
Ārlietu ministrija
Rīgas Doms
Latvijas radio
Filharmonijas koncertzāle
VECRĪGA
Rīgas vēstures un kuģniecības muzejs
Krievu drāmas teātris
Lietišķās mākslas muzejs
Pēterbaznīca-muzejs
Rīgas tirdzniecības birža
Tehniskā universitāte
Latviešu strēlnieku muzejs
Daugava
Brīvības piemineklis
Vērmanes dārzs
Latvijas universitāte
Latvijas Mūzikas akadēmija
Nacionālā bibliotēka
Nacionālā opera
Viesnīca "Rīga"
Latvijas dabas muzejs
Viesnīca "Aurora"
Viesnīca "Baltija"
banka "Baltija"
Viesnīca "Metropole"
Komerciālās informācijas sabiedrība KOMIN SIA
Satekles iela
Pasažieru stacija
Valūtas apmaiņas punkti
Marijas
11. novembra krastmala
Kalķu iela
13. Janvāra iela
Autoosta
Viesnīca "Sports"
Valūtas apmaiņas punkti
Centrālais tirgus
Maskavas iela
Piemineklis 1905. gada cīnītājiem
Akmens tilts
Uzvaras bulv.
Zinātņu akadēmija
Latvijas preses muzejs
Miera parks
Sv. Franciska baznīca
Baltijas universālā tirdzniecības birža
Ivana Kapi
Latvijas Universālā komercsociācijas (LUKA) Tirdzniecības biržas
Valmieras iela
Avotu iela
Gogoļa
Dzirnavu iela
Lāčplēša iela

2 Viterbo, 3 Terni
1000 M
Viterbo 2 3 Terni Perugia
VITTORIA
Piazzale Clodio
Piazza G. Mazzini
Giardino Zoologico
Villa Borghese
Galoppatoio
Monte Pincio
Piazzale Flaminio
P.za del Popolo
Piazza Cavour
Castel S. Angelo
S. Pietro
Piazza Navona
Pantheon
Fontana di Trevi
Piazza di Spagna
Fiume Tevere
Isola Tiberina
Venezia
M. Capitolino
Foro Romano
Colosseo
M. Palatino
Circo Massimo
M. Aventino
Terme di Caracalla
TRASTEVERE
M. Gianicolo
Villa Abamelek
Monte Testaccio
Staz. Roma-Ostia
Staz. Trastevere F.S.
A24 L'Aquila
A1 Autostrada
5 Tivoli
A2 6 Napoli Frosinone
148 Latina
Lido di Castel Fusano
Grosseto, Pisa
1 Civitavecchia
Civitavecchia
A12 Civitavecchia
A12 Fiumicino
E.U.R. Marconi 8 Lido di Ostia
Lido d

0
500
1000 M
o. Petrogradskij
o. Kronverkskij
o. Zajačij
o. Admiraltejskij
o. Kazanskij
o. Spasskij
BOL. NEVA
MAL. NEVA
NEVA
Petrogradskaja
Gor'kovskaja
Pl. Lenina
Černyševskaja
Nevskij prosp.
Gostinyj Dvor
Majakovskaja
Pl. Vosstanija
Dostoevskaja
Vladimirskaja
Sennaja Pl.
Sadovaja
Puškinskaja
Ligovskij prospekt
Kamennoostrovskij prosp.
Petrovskaja nab.
Troickij most
Dvorcovyj most
Dvorcovaja nab.
Admiraltejskaja nab.
Nevskij prosp.
Litejnyj prosp.
Litejnyj most
Vladimirskij prosp.
Ligovskij prosp.
Sadovaja
Zagorodnyj prosp.
Voznesenskij prosp.
Moskovskij prosp.
Sampsonievskij most
Sampsonievskij prosp.
Pirogovskaja nab.
Arsenal'naja nab.
Robesp'era nab.
Kutuzova nab.
Fontanka
Finljandskij vokzal
Moskovskij vokzal
Petropavlovskaja krepost'
Ermitaž
Dvorcovaja pl.
Admiraltejstvo
Marsovo Pole
Letnij sad
Michajlovskij sad
Kazanskij sobor
Isaakievskij sobor
Krejser Avrora
Zoopark
Planetarij
Mechetь
A 129
M 10
M 11
M 20

Sarajevo BiH

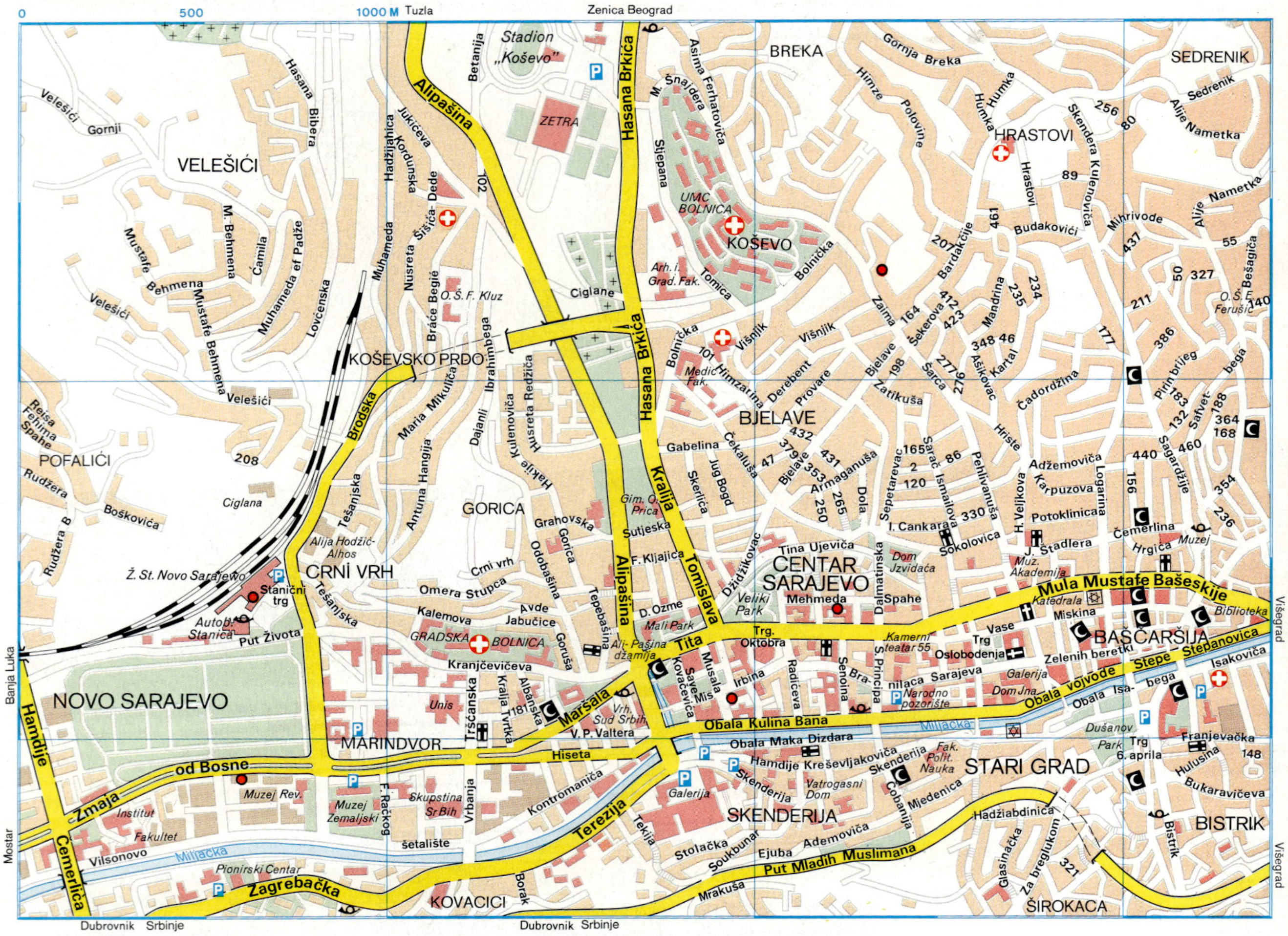
0
500
1000 M
Tuzla
Zenica Beograd
Banja Luka
Mostar
Dubrovnik Srbinje
Višegrad
Stadion „Koševo"
ZETRA
BREKA
SEDRENIK
HRASTOVI
VELEŠIĆI
KOŠEVO
UMC BOLNICA
KOŠEVSKO BRDO
BJELAVE
POFALIĆI
GORICA
CRNI VRH
CENTAR SARAJEVO
BAŠČARŠIJA
NOVO SARAJEVO
MARINDVOR
STARI GRAD
SKENDERIJA
BISTRIK
KOVAČIĆI
ŠIROKAČA
Alipašina
Hasana Brkića
Mula Mustafe Bašeskije
Obala Kulina Bana
Obala Maka Dizdara
Zmaja od Bosne
Zagrebačka
Put Mladih Muslimana
Titova
Maršala Tita
Hamdije Čemerlića
Miljacka
Vilsonovo šetalište
Hiseta
Terezija
Kralja Tvrtka
Kralja Tomislava
Ž. St. Novo Sarajevo
Autob. Stanica
Ciglana
Muzej Rev.
Muzej Zemaljski
Skupština SrBiH
Galerija
Vatrogasni Dom
Nar. pozorište

Sofija BG-1000

0 Vraca, Lom, Vidin, Varna 500
Vraca, Lom, Vidin, Varna 1000 M
Kubratovo
Dragoman, Beograd
Pernik, Kulata
Varna, Burgas
KV. Dragalevci
KV. Simeonovo, Samokov
Bistrica
KV. Bojana
Plovdiv, Svilengrad, Istanbul
Centralna Gara Sofia
ŽK HADŽI DIMITĂR
Bul. Slivnica
Бул. Сливница
Vladajska Reka
Bul. Gen. N. Stoletov
Bul. Hristo Botev
Bul. Kn. Marija Luiza
Бул. Кн. Мария Луиза
Bul. Knjaginja Marija Luiza
Bul. St. Stambolov
Бул. Ст. Стамболов
Bul. Al. Stambolijski
Бул. Ал. Стамболийски
Bul. Knjaz Al. Dondukov
Бул. Княз Ал. Дондуков
Bul. Vasil Levski
Бул. Васил Левски
Bul. Janko Sakăzov
Бул. Янко Сакъзов
Bul. Gen. Danail Nikolaev
Бул. Ген. Д. Николов
Car Osvoboditel
Bul. Vitoša
Бул. Витоша
Bul. Evlogi Georgiev
Bul. Gen. Totleben
Bul. Makedonija
Bul. Gen. M. D. Skobelev
Бул. Ген. М. Д. Скобелев
Sportna Zala Slivnica
Muzej Istorija na Sofia
Cărkva Sv. Nedelja
Nacionalen Arheolog. Muzej
Sofijska Opera
Hram-Pam. Sv. Al. Nevski
Nar. Teatăr Iv. Vazov
Narodno Subranie
Narodna Biblioteka Sv. Sv. Kiril i Metodij
SU Sv. Kliment Ohridski
Nacional Historical Muzej
Stolična Gradska Bibl.
NISM Pirogov
OBORIŠTE
Polk. Boris Drangov PARK
Stočna Gara
Orlov Most

0 E4, E18 Uppsala 500 Norrtälje 1000 M
Lidingö
Alvik, Hässelby, Sundbyberg
Hässelby
Alvik
Södertälje
Nynäshamn
VASASTADEN
ÖSTERMALM
NORRMALM
KUNGSHOLMEN
BLASIEHOLMEN
HELGEANDSHOLMEN
SKEPPSHOLMEN
KASTELHOLMEN
RIDDARHOLMEN
GAMLA STAN
BECKHOLMEN
SÖDERMALM
Riddarfjärden
Strömmen
Saltsjön
Ladugårds-landsviken
Nybroviken
Barnhusviken
Årstaviken
Hammarby Sjö
Lill-Jans skogen
Humlegården
Stadion
Sveavägen
Valhallavägen
Birger Jarlsgatan
Odengatan
Karlavägen
Strandvägen
Kungsgatan
Hamngatan
Götgatan
Ringvägen
Folkungagatan
Hornsgatan
Katarinavägen
Skeppsbron
Centralbron
Klarabergsviadukten
Stadshuset
Riksdagshuset
Kungl. Slottet
Nationalmuseum
Moderna Museet
Nordiska museet
Vasamuseet
Skansen
Gröna Lunds Tivoli
Kungl. Biblioteket
Historiska Museet
Stockholms Universitet
Observatorielunden
Vanadislunden
Tantolunden
Vita Bergen
Karla plan
Stureplan
Sergels Torg
Nybroplan
Slussen
Mälarstrand
Stadsgårdshamnen
Masthamnen
Kastellet
Sabbatsbergs sjukhus
Södersjukhuset
Rosenlunds sjukhus
Ersta sjukhus
Norrtulls sjukhus

Tallinn EST

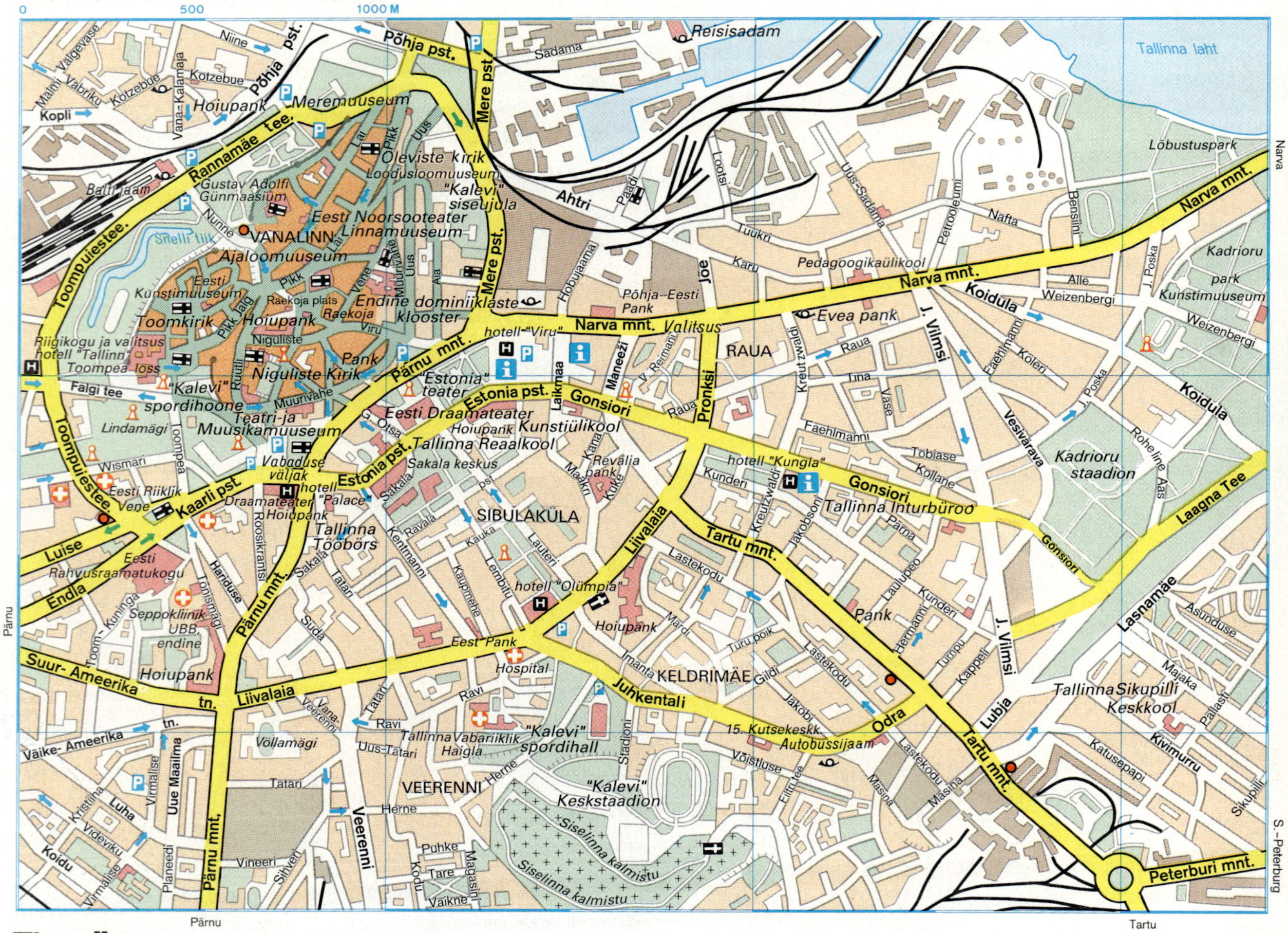
0
500
1000 M
Reisisadam
Põhja pst.
Sadama
Tallinna laht
Lõbustuspark
Narva
Kopli
Niine
Kotzebue
Hoiupank
Meremuuseum
Mere pst.
Rannamäe Tee
Balti jaam
Gustav Adolfi Gümnaasium
Oleviste kirik
Loodusloomuuseum
"Kalevi" siseujula
Ahtri
Eesti Noorsooteater
Linnamuuseum
VANALINN
Snelli tiik
Ajaloomuuseum
Toompuiestee
Kunstimuuseum
Toomkirik
Hoiupank
Raekoja plats
Raekoja
Endine dominiiklaste klooster
Riigikogu ja valitsus
hotell "Tallinn"
Toompea loss
Niguliste Kirik
Pank
"Kalevi" spordihoone
Teatri-ja Muusikamuuseum
Lindamägi
Falgi tee
Pärnu mnt.
"Estonia" teater
Estonia pst.
Eesti Draamateater
Tallinna Reaalkool
Kunstiülikool
hotell "Viru"
Narva mnt.
Valitsus
Põhja-Eesti Pank
Pedagoogikaülikool
Evea pank
RAUA
Joe
Gonsiori
Pronksi
Vabaduse väljak
hotell "Palace"
Draamateater
Kaarli pst.
Eesti Riiklik
Vene
Luise
Endla
Eesti Rahvusraamatukogu
Seppokliinik
UBB endine
Hoiupank
Sakala keskus
SIBULAKÜLA
Tallinna Tööbörs
hotell "Kungla"
Tallinna Inturbüroo
Tartu mnt.
Liivalaia
Kadrioru park
Kunstimuuseum
Kadrioru staadion
Koidula
Laagna Tee
Lasnamäe
J. Vilmsi
hotell "Olümpia"
Hoiupank
Eesti Pank
Hospital
KELDRIMÄE
Juhkentali
Pank
Suur-Ameerika
Liivalaia
Väike-Ameerika
Vallamägi
Tallinna Vabariiklik Haigla
"Kalevi" spordihall
15. Kutsekeskk.
Autobussijaam
Odra
Tallinna Sikupilli Keskkool
Lubja
Tartu mnt.
Kivimurru
Katusepapi
VEERENNI
Veerenni
"Kalevi" Keskstaadion
Siselinna kalmistu
Peterburi mnt.
Pärnu
S.-Peterburg
Tartu

Tiranë AL

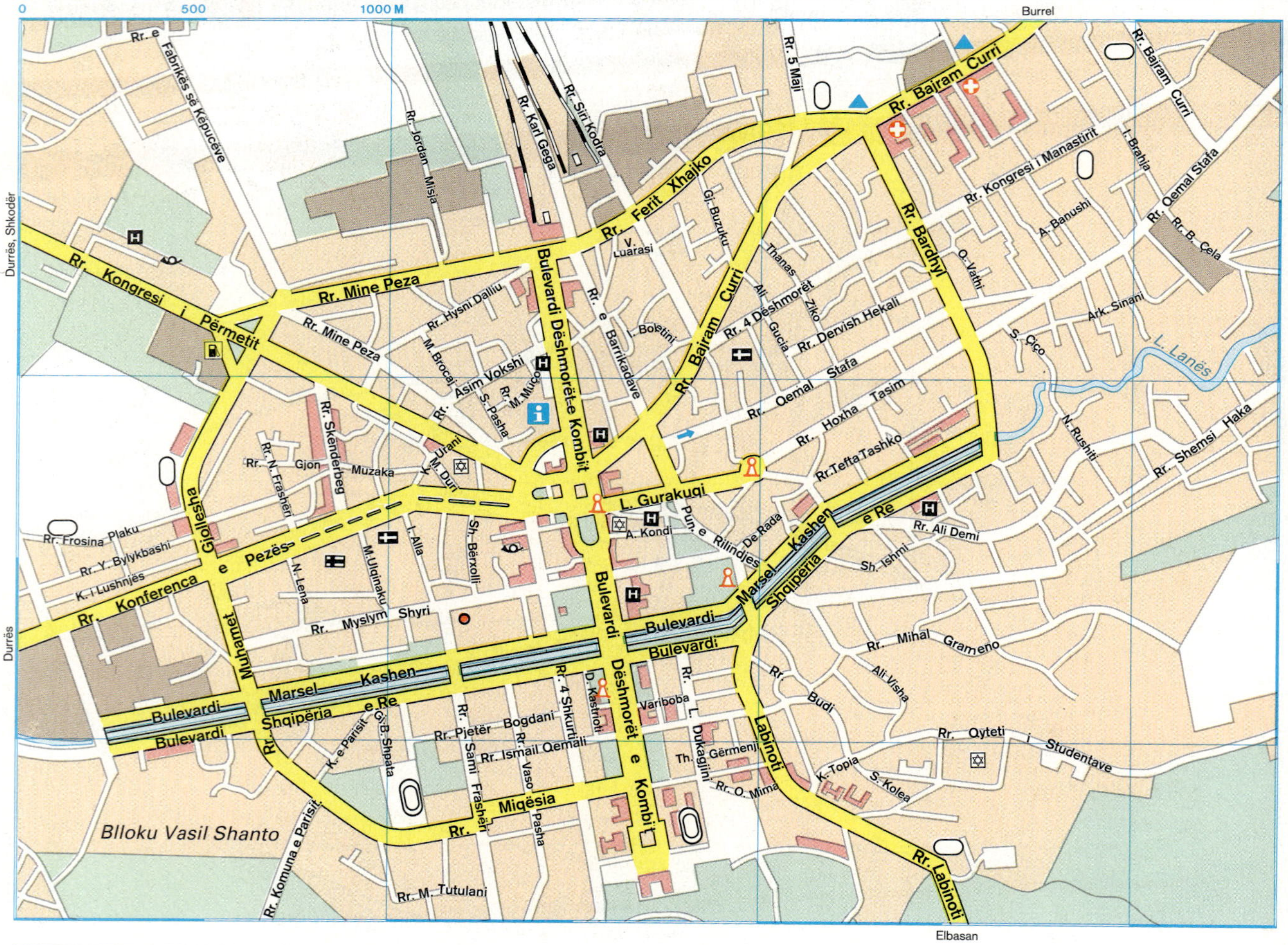
0
500
1000 M
Burrel
Durrës, Shkodër
Durrës
Fabrikës së Këpucëve
Rr. Jordan Misja
Rr. Karl Gega
Rr. Siri Kodra
Rr. 5 Maji
Rr. Bajram Curri
Rr. Ferit Xhajko
Rr. Kongresi i Përmetit
Rr. Mine Peza
Bulevardi Dëshmorët e Kombit
Rr. e Barrikadave
Rr. Bajram Curri
Rr. Bardhyl
Rr. Kongresi i Manastirit
Rr. Qemal Stafa
Rr. 4 Dëshmorët
Rr. Dervish Hekali
Rr. Hoxha Tasim
Rr. Tefta Tashko
L. Lanës
Rr. Shemsi Haka
Rr. Skënderbeg
L. Gurakuqi
Rr. Frosina Plaku
Rr. Konferenca e Pezës
Rr. Myslym Shyri
Rr. Muhamet Gjollesha
Bulevardi Marsel Kashen e Re
Bulevardi Shqipëria
Rr. Ali Demi
Rr. Mihal Grameno
Rr. Qyteti i Studentave
Rr. Labinoti
Rr. Pjetër Bogdani
Rr. Ismail Qemali
Rr. Miqësia
Rr. Sami Frashëri
Blloku Vasil Shanto
Rr. M. Tutulani
Rr. Komuna e Parisit
Elbasan

0
500
1000 M
Teruel, Sagunto
Liria
Tarragona
Puerto
Cullera, Alicante
Albacete
Albacete, Alicante
Aeropuerto, Madrid
Torrent
234
340
N III
V15
332
Avenida de los Hermanos Machado
Cocheras Metro
Estadio del Levante
Camino de Montcada
Avenida de la Constitución
Avenida D. Peset Aleixandre
Avenida Campanar
Avenida de Burjassot
Menéndez Pidal
Residencia Sanitaria La Fe
Est. Central de Autobuses
Río Turia
Pte. Glorias Valencianas
Paseo de la Pechina
Jardín Botánico
Gran Vía de Fern. el Católico
Torres de Quart
Pl. del Mercado
Mercado Central
Lonja
Catedral
Basílica
Torres de Serranos
Pte. de Serranos
Pte. de San José
Guadalaviar
C. de Blanquerías
Conde Trénor
Pintor López
C. San Pío V
Puente Trinidad
Pte. Trinidad
Hospital Cruz Roja
Museo de Bellas Artes San Pío V
Viveros Municipales
Llano del Real
Pte. del Real
Feria de Muestras
Avenida Blasco Ibáñez
Campus Universitario
Guardia Civil
Fac. de Farmacia
Fac. de Medicina
Psicología Pedagogía
Filosofía
Av. de Cataluña
Estadio Luis Casanova (Mestalla)
Fábrica de Tabacos
Palacio de la Municipalidad
Cuartel Flores del Ejército
Gobierno Militar
Paseo de la Alameda
Pte. de la Pasarela
Pte. del Mar
Pl. América
Pl. de Zaragoza
Pte. Aragón
Avenida Jacinto Benavente
Avenida Cardenal Benlloch
Avenida del Puerto
Avenida de Francia
Pte. Angel Custodio
Junta de Murs y Valls
Autopista al Saler
Pl. de la Virgen
Pl. de la Reina
Palacio de Justicia
Porta de la Mar
Pl. Porta de la Mar
Pl. del Ayuntamiento
Teatro
Casa de Cultura
Centro Cultural
Estación del Norte
Plaza de Toros
Est. de Autobuses
C. de Xátiva
Gran Vía Marqués del Turia
Gran Vía Germanias
Avenida Antic Regne de València
Mercado
Calle de San Vicente Mártir
Avenida de Pérez Galdós
C. de Angel Guimerá
Gran Vía de Ramón y Cajal
S. José de Calasanz
C. de Tres Forques
Jefatura de Tráfico
Correos
Estación Ferrocarril
Cuartel de Infantería
Avenida Peris y Valero
Calle de Cuba
Sueca
Avenida de Ausias March
Colegio San Juan Bosco
Camino del Viejo Valladar
Avenida Hermanos Maristas
Pl. Dr. Torrens

0
500
1000 M
CANALE DELLE SACCHE
Ospedale Umberto I
Sacca S. Alvise
Sacca S. Girolamo
CANALE DELLE NAVI
Sacca della Misericordia
Linea Alilaguna
Stazione S. Lucia
Stazione Ferroviaria Merci
Mestre
Autorimessa
Piazzale Roma
CANAL GRANDE
Ponte degli Scalzi
Pal. Pesaro
Ca' d'Oro
P.te Rialto
S. Maria dei Miracoli
S.S. Giovanni e Paolo
Ospedale Civile
S. Gloriosa dei Frari
Ponte d. Accademia
S. Maria della Salute
Piazza S. Marco
S. Marco (Basilica)
Pal. Ducale
BACINO S. MARCO
Canale della Giudecca
Traghetto per Automobili
I.S. GIORGIO MAGGIORE
S. Giorgio
Canale della Grazia
S. Clemente
LA GIUDECCA
Molino Stucky
Stazione Marittima
Fondamenta Zattere
Dogana di Mare
Redentore

0
750 M
Riga, Panevežys
Utena, Molėtai
Nemenčinė
Kaunas, Trakai, Eišiškės
Minsk, Lida
Baltoji-Vokė
Neris
Vilnia
Ukmergės
Šeimyniškių
gatvė
A.Goštauto
Žygimantų
Kalvarijų
A.Juozapavičiaus
Žvejų
Upės
Studentų
Gedimino
Gynėjų
Lukiškių
Lietuva
Naujasis Vilnius
Planetariumas
Šv.Rapolo bažnyčia
Lietuvos turizmo asociacija
„Žalgirio" Stadionas
Atviras „Žalgirio" baseinas
Koncertų ir sporto rūmai
Baseinas „Žalgiris"
Pedagoginis universitetas
Nacionalinė galerija
„Pirmosios kregždės
LR Seimo rūmai
Martyno Mažvydo biblioteka
Elektronikos aukštesnioji mokykla
Sv.Jokūbo Pilypo bažnyčia
Operos ir baleto teatras
Lietuvos muzikos akademija
Vyriausybė
„Raudonasis Kryžius" ligoninė
Arsenalo gatvė
T.Kosciuškos
T.Vrublevskio
Taikomosios dailės muziejus
Istorijos ir etnografijos muziejus
Gedimino kalnas
Pilies muziejus (Gedimino bokštė)
Arkikatedra ir varpinė (XIV-XVI a.)
Kalnų parkoestrada
Kalnų parkas
Trijų kryžių kalnas
Teniso kortai
Vilniaus bankas
Centrinis paštas
Lietuvos bankas
Akageminis dramos teatras
Centras telegrafas
Šventaragio g.
Barboros Radvilaitės
Sereikiškių parkas
Mažoji baroko salė
Vilniaus universitetas
Adomo Mickevičiaus butas-muziejus
Šv.Onos bažnyčia (XV-XVIa.)
Architektūros muziejus
Poetui A.Mickevičiaus
Jogailos g.
Vilniaus
Pylimo
Profsąjungų bendrijų rūmai
Diplomatui C.Sugiharai
Valstybinis žydų muziejus
Rašytojui P.Cvirkai
Dailės salonas
Radvilų rūmai
Paštas Telegrafas
Transporto aukštesnioji mokykla
K.Kalinausko
M.K.Čiurlionio
Šv.Konstantino ir Mykolo cerkvė
Meno galerija „Vartai"
Evangelikų reformatų bažnyčia
Rusų dramos teatras
Lietuvos bankas
J.Basanavičiaus
Švitrigailos
V.Kudirkos
Geležinio
Technikos biblioteka
Alumnatas
Šv.Dvasios bažnyčia
Skaisčiausiosios Dievo Motinos cerkvė
Dailės akademija
Užupio
Sv.Nikolajaus cerkvė
Maironio gatvė
Aukštaičių gatvė
Adresų ir informacijos biuras
Statubininkų kultūros rūmai
Vyriausiasis policijos komisariatas
A.Mickevičiaus viešoji biblioteka
Teisės aukštesnioji mokykla
Vokiečių
Foto parodų salonas
Dailės muziejus
Šiuolaikinio meno centras
„Lėlė" teatras
Jaunimo teatras
Kultūros aukštesnioji mokykla
„Artilerijos bastijonas"
Muziejus
2-oji klinikinė ligoninė
Valtybinė turizmo įmonė „Eltur"
Sinagoga
Visų Šventųjų bažnyčia
Nacionalinė filharmonija
Arka „Vailės salonas"
Aušros Vartų
Subačiaus
Šv.Dvasios cerkvė
Aušros vartai
M. Daukšos gatvė
Rasų
Jėzaus širdies bažn.
Viadukas
Bazilijonų g.
Centrinė turgavietė
Geležinkelininkų kultūros rūmai
3-oji klinikinė ligoninė
Litimpex Sodų skyrius
F.Šopeno
Stoties
Geležinkelio
Transporto policija
Autobusų stotis
Geležinkelio stotis
Liepkalnio
Stadiono g.
Stadionas „Lokomotyvas"
4-oji klinikinė ligoninė
Lokomotyvo stad.
Liepkalnio mok.
Sentikių
Naugarduko
Kauno
Elfa
Dailė
Lelija
Panerių
Darius ir Girėno g.
Šaltkalvių
T.Ševčenkos
Birželio 23-osios
Dzūkų
Pelesos
Lenkų
Sodų
Polocko
Sr. Baltramiejaus bažn.
Sporto
VRM stadionas
3-oji politech. mok.

0
500
1000 M
Gdańsk
Nw. Dwór Maz.
Warszawa Gdańska
Zygmunta Słomińskiego
Gen. Władysława Andersa
Park im. R. Traugutta
NOWE MIASTO
STARE MIASTO
Wisła
Ogród Zoologiczny
Park Praski
PRAGA PÓŁNOC
Trasa W-Z
Jagiellońska
Targowa
11 Listopada
Ratuszowa
Wybrzeże Helskie
Wybrzeże Gdańskie
most Śląsko-Dąbrowski
Pl. Zamkowy
MARIENSZTAT
MURANÓW
al. Solidarności
Pałac Mostowskich
Ogród Krasińskich
Biblioteka Narodowa
Teatr Wielki Opery i Baletu
Ogród Saski
Grób Nieznanego Żołnierza
Krakowskie Przedmieście
Uniwersytet Warszawski
Biblioteka UW
Wybrzeże Kościuszkowskie
Wybrzeże Szczecińskie
most Syreny
Most Średnicowy
POWIŚLE
Nowy Świat
Świętokrzyska
Marszałkowska
MIRÓW
Al. Jana Pawła II
Prosta
Pałac Kultury i Nauki
Warszawa Centralna
Warszawa Śródmieście
Al. Jerozolimskie
rondo gen. de Gaulle'a
Muz. Wojska Polskiego
Muz. Narodowe
Książęca
Park im. marsz. Edwarda Śmigłego-Rydza
ŚRÓDMIEŚCIE
UJAZDÓW
Park Ujazdowski
Al. Ujazdowskie
Sejm i Senat
Piękna
Koszykowa
Politechnika Warszawska
Filtry i wodociągi
Al. Niepodległości
Al. Armii Ludowej
Zamek Ujazdowski
Ogród Botaniczny
Park Łazienkowski
Pałac Łazienkowski
Wawelska
Trasa Łazienkowska
RKS "Skra"
Park im. J. Piłsudskiego
Główny Urząd Statystyczny
AZS
Belweder
Teatr na Wyspie
Raszyńska
Grójecka
Kraków, Katowice
Pruszków
Łowicz
Siedlce, Lublin
Góra Kalwaria

W.- Floridsdorf, A22 Stockerau
Stockerau
0
1000 M
Linz
Stockerau UNO-City
Flughafen
A2 Schloß Schönbrunn, Linz
A23 Wiener Neustadt
Eisenstadt, A23 Wiener Neustadt
Nordbahnhof
Frachtenbf. Nordwestbf.
Frachtenbf. Praterstern
Augarten
Augarten-palais
Donaukanal
Praterstern
Palais Liechtenstein-park
Allgem. Krankenhaus
Universität
Rathaus
Burgtheater
Parlament
Stephansdom
Karlsplatz
Staatsoper
Stadtpark
Belvedere Schloß
Botan. Garten d. Univers.
Südbahnhof
Landstraßer Gürtel
Wiedner Gürtel
Mariahilfer Str.
Lerchenfelder Straße
Alser Str.
Währinger Straße
Wallensteinstr.
Heinestr.
Rennweg
Prinz-Eugen-Straße
Obere Donaustraße
Franz-Josefs-Kai
Dr.-Karl-Lueger-Ring
Schwarzenbergplatz
Linke Wienzeile
Rechte Wienzeile
IX.
XX.
VII.
V.
IV.
X.
I.
221
227

Zagreb HR

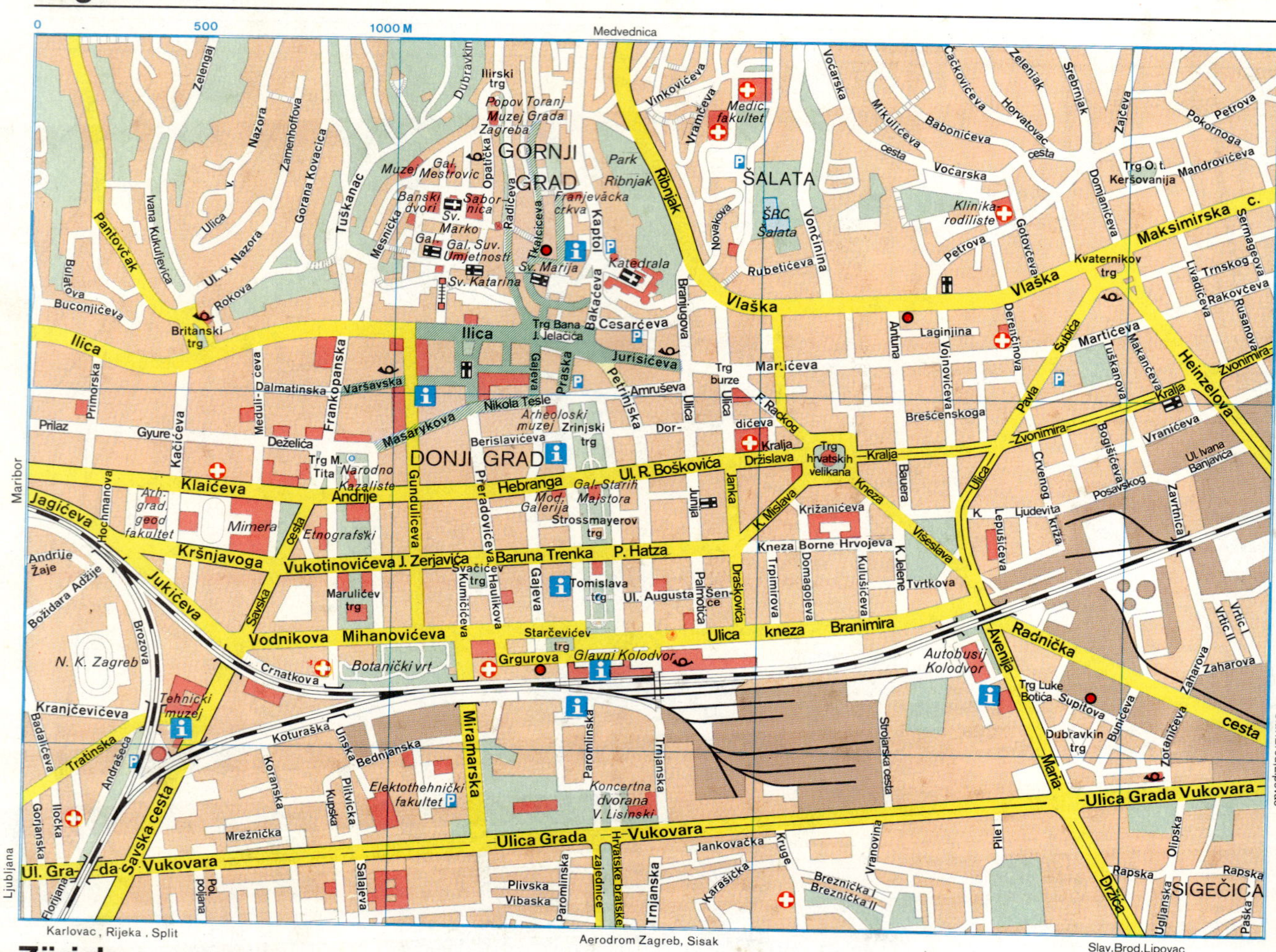
0
500
1000 M
Medvednica
GORNJI GRAD
DONJI GRAD
ŠALATA
SIGEČICA
Ilica
Vlaška
Maksimirska c.
Klaićeva
Hebranga
Ul. R. Boškovića
Vukotinovićeva
Baruna Trenka
Vodnikova
Mihanovićeva
Ulica kneza Branimira
Ulica Grada Vukovara
Ul. Grada Vukovara
Savska cesta
Jukićeva
Kršnjavoga
Trg bana J. Jelačića
Glavni Kolodvor
Autobusni Kolodvor
Botanički vrt
N. K. Zagreb
Radnička cesta
Heinzelova
Miramarska
Karlovac, Rijeka, Split
Aerodrom Zagreb, Sisak
Slav.Brod,Lipovac
Maribor
Ljubljana
Varaždin,Bjelovar

Zürich CH-8000

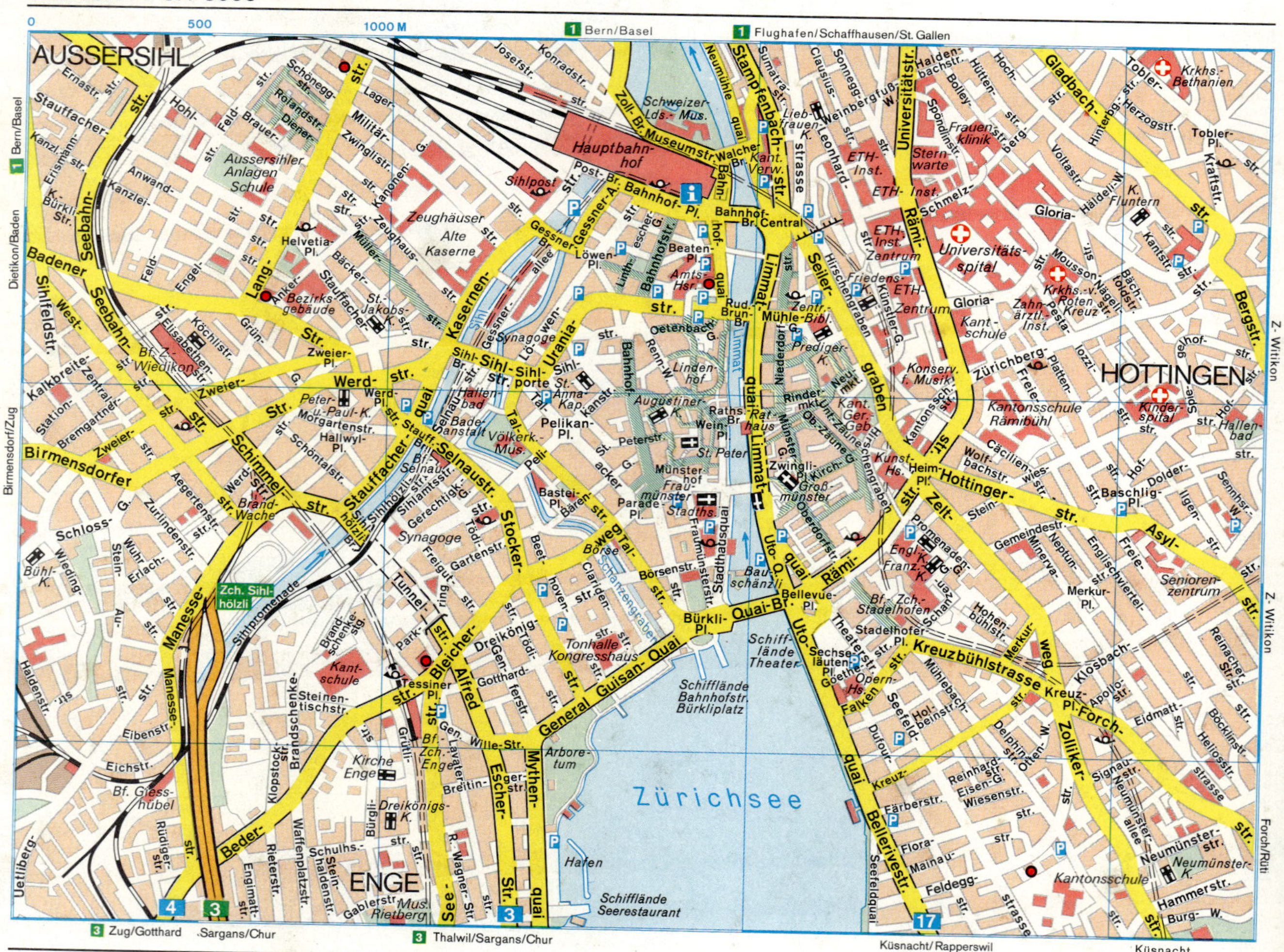
0
500
1000 M
1 Bern/Basel
1 Flughafen/Schaffhausen/St. Gallen
AUSSERSIHL
HOTTINGEN
ENGE
Hauptbahnhof
Universitätsspital
Zürichsee
Limmat
Bahnhofstr.
Badener Str.
Birmensdorfer Str.
Seebahnstr.
Langstr.
Stauffacherstr.
Hottingerstr.
Kreuzbühlstrasse
Bellerivestr.
General Guisan-Quai
Mythenquai
Seefeldquai
3 Zug/Gotthard
Sargans/Chur
3 Thalwil/Sargans/Chur
Küsnacht/Rapperswil
Küsnacht
Forch/Rüti
Z. Witikon
Birmensdorf/Zug
Dietikon/Baden
Uetliberg